[MIRROR]
理想国译丛
020

为了人与书的相遇

理想国译丛序

"如果没有翻译,"批评家乔治·斯坦纳(George Steiner)曾写道,"我们无异于住在彼此沉默、言语不通的省份。"而作家安东尼·伯吉斯(Anthony Burgess)回应说,"翻译不仅仅是言词之事,它让整个文化变得可以理解。"

这两句话或许比任何复杂的阐述都更清晰地定义了理想国译丛的初衷。

自从严复与林琴南缔造中国近代翻译传统以来,译介就被两种趋势支配。

它是开放的,中国必须向外部学习,它又有某种封闭性,被一种强烈的功利主义所影响。严复期望赫伯特·斯宾塞、孟德斯鸠的思想能帮助中国获得富强之道,林琴南则希望茶花女的故事能改变国人的情感世界。他人的思想与故事,必须以我们期待的视角来呈现。

在很大程度上,这套译丛仍延续着这个传统。此刻的中国与一个世纪前不同,但她仍面临诸多崭新的挑战,我们迫切需要他人的经验来帮助我们应对难题,保持思想的开放性是面对复杂与高速变化的时代的唯一方案。但更重要的是,我们希望保持一种非功利的兴趣:对世界的丰富性、复杂性本身充满兴趣,真诚地渴望理解他人的经验。

理想国译丛主编

梁文道　刘瑜　熊培云　许知远

本译丛获理想国文化发展基金会赞助支持

[英] 尤金·罗根 著   王阳阳 译

奥斯曼帝国的衰亡
一战中东，1914—1920

EUGENE ROGAN

THE FALL OF THE OTTOMANS:
THE GREAT WAR IN THE MIDDLE EAST

广西师范大学出版社
·桂林·

THE FALL OF THE OTTOMANS: The Great War in the Middle East, 1914—1920
by Eugene Rogan
Copyright © Eugene Rogan, 2015
This edition arranged with Felicity Bryan Associates Ltd.
through Andrew Nurnberg Associates International Limited
ALL RIGHTS RESERVED

著作权合同登记图字：20-2021-320

地图审图号：GS（2016）1620号

图书在版编目(CIP)数据

奥斯曼帝国的衰亡：一战中东，1914—1920 /（英）尤金·罗根著；王阳阳译.
—桂林：广西师范大学出版社，2016.10（2022.10 重印）
书名原文：The Fall Of The Ottomans：The Great War In The Middle East
ISBN 978-7-5495-8766-7

Ⅰ.①奥… Ⅱ.①尤… ②王… Ⅲ.①奥斯曼帝国–历史–1914—1920
Ⅳ.①K374.3

中国版本图书馆CIP数据核字(2016)第221111号

广西师范大学出版社出版发行
　　广西桂林市五里店路9号　邮政编码：541004
　　网址：www.bbtpress.com

出 版 人：黄轩庄
全国新华书店经销
发行热线：010-64284815
山东临沂新华印刷物流集团有限责任公司
　　临沂高新技术产业开发区新华路　邮政编码：276017

开本：635mm×965mm　1/16
印张：34　字数：323千字　图片：37幅
2017年1月第1版　2022年10月第7次印刷
定价：108.00元

如发现印装质量问题，影响阅读，请与出版社发行部门联系调换。

导读
作为"圣战"的第一次世界大战

梁文道

9月11日确实是个特别的日子,世界历史的转捩点。

1683年9月11日,奥斯曼帝国大军最后一次围困维也纳。自那一天起,欧洲人就再也不必害怕这个曾经使得他们心惊胆战、夜半无眠的老对手了;他们的王室终于可以停止进贡割地,不必讨好自称是"地平线之主"的奥斯曼苏丹。自那一天起,奥斯曼帝国就停止了它在欧洲的扩张,并且开始逐渐失去它在这块大陆上的属地;曾经战无不胜的征服者几乎自此就没有打过一场值得称道的胜仗,等着他们的,是长达三个世纪的缓缓衰败。可是维也纳的主人哈布斯堡家族当时还不晓得历史的走向,所以慌乱紧张;而统率奥斯曼军团的"大维齐尔"(Grand Vizier,帝国宰相)卡拉·穆斯塔法(Kara Mustafa),也不知道自己和对手之间的差距原来在过去数十年间已经不知不觉地缩小,所以他好整以暇地命令属下搭帐篷。

奥斯曼土耳其帝国的军队就算再不济,可他们搭帐篷的能力也还是举世第一流的。凭着他们几百年来积累的经验,以及高超的组织能力,仅仅两天,他们就在维也纳这座古老的城市外头用布料和绳索建起了一座规模比维也纳还大、街道秩序也要比维也纳整齐的营帐城市，使得城内守军与居民在城墙上头看得大惊失色。大维齐尔的帐篷尤其显眼，四处悬挂丝绸，地上是图纹华美的地毯，这个帐篷包含了会客间、卧室、厕所，以及大会议厅，简直是座宫殿。可是9月11号之后，这里却只剩下一片颓倒的木杆和尚未燃尽的碎布。有史以来第一次，奥斯曼帝国的帐篷城市在欧洲沦陷了。

就和我们今天熟悉的"9·11"相似，发生在三百多年前的这场"9·11"事件也在后来的大众文化当中留下了很深的痕迹。例如维也纳乡郊特别响亮的教堂钟声，那曾是奥斯曼军队来袭的警报。又如"贝果"（bagel），据说是维也纳人送给远来援救的波兰国王"约翰三世索别斯基"（John III Sobieski）的礼物。当然还有牛角包，是大伙为了庆祝击退奥斯曼的特制面包，它的造型来自对手旗帜上的一弯新月。甚至托尔金在《魔戒》里头写到"米那斯·提力斯"（Minas Tirith）遭到围攻那一段时，他参考的原型就是1683年9月11日的"维也纳之役"，小说里城内的"西方人"是当年历史上的维也纳人，城外邪恶的"半兽人大军"则是奥斯曼土耳其人；而那些勇武剽悍的"洛汗人"，自是约翰三世索别斯基所率领的波兰"飞翼骑兵"。

2012年，又有一部叫做《1683年9月11日》的波兰和意大利合拍的电影描绘这场战争。这是部十足的烂片，在影评网站"IMDb"上只得到了两星，另一个网站"烂番茄"上头则没有任何一个专业影评人注意到它。对这部电影反应最热烈的，反而是一些欧洲各地的社群网站，那些网站全都带着浓厚的右翼色彩，经常揭露穆斯林移民在欧洲的"不文明表现"，抨击各国政府和欧洲一大部分人的"多元价值观"，他们攻击伊斯兰，他们捍卫西方人的基督信仰传统。这部电影则很符合这些网站的世界观，把伊斯兰入侵描绘成欧洲人几百年来的梦魇，将两个信仰两种文明之间不可避免的冲突看成是西方世界最根本的问题。对这部电影的编剧和导演，以及深受这部电影鼓舞的观众而言，三百多年前的那场"9·11"战役简直就是

导读　作为"圣战"的第一次世界大战　　　　　　　　　　　　　iii

2001年"9·11"事件的前身，说明了穆斯林从来没有放弃过对西方文明发动"圣战"的企图，而今日与往昔的最大分别就是现在没有人敢义正词严地站出来统合整个西方，以奋战至死的壮烈态度去对伊斯兰说不。难怪最近又有一些人开始在网上社群之间推介和发送这部片子，在他们看来，正在涌进欧洲的难民正是三个世纪前那场入侵的回响和遗绪。

　　历史的确是这样子被记住的，从17世纪的民间传说和歌谣，到20世纪的《魔戒》，再到21世纪的烂片和一群历史迷的讨论，"维也纳之役"总是被描述为一场两大文明两大宗教之间的"圣战"。这有错吗？没错。因为当时哈布斯堡家族对外求援，打的就是基督徒联盟的旗号，号召全欧洲的基督徒（不管是新教徒还是天主教徒）都要担起抵抗异教徒侵略的责任。参战各国里头，无论是在威尼斯共和国、巴伐利亚选侯国、托斯卡尼公国，还是在神圣罗马帝国几个侯国的土地上，也真的看不到一座清真寺的尖塔。这是个非常干净非常纯粹、容不下任何基督信仰之外一切宗教的欧洲。所以从这个角度来说，它还真是一场"圣战"，最起码战争的这一方全都有着可以共通的信仰。

　　只不过历史没有故事这么整齐，因为战线后方居然有另一个基督徒王国拖住了大家的后腿，那就是法国了。彼时法国最大的敌手并非被隔在德语世界之外的奥斯曼，却是近在身旁的哈布斯堡王朝。所以它和奥斯曼帝国互通款曲，自己不派兵援助教友也就罢了，居然还积极收买神圣罗马帝国底下的贵族，劝他们别管维也纳。要是用今天那些右派的观点来说，这自是十足的"欧奸"做派。由于这段插曲太不光彩，无法顺妥地整合进"圣战"的大叙事里头，于是现在西方那些"圣战"论者多半会略过不提，就像他们略过其他很多复杂的国际地缘政治与现实社会环境一样。要紧的，始终是那个正邪不可两立的绝对二元世界观，毕竟那才是简单的、好理解的、容易激动人心的好故事。

可是还有一个问题，战场的另一边，奥斯曼土耳其帝国那边，他们是否也认为自己正在发动一场"圣战"呢？他们真的是为了信仰的扩张而战吗？甚至，他们是否全是"东方人"？全部都是穆斯林？

今天的游人若是来到伊斯坦布尔，他们总是会不由自主地抬头，好仰望那铺展在山丘与海湾之间的一座座穹顶，以及高高低低、错落有致的呼拜塔，从而忘记脚下石子路旁的老房子有时也会透露出这座城市，乃至于整个早已消失了的帝国的另一重面目。就拿那些老旧木头房子门外常见的一种石块来说好了，它们多半是方形的，边角不甚整齐，经过年月洗刷，表面凹凸不平。当初这些石头的主要作用是放置每一户人家吃剩的饭菜，好让街上流浪的狗不必为了争夺食物而打架。

是的，一般穆斯林是比较喜欢猫，传说先知曾经拿刀割下自己的袍角，因为他不愿吵醒正在上面酣睡的一只小猫。所以直到现在，穆斯林城市的街上还总是有很多小猫散步，毫不惧人。但穆斯林也不应该歧视狗，因为先知也曾说过这样一则故事：很久以前，一个邪恶的女人居然进了天国，而一个公认良善的女人却下了地狱。为什么？因为那个邪恶的女子曾经倒水给一头街上的老狗解渴，而那个大家都说她是好人的女子却活生生地饿死了一只小猫。这一则故事背后的意思是，你对人做错了事，你尚可以祈求对方原谅，以为补偿；可是你对动物犯下的错却是难以弥补的，因为它们没有理性，因此也没有宽恕你的能力。

奥斯曼土耳其人非常认真地执行这条教诲，他们善待流浪猫狗，弄得满街都是动物。19 世纪末 20 世纪初，所有西方人写的伊斯坦布尔游记都必然提到城里的街狗，似乎那是仅次于圣索菲亚大教堂与蓝色清真寺的另一名胜。后来土耳其独立，西化了，"现代化"了，他们才开始收拾街上成群结队乱逛的流浪狗。

土耳其人当然不是素食者，他们杀生，可是他们就像所有好穆斯林一样，用最快的刀，最短的时间，让注定要被吃的羊别受到多余的痛苦。除此之外，一切无谓残害动物的行为都是罪过。他们甚至会出钱成立基金会，常以清真寺为中心，照顾有需要的动物。最早的记录是1307年，伊斯坦布尔一座清真寺被指定为幼鹳养育中心。1558年，一位"帕夏"（奥斯曼高官的头衔）甚至捐出一块草场，以供野外牛驴生养。这种风气更延伸至帝国的所有重要城市，今日因战火受损的大马士革大学，前身是一所老马看护中心，因为受伤或年老而退役的马匹，不会被人"人道毁灭"；相反地，老伙伴会被送到这里接受专业照顾，颐养天年。更别提伊斯坦布尔那许多兼做医院的清真寺了，他们收容翅膀受了伤的水鸟。就算到了帝国风烛残年的时刻，伊斯坦布尔人还特地众筹募捐，成立了一个专门组织，好解决冬天大雪人们喂不了鸽子的问题。

难道帝国子民全都这么慈悲，就没有人残害无辜小动物吗？有的。根据记载，曾经有一个在市场上开金铺的威尼斯工匠，纯粹为了好玩，把一只活生生的麻雀钉在门上，看它痛苦挣扎，结果他被附近愤怒的群众暴打，这件事向土耳其大众证明了"西方人"都很野蛮的传闻。可是，这个威尼斯人到底也是帝国的臣民呀。那时候，欧洲各国派驻伊斯坦布尔的使馆最大问题之一，就是如何防止外交人员叛逃，因为大家都想投靠这个更加文明更加强盛的世界帝国。禁卫军里头有些人的母语是德文，历年来，帝国海军的总司令也不乏说意大利文的威尼斯人和热内亚人，城里一些售卖古希腊文手稿的书商讲的则是法语。

说了这么半天，不是为了美化终将腐朽、日渐狭隘的奥斯曼帝国，而是想要稍稍解释，1683年9月11日那天清晨，围在维也纳城外那支部队的来历。那个百年来威胁着西方基督教文明的帝国，并不是一群野蛮的化外游牧民族，更不是托尔金笔下那些形貌可怖、茹毛饮血的"半兽人"。他们甚至并不都是穆斯林。

当伊比利亚半岛最后一片穆斯林统治的角落也被西班牙的天主

教王朝"光复"之后,那里的犹太人就开始逃难了。奥斯曼帝国接纳他们,不用他们改宗伊斯兰,让他们在辽阔的辖土内自由集会,自在经商。有些特别念旧的家族保留着格拉纳达故居的钥匙,预备万一有天还能回家,19世纪一些西班牙人来到伊斯坦布尔猎奇,很惊讶地发现这里居然有人和他们说家乡话。

苏丹要是有事和君士坦丁堡的东正教牧首商量,一定只在教堂后门外头,就和他们从不踏入耶路撒冷的圣墓教堂一样,他们生怕后人会以"哈里发"也曾来过的借口强行把教堂改为清真寺。所有在维也纳以西找不到容身之地的异端邪说,全都能在东方的新月旗下得到庇护,例如叙利亚和埃及流行的"一性论"基督徒、黎巴嫩的马龙派基督徒、巴格达的景教、亚美尼亚牧首统率的亚美尼亚正教、波斯边境上的祆教,当然还有巴尔干半岛上的东正教,甚至匈牙利地区的新教徒。后来流行文化里头所描述的"穆斯林大军",其实是从帝国各个角落征召而来的不同民族不同信仰所构成的联合部队。所谓"圣战",其实只有在守卫维也纳的这一方才说得通,因为这边才有清一色的天主教徒和新教徒。

切莫误会,奥斯曼帝国绝非政教分离的"现代国家",它奉行的也不是我们现在所熟悉的"宗教宽容"政策。比如说曾经令人闻风丧胆的"禁卫军"(Janissaries),其最早的成员皆来自被征服的巴尔干半岛,政府每隔几年就会去那些地方的家庭征召资质优异的男童,把他们带回土耳其训练,教他们改宗伊斯兰教的苏菲派,退伍之前不得结婚,养成一支如狼似虎、只忠于苏丹一人的悍旅。

打从拜伦那个年代开始,这就是土耳其人残暴的铁证,强抢希腊基督徒人家的孩子,让他们回过头来对付基督文明,灭教灭种,用心歹毒至极。然而,土耳其人利用这项政策,其实是要在另一个层面上羞辱巴尔干基督徒;因为当时想要皈依伊斯兰的人实在太多,而穆斯林的身份又是如此高贵,所以他们必须拒绝许多家庭一口气送上好几个孩子,甚至拒绝他们全家改信,于是他们只会定期挑人,

导读　作为"圣战"的第一次世界大战

每家最多只取一子，选剩的小孩则留下来继承家业，当个地位低下的基督徒农民。

说了这么半天，是为了给出一个背景，让大家从另一个角度去理解牛津大学史学家尤金·罗根（Eugene Rogan）的这本杰作：《奥斯曼帝国的衰亡：一战中东，1914—1920》（*The Fall of the Ottomans: The Great War in the Middle East,1914—1920*）。根据这部引用了大量以前为人忽略的史料和文档（特别是阿拉伯世界的材料）的战争史，在现代世界里面，原来第一个提出要团结全球穆斯林、发动"圣战"来共同打击敌人的家伙，并非伊斯兰信徒，反而是个德国人。他的名字叫做马克思·冯·奥本海姆，是个出生在银行世家的男爵。1892年他从德国移居开罗，一住就十几年，并以当地为中心，四出旅行探索中东地区，乃19世纪末20世纪初西方人实地考察阿拉伯世界浪潮的先驱。他的四卷本巨著《贝都因人》是这个领域的经典，启发了无数对沙漠和骆驼抱着浪漫想象的后辈探险家。

早在1906年，奥本海姆就已经预言了："未来伊斯兰将发挥更重要的作用……伊斯兰力量之大、地域之广，终会给欧洲各国带来重要影响。"具体点说，他的计划就是要激发穆斯林"尚武的天性"，重新唤醒最初伊斯兰信仰扩张时那种人人视死如归的狂热，让他们"一手持剑，一手《可兰经》"，响应一位伟大导师甚或先知后裔的呼召，赶走骑在他们头上的欧洲殖民势力，对付那些瞧不起他们、自以为高人一等的西方异教徒。他这套想法非常激进，就连当年绝大部分的穆斯林自己也没有想过，偏偏德皇威廉二世十分重视，聘请他当"首席法律顾问"，专门在御前汇报穆斯林世界的状况。于是这套主张开始流传，在德国成了广为人知的"伊斯兰政治"（Islampolitik），赢得许多人的信服。

为什么一位德国"东方学者"会构想出这么古怪的论述？而且还要受到官方支持，想要把它变成实际可行的策略呢？那是因为这些德国人从来没有想过自己会是全球穆斯林"圣战"的敌人；相反地，英国人、法国人，以及俄罗斯人才是伊斯兰世界的真正仇人，是他们占据了穆斯林的土地，将它们纳进庞大殖民帝国的管辖范围。比如说英国，它控制的地方从今天的印度和巴基斯坦一直延伸到埃及；又例如法国，它将北非地中海沿岸当成是自己兵源和粮食的储存库。恰好这两个国家皆是德国的对手，而敌人的敌人就是自己的朋友，所以在敌后策动谋反当然是个好主意了。只不过主意虽好，实行起来却还是少了最重要的一环；尽管德国也可以派出庞大的间谍队伍，深入敌后策动阴谋，可他们也是西方异教徒，未免师出无名。于是他们便将目光投向早已沦为"欧洲病夫"的奥斯曼，极力拉拢这个正被列强割据蚕食的老朽帝国，毕竟它的苏丹依然拥有"哈里发"的头衔，大可名正言顺地号召"圣战"。

接下来的就都是历史了，德国果然顺利地和土耳其结盟，发动起一场针对英、法、俄等其他强国的"圣战"。这场战争，我们今天管它叫做"第一次世界大战"，但在很多人的心目中（尤其是在华人这里），比起二战，它却更像是一场属于欧洲人的战争，与我们其他地方没有太大关系。好在从两年前一战爆发一百周年的种种纪念活动开始，各式各样的学术研究的成果终于渐渐进入主流媒体，更新了大众对这场战争的认识。便以中国人的角度而言，当年身为参战国，岂不也有数以万计的华工远赴欧陆？而在中国的领土上面，日本与德国不也展开过一场激烈的竞逐？进而言之，要是没有一战以及随后的"巴黎和会"，又哪来改变了现代中国的五四运动呢？

尤金·罗根从另一个几乎被人遗忘的侧面，真正补全了这场大战在世界史上的意义。书一开头，他就明言："现在是时候恢复奥斯曼帝国在一战和现代中东历史上应有的地位了。因为奥斯曼帝国的介入是使这场欧洲纷争演变成世界大战的最重要原因。与远东和东非地区的小范围冲突不同，在一战的四年里，中东一直是主战场之一，在此作战的军队也最国际化。澳大利亚人和新西兰人，南亚，北非，塞内加尔和苏丹的所有民族，与来自法国、英格兰、威尔士、苏格兰和爱尔兰的士兵在中东战场并肩作战；而他们所对抗的奥斯曼帝国及其德国和奥地利盟军中，又分别有土耳其人、阿拉伯人、库尔德人、亚美尼亚人和切尔卡西亚人。奥斯曼战线就是名副其实的巴别塔，这是一场两支多国军队间前所未有的斗争。"

不仅如此，这场战争还对加拿大、澳大利亚、新西兰、印度（包括巴基斯坦与孟加拉）等地日后的完全独立起到了关键作用。它在中东造成的影响更是延续至今，例如以色列的建国，与伊拉克等几个阿拉伯国家的划界争议，都可说是第一次世界大战的直接产物。

我们不妨大胆地说，恰恰是奥斯曼帝国在它这场最后"圣战"之后的瓦解，造成了现今世界其中几种最激烈的政治和意识形态的冲突。往昔，奥斯曼人习惯把它管辖的地方叫做"和平之土"，在其统治之外的世界则是"战争之土"。这个划分看起来非常可笑，因为它控制的地方几乎全是依靠战争征服得来的。不过，这个想法背后却有一个相当久远的历史基础，可以上溯至古罗马人所说的"罗马和平"（Pax Romana），甚至波斯居鲁士大帝所缔造的宽容和平，那就是在一个多民族、多文化的帝国之下，所有臣民都不应该为了信仰以及族裔的差别而拔刀相向。果然，奥斯曼崩溃的结局，就是中东和巴尔干地区此后几乎从不休止的血腥战争。不断变形又不断自我分裂的民族认同运动，和幽灵一般不停回归的宗教认同政治，正是这一切争端的最大催化剂。

不过话说回来，奥斯曼帝国在当年最后一次围困维也纳时都没有祭出"圣战"大旗，到了它的末日却要乞灵于这个德国人所启发的战略，这是否也说明了某些历史的趋势已经到了不可逆转的地步呢？从来不把宗教当成治国意识形态的土耳其人，此时忽然号召全世界的穆斯林圣战，亮起久已遭人忘怀的"哈里发"身份，是因为古老帝国遇到了它不曾见过的新对手——民族主义。在20世纪的初始，帝国、宗教以及民族这三者之间的繁杂角斗，正是尤金·罗根这本书最叫人叹为观止的地方。

1908年8月1日，迫于全国各省士绅甚至封疆大吏要求速开国会的压力，当时的清廷终于颁布《钦定宪法大纲》，订出9年计划，逐步筹备宪政。然而这份大纲同时又规定了未来宪法必须以皇帝总揽立法、行政和司法的大权。一切对外宣战、和谈和订约等事项也都由皇帝裁决，议会不得参预。这种挂羊头卖狗肉的做法，当然不得人心，于是日后的革命再也不能避免，大清帝国的日子也就只剩下3年了。恰好是这一天的一个礼拜之前，7月23日，当年中国人分外关注的奥斯曼帝国也发生了一件大事。苏丹阿卜杜勒-哈米德二世面对着兵变的压力，答应"青年土耳其党"的要求，恢复了早在1876年就已经颁定但后来却又被苏丹本人中止掉的宪法。第二天，整个帝国各大行省的广场都聚满了欢庆的人群，大街小巷都是印着"自由、平等、博爱"的红白革命标语。事后回看，这次宪法革命可说是奥斯曼帝国的最后机会，究竟一个前现代的不以民族或宗教为立国主导原则的古老帝国，有没有可能转型为一个同样不讲究民族与宗教但又以君主宪政为依归的现代帝国呢？

尤金·罗根指出，这次"宪法革命所带来的期望把不同背景的奥斯曼人民团结起来，同仇敌忾。奥斯曼社会中有许多不同的民族，包括土耳其人、阿尔巴尼亚人、阿拉伯人、库尔德人，还有众多宗教团体——占多数的逊尼派穆斯林，什叶派穆斯林，十几个不同的基督教派和规模不小的犹太教群体……这次宪法革命的到来，正如一位政治激进分子写道，阿拉伯人'对土耳其人敞开怀抱，他们相信这个国家里已没有什么阿拉伯人、土耳其人、亚美尼亚人、库尔德人之分，大家都是奥斯曼人，享有平等的权利，承担平等的责任'"。

可惜的是，这一切不过是幻想。因为如今掌权的"青年土耳其党"根本没有兑现当初那充满自由主义色彩的承诺，他们老早就被过去几十年来的经验吓怕了。一直以来，欧洲列强对付和肢解奥斯曼帝国的主要手段之一就是鼓动民族主义，不止在宣传上支持它广大辖土内各个有心谋求自治的民族主义者，甚至干脆动手出兵。最早的案例是有名的希腊独立战争（拜伦便是死在这场战争之中，当然浪漫的他从没想过自己是帝国游戏的小小棋子），接下来则是一个又一个的其他巴尔干半岛小国，以及此时正在蠢蠢欲动的亚美尼亚。"青年土耳其党"犹如惊弓之鸟，每当听说底下行省想要更大的自治权，听说有些民族要求更加平等的对待，他们第一个联想到的字眼就是"分裂"。

于是他们不止没有像好些阿拉伯人所期望的那样，不再和他们区分你我；反而反其道而行，加紧控制他们的自治权限，更在文化上压迫他们。例如派土耳其人出任所有政府高位，只留下低级公务员工作给阿拉伯人。又如规定在阿拉伯地区学校、法庭和政府机构里面只准使用土耳其语，把阿拉伯语赶出官方语言的行列。这全是过去几百年帝国历史上从来没有发生过的事，现在却都在自命革新的"青年土耳其党"人治下出现了。看来，"青年土耳其党"最现代化的地方，可能就是它也学懂了一点民族主义，觉得应对风起云涌的各种民族觉醒的好办法就是把所有人强行"土耳其化"。

这当然不会是个好办法。别的地方不说，就拿阿拉伯地区来讲好了。一开始，这里还有一些只想要求平等待遇与文化权利的温和派。比如"青年阿拉伯协会"，他们反对"土耳其化"，为的不是民族独立，而是"效仿奥匈帝国，将现有的奥斯曼帝国重构成一个土耳其-阿拉伯双民族国家"。还有一个组织叫做"奥斯曼反中央集权党"，他们的期望是像瑞士那样，将政府权力下放各州，因为"像奥斯曼帝国这样一个民族和种族众多的国家，只能用行省自治的联邦体系管理"。只不过，他们依然拥护苏丹的统治，"并在主张保留各行省当地语言的同时，也倡导使用土耳其语"。"青年土耳其党"政府回应这些诉求的方式却是更强烈的打压，因为它认为这全是独立运动的先兆。到了这步田地，不用想也晓得结局会是如何了。以英国为首的西方强国开始在中东重施故技，鼓励阿拉伯人民反抗帝国的奴役（虽然英国自己就是世上头号帝国）。然后就有了我们熟悉的"阿拉伯的劳伦斯",他英姿勃发,骑在骆驼背上解放被压迫的阿拉伯百姓……

终于,现代世界的第一场"圣战"失败了,宗教认同暂时输给了民族认同。可是在接下来的一百年,我们还会看到宗教意识形态的屡次回归,和民族身份的认同政治展开偶尔接合、偶尔断裂的缠绕戏剧。特别是在今天,全球向右回转,民族身份和宗教身份一再鼓动起西方世界的民粹潮流,我们现在读《奥斯曼帝国的衰亡:一战中东,1914—1920》,或许会有历史幽灵始终不散的感慨。

谨以此书献给

伊莎贝尔·图伊·伍兹·罗根

土耳其人从这座宣礼塔上向基督徒开枪。1909年4月,暴徒摧毁了基督徒在阿达纳及周边的基督徒房屋和商店,杀害了约2万名亚美尼亚人。美国一家摄影机构——贝恩新闻社拍下了阿达纳大屠杀后基督徒社区一片废墟的景象。

提比里亚附近地区为"圣战"征兵的场景。奥斯曼帝国于1914年8月1日发起参军动员。各村村长被要求"敲锣打鼓,喜气洋洋"以鼓起群众参军的热情。这幅来自奥斯曼官方的照片记录下了巴勒斯坦提比里斯镇征兵人员的工作景象。

在佐森的战俘。德国人在邻近柏林的温斯道夫—佐森地区为这些穆斯林战俘特别建立了一个营地。在那里，他们为奥斯曼帝国积极招揽志愿军，许多后来在奥斯曼帝国的中东战线效力。这张照片中，一群从法军中俘获的北非士兵站成一排，在佐森营地依次接受长官检阅。

在阿达尔汉的奥斯曼战俘。在萨勒卡默什战役中，奥斯曼高加索军的一个分队顺利地从俄军手中夺得阿达尔汉，但由于兵力不足而守城失败，最终于1915年1月初被迫投降。这也是俄军在高加索战线取得的首场胜利。

奥斯曼士兵在巴勒斯坦为袭击苏伊士运河做准备。1915年1月,杰马勒帕夏在叙利亚与巴勒斯坦集结远征军主力,准备攻打苏伊士运河。奥斯曼帝国正规军与部落志愿兵组成了规模庞大的军队。他们在此集结,展示爱国情怀,以博得阿拉伯行省民众对帝国出征的支持。

驻加里波利的土耳其炮兵连。土耳其炮兵把移动火炮部署在后山,俯瞰达达尼尔海峡的位置,以便摧毁协约国舰船。正如一位法国海军军官所说,这些"该死的火炮不冒烟,体积小,移动性又好,我没有锁定它们的高招"。

正在沉没的"无阻"号战舰。在1915年3月18日这场灾难性的海上大战中,埃伦考湾布下的20枚水雷损毁了4艘协约国战舰,"无阻"号战列舰就是其中之一。英国皇家海军成功赶在土耳其炮兵彻底击沉"无阻"号前,救走了舰上的绝大部分船员。

1915年4月25日上午,澳大利亚部队在澳新海滩登陆。士兵们"密密麻麻地挤在船上,犹如罐头里的沙丁鱼"。他们暴露在奥斯曼守军的枪林弹雨之中。拍下这张照片的一等兵A. R. H. 乔伊纳在加里波利幸免于难,却最终于1916年12月死在西线。

在加里波利的穆斯塔法·凯末尔。第一次世界大战中,他在加里波利、埃迪尔内、高加索、巴勒斯坦与叙利亚等地服役,是一战中屈指可数的奥斯曼指挥官。他后来成为土耳其共和国的开国总统,被尊称为"土耳其之父"。

1913年时的格里高利斯·巴拉基昂。巴拉基昂是位亚美尼亚神父,是1915年4月24日晚在伊斯坦布尔被捕的240名亚美尼亚团体领导人之一。他在死亡行军中幸免于难,亲眼目睹了一场被他称为"亚美尼亚各各他"的种族大屠杀。

1915年的穆罕默德·塔拉特帕夏。塔拉特是青年土耳其党的执政三巨头之一，1913年后先后以内政大臣与大维齐尔的身份，掌握奥斯曼政府大权。正是他通过一系列措施，实行了对亚美尼亚人的种族大屠杀。

1915年9月，土耳其的亚美尼亚寡妇们。大肆屠杀亚美尼亚人的消息从土耳其传出，于1915年秋登上了欧洲及美国的报纸。

往加里波利半岛运送一座大炮。加里波利战役中协约国遇到了空前的后勤挑战，兵员与军需物资必须冒着奥斯曼守军的枪炮从海面运抵上岸。

加里波利的土耳其士兵。堑壕战双方同样都生活在这种无遮蔽的环境里,士兵不被炮弹碎片或子弹击中,也要为大大小小的疾病所折磨。

澳新士兵在加里波利展开白刃战。堑壕战中,死伤率最高的通常是发动进攻的那一方。

一位皇家爱尔兰燧发枪团的士兵把头盔用来福枪举过战壕,以挑衅加里波利的土耳其狙击手。

1915年12月,英军从苏弗拉湾撤离火炮与兵员。他们在撤出加里波利时,处境并不比最初抢滩登陆时安全。

英军在纳西里耶以船作桥，横渡幼发拉底河，印度军则负责守护船桥。1915年7月24日，与英军激战一天后，纳西里耶的奥斯曼守军弃城而逃，后调防底格里斯河，以守卫巴格达。

土耳其步兵在美索不达米亚发动反攻。土耳其军调派了经验丰富的一线部队守卫巴格达，反攻之猛烈令英国入侵者深感震惊。在1915年11月萨尔曼帕克的决定性战役中，交战双方都遭受了40%至50%的伤亡。

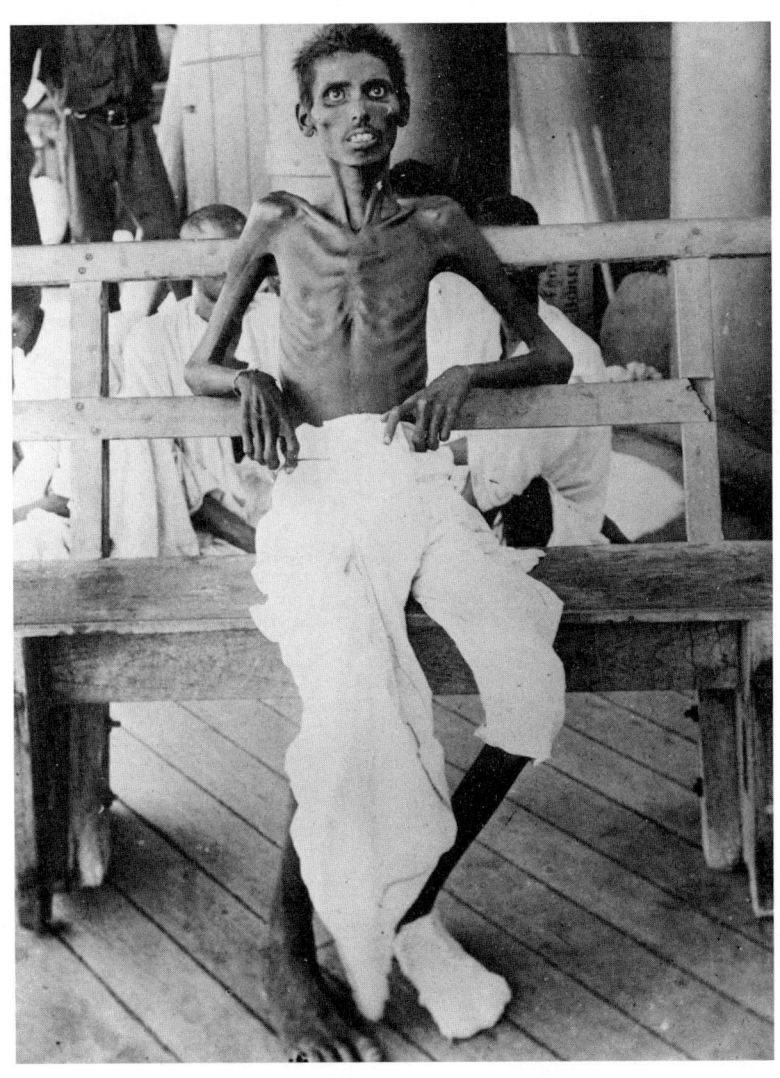

库特之困的一名幸存者。印度教徒与穆斯林士兵一直拒绝进食马肉,直到被困的最后几周才妥协,几乎被饿死。这位瘦骨嶙峋的印度士兵在一次英国与奥斯曼帝国的换俘行动中获救,拍下了这张照片。

麦加的谢里夫侯赛因（1854—1931）。经过与驻埃及英国官员一番密切的书信往来，谢里夫侯赛因终于在1916年6月5日宣布发动阿拉伯起义。

1916年1月,恩维尔帕夏(中)与杰马勒帕夏(恩维尔的左侧)在耶路撒冷。这两位青年土耳其党领导人在1916年初走访了叙利亚、巴勒斯坦和汉志,检视阿拉伯各个行省的备战状况。

清晨,谢里夫费塞尔位于邻近延布的纳赫勒穆巴拉克的营地。1916年12月,阿拉伯起义步履维艰,T. E. 劳伦斯在当时拍下了营地的景象,不久后费塞尔便撤至延布。

进攻中的奥斯曼骑兵。土耳其的骑兵部队在西奈的许多战役,包括1916年4月在卡蒂亚击败英军的战斗中都发挥了重要作用。

巴格达陷落。1917年3月11日,英军进入巴格达,一支印度军的运输部队正沿着新街行进。

1917年3月,第一次加沙战斗后,胜利的奥斯曼军被授予团旗。

在第二次加沙战斗中被毁的英军坦克。整个中东战役中,英军只在第二次加沙战斗中动用过一次坦克,但发现并没有什么特殊效果。奥斯曼军的炮手至少击毁了英军八辆坦克中的三辆。

在西奈的帝国骆驼兵团。照片中的骆驼骑兵（从左到右）分别来自澳大利亚、英格兰、新西兰和印度。这张合影也充分体现了骆驼兵团的"帝国"性质。

1917年加沙清真寺的废墟。在英军攻打加沙之前，奥斯曼军已经强迫加沙的所有百姓撤离。这片地区遭受了欧洲战场以外最猛烈的火力攻击。

1917年7月6日,阿拉伯部队进入亚喀巴。谢里夫部队占领亚喀巴,哈希姆家族在汉志的起义由此变为阿拉伯起义。当天,T. E. 劳伦斯捕捉到了这一标志性画面。

1917年12月9日,耶路撒冷市长初次与英军士兵相会。市长侯赛因·萨利姆·侯赛尼(居中,手拿拐杖和香烟)打着白旗从耶路撒冷出发,确保圣城能够平安向逼近的英军投降。照片中,他最先遇到的英军——塞奇威克中士与赫科姆中士军衔都太低,无法接受耶路撒冷的降书。

艾伦比将军在被英军占领的耶路撒冷发表演讲。经过精心策划的英军入城仪式被记录在了胶片上,用来振奋厌战的英国大众的士气。照片右上角的屋顶上可以看到正在摄像的人员。

1918年9月22日，在巴勒斯坦图勒凯尔姆附近的奥斯曼战俘。9月19日巴勒斯坦北部的奥斯曼军阵地遭到突袭，奥斯曼第七和第八军团因此瓦解，数万名土耳其士兵投降。图片中，英国骑兵正在监督由1200名奥斯曼战俘组成的纵队。

澳大利亚第二轻骑团进入大马士革。澳大利亚人最先于10月1日抵达大马士革，但由于政治原因，最终是埃米尔费塞尔率领的阿拉伯部队接受了巴勒斯坦的投降。

1918年10月1日,阿拉伯部队的骑手进入大马士革。这张照片非常具有象征意义。照片上的英国军官开着现代汽车,与阿拉伯骑兵队逆向行驶。大马士革陷落后,英国和阿拉伯的政治也同样追寻着相反的目的。

1918年10月31日在巴格达市中心宣布停战的场景。到战争结束时,英国已占领巴格达将近两个月。照片中的人群里,西装革履的西方看客与当地民众分边而站,已然清晰地显示了帝国的分治命运。值得注意的是,照片里广场周围的建筑顶端垂着许多英国国旗。

1919年巴黎和会上的埃米尔费塞尔。通过T. E. 劳伦斯的翻译,这位阿拉伯起义领导人在和会上做了陈述。但面对法国的殖民野心,他还是没能保住昙花一现的叙利亚王国。

目 录

导读　作为"圣战"的第一次世界大战 i

地图列表 001
专有名词 002
前言 003

第一章　一场革命，三次战争：1908—1913 年 019
第二章　一战前的和平 049
第三章　全球动员参战 073
第四章　揭幕战：巴士拉、亚丁、埃及与地中海东部 095
第五章　发动圣战：奥斯曼帝国在高加索与西奈的战役 121
第六章　突袭达达尼尔海峡 149
第七章　亚美尼亚大屠杀 177
第八章　奥斯曼军在加里波利的胜利 203
第九章　入侵美索不达米亚 233
第十章　库特之围 259

第十一章　阿拉伯起义...291
第十二章　失势：巴格达、西奈半岛与耶路撒冷的陷落...............327
第十三章　从停战到停战...367

小结　奥斯曼帝国的毁灭 395

注释 417
致谢 455
参考文献 459
照片出处 473
原书索引 475

地图列表

地图一　1914年的地中海格局
地图二　安纳托利亚东部和高加索地区
地图三　加里波利战役
地图四　埃及和西奈半岛
地图五　美索不达米亚、亚丁和汉志
地图六　叙利亚、巴勒斯坦和外约旦

专有名词

二十世纪初，奥斯曼帝国通常被称作土耳其。这种叫法忽略了奥斯曼帝国民族和宗教的多元性。和土耳其人一样，阿拉伯人、库尔德人、希腊人以及亚美尼亚人都有资格称自己为"奥斯曼国民"。然而，为了在下文中避免过多使用"奥斯曼帝国"这一表述，我经常不加区别地使用"奥斯曼帝国"和"土耳其"，在提到军队时尤为如此。当我想把一个特定的民族或宗教群体与占多数的土耳其人区分开来时，我会使用"奥斯曼阿拉伯人"或"奥斯曼亚美尼亚人"这类表述。

书中提及的城市均为当今土耳其名称，而非二十世纪早期惯用的典型欧式称呼。因此，我会称"君士坦丁堡"（Constantinople）为"伊斯坦布尔"（Istanbul），称"士麦那"（Smyrna）为"伊兹密尔"（Izmir），称"特瑞比让"（Trebizond）为"特拉布宗"（Trabzon），以便读者在现代地图上定位这些城市。此外，出于同样的理由，阿拉伯城市名我均采用了西方的标准拼写——所以是贝鲁特、大马士革、麦加和麦地那（Beirut, Damascus, Mecca, and Medina），而非贝伊鲁特、迪马士革、玛卡和马迪那（Bayrut, Dimashq, Makka, and Madina）。

前 言

1915年6月28日，一等兵约翰·麦克唐纳战死在加里波利，年仅19岁。他是我外祖母的兄弟，虽然他并不知道我的存在。

约翰·麦克唐纳在他的一生中从未准备要客死他乡。他出生在英国佩斯市附近一个小小的苏格兰村庄，在道勒学院求学期间结识了他最好的朋友查尔斯·贝弗里奇。14岁时，他们为寻找工作结伴离校。二人搬到了格拉斯哥市，任职于北英机车公司。1914年夏，当战争在欧洲爆发时，贝弗里奇和麦克唐纳一起应征加入了苏格兰步兵团（亦称"卡梅伦团"）。在秋季的几个月里，苏格兰步兵团第八营的新兵们都在不耐烦地受训，对先于他们去法国作战的其他营很是羡慕。直到1915年4月，第八营才有八分之一的士兵接到作战命令——不是去法国，而是去奥斯曼土耳其。

1915年5月17日，麦克唐纳和贝弗里奇所在营开赴前线，二人向朋友作了最后的道别。他们乘船驶向英军和其他协约国部队开往加里波利之前的集结地——希腊的利姆诺斯岛。5月29日，即首次登陆加里波利一个月后，他们开进穆兹罗斯港，在那里遇见了停泊在港内的一支庞大战舰和运输船队。年轻的新兵们肯定对那些无畏舰和超无畏舰心生敬畏了——它们是当时最好的战舰。当中的许多艘船满是达达尼尔海峡激战留下的伤痕,船体和烟囱上还有因土耳其炮兵和地面炮台攻击所致的洞眼。

上战场之前,苏格兰士兵有两周的时间适应地中海东部的夏日气候。6月中旬,他们离开穆兹罗斯港,站在停泊舰只甲板上的士兵和水手为他们欢呼送行。只有那些曾经去过加里波利、深知这些年轻的新面孔将要面对什么的人才没有一起欢呼。一位苏格兰步兵回忆道:"我们中的一些人对着一船澳大利亚伤兵喊当时的口号:'我们灰心吗?不!'就有澳大利亚人冲我们喊:'你丫马上就会了。'我们这些小伙子虽然吓了一跳,但并没有放在心上。"[1]

6月14日,苏格兰步兵团第八营全体安全登陆。四天后,第八营穿过加利峡谷(Gully Ravine)去往前线。在加里波利已臭名远扬的血腥枪战之下,苏格兰步兵团遭受了第一次战斗减员。当他们接到命令袭击土耳其军据点时,已然失去了稚气的热情,正如一位军官回想道:"无论那是一种预感,或只是因为开始意识到责任压身,我感觉不到士兵对胜利有哪怕一丝的乐观。"[2]

6月28日,英军最先从海上进行了两小时的炮击。据目击者称,此番攻击毫无效果——完全无法让坚定的奥斯曼士兵撤出防御阵地。11点整,英军按照计划开始进攻。西边战线上的士兵听到尖啸声,纷纷冲出战壕。苏格兰步兵团冲上制高点后,便直接暴露在不惧英舰炮火、死守阵地的奥斯曼士兵的全部火力之下。五分钟之内,苏格兰步兵团第八营便基本丧失战斗力。约翰·麦克唐纳因伤势过重死于营地医院,葬于兰开夏登陆烈士墓。查尔斯·贝弗里奇死在了担架手所不能及的地方。他的遗体直到1918年停战才被发现,与死在他周围的人的遗骸混在一起,根本无法辨认。最后他被葬在一个万人坑里,他的名字被刻在赫勒斯角的大纪念碑上。

卡梅伦团的悲惨结局令他们在苏格兰的亲朋好友十分震惊,悲痛万分。道勒学院在秋季的学院季刊中为约翰·麦克唐纳和查尔斯·贝弗里奇登了讣告，称这两位年轻人是挚友的典范："他们一起工作，一起生活，一起应征入伍，'连死亡都没有把他们分开'。"讣告最后写道："他们二人都是品格优秀的青年，其荣誉实至名归。"季刊对这两个男孩的家人表示了深切的同情。

事实上，我的外曾祖父母难以忍受丧子之痛。一年之后，他们毅然决然地离开了战时的苏格兰，迁往美国。1916年7月，在德国潜艇暂停袭击大西洋船只的间隙，他们和两个女儿登上了一艘开往纽约城的轮船，这艘船有一个令他们心碎的名字——卡梅伦尼亚号。从此他们再也没有回来。全家最终在俄勒冈州落脚，我的外祖母嫁人，生下了我的母亲和舅舅。正因为约翰·麦克唐纳的早逝，才促成了他们及其所有子嗣的今天。

我和第一次世界大战的这种个人关联算不上独特。2013年英国舆观（You Gov）民意调查机构的一份调研结果表明，46%的大不列颠人拥有一个曾参加过一战的家庭或社区成员。这种个人联系也解释了为何在距一战爆发已有一个世纪的今天，仍有许多人对那段历史情有独钟。光是如此规模的动员和屠杀，就使那些卷入战争的国家鲜有家庭能够置身事外。[3]

我是在2005年准备去加里波利时得知这段历史的。我的母亲玛格丽特、儿子理查德和我，代表这个家庭的三代人前去凭吊。这也是约翰他老人家事隔90年第一次有家族成员来探望他。我们在加里波利半岛通往兰开夏登陆烈士墓蜿蜒的路上跋涉，结果途中转错了方向，误打误撞来到了努里亚木特纪念碑（Nuri Yamut Monument）。这座碑是为纪念在6月28日阵亡的土耳其士兵设立的——他们和约翰·麦克唐纳、查尔斯·贝弗里奇死于同一场战役。

土耳其人称这场战役为兹金德尔战役(the Battle of Zığındere)或加利峡谷之战。在这座纪念碑前，我了解到事情的另一面。我外祖母兄弟所在的部队死伤达1400人——这是该部队的一半战斗力——英军损失总计3800名；然而与此同时，有多达1.4万名奥斯曼士兵在加利峡谷阵亡或负伤。努里亚木特纪念碑就是这些奥斯曼士兵的万人冢，他们被合埋在一个普通的大理石墓碑之下，碑上只简单刻着"殉于1915年"的字样。在所有我读过的关于苏格兰步兵团的书里，都谈到了我外祖母兄弟牺牲那一天英军蒙受的巨大损失。可没有一本英语著作提到，也有成千上万的土耳其士兵因此殒命。我很清醒地意识到，失去亲人的土耳其家庭肯定远比苏格兰的多。

之后我离开加里波利，为西方对土耳其和阿拉伯的一战经历知之甚少感到震惊。关于中东战场的英语作品反映的都是英国及其他协约国军队的事迹。这些书中提到加里波利是"丘吉尔的重大失败"；库特–阿马拉之围是"汤申德将军的退缩"；阿拉伯起义的领导者是"阿拉伯的劳伦斯"；攻入巴格达的是"英国将军莫德"；攻下耶路撒冷的则是"英军将领艾伦比"。历史学家则热衷于摒弃官方历史那种自上而下的叙事方法，转而从伦敦帝国战争博物馆，堪培拉的澳大利亚战争纪念馆，以及惠灵顿亚历山大·特伦布尔图书馆中以私人档案形式收藏的那些普通士兵日记和书信入手。经过一个世纪的研究，我们对协约国方面的战事已有全面的了解。可是，对于战争另一方——那些为了生存拼死抵抗外来入侵者的奥斯曼士兵的事迹——我们才刚刚起步。

实际上，从土耳其方面了解奥斯曼帝国并非易事。虽然土耳其和阿拉伯国家出版了不少相关的日记和回忆录，但很少有西方历史学家能掌握其语言，仅有一小部分原始文献被译成英语。档案资料更是难以获取。安卡拉土耳其军事和战略研究档案馆藏有中东数量最多的一战一手资料。但是该馆的进入权限受到严格控制，研究学者必须接受可能长达数月之久的安全审查，而且很多情况下会被拒绝。这些珍藏资料有很大一部分都不对研究者开放，他们在复印方面也受到限制。然而，一些土耳其和西方学者排除了难成功获得了这些资料，陆续出版了一些关于一战时奥斯曼帝国方面的重要研究著作。中东其他地区的国家档案馆——如果有的话——都建于一战后,且并没有重点收集与一战相关的资料。[4]

阿拉伯国家的档案馆对一战颇为漠视,整体阿拉伯社会也是如此。在土耳其,加里波利一役的战场上有不少纪念碑,每年也有许多追思活动。阿拉伯国家则不同,城镇里不存在对战争的相应纪念。虽然几乎每一个现代阿拉伯国家都曾或多或少地被卷入一战当中,但它们记忆中的一战是一场他人的战争——是行将灭亡的奥斯曼帝国及其鲁莽的青年土耳其党人镇压阿拉伯人民的历史。对于阿拉伯国家而言,一战中只有烈士(尤其是那些被吊死在贝鲁特和大马士革广场的阿拉伯民族主义者,这两座广场也因此改名为"烈士广场"),没有英雄。

现在是时候恢复奥斯曼帝国在一战和现代中东历史上应有的地位了。奥斯曼帝国的介入是这场欧洲纷争演变成世界大战的最重要原因。与远东和东非地区的小范围冲突不同,在一战的四年里,中东一直是主战场之一,在此作战的军队也最国际化。澳大利亚人和新西兰人,南亚,北非,塞内加尔和苏丹的所有民族,与来自法国、英格兰、威尔士、苏格兰和爱尔兰的士兵在中东战场并肩作战;而他们所对抗的奥斯曼帝国及其德国和奥地利盟军中,又分别有土耳其人、阿拉伯人、库尔德人、亚美尼亚人和切尔卡西亚人。奥斯曼战线就是名副其实的巴别塔,这是一场两支多国军队间前所未有的斗争。

多数协约国的战争策划者都会对奥斯曼帝国的战事不屑一顾,认为它只是东西线主战场以外的小事件。像陆军元帅霍雷肖·赫伯特·基奇纳和温斯顿·丘吉尔这样位高权重的英国人,只顾游说将战场移到土耳其,以为这样能让协约国迅速击溃同盟国,从而尽早结束一战。协约国此般轻敌使他们在许多重大战役身陷苦战,如高加索战役、达达尼尔海峡之战、美索不达米亚战役,还有巴勒斯坦战役。它们导致协约国从西线抽调了几十万大军,从而延缓了一战的进程。

协约国在奥斯曼战线的溃败引起了重大的国内政治危机。英军在达达尼尔海峡失利,时任英国首相的自由党人赫伯特·亨利·阿斯奎斯被迫在1915年5月与保守党建立联合政府,次年下台。英军在加里波利和美索不达米亚所受的重创致使英内阁成立了两个独立的调查委员会,它们均对英国的政治和军事决策者进行了猛烈谴责。

如果说奥斯曼帝国将欧洲的矛盾变成了世界大战,那么说一战彻底改变了现代中东格局也不为过。该地区几乎没有一个角落能免于战火。参战的士兵来自奥斯曼帝国治下的土耳其和阿拉伯各行省,以及北非各殖民地,而平民也因战争引发的经济困难和肆虐疫情苦不堪言。战争波及现在的埃及、也门、沙特阿拉伯、约旦、以色列和巴勒斯坦地区、叙利亚、黎巴嫩、伊拉克、土耳其和伊朗等地。它们中的大部分如今得以建国,其直接原因就是第一次世界大战后奥斯曼帝国的灭亡。

奥斯曼帝国的灭亡具有划时代意义。在长达六个世纪的时间里,奥斯曼帝国一直是世界上最大的伊斯兰帝国。来自中亚的部落在13世纪末创立奥斯曼苏丹王朝,在小亚细亚和巴尔干地区与拜占庭帝国分庭抗礼。1453年,苏丹穆罕默德二世攻陷拜占庭首都君士坦丁堡,自此奥斯曼帝国便成为地中海地区最强大的国家。

奥斯曼定都君士坦丁堡(之后改名为伊斯坦布尔)后不断快速扩张。1516年,塞利姆一世击败以开罗为中心的马穆鲁克王朝,将叙利亚、埃及和红海畔的汉志行省纳入奥斯曼帝国的版图。1529年,苏莱曼大帝统治下的奥斯曼帝国疆土已直逼维也纳城下,使欧洲各国恐慌一片。奥斯曼的版图不断扩大,直至1683年最后一次试图攻下维也纳时,该帝国已横跨三大洲,包括巴尔干半岛、小亚细亚地区(土耳其人亦称安纳托利亚)、黑海北岸,以及从伊拉克到摩洛哥边境的绝大部分阿拉伯领土。

接下来的两个世纪里,奥斯曼帝国被蓬勃发展的欧洲赶超。它开始在战场上不敌其邻国——叶卡捷琳娜大帝统治下的俄罗斯帝国，以及它曾威胁过的以维也纳为中心的哈布斯堡王朝。从1699年起，面对外界的威胁，奥斯曼帝国的版图开始收缩。到19世纪，奥斯曼帝国因治下的巴尔干行省兴起了民族主义运动而逐渐丧失领土。在与伊斯坦布尔的统治者进行了长达8年的抗争（1821—1829）后，希腊第一个宣布独立。随后，罗马尼亚、塞尔维亚和黑山在1878年独立。与此同时，波斯尼亚、黑塞哥维那以及保加利亚也获得了自治。

列强继续蚕食奥斯曼帝国的领土。1878年到1882年间，英国占领塞浦路斯和埃及，法国在1881年占领突尼斯，俄国在1878年吞并奥斯曼帝国高加索地区的三个行省。到20世纪初，奥斯曼帝国已内外交困，政治分析家预言它命不久矣。一群年轻的爱国军官自称青年土耳其党人，期望能通过宪政改革使帝国重振雄风。1908年，他们迫切想要救家国于水火，遂起义反抗苏丹阿卜杜勒-哈米德二世（1876—1909年在位）的专制统治。随着青年土耳其党日益壮大，奥斯曼帝国进入了一段空前的动乱时期，最终卷入了其最后也是最大的一场战争。

1914年的地中海格局

- 圣彼得堡
- 莫斯科

俄罗斯帝国

匈帝国

罗马尼亚
- 布加勒斯特
- 塞瓦斯托波尔

索非亚

保加利亚
- 埃迪尔内
- 加里波利
- 萨洛尼卡
- 利姆诺斯岛
- 米蒂利尼岛
- 雅典

黑海

博斯普鲁斯海峡
- 伊斯坦布尔
- 马尔马拉海
- 安卡拉
- 特拉布宗

里海
- 巴库

伊兹密尔
希俄斯岛

奥斯曼帝国

爱琴海
罗德岛
克里特岛
塞浦路斯
- 阿达纳
- 亚历山大勒塔
- 阿勒颇
- 摩苏尔

地中海
- 贝鲁特
- 大马士革
- 巴格达

波斯

- 亚历山大港
- 塞得港
- 耶路撒冷
- 巴士拉
- 开罗
- 苏伊士运河
- 科威特

苏伊士湾
亚喀巴湾

埃及

巴林
波斯湾

阿拉伯半岛中部
- 麦地那

阿曼

红海
- 吉达
- 麦加

苏丹

厄立特里亚
- 萨那

也门

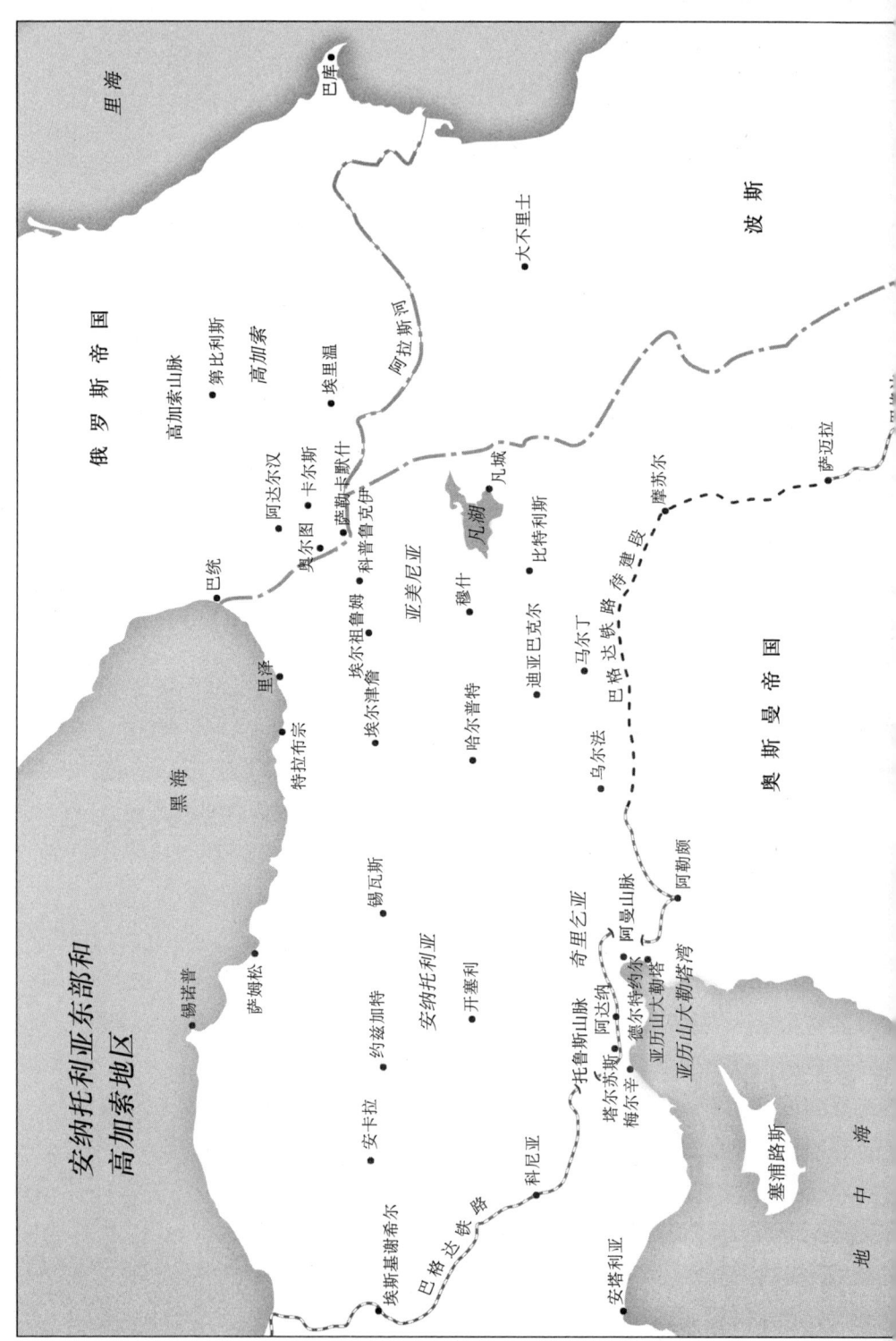

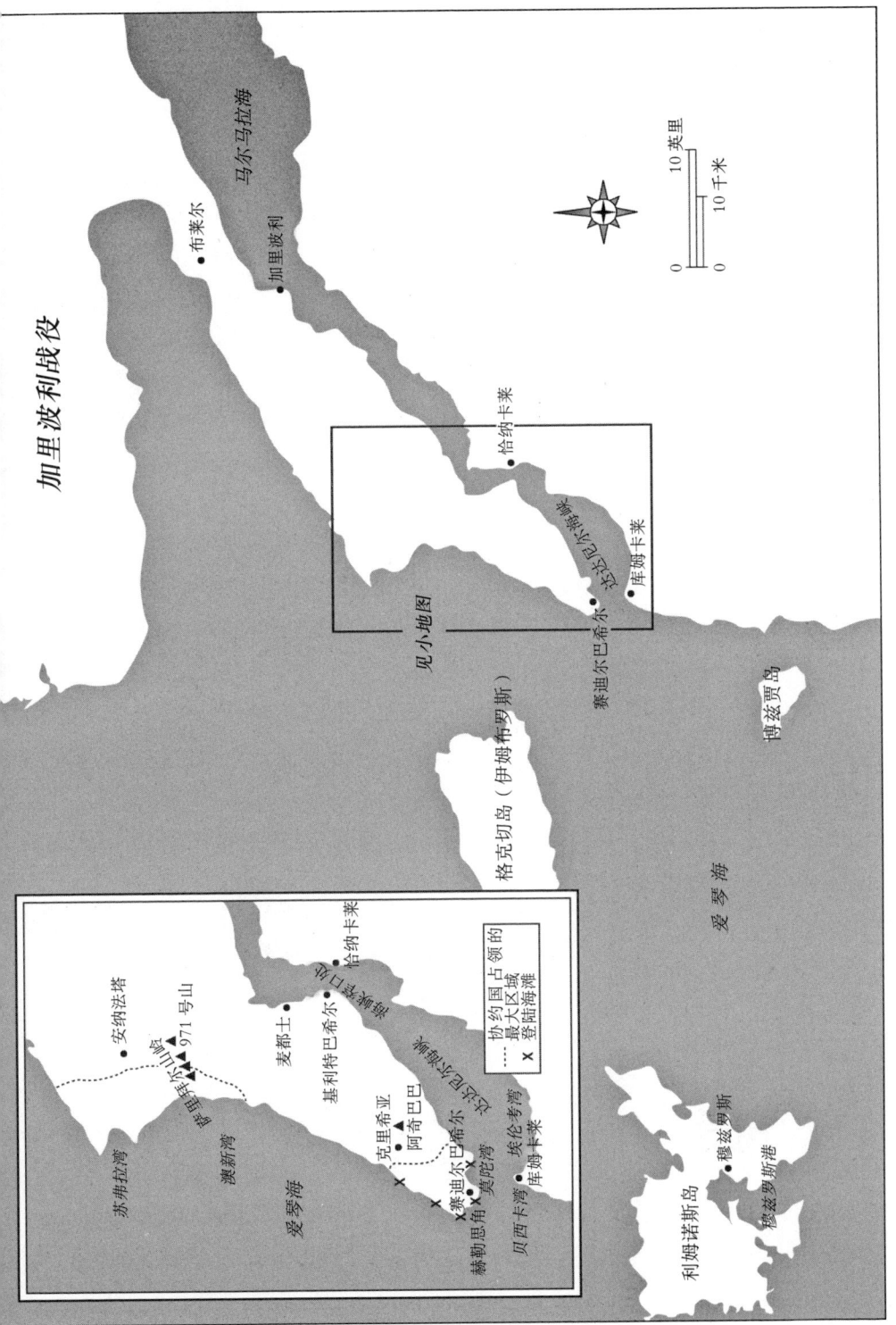

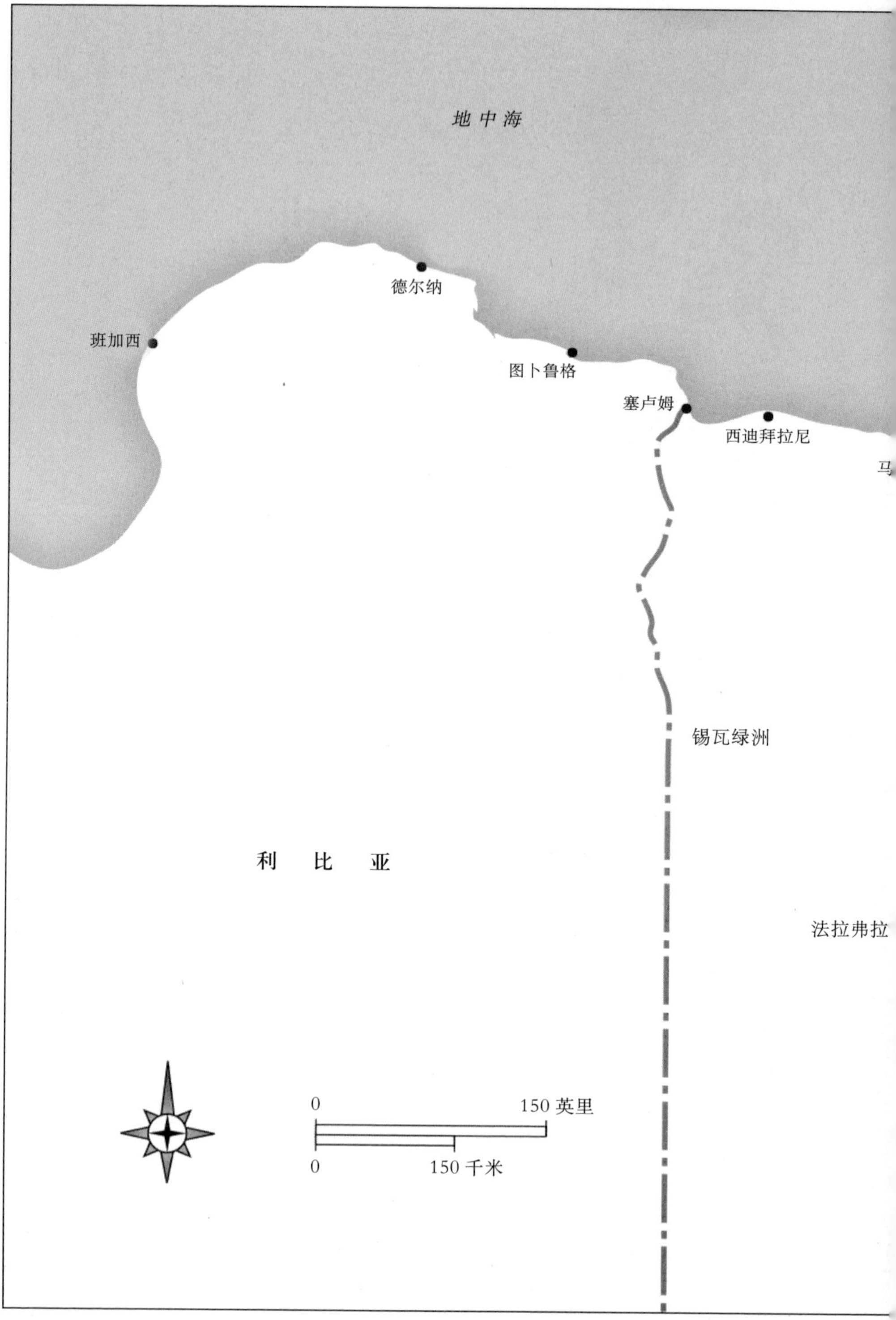

地 中 海

班加西●

德尔纳●

图卜鲁格●

塞卢姆●
西迪拜拉尼●

马

锡瓦绿洲

利 比 亚

法拉弗拉

0　　　　　　150 英里
0　　　150 千米

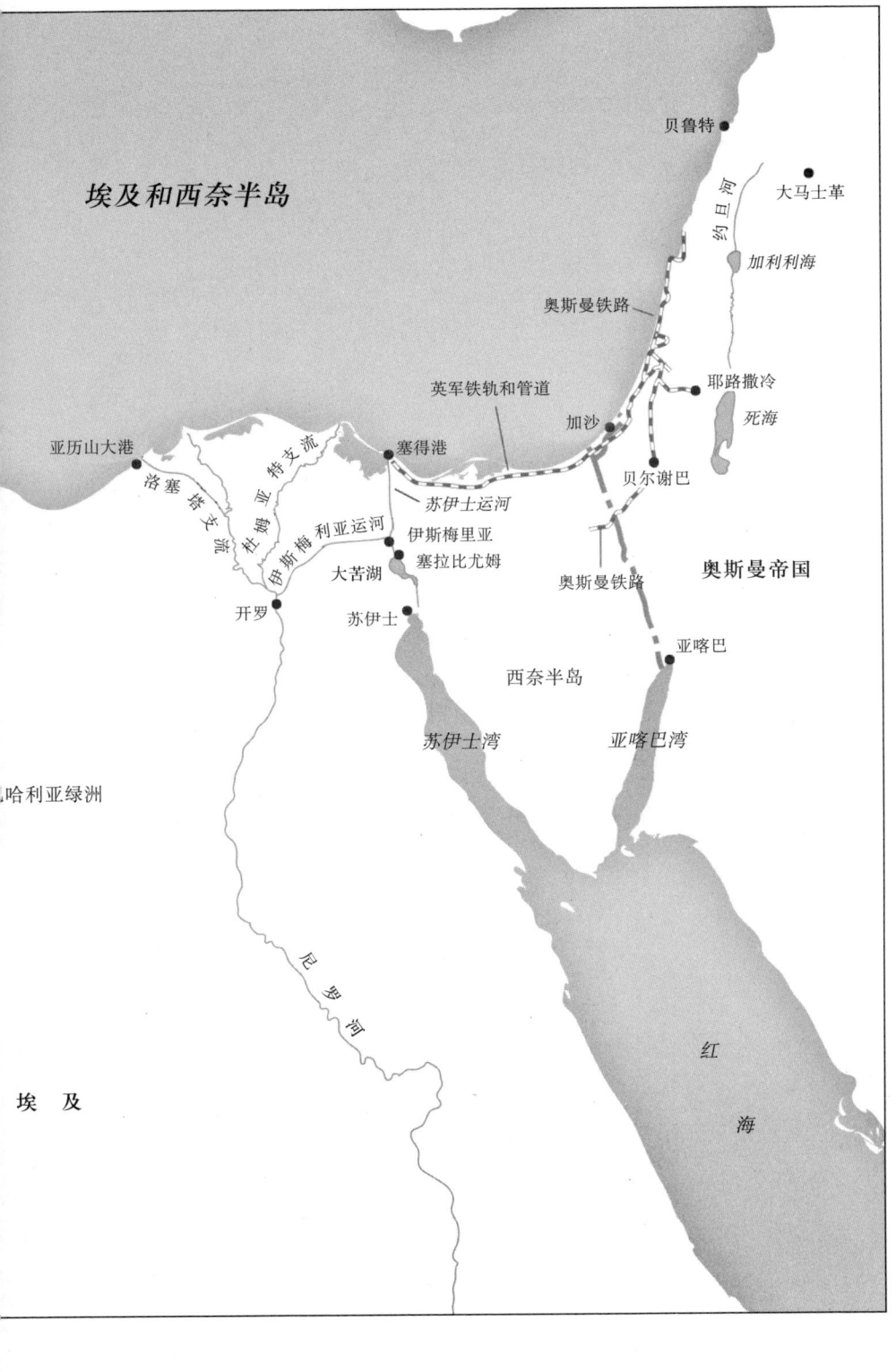

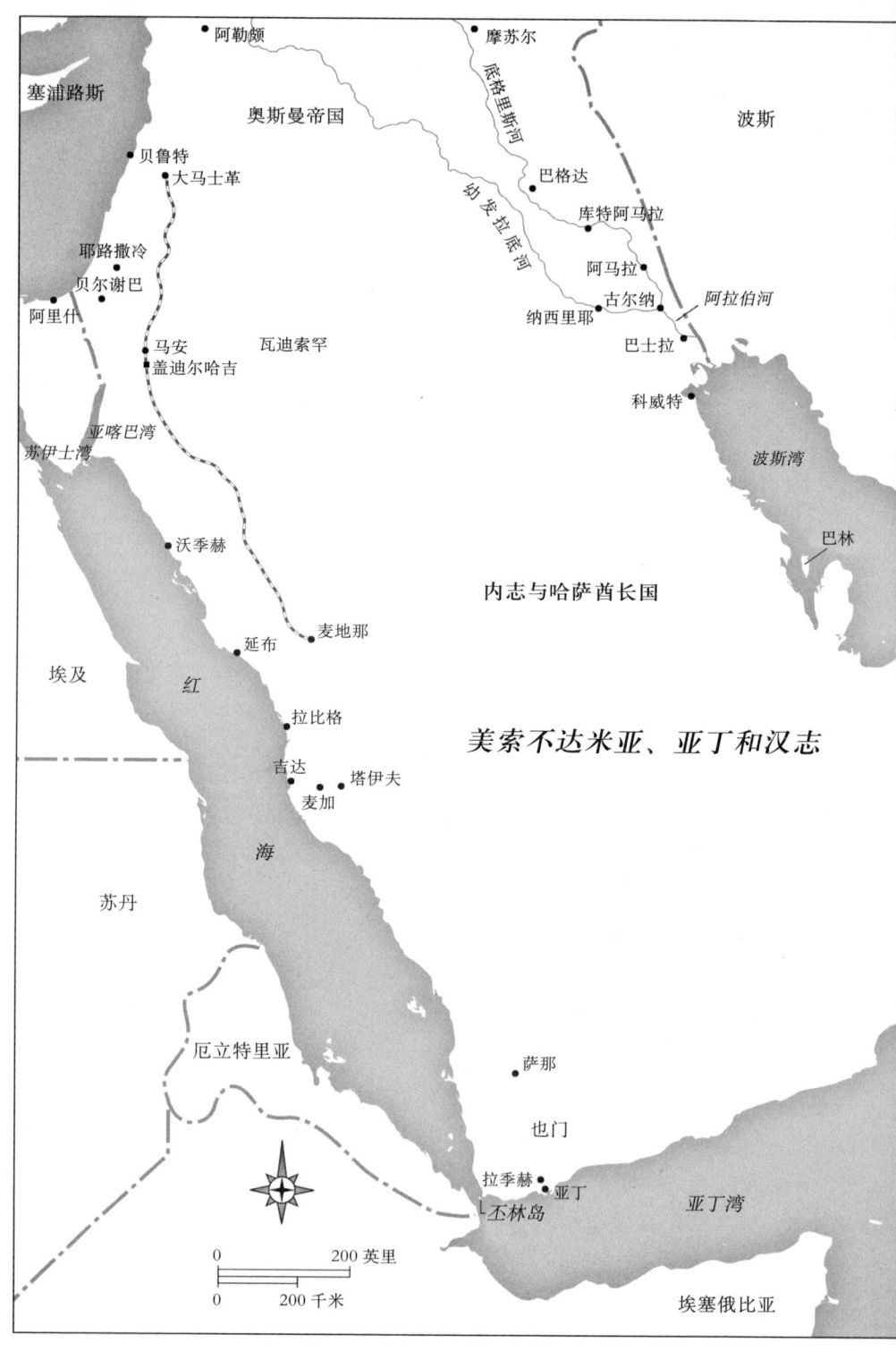

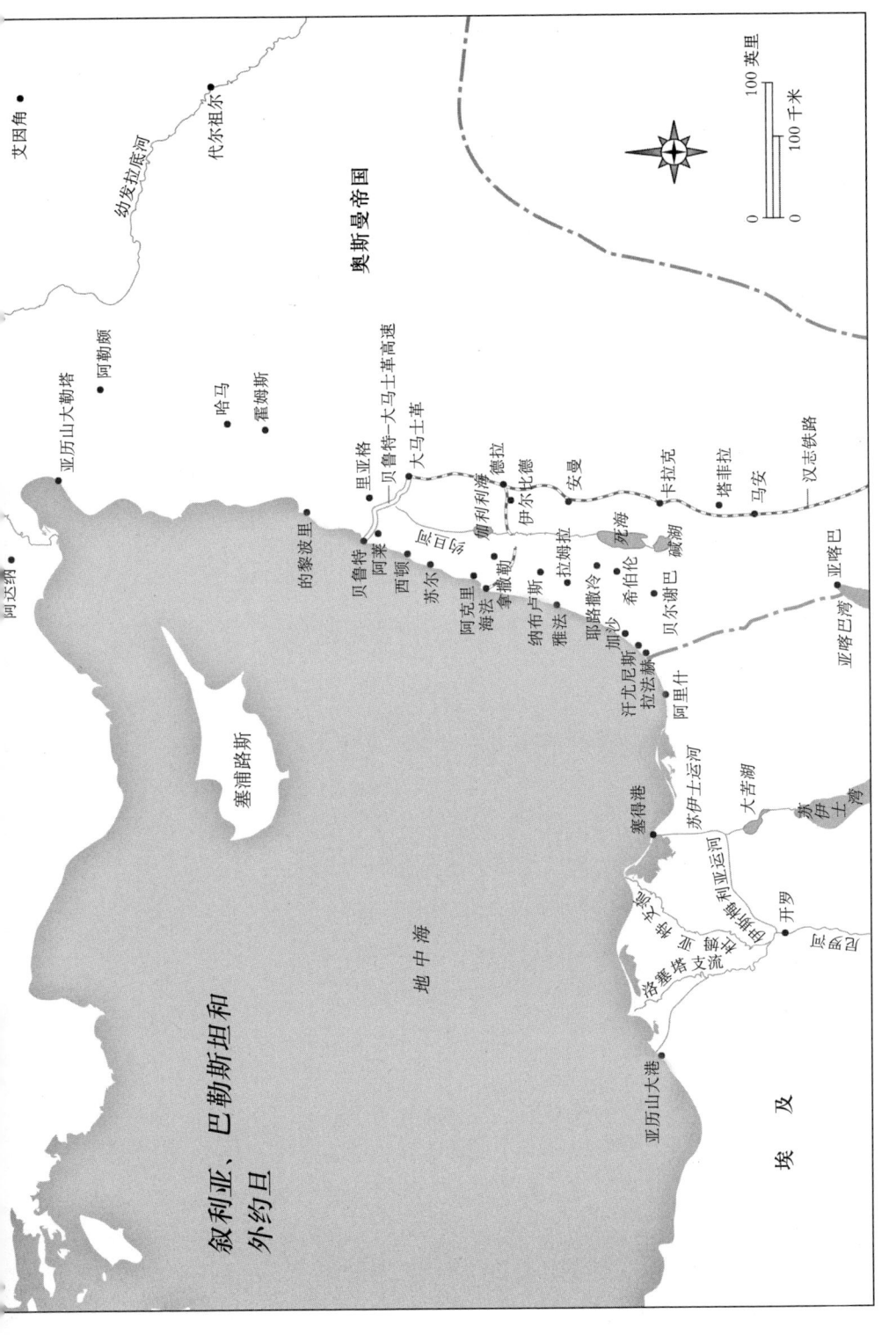

第一章

一场革命，三次战争：1908—1913年

1908年至1913年间，奥斯曼帝国内外交困。从1908年青年土耳其党革命开始，这个历经几世纪的帝国政权面临前所未有的压力。国内的改革势力谋求将帝国带入20世纪，欧洲列强和新近崛起的巴尔干半岛诸国则怀着领土野心向土耳其人开战。此外，亚美尼亚和阿拉伯民族主义者也期望从衰落的奥斯曼帝国手中争取到更多自治。直至1914年，如何应对这些问题仍是奥斯曼政府的重中之重，这也为其随后加入第一次世界大战打下了基础。

1908年7月23日，年迈的苏丹阿卜杜勒-哈米德二世召开了一次内阁紧急会议。这位专制君主正面临继位30年来最大的国内威胁。希腊、保加利亚和马其顿现代国家交界处的巴尔干半岛动荡不安，马其顿的奥斯曼帝国驻军哗变，他们要求恢复1876年宪法，并重新实行议会制。苏丹比他的反对者更清楚宪法的内容。在其1876年登基后所采取的第一批政策中就有一条是颁布宪法，此举象征着由政府领导、长达40年的"坦齐马特"（土耳其语，意为"革新"——译注，下同）达到顶峰。那段日子里，他被视为一位开明

的改革者。然而之后的政治生涯，却使阿卜杜勒-哈米德二世僵化为一名专制君主。

究其根源，阿卜杜勒-哈米德二世的专制统治可追溯到他中年登基时所面临的一系列危机。当年他继承的奥斯曼帝国是一片混乱。1875年奥斯曼帝国的财政宣告破产，欧洲债权国立刻对其实行经济制裁。1876年，奥斯曼帝国对保加利亚分裂分子的暴力镇压被西方媒体报道成"保加利亚惨案"，这令它嗅到欧洲舆论越来越浓的敌意。土耳其一方面受到以英国自由党领导人威廉·格莱斯顿为代表的英国舆论强烈谴责，另一方面与俄国的战争又蓄势待发。种种压力为奥斯曼帝国的统治者敲响了丧钟。阿卜杜勒-阿齐兹一世（1861—1876年在位）被一批富有影响力的改革派官员废黜后，不到一星期就被发现死在自己房中，手腕静脉破裂，很显然是自杀。他的继位者穆拉德五世登基仅3个月便精神崩溃。在如此不利的情况下，时年33岁的阿卜杜勒-哈米德二世于1876年8月31日开始了他的统治。

势力强大的内阁大臣们竭力劝说新上任的苏丹实施自由主义宪法，通过选举产生一个其中既有穆斯林、又有基督教和犹太教徒的内阁，从而制止欧洲进一步干预奥斯曼内政。出于现实角度的考虑而非真正信服，阿卜杜勒-哈米德二世同意了政府改革派的要求。1876年12月23日，他颁布了帝国宪法，并于1877年3月19日召开内阁当选后的首次会议。但是，新内阁成员刚刚会面，奥斯曼帝国便卷入了与俄国的恶战之中。

俄罗斯帝国视自己为拜占庭功业的继承者和东正教的精神领袖，一向伺机扩张，觊觎奥斯曼帝国的首都伊斯坦布尔，这座城市自1453年起便是东正教和拜占庭帝国的中心，旧名君士坦丁堡。俄国垂涎伊斯坦布尔绝非只是文化上的野心。一旦控制了伊斯坦布尔，俄国便手握博斯普鲁斯海峡和达达尼尔海峡的战略主导权，其黑海海港便能和地中海连接起来。然而在整个19世纪，由于奥斯曼帝国控有伊斯坦布尔，沙皇在黑海的舰队一直受到其欧洲邻国的压制。在占领伊斯坦布尔和博斯普鲁斯海峡的企图受挫之后，俄国一边利用巴尔干民族主义分子的独立运动干涉奥斯曼内政，一边通过对奥斯曼帝国的零星战役推进其领土目标。到1876年底，塞尔维亚和保加利亚制造的麻烦给俄国提供了发动另一场扩张战争的机会。1877年4月，在确保奥地利中立并且罗马尼亚准许其军队过境后，俄国向奥斯曼帝国宣战。

沙皇的军队在奥属巴尔干地区势如破竹，同时从高加索地区攻入安纳托利亚东部。与前两次的进攻一样，他们在所到之处大肆屠杀土耳其和穆斯林农民。俄国的入侵激起了奥斯曼帝国的公愤。苏丹阿卜杜勒-哈米德二世凭借其伊斯兰教背景赢得抗俄战争的广泛支持。自从16世纪奥斯曼帝国占领阿拉伯土地之后，先知穆罕默德的旗帜便一直为其掌握。此次苏丹高举这面旗帜，宣布发动对俄国的圣战（jihad）。奥斯曼举国上下团结在他们英勇的苏丹周围，志愿参军，自发捐款支援抗战。就这样，奥斯曼军队暂时止住了俄军在其领土上的侵略。

正当阿卜杜勒-哈米德二世在抗战中得到普遍支持之际，议会成员逐渐开始诟病政府处理冲突的方式。尽管苏丹的圣战对俄国侵略者进行了全力抵抗，俄军仍然在1877年底重新占据上风，并在1878年1月末直逼伊斯坦布尔城下。同年2月，苏丹召开议会商讨战争事宜。一位代表烘焙师公会的议员当面斥责苏丹："您现在才征求我们的意见已经太迟了；您本应在还能有力回天时就来咨询我们的意见。议院与现在的形势毫无关系，拒绝为此承担一切责任。"这位烘焙师议员的一席话让苏丹确信，议会对国家事业来说是障碍而非助力。第二天，阿卜杜勒-哈米德二世就中止宪法，解散议会，并把一些核心议员软禁起来。之后，他便开始包揽国家政权。但那时战争大势已去，年轻的苏丹只得于1878年1月在首都城下接受了俄国的停战协议。[1]

1878年抵御俄军失败后，奥斯曼帝国在柏林会议（1878年6至7月）上缔结和平条约，遭受了重大领土损失。在这次由德国主持、欧洲列强（英国、法国、奥匈帝国和意大利）出席的会议上，众人不仅谋求解决俄土战争，还试图妥善解决巴尔干半岛的许多冲突。根据《柏林条约》条款，奥斯曼帝国失去了巴尔干半岛和安纳托利亚东部地区五分之二的领土和五分之一的人口。割让的领土中，包括安纳托利亚东部高加索地区的三个行省——卡尔斯、阿尔达汉和巴统。这三个行省是土耳其穆斯林的心脏地带，按理不应割让。它们将会成为奥斯曼帝国的阿尔萨斯-洛林（法国东部地区，曾因战争多次在德法两国之间易手）。

除在《柏林条约》中割让的土地之外，奥斯曼帝国还因欧洲列强的侵略丢失了更多的领土。1878年，塞浦路斯成为英属殖民地，1881年法国占领突尼斯，英国在干预1882年埃及危机之后亦将这个奥斯曼的自治行省据为己有。丧权辱国让苏丹阿卜杜勒-哈米德二世坚信，应该用铁腕政策统治奥斯曼帝国，以确保国家未来不再被虎视眈眈的欧洲列强进一步肢解。值得称赞的是，1882年到1908年间，帝国在阿卜杜勒-哈米德二世手中没有进一步解体。然而，保证领土完整的代价却是公民政治权利的丧失。

哈米德二世的专制手段导致了有组织的反抗运动。青年土耳其党是一群不同党派人士的联盟，他们的共同目标是抵制苏丹的专断行为，恢复宪政，重启民主议会制。土耳其联合与进步委员会（CUP）是隶属该组织的著名党派之一，最初是一个平民和军人的秘密协会，成立于二十世纪初。虽然该委员会在奥斯曼帝国的各个地区都有分支——比如阿拉伯半岛，土耳其的各行省以及巴尔干地区——但他们在土耳其和阿拉伯行省的运动遭到了最严厉的镇压。因此，到1908年，该委员会主要在奥斯曼帝国巴尔干半岛残留的领土一带活动——例如阿尔巴尼亚、马其顿和色雷斯。[2]

1908年6月，苏丹的间谍发现在奥斯曼第三军团驻马其顿部队中,有一个联合与进步委员会的支部。这些军人眼看即将被送上军事法庭,决心先发制人。1908年7月3日,支部领袖艾哈迈德·尼亚兹少校副官(Adjutant Major Ahmed Niyazi)带领两百名全副武装的士兵和平民支持者揭竿起义,要求苏丹恢复1876年宪法。原本他们都抱着必死的决心,然而叛乱却因应了公众情绪,得到越来越多民众的支持,他们的运动也因此日益壮大。马其顿所有的城市均加入了反抗行列,宣布遵从宪法。一位名叫伊斯麦尔·恩维尔的青年土耳其党人军官——他声名鹊起后人们简称他为"恩维尔"——宣布克鲁普鲁(Köprülü)和蒂克韦什(Tikveş)这两座小镇恢复宪法,此举赢得了民众的拥护。奥斯曼第三军团还威胁要行军至伊斯坦布尔,让帝国首都也恢复宪法。

在短短三周的时间里,革命运动便如此声势浩大,令苏丹再不能指望他手下的军队去压制马其顿起义了。这就是苏丹被迫在7月23日召开内阁紧急会议的原因。会议的地点在耶尔德兹宫,从那里可以俯瞰伊斯坦布尔欧洲方向的博斯普鲁斯海峡。大臣们惧怕时年65岁的苏丹,未能提及恢复宪法统治这一关键性问题。他们花了数小时找寻替罪羊,而不是思考该如何化解眼前的危机。

听大臣们相互推诿了一天后,阿卜杜勒-哈米德二世中止了这场讨论,向内阁宣布:"我会顺从民意。宪法起先在我的统治下颁布,是我确立了宪法,但后来出于时局需要,我中止了它。现在我希望诸位大臣起草宣言",准备恢复宪法。大臣们如释重负,即刻按照苏丹的指示向帝国的各个行省派发电报,宣布第二个宪政时代的到来。青年土耳其党也因成功发起革命、迫使苏丹恢复宪法而名声大噪。[3]

起初,人们并没有立刻体会到这起事件的重要意义。报纸上对该事件的报道只有短短一句"苏丹陛下有令,按宪法重启议会",连标题和评述都没有。这或许也反映了当时苏丹对奥斯曼媒体审查之严厉,以至于各大报纸噤若寒蝉。直到24小时后,这则消息才在民间有了反响。7月24日,人们聚集在伊斯坦布尔和帝国各个行省的公共广场上,共同庆祝重回宪法时代。恩维尔少校搭乘火车前往青年土耳其党运动的中心——萨洛尼卡(今属希腊),那里的群众欢欣鼓舞地称他为"自由战士"。与恩维尔一同站在群众为他搭建的台子上的,是他两位同事——奥斯曼铁路军事检察官艾哈迈德·杰马勒少校,以及邮局员工穆罕默德·塔拉特。这二人都是联合与进步委员会中崛起的新星。和恩维尔一样,人们用其中间名简称他们,即杰马勒和塔拉特。"恩维尔,"他们高喊,"现在你就是拿破仑!"[4]

接下来的几天,大街小巷到处都是印有"正义、平等、博爱"的红白革命标语。帝国的各个广场上都贴着尼亚兹和恩维尔以及军队中其他"自由英雄"的照片。政治激进分子纷纷发表演说歌颂宪法,并且与群众分享他们的期望和抱负。

宪法革命所带来的期望把不同背景的奥斯曼人民团结起来,同仇敌忾。奥斯曼社会中有许多不同的民族,包括土耳其人、阿尔巴尼亚人、阿拉伯人、库尔德人,还有众多宗教团体——占多数的逊尼派穆斯林,什叶派穆斯林,十几个不同的基督教派和规模不小的犹太教群体。此前政府也曾试图培养民族认同感,但终因社会多元化而未能成功,直到这次宪法革命的到来。正如一位政治激进分子写道,阿拉伯人"对土耳其人敞开怀抱,他们相信这个国家里已没有什么阿拉伯人、土耳其人、亚美尼亚人、库尔德人之分,大家都是奥斯曼人,享有平等的权利,承担平等的责任"。[5]

在人们欢欣庆祝失而复得的自由时,也开始了打击报复——针对那些疑似参与过阿卜杜勒-哈米德二世镇压行动的人。苏丹统治下的奥斯曼帝国已堕落成一个警察国家:政治激进分子被抓入狱或被流放,报纸杂志受到严厉的审查,民众谨言慎行,生怕四周都是为政府效力的耳目。据一位名叫穆罕默德·伊扎特·达瓦萨的巴勒斯坦纳布卢斯镇居民描述,"革命的头几天,人们对政府那些已经确认当过奸细的，贪污腐败的，或是镇压过革命的大小官员怒不可遏"。[6]

但对大多数人来说，青年土耳其党革命所带来的希望和自由仍然令人兴奋不已。阿拉伯和土耳其诗人为青年土耳其党作颂歌，他们的诗中也体现出了这种喜悦：

今日我们同庆你们带来的自由，
我们早出晚归无一丝担忧和压力。
自由的人们已从那个曾受屈辱的监狱中走出，
亲爱的流放者也回到了家乡。
因为他不再担心间谍的密报，
不再害怕伸手碰触报纸。
夜晚我们不再辗转反侧，
白天我们不再惶恐难安。[7]

然而，革命所带来的希望很快就化为泡影。

那些曾希望政治变革的人失望地发现，这次革命并没有让奥斯曼帝国政府发生重大改变。联合与进步委员会决定保留苏丹阿卜杜勒-哈米德二世的君主地位。之前，他因恢复宪法而受到称赞，被奥斯曼民众尊为他们的苏丹和穆斯林的哈里发，即精神领袖。在1908年时，废黜阿卜杜勒-哈米德二世对青年土耳其党人来讲可能会弊大于利。而且，委员会的领袖实在都很年轻。大多数下级军官和底层官员都才二三十岁，他们没有信心自己掌权，而是把掌管政府的任务交给了大维齐尔（首相）赛义德帕夏（土耳其语里的一种尊称）和他的班底，他们则负责监督，确保苏丹及其政府秉承宪法。

那些以为宪法会解决他们经济难题的奥斯曼民众，很快就要大失所望。革命引起的政治动荡打击了人们对土耳其通货的信心。1908年8月到9月，通胀水平飙升至20%，给工人阶级的生活造成了巨大压力。奥斯曼工人组织示威游行要求改善薪酬和工作待遇，但国家财政无力满足他们的合理要求。革命后的头六个月里，劳工激进分子组织了超过一百次的罢工，导致政府出台对劳工更为苛刻的法律，并进行了一次镇压。[8]

更关键的是，人们认为恢复议会民主就能得到欧洲各国的支持和对奥曼帝国领土主权的尊重，可之后的事实证明他们被打了一记重重的耳光。土耳其的欧洲邻国趁着青年土耳其党人制造的动荡，进一步吞并奥斯曼领土。1908年10月5日，之前隶属奥斯曼的保加利亚行省宣布独立。第二天，奥匈帝国哈布斯堡王朝宣布吞并奥斯曼的波斯尼亚和黑塞哥维那行省。同年10月6日，克里特岛与希腊结成联盟。土耳其的民主转向并没有赢得欧洲列强的支持，反而使国家更为脆弱。

青年土耳其党人希望通过帝国议会来重新掌控革命进程。仅有两个党派参加了在1908年11月底到12月初举行的议会选举，联合与进步委员会就是其中之一。"联合派"（该委员会成员的称谓）在下议院获得了压倒性胜利，把许多无党派人士吸收进了委员会。12月17日，苏丹召开第一次议会会议，发表演说表明他忠于宪法的决心。成员分别由君主委任和选举产生的上下两议院，其议长均赞扬了阿卜杜勒-哈米德二世在恢复宪法政府一事中所表现出来的过人智慧。这种互动制造了苏丹与委员会之间一种和谐的假象。但是专制君主不会一夜之间就洗心革面。不甘受宪法制约的阿卜杜勒-哈米德二世正韬光养晦，等待时机清理青年土耳其党。

一旦革命的热情减退，联合与进步委员会便面临来自奥斯曼政界内部的阻挠，以及民间社会强大力量的左右。奥斯曼帝国是一个伊斯兰国家，因此宗教团体把碍眼的一切贬为青年土耳其党人的世俗文化。军队两极分化：毕业于军校的军官倾向于自由改革，而普通士兵则唯苏丹马首是瞻。议会内，自由派人士疑心联合与进步委员会有专制的倾向，遂利用自己与媒体和欧洲官员的联系——尤其是和英国大使馆——来破坏委员会在下议院的地位。阿卜杜勒-哈米德二世在自己的宫殿中，悄悄地鼓励一切向委员会发起挑战的行动。

1909年4月12日和13日晚，联合与进步委员会的敌人发动了反革命政变。效忠于苏丹的第一集团军士兵背叛了长官，并联合首都神学院的宗教学者一同游行至议会示威。一夜之间，该游行便聚集了越来越多的伊斯兰教学者和哗变士兵。他们要求重新组阁，驱逐一批联合派政客，并恢复伊斯兰教法——尽管事实上在过去的几十年里，帝国一直并行着好几套法典。联合派代表逃离了首都，唯恐自己性命不保。内阁也提交了辞呈。苏丹则借此机会同意暴动者的要求，从而重新夺回了奥斯曼帝国的政治领导权。

然而，阿卜杜勒-哈米德二世的重新掌权只是昙花一现。奥斯曼帝国第三军团驻马其顿部队视宪法为帝国政治前途的保证，因此他们认为伊斯坦布尔的反革命运动是对宪法的挑衅。在马其顿的青年土耳其党人动员组成了一支名为"行动军"（the Action Army）的战斗力量，在革命英雄艾哈迈德·尼亚兹少校的指挥下直逼伊斯坦布尔。4月17日，这支援军从萨洛尼卡出发，向帝都行进。4月24日凌晨，只遭遇反动派零毫抵抗的行动军攻下了伊斯坦布尔，开始实行戒严。奥斯曼上下议院再次聚首组成国家议会，并于4月27日投票废黜了苏丹阿卜杜勒-哈米德二世，立其年轻的弟弟穆罕默德·雷沙德为新苏丹，称穆罕默德五世。随着联合与进步委员会重掌大权，反革命运动最终宣告失败——这一切都发生在短短两个星期之内。

反革命运动使奥斯曼社会产生了深刻的隔阂——没有什么比土耳其人和亚美尼亚人的对立更危险。行动军拥护联合与进步委员会在伊斯坦布尔重掌大权后不久，穆斯林教众便血腥屠杀了东南城市阿达纳中数以万计的亚美尼亚人。屠杀的根源可追溯到19世纪70

年代。到第一次世界大战，双方的这种仇视演变成了20世纪的第一次种族灭绝。

1909年，许多奥斯曼土耳其人怀疑亚美尼亚少数民族预谋脱离帝国，另建国家。亚美尼亚人拥有自己的语言和独特的基督教礼拜仪式，还有一个在奥斯曼治下延续长达几世纪的公共组织，独立的宗教团体米利特（Millet）。他们几乎具备一切19世纪民族主义运动的先决条件，除了一点：他们并没有聚居在同一地理区域。作为一个民族，他们散布在俄罗斯帝国和奥斯曼帝国边境、安纳托利亚东部地区、地中海沿海地带，以及奥斯曼各大商业都市。最大的亚美尼亚人聚居地就在首都伊斯坦布尔城内。若不能在一方土地内拥有足够多的人数，他们永远不可能希望建国，除非——理所当然——他们能找到某个大国支持他们的建国事业。

亚美尼亚人第一次提出领土要求，是在1878年的柏林会议上。作为俄土战争和解条件的一部分，奥斯曼帝国被迫把卡尔斯、阿尔达汉和巴统这三个亚美尼亚人聚集的行省割让给俄国。几十万亚美尼亚人转而由俄国统治，这为他们向奥斯曼帝国要求更多自治奠定了基础。亚美尼亚族代表团决意将埃尔祖鲁姆、比特利斯和凡城这三个奥斯曼行省设为"亚美尼亚族聚居省"，希望效仿黎巴嫩山一带基督教和穆斯林教徒混居的模式，建立一个民族自治区，由基督教徒担任总督。欧洲列强立即作出回应，在《柏林条约》中增加了一项条款，责令奥斯曼政府即刻落实"亚美尼亚族聚居行省所提出的地方性改革和改善要求"，并向亚美尼亚人提供安全保障，使该族裔免受占多数的穆斯林的攻击。该条款还责成伊斯坦布尔定期向欧洲列强报告其对亚美尼亚公民的政策。[9]

欧洲国家对巴尔干地区基督教民族主义运动的支持，令奥斯曼政府有理由担心，将来还会有外来势力插手奥斯曼帝国其他具有战略意义的领土。《柏林条约》赋予亚美尼亚人在土耳其安纳托利亚的心脏地带一种全新的地位，这明显对奥斯曼帝国造成了威胁。与俄国签订的和约才刚令奥斯曼人失去卡尔斯、阿尔达汉和巴统三个行省,他们无法想象再失去更多安纳托利亚东部领土。因此,当时的阿卜杜勒-哈米德二世政府竭尽全力压制新兴的亚美尼亚民族运动,并禁止他们与英俄两国来往。19世纪80年代末,亚美尼亚激进分子开始组建政治组织,寻求建国。奥斯曼政府像对待其他任何一个国内反动团体那样,施行了全面的镇压——监视、逮捕、囚禁和流放。

19世纪末涌现出两个独立的亚美尼亚民族主义组织。1887年,一批在瑞士和法国的亚美尼亚族学生于日内瓦创立了红查克组织(Hunchak,亚美尼亚语,意为"钟")。1890年,身居俄罗斯帝国的一批激进分子成立了亚美尼亚革命联盟,它更响亮的名字是达什纳克(Dashnak,亚美尼亚语,意为"联盟")。这两个组织的理念和手段迥然不同:红查克组织宣扬社会主义和民族解放相对来说具有的优点,而达什纳克则鼓动俄罗斯帝国和奥斯曼帝国的亚美尼亚人进行自卫。两个组织都提倡使用暴力手段来实现亚美尼亚人的政治目的。他们自称自由战士,但奥斯曼政府却视他们为恐怖分子。红查克和达什纳克发起的活动,使安纳托利亚东部地区的穆斯林和基督教徒的关系更为紧张。亚美尼亚激进分子希望这种紧张的局势能够使欧洲国家出手干预,而奥斯曼政府则视其为新兴的民族主义运动并试图打压。这种剑拔弩张的情形最终演变成了流血事件。[10]

1894年至1896年间,居住在奥斯曼帝国的亚美尼亚人成为一系列恐怖屠杀的对象。1894年夏,暴动首先发生在安纳托利亚东部的萨松地区。库尔德游牧民袭击了亚美尼亚人村庄,原因是后者拒绝在给奥斯曼官员缴税之外再给他们交因循已久的保护费。亚美尼亚激进分子鼓励饱受苛捐杂税之苦的亚美尼亚农民揭竿起义。英国商人H. F. B. 林奇在大屠杀前夕路过萨松地区。他如此描述这些煽动者:"他们的目标就是通过贼喊捉贼的方式,保证亚美尼亚人反抗事业的势头。他们的呼声通过欧洲媒体传播开来;而当人们前来查看时,总会有一些土耳其官员上钩,展现他们的恶劣行径。"奥斯曼政府派遣第四军团加一个库尔德骑兵团前去稳定局势,结果成千上万的亚美尼亚人惨遭杀戮,导致红查克组织积极谋求而奥斯曼政府避之不及的欧洲干预最终成了现实。[11]

1895年9月,红查克组织在伊斯坦布尔发起了一次游行,请求在被欧洲媒体称作"土耳其亚美尼亚"的安纳托利亚东部行省实施改革。他们给奥斯曼政府和所有的外国大使馆发出了48小时的预先通知,讲明了条件,其中包括委任一名基督徒总督来监管安纳托利亚东部地区的改革进程,赋予亚美尼亚村民携带枪械的权力,以防御周边装备精良的库尔德人来袭等等。奥斯曼人把四面高墙的奥斯曼首相和其内阁的办公地点——"高门"(Sublime Porte,这个词也用来指代奥斯曼政府,如同白厅对应英国政府)用警戒线围了起来,防止亚美尼亚抗议者靠得太近。一名警察在骚乱中丧生,充满敌意的穆斯林群体把矛头指向了亚美尼亚人,引发了一场暴动。在"高门"之外就有60名抗议者被杀。欧洲各国抨击了奥斯曼当局屠杀和平抗议者的行径。面对日益增长的国际压力,苏丹阿卜杜勒-哈米德二世在10月17日颁布了一条法令,承诺在安纳托利亚东部有亚美尼亚人聚居的六个行省实施改革。它们分别是:埃尔祖鲁姆、凡城、比特利斯、迪亚巴克尔、哈尔普特(Harput)和锡瓦斯。

苏丹的改革法令反而加剧了上述6个行省穆斯林的恐惧。在他们的理解中,这条政令是要让安纳托利亚东部的亚美尼亚人实现独立的前奏。一旦他们独立,人口占多数的穆斯林就会被迫生活在基督徒的统治下,或者离乡背井去伊斯兰国家重建家园——正如当年奥斯曼政府把克里米亚、高加索和巴尔干地区交由基督徒管理后,数以万计的穆斯林从这些地方迁出一样。奥斯曼当局并没有采取任何行动去平息穆斯林教徒的恐惧。在苏丹颁布法令的数日后,安纳托利亚中部和东部的村镇发生了新一轮更大规模的屠杀。据亚美尼亚传教士估计,到1896年2月,至少有3.7万名亚美尼亚人被杀,

第一章 一场革命，三次战争：1908—1913 年

30 万人无家可归。其他一些估计则称，伤亡人数在 10 万到 30 万之间。由于该地区相对封闭，我们无法获得关于 1895 年大屠杀更为确切的数字，但针对亚美尼亚人的这种暴行在奥斯曼历史上无疑是空前的。[12]

1894 年至 1896 年，发生在伊斯坦布尔的一起恐怖袭击事件标志着亚美尼亚人的暴动进入第三个，也是最后的阶段。1896 年 8 月 26 日，26 名达什纳克激进分子乔装成搬运工，把武器和炸药藏匿于伊斯坦布尔奥斯曼银行的钱袋之中。他们杀了两名保安，并劫持了 150 名银行员工，威胁若不能满足他们的要求——即指派一名欧洲高级专员在安纳托利亚东部地区实施改革，并特赦所有亚美尼亚的流亡政客——就要引爆大楼，把所有人都炸死。虽然该银行名属奥斯曼，但实则是一家外资机构，其股份几乎被英法两国垄断。亚美尼亚激进组织先前力促欧洲列强介入，结果此次银行事件的发展完全事与愿违。最终恐怖分子们被迫放弃占领，坐上一条法国船逃离了奥斯曼帝国，提出的条件也没有得到满足。达什纳克的此次行动不但广受欧洲列强谴责，而且还在伊斯坦布尔引发了新一轮针对亚美尼亚人的屠杀，致使多达 8000 名亚美尼亚人遇害。欧洲列强对亚美尼亚人问题的政策也不尽相同，因此其介入并未能使奥斯曼帝国作出任何改变。对于亚美尼亚民族运动而言，1894 至 1896 年的血腥事件无疑是一场灾难。

接下来的几年里，亚美尼亚民族运动改变了策略，开始与奥斯曼帝国中谋求改革的自由派通力合作。1907 年，达什纳克成员和联合与进步委员会代表共同出席了在巴黎举行的第二届受奥压迫党派代表大会。达什纳克是 1908 年青年土耳其革命的坚定支持者，此次大会上他们首次被承认为合法组织。数月后，亚美尼亚团体有多人成为奥斯曼帝国的议员候选人，并有 14 人成功当选下议院议员。众人都希望亚美尼亚人寻求的政治目标能够在奥斯曼宪法的框架内实现，包括宪法保证的公民身份以及未来的权力下放。然而，1909

年爆发的反革命政变使这些期望都成了泡影。1909年4月25日至28日，约有2万名亚美尼亚人在一场疯狂的杀戮中不幸遇害。[13]

扎贝尔·埃萨扬（Zabel Essayan）是20世纪初最著名的亚美尼亚裔文人之一。阿达纳大屠杀之后不久，她便到当地协助灾后救援工作。在她面前的这座城市已是满目疮痍，只剩下目睹惨剧而伤心欲绝的寡妇、孤儿和老人。回忆起那场浩劫，她说："人们无法一下子接受如此惨痛的现实：它远远超出了人类的想象。即使是那些当事人也无法完整地讲述事件的来龙去脉。他们语塞、叹息、流泪，最后也只能告诉你一些支离破碎的片段。"像埃萨扬这样有影响力的公众人物吸引了国际方面对此次大屠杀事件的关注，奥斯曼帝国也因此遭到各国的谴责。[14]

暴乱过后，青年土耳其党人迅速采取行动，派杰马勒帕夏赴阿达纳重整秩序。联合派需要让达什纳克成员对他们重拾信心，避免后者再次为实现民族目标而寻求欧洲干预。达什纳克同意继续保持合作，但前提是政府必须将与阿达纳大屠杀有关的一干人等绳之以法，归还亚美尼亚幸存者的财产，减轻他们的赋税，并向穷苦的亚美尼亚人提供资金援助。杰马勒在他的回忆录中声称，阿达纳的每一座房屋都在4个月内得到了重建，"至少30名穆斯林"在阿达纳被处决，另有17名"显贵家族的成员"在邻近的埃尔津地区被正法。这些措施都在安抚亚美尼亚人的同时，也制止欧洲对此事的干预，而且在当时为青年土耳其党人处理亚美尼亚人问题赢得了时间。[15]

就在奥斯曼帝国勉力保全安纳托利亚东部领土之际，它在地中海遭遇一场全新的危机。随着法国占领阿尔及利亚（1830年）和突尼斯（1881年），英国占领埃及（1882年）之后，隶属当今利比亚的班加西和的黎波里行省成了奥斯曼帝国在北非的最后两片土地。而1871年才完成统一的新兴国家意大利也希望在非洲占据一席之地。于是，维托里奥·伊曼纽尔三世的政府便将目光转向利比亚，

第一章 一场革命，三次战争：1908—1913年

企图在那里达成他们的帝国野心。

奥斯曼帝国并没有任何能挑起1911年意土战争的举动。然而，因罗马提前确定英法两国会保持中立，所以已没有什么力量能阻挠它用武力手段在北非实现其帝国野心了。9月29日，意大利以奥斯曼帝国向利比亚驻军输送武器，威胁的黎波里与班加西的意大利侨民为由，向利比亚沿海城市发动了全面进攻。[16]

奥斯曼在利比亚的驻军非常薄弱，仅有约4200名土耳其士兵，而且几乎无任何海军支援，在超过3.4万名入侵意军面前毫无招架之力。奥斯曼战争大臣向其在利比亚的官员坦承，利比亚终将失守。1911年10月的前几周的黎波里（利比亚西部）与班加西地区（利比亚东部，亦称昔兰尼加）的沿海城镇便被斗志高昂的意军攻陷。[17]

在意军入侵一事上，奥斯曼政府与青年土耳其党人的立场截然不同。大维齐尔及其政府并不认为他们能守住利比亚，因此宁可放弃这片北非边疆，也不愿让奥斯曼军卷入一场注定失败的战斗中。而持极端民族主义理念的青年土耳其党人却不能接受将奥斯曼帝国的领土拱手送人。

1911年10月初，恩维尔少校前往萨洛尼卡同联合与进步委员会的中央委员会谈话。在长达5小时的会议中，恩维尔说服了他的同事在利比亚组织开展对意游击战。他在一封写给童年好友及义兄——德国海军武官汉斯·胡曼的信中，如此描述作战计划："我方将在（利比亚）境内集结力量。阿拉伯骑手将在奥斯曼青年军官的领导下与我国子民一道，密切监视并不分昼夜骚扰意军。每个（意大利）士兵或小分队都将遭到袭击歼灭。若敌军过于强大，我方将撤到广阔大地的各个角落，继续抓住每个机会骚扰敌军。"[18]

征得联合与进步委员会允许后，恩维尔当即启程回到伊斯坦布尔，在那里秘密乘船前往埃及亚历山大港。数十名爱国的年轻军官追随他来到埃及，利用这里作为游击队对抗意军的跳板——其中有一位名为穆斯塔法·凯末尔的年轻少校副官，后来成为了"阿塔

图尔克"（Atatürk，土耳其语，意为"土耳其国父"），其余人则取道突尼斯进入利比亚。在官方记录中，这些年轻军官被政府以"违背奥斯曼政府意愿行动的冒险分子"之由除名（但实际上奥斯曼财政部仍然给这些在利比亚的军官发放月薪）。他们自称"费达依"（fedaî），即甘愿为他们的事业抛头颅、洒热血的战士。[19]

10月末，恩维尔在进入埃及之后即刻怀着满腔热情投身到利比亚冲突之中。他披上阿拉伯长袍，骑着骆驼进入利比亚境内。艰苦卓绝的沙漠生活令他感慨万千，也使他非常佩服生活在这里的贝都因人。由于恩维尔不懂阿拉伯语，他只得通过翻译与贝都因人交流。后者对恩维尔表示了极大的尊敬。恩维尔的未婚妻是苏丹穆罕默德五世的侄女——苏丹公主爱美妮·妮丝耶。虽然当时她年仅13岁（他们在1914年公主17岁时结婚），但恩维尔这种与皇室的联系极大地提升了他在利比亚的地位。他在信中写道："在此我是苏丹的女婿，是哈里发的钦差，这层关系帮了我很大的忙。"[20]

恩维尔将运动控制在班加西东部区域内。意大利军队聚集在昔兰尼加的三个港口城市——班加西、德尔纳和图卜鲁格。由于遭到利比亚部落的顽强抵抗，意军无法从沿海平原向利比亚内陆进一步挺进。恩维尔勘察了敌军位置后，将营地扎在俯瞰德尔纳的高地之上。德尔纳的1万名居民不情愿地供养着1.5万名意大利步兵，而后者正是恩维尔的主要作战目标。他召集差点被俘、士气低落的奥斯曼士兵，征募了部落民以及有影响力的赛努西兄弟会成员（Sanussi，一个神秘的宗教团体，其分会遍布利比亚城乡），还在埃恩曼苏尔（Ayn al-Mansur）的营地接纳了其他的"费达依"志愿军官。通过他在利比亚的工作——招募听命于奥斯曼军官的当地战士，让伊斯兰教徒对外国势力产生敌意，从而打倒欧洲敌人，并建立一个有效的情报网络——恩维尔为一个全新的特勤组织奠定了创立基础。它名为"特别组织"（Teşkilât-i Mahsusa），后来对奥斯曼的一战战事影响深远。

第一章　一场革命，三次战争：1908—1913 年

在恩维尔的努力下，许多利比亚的阿拉伯部落与奥斯曼志愿军团结在了一起。他们由衷地感激青年土耳其党人能投身于利比亚人民的战斗，并为捍卫部落自由不惜牺牲生命地与外国势力作斗争。虽然他们之间语言不通，但伊斯兰教的纽带将操土耳其语的青年土耳其党人与操阿拉伯语的利比亚部落成员紧密联结。恩维尔将利比亚的阿拉伯斗士形容成"视死亡如天赐的狂热穆斯林"。这种描述对强势的赛努西苏菲派信徒而言尤为恰当，他们之所以忠于奥斯曼帝国的苏丹，正因为后者是伊斯兰的哈里发。作为不信教的青年土耳其党人，恩维尔并没有否认这种对伊斯兰教的虔诚，而是把宗教当作一股强大力量，能使穆斯林视奥斯曼苏丹为哈里发并团结在其周围打击帝国与穆斯林世界的敌人。恩维尔如此描述伊斯兰教的力量："放眼看看伊斯兰世界中发生的这一切吧，伊斯兰教没有民族之分。"无论利比亚的那段时光还给了恩维尔怎样的启发，他都坚信奥斯曼帝国能够利用伊斯兰教的强大力量对抗国内外一切敌人。[21]

1911 年 10 月至 1912 年 11 月间，青年土耳其党军官与阿拉伯部落对意军展开游击战，取得了显著胜利。虽然意军在数量和现代武器装备上都占优势，但他们无法冲出沿海平原的堡垒去占领利比亚的内陆地区。阿拉伯游击队力挫意军，使后者在一年内死亡 3400 人，另有 4000 人受伤。战争也耗损了意大利的财力。奥斯曼军每月仅需开销 2.5 万土耳其磅（1 土耳其磅价值约 0.9 英镑或 4.40 美元）支持恩维尔围攻德尔纳的军事行动。有一段时间，青年土耳其党人在利比亚的斗争似乎胜利在望，意大利人就要被赶下海了。[22]

由于无法成功攻下利比亚，意军转移战斗阵地。他们知道，结束这场战争的唯一方式，就是让奥斯曼政府签署正式和约，将利比亚的控制权让予意大利。为了迫使伊斯坦布尔主动请求讲和，意大利海军舰船向奥斯曼横越地中海东部的领土发起攻击。1912 年 3 月，他们炮击了黎巴嫩的贝鲁特港；同年 5 月，意军士兵占领十二群岛

（Dodecanese，位于爱琴海，今部分属于希腊，罗德岛是其中最大的岛屿）。7月，意大利海军派遣鱼雷快艇进入达达尼尔海峡。最后，意大利人打出了巴尔干这张牌。希腊、塞尔维亚、黑山和保加利亚结成联盟，共同对抗他们之前的奥斯曼宗主国。它们每一个都觊觎奥斯曼在巴尔干地区最后的领土——阿尔巴尼亚、马其顿与色雷斯。意大利国王与黑山国王尼古拉一世有姻亲关系，他1912年10月8日成功煽动黑山向奥斯曼帝国宣战。其他巴尔干国家效仿黑山只是时间问题。

巴尔干地区一触即发的战争局势，在伊斯坦布尔和利比亚引起了一场危机。奥斯曼政府在的黎波里和班加西等边远行省抵抗意军，却对巴尔干的心脏地带疏于防范。曾经的理想主义迅速被新的现实所取代。黑山宣战十天后，奥斯曼帝国与意大利签订了合约，割让利比亚行省。"费达伊"军官虽然为弃利比亚的同志于不顾感到羞愧，但也只能让赛努西兄弟会孤军奋战了。他们不得不火速返回伊斯坦布尔，投身到后来被称为第一次巴尔干战争的那场关系国家存亡的战斗中。

巴尔干诸国曾是奥斯曼帝国的一部分。19世纪时，民族主义广泛传播于东南欧的各个民族和宗教团体。欧洲列强为达到分裂奥斯曼帝国的目的，积极鼓励这些民族主义运动，导致出现许多动荡不安的附庸国。1830年，希腊王国在历经十年奋战后率先实现独立。塞尔维亚于1829年得到国际社会承认，并在1878年的柏林会议上完全独立。同样在柏林会议上实现独立的还有黑山；保加利亚则取得了在奥斯曼帝国统治下的地方自治，1908年9月完全独立。实现独立的巴尔干诸国并不满足于自身的领土范围，都觊觎仍属于奥斯曼帝国的阿尔巴尼亚、马其顿和色雷斯。另一边，奥斯曼帝国过于轻视这些以往巴尔干臣民的主张，低估了他们给辖下最后几个欧洲行省所造成的威胁。

巴尔干诸国抓住意土战争的契机，意图实现它们的扩张野心，奥斯曼帝国的盲目自满也随之被粉碎。1912年10月，黑山、塞尔维亚、希腊和保加利亚先后向奥斯曼帝国宣战。巴尔干诸国联盟从一开始便在军队规模和战略态势上占优，军队人数达71.5万人，相比之下，仅有32万名奥斯曼士兵在前线作战。[23]

希腊人利用其海上优势对抗奥斯曼帝国。他们不仅吞并了克里特岛，占领了数个爱琴海岛屿，还利用海军阻断奥斯曼军的海上支援。11月8日，希腊军队占领了青年土耳其党革命的发源地——萨洛尼卡，还控制了阿尔巴尼亚南部的多数地区。塞尔维亚和黑山由北面袭击马其顿和阿尔巴尼亚，并成功占领了这些地区。科索沃则于10月23日被塞尔维亚收入囊中。

与土耳其人交战最激烈的是保加利亚人。后者分别在10月24日与11月2日成功突破奥斯曼军在克尔克拉雷利和吕莱布尔加兹的第一、二道防线，直逼距伊斯坦布尔仅40英里的萨塔勒卡（Çatalca）。1912年12月初，奥斯曼政府"高门"呼吁停火，这时驻守埃迪尔内（旧称阿德里安堡，今在土耳其境内，邻近希腊和保加利亚）的奥斯曼士兵已深陷重围。将利比亚割让给意大利不到两个月，奥斯曼军便全线溃败，丧失欧洲的最后几个行省看来已成定局。

自由派人士卡米勒帕夏是当时奥斯曼政府的首相。联合派和自由派人士长久以来视彼此为劲敌，卡米勒帕夏还蓄意将联合派排挤在其内阁之外。自由派人士主张用和平的方式防止未来进一步丧失领土，同时避免伊斯坦布尔受到威胁。而另一边的联合派则号召发起新一轮战争，以此收复奥斯曼帝国的重要领土——从埃迪尔内开始。联合派抨击奥斯曼政府作战不利，卡米勒帕夏便下令取缔其各个支部，关停他们的报纸，并逮捕了一批联合派领导人。

恩维尔从抵御意军的利比亚前线回到伊斯坦布尔后，便被卷入了这些军事和政治的紧张局势之中。在1912年12月末，他写道："我发现四周充满了敌意。表面上，包括战争大臣在内的整个内阁都对我很友善,但我知道他们派了特务跟踪我。"他数次去萨塔勒卡前线查看,并认定战事对奥斯曼军比对保加利亚军更为有利。不出所料,恩维尔公开支持继续战斗。"如果内阁不做任何努力就把埃迪尔内拱手送人,我就退出军队,公开呼吁战争,到时我不知道——或者不想说出——我将会做出什么。"[24]

恩维尔确信卡米勒帕夏即将同意签署和约,把埃迪尔内割与外国统治。因此,他决定采取极端行动。1913年1月23日,10名武装谋反者越过伊斯坦布尔的石子路向"高门"飞驰而去。在他们冲进内阁会议室的同时,恩维尔及其部下与大维齐尔的守卫交火,导致包括战争大臣纳齐姆帕夏在内的4人被杀。随后恩维尔用手枪指着卡米勒帕夏的头,要求这位大维齐尔提出辞职。恩维尔事后透露:"这一切都发生在15分钟内。"紧接着,他前往苏丹的宫殿汇报行动,并要求苏丹重新任命一位大维齐尔。穆罕默德五世任命一位曾任将军的资深政治家——迈哈穆德·瑟弗科特帕夏(Mahmud Şevket Pasha)负责组成统一政府。在臭名昭著的"突袭高门"事件发生短短4小时后,新内阁便已成立,受命恢复奥斯曼帝国被战争摧毁的政治秩序。[25]

虽然联合派领导政变推翻了卡米勒帕夏及其政府,却仍未能借机掌握政权。迈哈穆德·瑟弗科特帕夏虽然与他们有所共识,但他本人并不是该委员会的成员。在经历了最近的党派之争与军事灾难后,这位新任大维齐尔希望建立一个无党派联盟来保证稳定与团结。只有三名联合派成员进入内阁,且三人均为温和派。未来叱咤奥斯曼帝国的执政三巨头——塔拉特、恩维尔和杰马勒——此时仍然未能进入中央政府。杰马勒接任伊斯坦布尔的军事总督,塔拉特留任联合与进步委员会秘书长,而恩维尔则上了战场。

战争重新打响后,形势对奥斯曼帝国益发不利。1913年2月,战争双方在未达成一致的情况下终止了停火协议。随着诸多主要城市陷入围困,且迟迟不见补给和援军,奥斯曼军队只能眼睁睁地看着他们在欧洲的最后一片土地一点点地落入野心勃勃的巴尔干诸国之手。3月6日，希腊人占领了马其顿小镇加尼纳（Janina，今希腊的约阿尼纳）。黑山攻陷了伊斯科得拉（Işkodra，今阿尔巴尼亚的斯库台）。然而最惨痛的打击，莫过于保加利亚军切断了埃迪尔内的粮食补给，致使守城的奥斯曼士兵最终于3月28日缴械投降。那一刻对整个奥斯曼帝国来说，都是一场深刻的国家危机。

埃迪尔内沦陷后，迈哈穆德·瑟弗科特帕夏立刻宣布停战。5月末，奥斯曼帝国和巴尔干诸国间的谈判在伦敦重新开启。1913年5月30日，双方在英国调解下签署了全面和平条约。在这份《伦敦和约》中，奥斯曼政府割让了6万平方英里的土地，丢失将近400万居民。自此，除以米德耶—厄内兹线（Midye-Enez Line）为界的一小片色雷斯东部土地作为伊斯坦布尔腹地仍得以保留外，奥斯曼帝国丧失了其他所有欧洲领土。就这样，意土战争以奥斯曼帝国的彻底失败而告终。

失去阿尔巴尼亚、马其顿和色雷斯要比损失利比亚严重得多。5个世纪前，奥斯曼帝国从拜占庭手中夺得这些欧洲领土，自此它们便一直是帝国的经济和行政中心，是整个帝国最繁荣发达的省份。失去这些领土上缴的收入，加上第一次巴尔干战争的高昂军费，奥斯曼帝国的财政受到了沉重打击。成千上万的难民需要安置，疾病亦在肮脏的军营中肆虐开来。除此之外，先前的两次战败已使奥斯曼帝国遭受了人力与财力的双重损耗，重整军队之所需对奥斯曼政府来说亦是笔骇人的开销。

或许奥斯曼帝国面对的最大问题是公众士气的低落。败给欧洲相对年轻的国家意大利已是一个打击，而输给曾经隶属于帝国的小小巴尔干诸国，却是奥斯曼军队与民众都不能接受的。一位名叫约瑟夫·阿克丘拉（Yusuf Akçura）的青年土耳其党知识分子这样写道："保加利亚人、塞尔维亚人和希腊人——五百年来的臣民，我们从来没放在眼里，如今却打垮了我们。这个现实，这个我们即使做梦也没有料到的既成事实,会让我们睁开双眼……如果我们还未完全死去的话。"在整个19世纪,对奥斯曼表示悲观的欧洲人给其贴上了"欧洲病夫"的标签。在输掉第一次巴尔干战争后,即使是最乐观的青年土耳其党人也无法改变这位"病夫"的末日命运了。[26]

战败使伊斯坦布尔的政坛开始分化。1913年1月联合派针对卡米勒帕夏发起的那场政变之所以合理,是因为那是防止埃迪尔内陷落的不得已之举。现在既然埃迪尔内已经失守,自由派人士便决心与联合派清算旧账,将其逐出政界。联合派领导人之一,伊斯坦布尔军事总督杰马勒派遣特务监视任何他怀疑正在阴谋推翻(无党派)政府的人。尽管杰马勒竭尽全力,却仍然没能保护大维齐尔。6月11日,即在签署了割让埃迪尔内的《伦敦和约》后不久,迈哈穆德·瑟弗科特帕夏就在"高门"外遇刺身亡。

联合派将大维齐尔遇刺引发的骚乱转变成了他们在政治上的优势。杰马勒开始肃清异党,自此自由派人士一蹶不振。数十人被逮捕,12名领导人经过走过场的庭审便在6月24日被处决。一批逃亡海外的反对派高官被缺席判处死刑,还有数十人遭到流放。消灭了自由派反对人士后,他们立刻掌握了大权。自1908年革命以来,青年土耳其党人一直选择不直接参政。最终,他们在1913年决定还是得自己来。

1913年6月,苏丹邀请联合派暨埃及皇室成员赛义德·哈利姆帕夏重组政府。几位最具影响力的青年土耳其党人进入其内阁,首次成为国家领导人。恩维尔、塔拉特和杰马勒都被晋升为"帕夏",成为文职官员与军队最高领导。塔拉特帕夏当选内政大臣;恩维尔帕夏成为军队中最具号召力的将军,并于1914年1月当选战争大臣;而杰马勒帕夏仍继续担任伊斯坦布尔总督。1913年后,他们三人将成为奥斯曼帝国的执政三巨头,比苏丹抑或大维齐尔(奥斯曼帝国首相)更有权力。

1913年7月,由联合派领导的政府成功收复埃迪尔内。此后,联合与进步委员会便在帝国政界所向无敌。这实际上是拜保加利亚在巴尔干的对手所赐。在赢得第一次巴尔干战争后,欧洲列强承认阿尔巴尼亚独立,使巴尔干列国之间原本就含糊不清的战利品分配更为混乱。奥地利和意大利尤其支持阿尔巴尼亚独立。他们的目的是让阿尔巴尼亚成为一个缓冲地带,遏制塞尔维亚,防止其发展为亚德里亚海滨的新兴强国。欧洲列强迫使塞尔维亚和黑山撤出它们在第一次巴尔干战争中赢得的阿尔巴尼亚土地。塞尔维亚人对丧失阿尔巴尼亚的土地非常沮丧,遂把矛头转向了被保加利亚与希腊控制的马其顿领土。保加利亚认为自己在对抗土耳其军队的战役中贡献最大,因此拒绝把任何领土割让给塞尔维亚,并谢绝了俄国提出的斡旋。1913年6月29日至30日,保加利亚夜袭塞尔维亚和希腊军队在马其顿的据点,由此引发了第二次巴尔干战争。

保加利亚发现现在所有的巴尔干邻居都与自己为敌:罗马尼亚、黑山、希腊和塞尔维亚结成了同盟。由于战线过长,保加利亚被迫从奥斯曼前线调回军队,以制止希腊和塞尔维亚取得进一步胜利。这正是恩维尔长久以来所期盼的机遇——但他仍然遭到了赛义德·哈利姆帕夏政府的反对,他们生怕进一步的军事行动会给奥斯曼帝国带来灭顶之灾。恩维尔写道:"如果那些当政者没有下令作战的胆量,我就自行动手。"最后,恩维尔终于接到了作战命令,他率领一支骑兵和步兵团越过了不久前划定的边界,向埃迪尔内进发。[27]

7月8日,当奥斯曼军队抵达埃迪尔内时,他们遭遇到保加利亚驻军的火力攻击。恩维尔按兵不动,直到保加利亚军队被说服撤出该城市,他才在第二天进入城内,期间没有遭到任何抵抗。他一边派出一支骑兵分队追赶撤退中的保加利亚军,一边在这座被战争摧毁的城市中巩固奥斯曼军的据点。目睹城中百姓遭受的灾难,奥斯曼士兵们解放埃迪尔内的喜悦也淡了不少。恩维尔如此描述眼前的惨剧:"可怜的土耳其人蹲坐在他们已被夷为平地的房屋上,老人遍体鳞伤,孤儿靠着政府的资助过活。每走一步就有千千万万的暴行映入我的眼帘。"[28]

7月,奥斯曼军趁保加利亚败于巴尔干邻国之际,收复了色雷斯东部的大部分领土。8月10日,保加利亚请和,奥斯曼军也因此确保对埃迪尔内与色雷斯东部地区的控制权。恩维尔再次受到褒奖;这位"自由战士"现在被称作"埃迪尔内解放者"了。奥斯曼举国上下均为此次胜利欢欣鼓舞。遭受了一次又一次屈辱的失败后赢得的这场胜利,使联合与进步委员会受到了奥斯曼民众前所未有的爱戴。恩维尔这次突破受到整个穆斯林世界的赞许,他为此感到非常自豪。在写给德国友人汉斯·胡曼的信中他承认:"我高兴得像个孩子,因为只有我一人能在一夜之间闯入埃迪尔内。"[29]

由于受到战争与政治骚乱的双重打击,青年土耳其党领导的政府已无法兑现1908年革命时的自由主义理想。联合派回应外部威胁与内部挑战的方法,就是加紧控制奥斯曼帝国仍存在争议的行省。为防止国家分裂,联合派采取了一系列更为有效的中央集权政策,推行一些不得人心的法律,例如将对所有行省采取无区别的征税与征兵办法,且所有奥斯曼国民都将被迫使用土耳其语与政府打交道。

这些中央集权手段针对的是阿拉伯行省,以免这些行省出现民族主义分裂运动,防止阿拉伯人效仿巴尔干各国那样寻求独立。1909年后,奥斯曼土耳其语在大叙利亚地区与伊拉克的学校、法庭和政府办公室中逐渐取代了阿拉伯语。土耳其人占据高层政府职位,而阿拉伯公务员只获得一些底层工作。不出所料,这些受人诟病的措施令许多忠诚的阿拉伯子民对国家在青年土耳其党革命之后的转变很心寒。于是,他们成立了民间团体来反对"土耳其化"。这些阿拉伯人仍称不上民族主义者,战前"阿拉伯民族主义"社团仍在奥斯曼帝国的框架内呼吁更多的阿拉伯文化和政治权利。然而,在一战过程中,他们当中有越来越多的激进分子开始期望实现完全独立。

阿拉伯民族主义团体分布在伊斯坦布尔和阿拉伯各行省中。奥斯曼议会中的阿拉伯成员在诸多民间组织中均扮演着重要角色,例如,伊斯坦布尔的"阿拉伯-奥斯曼兄弟协会",以及讨论公众关心的文化问题的"文化俱乐部"。众多改革团体在贝鲁特与巴士拉成立,而"国家科学俱乐部"则位于巴格达。这些组织在奥斯曼当局知情的前提下公开会面,并接受秘密警察的全面监督。[30]

其中两个最有影响力的阿拉伯主义团体并不受制于奥斯曼政府与警察。"青年阿拉伯协会",亦称"法塔特"(来自其阿拉伯名 Jam`iyya al-`Arabiyya al-Fatat),于1909年由一批叙利亚穆斯林在巴黎创立。"法塔特"的宗旨是效仿哈布斯堡奥匈帝国,将现有的奥斯曼帝国重构成一个土耳其-阿拉伯双民族国家,让阿拉伯人能在这个国家里获得平等。该协会创始人之一——陶菲克·纳图尔(Tawfiq al-Natur)回忆道:"我们阿拉伯人想要的,只是在奥斯曼帝国中与土耳其人获得同等的权力,承担相应的责任,并把帝国塑造成一个由两个伟大民族——土耳其人与阿拉伯人——共有的国家。"[31]

1912年,一批志同道合的叙利亚移民在开罗成立了"奥斯曼反中央集权党"(Ottoman Decentralization Party)。这群开罗的阿拉伯主义者直截了当地拒斥青年土耳其党人的中央集权政策,辩称像奥斯曼帝国这样一个多民族国家,只能用行省自治的联邦体系管理,参考瑞士那种政府权力下放与各州自治的模式,但不同的是他们拥护在奥斯曼苏丹统治下的各民族团结,并在主张保留各行省当地语言的同时,也倡导使用土耳其语。

阿拉伯民族主义团体的日益壮大令联合派忧心忡忡。因之前的分散管理已经导致了数次巴尔干战争,青年土耳其党人已不愿再理会诸如权力下放或二元君主制这样的要求了。1913年2月,贝鲁特革命协会发表了一份呼吁行政权力下放的宣言，奥斯曼当局随即将其取缔。1913年4月8日，警察关停了贝鲁特革命协会的办公室，并命令该组织自行解散。一些有影响力的协会成员便发起了一场全市范围的罢工，并组织向大维齐尔请愿，抗议关停协会的做法。数名协会成员因煽动罢工被捕。贝鲁特由此进入了为期一周充满张力的政治危机时期。罢工一直持续到被捕成员获得释放才停止，但贝鲁特革命协会办公室的大门从此再未开启，协会成员只得秘密会面，阿拉伯民族主义团体活动也自此转入地下。

面对奥斯曼当局日益严重的压迫，阿拉伯民族主义者将他们的事业转向了国际社会。巴黎的"法塔特"成员决意在法国首都召开会议，充分享受免受奥斯曼当局镇压的议政自由，并为他们的诉求寻求国际支持。分布在奥斯曼帝国、埃及、欧洲以及美洲的各个阿拉伯民族主义团体都接到了出席邀请。尽管奥斯曼驻法国大使竭尽全力阻止会议召开，但仍有来自帝国阿拉伯行省的23名代表——11名穆斯林，11名基督教徒，以及1名犹太人——成功抵达巴黎，参加了于1913年6月18日举行的首届阿拉伯代表大会。

作为土生土长的巴格达人，陶菲格·苏瓦伊迪是参加此次阿拉伯代表大会仅有的两位伊拉克代表之一（苏瓦伊迪的朋友——犹太人代表苏莱曼·安巴尔也同样来自伊拉克）。其他所有与会代表都来自大叙利亚地区。苏瓦伊迪最近才加入阿拉伯民族主义政治运动。他之后回想道："尽管我对自己的阿拉伯身份可能还不甚明了，但我清楚自己是一个阿拉伯的奥斯曼穆斯林。"苏瓦伊迪精通土耳其语，在赴巴黎从事法律研究之前，已于1912年在伊斯坦布尔获得了法律学位。身处巴黎期间，他遇到了一群后来对他的政治观点产生"极大影响"的阿拉伯民族主义者。随后，他加入了"法塔特"，并在首次阿拉伯代表大会的组织工作中发挥了重要作用。[32]

苏瓦伊迪说："首届阿拉伯代表大会最后成了三个不同派别间激烈争吵的舞台。"首先，是寻求与奥斯曼帝国的土耳其臣民同等权利的"穆斯林阿拉伯青年党",然后是"对土耳其人咬牙切齿"的阿拉伯基督徒。最后一个,被苏瓦伊迪称为"无法选择忠于土耳其人还是阿拉伯人"的机会主义者,是哪一边能更好实现自己的物质追求就倒向哪一边的"墙头草"。

在为期6天的会议期间,大会就十项决议达成了一致,这些决议构成了与会代表的改革方案框架。他们要求奥斯曼帝国通过权力下放实现阿拉伯人参政议政,政府应将阿拉伯语定为帝国的官方语言之一,并允许阿拉伯议员用母语在议会上发表演说。他们提出"除非有极为特殊的情况",士兵服役的地点应控制在应征者的原籍行省。大会还通过了一项"在权力下放的基础上,考虑奥斯曼亚美尼亚人诉求"的决议。这个决议势必会引起伊斯坦布尔的关注。与会代表商定,将会议决定分享给"高门"及与奥斯曼帝国交好的各国政府。6月23日晚,大会闭幕。

大会选择与青年土耳其党人之间的谈判时机实在不对。当时,奥斯曼当局已经签署了标志着第一次巴尔干战争结束的《伦敦和约》(5月30日),国家已失去了阿尔巴尼亚、马其顿和色雷斯三个行省,而且大维齐尔迈哈穆德·瑟弗科特帕夏在6月11日遇刺身亡。大会在巴黎闭幕时,联合派正在肃清政府当中的自由派反对人士,摩拳擦掌准备首次执政。巴黎的这次会议所带来的威胁之大使他们不敢掉以轻心。如果奥斯曼当局应对不力,阿拉伯民族主义者几乎将必然转而寻求欧洲列强的支持,而法国对叙利亚和黎巴嫩的意图早已尽人皆知。

青年土耳其党派遣秘书长米塔特·苏科鲁(Midhat Şükrü)前去与大会代表进行谈判,旨在达成一项改革议程,将损失降到最低。陶菲格·苏瓦伊迪对米塔特·苏科鲁此次前来的目的深表怀疑。他认为苏科鲁是"特地前来"与"墙头草""结成友好关系,并把他们拉到奥斯曼政府那一边"。然而,奥斯曼当局的斡旋者仍成功与大会成员达成了一项倾向于解决阿拉伯代表大会决议的改革协定。这份《巴黎协定》承诺，提高阿拉伯人在各级政府的参与度，推广使用阿拉伯语，并同意士兵在"邻近国家"服役。[33]

"高门"邀请阿拉伯代表大会成员前往伊斯坦布尔，共庆《巴黎协定》的成功签署。三位接受邀请的代表在帝都受到了热烈欢迎。太子穆罕默德·雷沙德，大维齐尔赛义德·哈利姆帕夏，以及执政三巨头——恩维尔、塔拉特与杰马勒——亲切会见了他们。他们受到了盛情的款待，奥斯曼政府的最高层领导还传达了来自土耳其-阿拉伯兄弟会的亲切慰问。

但这些正式晚宴和溢美之词都无法掩饰奥斯曼政府无意贯彻这份改革协定的事实。正如陶菲格·苏瓦伊迪所说："那些深谙奥斯曼帝国内部事务的人都认为，所有的一切不过是一种拖延的伎俩，是静待时机一举扫除阿拉伯代表大会组织者的手段。"1913年9月，代表们两手空空地回到了贝鲁特。在一阵疾风骤雨般的运动中产生的阿拉伯民族主义理想最终落空。苏瓦伊迪事后说，阿拉伯代表大会的组织者都被锁定。在大会后的3年间，数名成员因他们所倡导的民族主义而丧命。[34]

5年间，奥斯曼帝国历经了一次革命、三场抵御外国强权的大型战争，以及一系列的内部混乱，从高官遇刺到分裂主义者叛乱不一而足。这其中的每一个事件都有可能招来外国的进一步干涉。奥斯曼帝国在那段时间的损失之大，无以复加。帝国已经把其北非和巴尔干地区的所有土地，与生活其中的数百万子民一道拱手送给了欧洲列强。由此引发的国家紧急状态，迫使奥斯曼改革者为防止帝国分崩离析而放弃了原先的自由主义。1908年那场挑战苏丹专制的宪法运动演变成了一连串危机，最终于1913年形成了一个由三位理想主义联合派人士——恩维尔、塔拉特与杰马勒——共同领导的更为专制的政府。

解放埃迪尔内给奥斯曼帝国带来了一线新的希望，证明奥斯曼军拥有收复失地的能力。恩维尔对此十分欣喜："如今我们拥有一支可以放心将国家利益托付的军队。尽管我们在这场令人窒息的战争中损失惨重，但军队已经比战争开始时要强一千倍了。"虽然丧失北非和巴尔干地区的领土令人痛心，但奥斯曼帝国现在的领土全在亚洲，而且连成一片，各部分联系紧密，国民也均为伊斯兰教徒，也许这样一个国家比起旧奥斯曼帝国，更经得起国内外的挑战。[35]

联合派也曾对未来充满希望，但摆在他们面前的却是来自奥斯曼边境内外的种种威胁。他们担心阿拉伯人会被自己的民族主义运动冲昏了头脑，并把亚美尼亚人的政治抱负看成是对奥斯曼帝国存亡的一种威胁。安纳托利亚东部地区的各个行省曾是亚美尼亚人改革的目标，而且他们有欧洲列强撑腰；但这里同时也是土耳其省的心脏地带。亚美尼亚团体跨越俄土边境的联系更加剧了分离主义对奥斯曼帝国的冲击。

青年土耳其党人将俄国视作能对奥斯曼帝国的存亡造成影响的唯一也是最大的威胁。俄国对安纳托利亚东部地区、达达尼尔与博斯普鲁斯两海峡，甚至是奥斯曼帝国首都都虎视眈眈。它盼望奥斯曼帝国消亡已是尽人皆知。因此，奥斯曼当局不得不寻求友善的欧洲盟友联合遏制俄国的这种大国野心。直到时间进入致命的1914年，奥斯曼帝国梦寐以求的防御伙伴仍未出现，这最终把奥斯曼帝国拖入了一战。

第二章

一战前的和平

1914年的春天给奥斯曼帝国送去了乐观的新风。第二次巴尔干战争的胜利，收复埃迪尔内以及色雷斯东部区域，都令帝国上下重拾不少信心。在经历了多年的战争缩支后，最先受益于和平局势的是奥斯曼经济。复员士兵重返民间工作岗位，农民预测收成会创新高，土耳其与阿拉伯的各个行省也都在大兴土木。不再有战舰与雷区的海上通道使贸易往来迸发出新的活力。随着对外贸易不断扩大，现代创新发明也逐步涌进，当年便实现了民用向军用的转变。

汽车的出现打破了伊斯坦布尔街道的宁静。1908年以前，汽车在奥斯曼帝国是违禁品，直到青年土耳其党革命后，政府才对汽车解禁。奥斯曼帝国的第一批司机遇到了许多困难：帝国的路况总体来说并不好，能为汽车服务加油的地方更是少之又少；没有通行全国的公路法规，司机为到底应该沿道路的哪边行驶这种最基本的问题而争得面红耳赤。不出所料，汽车在奥斯曼帝国的销量自1908年以来就少得可怜。到1913年底，当美国已坐拥100万辆汽车时，美国领事馆官员估计奥斯曼帝国境内的汽车总数才不过500辆——其中250辆在伊斯坦布尔。在巴格达那样的偏远行省，汽车的数目更是屈指可数。然而到1914年年中，帝国的首都就经历了第一次交通堵塞。"豪华轿车、观光车、大卡车、汽油驱动的运货篷车，以及医院的救护车"把街道挤得水泄不通。[1]

飞机也在青年土耳其党执政的奥斯曼帝国首次亮相。航空事业仍处在最初的阶段：莱特兄弟刚于1903年12月首次试飞重型机械飞行器取得成功。6年后，航空先驱路易斯·布莱里奥来到伊斯坦布尔展示飞翔的奇妙。此前在1909年7月，布莱里奥已因驾驶单翼机成功飞渡英吉利海峡而声名远扬，人们都在翘首期盼他此次造访伊斯坦布尔。然而在飞行的过程中，大风使布莱里奥的飞行器与伊斯坦布尔一所房屋的屋顶相撞，这位飞行员也因伤在当地医院躺了3周。[2]

1911年，土耳其首批飞行员被送往欧洲接受训练。到1914年，他们已能够在奥斯曼帝国上空翱翔了。2月，费希贝伊中尉与恩维尔帕夏的助手之一——萨迪克贝伊一同，试图从伊斯坦布尔飞越安纳托利亚和叙利亚到达埃及。他们驾驶的是一架由布莱里奥设计，名为"国家支持"（Muavenet-i Milliye）的飞行器，以每小时60英里的速度飞行25英里，从塔尔索到阿达纳仅花了20分钟。地面上的群众在飞机飞过头顶时不由得拍手叫好。二人安全抵达大马士革。但在飞往耶路撒冷的途中，他们的飞行器遭遇引擎故障，坠毁于加利利海东部水域，二人不幸遇难。作为土耳其首批在服役期间牺牲的空军人员，费希贝伊和萨迪克贝伊被葬于大马士革倭马亚大清真寺，紧挨萨拉丁（埃及民族英雄，阿尤布王朝的第一位苏丹）的坟墓。之后的第二次飞行任务也以相似的结果告终，直至1914年5月，萨利姆贝伊与凯末尔贝伊从伊斯坦布尔才成功飞抵埃及。[3]

1914年6月，美国飞行家约翰·库珀向数以万计的伊斯坦布尔观众展示了寇蒂斯水上飞船。他从马尔马拉海出发，以平均1000英尺的高度飞行了15英里，最后降落在伊斯坦布尔分隔欧亚的博斯普鲁斯海峡。奥斯曼帝国的政府议会与皇室成员都目睹了这次飞行。随后，库珀载着政要先后完成了7次飞行。据一位目击者说，他们在观众的"一片欢呼和赞叹声中起飞，对于有些人来说，这种飞行实在是太新鲜了"。第二天，伊斯坦布尔所有的重要报纸都配图报道了此次飞行。[4]

1914年春，机械化运输的日益发展使奥斯曼帝国对未来充满信心。5月，政府与法国完成了金额达1亿美元的贷款谈判，确保了对主要公共项目的投资，旨在向帝国所有行省输送电力，完成公共照明，兴建电车轨道和市际铁路，以及完善现代港口设施。法国的这笔贷款一经宣布，人们对工商业未来的蓬勃发展满心期待。

巴尔干战争后，欧洲列强为缩小奥斯曼帝国与其邻国间的巨大差异促成了和平谈判，这笔法国贷款正是谈判带来的结果。法国资金的注入使帝国经济出现了显著增长。这也不啻为一针强心剂，让奥斯曼国民能够更好地接受失去阿尔巴尼亚、马其顿和色雷斯的事实。然而，即使和约签订及法国贷款到位，也没能解决伊斯坦布尔与雅典之间的遗留问题。

1913年《伦敦条约》规定，第一次巴尔干战争结束，希腊享有从土耳其手中夺得的三座爱琴海岛屿的控制权。其中，希俄斯和米蒂利尼这两座岛屿把守着士麦那（今伊兹密尔）的入口，与土耳其本土仅咫尺之遥。另一座岛屿利姆诺斯拥有穆兹罗斯深水港，距达达尼尔海峡不到50海里。"高门"从未承认失去他们，也不愿意让希腊支配其沿岸海域。当奥斯曼帝国的外交官为收回这些岛屿寻求欧洲国家的支持时，帝国的战争策划者也在努力加强地中海东部的海上力量。

1911年8月，奥斯曼政府委托英国维克斯造船厂和阿姆斯特朗造船厂打造两艘最先进的无畏舰，计划于1914年7月交付使用。这两份订单也是英国在帮助奥斯曼提升舰队装备。两艘战舰——"苏丹奥斯曼"号和"雷沙德"号——分别以与帝国同名的奥斯曼帝国创始者以及现任苏丹穆罕默德·雷沙德命名。购买这两艘战舰对奥斯曼财政来说是一笔巨款。因此，奥斯曼政府打出了爱国主义旗帜，最后购买这两艘战舰的资金大部分都是通过公共募捐筹得的。政府鼓励学龄儿童捐出他们的零花钱，募捐箱就立在城市广场上，当地居民只要捐出5个或5个以上皮阿斯特（100皮阿斯特=1土耳其里拉），就有机会亲手把钉子敲进巨大的船体钢板里。战舰成为奥斯曼人引以为豪的焦点，能让该帝国在输掉利比亚战争和第一次巴尔干战争后重振海上雄风。1914年春，无畏舰即将竣工，此时希腊和俄国忧心忡忡。这两艘大型战舰将赋予土耳其海军巨大优势，对抗俄国黑海舰队和希腊驻爱琴海海军。

1914年，爱琴海岛屿争端加上即将交付的无畏舰，希腊和土耳其之间的火药味越来越浓。希腊官员呼吁先发制人，在奥斯曼帝国得到新战舰之前将其击败。另一边，奥斯曼政府再次为战争做征兵准备。1914年4月，政府向全国上下的各个村落分发告示，提醒他们未来可能有参军动员，并诉诸他们对伊斯兰教的虔诚，以至于有谣言称，这将是一场与希腊基督徒间的战争。[5]

希腊和土耳其之间剑拔弩张的形势给圣彼得堡敲响了警钟。俄国人虽然和希腊人一样对海上力量的平衡甚为关切，但对他们来说，当务之急是确保奥斯曼帝国海域继续对俄国黑海船只开放：俄国50%的出口，包括90%的粮食出口都必须经过土耳其海峡。一旦爱琴海重燃战火，奥斯曼帝国就会封锁海峡，俄国贸易便会受到约束，这将对俄国经济造成灾难性的打击。因此，俄国一边开展外交斡旋，劝说希腊不要轻启战端，一边对英国施压，令其延后交付战舰。[6]

俄国的外交政策可以说是另有阴谋。俄国沙皇及其政府相信奥斯曼帝国气数已尽，于是期望在未来欧洲列强任何瓜分行动中，能够将那些对自己有重要战略意义的领土据为己有。俄国的首要任务

第二章 一战前的和平

包括：恢复君士坦丁堡的东正教地位，结束其近 5 世纪的土耳其穆斯林统治；控制连接俄国黑海港口与地中海的海峡。因此，圣彼得堡下定决心，制止一切可能使俄国所觊觎的奥斯曼领土落入希腊或保加利亚之手的战争。在 1914 年 2 月召开的大臣会议上，俄国人商讨如何占领君士坦丁堡及其海峡，结论认为一场欧洲大战就是最好的契机。1914 年 4 月，沙皇尼古拉二世批准了内阁的主张，并命其政府建立一支强有力的军队，抓住最早的时机占领伊斯坦布尔及其海峡。[7]

在策划吞并奥斯曼帝国首都的同时，俄国也在寻找时机，巩固其在奥斯曼安纳托利亚东部地区的据点。奥斯曼帝国的东部边界与俄国动荡的高加索行省接壤，并与伊朗的西北部相邻，而后者正是俄国与英国争抢的区域。除此之外，安纳托利亚东部还包含 6 个已被欧洲列强定义为亚美尼亚人聚居区的行省：埃尔祖鲁姆、凡城、比特利斯、哈尔普特、迪亚巴克尔及锡瓦斯。大约有 125 万亚美尼亚人生活在毗邻该区域的俄国边境，而另一边被国际社会称为"土耳其亚美尼亚"地区的亚美尼亚人亦有 100 万之多。自 1878 年起，沙皇政府便打着保护亚美尼亚人权利的幌子干涉奥斯曼内政。因俄国对奥斯曼领土图谋不轨，它在该地区的所作所为加剧了奥斯曼人与亚美尼亚人之间的紧张关系。[8]

真正的紧张局势发生在亚美尼亚人与库尔德人之间，它于青年土耳其党革命的几年后重新浮现。一些侥幸逃过 19 世纪 90 年代暴乱的亚美尼亚人，试图于 1908 年革命后在原先的土地上重建家园。但当年被他们遗弃的村庄现已被库尔德部落民占领，后者拒绝他们重返这些村庄。1909 年，两者间的土地争端演变成暴动，库尔德人占据上风。与惯于定居的亚美尼亚人相比，库尔德游牧民族的装备要好得多，而且奥斯曼政府极少站在亚美尼亚基督徒这一边与库尔德穆斯林为敌。矛盾进一步升级，当奥斯曼当局为应对发生在利比亚和巴尔干的战争，调回安纳托利亚东部的驻军，且于 1912 年将亚美尼亚士兵派往巴尔干前线。亚美尼亚农民不得不自己应对与库尔德人间愈演愈烈的冲突。[9]

1913年6月，俄国介入这种权力真空，为安纳托利亚东部地区的亚美尼亚人更大程度上的自治提出了一份改革方案。俄国基于1895年哈米德二世颁布的针对亚美尼亚人的改革，提议在此地区的6个行省结成两个半自治行省，由欧洲列强提名外国总督负责治理。该方案还提倡建立行省议会，由相同数量的穆斯林和亚美尼亚代表共同组成。欧洲各国与奥斯曼外交官都认为该提议是安纳托利亚分治的前奏，是俄国企图控制这里所采取的行动。为进一步巩固其外交政策，圣彼得堡佯装为保护亚美尼亚人而提议组建一支军队，不仅在俄土边境，还在仍属奥斯曼帝国治下的埃尔祖鲁姆市内征兵。为防止事态演变成战争，"高门"同意与俄国政府修订提案，并于1914年2月8日签署。

这项针对亚美尼亚人的改革提案只是延缓与俄国的矛盾，而且加剧青年土耳其党与亚美尼亚人的冲突。奥斯曼政府认为它是亚美尼亚人独立建国的前奏，可能会给帝国带来灭顶之灾。于是，青年土耳其党人决心不惜一切代价阻止此次改革的实施。时任内政大臣暨执政三巨头之一的塔拉特帕夏，计划用非常手段将亚美尼亚人逐出这6个行省，从而使改革措施变得毫无必要。[10]

青年土耳其党与俄国之间的谈判反映出，奥斯曼帝国在国际范围内已孤立。"高门"很清楚俄国对奥斯曼帝国的主权完整是一种危害。通常，它能依靠英法两国压制俄国的野心；然而现在英法俄已结成三国协约关系，奥斯曼帝国再也不能指望英国或法国能站在自己这边。在这危急时刻，奥斯曼需要一个强大的朋友，而最好的选择就是德国。

德国与奥斯曼之间的友谊自有渊源。1898年，德皇威廉二世到访奥斯曼帝国。他从伊斯坦布尔出发，巡游了土耳其与阿拉伯的各个行省,并参观了主要城市与历史景点。威廉二世在大马士革向奥斯曼帝国承诺,德国与伊斯兰世界,或更具体地说是与奥斯曼的友谊会万古长青:"请被尊为哈里发的苏丹及其遍布全球的3亿穆斯林子民放心,德意志皇帝将永远是你们的朋友。"[11]

威廉二世的友谊宣言并非全无私心。德皇在与历史更为悠久、装备更加精良的大英帝国相竞争时,看到了德国与奥斯曼帝国结盟的好处。威廉二世相信,被尊为哈里发的奥斯曼苏丹是全球穆斯林社会的领袖、先知穆罕默德的继承人,若与他结为盟友,会使全球的穆斯林都倒向德国而非其他欧洲国家。鉴于英国治下的印度、波斯湾地区与埃及生活着约1亿穆斯林,德国发现必要时可以将伊斯兰教作为对抗英国的武器。

土耳其的地理位置对德国而言也尤为重要。德皇到访之际,英俄两国在亚洲腹地的较量异常激烈,这次较量后来被称作"大博弈"(the great game)。土耳其的安纳托利亚东部行省是通往波斯与中亚的要道。若与奥斯曼帝国结盟,德国便可参与到"大博弈"中,并同时对英俄两国施压。

奥斯曼帝国的南疆直通波斯湾。德国在此希望插手这块被英军精心维护的战略要地。整个19世纪里,英国通过与特鲁西尔诸国(今阿联酋)、阿曼、卡塔尔、巴林与科威特的阿拉伯统治者签订排外条约,成功遏制了奥斯曼与其他欧洲势力。1898年德皇到访奥斯曼帝国之后,德国期望利用与土耳其人新建立起来的友谊,修一条从柏林到巴格达的铁路,以便打破英国在波斯湾的垄断地位。

1899年12月,就在德皇奥斯曼之行后,德国获准修建一条穿越土耳其,经巴格达直至波斯湾畔巴士拉市的铁路。铁路于1903年动工;到1914年,已连通伊斯坦布尔与安卡拉,并通到了阿达纳附近的地中海沿岸。然而,铁路在修至奇里乞亚的两座山脉时意外遇到了困难,工期大幅延长。虽然在安纳托利亚的大部分线路已经竣工,但叙利亚与伊拉克境内的大段铁路仍处于在建状态。[12]

1914年6月1日，第一辆火车悄无声息地驶出了巴格达站。该段铁路为南北向，全长38.5英里，终点是沙漠里一个名为"苏梅卡"（Sumaykha）的无人区。虽然人们因铁路通向的是荒漠而对其热情不高，但铁路公司没有因此却步，而是向政府官员、外国领事馆、俱乐部以及饭店都印发了列车时刻表。工程进展很快，至1914年10月，该铁路已修至萨迈拉。每周一班从巴格达站北上至萨迈拉的火车于早上10点发车，4小时跑完74公里，平均时速接近20公里。回程火车每周二早上10点从萨迈拉出发。虽然巴格达和柏林实现直通的梦想仍非常遥远，但这项工程却在剑拔弩张的年代把德国与奥斯曼帝国联系到一起。[13]

1913年末，德国派遣一个军事顾问团前往奥斯曼帝国。该事件使双方关系进一步加深，也引发了一场欧洲事务的危机。大维齐尔赛义德·哈利姆帕夏提请德皇威廉二世派一队中层德国军官，由一位经验丰富的将军带领，前来协助奥斯曼军在巴尔干战争后的改革与重组。德皇命普鲁士人奥托·利曼·冯·桑德斯担此职位。当时，利曼是驻扎在卡塞尔的德军第22师指挥官。他在总参谋部任职多年，足迹踏遍各地，但从未去过奥斯曼帝国。利曼不假思索地接受任命，于1913年12月中旬乘火车前往伊斯坦布尔。

到达后不久，利曼便受到了苏丹穆罕默德·雷沙德、大维齐尔以及三头执政同盟的接见。这位德国将军对内务大臣塔拉特的"魅力"与"迷人个性"印象深刻；他对杰马勒帕夏也颇有好感，评价他"兼具智慧与坚毅"。然而他却很快发现自己与恩维尔帕夏格格不入。恩维尔几个月前刚刚被誉为"埃迪尔内解放者"，他当然极不情愿让一名德国军官来指挥自己的军队。虽然利曼批评奥斯曼军队状态极差：军服千疮百孔，营房疾病肆虐，士兵饥肠辘辘，入不敷出，但他并没有把这些看做恩维尔的过失。这位德国将领只是看不惯恩维尔的职位过高，与他的资历和个人能力不符。1914年1月，随着联合与进步委员会任命恩维尔为战争大臣，这个问题越发浮出水面。苏丹穆罕默德·雷沙德在报纸上读到这起任命时非常吃惊，他似乎也赞同利曼的观点："报上说恩维尔已经被选为战争大臣；真不可思议，他太年轻了。"[14]

俄国政府从一开始就反对德国向奥斯曼帝国派遣军事顾问团。而在杰马勒帕夏将奥斯曼第一军团的指挥权交给利曼，让后者负责伊斯坦布尔及其海峡安全时，圣彼得堡的反对更是升级成一场危机。对俄国人而言，这无异于让德国控制了有俄国既得利益的领土。因此，沙皇政府扬言要占领安纳托利亚东部城市埃尔祖鲁姆，以重新达到力量的平衡。

俄国的这种报复行为必定会使奥斯曼帝国提前分崩离析，因此英法两国决定出面制止。但英国在此事件中处境尴尬。毕竟英国海军上将亚瑟·林普斯（Arthur Limpus）于1912年率领一支72人的海军顾问团抵达奥斯曼帝国后，便一直担任奥斯曼海军总司令。英国外交官并未谋求解散德国的军事顾问团，而是建议利曼指挥第二军团，放弃对驻伊斯坦布尔及其海峡军队的控制权。然而利曼不愿屈服于政治压力，拒绝了所有试图将其调离的努力。最终，德皇的解决办法是晋升利曼为陆军元帅，如此之高的军衔让他不再适合担任区区一个军的指挥官，于是第一军团的指挥权便又回到了奥斯曼军官的手中。至此，德国与奥斯曼帝国一同度过了这场危机，两者的联系更为密切。[15]

经济复苏带来的乐观情绪与外交关系上的危机一直在奥斯曼帝国交替出现，直到1914年夏天，矛盾以一种灾难性的方式被化解——6月28日，奥地利皇储弗朗茨·费迪南大公在波斯尼亚的萨拉热窝遇刺身亡。事件使欧洲所有公开或秘密的同盟关系一览无遗，这块大陆分成了两大阵营，彼此兵戎相见。"高门"并不为奥斯曼帝国而感到宽慰。这场一触即发的欧洲大战使"高门"担心，俄国即将起兵吞并伊斯坦布尔及其海峡，以及安纳托利亚东部地区——并最终致使奥斯曼帝国被协约国瓜分殆尽。法国已垂涎叙利亚多时，英国对美索不达米亚心怀不轨，而希腊则试图扩张其在爱琴海的势力。仅凭奥斯曼帝国单打独斗，根本无法对抗如此之多的敌人。

连年征战，奥斯曼帝国亟需时间重建军队与振兴经济。因此，帝国领导人并不愿意加入这场欧洲大战，而是想找一位盟友来规避这场大战可能带来的后果，与其共同保护帝国防御薄弱的领土。奥斯曼帝国向德国寻求帮助并非意料中事。奥斯曼帝国在"7月危机"（指奥匈帝国对塞尔维亚发出的最后通牒）期间的外交策略非常有趣："高门"敞开怀抱，愿意同任何一支欧洲力量结成防御联盟。

三头执政同盟在选择盟友一事上并不统一。恩维尔与塔拉特倾向与德国结盟，而杰马勒则认为，只有另两个协约国国家才能遏制俄国对奥斯曼帝国领土的野心。杰马勒本身是亲法人士，且法国从各方面看也有成为防御盟友的潜质。自1914年5月向奥斯曼帝国贷款1亿美元后，法国便成了最大债权国。即便对法国有所顾虑，杰马勒认为英国同样是不错的选择。因为在19世纪的大部分时间里，英国一直坚定地主张保护奥斯曼帝国的领土完整，最近又派遣林普斯海军顾问团前来，还协助建造新战舰，对重整奥斯曼海军贡献不小。杰马勒担任海军大臣后便与英国海军顾问团展紧密合作，对后者的职业素养颇怀敬意。因此，他自然而然地希望与英国或法国结成防御同盟，以捍卫帝国的领土完整。

1914年7月初，即萨拉热窝事件发生后不久，杰马勒应邀赴法国出席海军演习。他借此次到访欧洲的机会，召见了负责与英国造船厂联络的奥斯曼官员。当时无畏舰的建造工程已接近尾声。官员们向杰马勒禀报，称"当下英国顾虑颇多，似乎总是以各种借口拖延战舰的完工与交付日期"。杰马勒命令他们返回英国尽早提货，把未完成的工程交由伊斯坦布尔的船厂去完成。[16]

在土伦市参加完法国舰队阅兵后，杰马勒帕夏返回巴黎拜会法国外交部长。他开门见山地对这位法国政坛领袖说："请贵国务必将我国纳入协约国同盟中,保护我国免受来自俄国的侵略威胁。"作为回报,杰马勒向对方承诺土耳其会成为一个忠实的盟友,并协助英法两国"给同盟国套下钢环"。法国外长的回应很谨慎,称法国政府只能在征得其他两位盟友的准许后,才能吸纳奥斯曼帝国加入协约国联盟,然而看起来此一可能"微乎其微"。杰马勒将其理解为法国对他结盟请求的拒绝。"我很理解,法国认为我们无论如何都逃不过俄国的魔掌,所以他们在任何情况下都不会伸出援手。"7月18日,杰马勒两手空空地离开了巴黎,返回伊斯坦布尔。

1914年7月28日,萨拉热窝事件发生后一个月,哈布斯堡帝国向塞尔维亚宣战。这场战争最初只是巴尔干的地区冲突,但很快就把欧洲几个实力最强的军事大国卷了进来。俄国因与塞尔维亚是同盟,扬言要对奥匈帝国开战;而另一边德国则力挺其盟友奥地利。于是,英法两国作为俄国的盟友也加入了混战。截至8月4日,原先的地区冲突已然演变成了三国协约阵营与德奥两国之间的战争。[17]

欧洲大战爆发给奥斯曼帝国的每一个角落——上至"高门"内阁,下至安纳托利亚的村庄与阿拉伯领地——都敲响了警钟。寻找一位防御盟友成了燃眉之急。青年土耳其党人从杰马勒的报告中明白,他们已经不能指望与法国结盟了,而杰马勒对英国的信任在不久后也同样遭到背弃。

仅仅向德国宣战三天,8月1日,英国政府便征用了奥斯曼帝国委托其建造的两艘无畏舰。杰马勒收到这个消息后非常震惊。作为海军大臣,他把这两艘新战舰看做奥斯曼海军改革的基石。他回想起与奥斯曼海军官员在巴黎的谈话,意识到英国延期交付战舰"无非是借口……说明英国早已蓄谋将这两艘战舰据为己有"。由于奥斯曼帝国早已全额支付了造船费用,且其中大部分来自公共募捐,英国的征用决定对土耳其来说无异于国耻,同时也打消了两国之间任何结盟的可能。就在第二天，即1914年8月2日，奥斯曼帝国便与德国秘密缔结了盟约。[18]

早在1914年7月中旬，奥地利人就曾提议将奥斯曼帝国纳入同盟国阵营，以达到孤立塞尔维亚，并使保加利亚保持中立的目的。德国一开始对此表示反对。德国驻伊斯坦布尔大使汉斯·冯·瓦根海姆男爵与军事顾问团领导利曼·冯·桑德斯将军一致认为，奥斯曼帝国无论在外交抑或军事力量上都是累赘。瓦根海姆在7月18日的信中认为"毋庸置疑，鉴于土耳其的现状，与其结盟得不偿失。它只是负担，无法给其盟友提供哪怕一点点的好处"。[19]

7月下旬，恩维尔、塔拉特以及大维齐尔赛义德·哈利姆帕夏，就与德结盟事宜开始与瓦根海姆进行谈判。他们警告称如果德国拒绝结盟，奥斯曼帝国则将被迫通过与希腊结盟来寻求协约国方面的支持。德皇威廉二世在收到瓦根海姆的汇报后，决定批准与奥斯曼帝国结盟。悉心培育两国友谊长达20年之久的他，无法忍受眼睁睁地看着土耳其人投靠俄法。7月24日，威廉二世作出指示，命驻伊斯坦布尔大使立即满足土耳其方的结盟要求。他激动地表示："拒绝或蔑视都会使它转投俄法，那我们对它多年来的影响就前功尽弃了！"[20]

到7月27日，两国已完成了对俄秘密防御联盟的谈判。这份异常简洁的盟约仅包含8项条款，且仅当一方遭遇俄国进攻方始生效。鉴于8月1日德国即向俄国宣战，双方在签署文件之时几乎已能认定俄国必会来袭。盟约中极为重要的一点是德国承诺保护奥斯曼帝国的领土完整，并将与其共同粉碎俄国的侵略野心。同时，该盟约还规定德国军事顾问团听命于奥斯曼政府，以确保其"作战指挥能力"。同盟期限到1918年末为止，且在双方同意的条件下可以续签。还有一条德国并未在盟约中提及，即奥斯曼方应允一旦开战便立即向俄国或驻埃及英军发起军事行动，发动当地穆斯林起义反抗协约国。[21]

在与德国签订盟约的前一天,战争大臣恩维尔帕夏发起参军总动员,年龄在20至45岁的男子都须登记兵役,且所有预备役兵员必须向所属部队报到。此次动员在奥斯曼帝国引起强烈反响。奥斯曼政府虽然急于寻找防御盟友,却并不想迅速加入世界大战。青年土耳其党人此举不过是故作姿态,向德国表明奥斯曼帝国不会违背诺言罢了。

1914年,奥斯曼帝国经济在经历了上半年的快速发展后,于8月硬着陆。青年劳力都参了军,致使农田荒芜,工业萧条。一度欣欣向荣的贸易领域也因帝国封锁各个港口而一蹶不振。军需官开始征收粮食、牲口以及其他各种物资,以保证全民动员后补给的充足。土耳其人民开始做最坏的打算。短时间内连续经历了三场战争,他们深知再次开战会给自己的生活带来怎样的灾难。

1914年时,伊斯坦布尔的艾尔凡·奥尔加(Irfan Orga)年仅6岁。战争摧毁了他美好的童年。在他幼年的记忆中,家人自战争在欧洲爆发后便开始了激烈的讨论。他还记得那个夏天,他悄悄下床偷听大人的谈话。"我到现在都还记得他们所说的每句话。我父亲似乎在劝我的祖母卖掉房子!""一派胡言!"奥尔加的祖母反驳道,"欧洲的战争跟我们有什么关系?"

当奥尔加的父亲宣布他不但要卖掉房子,还准备把家族的毛毯出口生意一并转手时,全家人都震惊了。他解释道:"眼下困难太多:劳工短缺,出口受限,国外销路又不好;现在欧洲还打仗,我算是对那边的市场不抱任何希望了。如果我们国家参战了,我肯定得上战场,而且估计这仗避免不了。"奥尔加的父亲当时年仅26岁,他知道一旦开战只得应召入伍。"最好的办法就是现在就把一切都先处理了,如果我有一天能回来,以我们的声誉想东山再起并不难。"家人都陷入沉默。

奥尔加事后回想说:"这些对话最先预示了改变的到来。"他们变卖了房产和家族企业，用所得的钱准备了他父亲认为必要的粮食与现金，以便全家能挨过土耳其未来这场旷日持久的恶战。尽管采取了这样的预备措施，他们还是遭受了战争所带来的极度匮乏。[22]

8月3日，奥斯曼政府封锁海峡，帝国的海上贸易因此中断。港口负责人知会所有外国政府，称奥斯曼海军已在博斯普鲁斯海峡的黑海入口、达达尼尔海峡的地中海入口布下雷区，熄灭了所有航海照明，并移除一切标识浮标。8月4日至9月26日期间，奥斯曼政府仍会提供拖船服务，引导船只顺利穿过雷区。但自9月27日起，拖船服务亦将取消，海峡对商船彻底关闭，这导致奥斯曼帝国的贸易立刻遭受了灾难性的打击。俄国也因此损失惨重：从黑海通往国际市场的海运路线被切断，上百艘满载粮食与其他货物的俄国船只被困黑海。[23]

最先试图进入这片封锁海域的，是德国海军。向法国宣战后，德国派遣地中海舰队前往北非沿岸海域，阻挠阿尔及利亚向法国输送军队。8月4日，德国"戈本"号重型战列舰与"布雷斯劳"号轻型巡洋舰轰炸了北非沿海城市波尼（今安纳巴）和菲利普维尔（今斯基克达）。轰炸造成了人员伤亡，使北非沿海地带陷入一片恐慌。英国当天即向德国宣战，命其地中海舰队击沉德国舰船。随后，遭受打击的法国舰队也加入其中，在"戈本"号与"布莱斯劳"号驶往地中海东部水域的途中对其穷追猛打。

德国海军部已向其海军舰队指挥官威廉·苏雄少将（Wilhelm Souchon，他的法国姓氏表明他是胡格诺派的后裔）下达指令，命舰队驶往土耳其海域。8月1日，在与德国最后达成防御同盟之前，恩维尔帕夏在伊斯坦布尔与德国大使瓦根海姆以及德国军事顾问团领导利曼·冯·桑德斯会面，特别请求德国派遣舰队至奥斯曼帝国海域，以弥补无畏舰被英国征用给奥斯曼海军造成的损失，并借此压制俄国在黑海的海上力量。柏林同意了奥斯曼帝国的请求，并计划利用德国战舰将土耳其拖入战争，从而开辟一条对抗俄国的新战线。

德国此番派遣战舰前往土耳其海域，目的十分明确。德国人知道他们在火力上不敌英法舰队，且"戈本"号出现锅炉故障，在空阔的海域势必凶多吉少。另外，德国时任首相特奥巴登·冯·贝特曼·霍尔维格认为，德国舰队前往土耳其海域将"让奥斯曼帝国再难保持中立"。这场难以避免的危机将迫使"高门"履行两国此前秘密签署的盟约，令其在德国受到袭击后，立即在东部对俄国或对驻埃及英军采取军事行动。无论如何，德国舰队此次前往奥斯曼帝国海域，将开辟一条对抗协约国的新战线，令德国在战争中占据主动。[24]

奥斯曼政府将德国的这次海上危机化为有利局面。虽然恩维尔请求德国派遣舰队在先，但他的这一请求并没有获得奥斯曼当局的准许。"高门"最初拒绝前来的德国战舰进港。但在8月6日与德国大使瓦根海姆会面时，赛义德·哈利姆做出了让步，有条件地允许德国战舰进入海峡。他坚持要求德国战舰不得在这场日益扩大的欧洲冲突中做出任何破坏奥斯曼帝国中立立场的举动。随后，他向德国提出6点要求，这是奥斯曼帝国首次阐述其在第一次世界大战中期望达到的目标。

首先，赛义德·哈利姆要求德国协助奥斯曼帝国废除此前与欧洲各国政府签订的一系列政府间条约——根据这些历史悠久的双边条约，在奥斯曼帝国境内工作和生活的欧洲人享有贸易特权和治外法权。奥斯曼帝国在其鼎盛时期所签订的这些条约，旨在促进与当时较为弱小的欧洲各国的贸易往来。帝国最早的政府间条约是与若干意大利城邦在14世纪签订的。16世纪时，帝国与英法两国也签订了类似条约。然而到了20世纪，奥斯曼帝国已日薄西山，不敌其欧洲邻国，这些早年签订的协议如今便成了有损帝国主权的不平等条约。因此，奥斯曼帝国意图趁欧洲大战之际废除这些条约。他们知道这一举动必将在欧洲掀起轩然大波，所以期望得到德国就此事的单方面支持。

赛义德·哈利姆的另两点要求，则与近来奥斯曼帝国在巴尔干战争中蒙受的损失相关。第一，奥斯曼人希望在与协约国为敌之前，先与罗马尼亚及保加利亚签订协议，确保巴尔干列国不会趁机威胁帝国色雷斯领土或伊斯坦布尔的安全。大维齐尔期望德国既能协助帝国"与罗马尼亚及保加利亚达成重要共识"，亦能帮助其"与保加利亚谈判达成一项公平协议"，平等瓜分"未来可能获得的战利品"。第二，若希腊将来加入协约国并最终战败，德国应确保希腊能将希俄斯、米蒂利尼及利姆诺斯这三座爱琴海岛屿的主权归还给土耳其。

除此之外，奥斯曼政府还试图从俄国手中收复领土。"高门"提出，若协约国战败，德国应确保俄国归还1878年从奥斯曼帝国手中得到的三个行省，使"土耳其东部边界得到小幅更正，重新与俄国穆斯林聚集地接壤"。他们还提出，德国不得与战败的协约国签订任何和约，直到外国部队全数撤出奥斯曼帝国在战争期间被占的领土，并已将相应领土的主权归还给土耳其——这实质上重申了两国同盟的核心前提，即确保奥斯曼帝国的领土完整。最后，赛义德·哈利姆还要求德国大使确保，土耳其能够得到与其贡献"相符的战争赔款"。[25]

瓦根海姆别无选择，只得当即答应大维齐尔的上述要求。当时已是深夜，德国战舰眼看就要抵达，再者，这些要求中的大部分也只有在奥斯曼帝国协助德国取得胜利后方才生效。然而，这位德国大使的妥协却开了一个不良先例，此后奥斯曼帝国一直逼迫比它强大的德国盟友作出重大妥协，直到一战结束。

8月10日下午，德国战舰抵达土耳其沿岸海域。恩维尔帕夏向驻达达尼尔海峡的奥斯曼军指挥官发了一封电报，命其准许"布雷斯劳"号与"戈本"号进入海峡。第二天早上，奥斯曼政府派遣了一艘鱼雷艇引导德国战舰安全通过雷区，顺利停靠到达达尼尔海峡内。德国战舰一经进入达达尼尔海峡，英法两国大使便向大维齐尔提出抗议，称奥斯曼帝国准许德国船只进入领海的做法破坏了帝国的中立立场。

8月11日晚，青年土耳其党的三头执政同盟在大维齐尔的官邸用膳。只有恩维尔知晓这起刚发生在达达尼尔海峡的戏剧性事件。他笑着对其他几位尚不知情的同事激动地说："是个儿子！"（Unto us a Son is born）恩维尔向来公开支持与德国结盟，此次德国舰船前来令他喜若得子。他向同事简单介绍了"布雷斯劳"号与"戈本"号战舰，随后挑明了帝国当下面临的政治难题。根据战争法，奥斯曼政府有两种选择继续保持中立：要求德国舰船于24小时内撤离奥斯曼海域，或将其缴械并扣押在帝国港口内。[26]

若奥斯曼帝国把德国盟友的舰船驱逐出土耳其海域，后者毫无疑问会被候在岸边的英法舰队一举击沉。然而，当大维齐尔及其内阁向瓦根海姆提出让德国舰船缴械时，德国大使断然拒绝。随后，他们又提出了一个折中方案，即让德国假装把这两艘战舰卖给土耳其。8月11日，杰马勒更是在瓦根海姆得到柏林方面批准之前就在报纸上刊登了一则官方公报，宣称奥斯曼政府以8000万德国马克——一个杰马勒信口胡诌的数目——"购买""戈本"号与"布雷斯劳"号战舰。这两艘德国战舰将会取代被英国征用的"苏丹奥斯曼"号与"雷沙德"号无畏舰编入奥斯曼海军舰队。

对外宣称购买德国战舰，这对青年土耳其党人以及德国政府双方来说都是一着高棋，尽管当时德国方面仍十分困惑。一方面，委托建造并已预先付款的无畏舰被英国"窃取"曾令土耳其民众义愤填膺，而今德国雪中送炭般为帝国海军提供其亟需的新锐战舰，则让他们心存感激。另一方面，这两艘新锐战舰的入列使土耳其人能够成功压制俄国黑海舰队，令英法两国措手不及，进而使青年土耳其党人也从中受益。随后，"布雷斯劳"号与"戈本"号战舰被分别更名为"苏丹亚伍兹·塞利姆一世"号与"米蒂里"号，苏雄海军上将被任命为奥斯曼舰队指挥官，德国水兵也被编入奥斯曼海军；

而瓦根海姆只得向柏林一一解释这些既成事实。对奥斯曼帝国而言，宣布购买这两艘德国战舰妙在既能让奥斯曼海军获得优势并加深双边关系，又能避免伊斯坦布尔放弃中立，被拖入四处蔓延的世界大战之中。

度过了1914年8月的这场危机之后，局势对奥斯曼帝国颇为有利。他们找到了一个欧洲强国来庇护其免受俄国侵略，并动员了民众积极参军，致使欧洲列强不敢对土耳其掉以轻心。他们还得到了新锐战舰，使奥斯曼海军在爱琴海与黑海的力量均比协约国更胜一筹。总而言之，伊斯坦布尔成功地在愈演愈烈的战争中明哲保身。奥斯曼帝国的理想状态是在这场欧洲冲突中始终保持中立。这意味着土耳其需要同盟国的其他成员拖垮其协约国敌人，而自己在此过程中能坐山观虎斗，等到奥匈帝国与德国胜利在望时才加入战斗，从而确保以最小的人力与物力代价实现其战争目标。

然而，德国却希望这位帝国盟友能表现得更加积极些。自从德国战舰被帝国收编后，柏林便向土耳其施加压力，促其参战。摆在德国战争策划者面前的唯一问题，是如何在这场大战中更为有效地利用这位帝国盟友。有人认为应让土耳其人开辟新战线，以挫败俄国对同盟国的军事行动，由此德国也能在西线集中更多兵力对抗英法两国。然而，与土耳其关系密切的人了解伊斯坦布尔为何迟迟不愿向俄国宣战。自1711年起，奥斯曼帝国与俄国共交战7次，均以失败告终，而最近土耳其更是接连败给意大利和巴尔干列国，这使它更无信心与俄国这位最可怕的邻居交手了。奥斯曼帝国深知，倘若1914年袭击俄国失败，就必然遭后者灭国。

另一些人则认为，利用奥斯曼军队的最佳方法是使其袭击英国在埃及的驻军。若奥斯曼军队能占领苏伊士运河，则不仅可扰乱英军与印度的通讯，还能切断英军来自印度、澳大利亚与新西兰的补给通道。德国战争策划者十分清楚英军在苏伊士运河的实力不可小觑，但他们也相信奥斯曼帝国拥有端掉英军据点的秘密武器。

奥斯曼帝国的苏丹不仅是一国之君，还是伊斯兰教的哈里发，统领全球的穆斯林社会。生活在埃及的穆斯林人数达1200万，英法治下的亚非地区也有几百万教徒。德国人试图凭借这些穆斯林对伊斯兰教的虔诚令英法两国后院起火，从内部削弱协约国力量。理论上讲，奥斯曼军袭击埃及并发起伊斯兰圣战，便能在埃及内部引发骚乱，进而一举击溃那里的英国驻军。

从约翰·布肯发表于1916年的畅销小说《格林曼陀》（*Greenmantle*）里可以看出，当时欧洲非常热衷于利用伊斯兰狂热分子这股潜在的力量。书中一位名叫沃尔特·布利万特的间谍组织首脑有过这样一段话："伊斯兰是个尚武的宗教，毛拉即使在布道时也是一手《可兰经》，一手宝剑。试想一下，若是有像'约柜'（相传放置着上帝与以色列人契约的柜）这样能激怒千里之外梦想着天堂的穆斯林农民事物的存在，后果会如何？"小说中这些虚构的谈话发生在1915年末的外事办，而当时这种想法已在柏林政府成为现实。德国人称其为"伊斯兰政治"（Islampolitik），并认为这会是奥斯曼帝国对战争最大的贡献。[27]

马克斯·冯·奥本海姆男爵是德国"伊斯兰政治"的创始人。1860年，奥本海姆出生在一个银行世家。实力雄厚的他对东方有着浓厚的兴趣。1883年，他以学者与探险家的身份第一次游历中东。1892年至1909年，他搬到开罗，并以该城市为落脚点继续他的中东之旅。奥本海姆是个多产的作家，其中关于阿拉伯部落的四卷经典研究著作《贝都因人》（*Die Beduinen*）至今仍是该领域的标准参考书。后来被称作"阿拉伯之劳伦斯"的T. E. 劳伦斯就是他的读者之一。虽然他的理念因"太伊斯兰化"而未被德国外交官采纳，但这位东方专家却赢得了德皇威廉二世的信任。自1898年的奥斯曼帝国之旅后，威廉二世就对伊斯兰世界颇感兴趣。1900年，他任命奥根海姆为"首席法律顾问"，每年夏天负责向他汇报伊斯兰世界的情况。

奥本海姆极度仇视英国，是他第一个提出利用德国与伊斯兰世界新建立起来的友谊与英国对抗。早在1906年，他就曾预言道："未来伊斯兰将发挥更重要的作用……伊斯兰力量之大，地域之广，终会给欧洲各国带来重要影响。"他希望这股力量能助德国一臂之力。1914年8月战争爆发后，奥本海姆在柏林成立了圣战事务办事处，分发泛伊斯兰宣传册煽动身居法属北非、俄属中亚和英属印度等地的800万穆斯林起事。奥本海姆向德国总理担保，称仅凭印度的穆斯林起义便能"迫使英国（同意）签订对我们有利的和约，哪怕穆斯林动乱最终失败"。[28]

尽管这一策略总是被人称作"德国制造的圣战"，但许多世俗化程度甚深的青年土耳其党人，也同样认为可以利用这股宗教狂热打败协约国。恩维尔于1911年在利比亚作战时就已经认定了伊斯兰的强大力量。他在前往利比亚之前号召一场对意游击战，到达利比亚后则愈发把当时的冲突看做一场圣战。他在信中将利比亚志愿军描述成了"视死亡如天赐的狂热穆斯林"，并反复提到他们对他这位哈里发女婿的一片赤诚。他的同事杰马勒也把伊斯兰看做连接阿拉伯人与土耳其人的纽带，并认为一场宗教战争会使这层关系更加密切。他说："绝大多数阿拉伯人都会毫不犹豫地为这场解放穆斯林哈里发的伟大战争赴汤蹈火。"因此，联合与进步委员会领导集体认定，曾在伊斯兰教早期发挥了重要作用的圣战，如今也能成为对抗欧洲强国的有力武器。[29]

无论青年土耳其党人对圣战抱有何种期望，他们的首选仍是使奥斯曼帝国尽可能久地远离战争。1914年8月至9月期间，土耳其一直千方百计拖延参战，而德国已越来越没有耐心了。土耳其人借口称参军动员仍未完成，若贸然进攻俄国，则有可能自取灭亡，反而拖累其他同盟国。奥斯曼政府向德国明确表示，他们仍将俄国视作帝国的最大威胁。然而，青年土耳其党人却并未告诉这位盟友，为消除俄国这个隐患，他们甚至已经向俄国提议与之秘密结盟——这必然会使与德关系产生嫌隙。

对与德联盟鼓吹最力的恩维尔帕夏首先提出了与俄国缔结密约的建议。8月5日，就在与德国达成秘密协议的三天后，恩维尔便向M. N. 莱昂蒂耶夫阐明了土耳其与俄国结盟的意愿，令这位俄国驻伊斯坦布尔军事专员瞠目结舌。随后，大维齐尔哈利姆与恩维尔的青年土耳其党同事塔拉特帕夏加入了谈判的行列，并将俄国驻"高门"大使M. N. 吉尔斯也拉入讨论之中。他们希望俄国人能确保奥斯曼帝国的领土完整，并归还爱琴海的三座岛屿，以及巴尔干地区战败后割让给保加利亚的色雷斯西部地区。作为回报，奥斯曼帝国将全力支持协约国的军事行动，并驱逐所有当时在帝国工作的德国官员与工程师。恩维尔、塔拉特与赛义德·哈利姆三人成功地使这两位俄国官员相信了帝国与俄国结盟的诚意，从而使两人去竭力促成俄土同盟。[30]

法赫雷丁贝伊，这位奥斯曼帝国驻圣彼得堡大使负责与俄国政府商讨土俄联盟事宜。他向俄国外交大臣谢尔盖·萨宗诺夫解释，称奥斯曼政府与俄结盟的条件是后者保证帝国的领土完整，并终止支持亚美尼亚人在安纳托利亚东部的建国行动。然而，萨宗诺夫并未像其驻伊斯坦布尔大使那样被青年土耳其党人说服。他拒绝放弃支持亚美尼亚人的改革计划，并对恩维尔承诺的与德国断交深表怀疑。萨宗诺夫所能做的最大让步，就是在英法两盟国的支持下保证奥斯曼帝国的领土完整，以换取帝国在战争中的中立。如此一来，奥斯曼帝国既无望收复被占爱琴海岛屿抑或色雷斯地区，也无法在战后避免俄国的入侵。

萨宗诺夫拒绝放弃亚美尼亚人的改革计划，使奥斯曼帝国更加坚信俄国未来意图肢解帝国。因此，与德国结盟仍是帝国最好的选择。至8月末，奥斯曼政府倒向同盟国阵营。青年土耳其党此番与俄国的交涉表明，为了帝国免于欧洲战火，他们甘愿付出多大的努力。

1914年8月至9月期间，欧洲战事发展之快使奥斯曼帝国有充分的理由对参战保持谨慎。当时，德军以迅雷不及掩耳之势占领比利时，并朝着巴黎迅速向前推进，可是在关键的马恩河战役（9月5日至12日）中败北。交战双方开始构筑战壕，堑壕战成了西线战事的一大特点。截至9月，一战的另一标志——空前的死伤人数——也已十分清晰：仅在西线，法军伤亡人数便已超38.5万人，德国也损兵26万。在8月末的坦能堡之役中，德军全歼俄军，致其5万人伤亡，另有9万人被俘。俄国与奥地利人的交战记录要好得多，后者在加利西亚之战中死伤32万，另有10万人被俘（但俄军在此战役中也付出了惨痛的代价，有超过20万人伤亡，另有4万人成了战俘）。1914年8月，奥地利袭击塞尔维亚的军事行动同样以失败告终。塞尔维亚人口仅为奥地利的十分之一，却在此次战斗中致使后者伤亡高达2.4万人，远超自身的损失。另一方面，截至1914年11月，英军已共计死伤9万余人，超过了英国远征军最初7个师的人数。在不到6周的恶战中，协约国与同盟国已共计伤亡100多万人，而这些数字足以使奥斯曼帝国对参战一事慎之又慎。[31]

奥斯曼帝国如此百般拖延，终于使德国在1914年9月失去了耐心。当时，德军被拴在西线，而奥地利军亦在与俄军及塞尔维亚军的战斗中损失惨重，因此同盟国亟需奥斯曼帝国开辟新战线对抗俄军。青年土耳其党人一边继续承诺参战，一边仍向德国提出更多资金与战备物资的要求。直至9月中旬，德国战争大臣埃里希·冯·法金汉将军拒绝了奥斯曼帝国任何进一步关于"人员、大炮及弹药的要求……除非奥斯曼帝国与德国的敌人展开真正的战斗"。柏林认为，奥斯曼海军现在拥有"戈本"号与"布莱斯劳"号这两艘战舰，有足够的实力对俄国黑海舰队发起攻击，并确立其在该区域的支配地位。但袭击俄军对奥斯曼帝国而言意味着放弃中立，加入这场欧洲的战争。当时，德国寄希望于奥斯曼苏丹号召圣战，通过策反协约国殖民地内的穆斯林，以达到从内部瓦解协约国的目的。对德国而言，问题在于如何让奥斯曼帝国不再踌躇，积极发起对俄国的攻击。[32]

奥斯曼帝国参战的一大障碍是资金短缺。他们需要一笔巨资来维持大规模的参军动员及日后的军事行动。9月初，战争大臣恩维尔帕夏与德国进行谈判，承诺若德国向其提供资金支持，帝国则可立即对俄海军发动攻击。恩维尔还允诺遏制俄国在安纳托利亚东部地区的势力，并对英国在埃及的驻军发起攻击。除此之外，苏丹还可号召对协约国发起圣战。德国即刻答应了奥斯曼政府的条件，并向伊斯坦布尔提供折合约200万土耳其镑的黄金，在土耳其向俄国宣战后即可兑现。德国还承诺在奥斯曼帝国参战后的8个月里，再次向帝国提供300万土耳其镑的援助。这些援助使奥斯曼的战争策划者能有充足的资金去实现其自身的战争计划。

10月24日，海军大臣杰马勒帕夏向苏雄上将作出指示，命其在黑海发起军事行动，奥斯曼帝国的命运由此改变。随后，恩维尔帕夏给苏雄下了第二道命令，指示其舰队袭击俄国海军。恩维尔嘱咐上将先按兵不动，待收到无线电指示之后再执行袭俄任务。然而，当这两艘改旗换帜的原德国舰船于10月27日驶入黑海时，奥斯曼帝国便失去了事件的主动权。

当时，苏雄已为奥斯曼海军效力，但他对德皇的忠心却仍未改变。10月29日，苏雄仍未接到恩维尔的无线电命令，这位德国上校便擅自向俄国驻克里米亚黑海舰队发动袭击，击沉敌方的一艘炮舰与布雷舰。"戈本"号还炮击了俄国城市塞瓦斯托波尔。事发第二天，奥斯曼政府发表声明，谴责俄国对其舰队发动进攻。随后，俄国及英法召回其驻伊斯坦布尔大使，11月2日奥斯曼帝国宣战。

至此，奥斯曼帝国正式加入了战争，只差发起圣战。这并非帝国第一次借用宗教动员子民参军。最近一次是1877年，当时的苏丹阿卜杜勒-哈米德二世就曾高举先知穆罕默德的旗帜对俄国发动圣战。然而，1914年的局势不同。这次，苏丹将团结奥斯曼帝国内外的穆斯林向欧洲国家开战，作战目标包括某些非伊斯兰国家——俄国、英国、法国、塞尔维亚与黑山，但并不包括帝国的德国与奥地利盟友。29位伊斯兰法律学者齐聚伊斯坦布尔，起草并审议通过了五项教法裁决（土耳其语称"fetvas"），准许发动圣战。随后，裁决得到了苏丹批准，并于11月11日呈由最高政治、军事及宗教机构核准。11月14日，奥斯曼政府终于公开以苏丹之名义，向聚集在征服者清真寺前的群众宣布了发起圣战的决定，得到了民众的积极响应。[33]

对帝国内部阿拉伯人与土耳其人的积极回应，奥斯曼当局胸有成竹。至于圣战能否产生更大范围的影响，让全世界的穆斯林一同参战，那就只能看时间的检验了。

第三章

全球动员参战

1914年8月的第一周，欧洲开战的消息通过电报传遍世界各个角落。五湖四海都响起鼓点和军号，全世界开始摩拳擦掌。鉴于欧洲国家之间互有秘密协约及双边防御协定，这原本应是一项欧洲人的战争。其他国家参战暗藏侵略野心，有的则抱着极大的克制态度，毕竟对手是至少当时还毫无理由与之为敌的国家。

英法与德国开战后，两国政府便向加拿大、澳大利亚与新西兰等英联邦国家寻求援助。虽然这些国家与同盟国并无过节，但仍像英皇乔治五世的其他子民一样紧密团结在其周围。毕竟这些"白人领地"的定居者都是英国人的子嗣，而且英王也是他们的国家元首。当国王向他们发起号召时，加拿大、澳大利亚与新西兰的人民都觉得自己有义务响应参战。

然而，对于英法两国在亚洲与非洲的殖民地而言，情况又与那些英联邦国家不尽相同——总体来说，这些殖民地的人民对他们的殖民者非常痛恨，因此当英国呼吁印度、法国号召其非洲殖民地组织军队时，他们有充分的理由怀疑这些殖民地对其是否足够忠诚。当时德国正积极促成协约国殖民地叛乱——尤其是当地穆斯林的叛乱。1914年时，世界范围内共有2.4亿穆斯林生活在殖民统治之下，而且其中绝大部分人的统治者就是协约国：1亿人生活在英国治下，2000万身居法国殖民地，另有2000万人受俄国管制。如今，奥斯曼帝国正式参战并加入同盟国阵营，而苏丹又号召发起了针对英、法、俄三国的圣战，因此协约国对其穆斯林子民的忠诚度深表怀疑。倘若奥斯曼帝国成功说服那些被殖民的穆斯林发动圣战，战争形势就会倒向同盟国一边。[1]

话虽如此，但奥斯曼帝国当下面临的一大国内挑战，是如何动员其疲于战斗的子民去迎接这场帝国600年以来最危险的一次战争。由于利比亚和巴尔干战争的失败，为避免参军，适龄男子都纷纷逃离帝国。1913年，南北美洲接收的奥斯曼移民数量比前几年增长了70%。据美国的领事馆人员称，前来的移民大多数都是为逃脱国内兵役的年轻男子。1914年上半年，随着即将开战的流言四起，奥斯曼帝国年轻的穆斯林、基督徒以及犹太人更是加快移民步伐，直到政府下达全国动员参军的命令，并禁止适龄男子离开帝国，移民势头才得到了遏制。[2]

8月1日，战争大臣恩维尔帕夏的动员电报贴满了帝国的各个角落。各级城镇官员将该通知张贴在公共广场与清真寺门前。负责张贴海报的人员大声疾呼："参军啰！参军啰！符合条件的都去当兵啰！"所有年龄在21至45岁之间的穆斯林与非穆斯林，都必须在5日内向最近的征兵办公室报到。地方官员应"敲锣打鼓，喜气洋洋"，鼓起民众参军的热情，不得"垂头丧气或无视动员命令"。[3]

然而，当政府首次宣布参军动员时，纵然乐队锣鼓喧天，官员强颜欢笑，都不能打消笼罩在阿拉伯村民心头对此次战争的不祥之感。黎巴嫩南部一个名叫纳巴泰的村庄里，一位什叶派穆斯林文职人员在1914年8月3日的日记中，记录下了当时公众的沮丧气氛：

> 大伙都被（全国动员的）消息弄得心神不宁，焦躁不已。

第三章　全球动员参战

他们一批批聚集在公共场所，彼此都感到困惑不解，仿佛末日审判就要来临。有的想逃——但往哪里逃呢？有的想躲，但也无处可去。然后我们又听说德国与奥地利结成了一派，而战争的另一方是协约国。这更令我们害怕了，似乎警示着未来即将有一场腥风血雨袭来，无论是我们辛勤耕耘的良田抑或是干涸龟裂的荒地，都将被它吞噬殆尽。[4]

类似的反应在帝国其他地方也有记载。8月3日，阿勒颇的商店因参军动员全部歇业。一位居民如此描述当时的状态："整座城市都弥漫着不安的气氛。"黑海港口城市特拉布宗的美国领事这样记载道："全国动员的命令宛若晴天霹雳。"虽然逃避兵役会被处以死刑，但仍有许多年轻人宁可冒死躲藏也不愿参军，因为他们认为加入奥斯曼军是必死无疑。[5]

在帝国首都伊斯坦布尔，有一位公告传报员在每个街区大声宣布参军动员的指令。大家都叫他"看守老爹"（Bekçi Baba）。白天，看守老爹给左邻右舍送水，晚上他负责巡视街区。起火时他先拉响火警，战争来临时也是他最先为大家宣布动员决定。

艾尔凡·奥尔加记得当时他父亲响应看守老爹的场景。参军动员从1914年夏天便已开始，奥斯曼帝国正式参战后，动员进程便加快了，甚至一些超龄男子也被征入军队。当时，奥尔加与父亲顶着11月的寒流，目睹看守老爹在街角的路灯下，向聚集的人群"高声喊出了这个惊人的消息"："生于1880年到1885年的男人必须在48小时内向征募中心报到，否则当即处决！"

奥尔加家族的一位成员喊道："这什么意思啊，看守老爹？"

"打仗！战争！你不知道咱们国家跟人家开战了吗？"他吼道。[6]

首都的征募中心里挤满了前来报到的适龄男子，个个都一脸惶恐。忙碌焦躁的官员向平民愤怒地吼着指令，民众就像一群牲口，饥肠辘辘，走投无路，麻木不仁。被征的人要几天后才能正式入伍。

一旦分配好部队，他们便要回家收拾行李与家人道别了。伊斯坦布尔的每片区域都有一支震耳欲聋的乐队，挨家挨户接走即将上战场的青年男子。新兵步出家门时，会有一位士兵将一面奥斯曼帝国国旗递给他，其他人则随着音乐手舞足蹈、放声歌唱，喧闹声盖过了女人的啜泣。然而，这些离家的新兵个个面带忧伤。奥尔加回忆说："当他们离家时，乐队演奏了一首异常凄惨的歌"，每个人都和着音乐开始唱：

  哦，战士们啊，我不得不像个孤独的陌生人一样出征。
  我的叹息和泪水太多，连那山川都无法承受。[7]

就这样，奥斯曼帝国挨家挨户地召集人员扩充军队。截止1914年11月它正式参战时，军队规模已从原来的20万发展到50万人。战争过程中，共有约280万帝国国民在军中服役，约占帝国2300万总人口的12%——尽管同时服役的人数从未超过80万。[8]

然而，奥斯曼帝国的这组数字对协约国或其他同盟国而言，可谓相形见绌。1914年，奥地利征募了350万士兵，但仍在随后的战争中长期处于人员紧缺的状态。德国在一战中召集了约1320万士兵，占该国17岁到50岁男子总数的85%。俄国军队数量达1400万至1550万；法国集结了840万人，其中50万人来自法属殖民地；英国动员了540万人加入陆军与皇家海军，占该国战前男性劳力的三分之一。这也难怪欧洲列强对奥斯曼军队的力量不屑一顾了。[9]

迅速扩充的军队给帝国造成了巨大的财政压力。参军动员使帝国经济遭受了沉重的打击。农民、商人和工人都被迫丢下工作，曾经为政府创造收入的纳税人都成了领政府津贴的士兵。封锁达达尼尔海峡及战争对海运造成的威胁已使港口完全停运。成千上万的士兵与战争物资的运输堵塞了公路及铁路干道，国内外贸易停摆，导致帝国上下食物与消费品均供给不足。通货膨胀接踵而至，各个城市都面临着断粮危机，紧张的市民开始私囤货物。

这一切极大削弱了奥斯曼帝国的经济生产力，进而减少了帝国的财政收入。据现代研究者估计，1914年上半年帝国的财政收入为5020万美元，与1913年同期的6320万美元相比骤降了20%。如此的入不敷出使奥斯曼帝国出现了巨大的财政赤字。据领事馆人员预测，1914年帝国财政赤字会超过1亿美元——基本上瞬间抵消了1914年5月法国贷款给帝国带来的利好。[10]

在奥斯曼帝国正式参战前，国际社会就已对其经济状况信心不足。帝国宣布参军动员令后，欧洲各银行便随即撤回向帝国金融机构的贷款。1914年8月的第一周，土耳其与阿拉伯行省的巴黎银行家要求即刻以黄金支付的方式还清剩余贷款。这种突如其来的黄金流失在帝国上下引发商业流通危机，民众纷纷想要取回存款，导致银行发生挤兑。8月，仅首都伊斯坦布尔一地的银行，便已兑出900万美金存款。

为防止资金流失，帝国中央政府于8月3日起暂停银行交易业务一个月，但后来一直按季度延续这项措施，直至战争结束。暂停期间，借贷人每月只需偿还其应还数额的25%，而银行每月只允许储蓄者提取其储蓄总额的5%。这些措施虽减少了借贷者的还款压力，却使银行体系乃至整个经济彻底陷入瘫痪，银行开始只向政府放贷。据美国驻阿勒颇、贝鲁特、哈尔普特、伊兹密尔及伊斯坦布尔等地的领事馆人员称，禁令还使这些帝国商业中心"几乎所有的工商业"都停摆。[11]

在这种背景下，奥斯曼政府开始以帝国参战为条件，向其德国盟友寻求经济援助。德国为使奥斯曼帝国正式参战，已承诺向其提供折合约200万土耳其镑的黄金，另有300万在帝国参战后的8个月内分期支付。这笔资金帮助奥斯曼帝国回笼了储备金，并使政府能够印发纸币确保黄金价格平稳。除此之外，德国还向奥斯曼帝国提供包括武器弹药在内的军需援助，价值共计约2900万土耳其镑。[12]

为了增加收入，以缓解战争给帝国财政带来的巨大压力，奥斯曼帝国财政部启用了战时特殊手段。9月9日，奥斯曼帝国宣布，单方面废止其曾经授予欧洲列强的各项贸易特权，重获经济独立——这也是"高门"的战争原目标之一。帝国此举引发了欧洲各国的强烈谴责，而国民则在家门及店面前悬挂国旗与横幅，庆祝政府终于摆脱了西方列强的控制。废除贸易特权是土耳其在这起欧洲冲突中获得的第一个切实利益，9月9日因此被定为国家节日。民众纷纷涌向埃迪尔内、伊斯坦布尔与屈塔希亚的公共广场，为庆祝国家经济独立举行盛大的爱国游行。

贸易特权一经废止，奥斯曼帝国便于1914年10月1日颁布实施了一项法令，不仅对在帝国境内的外国居民及企业征税，还要求数千名曾在欧洲列强庇护下免于缴税的奥斯曼国民重新纳税。据报道，这项措施为奥斯曼帝国筹得了"数百万美元"。[13]

征收令是另一项特殊征税手段，对帝国臣民与外国侨民同样适用。该法令规定，帝国政府应为其征用的所有财产向原所有人提供一定的补偿。然而事实上，政府对这些被征用财产采用了固定标价并打白条的处理方法，而非现金补偿。所有者可以认定他们已丧失了一切被征用的财产。帝国子民被迫给奥斯曼军队送去自己的马匹、牲口与粮食，充当军队的坐骑与食物。

帝国的官员随意闯进店铺，现场征收其认为对战争有用的任何食品与商品。征收令成了勒索工具，商店老板被命令缴纳他们没有的物品，因而不得不从政府供应商那里以政府定价购得。奥斯曼帝国境内的外国企业也同样被征收令弄得苦不堪言。叙利亚的一位地方官员没收了美国胜牌缝纫机，并将其"贡献"给行省兵团的军服制造厂。而在阿达纳与巴格达，官员向美国标准石油公司征用了几百箱煤油。据领事馆人员估计，在参军动员的前6个月内，奥斯曼帝国政府通过强征获得了5000万美元。[14]

帝国的民众仍然是新税收政策的主要对象。基督徒与犹太人同样受到征兵令的约束，却又得不到奥斯曼穆斯林的完全信任。因此，政府向符合参军要求的基督徒与犹太人提出条件，凡能额外支付43土耳其镑（约合189.2美元）的人便能免除兵役。1915年4月，帝国政府又将这笔金额提高到50土耳其镑（约合220美元）。这项法令为帝国在参军动员后的9个月里创收1200万美元。政府还新增了对诸如糖、咖啡、茶叶、香烟及酒精饮料等常用非必需品的税收，并在战争期间不时上调税率。农业什一税税率从原先的10%增加至12.5%，且原有税目的税额以战争之名增加了70%之多。此外，个人与企业还时常被迫向爱国或军事援助机构"自发捐款捐物"。[15]

上述特殊税收手段在短期内为奥斯曼帝国参战筹得了数千万美元，其代价则是，帝国的经济受到了长期不可修复的创伤。然而，1914年的奥斯曼帝国根本无暇顾及长远利益。正如其他参战国在战争开始时一样，他们也希望速战速决并得到预期的战果。如若获胜，他们便能重振经济；倘若战败，则必将面临瓜分，届时占领帝国领土的列强也将一并接手其窘迫的经济。奥斯曼政府清楚地认识到了未来之战事关帝国存亡，因此他们用尽一切办法来确保胜利。[16]

1914年8月初，正当奥斯曼帝国积极动员全民参军，英法两国也在他们的殖民帝国内号召民众为母国的战争作出贡献。应法国号召，塞内加尔、马达加斯加及印度支那半岛的士兵纷纷登上轮船赶赴西线。响应号召所成立的殖民地军队中，规模最大的要数非洲军团。来自北非殖民地的士兵先被派往西线作战，之后将被调往奥斯曼帝国战线，这导致北非殖民地士兵与敌方同样来自北非的士兵相互厮杀。

非洲军团包括来自阿尔及利亚、突尼斯与摩洛哥等殖民地的军团。动员被殖民者参军是极其微妙的事。法国使其北非殖民地居民沦为了自己土地上的二等公民，而此次却要说服他们为殖民帝国效力，攻打与之素未交恶的德国。另一边，德国大力宣传伊斯兰政治，而奥斯曼帝国也宣布了圣战，号召法属北非的穆斯林忠于伊斯兰教起义。这使得法国在殖民地的动员变得更为艰难。

第一支北非殖民军团于19世纪早期在阿尔及利亚组建。这些以柏柏尔人祖瓦瓦部落（Berber Zuwawa tribe）命名的"佐阿夫"轻步兵服装艳丽，他们身着蓝长衫和松垮的红裤子，头戴红色土耳其毡帽，给世界留下了深刻印象，19世纪中叶欧美军队里精锐佐阿夫军团的奇装异服便是由此得来。美国内战时，南方邦联与北方联邦军中都有这样的佐阿夫部队。整个19世纪，法国逐渐用欧洲士兵替换了佐阿夫部队中的本土阿尔及利亚人，使其最终成为一支欧洲部队。到20世纪，共有5个佐阿夫兵团分布在阿尔及利亚境内，另有一个位于突尼斯。其他隶属于非洲军团的欧洲部队包括非洲猎骑兵团，以及著名的法国外籍兵团。

未能进入"佐阿夫"军团的阿拉伯人与柏柏尔部落兵，则被编入本土军中，即阿尔及利亚与突尼斯步兵团，以及西帕希骑兵。这些部队的士兵几乎全是本地人，而长官则清一色是法国人。阿尔及利亚人最高只能获得中尉军衔，且人数在任何时期均不得超过中尉总数的一半（事实上，阿尔及利亚籍中尉人数从未能与法籍中尉持平）。此外，同级军衔的法国人比阿尔及利亚人地位更高。[17]

鉴于参军动员的殖民地背景，以及法国人对本地士兵军衔的限制，阿拉伯人与柏柏尔部落能应征入伍实属不易。据一位阿尔及利亚老兵称，在当时就业环境如此恶劣的情况下，人们把当兵看做一个稳定的职业。举例来说，穆斯塔法·塔布提来自内陆奥兰地区的阿拉伯部落，他从未受过正统教育，16岁时（即1892年）便加入阿尔及利亚步兵团，理由仅仅是为了"玩火药"。复员后，他便回归平民生活做起了杂货生意。17年来，他一直以经营杂货店和务农为生，直到37岁时再次参军，成为阿尔及利亚第二步兵团的一位下士。随着20世纪头十年欧洲各国之间矛盾的愈演愈烈，法国开始在北非大量募集士兵，并向当地的阿拉伯人与柏柏尔部落承诺提供应征奖金和薪水。除了食物、住房以及定期发放的工资之外，当兵还意味着能拥有比小商小贩或佃农更高的社会地位。[18]

1910年代之前，非洲军团完全是志愿兵，成员来自欧洲和阿尔及利亚、突尼斯以及摩洛哥当地。1912年，法国政府面临军队扩招的压力，于是开始在北非地区招募新兵。许多法国人与阿尔及利亚人对此都表示反对，他们担心此举会激发当地的阿尔及利亚人起义，或更有甚者，要求与法国人同等的公民权益作为参军条件。法国军方一度置殖民地说客的反对于不顾，拟定了征兵草案。1912年2月3日颁布的征兵令规定，采用抽签的方式征兵，且人数仅限于2400人。为确保穆斯林显贵的支持，法国当局还规定，富裕的阿尔及利亚家庭可上交一笔费用免除家中男子的兵役。这项规定使阿尔及利亚的中等家庭更加剧烈反对，打破沉默抗议该草案的实施。他们称："我们宁可死，也不能眼睁睁看着我们的孩子被夺走。"然而，尽管民众如此反感，征兵抽签自1912年起仍每年定期举行。截止1914年战争前夕，共有2.9万名阿尔及利亚士兵效力于法国军队，其中有3900位由抽签募集。[19]

1914年8月3日，当德国向法国宣战的消息传至阿尔及利亚时，一腔热血的法国人涌上阿尔及尔的街道，举行了大型的爱国示威运动。他们高唱《马赛曲》与另一首法国大革命时期广为传唱的歌曲——《出征曲》，其歌词这样写道：

> 共和国在召唤我们，
> 让我们征服或消亡。
> 为了她（共和国），法国人必须生存，
> 为了她，法国人必须牺牲。

阿尔及利亚的法国人把最后一句歌词改成了"为了她法国人必

须生存，为了她阿拉伯人必须牺牲"，借此暗指当地阿尔及利亚人也应为法国做出牺牲。特莱姆森省的梅萨利·哈吉在热血沸腾过后，称这些"爱国基调的歌曲（给阿拉伯阿尔及利亚人）造成了极大困扰"。[20]

德国"布雷斯劳"号与"戈本"号战舰炮轰港口城市波尼和菲利普维尔（今属阿尔及利亚的安纳巴与斯基克达），打响了向法国开战的第一枪。8月4日黎明前，打着英军旗帜的"布雷斯劳"号向波尼开炮140次，击中了火车站、城市主要干道、港口设施，以及停泊在港口内的一艘蒸汽船。一位名叫安德烈·加里奥内的男子在该轮袭击中丧生，成为第一位死于一战的法国人。一小时后，"戈本"号挂着俄国旗帜出现在滨海城市菲利普维尔，并对该城市进行了20次炮击，摧毁了当地火车站、营房以及一个煤气厂，造成16人死亡。随后这两艘战舰撤离了北非沿岸，在英法舰队的追赶下一路驶向了奥斯曼帝国海域，这在迫使土耳其参战中发挥了重要作用。德国并未给出袭击这两座城市的缘由，但许多人认为它是想阻挠北非往法国输送部队，并借此打击阿尔及利亚人对法国的信心。

德国此番攻击激起了公愤，促使阿尔及利亚的欧洲人与当地百姓自发参军。因战争爆发时正值斋月，穆斯林从日出禁食到日落，所以对当地穆斯林的招募工作实际上从8月底斋月结束时才开始。集市日里，由法国与阿拉伯士兵组成的征兵队在阿尔及利亚的城乡间来回游走，伴着鼓点的节奏与摩洛哥双簧管尖锐的声音在公共场所游行。音乐的律动与艳丽的服饰引来群众的围观，不过征兵官着重招收无业游民与农民。梅萨利·哈吉回忆道："一旦音乐聚集了足够多的人，士官长便命乐队停止演奏，一位阿拉伯中士便会走上台前发表慷慨激昂的演讲，陈述应征者可获得的福利。他开出的条件对那些食不果腹的人来说太有吸引力了。"而另一边，他们的父母却为儿子要去外地打仗而"痛苦不堪"。

许多北非家长最担心的事，在短短数周之后便成为现实。非洲军团在一战开始没多久即遭受重大伤亡。穆斯塔法·塔布提下士1913年重新入伍后，便第一时间被派往法国作战。他把经历写成诗，它们在其受伤住院时为一位阿尔及利亚军的翻译官所录。这些反映1914年9月战况的诗句后来在西线的北非士兵中广为流传，他本可跻身首批一战诗人之列。[21]

塔布提所在的阿尔及利亚步兵团，从奥兰市穿过地中海去往赛特港，在那里登岸并乘火车继续向战场进发。塔布提在诗中赞颂了步兵团的威武之势，他跟其余阿尔及利亚人一样如此看待战场：

> 我们暗自想着："别怕，就让我们展示一下有多幸运吧，那是我们的荣幸。"
> "我们阿拉伯人生来胸怀天下，征战四方！"

北非军团被派往比利时边境，首先见识了8月21日爆发于沙勒罗瓦的战役。这位北非诗人从未想到紧接而来的战争竟是如此暴力。

> 请聆听我的故事，朋友们：今日是我们兄弟多么糟糕的一天，在沙勒罗瓦！
> 大炮的狂轰滥炸和枪林弹雨啊
> 从午后晡礼到日落昏礼把我们击打。

在接下来的几日里，战事一直在持续，双方死伤人数不断增加。"死者成堆，"塔布提回忆道，"他们把穆斯林和非穆斯林都葬在了一块。"

> 炮火从远处射来，泥土和石块火光四起，主啊！
> 我们成群地死在刺刀和从四面八方飞来的子弹之下

> 没有丝毫的喘息时间，他们一直追寻我们的踪迹
> 接连六天，主啊！
> 他们向我们发起攻击，犹如激流般凶猛，主啊！
> 他们在比利时也不给我们片刻的喘息。

法国及其北非军队在德军撤退之前成功重创敌人。"我们把他们打得落花流水，"塔布提夸耀道，"无论你走向何方，你都能见到他们（德国人）的葬身之地。"尽管如此，他的战争诗中也体现出了对北非军中"奥兰、突尼斯、摩洛哥及撒哈拉地区"阵亡将士的无限哀思。

> 看着众将士成批牺牲，我的心儿已碎。
> 主啊！死后，这些英雄仍徘徊
> 在乡村荒野之中。
> 他们就这样消逝，没有任何人为他们吟诵信仰的表白，
> 主啊！他们就这样暴露在野兽、飞鹰
> 与猛禽的啃食之下。
> 我悲凉地唱着关于他们的记忆，主啊！若您并非铁石心肠，
> 您就应当为他们流下泪来。

沙勒罗瓦之战有大量北非军团以及法国正规军的士兵阵亡。1200人编制的步兵营仅战斗了一天便只剩500人——而土耳其人最初的伤亡率达60%。老兵倒下，就轮到稚嫩的新兵上前线。他们训练不足，面对战火惊慌失措，伤亡率也因此创下新高。当法军撤出沙勒罗瓦，为保卫巴黎重新整顿时，北非军团便被调往马恩河，它在拖延德军中发挥了重要作用——虽然代价是又一次的重大伤亡。光在1914年8月到12月间便有6500名北非士兵牺牲，另有数千名受伤。[22]

第三章 全球动员参战

北非军团在西线遭受重大伤亡的消息不胫而走,陆续传回家乡。惨烈的阵亡使得流言四起,称北非士兵被人利用,专门替法国士兵打恶仗当炮灰。1914年9月与10月之间,阿尔及利亚乡村各地爆发了反对征兵的自发抗议。家长拒绝让孩子上前线,征兵队只得将还没去军营报到的志愿兵员放回家中。

这些抗议为法国敲响了警钟,似在提醒着一场由奥斯曼帝国发起圣战所激起的宗教起义将有何种威力。为应对阿尔及利亚遍地的征兵抵抗,法国当局不得不从欧洲战场调回1600名士兵赴阿尔及利亚重整秩序,数名士兵在暴动中遇害,直到军队重新控制住局面,继续募集赴西线作战的新兵。尽管当地人起义抵抗,但征兵队仍收获颇丰。一战期间,有超过30万北非士兵在法军服役——18万阿尔及利亚人,8万突尼斯人,以及4万摩洛哥人,包括西线和与奥斯曼帝国对峙的东线。[23]

英国亦号召其帝国子民为战争尽一份力。1914年8月4日,英国向德国宣战,3个英联邦成员——澳大利亚、加拿大与新西兰——在当天就加入了战争。它们各自展开动员,憧憬着自己将在欧洲大地上为英国浴血奋战。绝大多数加拿大士兵确实去到西线(除一小部分参加美索不达米亚战役,或在萨洛尼卡的医疗队服役),但大部分澳大利亚与新西兰的志愿兵被派往奥斯曼帝国一线。此时奥斯曼帝国也正在呼吁土耳其人、阿拉伯人及北非人民积极参战。来自世界各地的士兵使一场欧洲冲突演成了一场世界大战。

在远离冲突的世界另一端,澳大利亚人与新西兰人对这场爆发于欧洲的战争,反应之积极丝毫不亚于任何英国人。澳大利亚当时的在野党工党领袖安德鲁·费希尔,在这激动人心的时刻承诺,澳大利亚将支持英国作战"直至耗尽最后一兵一卒、一分一厘"。1914年8月初,澳大利亚联邦动员了澳大利亚皇家军团,新西兰亦召集了新西兰远征军。他们共同组建的军队被人称作澳大利亚与新西兰军团,简称澳新军团。

早在布尔战争(1899 至 1902 年)时,澳大利亚与新西兰就曾派遣军队支援英军。然而,那次异国作战的经历丝毫未能帮助澳新士兵直面一战的血雨腥风。布尔战争时,共有 1.6 万名澳大利亚士兵被派往南非,只有 251 人阵亡;更多(总共也只有 267 人)死于疾病等非战斗减员。新西兰军的死伤率也基本相同:6500 名战士中只有 70 人死于战斗,23 人死于意外,另有 133 人死于疾病。布尔战争的经历使两国人民踊跃报名参军,他们对未来的探险和异国之旅充满期待,并笃定地认为最后都能衣锦还乡。[24]

澳新军团包括骑兵队与步兵团,大部分骑兵队的志愿兵都来自乡村,骑着自家马匹前来报到——一战中约使用了 1600 多万匹马。这些士兵可以选择登记自家马匹入伍,一旦马匹通过检验便能得到 30 镑报酬。此后,这匹马就为军队所有,它们被烙上政府标识,其中不少印在马蹄上。一匹被骑兵称为"替补"(remount)的战马必须达到严格的标准:阉马或母马,年龄在 4 到 7 岁之间,肌肉发达,不高于 15.2 掌宽,状态良好,且不惧战火。澳大利亚一种名叫"新南威尔士"的马是纯种马与挽车马的混血后代,符合上述标准。[25]

新西兰远征军士兵来自全国各地,背景也是五花八门。他们之中有农民、手艺工匠、牧羊人、丛林居民、文职人员、教师、股票经纪人以及银行家等,不胜枚举。他们参军是因为朋友都来了。对于其中一些人而言,战争不过是一场大冒险;而另一些人参战却是出于对英国的热爱。他们之中没人了解未来即将面临的战斗是多么凶险,在经过 6 周的训练后便纷纷准备启程。特雷沃·霍尔姆登,一位来自奥克兰的年轻律师,记得他与同伴从位于一树山(One Tree Hill)的训练营行军至港口等待渡船的情形:

> 大批奥克兰人都来目送我们离去。尽管多数看客是高兴他

们终于可以摆脱眼中的一些混混了,但我们都觉得自己天生是当之无愧的英雄。我对行军非常自豪,也乐在其中。整个过程当然很戏剧性也很令人斗志昂扬,一路上乐队敲锣打鼓,彩旗飘飘,我们……从自己所熟知的世界而来,登上了船,穿过女皇码头的那道铁门,驶向了只有上帝才知道的彼岸。[26]

由于澳大利亚与新西兰人口较少,因此参战的军队规模也有限。1914年时澳大利亚人口总数约500万,新西兰则只有100万。年龄在18至35岁之间的澳大利亚男子,或21至40岁的新西兰男子,身高5英尺6英寸及以上,体格健硕者方有资格参军。截至8月,澳大利亚已招募到19 500人(17 400名步兵,2100名骑兵),由将近900名军官统领。新西兰远征军共有约8600名士兵与3800多匹马,除了1400人被派去占领德属萨摩亚,其余的士兵都在3周之内整装待发。[27]

由于报道称有德国海上部队在南太平洋一带活动,运兵船只受其影响也延误了到港时间。虽然志愿兵在9月底就已训练完毕,但10艘运兵船直到10月16日才从惠灵顿起航,中途由一艘日本战船与两艘英国舰船护送。弗兰克·霍尔姆登与1500人及600匹战马同在"瓦伊马纳"号船上,"挤得像个沙丁鱼罐头"。他们先驶往澳大利亚与澳大利亚皇家军团汇合,11月1日再从澳大利亚西南港口城市荷巴特出发,当时目的地尚不明确。奥斯曼帝国在11月2日才加入一战,而那时澳新军团已经出发了。这些澳新士兵并非驶往英国,而是将在埃及登陆,投入中东战场。

当英法两国动员自己的帝国投入欧洲战争时,他们也不得不细细考量其治下的穆斯林臣民是否忠心。阿尔及利亚的阿拉伯人及柏柏尔人长期以来被剥夺了公民待遇,早已怨声载道。另一边,几十年来英国在印度的影响力日趋减弱,后者愈发效忠于有全球穆斯林哈里发之称的奥斯曼苏丹。而在埃及，英国长达30年的占领已促使其境内爆发了以独立为诉求的民族主义运动，只是之前他们的行动都被挫败了。鉴于上述情况，人们有充分的理由担心，英属印度和北非的殖民地政策已让当地穆斯林渐行渐远，现在可能转投英法的敌人——德国的怀抱，通过后者的胜利获取自身独立。[28]

对于处在关键时刻的大英帝国而言，埃及极为重要。苏伊士运河是连通英国与印度、澳大利亚及新西兰的要道。位于埃及的军事基地在供皇家军队训练的同时，也充当着中东军事行动的据点。倘若埃及民族主义者利用欧洲战乱，或虔诚的穆斯林响应圣战，将会给英国的战争大局造成毁灭性的打击。

当战火于1914年8月在欧洲点燃之时，埃及政府正值夏季休会，时任埃及总督的阿拔斯·希里米二世当时正在伊斯坦布尔休假，立法议会也处于休会状态。面对急转直下的危机，首相侯赛因·鲁西迪帕夏不得不在未请示总督的情况下当机立断。8月5日，英国对鲁西迪帕夏施压，迫使其签订了保证埃及向同盟国宣战的文件。然而此举并未能确保埃及支持英国的战争行动。相反，消息一经传开，埃及人民便义愤填膺。据一位当时在埃及工作的英国官员回忆："各个阶层的埃及人都对殖民者（例如英国）有根深蒂固的不信任感，现在这种不信任升级成了——即使他们仍保持沉默——赤裸裸的仇恨。埃及本就不愿，也不齿其与英国有关联，它现在更让埃及陷入毫无缘由也毫无目的的斗争。"[29]

8月至10月期间，英国新闻审查人员对埃及民众屏蔽了所有最不利的前线报道，而从伊斯坦布尔发回的报道也同样受到英国的审查。这种状态一直持续到1914年11月2日奥斯曼帝国正式参战。虽然埃及早在1882年便被英国占领并由其实际治理，但它仍然是奥斯曼帝国自1517年以来的法定固有领土。埃及总督是奥斯曼帝国的封疆大吏，由奥斯曼苏丹钦点，并享受奥斯曼中央财政发放的年俸。然而，当下奥斯曼帝国与德国结盟，成了英国的敌人。埃及也因此陷入了两难的境地，不知是该继续当帝国忠实的附属行省，还是根据8月5日签订的文件与英国一起对抗帝国。相比之下，英国的处境很清楚：奥斯曼帝国已正式参战，这意味着英国占领着敌人的土地，而1300万埃及百姓现在成了对其充满敌意的外人。

在奥斯曼帝国参战的当天，英国宣布在埃及戒严。埃及民众并未对帝国参战公开作出任何反应，但英国当局仍对埃及人的忠诚有所顾虑。他们不愿让埃及士兵加入其与奥斯曼帝国的战争，因为宗教的纽带定会远胜于被殖民者对殖民当局的敬畏。因此，英国决定彻底免除埃及人的兵役。11月6日，英军驻埃及指挥官约翰·麦斯威尔爵士作出如下承诺："鉴于埃及穆斯林对奥斯曼苏丹的崇敬之情，（英国）将独自承担当下战争的重负，不要求埃及人民（向英国）提供支援。"[30]

埃及政界资深人物艾哈迈德·沙菲克称，麦斯威尔的这番表态在埃及民间产生了"巨大反响"，受英国统治30余年的埃及民众对此举的目的深表怀疑。英国虽然承诺免除埃及人的兵役，却对其采取了严格的禁令，埃及人不得妨碍英军在埃及修筑工事，亦不得向奥斯曼帝国提供帮助。其实，在不久的将来，英国人就会发现没有埃及不行，他们根本无法像承诺的那样独立应付战争。埃及士兵可以把守苏伊士运河，西线与中东战线的修筑工事也需要埃及工人的投入。[31]

尽管英国维持了埃及的公共秩序，但仍未解决埃及在法理上所面临的困境。12月18日，英国单方面颁布法令，将埃及作为英国的保护国从奥斯曼帝国中分离出来，结束了土耳其对其长达397年的统治。第二天，英国废黜了亲奥斯曼帝国的埃及总督，委任侯赛因·卡米勒（Husayn Kamil）接管埃及，他是埃及统治家族内部尚且健在的成员中最年长的王子。既然埃及现已不再是奥斯曼帝国的附属行省，英国便将原先的总督头衔改为"苏丹"，使这位新任埃及统治者与奥斯曼苏丹平起平坐。扶植了亲英政权后，英国便集中精力防止埃及——尤其是苏伊士运河——受到奥斯曼帝国的攻击。当时驻埃英军不少已被调往西线，但来自澳大利亚、新西兰以及印度的士兵很快便来到，巩固了协约国在此的实力。

印度自1858年起归属英国皇室，是大英帝国的重要领地。英属印度共由约175个土邦组成，其领主接受英籍总督的管理并效忠于英王，承认英王享有领地的宗主权。英属印度拥有自己的民政部门与军队，是英联邦的一员。印度总人口达2.55亿，其中穆斯林有6500万人，占总人口的1/4。德国情报部门已把心怀不满的印度穆斯林视为英国的软肋，并希望能利用奥斯曼苏丹发起的圣战，在英属印度兴风作浪，从而破坏当地秩序，使英国在西线受挫。[32]

1914年战争伊始，英国在南亚有两大目标：一是招募尽可能多的印度士兵为英国效力，二是确保印度穆斯林对其效忠，以挫败奥斯曼帝国与德国的圣战图谋。当时的英王乔治五世为达成这两个目标，于8月4日向"印度诸王侯与印度人民"发布宣告，阐述了英国向德国宣战的理由，并号召印度对战事的支持。让英国政府宽慰的是，印度统治阶层的精英积极响应了英王的号召，并纷纷向其表示忠诚。阿迦汗（伊斯兰教伊斯玛仪派支系尼查理派伊玛目的尊称）说："印度穆斯林对英王忠心耿耿，纵然德国外交官为了支持德国的武力威胁，而在近东和其他地方毫无合法性地煽动泛伊斯兰感情，我们也绝不会受其影响。"在公开声明中印度诸王侯再次重申了他们效忠英王的决心。[33]

奥斯曼帝国参战，苏丹号召圣战，均对英属印度的公共秩序造成威胁。民众分为两派，一派支持苏丹哈里发，另一派则效忠于英国。为确保得到印度穆斯林的支持，乔治五世作出保证，称英国及其协约国盟友将确保麦加与麦地那这两座阿拉伯半岛上的圣地、红海港口城市吉达以及美索不达米亚平原上的一些圣城免遭袭击。然而，就像英国免除埃及人兵役的承诺，未来他们将会发现汉志的安全也难以保证。

英王宣布保护穆斯林圣地后，印度穆斯林权贵支持英国战事的热情进一步高涨。博帕尔、兰布尔、穆希达巴德以及达卡的地方行政长官，与海得拉巴的尼扎姆（1713—1950年间统治海得拉巴土邦的君主称号）都声称奥斯曼苏丹不应发动圣战误导穆斯林，并坚称印度穆斯林有义务支持英国。阿迦汗甚至不再视奥斯曼苏丹为哈里发："现在的土耳其已可悲地沦为了德国手中的一颗棋子，它不但毁了自己，更丧失了其伊斯兰托管者的地位，不幸将降临于它。"[34]

1914年11月，全印穆斯林联盟会议通过了一项决议，宣称"土耳其参加当下的战争"不会影响印度穆斯林对英国的"忠诚与专一"。该会议坚称对印度穆斯林有信心，并断言"没有任何一位印度穆斯林会对其君主（英王）所负有的最重要职责哪怕有一丝一毫的背弃"。同月，印度各地的穆斯林权贵举行了大型会议并通过了类似决议。[35]

在确保印度穆斯林对其效忠后，英国开始动员印度士兵参战。印度积极响应英王乔治五世的号召，志愿军人数比其他殖民地参军人数的总和还要多。1914年至1919年底，约有95万印度人应征入伍，另有45万非战斗人员，共计达140万印度人以士兵、工人、医务人员及其他辅助人员的身份赴国外参加战争。几乎每条战线都能看到印度士兵的身影，仅在西线就超过13万人。然而，他们对英国在一战中的最大贡献是在中东战场。将近80%的印度士兵在中东战场作战——加里波利9400人，亚丁与波斯湾5万人，埃及11.6万人，而在美索不达米亚更是有将近59万人。[36]

英属印度的穆斯林领袖言辞凿凿地公开抵制奥斯曼苏丹的圣战号召，这为其他地区的穆斯林树立了榜样。法国试图效仿英属印度，竭力说服亲法穆斯林权贵从宗教的层面谴责奥斯曼帝国的参战行为。法国先从上层统治者着手，成功得到了突尼斯贝伊与摩洛哥苏丹的支持。这两位地区首领敦促其士兵为法国英勇作战，并要求人民听命于法国殖民当局。阿尔及利亚的马立克与哈乃菲教法学派的穆夫提（伊斯兰教教法说明官）对居住在印度、高加索地区以及埃及的穆斯林做了明确论述。其他宗教领袖——兄弟会领导、法官及其他显贵——宣布支持协约国，谴责德国及追随其后的青年土耳其党人，并申明不承认奥斯曼苏丹的哈里发权威，撤销其代表穆斯林社会发起圣战的权力。殖民当局用阿拉伯语出版了数十本此类宣言，其法文译本经由法国学者审慎编译。英、法、德这三个欧洲国家都十分重视东方，这场支持或反对奥斯曼帝国圣战的宣传战，也正是在它们之间爆发。[37]

德国人在煽动协约国治下穆斯林参加圣战的行动中也有所斩获。他们成功唆使伊斯兰激进民族主义分子萨利赫·谢里夫（Shaykh Salih al-Sharif）等人加入了他们的行列。此人是一名学者，同时也是先知穆罕默德的后裔。他出生于突尼斯，但在1900年为抗议法国统治阿尔及利亚而离开了他的故土。1911年的利比亚战争使突尼斯激进分子进入了青年土耳其党领袖的视线。在此期间，萨利赫·谢里夫曾为恩维尔效力，据说正是他建议对意大利发起圣战，让这场战争染上宗教色彩。恩维尔此前已对伊斯兰教抵抗欧洲侵略的动员力量深有感触。因此，他将萨利赫·谢里夫收入麾下，令其在名为"特别组织"的情报机构工作。[38]

1914年，萨利赫·谢里夫搬到柏林，并加入德国外交部下属的一个新宣传部门——东方情报处。这位突尼斯激进分子直接前往西线，煽动那些正在战壕中为英法两国作战的穆斯林士兵。他撰写了多本以阿拉伯语与柏柏尔语双语出版的小册子，将其分发给敌军中的北非士兵，同时也将奥斯曼苏丹宣布圣战的消息一并播散开来。面对伊斯兰教的公开呼吁，有不少法军中的北非士兵倒戈。[39]

至1914年末，德国已在西线俘获约800名敌军穆斯林士兵。因此，德国人在邻近柏林的温斯道夫-佐森（Wünsdorf-Zossen）地区建立了一个叫新月营（Halbmondlager）的特别机构。该机构的德国指挥官与战俘用阿拉伯语交流，营内饮食完全按照伊斯兰的进食要求准备。德皇威廉二世甚至还自掏腰包，在营中修建了一座装饰华丽的清真寺，以表德皇对穆斯林世界的诚意。

73

艾哈迈德·本·侯赛因是一位来自马拉喀什的年迈农民。他是比利时之战中向德军投降的8名摩洛哥士兵中的一员。据他叙述，一旦这些穆斯林向德军表明身份，德军便"给予我们足够的尊重……每个德国人都拍拍我们的肩膀，还给我们提供食物和饮料"。他被送往为穆斯林战俘专门建造的新月营。"他们甚至帮我们弄了一个厨房，尊重我们不吃猪肉的习惯，好肉好饭地招待我们。他们给我们每个人发了三条毯子、内衣，还有一双新鞋，每三天带我们洗一次澡，还给我们剪头发。"据他而言，新月营中的条件比他在法军与前线时要好得多。[40]

一批穆斯林激进民族主义分子游走于佐森的新月营内，在穆斯林战俘中间大力宣传圣战。萨利赫·谢里夫频频造访该营地，并编辑了一份阿拉伯语报纸供俘虏阅读。该报纸有一个恰如其分的名字——《圣战组织》。北非激进民族主义者与显贵到访新月营，探望了那里的战俘，并不断劝说他们归顺同盟国。这些人对战俘循循善诱，一再耐心劝诫，称与协约国为伍是与其信仰相悖的行为，而加入奥斯曼帝国发起的圣战，与之共同消灭伊斯兰的敌人（例如英法两国）是一种宗教义务。[41]

74

数百名穆斯林战俘被成功策反，志愿加入了奥斯曼军队——其中就包括艾哈迈德·本·侯赛因这位摩洛哥农民。他在这个为穆斯林战俘专门建造的新月营中待了6个月后，有位德国军官到访，身边还跟随着一位奥斯曼军官，名叫希克梅特的埃芬迪（埃芬迪是土耳其的一种尊称）。此二人对战俘说："愿意去伊斯坦布尔的，举手。"12名摩洛哥与阿尔及利亚士兵当即表示同意。"其他人还是害怕。"艾哈迈德·本·侯赛因补充道。这12名士兵拿到便服以及护照，随后即被送往伊斯坦布尔，加入奥斯曼帝国的战斗行列。

我们无法得知那些志愿加入奥斯曼帝国阵营的穆斯林战俘中，究竟有多少人是出于真正的信服，又有多少人只是为了逃离新月营。无论他们的动机为何，印度与北非士兵陆续离开德国，奔赴伊斯坦布尔加入奥斯曼苏丹的麾下。这一次，他们已不再是殖民地士兵，而是以穆斯林的身份重返中东战线，继续投身到这场迅速扩大的世界大战中。[42]

奥斯曼帝国正式宣战之时，未来将在中东战场一决胜负的各路人马早已响应号召，分头奔赴奥斯曼帝国防守薄弱的前线阵地。北非士兵已在西线战役折损数千人，另有一部分被德军俘获后投靠了奥斯曼帝国。澳新军团骑兵与步兵团正穿越印度洋驶向埃及；一部分印度士兵经波斯湾进入美索不达米亚，而其他人则取道奥斯曼也门行省前往埃及。奥斯曼士兵在安纳托利亚东部与叙利亚地区集结，防止驻高加索地区的俄军以及驻埃及英军的进犯。欧洲的这场战事已经波及中东。

第四章

揭幕战：巴士拉、亚丁、埃及与地中海东部

奥斯曼帝国经过几个世纪的征服与冲突，终于换来今天的疆土，可谓身经百战。然而，帝国却从未像1914年11月参加第一场全球性大战时那样，陷入四面楚歌、腹背受敌的境地。奥斯曼帝国边境线长达7500英里，其海岸线绵延经过黑海、波斯湾、红海以及地中海，因此有众多防御上的薄弱点。

帝国正式参战后不久，协约国便立刻对其分散领土的多个地方发起攻击。协约国舰队甚至在正式开战之前就已发动了第一轮炮击。1914年11月1日，英国驻红海舰队炮轰了亚喀巴湾湾头一处驻有百人的堡垒。两天后，停泊在达达尼尔海峡外的英法舰船对海峡的外围防御设施进行了轰炸。在短短20分钟的炮击中，协约国舰船击中一处弹药储备点，击毁赛迪尔巴希尔机枪堡并成功使其解除武装。奥斯曼帝国对协约国的这些袭击束手无策，其海岸防线之脆弱不堪和协约国的海上优势立现无遗。[1]

协约国认为土耳其是同盟国的薄弱环节，也是战争中最易击败的敌手。随着西线与俄德战线陷入僵持，协约国只剩在奥斯曼帝国战线上还有望旗开得胜。他们信心满满地认为，英、法、俄三国的

联合入侵定能使土耳其人迅速屈服。土耳其战线开战的前几日，俄国与英国均派出部队，越过奥斯曼帝国防守空虚的边界建立据点。

第一个对奥斯曼帝国发动陆上攻击的是俄国。在"戈本"号与"布莱斯劳"号舰船炮击俄国黑海港口，中断了该段航运路线后，俄国便派出特遣部队经高加索地区进入安纳托利亚东部。据俄国所获情报披露，奥斯曼帝国在埃尔祖鲁姆只有约七八万兵力，根本无法对俄军在高加索的阵地造成威胁。因此，俄国并未对帝国采取大规模行动，而只是沿着俄土边境设立了一片缓冲区域，以便集中更多兵力重点对抗德国与奥地利。

1914年11月2日破晓时分，俄国将军格奥尔基·博格曼（Georgy Bergmann）率兵进入奥斯曼帝国境内。接下来的三天里俄军一路挺进，途中并未遭到任何实质性抵抗。至11月5日，俄军已深入土耳其达15英里。完成任务后，博格曼命其部下沿高地构筑堡垒，俯瞰帕辛谷，而有卫戍部队驻扎的埃尔祖鲁姆就在其50英里外。

或许侵占土耳其领土的顺利使博格曼放松了戒备，他未与总部协商就命令部队继续深入埃尔祖鲁姆行省。其麾下士兵奉命行至位于俄国边境与埃尔祖鲁姆之间，连接阿拉斯河两岸的战略重地——科普鲁克伊村。

博格曼不知道，其实土耳其高层指挥官一直在严密监视俄军动向。11月4日，奥斯曼战争大臣恩维尔帕夏发电报给哈桑·伊泽特帕夏，驻埃尔祖鲁姆的土耳其指挥官，指示要向入侵俄军发起反攻。伊泽特帕夏尽管担心手下第三军团的实力逊于俄军，但他深知不该质疑上级的决断。于是，他派出大批部队。11月6日，两军在阿拉斯河畔相遇，开始了奥斯曼军在一战中的揭幕之战。[2]

被派往科普鲁克伊与俄军交战的奥斯曼军队中，有一位名叫阿里·利扎·埃提的下士。身为军医的他来自土耳其东部城镇埃尔津詹周边的一个村落，受过正规教育。应征入伍时，他年方27岁，

第四章 揭幕战：巴士拉、亚丁、埃及与地中海东部

并已娶妻生子。埃提的生活充满了希望，然而他还是愿意放下一切投身到与俄国人的战斗之中。他的父亲曾参加过 1877 至 1878 年的俄土战争，奥斯曼帝国在那场战争中的失败使这位老兵深受打击。于是在 1914 年，埃提奔赴前线与俄国人清算旧账。[3]

11 月 7 日清晨，埃提所属的部队被送上战场。冰凉的秋雨把道路浇得泥泞不堪，士兵只得缓缓向前推进。当他们接近科普鲁克伊时，敌方的炮火变得愈发猛烈，硝烟弥漫，弹雨如飞，士兵个个胆战心惊。埃提在日记中记录了子弹飞行的声音：嗖嗖嗖。"那是我第一天（上战场），我很怕自己被打死。每当听到子弹的嗖嗖声，我就从头到脚直冒冷汗。"随着奥斯曼士兵推进至据点，他们已经无法在敌方密集的炮火中站起身来。战斗一直持续到凌晨 3 点，埃提与同伴搭起他们半是补丁的帐篷，试图在天寒地冻的夜里睡一会儿觉。他写道："我们瑟瑟发抖，直到天亮。"

第二天，战斗继续。俄军对土耳其军队发起了凶猛的榴霰弹攻击，金属弹片四处飞溅，人畜无一幸免。"我写到这里时，一枚榴霰弹'嘶——砰'，在我上面的山上炸开来。被炸死的人就像柳条一样散落在我的四周。"因为战斗太过白热化，医务人员无法到达伤员身边，于是埃提抄起一把毛瑟枪就往前冲。"利扎埃芬迪，卧倒，带上弹药！"他的上尉喊道。埃提带着两盒弹药与他的医护用品，瞄着山对面的俄国士兵一阵扫射。他枪法颇准，据他所说，他打了 83 轮子弹，打死了一名俄军中尉与 3 名俄国士兵，但他还是懊恼地说："其他子弹都白费了。"

俄军试图从侧翼包抄土耳其士兵，但后者坚守住了阵地。他们的上尉一边给他们打气，一边来回走动着分发弹药。"他们的子弹打不到我们！"然而，话音未落，他就被子弹打中颈部，倒地身亡，留下他的部属面面相觑。"同志们，上啊，我们打仗不是为了上尉，是为了上帝！"另一名军官高喊着朝俄国人开枪。这些土耳其士兵顾不上沮丧，开始为生存而战。他们不断朝俄战斗部队开炮，几番

精准的炮击导致数十名俄国士兵身亡，幸存者也被迫撤退。埃提记载："十点的时候，敌军全线撤退。我们每个人都高兴坏了。"

随着炮火止歇，埃提的救护工作得以恢复，他在战场上一一辨识伤员，把他们运送到后方。许多医务人员都在死伤者中发现了自己的朋友。这是他们第一次接触战争伤亡，程度之惨烈使他们瞠目结舌。

在土耳其战斗部队的工作结束后，埃提冒险探访了俄军先前的阵地，想仔细瞧瞧被他打死的人。那位俄军中尉仍躺在当初倒下的地方。埃提一点儿也不同情这个被他打死的"家伙"（他一直用herif这个土耳其语中带有贬义色彩的词），还拿走了他的左轮手枪、背包、望远镜与佩剑。埃提在背包里发现了一沓信、一条散发着薰衣草香味的手帕、一只手套、一个小酒瓶，还有一些俄国货币。"真是天上掉馅饼啊。"他思忖着。他把望远镜上交给了团里的指挥官，把剑给了医生，又把背包给了指挥官的副手。回忆起自己的部队在战斗第一天所遭受的损失——一名中尉及5名士兵"牺牲"，另有36人负伤——埃提总结道："那天早上，我们心中抱有的幻想已经破灭了。"

土耳其步兵团通过不懈抵抗，成功守住了战线。11月11日，俄军向土耳其部队发起最后一轮袭击，为此丧失了40%的战斗力。由于弹药告急，且奥斯曼军队从两翼包抄，俄军不得不在帝国军队的火力下撤退。博格曼的部队撤回到其于11月5日的控制线，即奥斯曼帝国边界15英里处。俄土双方都为博格曼这次的冒进付出沉痛代价。根据土耳其方面的统计，帝国在11月抵御俄军的战斗中死伤8000余人（1983人丧生，6170人受伤），另有3070名士兵被俘，近2800名士兵逃跑。俄军战死1000人，受伤4000人，另有1000人冻死。通过这场血腥的战斗，交战双方均在第一场雪到来之前巩固了自己的阵地。积雪使高加索高地几乎无法通行，双方都认为开春之前不会继续开战了。然而，恩维尔帕夏被这个"较为

第四章　揭幕战：巴士拉、亚丁、埃及与地中海东部　　　　　　　　　　099

理想的开局"所鼓舞，决定在不久后亲赴高加索地区再次向俄军发起进攻。尽管如此，当时令奥斯曼帝国高层伤神不已的不是俄军，而是英军入侵美索不达米亚。[4]

　　阿拉伯河为底格里斯河与幼发拉底河交汇，注入波斯湾，河畔的巴士拉市具有重要战略意义。它是航行于阿拉伯河的远洋轮船驶入大海前最终的要冲，也是美索不达米亚与波斯湾之间的重要商业通道。巴士拉以南数英里，阿拉伯河还是波斯与奥斯曼帝国的边界线（今伊朗与伊拉克边界），河的两岸分属于两个国家。英国对波斯沿岸有着特殊利益，是因为早在1908年5月，英波石油公司在那里以商业规模开采石油。

　　1901年5月，出生于英国德文郡的百万大亨威廉·诺克斯·达西获得了在波斯开采石油的60年权限。一家英国财团为其公司提供金融支持，而皇家海军则为其提供政治支持，以确保舰队在由煤炭驱动转为石油驱动后能拥有可靠的燃料资源。在波斯南部城市阿瓦士成功勘探出石油后，英伊石油公司便寻找了一处地点建造炼油厂。该地点位于阿拉伯河的阿巴丹岛上，距油田以南140英里，成品油能够在此直通入海。阿巴丹与海上航线直接相连，是建造炼油厂的绝佳地点，且该岛的拥有者——附近穆哈梅拉（今伊朗城市霍拉姆沙赫尔）的卡扎尔酋长——受英国庇护。

　　卡扎尔会讲阿拉伯语，麾下有2万骑兵，在当地是个风云人物。1902年，英国承诺对卡扎尔酋长的小城给予保护，而作为回报，他必须遵守英国与波斯湾大多数阿拉伯首领所签订的条约。如今在卡扎尔的领地勘探到了石油，英国便更加重视与这位酋长的友谊。驻波斯湾公使珀西·考克斯爵士被派往穆哈梅拉，就在阿巴丹岛上建厂修码头一事与卡扎尔举行谈判。1909年7月，双方达成协议，英国获准在阿巴丹建厂，同时需向卡扎尔支付6500镑现金，并向其提供1万镑贷款作为用地补偿，协议有效期为10年。1912年，油气管道铺设完成，炼油厂也已竣工，石油开始源源不断地从阿巴丹输往外地。[5]

美索不达米亚石油充足，贸易繁荣，更有波斯湾百年来的优越地理位置。因此，无论欧洲列强战后如何瓜分奥斯曼帝国，英国都意图把美索不达米亚据为己有。甚至在与俄法两国展开谈判之前，它就派遣了一支远征军确保其对巴士拉的控制权。

1914年9月至10月，伦敦当局与英属印度共同密谋入侵巴士拉。鉴于印度穆斯林把奥斯曼苏丹敬为伊斯兰的哈里发，英国担心过早入侵苏丹的领土会导致宗教骚乱。他们面临的挑战，是如何在奥斯曼帝国宣战之前先将英国部队安插在巴士拉近郊，且不让当时仍保持中立的帝国将此举视为冒犯。这意味着行动要彻底保密，就连被派往巴士拉的军队及其指挥官都将被蒙在鼓里。

10月16日，华特·德拉曼准将与部分印度远征军（IEF）一道在孟买登船，准备驶往西线。就在此时，他接到了密令，严饬其在72小时后方可拆阅执行。在海上行驶了3天后，德拉曼打开装有指令的信封，得知他受命指挥印度军第六师的一个旅（代号IEFD分队）前往波斯湾。5000名士兵及其坐骑（1400匹马和驮骡）组队上了4艘浅水运输船，以便在波斯湾水域航行。随后，德拉曼及其军队立即奔赴巴林，等待下一步指示。

10月23日，德拉曼及其率领的部队抵达巴林。与其接洽的是前任英国驻波斯湾公使珀西·考克斯爵士，他已被任命为印度远征军D分队的最高政治专员（chief political officer）。德拉曼直到抵达巴林后才得知，自己此行的目的是要前往阿拉伯河，守卫英伊石油公司在阿巴丹的炼油厂以及储油罐，并确保输油管道免遭土耳其人攻击。德拉曼还需争取英国在波斯湾湾头的那些阿拉伯盟友——卡扎尔酋长、科威特统治者穆巴拉克·巴萨赫酋长，以及阿拉伯半岛东部的伊本·沙特——支持他的行动。根据德拉曼接到的指令，只要这些盟友保持中立，他便应"在无印度政府命令的情况下，避

第四章 揭幕战：巴士拉、亚丁、埃及与地中海东部

免对土耳其人有任何的敌对行为"。然而，一旦奥斯曼帝国参战，德拉曼便有权自行"采取必要的军事及政治措施"巩固其阵地，且"若有必要，可攻下巴士拉"。在船停靠了6天之后，德拉曼于10月29日奉命前往阿拉伯河——同日，奥斯曼帝国舰队向俄在黑海的船只发起攻击。英军从巴林出发的消息很快便传至巴士拉，后者急忙展开军事及政治上的应对准备。[6]

早在英国部队抵达巴林那时，巴士拉便有传言称英军即将来袭。对于巴士拉民众来说，曾经远在天边的欧洲之战如今已到了自家门前，他们措手不及，不知该何去何从。据即将卸任的英国领事里德·布拉德报告称，10月末的巴士拉充斥着"强烈的反俄反英情绪"。然而，巴士拉主要靠贸易生存，如果奥斯曼帝国与英国的对峙使其与波斯湾其他地区失去联系，它的经济必将受到沉重打击。[7]

巴士拉人对奥斯曼帝国的情感最多只能算作不温不火。城中许多达官贵人都认为青年土耳其党人所奉行的政策有损阿拉伯利益，因此公开表示反对。巴士拉一群志同道合的领袖人物已于1913年成立了改革协会，其影响力在伊拉克的阿拉伯团体中首屈一指。与"法塔特"以及反中央集权党一样，巴士拉改革协会亦致力于维护阿拉伯文化权利，并在奥斯曼帝国的权力下放中获得更多的自治权。协会的领导人是赛义德·塔利布·纳齐布（Sayyid Talib al-Naqib）。

赛义德·塔利布是战前巴士拉最著名的风云人物。1908年，他首次当选奥斯曼帝国议员。最初与联合与进步委员会合作，之后他便逐渐倾向于公开维护阿拉伯文化与政治权利。在其议会职业生涯中，他与联合与进步委员会的民族主义者们反目成仇，为自己树立了可怕的敌人。联合派认为赛义德·塔利布企图将巴士拉从帝国分离出去，遂公开威胁当地的领导者。虽然改革协会在1914年的奥斯曼议会选举巴士拉地区大获全胜，赛义德·塔利布却不敢前往伊斯坦布尔上任，唯恐遭联合派暗杀。[8]

苏莱曼·费迪是另一位代表改革协会当选1914年奥斯曼议会议员的巴士拉人。他还记得当初英国竭力拉拢赛义德·塔利布，试图让他在占领巴士拉的行动中助其一臂之力。就在印度远征军D分队（之后简称"D分队"）抵达阿拉伯河几天前，英国官员借用盟友卡扎尔酋长在穆哈梅拉的办公室秘密与赛义德·塔利布会面。英方提出，若同意合作，则可任命其为巴士拉行省总督，同时将巴士拉纳入英国的保护范围，并享受免税待遇与英国提供的发展援助。然而，赛义德·塔利布拒绝了英方的要求，称其不愿卖主求荣，为英国牺牲奥斯曼帝国的利益。[9]

看到附近的阿拉伯部落纷纷与英国签订休战条约，赛义德·塔利布决意与奥斯曼帝国一道放手一搏。然而事与愿违，联合派给他扣上了叛国的帽子，还发布了通缉令。赛义德·塔利布迫切想要向帝国表忠心，以扭转自己的命运，于是他致电恩维尔帕夏，承诺将争取到沙特统治者伊本·沙特的援助，共同抵御英军入侵巴士拉。这项提议对联合派而言有利无弊，因此他们表示，若赛义德·塔利布真能成功，他便有可能出任巴士拉总督。

英国人早已对阿拉伯人的忠诚度有所怀疑，一直致力于防止奥斯曼帝国任何拉拢波斯湾各酋长，抑或勾结阿拉伯各部落发起针对协约国的全球性圣战的行为。10月31日，英国驻波斯湾代表S.G.诺克斯向"波斯湾的统治者、各位酋长及其子民"宣布了奥斯曼帝国正式参战的消息。"诸位与英国关系甚笃，"诺克斯提醒与英国结盟的阿拉伯各部落，"借此机会我向诸位保证，在这场斗争中，我们将竭尽所能保全诸位的自由与宗教信仰。"为再次强调这一点，英国于11月3日签署正式协议，承认科威特脱离奥斯曼帝国实现独立，并受英国保护。作为回报，科威特统治者穆巴拉克酋长承诺与卡扎尔酋长、伊本·沙特，以及"其他可信赖的酋长"一同合作，帮助"巴士拉摆脱土耳其统治，实现独立"。[10]

珀西·考克斯爵士时任D分队最高政治专员，他一直与英国的

第四章　揭幕战：巴士拉、亚丁、埃及与地中海东部　　　　　　　　　　　　103

各位阿拉伯盟友保持着稳定联系，协调各方行动，以确保英军入侵美索不达米亚南部的军事行动能获得当地的支持。11月5日，考克斯知会波斯湾出口处的阿拉伯首领，称英军即将抵达。他宣称英军此次前来阿拉伯河是为"保护（英国的）商贸及伙伴，并驱赶不怀好意的土耳其部队"。在赛义德·塔利布·纳齐布向奥斯曼政府提议拉拢伊本·沙特之前，英国早已将波斯湾的一切部署妥当。[11]

　　途经巴士拉、穆哈梅拉、科威特以及内志，赛义德·塔利布·纳齐布发现，每位当地领袖都反对他站在奥斯曼帝国这一边。卡扎尔酋长试图说服这位朋友重新考虑英国的条件；科威特领袖更是威胁要按英国的指示，将赛义德·塔利布及其同僚软禁起来。这令塔利布怒不可遏，他威胁穆巴拉克酋长道："如果你非要把我扣在科威特，那我就亲自开两枪，一枪打你，另一枪打我自己！"虽然赛义德·塔利布与一些伙伴最终成功逃离科威特，但他们日夜兼程，还是花了9天才赶到阿拉伯半岛中北部卡西姆地区的布赖代，与伊本·沙特见面。[12]

　　这位沙特领导人热情地慰问和接待他的客人。伊本·沙特并未隐瞒他与英国保持联络这一事实，并称英国正敦促他保持中立（直到1915年英国才与其签署正式协议）。伊本·沙特感到进退维谷。宗教因素对其自身统治甚为重要，他不能因支持非穆斯林的英国而罔顾巴士拉的阿拉伯穆斯林兄弟。然而英国在波斯湾威势甚大，伊本·沙特也不敢与之结仇。于是，他采取拖延策略，期待局势能在他被迫选择站队之前变得明朗。

　　伊本·沙特拖了9天，才动员500名骑兵奔赴波斯湾出口处。沙特骑手在紧急情况下可以日夜兼程，但他们与赛义德·塔利布同行时每日却只走4个小时。待到11月末他们终于到达第一个基地，却听闻巴士拉已被英军攻陷。这则消息对巴士拉一行人"犹如晴天霹雳"，苏莱曼·费迪说，"对赛义德·塔利布的打击尤为巨大，因为他知道英国对他恨之入骨"。然而对伊本·沙特来说，危机以这种方式化解使他如释重负。他向巴士拉的兄弟表示同情，随后又一心扑在自己阿拉伯半岛中部的事业上。[13]

巴士拉陷落后，赛义德·塔利布只得四处流亡。他辜负了奥斯曼帝国的希望，而英国人也不待见他。他回到科威特向英国投诚，随即被派往印度，一战期间都留在那里。大家都以为战争很快能结束，然而英国攻占巴士拉导致美索不达米亚平原上爆发了旷日持久的恶战，远比赛义德·塔利布预料的要久得多。

11月5日，英国正式向奥斯曼帝国宣战。第二天清晨，印度远征军的英军部队进入土耳其的阿拉伯河水域。兼有蒸汽引擎和桅杆的"奥丁"号战舰驶到阿拉伯河河口位置，向位于法奥半岛的土耳其阵地发动炮击。不到一小时阵地指挥官就被炸死，其余400多名奥斯曼士兵仓皇逃窜。德拉曼派500名士兵登陆摧毁阵地上的机枪火炮，同时还通过水下电缆，搭起了一条联系法奥半岛与印度的电报线路。登陆行动并非一帆风顺。大浪使登陆舰难以靠岸，阿拉伯河河口处滩涂泥泞，又无任何船埠或码头，更让士兵、战马及大炮的登岸困难重重。不过，英国人仍在短时间内果断迅速登陆，中途未损一兵一卒，这在英军战史上写下了浓墨重彩的一笔。[14]

德拉曼留下一个连的兵力保卫法奥半岛的电报站，其余士兵跟随他继续朝阿巴丹炼油厂进发。部队在炼油厂上游土耳其河岸的萨尼亚（Saniyya）处登陆。由于缺少照明设施，他们费了两天时间才把运输船上的士兵、坐骑及战略物资用渡轮送上岸。运输难题将会一直困扰着美索不达米亚战役。由于陆路不通，所有物资都必须船运。然而，阿拉伯河水位较浅，加上奥斯曼军队在河中布满了障碍物，河岸又泥泞不堪，这一切都给船运带来了困难。然而，随着D分队在萨尼亚安营扎寨，他们已占据有利位置，能够保护阿巴丹免遭奥斯曼帝国的攻击。

德拉曼决定先静观其变，等到援军抵达后再沿河往巴士拉方向

第四章　揭幕战：巴士拉、亚丁、埃及与地中海东部　　　　　　　　　　　105

推进。11月11日，奥斯曼士兵向英印军阵地发起进攻，D分队首次遭遇人员伤亡，并被迫在炮火中撤退。在这陌生的环境里，英印军只得展开防御，不敢贸然行事。一阵突如其来的暴雨把阿拉伯河的河滩变成了沼泽，烈风卷起砂石，能见度骤然降低，通讯也因此中断。海市蜃楼是最令他们头疼的自然现象之一，让他们几乎没法看清战场形势。D分队的随军记者埃德蒙德·坎德勒是部队的"官方目击证人"。他回忆称，海市蜃楼令他们"难以分辨敌军到底是骑马还是步行，也无法估测敌人的数量。每支骑兵队都曾不时地把羊群误认为步兵团"。在等待的过程中，远征军谨小慎微，直到援军赶到后才继续往阿拉伯河上游推进。[15]

援军于11月14日抵达。中将亚瑟·巴雷特爵士（Sir Arthur Barrett）率领印度第六师的其余部队赶到阿拉伯河，接管了D分队。巴雷特有足够的兵力保护阿巴丹，同时也能够向巴士拉推进，因此他有信心在不冒额外风险的情况下继续对敌作战。皇家海军给予了他宝贵的支持，增派了一批浅水运输船至阿拉伯河。该些船只既能运送士兵，还配备有重型枪械，能对奥斯曼帝国的阵地倾泻火力。面对突袭，奥斯曼军选择了撤退。巴雷特企图乘胜追击，不给奥斯曼军休整喘息的机会。

英印军在巴雷特赶到后的第二天就向奥斯曼军发起了进攻，造成160名奥斯曼士兵死伤，并迫使其残军撤出了防守阵地。两天后，即11月17日，英印军在瓢泼大雨、漫天风沙的恶劣环境里与奥斯曼军在萨赫勒狭路相逢。英印军再次成功占领奥斯曼军阵地并迫使其撤退，但在此之前双方都遭受了战斗减员——近500名英印士兵死伤，奥斯曼军则折损了约1500到2000人。巴雷特称这次行动已"证明我军实力在土耳其军之上"，且"屡次的失败"已使土军"偃旗息鼓"。[16]

在遭遇一连串失利后，奥斯曼军认为巴士拉据点已凶多吉少，遂于11月21日弃城而逃。政府军刚一离开，暴徒便在城中肆虐，砸毁政府办公室并劫掠商店。美国驻巴士拉代理领事约翰·范·艾斯曾通过河运给英籍指挥官送去一封信,呼吁其"派遣军队治理城中秩序"。巴士拉已完全陷入了无法无天的状态:"阿拉伯人昨天一整天都在抢劫原先的政府办公室,城中不断有人在放火。"[17]

皇家海军迅速派遣"淘气"号(Espiègle)与"奥丁"号机帆船前往巴士拉控制水域,等候第二天英印军由陆路抵达。11月23日,巴雷特举行了入城仪式,英国国旗在巴士拉城中升起,标志着该城改由英国控制。珀西·考克斯爵士起草了一份热情洋溢的讲话,并用他那带有英国腔调的阿拉伯语向巴士拉民众宣布:"英国现已占领巴士拉。虽然我们与奥斯曼帝国的战争仍在继续,但我们对广大民众毫无恶意;相反地,我们希望能与你们为友,给予你们保护。从今日起,本区不再听从土耳其的政令,英国国旗已在空中飘扬——在国旗下,你们将享有宗教及世俗事务的自由与正义。"考克斯的此番宣言令英国人与巴士拉民众同样感到困惑。英国人不确定自己愿意给予巴士拉人多少自由,而巴士拉人也不知英国人要在这里待多久。对于许多人而言,他们已习惯于奥斯曼帝国几个世纪的统治,难以想象土耳其人一去不返后的生活。只要奥斯曼帝国还有收复巴士拉的可能,城中的民众便会与英国人保持距离,唯恐将来遭打击报复。[18]

对英国人而言,占领巴士拉意味着他们实现了在美索不达米亚的目标。他们已把奥斯曼军从波斯湾出口处逐出,并保全了具有战略意义的阿巴丹炼油厂。珀西·考克斯爵士提议要追赶撤逃的奥斯曼军并一举拿下巴格达,被军事计划制定者与印度政府驳回。但英国政府准许英印军推进至位于底格里斯河与幼发拉底河交汇处的古尔纳地区,意图掌控整片阿拉伯河流域。

12月3日,古尔纳战役拉开帷幕。英印军士兵乘坐皇家海军船只,在古尔纳以南4英里处安全登陆。在沿阿拉伯河左岸推进的过程中,奥斯曼守军的抵抗越发激烈,他们不得不停止前进,撤回底格里斯河对岸。奥斯曼军显然是想凭借底格里斯河这条天堑来阻挡印度远征军,从而赢得时间休整军队。然而,当入侵英印军成功通过浮桥跨过底格里斯河时,奥斯曼军便意识到大势已去。12月6日午夜前,3名土耳其长官乘坐一艘小型江轮,打灯鸣笛朝英军舰船驶去,准备谈判投降事宜。巴士拉行省总督苏卜希贝伊于12月9日举行交接仪式,将古尔纳地区交由印度远征军指挥官管控,并与45名军官及989名士兵一道宣布投降,沦为战俘。[19]

英国在阿拉伯河流域的军事行动进行得异常顺利,以极小的代价迅速取得了胜利。法奥战役与古尔纳战役中,英印军仅死亡100名战士,另有675人负伤。而另一边,奥斯曼军死伤近3000人,是英印军的4倍。如此轻而易举的胜利使英国对自身实力产生了幻觉,从而低估了奥斯曼军。[20]

攻下巴士拉后,英国人开始掌管该地区。作为占领者,英国必须遵照战争法,保全当地在奥斯曼帝国统治时期设立的各个机构。然而,当地居民不愿配合新政府,这给他们的工作造成了诸多不便。英国人把当地居民拒不服从的原因归结为后者害怕奥斯曼帝国有一天卷土重来。但这也可能反映了当地人对外国占领者的抵触情绪,而英国在美索不达米亚所采取的治安措施更加深了与当地人之间的嫌隙。

二等兵威廉·伯德隶属D分队多赛特营,他举例描述了英印军通常如何搜查村落。1915年1月,英印军对巴士拉近郊一处村落进行搜索。士兵在黎明时分到达村落,只敲一下门,若无人应答就破门而入,"把所有男子都囚禁起来,然后到处搜缴枪支,不放过任何一个角落"。他们草率处罚了任何似有反抗举动的村民。"那些试图逃跑的被我们的人从村外抓了回来,"伯德说,"被当成战斗人员处以死刑。当然,那些朝我们开枪的最后不是被打死,就是被捕后吊死在集市上。"这些治安手段自然很难赢得巴士拉人的拥护。[21]

此外,英国人也没有摆出以后会有更多政治自由的姿态来赢得巴士拉人的支持。1915年2月,印度总督哈丁男爵到访巴士拉与古尔纳。他淡化了考克斯先前对巴士拉居民关于"自由与正义"的承诺,改而保证"更优良的治理"与重振当地经济。英国占领巴士拉并不是为了给予当地人更多的自治,而是为了保证能统治此地。赛义德·塔利布·纳齐布并没有错:巴士拉人民只是换了个主人,从原先的奥斯曼帝国变成了英国。[22]

德拉曼带着手下的一个旅奔赴波斯湾后,其余印度远征军继续向埃及进发。舰队驶入红海之前在阿拉伯港口城市亚丁稍作停留。该城市位于英国一片狭小殖民地(仅 8 平方英里)的中央,并于 1839 年并入英属印度。皇家海军之前把亚丁当作反海盗行动的基地。但 1869 年苏伊士运河通航之后,亚丁为往返于英国与印度之间的蒸汽船提供了理想的加煤地。它同香港一样崛起为大英海上帝国的基石之一,并凭借自身条件发展成为一个重要的贸易中心。

19 世纪下半叶,英国已与亚丁周围的部落签订了一系列条约,创建了名为"亚丁保护国"的特区。该保护国由 9 个独立小国组成,每个小国有其自己的自治首领。这些首领受英国保护,其统治区域位于阿拉伯半岛最南部的沿海地带,共计 9000 平方英里。"亚丁保护国"毗邻奥斯曼也门行省。1902 年至 1905 年间,英土边界委员会为这两片区域划定了界限。然而,自 1914 年奥斯曼帝国参加一战后,位于边界两端的英国与奥斯曼帝国迅速进入敌对状态,在此展开了第二轮角力。

奥斯曼也门行省与"亚丁保护国"的边界位于曼德海峡,是红海的重要通道。奥斯曼帝国的最南端是谢赫萨义德(Shaykh Said),土耳其人在那里的山顶上建造机枪堡,控制了海上航线的主导权。另一边,英国掌控下的丕林岛位于曼德海峡,亚丁以西约 100 英里的位置,面朝谢赫萨义德,总面积约 5 平方英里。

11 月初,英国得到情报称,土耳其人正在谢赫萨义德集结兵力。有分析认为奥斯曼军队企图袭击英国在"亚丁保护国"的阵地,甚

第四章　揭幕战：巴士拉、亚丁、埃及与地中海东部

至攻占丕林岛。鉴于红海航道对于英国的战略重要性——所有从新西兰、澳大利亚与印度出发的运兵船都必须经过曼德海峡才能抵达苏伊士运河——印度的英国战略部署者决定驱散奥斯曼军，并摧毁其位于谢赫萨义德的机枪堡。11月2日，印度新派一批部队前往亚丁，协助英国守住海峡。

11月10日上午，英国舰船从丕林岛出发，炮击奥斯曼军在谢赫萨义德山顶的阵地。炮击一结束，第69旁遮普师的通信员H. V. 盖尔中尉便迫不及待地与其他人一同登陆，执行"首次行动"。这些人坐上登陆舰，被一艘拖船牵引着向岸边缓慢前行；而另一边的土耳其射手占据制高点俯瞰海滩，枪法亦越来越准。当英国人眼看即将登陆时，一颗炮弹就落在距盖尔的船只有几码的地方，炸死了一名年轻的印度预备役军人。其他人顺利登陆，并重新组队，等候指令向奥斯曼军据点发起进攻。为躲避枪林弹雨，英印登陆人员在一隐蔽处等了4小时，方开始向土耳其阵地进发。"那时很少有人开枪，"盖尔回忆道，"只是偶尔有零星的子弹。"[23]

到英印军抵达第一座山脊时，他们发现奥斯曼军早已不见踪影。显然，英国舰船的炮击以及登陆人员的推进令奥斯曼守军断定他们已无法守住阵地。从留下的衣物、武器及弹药数量来看，他们一定是仓皇撤退的。盖尔在日记里写道："唯一的遗憾就是让他们跑了，大概有500人。"虽然不知奥斯曼军在此次行动中的伤亡情况（他并未看见任何土耳其人牺牲），但他声称有5名英印士兵死亡，另有11人受伤。英印军夜宿谢赫萨义德，摧毁了奥斯曼军的掩体残部，随后于11月11日重新登船，继续向西往埃及方向前进。

虽然英印军在谢赫萨义德的军事行动获得胜利，却给英国制造了一个政治难题，这在此后的战争中一直困扰着亚丁的英国人。身在印度的军官是在未与亚丁当局协商的情况下拟定的作战计划，而后者一直在谨慎谈判，意图孤立也门中的奥斯曼军。他们多数外交工作围绕叶海亚伊玛目（Imam Yahya）展开。此人是萨那（今也

门首都）高地的什叶派分支栽德派（Zaydi）的领袖，他于1911年与奥斯曼政府达成了停战协定，并于1913年同意与伊斯坦布尔共同治理也门。虽然叶海亚伊玛目并无实力与奥斯曼帝国决裂，但他热切地想与英国建立良好关系。[24]

然而，英印军炮击谢赫萨义德的行动打乱了所有的计划。英国驻亚丁官员哈罗德·雅各布这样写道："伊玛目（叶海亚）怒不可遏，（奥斯曼）萨那总督还播报了一则宣言，称英国心怀不轨，意图吞并该城。我军的行动反而助长了土耳其的宣传。"伊玛目宣称："谢赫萨义德事件已使各地的阿拉伯人忧心忡忡。"英印军袭击谢赫萨义德并未能使其确保对也门南部的控制，相反却令亚丁更加脆弱。驱逐500名驻守在孤立沿海堡垒的士兵并非难事，但若要保卫9000平方英里的"亚丁保护国"，防止1.4万名驻也门奥斯曼军以及叶海亚伊玛目的私人部队来袭，却非常困难。[25]

事实上，奥斯曼帝国位于谢赫萨义德的火炮并不影响英国的船运。曼德海峡最窄处亦有20英里宽，因此英国船只根本无需进入土耳其火炮的射程范围内。相比之下，土耳其的水雷区与德国潜艇对英国船运的威胁更大，且应对这些威胁需要的是海军，而非陆上力量。皇家海军派遣战舰封锁了红海沿岸的土耳其港口，使海上通道只对友好船只开放。鉴于有数十艘货运船只及运兵船会满载着货物与士兵，从帝国各地出发沿红海去往苏伊士运河及其他战场，皇家海军此举可谓成功。

从1914年9月起，埃及便涌入了成千上万的士兵，他们来自英伦三岛及英治下的各片疆土。9月末，东兰开夏本土守备师率先抵达埃及，奉命接替被调往西线的正规军驻守埃及。印度远征军于10月底由孟买抵达埃及，随后被派往苏伊士运河区域内的各个城市。第一批3万名澳新军团士兵从新西兰与澳大利亚出发，于12月初到达埃及亚历山大港。接下来的几周与几个月内，数千名后援军陆

第四章　揭幕战：巴士拉、亚丁、埃及与地中海东部　　　　　　　　　　111

续抵达。亚历山大港–开罗段铁路运送的，全是去往开罗周边营地的士兵与马匹：澳大利亚步兵团驻扎在开罗以西接近金字塔的梅纳（Mena）地区；澳大利亚轻骑兵团被派往植被繁茂的马阿迪（Maadi）南部郊区；新西兰人则赶赴开罗以北，驻扎在临近赫利奥波利斯的泽伊顿营地（Zeitoun Camp）。

英国部队进驻埃及有助于稳定其紧张局势。自从一战爆发以来，埃及的政治基础便被一连串重大事件所动摇：奥斯曼帝国宣战、哈里发号召圣战、埃及结束奥斯曼帝国几个世纪的统治、阿拔斯二世总督被废黜，以及苏丹侯赛因·卡米勒被英国扶植上位等等。埃及人民已日益厌倦英国对其长达32年的统治，并希望德国能助其摆脱现状。德军对英军在西线取得的胜利，例如比利时的蒙斯战役（1914年8月23—24日），让埃及民众更寄希望于德国。英国当局担心德国与土耳其间谍策反，害怕埃及民族主义者叛变，以及"容易激动的"群众掀起宗教骚乱。[26]

外籍士兵突然大批入境令埃及人民认为，英国在当地的势力之大难以被撼动。澳新军团训练营位于开罗四周，数以万计的骑兵与步兵在这片沙漠中操练，他们或许并不为开罗人民所知。因此，为了给开罗居民留下深刻印象，英国当局特意安排新抵达的部队在市中心游行。来自新西兰坎特伯雷的骑兵戈登·哈珀在一封写给家人的信中有这样的描述："我们几天前在开罗弯曲的街道上好好地游行了一番。我们穿过小巷、走过贫民区，途经各种各样令人讨厌的地方，就这样走遍了开罗本地人居住的所有老旧街区，总共有数英里之远。"哈珀懂得游行背后的政治意义："当地人蜂拥前来围观。他们在传统与精神上仍然亲近土耳其人，而游行的目的就是想以我们的实力给他们留下深刻印象……结果很有趣。街上满是戴着土耳其帽的男人与蒙着面纱的女人，他们就那样注视着我们，没有一丝笑意或一点欢呼，所有的一切都在暗示着他们被英国的统治吓呆了。"[27]

英军士兵一离开营地便成了游客。他们在斯芬克斯像前骑着马或骆驼照相，被卖法老古玩赝品的小商小贩纠缠不休。集市上的商店挂着拿澳新士兵打趣的标语："别去其他地方受骗了，澳大利亚人。快来这儿吧！"以及"会说英语与法语，能听懂澳洲话"，诱惑着他们前去一探究竟。埃及的旅游贸易很快便随客户群的变化作出了调整，旅馆及饭店争相更名为澳大利亚与新西兰的各个小镇名，其中就有巴尔克拉萨酒吧和怀普库劳阅读室（Balclutha 和 Waipukurau 均为新西兰地名）。[28]

围绕艾兹拜基耶公园的欧洲街区，为开罗的外籍士兵提供了休闲的去处。公园周围的饭馆，及诸如著名的"牧羊人"、"新酒店"与"布里斯托尔"等大饭店的露台上常能见到成群的军官。咖啡屋和酒吧位于公园北边小道上的"红盲区"（Red Blind Quarter）和"沃泽"（Wozzer，从阿拉伯语街道名 Wasaa 而来），那里是开罗的红灯区，也是普通士兵频频造访的地方。

"红盲区"的酒吧及妓院里人满为患，来此的士兵都想从枯燥的营地生活与沙漠操练中偷得半刻安逸。这种环境下潜伏着诸多不安因素：他们厌倦了战争，受够了廉价酒吧里出售给他们的"卑鄙假酒"，抱怨妓女传染给他们性病（当时仍无药可医），这些英军士兵威胁到了开罗的长治久安。[29]

澳新部队于 1915 年在开罗中心引起过至少两起骚乱。酩酊大醉的士兵曾两度袭击"红盲区"，一次发生在 1915 年 4 月，即他们启程赶赴加里波利的前夕，另一次是同年 7 月。骚乱的起因众说纷纭：士兵控诉妓女抢劫，或因染上性病而打击报复，抑或是因一位毛利士兵受到了种族歧视。每次的骚乱士兵都破坏了女人所营造的情致，她们的内衣裤与家具被一并扔出窗外，散落在街道上。衣橱与珠宝箱等尺寸太大的，他们便扛上 5 层的大楼，将这些东西从屋顶上扔下。看热闹的群众又把家具堆起来点燃，火势迅速蔓延至狭窄巷道边的大楼。[30]

第四章　揭幕战：巴士拉、亚丁、埃及与地中海东部　　　　　　　　　　113

1915 年 4 月，英国当局派出骑警治乱，烂醉如泥、愤懑不平的暴乱士兵拒不服从命令。一位目击者描述："他们往警察身上扔各种东西，水壶、家具，五花八门。"警察鸣枪警告无果后朝人群开了枪。"四五人倒下了，但其他人仍继续与警察对峙（他们离警察只有 5 码远），就像什么事都没发生过一样。"5 辆消防用车被派去救火。他们打开水管朝叛乱士兵喷水，暴徒于是捣毁了消防栓，破坏了平板车。最终，英籍士兵被派去控制局势。一位目击者回忆道："后排站着，第二排蹲下，前排躺倒。指挥官警告街上的人群，称若他们还不肯散去，他就只好开枪了。人群立马散开。在你手无寸铁的时候遇到这三排人，你不会不害怕的。"骚乱从晚上 8 点爆发，造成 5 名澳新士兵受伤，50 人被捕。英方报告中未提及埃及人在 4 月骚乱中的伤亡情况，只知有几处房屋被烧毁。但 7 月骚乱中被焚毁的房屋更多。[31]

对于开罗居民而言，这些危险的治安骚乱令他们更加仇视英军，以及将他们带到埃及的英国当局。埃及资深政客艾哈迈德·沙菲克对发生在"红盲区"的骚乱表达了自己的沮丧之情，称澳新士兵纵火焚烧妓院，而其同伴却在一旁袖手旁观，毫不干预，对里面妇女的安危漠不关心。沙菲克断言道："倘若这种情形发生在和平年代而非战乱时期，民众早就揭竿起义了。这些士兵，尤其是那些来自自治领的，对埃及人民非常粗暴。"[32]

英军进驻埃及并未使局势稳定，相反气氛愈发紧张。然而，英军在此后的几年里仍然驻留在埃及。英国在埃及、加里波利及巴勒斯坦的战役贯穿整个一战，而埃及是其重要的驻地、训练场，以及医疗基地。英法海军在地中海东部水域掌握着主导权，而埃及北部的亚历山大港与塞德港作为英法的海军基地，亦具有重要的战略意义。

1914 年 11 月，自奥斯曼帝国正式参加一战后，英法两国封锁

93

了自色雷斯的德德阿加奇港（Dedeağaç，今希腊东北部的亚历山德鲁波利斯港）至土耳其港口士麦那以南萨摩斯岛的爱琴海沿岸。被人称为东地中海分舰队的协约国联合舰队实力达到顶峰，拥有18艘战列舰、40艘驱逐舰、15艘鱼雷艇、12艘潜艇，以及20艘浅水重炮舰（装备有重型火炮的浅水舰，极不适合远航）。该分舰队的基地穆兹罗斯港位于奥斯曼与希腊有争议的利姆诺斯岛，距达达尼尔海峡仅50英里。[33]

94

在战争仅限于欧洲之时，奥斯曼帝国在达达尼尔的海防力量薄弱不堪，装备陈旧落伍。8月2日德国与青年土耳其党人秘密签订盟约后不久，德国船只便开始向该海峡运送人力物力，以加强其防御能力。1914年11月3日，协约国炮轰达达尼尔海峡，炸毁了海峡入口处的赛迪尔巴希尔机枪堡，令同盟国在此的防御能力再遭重创。之后，奥德两国重新构筑起防御工事，几百名德军士兵与军事工程师重新在海峡的欧洲与亚洲海岸设计建造炮台，装备强力火炮以威慑敌舰，使其不敢驶入这片具有战略意义的水域。建造于1876年，服役已久的"马苏迪"号（Messoudieh）战舰停泊在达达尼尔海峡之内，其重型炮对准海峡入口，严阵以待。土耳其还密密麻麻地布下数百枚水雷，雷区分布在恰纳卡莱海峡（土耳其对达达尼尔海峡的称谓）以南水域，以及博斯普鲁斯海峡这一黑海入口。陆岬上的强力探照灯能使夜行船只暴露无遗，各军据点还配备了现代的马可尼式无线电系统，方便互相联络。

奥斯曼军在达达尼尔海峡集结其地中海舰队，以保卫他们的首都伊斯坦布尔免遭协约国攻击。1914年8月转手给奥斯曼帝国舰队的两艘德国战舰——"布雷斯劳"号与"戈本"号——被安置在博斯普鲁斯海峡，在防止协约国由北面进攻伊斯坦布尔的同时，也负责袭击俄国港口，破坏其黑海航运。土耳其于11月参战时，其在博斯普鲁斯与达达尼尔两座海峡的力量已今非昔比。然而，德国与奥斯曼政府都清楚，他们对这些海峡的防守并非滴水不漏。1914年

12月，负责监督防御工事的德国上将报告称，他仍认为一支强大的协约国舰队仅需牺牲四五艘战舰，便可冲破达达尼尔海峡的防线。[34]

奥斯曼步兵是守护伊斯坦布尔的最后一道防线。德国和奥斯曼帝国均认为，协约国若想占领伊斯坦布尔，必须出动地面部队——仅凭其海上力量无法达成目标。为守住首都及其腹地，帝国在色雷斯以及海峡区域集结了绝大部分兵力以防止协约国登陆，其规模接近25万人，其中包括久经沙场的奥斯曼第一军团（16万人）和第二军团（8万人），占1914年11月动员参军人数的一半。[35]

土耳其海军如此密集地布防海峡地区，导致奥斯曼帝国濒临爱琴海与黑海的城镇防守空虚。协约国趁机袭扰了那两片海域上的经济活动与交通。1914年11月17日，俄国战舰炮击黑海特拉布宗港。据目睹炮击事件的美国领事称，袭击引起了一片恐慌，造成"人员与财物的重大损失"。1914年11月至1915年3月之间，俄军6次袭击特拉布宗，击沉船只，破坏城市，当地居民纷纷逃往周围的乡村避难。俄军还炮轰了土耳其宗古尔达克煤矿区，破坏了对土耳其与德国舰船至关重要的燃料供应。另一边的爱琴海上，一些商船因航运封锁被困伊兹密尔港，也遭遇英法两军的炮击。奥斯曼军对此采取了报复行动，缴获3艘英国船只作为战利品，并在港口将其击沉，以阻碍协约国战船入港。这也使其他6艘分别来自美国、希腊、保加利亚、荷兰与德国的船只在整个战争期间被困港内。[36]

在土耳其的安纳托利亚与叙利亚接壤的奇里乞亚地区，奥斯曼军担心所修建的铁路会遭袭击。由于所有海上交通都被迫中止，铁路便扮演了重要角色，负责将部队、物资及补给从大后方运至高加索地区、美索不达米亚，以及叙利亚等前线。毗邻阿达纳，与巴格达铁路相通的梅尔辛港在战争伊始时并无海防力量。1914年11月末，据称约有1.6万名协约国士兵与大批弹药通过梅尔辛-阿达纳段铁路。奥斯曼军无力威慑协约国船只，只得眼睁睁看着法国舰船毫发无损地驶入梅尔辛港，肆无忌惮地扣押或击沉他们的船只。[37]

位于梅尔辛港正东方向的亚历山大勒塔湾,是另一处铁路与海上交通的交会点。巴格达铁路在当时已修至地中海沿岸,但1914年时托鲁斯山脉的隧道仍未打通,而且阿曼山脉附近的工程也未竣工,该段铁路因此未能与阿达纳或阿勒颇连通。这意味着火车行至障碍路段时,必须卸下乘客与货物,令其换乘其他交通工具绕行至隧道的另一端,才能够继续搭乘火车前行。尽管有诸多不便,但亚历山大勒塔港仍是重要的中转站,为数万名在叙利亚、美索不达米亚,以及安纳托利亚地区之间来回奔波的土耳其士兵提供服务。

1914年12月,英国"多利斯"号轻型巡洋舰闯入亚历山大勒塔湾,从海上炮击了巴格达铁路。12月20日周日晨,"多利斯"号朝德尔特约尔村附近开炮。当时的美国驻亚历山大勒塔港代理领事H. E. 比绍普称:"船一边沿着亚历山大勒塔港沿岸徐徐前行,一边轮番轰炸铁路。"中午后不久,该战舰挂着白旗驶入亚历山大勒塔港示意停火,并向城中官员送去最后通牒。英军指挥官解释称,铁路把奥斯曼士兵运至前线,从而对英军(尤其在美索不达米亚)造成了威胁。因此,他要求奥斯曼当局上缴所有铁路设备及战略物资,由登陆的英军负责销毁。若当局拒不执行,则"多利斯"号将用其重炮对沿岸所有的办公、铁路及港口设施进行轰击。英军已遵照1907年的《海牙公约》,在袭击非军事港口之前先向其发出了合理警告,因此英军对此行动无需承担后果,而任何因行动产生的平民伤亡将由奥斯曼当局负责。[38]

三头执政同盟之一的杰马勒帕夏刚刚就任叙利亚总指挥。他接到亚历山大勒塔港地区总督提交的英国最后通牒后,冲动之下选择还击。杰马勒帕夏断然拒绝向"多利斯"号舰长交出铁道机车车辆或战备物资。作为参战国,他承认英国海军有权轰炸奥斯曼帝国的政府大楼。然而他威胁称,若英军这么做,他将即刻下令摧毁英国在叙利亚同等数量的财产与机构。更火上浇油的是,杰马勒还告知

第四章 揭幕战：巴士拉、亚丁、埃及与地中海东部

英军指挥官称，他自战争开始至今已拘押了数十名英国子民，并扬言，"多利斯"号的敌对行动每导致一名奥斯曼帝国公民死亡，他便会击毙一名英国人。

杰马勒这种挑衅的回应，使亚历山大勒塔港事件升级成全面危机，最终美国出面斡旋，才使危机得以化解。美国当时仍是一战的中立国（直到1917年4月），与奥斯曼帝国关系甚笃。同时，美国也同意在帝国境内代表协约国的利益。双方似乎都愿意美国出面调解，帮他们摆脱这种以牙还牙的紧张局面。

美国代理领事比绍普与驻亚历山大勒塔港的土耳其及德国官员共同确定了24小时宽限期，以便谈判达成决议。由于杰马勒帕夏拒绝将平民撤离，当地官员不惜一切代价希望免遭炮击。而对于英军指挥官而言，他非常希望能避免奥斯曼当局对英国子民的报复性杀戮。比绍普向"多利斯"号舰长报告称，"港内并无部队，且据……当地官员称，一切军需品已被运往内陆"（比绍普称他之后发现"港内当时确有其他军需品"）。他向英军提议，可争取奥斯曼帝国同意英军摧毁其在港内的两辆机车，并诡称那是"港内唯一的战略物资"，如此一来，"多利斯"号也能完成扰乱帝国军事交通的任务。

比绍普后来报告称："经舰船官员、亚历山大勒塔港总督与本人的商讨，最终决定把两辆机车开往空地，并在舰船代表与本人眼前炸毁。""多利斯"号为此准备了烈性炸药，而4名官员——一位奥斯曼上尉、港口负责人、一名"多利斯"号上的准尉以及美国代理领事——于晚上9点半出发，共同见证了两辆无人机车被毁的过程。爆炸过程"幸好无人受伤"，随后两辆机车经勘察已被"充分摧毁，无法操作"。比绍普在报告的最后稍带讽刺地写道："10点45分时，我们再次抵达铁路码头，英军登陆指挥官向我传达了舰长的感谢，感激我对摧毁过程做了见证。随后英国人登上汽艇离岸而去，事端也就此告终。"

与此相比，英军在派出潜艇击沉停泊在达达尼尔海峡的"马苏

迪"号战舰一事上，更为强硬地表现其海上霸权。在12月一个晴朗无风的周日早晨，英国潜艇避开侦察，顺利穿越4英里雷区，向这艘陈旧的奥斯曼巡洋舰的舰首部位发射了鱼雷。上午11点55分，"马苏迪"号战舰发生了可怕的爆炸，舰体立刻冒起了黑烟。烟雾散去后，"马苏迪"号战舰漫无目的地进行了两轮齐射，向躲在暗处的敌人报复，直到舰体太过倾斜，无法继续射击。随后，这艘奥斯曼战舰在一阵突发的颠簸后倾覆。据一位目击者描述，它在短短7分钟内就沉没了。由于"马苏迪"号战舰停泊的水域较浅且靠近岸边，它最终搁浅在海床上，只有小半部分舰体被海水淹没。十几名水手紧紧抓住舰船上的炮眼与舱面属具，救援船只亦纷纷赶来。工程师们从舰体上钻出逃生舱口，营救行动一直持续到夜晚。据称约有50至100人在此次袭击事件中丧生。[39]

敌军潜艇成功避过密布的雷区，帝国海军骤然丧失了一艘大型战舰，这些都对奥斯曼当局产生了极大震动。身为德国驻达达尼尔海峡指挥官，海军中将约翰尼斯·默腾（Johannes Merten）极不情愿地承认："这招真是太高了。"然而，击沉"马苏迪"号战舰，与先前炮击土耳其在达达尼尔海峡的据点一样，都只是协约国在警告奥斯曼帝国，将来在海峡还会有更大的战役。[40]

奥斯曼帝国参战两个月后，其脆弱程度已为协约国及同盟国所洞悉。土耳其人无法同时守住所有的边境，帝国幅员辽阔，那种希望也只是痴人说梦。奥斯曼军在各个方向频频失利，从高加索地区、巴士拉、也门、爱琴海到奇里乞亚地区，无不节节败退。俄国攫取了帝国安纳托利亚地区的领土，英国将其埃及自治行省独立出来，把奥斯曼军赶出了波斯湾，还确保了英国在红海、英法两国在地中海区域的海上主导权。每月都有上万名澳大利亚、新西兰和印度的士兵涌入埃及，且协约国在爱琴海的威势也与日俱增。这些都标志着协约国正在构筑一道铜墙铁壁来对抗奥斯曼帝国。

第四章 揭幕战：巴士拉、亚丁、埃及与地中海东部

面对德国的日益施压，奥斯曼帝国决定主动出击。他们需要几场胜利来振奋军心与民心，也需要检验奥斯曼苏丹的圣战号召是否灵验。

第五章

发动圣战：奥斯曼帝国在高加索与西奈的战役

一战爆发的前几周，奥斯曼帝国在其辽阔的边境遭遇了一连串失利，但他们的军队仍然完整，而且土耳其人还未打出圣战这张充满变数的牌。事实上，许多德国高层指挥官都认为，奥斯曼帝国对一战最大的贡献不是来自其军队，而是通过他们的军事行动带动法国北非殖民地、英属印度，以及俄国高加索与中亚地区的穆斯林起义。后院起火至少能迫使协约国往亚洲与非洲部署兵力，以维护其穆斯林领土的安定，从而缓解德国在西线，以及德国与奥地利在东线的压力。

自1914年9月中旬以来，同盟国在东西战线的压力与日俱增。9月5日至12日，英法联军在马恩河向德军发起反攻，后者无法继续推进，战事演变成堑壕战。西欧的僵局使得德国已是两线作战。德军原计划在法国速战速决，以抽出兵力援助奥地利，全力对抗俄国。奥地利人在东线需要大量支援。1914年8月至9月，奥匈帝国在巴尔干地区对抗塞尔维亚，以及在奥匈治下的加里西亚东部地区面对俄军时，均遭惨败。仅加里西亚一役就折损近35万兵力。眼看奥地利已风雨飘摇，德国急忙对奥斯曼帝国施压，敦促这位盟友向俄军发起进攻。[1]

德国人敦促奥斯曼军,在最有助于德国与奥地利战事的地方与英俄两国开战。德国驻土耳其军事顾问团领导,利曼·冯·桑德斯将军提议,派奥斯曼帝国的5个军(约15万兵力)跨过黑海进军敖德萨,以援救在加里西亚的奥地利军,并与其一道两面夹击俄军。柏林方面,则期望奥斯曼帝国派遣一支远征军进攻苏伊士运河沿岸的英军,切断其海上交通,并煽动埃及人对英军的仇视。德皇及其军队领导希望奥斯曼帝国不遗余力地突袭协约国,进而促使协约国亚非殖民地的穆斯林揭竿起义,积极响应苏丹哈里发的圣战号召。[2]

另一方面,青年土耳其党人有自己的目标,即试图利用战争收复埃及与安纳托利亚东部的失地。被英国占领的埃及,以及1878年被俄国吞并的"三大行省"(Elviyei Selâse,指卡尔斯、阿尔达汉与巴统),原本都是奥斯曼穆斯林的土地。青年土耳其党人深信他们的士兵会为收复失地而英勇奋战,并希望军队的胜利会鼓舞当地穆斯林起来反抗俄国与英国。[3]

1914年11月中旬,奥斯曼帝国战争大臣恩维尔帕夏邀请同僚——海军大臣杰马勒帕夏——到其家中秘密会面。"我想在苏伊士运河发动攻击,把英国人困在埃及,"恩维尔解释道,"这样一来,不仅使大批的印度师不能前往西线,还能防止他们在达达尼尔海峡集结兵力。"之后,恩维尔委托杰马勒在叙利亚纠集军队,率先攻打英军在西奈半岛的据点。杰马勒欣然接受了委托,并承诺周内启程。[4]

11月21日,杰马勒从伊斯坦布尔的海达尔帕夏火车站出发,前往叙利亚。车站里挤满了内阁成员、奥斯曼帝国政界领袖和外交使团。用美国大使亨利·摩根索尖刻的话来说,他们"都来向这位即将离去的上司热情地道别"。这群爱国人士被战争狂热冲昏了头脑,早早地就赞颂杰马勒为"埃及的救星"。火车即将发动时,杰马勒向这帮支持者承诺,称他"在收复埃及之前"绝不归来。在并不欣赏青年土耳其党的摩根索眼中,"整场演出……有些过于夸张了"。[5]

恩维尔帕夏决定亲自指挥军队攻打俄国。他对德国在黑海北岸发起军事行动的提案毫无兴趣,因为那里远离帝国边境。相反,他一心想收复安纳托利亚东部的"三大行省"。恩维尔相信,届时定会有一批高加索穆斯林热情地响应。而且,恩维尔认为土耳其军队已经洞悉了驻高加索地区俄军的实力。奥斯曼军最近在科普鲁克伊力挫俄军,这更助长了恩维尔的抱负。12月6日,恩维尔拜访了利曼·冯·桑德斯,并宣布他当晚即将乘船赶赴黑海特拉布宗港,指挥帝国军队向高加索边境发起进攻。据利曼回想:"恩维尔手拿地图,向我概略描述了他计划让第三军团采取的军事行动。他企图让第十一军在公路干线上正面牵制俄军,再让第九与第十军向左奔袭,翻越几座山后,在萨勒卡默什附近从侧面及后方偷袭俄军。随后,第三军团将收复卡尔斯。"恩维尔的这个作战计划非常冒险。山区地形复杂道路稀少,不仅耽误行军,补给与交通线也会受影响。当利曼向恩维尔提出以上忧虑时,恩维尔坚称他已把这些问题"考虑在内,且已侦查了所有道路"。[6]

即将结束会面时,恩维尔提及柏林方面翘首期盼的奥斯曼圣战。据利曼回忆,恩维尔"提到了一些不切实际,但又值得注意的想法。他告诉我说他考虑取道阿富汗进入印度。然后他便转移了话题"。这位德国将军认为恩维尔的赢面并不大,但他也不准备泼冷水。

青年土耳其党的三头执政同盟中,已有两位启程赶赴前线,亲自指挥奥斯曼军对协约国的首次陆地战役。倘若把力量集中在一场战役上,或许他们还有胜利的可能。奥斯曼军在准备不足的情况下两面出击,匆匆挑战两个军事大国,注定其两场战役均将惨败。

恩维尔帕夏从伊斯坦布尔跨越黑海,于12月8日驶抵特拉布宗。与他同行的还有两位他最亲近的德国顾问——保罗·布隆萨特·冯·舍伦多夫上校与奥托·冯·费尔德曼少校。恩维尔经由陆路抵达在埃尔祖鲁姆的奥斯曼第三军团总指挥部。许多奥斯曼高层军官都抱怨,他们的战争大臣受德国人的影响太大,事实也确实如此。究其根源,恩维尔这次提出击败俄国高加索军的大胆计划,是与他的德国顾问有关。

1914年8月末,德军在普鲁士东部的坦能堡成功包抄俄军。当时,德军正面牵制住俄军,同时派出步兵与炮兵通过公路和铁路绕到俄军左翼,切断其补给与交通线,并将其包围。当俄军意识到身陷险境时,为时已晚。最终,德军歼灭俄第二军,致其3万人死伤,俘获9.2万人,这是德军在第一次世界大战中的最佳战绩。恩维尔希望能套用德国的战术,让奥斯曼军在对抗俄驻高加索部队时也能获得同样的胜利。[7]

恩维尔向来无所畏惧,他的职业生涯充满冒险:1908年他历史性地领导革命运动,1911年策划在利比亚由奥斯曼军主导的圣战,1913年策动袭击"高门"事件并用枪逼迫时任首相辞职,还在第二次巴尔干战争中被誉为"埃迪尔内的解放者"。恩维尔雷厉风行,对自己的判断与能力毫不怀疑。他坚信自己能率领军队取得对俄作战胜利,给奥斯曼军带来一战中最丰厚的战果。土耳其人还无法收复1878年被俄国吞并的领土,但至少能遏制俄进一步侵略奥斯曼帝国领土的野心——尤其是海峡与伊斯坦布尔。正如恩维尔对利曼·冯·桑德斯所说的,一场漂亮的胜仗可激发中亚地区的伊斯兰热情,进而打通由阿富汗去往印度的通道。

奥斯曼军前线指挥官对此有所顾虑:德军在坦能堡与俄军作战时正值炎夏,与当下高加索山区的冬季状况截然不同,因此套用德军那时的作战计划恐不切实际。而且,当时德军基地装备充足,战场又与基地非常近,他们利用公路与铁路运输大批兵员,就能在坦能堡将俄军包围。而安纳托利亚东部峰峦叠嶂,公路稀少且路况不佳,车辆在冬季更是无法通行。山区海拔逾3000米,冬季积雪深

第五章　发动圣战：奥斯曼帝国在高加索与西奈的战役　　125

度达 1.5 米，温度可降至零下 20 度，只有经过特殊训练、配备特殊装备的士兵才能在如此恶劣的环境下存活，更不用说投入战斗了。然而，即使是最忧心忡忡的奥斯曼军官都相信，也许恩维尔的运气能够排除一切困难取得胜利。[8]

1914 年夏，恩维尔把驻安纳托利亚东部高加索地区的奥斯曼军整编为第三军团，总部设在埃尔祖鲁姆。9 月，第十一军从原先的驻地凡城调往埃尔祖鲁姆与第九军会合；10 月，第十军秘密离开埃尔津詹，自此第三军团进入战备状态。到 1914 年 12 月恩维尔抵达埃尔祖鲁姆时，第三军团总规模已达 15 万人左右，其中包括库尔德人的非常规骑兵队与其他辅助军队。这意味着土耳其能在正面战场投入 10 万兵力，余部尚可镇守埃尔祖鲁姆，以及从凡湖至黑海共约 300 英里的高加索边境。[9]

奥斯曼第三军团指挥官哈桑·伊泽特帕夏仔细研究了恩维尔的作战计划，并给予了有力支持。但他认为他的部队需要合适的装备，包括御寒衣物和充足的食物弹药，以便应对冬季的作战环境。如此周到的后勤考虑，在恩维尔看来却不过是谨小慎微，借故拖延罢了。因此，他选择信任另一位名叫哈菲兹·哈奇贝伊的提议。此人雄心勃勃，秘密给恩维尔写信，称已对道路进行了侦察，认为冬季步兵加山炮（能用骡子运输的轻型炮）能够通行。他在信中写道："这里的指挥官不支持您（冬季作战）的方案，是因为他们缺乏耐力与勇气。如果我的部队做好了休整，我愿意担此重任。"[10]

哈桑·伊泽特帕夏根本不相信军队在缺乏补给的情况下能顺利作战。所以当恩维尔抵达前线准备实施其作战计划时，他便辞去了第三军团指挥官的职务。伊泽特帕夏对周围地区非常熟悉，他的请辞对驻高加索的奥斯曼军来说是个损失。然而，恩维尔对这位将军已失去信心，遂于 12 月 19 日接受了辞呈，亲自指挥第三军团。他还晋升了那位雄心勃勃的哈菲兹·哈奇贝伊，命其统领第十军。由此，军队的实权落在了一些缺乏实战经验，且对当地凶险地形不甚了解的军官手中。在这种背景下,恩维尔于12月22日下令摧毁俄军在萨勒卡默什的铁路枢纽。

恩维尔在安纳托利亚东部掀起了战争,当地亚美尼亚人发现自己身处前线。他们分化为两派,一派亲俄,一派忠于奥斯曼帝国。1878年,身居卡尔斯、阿尔达汉与巴统三个行省的大批亚美尼亚人转由俄国管制。虽然沙皇政府并不比土耳其政府更能满足亚美尼亚分裂主义者的诉求,但圣彼得堡打出基督教这张牌(尽管俄国与亚美尼亚东正教之间有深刻的教义分歧),使亚美尼亚人与穆斯林土耳其人反目成仇。

俄国与土耳其在高加索地区奉行的宗教政策针锋相对。沙皇政府企图煽动基督徒起义对抗土耳其人,而奥斯曼帝国则致力于团结穆斯林,进而令高加索穆斯林发起圣战以抗击俄国。位于俄国高加索地区的亚美尼亚民族委员会,在开战之前就与沙皇政府紧密合作,它们招募了4个志愿团协助俄国侵犯土耳其领土。俄国领事官员认为,且所获情报也显示,这些亚美尼亚志愿部队能策反奥斯曼基督徒,令其转而协助俄国的侵略行动。因此,俄国外交大臣谢尔盖·萨宗诺夫于1914年9月签署命令,在奥斯曼帝国正式参战之前将俄国军火走私给奥斯曼亚美尼亚人。虽然多数亚美尼亚人不敢与俄国人勾结,担心那样做会使奥斯曼政府对当地的亚美尼亚平民不利[11],但仍有一批有影响力的亚美尼亚人跨过边境,加入了俄国的阵营。

1914年夏季的那几个月里,奥斯曼政府时刻监视着安纳托利亚东部的亚美尼亚人。7月至8月之间,奥斯曼政府正大力动员民众参军,当时位于凡城、特拉布宗、埃尔祖鲁姆的亚美尼亚人都应征入伍,老百姓对帝国政府总体来说忠心不改。然而到1914年8月至10月时,俄国方面称有5万余名士兵逃离奥斯曼军,跨过边境投奔俄国,其中大多数都是亚美尼亚人。[12]

面对日益严重的亚美尼亚人倒戈问题,青年土耳其党人于10

月在埃尔祖鲁姆召开会议,提出与达什纳克及红查克组织等亚美尼亚民族主义党派结盟。为使俄国与土耳其治下的亚美尼亚团体与其联合抗俄,奥斯曼帝国承诺在安纳托利亚东部地区设立一个涵盖数个行省的亚美尼亚自治区,任何从俄治亚美尼亚获得的领土也将一并划入该自治行省中。然而,亚美尼亚民族主义者拒绝了这项提议,辩称鉴于亚美尼亚人分居于俄土边境两边,他们应忠于各自的政府。但这个合理的回应却只让奥斯曼政府更加怀疑亚美尼亚人的忠诚。[13]

一战爆发后,亚美尼亚人与土耳其人的关系急转直下。在科普鲁克伊之战中服役于医疗队的阿里·利扎·埃提下士,在前线与亚美尼亚人频繁接触,对他们的反感与日俱增。邻近11月末,俄方亚美尼亚志愿军被部署在安纳托利亚东部地区,那里他们遭遇了来自凡城的奥斯曼军。凡城是奥斯曼亚美尼亚人在阿拉斯河畔的重要聚居地之一,俄国如此安排,显然是蓄意要煽动亚美尼亚人逃离奥斯曼军。许多士兵确实倒戈:据埃提下士称,亚美尼亚人成群结队地投靠俄军,每次总有四五十人。埃提表示:"他们肯定会向敌人泄露我军的位置。"[14]

11月,埃提所在的部队行军至一片废弃的村庄。原先住在村子里的亚美尼亚人都已投奔俄国人,而当地的穆斯林不是出逃就是被侵略者所杀。埃提在11月15日的日记中这样写道:"当地亚美尼亚人一旦决定与俄军为伍,就残忍地蹂躏这些可怜的村民。"在他的描述中,被亵渎的清真寺里满是动物的尸体,残破的《古兰经》被风吹到了空无一人的街上。他的愤怒从字里行间一览无遗。[15]

随着亚美尼亚人倒戈消息的传开,土耳其士兵对身边的亚美尼亚同伴越来越暴力。埃提轻描淡写地提到,一名土耳其士兵如何"开枪"打死一名亚美尼亚同袍。在埃提看来,这都不算个事。"我们把那家伙埋了。"他冷静地写道。当时,射杀战友的行为并不会受到处罚。就这样,大家已不再把亚美尼亚人视为同属奥斯曼的伙伴。[16]

在土耳其军队袭击俄军的前夕,恩维尔帕夏以第三军团指挥官的身份巡视部队。他向奥斯曼士兵严肃地说:"士兵们,我已巡视完毕,发现你们的双脚上没有鞋子,背包里也没有大衣。但是前方的敌人惧怕你们。不久后我们就要发动进攻,进入高加索地区。那里丰富的物产在等着你们去取,整个伊斯兰世界都在注视着你们。"[17]

恩维尔对其军队的赢面如此乐观,是因为在高加索前线的一连串事件进展顺利。冬天即将来临,俄国人相信奥斯曼军不会在开春之前发动进攻。他们将驻高加索的多余部队调往其他更吃紧的战线,这样一来安纳托利亚东部的俄军规模便有所减弱。而土耳其人却已在俄军不知情的情况下顺利将第十军转移。这样的兵力调动使奥斯曼军在兵力上占优:土耳其部队约10万人,而俄军仅不到8万人。[18]

俄军偃旗息鼓准备过冬,恩维尔希望此时发动奇袭打敌军一个猝不及防。为保证奇袭之"奇",奥斯曼军需迅速进入俄国领土。恩维尔命令手下军队丢掉沉重的背包,只携带武器与最低限度的备用弹药启程。为了使军队轻装行军,恩维尔甚至还下令不得带燃料、帐篷或被褥,食物也只能带配额的一半。他寄希望于军队在奔赴萨勒卡默什的途中能占领一些俄国村庄,并在那里解决膳宿问题。恩维尔的"真言"(Mantra)就是"我们的补给地就在前方"。[19]

大部分俄军在奥斯曼帝国境内,沿着他们11月战斗中占领区域的突出部分布。他们在萨勒卡默什的补给中心基本毫无防备,只有一小撮边境卫兵、民兵与铁道工人看守着他们唯一的供给与交通线,也是他们从山谷撤回卡尔斯省的唯一路线。

这对恩维尔来说求之不得:派大批兵力绕至俄军右翼,切断铁路线的同时,占领萨勒卡默什,进而包围俄高加索部队。唯一的退路一旦被切断,俄军别无选择只得投降。只要占领萨勒卡默什并歼灭俄高加索部队,奥斯曼军便能不费吹灰之力收复卡尔斯、阿达尔汗与巴统这三个于1878年被俄国侵占的行省。如此伟大的胜利将激励中亚、阿富汗与印度等地的穆斯林。只要征服一个具有战略意义的铁路枢纽，便能给奥斯曼帝国，以及恩维尔帕夏这位雄心勃勃的青年土耳其党总司令带去无限的可能。

在12月19日的作战计划里，恩维尔给第三军团的三个军（每个军团约有3万到3.5万名士兵）分别委派了任务。第九与第十军奉命分别绕至萨勒卡默什的西面与北面，而第十一军的任务是在南线牵制住俄军，为其提供掩护。第九军绕内圈从西面进入萨勒卡默什，而第十军则绕外圈，一个师（约1万人）朝阿达尔汉北面进发，另两个师负责切断俄军铁路线，并从北面进入萨勒卡默什。行动计划于12月22日开始实施。[20]

在过了一段冬季难得的晴好日子之后，雪花在12月19日至20日晚姗姗来到。12月22日，一场暴风雪袭来，奥斯曼第三军团就在此时动身。他们只带了扁面包作为食物，身穿轻薄的军服，没有外套御寒，所穿的鞋也不适合走如此艰苦的山路。就这样，这些奥斯曼士兵在最恶劣的条件下启程，去完成恩维尔派给他们的只有超人才能完成的任务。

奥斯曼第十一军在阿拉斯河南岸向俄军发起了攻击，以分散俄军对萨勒卡默什西面的注意力。同时，奥斯曼第九与第十军按计划从侧翼包抄俄军据点。阿里·利扎·埃提下士从医疗队的帐篷外观察战事，只见俄军展开还击，土耳其部队遭受重大伤亡，被迫撤退。随着奥斯曼军节节败退，埃提开始担心步步紧逼的俄军会俘虏他所在的医疗队。

从伤员口中，埃提听到许多如何从俄国人手中死里逃生的故事。有一个土耳其村庄被俄军占领，60名奥斯曼士兵躲进了一个干草棚，结果被卡扎克团（Kazak）的3名俄国穆斯林士兵发现。他们让这些奥斯曼士兵脱下裤子证明确实行过穆斯林的割礼，才留他们继续躲在原地。"哥们儿，别出声，在这等着，"卡扎克团的士兵解释道，

"我们就快走了。"穆斯林士兵之间跨越战线的兄弟之情令埃提感慨万分。[21]

然而,亚美尼亚人与俄军之间的基督徒情谊却让埃提下士无比愤慨。战斗的第一天,他看见两名奥斯曼亚美尼亚士兵逃往俄军阵地,第三名在逃离过程中被打死。土耳其士兵不仅抱怨亚美尼亚人倒戈,还责怪他们为俄军提供关于奥斯曼军阵地位置与人数的情报。埃提愤愤不平地回忆道:"想当然,俄国人每天都从逃跑的亚美尼亚士兵那获得情报。我在想亚美尼亚人战后会是什么下场。"[22]

奥斯曼军中的亚美尼亚士兵处境极其艰难。他们在俄方亚美尼亚人的积极游说下倒戈,深知奥斯曼士兵对他们的不信任已升级成谋杀,待在奥斯曼军中时间越长就意味着越危险。据埃提称,每个师每天都有3到5个亚美尼亚人被"意外"打死,他思索着:"要这样下去,一星期内营里就没有亚美尼亚人了。"[23]

第十一军遭遇了俄军的顽强抵抗。战线太长,土耳其人最多只能在某个点发动有限进攻。战斗的前几日里,他们不仅未能让俄军撤到阿拉斯河北岸,还被迫退回了他们在科普鲁克伊的总部。尽管第十一军折损了兵力,却成功吸引俄军火力,为第九与第十军实施包抄计划创造了条件。战役初始,这两支奥斯曼军队一举获得了重要胜利。

奥斯曼第十军在哈菲兹·哈奇贝伊的指挥下,向北奔袭俄军右翼。他们越过俄军突出部后继续向北穿越边境,进而包围了防守空虚的奥尔图。奔袭过程中,奥斯曼军成功使一名措手不及的俄国上校与他的750名士兵投降。但一起自摆乌龙给他们造成了损失。奥尔图城外浓雾弥漫,一个土耳其团把另一个团误认为是俄卫戍部队,结果与自己的军队交战了4小时,造成1000名奥斯曼士兵伤亡。尽管如此,到当天日落时,奥斯曼军已顺利驱赶了奥尔图城内的俄军,至少在那里找到了恩维尔帕夏承诺的食物与栖身之所,于是他们开始劫掠这座已被征服的城镇。[24]

第五章　发动圣战：奥斯曼帝国在高加索与西奈的战役

然而，刚愎自用的哈菲兹·哈奇在奥尔图大获全胜后，倾其兵力对撤逃的俄军穷追猛打，并未按原计划向东与恩维尔帕夏以及第九军会合，集中攻打萨勒卡默什。由于山区交通不便，这样随意更改计划令奥斯曼军的整个军事行动危在旦夕。

恩维尔帕夏随同第九军赶赴萨勒卡默什，一路上情况变幻莫测。暴风雪在短短3天时间内便覆盖了46英里路。坚定的奥斯曼士兵行走在白雪皑皑的崎岖山路上，严寒对他们影响极大：他们没有帐篷，只能在野外打地铺，零下的气温只能从灌木丛中伐木生火。但火堆根本无法抵挡住严寒，天亮时经常发现士兵们围躺在熄灭的火堆旁，早已没了呼吸，他们的尸体被冰雪冻得发黑。第九军有超过三分之一的士兵就这样死在了去往萨勒卡默什的路上。

然而，恩维尔命令士兵继续向萨勒卡默什城郊进发。12月24日，他们抵达并做了休整，为总攻做准备。土耳其人从俄国战俘口中逼问出萨勒卡默什城几乎是座空城，只有一些非战斗部队，且无大炮。如此重要的战略城镇防守竟这般薄弱，恩维尔更加坚信，他那饥寒交迫的部队离最后的胜利只有咫尺之遥。[25]

12月26日，俄军抓获了一名奥斯曼军官，搜出了恩维尔作战计划的副本，他们这才得知土耳其的整个作战计划。他们现在知道奥斯曼第十军已被编入第三军团，因此奥斯曼军在兵力上占了相当的优势。他们也得知奥尔图已陷落，奥斯曼军队不仅推进到了阿达尔汉，还已逼近萨勒卡默什。身居黑海港口城市巴统与阿达尔汉的穆斯林已经掀起抗俄热潮——这种宗教热情正是奥斯曼帝国翘首期盼，而俄国避之不及的。据记载该战役的历史学家描述，俄国将军"惊慌失措……以为萨勒卡默什将沦陷，大部分高加索部队将被切断至卡尔斯的撤退线路"。俄军指挥官匆忙下令全线撤退，试图保全一部分军队，以免全军覆没。[26]

随着土耳其作战计划逐步开展，幸运女神却似乎更青睐俄军。奥斯曼军此次远征虽打了个漂亮的开局，但随后就为恶劣天气与人为失误所累。暴风雪席卷了高加索群山,山路变得几乎无法行军。当时狂风卷着满天雪花,一阵紧似一阵,能见度十分低下。许多士兵与部队走散,队伍人数越来越少。路况恶劣,极度严寒,加之山区地势陡峭,这些都极大影响了奥斯曼军的前进。更糟的是,恩维尔的一员大将——第十军指挥官哈菲兹·哈奇贝伊——已背离原定计划去追赶一小部分俄军,其部队离萨勒卡默什越来越远。

恩维尔急令哈菲兹·哈奇贝伊按原定计划赶来与第九军会合。于是,这位第十军指挥官把攻打阿达尔汉的任务交予一个团,自己率领另两个团按原定作战计划赶去与恩维尔会合,与其合力攻打萨勒卡默什。哈菲兹·哈奇于12月25日启程,他向恩维尔保证第二天一早赶到。当时大雪纷飞,他的部队距萨勒卡默什30英里远,中间还隔着海拔3000米的安拉胡阿克巴群山(Allahüekber Mountains)。接下来的19个小时无异于一场死亡行军。一位当时的幸存者这样描述士兵的艰苦:"我们攀爬得非常辛苦,精疲力竭,但仍秩序井然。等我们到了平原,迎面袭来一阵暴风雪,什么也看不清,根本无法帮助其他人,更别提开口说话了。整个部队立马乱了套。士兵们四处逃窜,为了寻找避风处就到处袭击烟囱还冒着烟的人家。长官们想尽了办法,但还是无法维持纪律。"山区寒冷至极,一些士兵冻得失去了理智:"我依然清楚地记得有个士兵就坐在路边的雪堆里。他正抱着雪,抓起一把就往嘴里塞,一边还颤抖地叫嚷着。我想帮他重新上路,但他一直吼着,还不断把雪堆起来,就像没见着我似的。这可怜的人已经疯了。就这样,我们在短短一天时间里就损失了1万人。"[27]

12月25日,恩维尔帕夏召开会议,与土耳其军官以及德国顾问一起评估当下局势。俄军仍然认为大势已去,开始从阿拉斯河前线撤回萨勒卡默什,并向其铁路沿线派出部队掩护撤退。尽管当时俄军的调度一片混乱,但全线后退意味着有大批俄国部队正从北面与南面赶往萨勒卡默什。如若奥斯曼军不立即行动,他们便会错过

第五章　发动圣战：奥斯曼帝国在高加索与西奈的战役

攻城的最佳时机。

会议中，恩维尔及其德国顾问诘问了第九军指挥官伊赫桑帕夏与参谋长谢瑞夫·伊尔登。他们想知道，奥斯曼此次远征是否还有能力占领萨勒卡默什。伊赫桑帕夏向长官们汇报了第三军团的真实情况：他们已与哈菲兹·哈克率领的第十军完全失去联络，而后者正在翻越安拉胡阿克巴群山，不知何时能赶到。当下只有第九军一个师的兵力在距萨勒卡默什不远处待命。"我不知道这场战役需要多少兵力，"伊赫桑帕夏说，"如果仅需一个师的话，那么第29师随时听候您的调遣。"[28]

听完土耳其军官的这番汇报，恩维尔转向德国顾问征求意见。这些顾问与恩维尔一道起草了最初的作战计划，以致恩维尔雄心勃勃地企图重现德军在坦能堡所取得的胜利。他们建议恩维尔先按兵不动，等候哈菲兹·哈奇率兵前来。但恩维尔已急不可耐，他知道耽搁越久，增援的俄军就越多。况且，只要攻下萨勒卡默什，士兵们的膳宿问题就都迎刃而解。在野外每多逗留一晚，就会多几百名士兵被冻死。在恩维尔的部下看来，是因为哈菲兹·哈奇与他无形中形成了竞争，他才急于攻城。恩维尔戎马一生，他非常看重这次胜利带来的荣誉，生怕那位第十军指挥官会抢先攻下萨勒卡默什。

最终，恩维尔帕夏驳回了所有顾问的意见，命令部队于12月26日，即第二天早晨开始攻城。这一决定引发了致命的后果，成为奥斯曼帝国这场战役的转折点。自那以后，奥斯曼军再无充足的兵力去战胜俄军，甚至难以抵挡对方的还击。

坚韧不拔的奥斯曼士兵助恩维尔实施了他那不切实际的作战计划——但这一切只是昙花一现。哈菲兹·哈奇及其部队在翻越了巍峨的安拉胡阿克巴群山后，成功抵达卡尔斯与萨勒卡默什之间的铁路线，并一举切断了俄军这条交通要道。然而，由于兵力不足，他们无法抵御从卡尔斯赶到的俄增援部队。奥斯曼军攻下阿达尔汉之后，也因兵力不济，一周之后便守城失败。曾一度取得胜利的第十军被敌军重重围困，原先的 5000 名士兵最终只有 1200 名生还，被迫投降。奥斯曼军一度成功突入萨勒卡默什城内，但他们为这短暂的成功付出了高昂的代价。

12 月 26 日，第九军向驻萨勒卡默什的俄军发起首轮攻击，却遭到奋力还击，损失惨重，未能得手。当晚，哈菲兹·哈奇帕夏带着筋疲力尽的残部终于抵达萨勒卡默什附近的奥斯曼军据点。第九军元气大伤，第十军在经历急行军后状态极其糟糕，恩维尔只得暂停攻城 36 小时，以休整军队。[29]

萨勒卡默什的生死之战于 12 月 29 日打响。那时，奥斯曼军已因严寒大幅减员，第九与第十军总人数从原先的 5 万余人锐减至不足 1.8 万人，且这些幸存者几乎已无战斗力。另一边，俄军在萨勒卡默什的防御力量已超 1.3 万人，枪械大炮亦比土耳其部队多，状态渐入佳境。整个白天，俄国人用这些重型武器成功击退了背水一战的土耳其人。

12 月 29 日晚，恩维尔决定为攻城做最后一搏。这次，他的部队冲进城内，与俄国守军在黑暗中拼起了白刃战。大部分土耳其士兵不是被杀就是被捕，但仍有一支几百人的小分队成功占领俄军位于城中心的营地。就那一晚，恩维尔的一小部分军队宣布占领了萨勒卡默什。待到天亮，俄军包围了营地，迫使土耳其士兵投降，整个袭击行动令奥斯曼军损失整整一个师的兵力。

俄军不久便意识到奥斯曼军是如此不堪一击，于是重新镇定下来发起反击。此刻，面临被围歼的已不是俄高加索部队，而是奥斯曼第三军团。

1915 年 1 月的前几周里，俄军接连击败奥斯曼军，尽数收复了在战役伊始丢失的阵地。在此过程中，奥斯曼第三军团被各个击破。1 月 4 日，被俄军包围的第九军不得不投降。据该军团参谋长谢瑞夫·伊尔登的记载，他们向俄军投降时，第九军总部里仅剩 106 名军官与 80 名士兵。另一边，哈菲兹·哈奇率领的第十军在敌军火

第五章　发动圣战：奥斯曼帝国在高加索与西奈的战役

力下被迫撤退，但侥幸未被全歼。16 天后，3000 名幸存者到达土耳其的安全区域。[30]

第九与第十军相继落败后，第十一军便成为俄军反攻的重点。这些土耳其士兵在撤退途中意外获得一支外来骑兵队的救援。他们突然出现在俄军左翼，并将其驱散。这些人是切尔克斯村民，他们听闻奥斯曼苏丹发起圣战，便即刻前来支援奥斯曼军队。埃提下士目睹了切尔克斯人对俄军的袭击，他把这一行动看做一战中穆斯林团结的又一标志。1 月中旬，奥斯曼第十一军成功撤至土耳其边境，原先的 3.5 万人最后仅生还 1.5 万人。至此，奥斯曼第三军团已被俄军摧毁，最初近 10 万名士兵被送上前线，可最后只有 1.8 万人狼狈不堪地回来。[31]

恩维尔帕夏侥幸逃脱了俄军的追捕，灰头土脸地回到伊斯坦布尔。尽管有些官员谴责恩维尔与哈菲兹·哈奇玩忽职守，但二人均未被传讯。事实上，在离开埃尔祖鲁姆赶往首都伊斯坦布尔之前，恩维尔已晋升那位轻率鲁莽的哈菲兹·哈奇上校为少将，授予其"帕夏"的头衔，并命其统领奥斯曼第三军团残部（哈奇帕夏两个月后死于伤寒）。青年土耳其党人不愿面对此次惨败，据利曼·冯·桑德斯称，奥斯曼第三军团全军覆没一事，德国与奥斯曼帝国都被蒙在鼓里。他之后写道："我们不得提及此事，违者都会遭到逮捕并被严惩。"[32]

萨勒卡默什事件影响到了整个一战的走势。自此，奥斯曼军在安纳托利亚东部再无足够兵力来抵御俄国的侵袭。帝国已危如累卵，这使身居边境的土耳其人、库尔德人、亚美尼亚人与俄国之间的关系更为紧张。无论俄国穆斯林在萨勒卡默什战役初期对圣战抱有怎样的热情，此次奥斯曼军一败涂地，彻底排除了俄国治下的穆斯林发动叛乱的可能。

奥斯曼帝国在萨勒卡默什的折戟沉沙，促使俄国的协约国盟友决定攻打达达尼尔海峡，占领伊斯坦布尔，以使帝国永久退出战争。[33]

就在萨勒卡默什失利一个月后，杰马勒帕夏率领军队向驻守苏伊士河的英军发动了攻击。埃及无垠的沙漠与高加索地区的漫天风雪形成鲜明对比，但西奈半岛上荒凉的沙漠与萨勒卡默什高耸的山峦一样不利于行军。

自从杰马勒帕夏于 1914 年 11 月 21 日在伊斯坦布尔的中央火车站公开表态后，他将率远征军攻打埃及之事便已传开。鉴于远征会遇到诸多困难，因此英国人对杰马勒扬言要"征服"埃及不屑一顾，认为他不过是信口开河。他们不相信杰马勒能在叙利亚顺利召集兵马，对英国治下的埃及构成威胁。即使他成功组建一支成规模的部队，西奈半岛的道路状况亦非常不利，只有几处水源，且几乎寸草不生。大部队要通过这片不毛之地，食物、饮水以及弹药的供应谈何容易。即便奥斯曼军克服了种种困难成功抵达运河，他们仍然要面对几百米宽、12 米深的天堑，以及英军的舰船、装甲列车与 5 万名英军士兵。英军在埃及的阵地似乎固若金汤。

英国的算盘并没有打错，杰马勒在叙利亚招兵时的确遇到了极大阻力。1914 年 12 月，奥斯曼帝国需要倾其驻安纳托利亚的兵力，以增援高加索边境，并保卫伊斯坦布尔与海峡。杰马勒只能依赖阿拉伯诸省的正规军，以及由当地的贝都因人、德鲁兹人、切尔克斯人和其他移民团体的志愿兵所组成的后备部队。在可支配的 5 万名战斗兵员中，杰马勒最多只能调遣 3 万人前往苏伊士运河作战，余部需镇守阿拉伯各个行省。此外，杰马勒还必须留足 5000 至 1 万名士兵，作为机动部队以便随时增援。这意味着杰马勒只能派 2 万至 2.5 万名奥斯曼士兵去抗击挖壕固守的英军，且后者的规模至少是他们的两倍——那样的作战构想形同自杀。[34]

杰马勒把胜利寄希望于一连串偶发事件。他后来记载道："我把一切赌注都压在了奇袭英军上。"倘若奇袭成功，他设想英军会撤出部分运河区域，使奥斯曼军能"在河对岸构筑战壕，用 1.2 万名步兵巩固阵地"。构建桥头堡后，杰马勒计划占领重镇伊斯梅利亚，

第五章　发动圣战：奥斯曼帝国在高加索与西奈的战役

把运河西岸的奥斯曼军人数增加到 2 万人。另外，他还相信奥斯曼军若攻下伊斯梅利亚，就能激发埃及境内众多的穆斯林反抗英国统治者——这正是奥斯曼苏丹号召圣战的目的。杰马勒称，如此一来，"我们就能凭借较少的兵力与不那么先进的武器，在极短的时间内解放埃及"。[35]

杰马勒如此草率的计划却得到德国的全力支持，他们仍对奥斯曼帝国发动圣战寄予厚望，此外，切断苏伊士运河的交通对德国来说亦是重中之重。1914 年 8 月 1 日至 12 月 31 日之间，至少有 376 艘运输船只载着 163 700 名协约国士兵在运河穿行。虽然英国并非完全依靠运河输送兵员——连接苏伊士与开罗及地中海各个港口的铁路也能派上用场——但运河对英军而言仍是重要通道，往来于印度洋与地中海之间的战舰与商船都必须经过此地。只要运河运转正常，英军便能从中得到极大便利。奥斯曼军对苏伊士的任何军事行动都会使英军运送兵员的速度下降，抑或逼迫英军从西线调兵增援埃及，从而使德国在西线受益。[36]

12 月 6 日，杰马勒抵达大马士革，随即马不停蹄地筹集人力物力，为穿越西奈半岛这一危险的军事行动做准备。他的正规军约有 3.5 万名士兵，多来自阿勒颇、贝鲁特、大马士革、黎巴嫩山自治区，以及耶路撒冷等阿拉伯行省。为了扩充军队，杰马勒向部落首领发出爱国呼吁，希望他们加入到攻打英军、解放埃及的行动中。

德鲁兹埃米尔沙奇布·阿尔斯兰（Shakib Arslan）是 1914 年奥斯曼帝国议会议员。听闻杰马勒的作战计划，阿尔斯兰随即向伊斯坦布尔申请辞去议员之职，以便他能率领一支德鲁兹志愿军协助奥斯曼军在西奈作战。虽然杰马勒只要求他召集 100 人参战，但他承诺派出 500 人。谈话中，杰马勒认为"组织不严的志愿兵在战场上难堪大用"。然而，阿尔斯兰宣称，其德鲁兹志愿部队的表现会出人意料地好，比大马士革兵站里的步兵与骑兵都要出色。他们没有按原定计划接受为期一个月的训练,而是立即搭乘火车奔赴前线。[37]

边防小镇马安(Maan,今位于约旦南部)地处大马士革以南约 290 英里的沙漠之中。从大马士革通往麦加的朝觐之路从这里经过,同时它还是汉志铁路上一个重要的兵站。1914 年 12 月至 1915 年 1 月,阿尔斯兰的部队在这里集结,士兵成分杂。他招募了"一队麦地那的志愿兵,还有一队士兵则来自四面八方:罗马尼亚的土耳其人、叙利亚的贝都因人与阿尔巴尼亚人,以及其他人等",包括来自大马士革萨拉西叶地区的库尔德骑兵。

汉志行省濒临红海,辖下的麦加与麦地那是伊斯兰教的发源地。阿尔斯兰宣称,汉志行省的总督与军事指挥官瓦希卜帕夏(Wahib Pasha)从奥斯曼军驻麦加部队中调派了 9000 士兵,不过有相当一部分应召的士兵最后并没有前来。杰马勒帕夏将麦加这片伊斯兰最神圣的土地交予当地的奥斯曼宗教领袖谢里夫侯赛因·伊本·阿里,命其派一子率领一支分队前来参战。杰马勒希望谢里夫在将宗教权威带给苏伊士远征军的同时,也向帝国表明赤诚。谢里夫侯赛因恭敬地回应了杰马勒的要求,派儿子阿里与瓦希卜帕夏一道从麦加启程。当行至麦地那时,阿里向瓦希卜帕夏保证,待他征召到足够的志愿军便迎头赶上。然而,谢里夫侯赛因的儿子之后再未离开过麦地那,杰马勒不无忧戚地记载了此事。[38]

1915 年 1 月,在靠近帝国与埃及边境的贝尔谢巴(今以色列南部),奥斯曼帝国远征军的主力部队集结完毕。帝国与德国的战略部门在这里为此次远征做了充分的后勤筹备。在贝尔谢巴通往苏伊士运河总部的所在地——伊斯梅利亚的路上,奥斯曼第八军参谋长,弗里德里希·弗雷尔·克雷斯·冯·克雷森施泰因上校(Colonel Friedrich Freiherr Kress von Kressenstein)每隔 15 公里便建造一处供应站。每个供应站配备医疗设施与食品店,工程师还在供应站里钻井筑堤,以收集冬季的雨水,为军队提供充足的水源。1 万余只骆驼从叙利亚与阿拉伯半岛牵来,作为供应站之间的交通工具,还有临时电报线路方便即时通讯。

奥斯曼帝国远征军面临的最大挑战,是如何将25艘驳船运抵苏伊士运河,以供渡河使用。这些平底船长5.5米至7米,宽1.5米,整体用镀锌钢材打造。奥斯曼士兵把它们放在特制的拖车上,轮子下垫上木板以防陷进细沙里,用骆驼与骡子拖着前进。就这样,奥斯曼士兵拖着这些笨重的驳船穿过了大陆,准备以船代桥实施渡河。

英国似乎并不看好奥斯曼帝国在叙利亚召集的部队。第一个向英军透露杰马勒战备情况的,是一位被帝国逐出耶路撒冷的法国神父。12月30日,英国人在运河区盘问这位神父。他从事考古多年,精通阿拉伯语,对叙利亚大沙漠非常熟悉。他宣称曾看见多达2.5万人聚集在大马士革与耶路撒冷,他们装备齐全,船只、铁丝网及电报设备应有尽有,且都在朝贝尔谢巴方向移动。他还称这些人将大马士革的水源与饼干贮备在西奈半岛的供应站。一开始,英国人认为神父的话如同天方夜谭。但他给出的细节越来越多,他们不得不重视这条情报。[39]

为确认情报的可靠性,英法两国首次在战争中调派飞机前往中东上空侦察。奥斯曼军这次比较走运。西奈半岛中部地质最坚实,最适合行军,同时也远超出空中侦察所能及的距离。这为奥斯曼远征军在发起行动之前提供了极高的隐蔽性。在伊斯梅利亚的英国飞机航程太短,不足以深入西奈半岛的中部,法国在塞得港以及亚喀巴海湾的水上飞机只能巡视西奈半岛的最北部与最南部,那里只有一小部分土耳其部队集结。当时,奥斯曼帝国与德国还未派遣飞机支援他们自己的军队,因此制空权由协约国所掌控。

1915年1月14日,奥斯曼军派出先遣部队从贝尔谢巴向运河进发,那时英军对这些士兵的位置与去向毫不知情。奥斯曼军的主力部队取道西奈半岛中部,另有两支部队分头行动,一支经地中海畔的阿里什向运河推进,另一支则穿越荒漠中的卡拉阿特纳克赫勒

（Qalaat al-Nakhl）要塞朝运河进发。每名奥斯曼士兵都带了椰枣、饼干与橄榄等轻便的口粮，总重不超过1公斤，携带的水量也有限制。西奈半岛的冬夜太冷，士兵无法入眠，于是便夜间行军，白天休憩。他们花了12天跨过沙漠，途中未损一兵一卒——这多亏了苏伊士运河行动背后缜密的策划。

1月最后的10天里，法国水上飞机在其侦察范围内发现土耳其军队开始大量集结。由于这些飞机飞行高度低，它们返回基地时机翼已被奥斯曼军的地面火力损毁。确认了敌军在西奈半岛周围多处聚集，英国人开始重新评估他们在运河的防御能力。[40]

苏伊士运河的起止点分别为地中海边的塞得港和红海的苏伊士市，全长约100多英里。运河与两个大咸水湖相连，29英里的湖岸泥泞不堪，不适合行军。英国工程师又把运河东岸的10英里低地尽行淹没，因此英军只需防守71英里河岸。他们还企图把运河东北岸绵延约20英里的洼地也淹没，将英军的防线进一步缩小至51英里。英军认为，奥斯曼军最有可能在坎塔拉与伊斯梅利亚河段至提姆萨赫湖以北，以及图孙（Tussum）与塞拉比尤姆河段至大苦湖以北区域发动进攻。因此，英法两国早早地将战舰部署在这些地段的各个要冲。澳大利亚与新西兰的部队也赶抵埃及，与一支埃及炮兵队一道协助那里的印度军加固防线。[41]

半信半疑的英军选择按兵不动，静等奥斯曼军下一步行动。曾参加亚丁行动的青年通信官H. V. 盖尔，此次被派往邻近坎塔拉的苏伊士运河北部。虽然盖尔迫切地想"看到一点动静"，但他在日记里明确写道，他与他的长官都对奥斯曼军接下来的行动一无所知。根据他的日记记载，1915年1月最后的几天里发生了一些小冲突，还有几场虚惊。1月25日，盖尔乘坐装甲列车巡视运河西岸，此时他接到来自旅部的急令："速速回营。坎塔拉正遭受来自敌军的真实威胁。"然而，这是一起误警。1月26日，英国阵地遭到土耳其军队的炮击，盖尔被调往距坎塔拉以南几英里的一处哨所。他写道：

第五章　发动圣战：奥斯曼帝国在高加索与西奈的战役　　　　　　　　　　　　　　　141

"据报巴拉（Ballah）附近有3000名敌军。"西奈半岛出现敌军的报告越来越多，这使英军愈发焦虑，他们对奥斯曼军的具体位置、军队规模，以及袭击目标一概不知。事态发展至此，至少杰马勒帕夏蒙蔽英军的目标已部分达成。[42]

为以防万一，英军撤回了苏伊士运河西岸的所有军队。他们在东岸每隔一段距离就拴几条狗，只要有人走近就狺狺狂吠。假若奥斯曼军发动夜袭，飞机便无法用于探明敌军动向，只有看门狗这一传统的方法才奏效。[43]

2月1日，奥斯曼军指挥官下令开始进攻。为了保证奇袭，全军"必须保持绝对安静，不能咳嗽，不准大声下达指令"。士兵得等到从运河东岸渡到西岸后才将子弹上膛，以防止意外走火引起英国守军的警觉。吸烟也是被禁止的，这对惶恐不安的士兵来说比较困难。奥斯曼军士兵手臂上都系着白色腕带，防止被友军炮火误伤。他们之间的暗号即圣战的标识——"圣旗"。

士兵接到的指令是："在真主的保佑下，我们将在2月2日至3日晚对敌军发起攻击，占领运河。"奥斯曼军派小分队在坎塔拉以北、苏伊士以南地区发动佯攻以分散敌军注意力，其主力部队则将在伊斯梅利亚附近渡河。此外，他们还在提姆萨赫湖畔部署了一组榴弹炮，准备向敌舰开火。"如果走运的话，（重炮）能够在运河口击沉一艘船。"占领苏伊士运河只是此次军事行动的一部分，击沉船只堵塞运河交通，远比从严阵以待的英军手中夺得运河控制权要实际得多。[44]

进攻前夕，突然狂风大作，卷起的沙尘使人伸手不见五指。一位法国军官后来称："想睁眼都非常困难。"奥斯曼帝国与德国指挥官命部下借着沙尘暴的掩护，朝伊斯梅利亚以南的运河方向推进，直到风暴散尽，夜空又变得清澈起来。这些意外的气候条件对实施进攻非常有利。[45]

"当晚我们抵达了运河，"曾参加过巴尔干战争的大马士革老兵法赫米·塔尔加曼回忆道，"我们禁烟禁言，就这样悄无声息地走着。"

> 在沙漠中穿行时，无人发出一点声响。一个德国人走了过来。我们要把两艘铁船降到水里。德国人划其中一艘载满士兵的船去到对岸，一小时后折返，接着又把第二艘船划向了对面。他每次都把整船的士兵送到河对岸，再空船折返，就这样运送了250名士兵去看守工事，以防任何人干涉。[46]

在渡河上花费的时间比奥斯曼指挥官预计的要久，待到天已破晓，他们仍在运河上建造浮桥。然而，河西岸依旧没有丝毫动静，这使奥斯曼军以为他们越过的这段运河根本无人驻守。一群来自利比亚的黎波里，自称是"伊斯兰支持者"的圣战志愿兵最先打破了寂静，开始高喊口号相互鼓励，结果引得远处的狗吠声一片。当第6艘船抵达浮桥时，运河西岸突然爆发了机枪扫射。[47]

法赫米·塔尔加曼回忆道："子弹横飞，击中水面后激起一阵阵水花，整条运河就像烧开了的水壶一样。有几艘船被击中开始下沉。虽然我们能开枪还击的都开了枪，但大多数人都顾不上回击。那些会游泳的侥幸生还，不会游泳的都跟着船一道沉入了河里。"塔尔加曼与其他一些士兵"以最快的速度拼了命地"逃离机枪扫射之下的运河边。他看见有一批全副武装的船只正在向这边驶来，船上的机枪都指着奥斯曼军阵地。"天上飞机开始轰炸我们，河里的船也一齐向我们开火。"身为电报员的塔尔加曼在运河后面的山丘上找了一个相对隐蔽的地点，支起设备，"通知后面的部队这里当下的情况，而一边运河旁的英军仍在向我们猛烈开炮"。[48]

朝奥斯曼军阵地开火最猛烈的，是埃及第五炮兵连。他们在运河西岸的高地挖壕固守，正好能俯瞰奥斯曼军建造的浮桥。埃及资深政界人物艾哈迈德·沙菲克讲述了艾哈迈德·埃芬迪·希尔米

第五章　发动圣战：奥斯曼帝国在高加索与西奈的战役　　　143

（Ahmad Efendi Hilmi）中尉的故事。他命部队静待土耳其人跨过运河再发动攻击，自己却在之后的交战中丧命。这次保卫运河的行动中，包括希尔米在内共有3名埃及军人牺牲，另有两人负伤。之后，第五炮兵连的英勇事迹受到了埃及苏丹福阿德（Egytian Sultan Fuad）的表彰。但沙菲克很快提醒读者："埃及军队参与此次埃及保卫战，实际上是英国违反了（1914年11月6日）由英国全权负责战事，无需埃及人民援助的承诺。无论埃及人如何赞扬埃及士兵的英勇，他们还是痛恨英国人把他们拉入了这场对他们而言毫无缘由的战争。"[49]

2月3日的战斗中，英军舰船摧毁了奥斯曼军建造的所有浮桥。那些渡河成功的土耳其士兵不是被捕就是被杀。奥斯曼军无法完成抢占桥头堡的首要目标，便集中兵力试图击沉协约国船只，以阻碍运河交通。重型榴弹炮击中了英国"哈丁"号战舰的两个烟囱，致使它操舵失灵，前排枪炮哑火，无线通讯设备亦出现故障。在沉船的危急时刻，"哈丁"号起锚退至提姆萨赫湖的安全水域，驶出了奥斯曼炮兵的攻击范围。

于是，奥斯曼炮兵把目标转向了法国"鲨鱼"号巡洋舰，并精准地命中。法国人在发现炮口的一缕烟后方才锁定敌军的位置，还击摧毁了榴弹炮。与此同时，英国"历史女神"号被奥斯曼军轻火炮击中数次后，也成功控制住了船体，并将对方摧毁。[50]

刚过中午，奥斯曼军所有的地面袭击均被英军挫败，土耳其炮兵连亦几乎全军覆没。杰马勒帕夏在总部召集土耳其军官及德国顾问共商对策。第八军指挥官梅尔辛利·杰马勒贝伊认为，奥斯曼军已无法继续作战。杰马勒的德国参谋长亦对此表示同意，并提议立刻撤军。只有梅尔辛利·杰马勒贝伊的参谋长冯·克雷森施泰因坚持要战斗到最后一刻。然而，杰马勒帕夏当即驳回了他的提议，称应当保存奥斯曼第四军团的实力以保卫叙利亚，并在天黑之际宣布撤军。[51]

英军以为奥斯曼军还将在2月4日发动攻击，却惊讶地发现对方在一夜之间消失得无影无踪。英军巡逻运河东岸时，发现仍有一队滞留的土耳其士兵未接到撤退指令。但当时他们不明敌军虚实，生怕奥斯曼远征军只是在诱敌深入，骗他们落入对方在西奈半岛的埋伏。于是，英军决定放弃追赶落荒而逃的敌军。而土耳其士兵见英军并未追赶上来，便长舒一口气，缓缓撤回了贝尔谢巴。

此次运河战斗中，英奥双方均未遭到重大伤亡。英军死亡162人，另有130人受伤。奥斯曼军的死伤率稍高，据英军宣称，他们掩埋了238具奥斯曼军人的尸体，并俘获716名士兵，还有许多淹死在运河里。杰马勒宣布的奥斯曼军伤亡情况为死亡192人，受伤381人，另有727人失踪。[52]

在高加索地区与苏伊士运河接连受挫后，奥斯曼帝国战争部的指挥官决定收复被英国占领的巴士拉。英印军对伊拉克南部的迅速占领使青年土耳其党人始料未及，也暴露了奥斯曼帝国在波斯湾地区的防守漏洞百出。当下帝国面临的挑战是收复巴士拉，以尽可能少的兵力将英军逐出美索不达米亚平原。战争大臣恩维尔帕夏将此重任交给其秘密情报机构——"特殊组织"中的一位领导人苏莱曼·阿斯克里（Suleyman Askeri）。

1884年，苏莱曼·阿斯克里出生在普里兹伦（位于今科索沃）。将门之后，毕业于英才辈出的土耳其军事学院，作为军人完美之至，连他的姓氏——阿斯克里——在阿拉伯语的意思都是"军事"。他的革命经历非常丰富：作为一名青年军官，阿斯克里服役于莫纳斯提尔（今马其顿的比托拉小镇），并参加了1908年青年土耳其党革命。随后，他于1911年自愿参加了在利比亚对抗意军的游击战，负责恩维尔在德尔纳的部队与班加西土耳其参谋长之间的联络。巴尔干战争期间，他加入"特殊组织"，并于1914年晋升为该组织的第二把手，仅次于恩维尔。虽然有些鲁莽冒进，但阿斯克里在各方面仍是恩维尔眼里的最佳指挥官人选。他制定了复杂的作战计划,梦想着为奥斯曼帝国赢得伟大的胜利。[53]

1909年至1911年,阿斯克里负责指挥巴格达宪兵队,留居美索不达米亚平原。奥斯曼帝国参战后,他的这段经历使其成为青年土耳其党关于该地区问题的专家。英印军占领巴士拉与古尔纳之后,阿斯克里急切地想发动反攻,将那些侵略者赶出波斯湾。他盼望在巴士拉取得的胜利能够振奋阿拉伯世界和中亚穆斯林的士气,既为奥斯曼帝国的圣战计划增添活力,也向英属印度与俄高加索地区施压。恩维尔与同僚——内政大臣塔拉特帕夏——认定阿斯克里能担此重任,遂于1915年1月3日任命他为巴士拉行省总督,兼巴士拉军事指挥官。这位壮志凌云的军官即刻启程赴任。

阿斯克里清楚地意识到,摆在眼前的问题是如何凭借尽可能少的奥斯曼正规军,组建一支有力的队伍驱散英国人。他的对策是从巴士拉及其周边地区征召大量部落兵。利比亚战争时期,阿斯克里在班加西目睹了部落兵团结在奥斯曼苏丹的圣战旗帜之下,共同抗击欧洲列强的事迹。毫无疑问,此次他试图再造当时的那种气势。他向部落首领发放佣金,以此巩固圣战这一宗教号召的影响力。阿斯克里鲜有空暇训练那些背景复杂的新兵,他直接领着他们上了前线。

1915年1月20日,即阿斯克里抵达美索不达米亚平原数日后,他便在距古尔纳以北10英里的底格里斯河遭遇英军,身负重伤后被紧急送至巴格达救治。尽管如此,这位满腔热血的土耳其指挥官不愿让自己的伤势影响原计划。他的部下继续在各部落张罗征兵事宜,为奥斯曼军补充新鲜血液。阿斯克里定期与部下会面,共同商讨解放巴士拉的作战计划。他们得知,英军把绝大部分兵力部署在古尔纳——此乃底格里斯河、幼发拉底河与阿拉伯河的交汇处,战略意义重大——其周边地区的洪水仍未退去,步兵基本无法进入。于是,阿斯克里及其部下打算绕开古尔纳,转而攻打英军在巴士拉的总部。

1915年4月,伤势未愈的阿斯克里重返前线,指挥攻打巴士拉。他的混编军中有4000名土耳其正规军与1.5万名阿拉伯部落兵。4月11日,部队行经古尔纳以西的英军阵地时,被英侦察部队发现,后者立即上报位于巴士拉的英军总部。英印军派出4600名步兵与750名骑兵前往巴士拉西部的谢巴(Shaiba,阿拉伯语里称Shuayba)严阵以待,准备在那里一举击退苏莱曼·阿斯克里的部队。

奥斯曼军在谢巴西南部的林地安营扎寨。4月12日黎明时分,攻城行动开始,阿斯克里此时伤势已痊愈,他在林地的总部时刻关注着前线战况。奥斯曼军利用移动火炮向英军阵地发起攻击,机枪手对准英军战壕连番扫射,掩护步兵冲击英军防线。然而待到太阳升起时,交战双方均发现自己被海市蜃楼迷惑双眼,他们的视线因潮湿的空气与刺眼的光线产生扭曲。训练有素的奥斯曼军秩序井然,继续战斗,但随着时间的流逝,越来越多的部落兵开始逃离战场。[54]

苏莱曼·阿斯克里对贝都因"圣战士"寄予厚望,但这种愿望终将落空。伊拉克各个部落对奥斯曼苏丹并非忠诚,他们并不把苏丹敬为哈里发,也与英国没有过节。许多波斯湾出口处的阿拉伯领导人——例如科威特、卡塔尔、巴林的酋长——早已积极向英国寻求保护,要脱离奥斯曼帝国统治。因此,贝都因人与苏莱曼·阿斯克里的部队协同作战有相当的投机心理,一旦英军占据上风便随时可能转变立场。交战双方越是僵持不下,这些部落兵就对奥斯曼军越没有信心。

第二天,英军转守为攻。当时他们并无可调遣的空中力量,因此对战场环境不甚了解(谢巴之战是英军未实行空中侦察便参加的最后一场战役)。当地的沙尘、高温与海市蜃楼令英军手足无措。他们无法看见撤退的阿拉伯人,而土耳其士兵又在负隅顽抗。就在英军指挥官查尔斯·约翰·梅利斯少将准备下达撤退命令之际,他接到战报,称其部队已成功突破土耳其防线。他在之后写给妻子的信中提到:"当时我焦虑到了极点,战报上说敌我两军均遭重创,不知能否继续向前推进。我已将最后一点兵力全部派上战场了，可形势依旧很不明朗。"[55]

72小时战斗过后，英军已疲惫不堪，再也无力追击撤逃的奥斯曼军了。交战双方均在为期3天的谢巴战役中损失惨重：奥斯曼军据称死伤1000人，英军损失1200人。战后，英军医疗队竭力救治伤员。据一位医务人员回忆称："或死或伤的土耳其士兵被混在一起，整车整车地送来，那场面简直太可怕了。"[56]

虽然英军并未追赶落败的奥斯曼军，但这些疲于战斗的土耳其人在撤退过程中并未得到喘息的机会。他们的目标是撤至河上游90英里处的卡米希亚（Khamisiya）驻地，途中却经常遭到贝都因部落的袭击。土耳其军官认为，这其中有许多正是逃离谢巴战场的"志愿兵"。对阿斯克里而言，阿拉伯部落的背信弃义更加重了战败的羞辱感。他在卡米希亚召集土耳其部下，怒斥贝都因人的种种行为，并称此次战败与这些人脱不了干系。像当年利比亚战争期间青年土耳其党人与阿拉伯部落并肩作战，共同抗击外来入侵者的日子已一去不返了，未来亦不会有大规模的伊斯兰起义能从被解放的巴士拉扩散至波斯湾地区，更不用说蔓延到印度了。眼看着自己伟大的梦想就这样被无情地粉碎，最终，苏莱曼·阿斯克里选择在卡米希亚用手枪结束了自己的生命。

谢巴之战意义重大。此后，奥斯曼军再无收复巴士拉的军事行动，英国在波斯境内阿拉伯河流域的石油利益亦再未受到挑战。除此之外，阿拉伯部落与城镇起事，抗击英印军占领巴士拉行省的可能性在当时亦被化解。德国与土耳其之前所希望的——用一场奥斯曼军的决定性胜利掀起更大规模的圣战以反抗协约国——也同样化为乌有，而英军对此的忧虑一扫而空。在回顾这段历史时，英军指挥官称谢巴之战是"一战中的决定性战役之一"。[57]

重大伤亡加上长官自杀，驻美索不达米亚的奥斯曼军受到极大打击，军队士气降至冰点。苏莱曼·阿斯克里此次行动失败，奥斯曼军不仅未能成功驱赶驻巴士拉的英军,相反却让美索不达米亚平原的防守更加空虚,更难抵挡未来的入侵者。印度远征军被这次代价轻微的胜利所鼓舞,他们趁对方溃不成军之际,进一步向伊拉克内部挺进。5月,英印军向底格里斯河的阿马拉与幼发拉底河的纳西里耶方向推进。奥斯曼军被迫匆忙应对,以保巴格达免遭入侵。然而,奥斯曼军在谢巴元气大伤,又因千方百计想重振高加索地区的第三军团而长期兵员不足,使这次保卫巴格达的任务变得尤为艰巨。

1914年12月至1915年4月期间,奥斯曼军在三条战线上的进攻均以失败告终:萨勒卡默什之战令奥斯曼第三军团几乎全军覆没;杰马勒帕夏虽首度偷袭苏伊士运河未遂,但成功撤退,保住了第四军团的绝大部分实力;苏莱曼·阿斯克里企图收复巴士拉,最终一败涂地。这些战役说明奥斯曼指挥官的雄心壮志不过是一场春梦,但同时也展示了普通奥斯曼士兵的坚韧不拔,即使在最极端的环境下亦秩序井然。此外,圣战号召的局限性也在这些战役中暴露无遗。奥斯曼军在一处溃败后,当地穆斯林便战战兢兢,不敢与协约国为敌。协约国则认为,只要对奥斯曼军取得一场决定性胜利,便能将圣战的威胁永久消除。

协约国此刻对奥斯曼军实力产生了错误的估计,他们沾沾自喜地以为敌军不堪一击。于是,他们准备策划一场大型战役,令土耳其人永远退出一战。他们将目标锁定为奥斯曼帝国首都伊斯坦布尔,以及通往这座古城的海上通道——达达尼尔海峡。事实上,正是奥斯曼军在进攻萨勒卡默什时暴露出的弱点,才让英国军事部门首次考虑对海峡发动进攻。

第六章

突袭达达尼尔海峡

1915年1月2日,英国战争委员会成员聚首伦敦,就俄军总司令向其发出紧急请求一事展开商讨。会议由时任英国首相赫伯特·亨利·阿斯奎斯主持,会上主要人士对如何推进英军战事各抒己见。战争委员会虽然理论上只是英国内阁下属的众多委员会之一,但它已然发展成为一个拥有独立决策权的机构,只需向内阁报告已做出的政治决策。委员会中的非军方人士都是赫赫有名的人物,譬如海军大臣温斯顿·丘吉尔、财政大臣大卫·劳合·乔治、外交大臣爱德华·格雷等等。但对委员会审议进行最终定夺的是陆军大臣——陆军元帅霍雷肖·赫伯特·基奇纳。

基奇纳勋爵是英国最著名的军人,他那出了名的八字胡与手指前方的动作成了英国1914年征兵海报上的标志。1898年,他率领英军在恩图曼战役中大获全胜,并重新占领苏丹;曾指挥英军参加1899年至1902年的第二次布尔战争,还出任印度军总司令直至1909年。与战争委员会中的非军方人士相比,他是个不折不扣的战士。

1月2日的会议中,与会成员着重讨论了俄高加索地区的动荡局势。俄军最高指挥官尼古拉大公在圣彼得堡召见了英国军事专员，称俄军当下岌岌可危。萨勒卡默什的消息刚刚传至俄国，且12月27日的情报显示，土耳其人正在包围俄驻高加索部队。于是，尼古拉向英国寻求帮助，期望英军向奥斯曼军发动进攻，以缓解俄军压力。

当时，英国政府无从知晓，就在他们商讨土耳其军对高加索地区所造成的威胁时，俄军即将打败恩维尔的部队。战争委员会不愿拒绝协约国盟友的要求，于是同意由英军对奥斯曼军发动进攻。会议一结束，基奇纳便给圣彼得堡拍电，向大公保证英军会"对土耳其军采取行动"。做出这个重大决定后，英国开始策划袭击达达尼尔海峡。[1]

从一开始，基奇纳便主张对土耳其人发动海上进攻。他认为英军在西线已无多余兵力可供调派，但可利用地中海东部的一批英法战舰对奥斯曼军实施进攻。摆在英国眼前的困难，是要找到一处对奥斯曼帝国战略意义重大的沿岸目标，能使伊斯坦布尔在该目标遭袭之后，抽调高加索地区的兵力前来增援。此前，英国皇家海军已对土耳其军在美索不达米亚平原、亚丁、亚喀巴湾、地中海东北角的伊斯肯德伦湾，以及达达尼尔海峡外围的阵地接连发动攻击，都未能使奥斯曼军抽调其驻高加索部队。基奇纳认为，倘若对达达尼尔海峡发动新一轮攻击，对帝国首都伊斯坦布尔构成威胁，也许能使驻高加索地区的奥斯曼军火速赶来解围。在一封写给丘吉尔的信中，他写道："能使奥斯曼军停止增援东线的唯一办法，便是袭击达达尼尔海峡——这座通往伊斯坦布尔的大门。"[2]

基奇纳指示海军大臣丘吉尔与其部下将领共商袭击达达尼尔海峡、"展示"协约国海上实力的可行性。在与驻地中海东部的英国海军指挥官沟通时，丘吉尔不仅让英军从海上展开炮击，更寻求"单凭战舰强行通过海峡"以直接威胁伊斯坦布尔。这提高了风险。换

第六章 突袭达达尼尔海峡

言之,此次行动需要英国战舰通过重兵把守、雷区密布的达达尼尔海峡,进入马尔马拉海,从而对伊斯坦布尔构成威胁。

达达尼尔海峡的起止点为地中海与马尔马拉海,全长约 41 英里。为确保伊斯坦布尔免受来自海上的入侵,奥斯曼帝国与德国将兵力重点分布在从地中海至海峡的 14 英里海岸线上,而那里的欧洲海岸与亚洲大陆仅间隔 1600 码。在这段战略海峡上,奥斯曼帝国与德国盟友配备了先进的机关炮组来加固防守,安装了探照灯以防敌军夜间行动,在水下拉网阻碍敌军潜艇行进,并布下几百枚水雷,令海峡几乎无法通行。

1 月 5 日,英国驻地中海东部的海军指挥官萨克维尔·卡登上将向丘吉尔作出回复,称越过奥斯曼军防线虽非易事,但若"加大行动力度,出动多艘舰船",仍能强行突破海峡。为顺利打通海峡,卡登上将进而起草了四步作战计划。第一步是"减少敌军在海峡入口处的要塞"。这能使英法舰船撕开海峡入口,为扫雷人员提供掩护。第二步是"摧毁海峡内至卡菲(Kephez)的防线"。英军拿下至海峡入口 4 英里这段最宽阔的水域后,便进一步向密集布雷区,同时也是沿岸炮组离航道最近的地方挺进。第四步,也是最后一步,英舰将清理剩余水雷,摧毁达达尼尔海峡以外的防线,并进一步通过余下 27 英里海峡,进入马尔马拉海。卡登称这些雄心勃勃的目标,在数周之内仅凭海上力量便能达成。1 月 13 日,丘吉尔将卡登上将的作战草案呈交战争委员会审议。[3]

就在战争委员会召开会议商讨卡登的作战计划之时,俄军已在高加索战线击溃恩维尔的部队,无需英国施以援手了。尽管如此,英军在达达尼尔海峡取得重大胜利并占领奥斯曼帝国首都伊斯坦布尔的设想,已经使基奇纳动了心。当时西线陷入僵局,在东线取得突破的可能较大。1914 年 11 月至 1915 年 1 月期间,奥斯曼军在美索不达米亚、亚丁、伊斯肯德伦湾,以及萨勒卡默什等地屡战屡败,这使英国政府相信奥斯曼军处于崩溃边缘。假若协约国打通达达尼尔海峡并攻下伊斯坦布尔,他们便能使土耳其永远退出一战。

伊斯坦布尔无疑将是英军的战利品,但连接地中海与黑海的达达尼尔海峡,更是英军此次行动所能获得的重大战略资源。协约国一旦控制了海峡,英法两国便能通过黑海部署兵力及战略物资,与俄国一道从东面对抗德国与奥地利。先前被困黑海的俄国谷物在海峡解禁后,便可输送给西线的英法部队。基奇纳清楚此次行动背后的风险,他向战争委员会中持怀疑态度的同僚保证,如若行动失败,将舰船撤回即可。无需出动地面部队是这次行动非常吸引人的一点。

为求得突破,尽早结束战争,英国战争委员会于1月13日通过了卡登上将的作战计划。皇家海军受命"于2月准备一支海军远征队,以君士坦丁堡为目标,轰炸并占领加里波利半岛"。[4]

决定在中东开辟新战线后,英国便迅速知会其他协约国盟友。丘吉尔将英军袭击达达尼尔海峡的计划告知了俄国海军大臣,俄国政府表示全力支持,并承诺派出一支海军分队接受英国指挥,以协助展开这次行动。1月19日,丘吉尔向尼古拉大公提出建议,称英军不仅仅满足于"小试身手",而是试图冲破达达尼尔海峡防线,并占领伊斯坦布尔。丘吉尔请求俄国在英法舰队对达达尼尔海峡实施攻击的同时,从黑海向北部的博斯普鲁斯海峡发动攻击。俄国承诺一旦英舰抵达马尔马拉海,它将立刻派遣海军进入博斯普鲁斯海峡。

协助协约国盟友占领海峡对俄国人而言求之不得。他们早就期待一场欧洲战争好趁乱攻下伊斯坦布尔与达达尼尔海峡。如今机遇就在眼前,他们唯恐让其他势力——尤其是希腊——抢占先机。虽然俄国人承诺向海峡发起联合进攻,但他们大部分的精力用在通过外交手段确保其对伊斯坦布尔的控制。[5]

这次攻打达达尼尔海峡的计划并非旨在分割奥斯曼帝国,但却使协约国内部就战后如何瓜分帝国展开了谈判。在英法舰船炮轰达

第六章　突袭达达尼尔海峡

达尼尔海峡的情况下,沙皇政府会正式寻求盟友认可其对土耳其领土的掌控权。1915年3月4日,俄国外交大臣谢尔盖·萨宗诺夫写信给英法大使,称"鉴于俄国对君士坦丁堡及其海峡的控制权期待已久",希望英法两国能够同意将其划归俄国所有。萨宗诺夫在信中列出了俄国觊觎的各片领土:伊斯坦布尔、博斯普鲁斯海峡的欧洲沿岸、马尔马拉海、达达尼尔海峡,以及至米德耶-厄内兹线(1912年末奥斯曼帝国在第一次巴尔干战争失利后被迫划定的边界)的奥斯曼色雷斯地区。俄国的这一要求会使达达尼尔海峡的亚洲沿岸、伊斯坦布尔的亚洲部分,以及马尔马拉海的亚洲沿岸继续由奥斯曼帝国掌控,但同时确保了俄国对连接黑海与地中海这条重要水路的主导权。

俄国的要求虽然大胆,却未伤及英法两国利益。于是,伦敦与巴黎方面同意届时兑现承诺。3月12日,英国承认将"整场战争最丰厚的战利品"让与俄国,同时保留在战争过程中要求占领奥斯曼帝国其他领土的权力。法国早已明确自己想要的份额,企图吞并包括巴勒斯坦在内的叙利亚地区、伊斯肯德伦湾,以及奇里乞亚地区(土耳其阿达纳城东南部周围沿海地区),以作为同意俄国分走伊斯坦布尔与达达尼尔海峡的补偿。1915年3月4日至4月10日,协约国正式签订《君士坦丁堡协定》系列文件,当中记录了俄法两国的声明与英国的延期表态——这是战时大大小小瓜分奥斯曼帝国计划的其中一个,但事实证明,奥斯曼帝国远比协约国预期的要坚韧得多。[6]

1月末至2月初,协约国在达达尼尔海峡外集结舰队。英法两国向希腊政府协议"租借"穆兹罗斯港作为其行动基地。该港口隶属有争议的利姆诺斯岛,距达达尼尔海峡50英里。英国还占领了面积稍小的格克切岛与博兹贾岛,这两座岛屿位于达达尼尔海峡入口两侧,均离土耳其海岸咫尺之隔。希腊在第一次巴尔干战争中获得了这些岛屿,但土耳其从未承认希腊对这些岛屿拥有控制权,因此协约国集结在达达尼尔海峡入口并不会破坏希腊的中立立场(希腊于1917年6月才加入协约国阵营)。

不久后,协约国的战争策划者便意识到,他们仍需派出一些地面部队,以协助任何在达达尼尔海峡展开的海上行动。据英国情报称,土耳其在加里波利半岛拥有4万兵力。即使这些奥斯曼士兵因一场大型海上袭击而撤退,英法两国若想确保协约国航运安全,仍需占领沿达达尼尔海峡分布的各个奥斯曼军据点。一旦攻陷伊斯坦布尔,他们还需要出动一支占领部队。但眼下的困难是,如何说服基奇纳勋爵从西线调派步兵援助东线战事。

由于对达达尼尔海峡战役对整个战局的潜在利益很看好,基奇纳同意出动地面部队。但他仍敦促丘吉尔重点利用海上力量打通海峡。这位陆军元帅认为西线最需要步兵力量,他只是将这些步兵暂借给土耳其战线,不久便要归还。因此,在海军突破达达尼尔海峡防线之前,地面部队只用作后备力量。在此基础上,基奇纳于2月末命英军驻埃及指挥官派遣3.6万名澳新士兵赶赴穆兹罗斯港,与那里的皇家海军会合。法国也同样开始集结地面部队,为达达尼尔海峡战役做准备。法国东方远征军联合欧洲与殖民地部队,以及外籍兵团,浩浩荡荡共1.8万人,于3月的第一周奔赴达达尼尔海峡。

数万名协约国士兵与水兵齐聚达达尼尔海峡,"小试身手"逐渐演变成了一场大战——一次协约国输不起的战役。基奇纳原先认为英军即使未能突破海峡,亦不会有损英国颜面,而如今却是骑虎难下。1915年2月,达达尼尔海峡首战打响,协约国对海峡外围要塞发起炮击。英国此前声势如此浩大,已没有退路,如若战败,必将颜面尽失。

穆兹罗斯深水港中集结着中东战线第一支先进的工业化舰队。英国派遣其第一艘航空母舰"皇家方舟"号去往达达尼尔海峡。该

第六章 突袭达达尼尔海峡

航空母舰由商船改建而成,配有两个机动升降台,能将水上飞机从船体内部运至水面,方便飞机起飞与降落后的回收。"皇家方舟"号上的6架水上飞机将为此次达达尼尔海峡行动执行空中侦察,直至协约国能在利姆诺斯岛与博兹贾岛上建造跑道,以便远程重型飞机降落。在14艘英舰与4艘法舰当中,当年竣工服役的"伊丽莎白女王"号超无畏战列舰最大,也最为先进。该舰配备的8门15英寸主炮拥有地中海东部的最强火力,能够将一吨重的炮弹射至18英里外。其余无畏舰与年代稍久远的战船则为12英寸火炮,虽射程不及"伊丽莎白女王"号,但火力依旧强劲。穆兹罗斯港内另有70艘各式各样的战船,包括巡洋舰、驱逐舰、潜水艇、扫雷舰、鱼雷艇等。英法舰队总火力达274门中型与重型火炮。

1915年2月19日,海上行动开始。协约国舰队的首要任务是摧毁达达尼尔海峡的外围要塞及其武装。这些要塞位于欧洲大陆的赛迪尔巴希尔,以及亚洲大陆沿海地带的库姆卡莱(Kum Kale)地区,要塞中的19门火炮陈旧不堪。先进的英国无畏舰射程比这些落后的土耳其火炮要远得多,他们在距要塞5到8英里的海面上安全地发起炮击。数次直接命中奥斯曼军阵地后,英舰向岸边靠拢,以检验其对敌军阵地所造成的伤害,此时土耳其士兵开始还击,迫使英舰退回安全水域重新考虑对策。

协约国炮轰达达尼尔海峡的消息不胫而走。尽管协约国未能得手,但仍使伊斯坦布尔陷入一片恐慌。奥斯曼政府与帝国皇室成员准备弃城,逃往伊斯坦布尔与安卡拉中间的安纳托利亚小镇——埃斯基谢希尔。帝国财政部为以防万一,开始将其黄金储备向安纳托利亚地区转移。土耳其人的这些举动令伦敦满怀信心,期望一举突破达达尼尔海峡,能给伊斯坦布尔造成政治危机,进而推翻青年土耳其党政府,最终令奥斯曼帝国迅速投降。基奇纳一直以来都期盼成功袭击伊斯坦布尔,从而引发这样一场革命。[7]

由于涨潮及恶劣天气,第二轮进攻延后了5天。2月25日,卡登上将重新对土耳其军阵地发起近距离炮击。但如此一来，英舰便暴露在敌军的火力范围内，导致"阿伽门农"号无畏舰被土耳其的炮弹击中受损严重。尽管如此，当天的炮击还是成功摧毁土耳其在达达尼尔海峡亚欧两岸的外围要塞，驻守那里的土耳其军在协约国的炮火之下仓皇而逃。英国皇家海军陆战队从加里波利半岛的南角登陆，摧毁敌军残余掩体后安全返回船上，其间并未遇到任何抵抗。[8]

现在，协约国舰船已可顺利驶入海峡口，丝毫不用顾忌敌军在此的火力。这使卡登上将能够执行作战计划的第二步：扫雷并摧毁从峡口至科佩兹点（Kepez Point）的陆上防线。当时，守卫达达尼尔海峡的土耳其地面部队规模不大，但错误的情报以及糟糕的天气却耽误了英舰的行动，反使土耳其人赢得了宝贵的时间来加固阵地。

2月末至3月中旬，海上狂风不断，卷起层层海浪，使英法舰船无法执行扫雷这类需要细致小心的任务。天气好转后，扫雷舰才开始工作，而英法战舰则驶入海峡，确保拖船免受岸上的炮击。令协约国受挫的是，达达尼尔海峡内的沿海固定岸炮组位置隐蔽，且不在舰船的射程范围之内。协约国舰船的重型炮弹只能落在掩体四周，把敌军的火炮埋进土里，却无法将其摧毁。一旦舰船后撤，奥斯曼军与德军便又将其挖出，使岸炮组正常工作。[9]

虽然岸炮组使英法战舰非常无奈，但德国引入达达尼尔海峡的新型移动火炮才是协约国航运的最大威胁。一位法国海军军官抱怨道："那些该死的火炮不冒烟，体积小，移动便捷，我没有锁定它们的高招。"移动榴弹炮从山后朝海峡开火，炮弹不受干扰地落在协约国舰船的甲板上，造成重大伤亡。"紫石英"号巡洋舰一次在执行扫雷任务时，被炮弹直接击中，造成舰上20名法国水兵死亡。只有侦察机才能定位这些移动火炮，但在英国飞行员向舰船汇报其位置时，敌军炮兵早已将火炮转移到新地点，安然无恙地继续向入侵船只发起致命攻击。[10]

就像战舰无法定位移动火炮一样，扫雷舰亦很难找到水雷的确切位置。据英军情报称,土耳其人将水雷埋在了达达尼尔海峡口至海峡窄处。但其实,奥斯曼军很明智地选择将其有限的资源集中在了达达尼尔海峡的北部,那里水道最窄,如此一来敌军舰船便无法通过科佩兹点至海峡窄口处这段水域。这意味着海峡最宽阔的水域里根本没有水雷,而协约国舰船却在那里浪费了数周时间排雷。一位法国海军军官怀疑德国人蓄意误导协约国,他在日记中愤懑地写道:"尽管我们的情报(很可能就是德国佬故意编造的)里精确透露了水雷的位置、数量,以及布雷密度,可到目前为止我们连一个都没找到。那我们从2月25日开始都他娘的在瞎忙活啥?"[11]

行动开始一个月后,协约国舰队似乎未能接近奥斯曼岸炮组半步,扫雷舰也无功而返。伦敦方面,丘吉尔开始失去耐心了。3月11日,他拍电给卡登上将:"如果我军为取得胜利不得不牺牲舰船与人员,则最后的战果必须要能证明我们没有白白牺牲。每一个审慎的决定,即便会造成一些损失,也将得到我们的支持。"面对丘吉尔的施压,卡登上将回复称,将于3月15日袭击海峡内侧要塞,硬闯海峡。然而,面对巨大压力,卡登于3月16日病倒,被送往马耳他接受救治。他的副手——J. M. 德罗贝克中将接任其职,下令于3月18日上午实施行动。[12]

3月18日上午天气晴好,英法舰队驶入海峡,展开攻击,德国人把这次行动称为"装甲舰与岸炮组的旷世对决"。上午11时,英国在海峡口最大的6艘战舰组成一个小分队,在"伊丽莎白女王"号超无畏舰的率领下,向奥斯曼军的要塞发起进攻。据一位目击者称,英舰向土耳其阵地持续开火,火力密集到"令人喘不过气"。"岸上的要塞也给予了有力还击,虽然……在这么凶猛的攻击下似乎无人能在要塞及其周边地区幸存。"炮火落在恰纳卡莱与基利特巴希尔这些镇子的废弃木屋上,熊熊大火持续了一整天。行动最初的90分钟里,战斗呈胶着状态,双方均未能占据上风。[13]

12 时 30 分，4 艘法国战舰迫不及待地加入战斗，并率先驶往科佩兹点。在深入海峡内部的过程中，这些法舰遭到了沿岸要塞、岸炮组和移动榴弹炮的猛烈攻击。接下来的一小时里，"絮弗伦"号与"布维"号被直接击中数次，但仍顽强地予以还击。之后，土耳其火力开始减弱，法国小分队亦奉命撤退，由英舰接替攻击。

此后，战事的发展对协约国极为不利。"布维"号调转方向驶离达达尼尔海峡，途中在海峡亚洲海岸附近的埃伦考湾（Erenköy Bay）遭遇强劲水流，触发了一枚水雷。爆炸使"布维"号的舰体开了一个大洞，整艘战舰立刻向右舷倾斜，船桅横了过来，海水汹涌着没过烟囱，发出咕噜咕噜的声音。不到两分钟，"布维"号便沉没了，只剩 3 个螺旋桨还在水面上旋转。当时舰上 724 名船员几乎全部被困在倾覆的船体内，舰船就这样带着他们瞬间沉入海底。一位法国军官在日记里写道："没有人，甚至连上帝都无法制止舰船的致命沦陷。即使我活到 100 岁，我也永远无法忘记眼睁睁目睹'布维'号沉没的惨剧。"这一切都发生在短短数分钟内，最终仅 62 人生还。[14]

埃伦考湾密密麻麻的水雷令协约国防不胜防。在协约国扫雷的那几周，奥斯曼军严密监视着他们的动向，并于 3 月 7 日至 8 日在海湾口新布下了 20 枚水雷。奥斯曼军的这些举动完全避开协约国扫雷人员与空中的侦察。"布维"号沉船原因尚且不详——炮弹、水雷，抑或是岸边发射的鱼雷——与此同时，一些英舰在埃伦考湾重蹈覆辙。下午 4 时许，英国"不屈"号触发水雷。紧接着，"无阻"号亦遭遇水雷，其舵盘失灵，只好随波漂荡。"海洋"号奉命前去援助"无阻"号，却又误触了另一枚水雷。这道水雷阵已收获 4 艘敌舰。

看到一艘敌舰沉没，另三艘遭受重创，土耳其炮兵嗅到了胜利的气息，于是愈发猛烈地向搁浅船只开炮。一枚炮弹精准地击中了法舰"絮弗伦"号的弹药库，引发了剧烈爆炸，致使 12 名水兵死亡。

第六章 突袭达达尼尔海峡

舰船差点沉没,直到海水涌进弹药库,进一步的爆炸才未发生。法舰"高卢"号亦同样遭炮击损毁严重,舰体进水;"伊丽莎白女王"号则被直接击中5次。等"不屈"号撤离海峡,"海洋"号与"无阻"号上的幸存船员被成功救起后,德罗贝克便即刻升起令旗,号令所有舰船撤退。

看着英法战舰如此狼狈,马苏迪炮兵连尤其心满意足。1914年12月,"马苏迪"号被英国潜艇发射的鱼雷击中,随后其火炮从海床上捞起,重置于一座以沉船命名的临时防御工事中。当年该舰船的幸存船员如今重聚马苏迪炮兵连,他们向敌舰持续开火,直到弹药几乎耗尽。马苏迪的枪炮官塞菲克·卡普坦记下协约国战舰撤出战斗时自己的激动心情。"我们赢了,"他十分欣喜地写道,"我们报了当年沉船的仇。"土耳其炮兵继续向失控的"海洋"号与"无阻"号开火,直到这两艘舰船也像"布维"号一样沉入海底。[15]

当最后一艘协约国战舰蹒跚撤出达达尼尔海峡,土耳其人自己还没有意识到其中的重大意义。事实上,这是奥斯曼帝国参加第一次世界大战以来所取得的第一场胜利。守卫海峡的炮手兴奋难耐,他们跳上炮台的胸墙,大声地喊着奥斯曼帝国的传统口号:"吾苏丹万岁!"("Padişahım Çok Yaşa!")尽管如此,伊斯坦布尔以及帝国的其他城市对此次胜利却毫无反应,没有任何自发的示威庆祝或胜利游行。美国驻伊斯坦布尔大使称,警察只得挨家挨户地鼓励市民挂国旗庆祝胜利。

一位名叫哈基·苏纳塔的青年陆军中尉,听闻海军的这场胜利时正坐在咖啡屋里给朋友写信。他后来回想起那天的感受:"我们对战事知之甚少,不知敌军损失有多惨重。我猜一开始,就连政府也没有意识到这场胜仗的重要性,所以没有把它当做重大胜利来宣传。"在伊斯坦布尔的报纸上,奥斯曼军总司令部的确就那天的战斗发表了一系列报道,描述协约国攻击如何之猛烈,而土耳其守军如何为捍卫祖国,英勇地与世界最强大的海军作斗争。然而,民众并不太相信战争会就此终止,他们认为协约国舰队第二天便会卷土重来,继续发起进攻。[16]

另一边,如此惨痛的失利令英法两国瞠目结舌。3艘战舰被击沉,另有3艘损毁严重,无法继续作战。除此之外,还有千余人阵亡,几百人受伤。短短一天的时间里,协约国舰队的实力便锐减三分之一,却并未能重创奥斯曼军阵地。英法两国并不知道,奥斯曼军在此次战役中几乎毫发无损:海峡内的炮兵连基本完好,科佩兹点与海峡间的雷区也未被破坏,且只有不到150人伤亡。协约国3月18日的惨败为其在达达尼尔海峡的海上行动画下了句点,他们转而计划出动地面部队。[17]

伦敦方面,战争委员会于3月19日召开会议,共同商讨这一非常不利的局面。英军在达达尼尔海峡遭重创后,英地中海远征军步兵团总指挥官伊恩·汉密尔顿爵士向基奇纳勋爵劝说,称达达尼尔海峡仅靠海军无法强行突破,需要出动一支庞大的地面部队进入加里波利半岛,摧毁炮组,从而保证协约国舰队安全驶入海峡,并向伊斯坦布尔挺进。英军遭遇如此重大的挫败,毫无疑问将中止对海峡的攻击。皇家海军也无法再承受第二次类似的打击了。长久以来,基奇纳一直反对把地面部队投入到西线以外的重大战场上,但此刻他也别无选择。他对汉密尔顿说:"你知道我的观点,达达尼尔海峡必须拿下,如果为扫除障碍有必要在加里波利半岛发动大规模军事行动,那就必须执行,并要贯彻到底。"随后,基奇纳承诺抽调7.5万名步兵参与此次战役。[18]

当时,俄国退出了协约国攻打奥斯曼帝国首都的行动。既然英法战舰未能成功驶抵马尔马拉海,沙皇政府认为他们也不必派出军队攻打博斯普鲁斯海峡的北部区域。除了在黑海沿岸闹出了一点小动静以外,俄军其实并未开展其他行动缓解协约国在达达尼尔海峡的压力。不过,英国官方历史在记录加里波利战役时还是提到,"直

第六章 突袭达达尼尔海峡

到 6 月末,俄军在博斯普鲁斯牵制了当地土耳其军 3 个师的兵力,后者害怕俄军登陆",否则他们本可被调去守卫达达尼尔海峡。[19]

协约国计划用一个月时间筹备入侵加里波利半岛的军事行动。虽然一个月并不足以策划与协调这次有史以来规模最大的海上登陆行动,但协约国战争策划者知道,他们拖得越久,留给奥斯曼帝国与德国准备的时间便越多。海上先前进攻的延误已经给土耳其人一个月时间加固加里波利半岛的阵地。英国当下所面临的问题是,如何在接下来的四周里策划一场进攻,确保能击败与他们拥有相同准备时间的奥斯曼帝国与德国。

相比奥斯曼守军而言,协约国面临的挑战更大。一场海军与陆军共同参与的军事行动,其后勤与策划非常复杂。首先,必须集结运输船,将兵员、移动火炮、弹药、坐骑、食物、水,以及补给运送至前线。其次,抢滩登陆需要大批登陆艇与驳船。英国军官跑遍了地中海港口,以现金购买了所有小型船只(这种购买行为当然引起了土耳其与德国的警觉,他们察觉到一场登陆行动即将展开)。再者,还必须建造桥墩与浮桥,并将其运送至预定的登陆海滩,随后军队工程师还需克服艰苦的条件将这些码头设施组装完毕。医疗人员及设施也需就位,以准备接收伤员。同时,医疗船需随时待命,将重伤者送至马耳他与亚历山大港救治。这一系列的细节似乎没完没了,但个个又都事关重大。

协约国部队士兵的多元化,使原本就错综庞杂的侵略计划更为复杂。加里波利之战是一战中最国际化的一场战役。地中海远征军规模达 7.5 万人,其士兵来自世界各个角落:除英国部队——包括威尔士人、爱尔兰人、苏格兰人与英格兰人——还包括澳大利亚与新西兰士兵(分毛利人与白人部队),廓尔喀人与锡克人,法国人,成分复杂的外籍兵团,还有非洲各殖民地部队,来自塞内加尔、几内亚、苏丹,以及马格里布地区。士兵之间语言不通,但又得相互依赖。倘若没有一个清晰的作战计划指导远征军各部队的行动,这支军队很有可能成为一个名副其实的"巴别塔"。[20]

对于奥斯曼士兵而言,虽然他们的任务与协约国相比较为简单,却面临着前所未有的风险。他们很清楚地意识到,加里波利之战事关奥斯曼帝国的存亡。伊斯坦布尔方面,奥斯曼第三军团在高加索几乎全军覆没之后,恩维尔帕夏深知自己禁不起再一次的失败。若要取得胜利,分散于海峡亚欧两岸的奥斯曼军各部队之间需妥善组织,确保通讯畅通。1915年3月的最后一周里,恩维尔决定将达达尼尔海峡的各个师整编为奥斯曼第五军团。尽管他与德国驻土耳其军事顾问团领导奥托·利曼·冯·桑德斯有过分歧,但此次他不计前嫌,屈尊邀请其为第五军团总指挥,守卫达达尼尔海峡。利曼即刻启程前往加里波利设立总部。他后来在回忆录中写道:"在英军登陆前我只有短短4周的时间,这仅够我军完成最重要的安排。"[21]

奥斯曼第五军团约计5万人,仅为协约国部入侵部队的三分之二。不过,守卫滩头比登陆滩头所需的兵力要少,当然前提条件是必须准确地守住要害。利曼当下的难题是预测协约国最有可能登陆的地点,并对其进行重点防御。他派遣2个师(每个师约1万人)驻守达达尼尔海峡的亚洲沿岸,另调3个师镇守加里波利半岛。然而,该半岛长约60英里,这意味着有诸多薄弱地区需要奥斯曼帝国的战争策划者多加防范。

经过慎重考虑,利曼及其土耳其部下划出加里波利半岛上三处最有可能遭袭的地点:赫勒思角(Cape Helles)、阿尔布茹努(Arıburnu)及布莱尔(Bulair)。赫勒思角最南端适合海上登陆,因为协约国战舰可从三面同时向陆地开火。阿尔布茹努北面的海滩(不久后便被人称为"澳新湾")易于登陆,且距达达尼尔海峡仅5英里。假若协约国掌控了阿尔布茹努至麦都士(Maidos,今埃杰阿巴德)一带,他们则可迅速切断半岛南部通路,将奥斯曼守军团团围住。尽管如此,利曼还是认为布莱尔才是最薄弱的地点。布莱尔位于半岛北部,那里半岛仅2英里宽,若协约国成功登陆，则能够切断整个半岛的通路，并掌握马尔马拉海的控制权，切断海峡内奥斯曼第五军团的补给及交通航道。鉴于以上分析，利曼决定派3个师分别镇守赫勒思角、阿尔布茹努和布莱尔这三个薄弱点。

奥斯曼军开始在这些关键的海滩上构筑防御战壕，并拉起铁丝网阻碍登陆。英国飞机定期飞抵加里波利上空，一旦发现任何工地或聚集的土耳其部队，便指引海军向其发动炮击，奥斯曼军只得在晚上修筑防事。截至4月中旬，他们已建起数英里的战壕，内有隐蔽的机枪掩体以及炮台，能够阻击任何海上登陆。在协约国登陆前夕，他们仍在赶修工事，只见穆兹罗斯港中聚集了许多船只与兵员，他们明白，敌军就要展开行动。

在埃及过了一番枯燥乏味的营地生活之后，多数澳新士兵都非常乐意登船前往加里波利。唯一对此感到有些遗憾的是骑兵队，因为他们不得不把心爱的战马留在埃及。加里波利以山地为主，骑兵队一展身手的机会不大，因此他们此次行动并未携带坐骑。

在这些士兵写给家人的信中，可以看出他们对胜利充满信心。新西兰坎特伯雷营的莫斯汀·普赖斯·琼斯下士，在信中向母亲描述了他于4月16日驶抵穆兹罗斯港后的所见所闻，并对港内齐集的各式舰船大为赞叹——数十艘运输船载满了"英国、法国、澳大利亚与新西兰的部队，士兵们个个严阵以待"，"数百艘巡洋舰、无畏舰、超无畏舰、潜水艇、鱼雷驱逐舰，以及鱼雷船，勾勒出一幅雄伟的图案"。面对此情此景，他深感自豪，也非常欣慰。"这让你意识到我们帝国是多么的强大。你看到这么多了不起的弟兄，而你发现自己也是其中一员，即使是很不起眼的一个，都能使你激动不已。"琼斯与他的同伴相信，他们此次的冒险终生难忘。[22]

地中海远征军的指挥官也积极鼓励士兵把这次战斗当做一次冒险。登陆前夕，总司令伊恩·汉密尔顿向"法国士兵与英王"发布宣告，把未来的这场战争描述成"现代战争中一次前所未有的冒险"。从某种程度来说，这番雄心勃勃的讲话旨在激励士气，但同时也折射出军队指挥官的稚嫩，他们在很多方面与其所率领的士兵一样，对所谓的"现代战争"缺乏经验。

而对于土耳其人来说，加里波利一战事关生死，绝非冒险那么简单。为坚定部下的作战信念，奥斯曼军驻阿尔布茹努部队指挥官，穆斯塔法·凯末尔上校，在战前官邸发表了著名的讲话："我不是命你们去战斗，而是命你们去牺牲。我们奋勇杀敌倒下了，还会有其他官兵前赴后继，一往无前。"凯末尔日后成为"土耳其之父"，他的这番话预示着数以万计土耳其士兵的悲壮命运。[23]

4月25日，当月光与这个周日的第一缕晨曦相遇时，协约国战舰蓄势待发，准备登陆。这些战舰关闭了所有照明设施，在黑暗中悄无声息地航行，以避免惊动土耳其人。真正的登陆地点此时仍然高度保密，只有协约国指挥官知晓。他们希望能让奥斯曼守军防不胜防，从而抢占滩头，保证后续部队安全登陆。

为扰乱敌军视线，英法两军准备在战区的最北端与最南端实施佯攻。法军派一支船队到达达尼尔海峡亚洲海岸南部的贝西卡湾（Besika Bay），计划在那里佯装大规模登陆，以便将奥斯曼部队牵制在远离实际登陆地的位置。原本利曼·冯·桑德斯就担心协约国会从加里波利半岛最北面的布莱尔实施登陆，而英军碰巧选择在那里佯攻。利曼早已在布莱尔部署了一个师的兵力，并亲自前去观察英军的动向。这些佯攻牵制了奥斯曼军两个师，他们本有可能被调往协约国的实际登陆地点。

地中海远征军分为3组实施此次登陆行动。英军被派往主要登陆地点——加里波利半岛南端的赫勒思角。他们将在赫勒思的5处海滩协同登陆。法军将占领达达尼尔海峡亚洲沿岸库姆卡莱周边地区，以防奥斯曼士兵从此处向对岸登陆中的英军开火。一旦英军抢

第六章 突袭达达尼尔海峡

滩成功,法军将从库姆卡莱赶赴赫勒思角与英军会合。澳大利亚与新西兰士兵被派往阿尔布茹努周边地区,负责盯防任何土耳其援军,并对奥斯曼军在赫勒思地区的大后方构成威胁。协约国此次多面出击,旨在迷惑土耳其部队,令其不知该把兵力集中在哪一位置,并在最短时间内让尽可能多的协约国士兵成功登陆,以一举击垮土耳其守军。

破晓之前,第一批抢滩士兵从舰船的高层甲板沿绳梯降至划艇内,他们将划过最后的百余码海面抵达海滩。那时,登陆艇上密密麻麻的士兵完全暴露在枪炮与榴霰弹的威胁之下。因此,为保护部队免遭岸上火力攻击,英法战舰于清晨4时30分在海滩上制造了"冲天的烈火与呛人的烟雾"。一位英国海军军官后来写道:"那声响震耳欲聋,空气中四处弥漫着烟尘。"就这样,协约国战舰持续向海滩开炮,直至登陆舰距海岸仅半英里之遥。[24]

对于奥斯曼守军而言,他们一直警惕着协约国的入侵,这次敌军战舰向岸上开炮就是战斗打响的讯号。于是,土耳其军官吹响令哨,命部下坚守阵地。舰船集中攻击一部分小型海滩,从两三个方向同时开炮,使土耳其军阵地遭受重大损失。马哈茂德·萨布里少校事后回忆道:"海岸线上黑烟四起,夹带着一丝蓝绿色的滚滚浓烟,能见度骤降为零。"据萨布里少校述称,协约国海上炮击摧毁了岸上的炮台,将交通壕夷为平地,并把"救命用的散兵坑"变成了"坟墓"。"鸡蛋大小"的榴霰弹使守候在战壕里的土耳其士兵伤亡惨重。尽管如此,土耳其士兵并未乱了阵脚,敌军猛烈的攻击似乎更坚定了他们驱赶侵略者的决心。"我们的士兵周围全是同伴支离破碎的遗体,他们顾不上担心敌众我寡,或敌军火力太猛,只是耐心等候着反击的时机。"随后,战舰停止攻击,以便登陆艇靠近海滩。然而,幸存的奥斯曼士兵就等着这一刻。[25]

英军主要在V海滩登陆。该海滩位于旧的赛迪尔巴希尔机枪堡与已被摧毁的赫勒思角灯塔之间。2月25日,英国皇家海军陆战队在这里全员安全登陆，摧毁了此前海上攻击残余的炮台。之后，奥斯曼军一直竭尽全力巩固这块俯瞰海湾、形如圆形剧场的地带。英军料到敌军阵地易守难攻，摆在他们面前的难题就是如何让足够的兵力顺利登陆。一次拖4艘划艇只能运送120至130人，且英军最多成功往V海滩拖6次，即最多输送800人。他们需要找到别的途径将更多兵员送至V海滩。

训练有素的英军长官把目光投向荷马（Homer）。荷马位于达达尼尔海峡的亚洲海岸，传说中特洛伊战争就发生在这座城市，考古研究也证实这一点。皇家海军爱德华·昂温上尉建议，"可效仿特洛伊木马那样的战术，让看似毫无攻击能力的运煤船满载士兵"运送上岸。一方面，朝海滩全速前进的蒸汽船会引来奥斯曼守军的注意，另一方面，一艘改装过的运煤船至少能容纳2100人，一旦搁浅，还能作为士兵安全登陆的平台，并为未来的行动提供登岸码头。这个提议当即得到了批准，英军对"克莱德河"号运煤船进行改造，加固船体，在船头安装重炮以掩护登陆部队，并把舷门嵌入船体两侧，方便兵员快速登岸。[26]

4月25日早上，"克莱德河"号在爱德华·昂温的指挥下驶向V海滩。先出发的小型轮船在海峡强劲的水流中奋力挣扎着把划艇拖向登陆点。之前的海上攻击让海滩仍然笼罩在硝烟之中，没有一丝动静。总参谋部的科罗内尔·威廉姆斯中尉随昂温一同站在桥上，记录实时日志。6时22分，"克莱德河"号在计划登陆点精确靠岸。"没有任何抵抗，"科罗内尔·威廉姆斯乐观地写道，"应该没人来阻拦我们登陆。"然而，他高兴得太早了。3分钟后，划艇被拖抵海岸，就在这时，严阵以待的土耳其守军开火了。6时25分，威廉姆斯记录："他们那儿一阵惊天巨响。"他毛骨悚然地发现一艘登陆艇漂过"克莱德河"号旁边，艇上的陆军士兵与水手已全部被炸死。最初的800人中只有一小部分安全登陆，躲到最近的沙丘后面。[27]

马哈茂德·萨布里少校描述了从土耳其战壕看到的这一幕：

第六章 突袭达达尼尔海峡

> 敌军乘救生艇抵达岸边。等他们进入射程范围内,我军就开火了。一直以来,海水的颜色从未变过,现在被敌人的鲜血染红。他们凡是见到有(我军的)枪火,便一阵狂轰滥炸,但这并没有减弱我们的火力。
>
> 他们有些人为了活命,纷纷跳入海里。敌军长官在船舷上用令旗指挥救生艇去岬角避难,但是他们无路可逃。尽管敌军对我们大肆攻击,但我们仍然命中目标,被打死的人就这样跌入大海。(V海滩的)海岸线上飘满了敌人的尸体,仿佛一排排蚕豆似的。[28]

原本计划作为特洛伊木马的"克莱德河"号,如今却成了活靶子。船只搁浅的水域太深无法登陆,船内的 2100 名士兵焦躁万分。船员拖了几只驳船与小型轮船,试图装配一条浮桥,方便登陆部队上岸。但达达尼尔海峡的强涡流令他们极难让船只就位。"克莱德河"号的见习船员 G. L. 德鲁里冒着枪林弹雨跳入水中,奋力搭建一条能够通行的浮桥。当他试着将一位伤员托出水面时,岸边的射击变得异常密集,那位伤者就在德鲁里的怀里被打成了蜂窝。但德鲁里却奇迹般毫发无损,继续搭建浮桥。随后,土耳其守军将枪炮对准搁浅的运煤船。两枚炸弹击中第 4 号船舱,导致数人死亡。土耳其射手瞄准船的舷窗一阵扫射,将那些挤在窗边观战的人统统打死。

虽然"克莱德河"号船内的伤亡非常惨重,但浮桥上的死亡人数才真正达到了峰值。土耳其人把机枪架在狭窄的堤道上,英国马丝特尔与都柏林燧发枪团还没能抵达岸边,便全被土耳其人像刈草一样击倒。德鲁里后来回忆道:"我留在驳船上,试图继续送我们的人去岸边,但那相当于谋杀。不一会儿,第一艘驳船上的人便都非死即伤。"和马哈茂德·萨布里一样,他也惊悚地发现海水被鲜血染成了红色。"那些上了岸的也没好到哪儿去,因为在挪开同伴的尸体开出一条路来的过程中,他们中的好多人也不幸中弹。"

在英军指挥官下令停止自杀性登陆之前,约计 1000 人试图从浮桥登陆,那一小部分活着上岸的士兵躲到了沙丘后面,等候夜幕降临。随后,摇摇晃晃的浮桥被水流冲散到岸边。在运煤船里还未登岸的士兵一直等到夜晚时分,敌军火力变弱时,才开始修复浮桥,继续登陆行动。他们不得不冒着枪林弹雨,在船外把伤员从小艇运回船上。[29]

英军在 W 海滩(后来更名为兰开夏登陆滩)上的登陆行动亦遭重挫。登陆舰载着近 1000 名焦急的英国士兵驶向赫勒思灯塔下方的海滩。这座灯塔已然被猛烈的海上攻击所毁,塔上还冒着浓烟。英军在此地遭遇了约 150 名严阵以待的土耳其守军。据兰开夏燧发枪团的霍沃思少校回忆称,当登陆舰距海岸仅 50 码时,俯瞰海湾的"崖上突然一阵猛烈的机枪扫射"。他提到"英勇的水兵们""在敌我双方均开火的情况下",仍继续划着登陆艇向岸边靠拢。接近海滩时,霍沃思少校命其部队下船,以免遭炮火袭击。海水没过了他们的胸部。推进过程中,有许多士兵被敌军火力所伤,之后由于不堪自己背包的重负(每个人都背了 200 发子弹和 3 天的口粮),不幸溺水身亡。[30]

霍沃思少校的同伴刚刚登陆便在猛烈的交火中倒下,另一位与他同行的上尉受了致命伤。霍沃思追踪敌军火力位置,发现他们躲在山顶,于是下令部下抢占山头。攀爬陡峭山坡的途中,这位英国军官眼睁睁地看着他左右的士兵被枪击中,坠地身亡。他自己也险些丧命,一名土耳其士兵近距离朝他开枪,子弹打掉了他的右耳上半部。他用左轮手枪击毙了这名敌兵,继续爬向山顶阵地。"我刚到战壕,就听一阵震耳欲聋的爆炸声——他们在战壕那儿埋了地雷,我跟周围的人一起又被炸下了悬崖。"霍沃思少校被炸得头晕眼花,但还是带着他连队里的 40 名幸存者转移至山脚避难。然而,接下来的时间里,他们一直遭遇狙击,6 人死伤。随后,霍沃思自己也背部中枪，倒在一堆死伤者中间，直至夜幕降临，医务人员才赶来海滩。[31]

英军在赫勒思其他海滩的抢滩行动相对容易些。他们在莫陀湾（Morto Bay）只遭遇了一小批土耳其守军，轻而易举地建立了阵地。另一边，土耳其人也没有预料到英军会在 X 海滩登陆，所以只在那里留了一个排的兵力。最终，英军以相对轻微的代价抢滩成功。

在 Y 海滩实施登陆的部队发现该海滩完全没有戒备。2000 名英军士兵在短短 15 分钟内便成功占领海滩，并爬上陡峭的悬崖到了平原地带。然而，当他们准备继续南进，以巩固英军在赫勒思周围的阵地时，却被兹金德尔（亦称加利峡谷）那陡峭的峡壁所阻。英国战略部门使用的地图有误，上面并未标明加利峡谷这条天堑的存在。他们不但无法赶往南边解救被困的同伴，还发现被峡谷断了后路。那天午后直至夜晚，奥斯曼军发起了强烈反攻。面对勇猛的奥斯曼士兵，英军在平原无路可退，最终死伤 700 余人，直至第二天早晨才撤出 Y 海滩。

随着时间推移，英军一波接一波陆续登陆，把土耳其守军逼退回赫勒思海岸线，此前在 V 和 W 海滩遭受重大伤亡的英军也得以喘息。当夜幕降临，又一批英军士兵下船，登上这些死亡海滩。"克莱德河"号的船员重新组建登岸码头，晚上 8 时至 11 时 30 分，剩余士兵跨过同伴的尸体，陆续登上海滩。据留在"克莱德河"号上观察的见习船员德鲁里述称，土耳其守军仍然朝登陆点发射"火炮、榴霰弹，以及一切该死的东西"，但他们的火力已减弱许多，"并未给英军造成多大伤亡"。

经过一天激烈的战斗，土耳其守军看着英军成批登陆，不禁愈发担忧。V 海滩的一位土耳其士兵向上级紧急请求支援，或批准撤退。"请派医生来把我的伤员运走吧。唉！我的长官，看在真主的份上，请速派援军，因为几百名敌军正在登陆。"而当晚在另一边的 W 海滩上，土耳其部队两度冲向英军阵地展开白刃战，最后才撤回后方防线。[32]

截至4月26日，即周一上午，英军已成功占领5处登陆点中的4处，并于当天上午撤出Y海滩，将残部调往其他阵地。在英军到达加里波利的第一天快要结束时，他们已成功抢占一处滩头，同时也付出了惨痛的代价。奥斯曼军如此坚韧不拔，顽强抵抗，令他们始料未及，也使他们打消了深入内陆5英里处的阿奇巴巴（Elçı Tepe）高地的念头。在1915年余下的日子里，英军虽然在加里波利部署了兵员与物资，却从未能抵达阿奇巴巴。

法国部队最初在登陆库姆卡莱的各个海滩时，并未遭到什么抵抗。凌晨5时15分，法国舰队朝沿岸的奥斯曼军阵地发起炮击。由于登陆部队被湍急的水流延误，舰队的炮击掩护时间超过了预期（以英军在赫勒思的炮击时间为参照）。但法国人把这两小时的延误转变成了优势，把库姆卡莱轰成了一片废墟，迫使守军退回门德雷斯河的东岸。上午10时整，塞内加尔部队冲上海滩，那时只剩一架机枪还在对登陆部队扫射，但不久也被海上的炮火压制了。11时15分，法国部队占领库姆卡莱，确保英军在赫勒思的登陆行动不会受到此处守军的攻击。[33]

库姆卡莱地区的登陆行动持续了一整天。截至下午5时30分，所有兵员与火炮均已上岸。法军巩固了其在库姆卡莱的阵地，以防御集结在附近的耶尼谢希尔镇的土耳其部队。当晚，土耳其人对法军阵地展开了四轮攻击中的第一轮。白刃战后来演变成拳打脚踢的烂仗，双方死伤人数不断攀升。法军守住了在库姆卡莱的阵地，但是否趁机拿下耶尼谢希尔则值得考虑。他们原计划只是暂时占领亚洲海岸，况且在库姆卡莱多牺牲一名士兵，就意味着少一人赶赴加里波利半岛支援岌岌可危的英军。

4月26日上午，80名手无寸铁的奥斯曼士兵——希腊人与亚美尼亚人——举着白旗前往法军阵地投降，沦为战俘。不多久，几

第六章　突袭达达尼尔海峡

百名土耳其士兵径直朝法军阵地走去。尽管他们手上握有枪械，并装上了刺刀，但法国人以为这些士兵同样是前来投降的，于是允许他们靠近，并企图说服他们放下武器。一位名叫罗克尔的法国上尉上前与他们谈判，结果消失在人群中，再也没有回来。土耳其士兵趁机打入法军阵线，占领了库姆卡莱的一些据点。一些人还从法国士兵手中成功夺得两架机枪。消息传至法军指挥官阿尔伯特·阿马德将军处，他随即下令开火。于是，法军阵地后方的机枪便开始朝阵地内有着双方士兵的人群射击，场面一片混乱。为重新占领库姆卡莱，法国人向被土耳其士兵占据的房屋发起炮击，直到中午。针对罗克尔上尉在投降谈判中（假定）被谋杀一事，法军草草处决了一名土耳其军官与8名士兵作为报复。就这样，土耳其人通过在法军中制造混乱，将其牵制在库姆卡莱，并使其遭受了重大伤亡。[34]

由于法军死伤人数不断增加，英军在赫勒思亦亟需增援，协约国指挥官决定于4月26日撤离库姆卡莱。在夜色的掩护下，所有法国部队、军需物资，以及450名土耳其战俘乘船离开库姆卡莱。4月27日上午，他们穿过海峡，凭借"克莱德河"号已确保安全的码头在V海滩登陆。在加里波利半岛的法国部队被部署在协约国阵线的右侧，即东面，俯瞰达达尼尔海峡。英军则集中在阵线西面，眺望爱琴海。而另一边，奥斯曼守军的阵地分布在入侵者中间，以及阿奇巴巴这块战略高地上，占据加里波利半岛南部的多数地区。英法两军联手构成掎角之势，对中间的奥斯曼守军发起挑战。[35]

4月25日，第一波澳大利亚士兵启程前往阿尔布茹努。他们计划的登陆地点是一片海滩，位于一个叫嘎巴山（Kabatepe）的岩岬角的北面。然而，战争策划者再一次低估了加里波利海岸边强劲的水流。拖着4艘登陆艇的轮船被冲离了预定航道，最后在偏离登陆点约1英里处的一个小海湾登陆——这里后来被入侵者命名为澳新湾。面对陌生的海岸，引导登陆艇的水手很难在晨曦中确定自己的位置。这意味着这些部队在登陆之后,要面对与预期大相径庭的环境,而且还需多爬一座山才能到达高地。这一错误在那一天一直困扰着澳新士兵。

奥斯曼哨兵发现了正在向岸边驶来的驳船。此次跟随澳大利亚部队前来的记者 C. E. W. 比恩,在日记中记录了 4 时 38 分时由岸边传来的第一声枪响——"最初零星几声,后来就变得密密麻麻,连续不断"。据首批登陆的一名澳大利亚士兵回忆,登陆部队"密密麻麻地挤在船上,犹如罐头里的沙丁鱼"。他们靠近海岸时完全暴露在枪林弹雨中,"而土耳其人便在海湾边的一座大山山头上,幸灾乐祸地朝我们射击"。见到周围的同伴纷纷倒在密集的射击下,非死即伤,登陆艇上的士兵争先恐后仓皇跳船。[36]

他们刚上岸,经周密策划的作战计划随即展开。那些被强劲的水流冲离航道的登陆艇不仅来到错误的登陆点,还打乱了登陆顺序。士兵与自己的指挥官分离,各支部队混在一起。在激烈的交火中,这些澳大利亚士兵只得听命于离自己最近的指挥官,他们装上刺刀,朝第一座山脊进发,试图击退奥斯曼守军。一位澳大利亚步兵在一封寄给家人的信中写道:"我们的同伴每走一步就相互欢呼打气,我发自内心地相信,这一幕使土耳其人灰心丧气。因为当我们就快到达山顶时,他们便跳出战壕,像过街老鼠一样逃到了离他们半英里外的第二条战壕。"澳大利亚部队白刃战迅速取得成功,这令他们过于自信,而奥斯曼军已在准备驱散入侵者。[37]

穆斯塔法·凯末尔贝伊的指挥部就设在据澳新湾仅数英里远的地方。澳大利亚士兵登陆的消息传来,这位奥斯曼指挥官立即派出一支骑兵小分队前去侦察,迅速向他汇报。6 时 30 分,凯末尔贝伊的上级命其派遣一个营的兵力(约 1000 人)前去阻击入侵者。根据刚获得的情报,凯末尔判断,他必须派遣一整个师的兵力(约 1 万人)才能击退这种规模的入侵军。他命奥斯曼第一步兵团以及一支骑炮兵连准备战斗,随后亲赴前线审察局势。[38]

截至上午 8 时，已有 8000 名澳大利亚士兵在澳新湾登陆。10时 45 分，第一批新西兰士兵抵达海岸。奥斯曼炮兵在登陆点的最北与最南端部署了榴霰弹与机枪，他们朝登陆的入侵者发起了猛烈攻击。北面的一艘轮船与其拖着的 4 艘登陆艇被机枪击毁，140 人中只有 18 人成功上岸。那些在离嘎巴山最近的地点登陆的士兵，遭遇了居高临下的奥斯曼军猛烈的榴霰弹攻击。尽管如此，截至上午 10 时，澳新军团的主力部队已经成功占领海滩中段，将奥斯曼守军逼退至俯瞰澳新湾的第一与第二条山脊上。在赶往前线的途中，穆斯塔法·凯末尔遇到了一群撤退中的奥斯曼士兵。他们已经用完了子弹，凯末尔便命其装上刺刀，继续坚守阵地。

这位奥斯曼指挥官正确地估算到了澳新军团的软肋。虽然已有大批澳大利亚与新西兰士兵成功登陆，但他们面对的却是"对其极为不利的宽阔阵线……并被一系列山谷隔断。因此，敌军几乎四面楚歌"。此外，穆斯塔法·凯末尔对其部下的战斗力很有信心。他回忆称，当他组织部队反击时，"这不是普通的攻击，每个人都渴望胜利，甚至不惜粉身碎骨"。

土耳其人猛烈的反攻令澳新军团措手不及。据一名澳大利亚士兵后来描述，仅仅在中午之前，"（奥斯曼军）的援军大批赶到，开始了孤注一掷的反击。他们用上了火炮、机枪，而且瞄得很准，给我们上演了生命中最惊心动魄的时刻"。随着新一批新西兰士兵抵达，澳新军团的阵地得以巩固。这些入侵者修起壕沟，"安顿下来"准备与敌军火拼，"交战一刻不停地持续了一整晚"。奥斯曼守军凭借移动火炮、雨点般的榴霰弹，以及机枪发起猛烈攻击，致使敌军死伤严重。[39]

开战第一天，新西兰的莫斯汀·普赖斯·琼斯下士便不再幻想战争只是场冒险了。他所在的部队于上午 10 时登陆后，冒着敌军的榴霰弹朝陡峭的山谷推进。"我们的人一个接一个地倒下，但我们还是顽强挺进，最终到了火线。"越来越高的伤亡率令琼斯心情低落。"亲眼看见前一秒还在跟你嬉笑怒骂的伙伴,后一秒就一个个遍体鳞伤地倒在地上,那种场景太可怕了。你无法想象。"截至天黑时,琼斯所在连256人中仅有86人点到——其余的人非死即伤,或者失踪,抑或在澳新湾混乱的登陆过程中与部队走失。[40]

随着时间的推移,越来越多与部队走散的士兵从火线退回到海岸边。这些士兵原先为了攀爬登陆点的峭壁,将沉重的背包留在海滩上。经过一天的战斗,他们又累又渴,弹药也即将耗尽。这些最初的战士现在只是一群掉队者,精疲力竭,士气低落,重新回到山谷下的海滩。

土耳其守军充分利用了当下澳新军团的困惑与紊乱。当天他们最大胆的行动,或许莫过于让一小批奥斯曼士兵假扮为英国部队效力的印度士兵,渗入澳大利亚部队的阵线。由于澳大利亚人正巧在等候一支印度援军的到来,土耳其人这个诡计的效果大大超过预期。听闻一批印度士兵已经抵达并要求与澳大利亚军官会面,一位名叫埃尔斯顿的中尉在翻译官的陪同下,前去会见所谓的"印度人"。然而后者却声称"有要事相商",要见职位更高的军官。于是,一位叫麦克唐纳的上尉副官前去接洽。"不一会儿,又传闻他们要见上校。"指挥官波普上校到那里时,只见埃尔斯顿与麦克唐纳"在与6名手持枪械并装有刺刀的士兵交谈",顿感有诈。当他走上前去,土耳其士兵便将澳大利亚人围住。波普在交战中成功逃脱,但埃尔斯顿、麦克唐纳,以及下士均被抓获。第二天,伊斯坦布尔的报纸纷纷报道了土耳其军这一漂亮的举动。澳大利亚随军记者比恩对此事非常感慨:"任何东方人都能轻而易举地打扮成印度人的模样,他们就这样走到海滩来,而我们没有一个人能识破。"[41]

第一天即将结束,约有1.5万名澳新士兵在阿尔布茹努登陆,期间500人死亡,2500人受伤,占登陆总人数的20%。他们已经将所有兵员派上战场,再无新鲜的后备力量了。一天的激烈交战后,澳新军团已抢占一处滩头,但由于奥斯曼守军的顽强抵抗,他们未能完成预计目标的一半。眼看山谷里与海滩上聚集的掉队士兵越来越多，坚守前线的士兵逐渐减少，澳新军团指挥官意识到处境不妙。倘若奥斯曼军次日发动大面积反攻，他们则很有可能凶多吉少。权衡再三，澳新军团指挥官最终决定向上级请求派船，让所有士兵撤出阿尔布茹努。[42]

4月25日晚至4月26日凌晨，远征军总司令伊恩·汉密尔顿爵士召集部下，共同商讨对策。截至当时，协约国部队虽然成功登陆，但损失惨重。尽管各登陆部队均未能达成第一天的作战目标，汉密尔顿认为他们已经挺过了最艰难的登陆部分。所有报道都显示，奥斯曼军也同样遭受重大伤亡，而且不得不分散其兵力以应付协约国同时在多地发起的进攻。协约国期望通过坚守阵地来拖垮奥斯曼守军的耐性与士气。因此，澳新军团任何弃岸登船的要求——这一行动需花费两天时间——会适得其反，使土耳其人信心大增，让撤退的士兵成为奥斯曼军的攻击对象。

于是，汉密尔顿决意拒绝澳新军团指挥员的撤退要求。汉密尔顿解释称："别无他法，只能咬牙向前挺进，并坚持下去。可以个人名义向部下发出号召……让他们做最大努力，守住阵地。"为重申这一点，汉密尔顿还加了附言："你们已经挺过了艰难时期，当下只需咬牙向前、向前、再向前，直到安全为止。"为弥补野战炮匮乏的劣势，汉密尔顿还命舰队朝澳新军团壕沟以外的土耳其军阵地开炮，给澳大利亚与新西兰士兵争取时间，以巩固他们的阵地。4月26日，随着太阳的升起，土耳其守军并未像澳新军团担心的那样发动反攻。看来，似乎双方都需要时间休整军队，才能重新投入战斗。[43]

自加里波利半岛地面战的第一天起，奥斯曼守军便表现出与入侵者势均力敌的态势。一场战争开始的时候，几乎所有参战者都会表现得非常坚韧与英勇，奥斯曼军与协约国部队亦不例外。然而，从 4 月 25 日展开的一系列事件在当下仍只是个开局,未来几个月内它们会演变成腥风血雨,届时需要交战双方展现出更大程度的韧劲与胆量。双方指挥官将面临艰难的选择,如何权衡海峡与其他战线上的军队部署。对于协约国而言,西线始终是重中之重;而对于奥斯曼军来说,达达尼尔海峡是帝国生死存亡的关键。

尽管如此,奥斯曼帝国无法做到纠集兵力一心一意守卫海峡。青年土耳其党人在多条战线同时亟需兵力支援——尤其是在高加索地区。俄国与亚美尼亚人串通一气,致使帝国这片原本就充斥着是非的区域更加动荡。为应对这种危机,青年土耳其党人采取了一系列行动,这让他们至今背负着反人类的罪名。

第七章

亚美尼亚大屠杀

截至1915年春，奥斯曼帝国已三面受敌。英印军于1914年末征服伊拉克南部的巴士拉地区后，对奥斯曼帝国的南大门构成了严重威胁。东线上，由于恩维尔帕夏在萨勒卡默什战役中计划不周，奥斯曼第三军团在1914年12月至1915年1月与俄军交战后元气大伤。西线上，英法舰队持续向达达尼尔海峡发动攻击，协约国步兵团也已在海峡两岸成功抢占了数个滩头。这一切都让1915年3月的帝国首都不能不陷入恐慌，帝国大厦仿佛崩塌在即。

冬季休整期即将过去。开春后，高加索地区厚厚的积雪逐渐消融。在加里波利，爱琴海上凛冽的寒风已被柔和晴好的气候取代。此时，协约国再次开始行动。在1915年4月之前，奥斯曼帝国遭遇的严峻挑战史无前例，局势不容乐观。

面对这些威胁，青年土耳其党人所能采取的应对手段极为有限。他们竭尽所能试图重振奥斯曼第三军团，以防御俄国入侵高加索地区；与此同时，他们也在集结一切可用部队保卫达达尼尔海峡。可如此一来，奥斯曼帝国在美索不达米亚平原便几乎没有正规军驻守，根本无力赶走那里的英军。奥斯曼政府动员民众投身战斗，进一步加快了征兵的步伐,并动用警察与宪兵队来充实正规军(宪兵队是一群来自农村的骑警)。而恩维尔的秘密安全组织——"特殊组织"——动员了库尔德人、贝都因部落以及被释放的囚犯充当非常规部队。1915年春,青年土耳其党人公开宣称奥斯曼帝国的亚美尼亚人为"第五纵队"(指与敌军里应外合,破坏国家团结的力量),联合派甚至号召平民协助自己消灭亚美尼亚人。

在萨勒卡默什被俄军击败后,那些从战场上死里逃生的奥斯曼第三军团士兵便饱受一位隐形敌人的折磨——传染病。1914年10月至1915年5月,共有15万身居土耳其东北部的士兵与平民患上传染病,这一数字远高过在萨勒卡默什牺牲的6万人。[1]

士兵成了诸多传染病菌的携带者。在接触病源数周之后,他们的免疫能力便大幅下降。他们吃了不干净的食物,喝了被污染的水,结果染上伤寒和痢疾;因长期不能洗澡,士兵还被携带斑疹伤寒的虱子与跳蚤骚扰。这些奥斯曼士兵在安纳托利亚东部的村镇里膳宿,又将疾病传染给当地百姓。如此交叉反复,致命疾病便四处蔓延开来,终于,流行病在1915年的前几个月内大规模爆发。

位于埃尔祖鲁姆的奥斯曼医疗部门,之前已尽全力收治战斗伤员,现在几无余力应对这些疾病患者。由于军方医院只有900张床位,医疗部门只得征用埃尔祖鲁姆的各所学校、清真寺与政府办公楼。每天都有近千人入院求医,在传染病爆发的高峰期里,埃尔祖鲁姆的病患者人数最高可达到1.5万人。如此庞大的规模使食物与医疗器材迅速耗尽,这让伤患者的境地更加悲惨。埃尔祖鲁姆的病人有时接连两三天没有饭吃,士兵活活饿死在医院里。医疗部门也没有足够的柴火供条件简陋的医院在冬天取暖之用。伤患者的处境愈发艰难,死亡率急剧攀升。[2]

美国传教士在埃尔祖鲁姆开办的学校被改成了拥有400张床的临时医院,然而身兼大夫的传教士——爱德华·凯斯医生却发现,这种做法于救治无益，反倒加速了疾病的传播。房间里挤满了席地而睡的病人，根本无法将传染病毒携带者隔离。加上缺乏消毒和其他控制病菌的卫生手段，这些医疗场所迅速演变成了疾病的扩散中心。1914年12月至1915年1月，凯斯医生上报了6万起埃尔祖鲁姆的死亡病例。这种情况不仅仅出现在埃尔祖鲁姆。据驻特拉布宗的美国领事估计，从1914年入冬以来至1915年，这个黑海港城约有5000至6000名士兵与平民死于斑疹伤寒。当地的医生声称在流行病的高峰期，城镇中传染病的死亡率高达80%。[3]

如此艰难的医疗条件令医务人员面临着同样的致病风险。据凯斯医生称，一度约30至40名医生被隔离在埃尔祖鲁姆的"传染病医院"，"他们都染上了斑疹伤寒，最后至少近一半人没能挺过来"。在这种不利于健康的环境中工作了两个月后，凯斯医生自己也感染了斑疹伤寒，不过幸好最终康复。他比周遭的许多人都要幸运：据美国驻特拉布宗领事宣称，1914年10月至1915年5月期间，土耳其东北部有超过300名医务人员感染疾病死亡。救死扶伤的人接连病倒，伤患者更无人救治，病患死亡率也随之上升。

死亡令幸存的人们在1915年这个冬天倍感沉重。凯斯医生如此描述他在埃尔祖鲁姆目睹的惨剧："死的人太多了，以致他们禁止白天下葬。待到晚上，他们才扒去死人的衣服，把他们一丝不挂地抬上马车，整车整车地往壕沟里送。我见过一个壕沟——或者只能叫作一个大坑——四处堆叠着尸体，摞起来都已填满了壕沟的一半。那些病死的人像垃圾一样被到处乱扔，很多人衣冠不整，头、手、腿，甚至私密部位都露在外面。后来的尸体就草草扔在他们上面，然后用土全部盖住。那个场景太触目惊心了。"凯斯甚至还见过仍未断气的人被活活埋进万人坑里。死亡的人越来越多，久而久之，活着的人也变得麻木了。[4]

作为萨勒卡默什之战的医务人员，阿里·利扎·埃提下士在流行病的高发期被调往埃尔祖鲁姆军医院工作。先前隔离区的主管染上了斑疹伤寒，因此埃提便接替他的职务。他发现这份工作需要成天与数百名传染病患者接触，非常累人，也非常危险。他几度请求调换岗位都未成功，因为越来越多的伤病患者来到，一个人刚死，就有新人来接手他的床位。上过前线的埃提认识其中一些伤员，对他们深表同情。看着这些士兵受苦受难，他愈发愤懑，一腔怒火都撒在了亚美尼亚人身上，怪他们让土耳其人饱受战争之苦。

还在萨勒卡默什时，埃提就对亚美尼亚人产生了强烈的仇视情绪。他时常控诉他们逃到俄军那里，供出奥斯曼军的阵地位置，出卖奥斯曼士兵。虽然此前他就曾暗自欣喜地描述了亚美尼亚士兵如何被其他奥斯曼士兵"意外"打死，但直到他去医院工作，才真正有机会把这份痛恨付诸行动。

导火索是埃提一位同乡的去世。这位老乡死前对埃提讲述了自己的经历。他从前线被撤回来，却被运输队的一个亚美尼亚卫生员遗弃在一条没人的沟渠里。他在那里天寒地冻地躺了两天，手脚长满冻疮。埃尔祖鲁姆的医务人员试图用截肢的办法拯救他的性命，但他终究还是没能挨过第二天。埃提对此怒不可遏，"可以想象得到这个亚美尼亚士兵该有多么卑鄙"，竟能就这样把土耳其人弃置不顾。"战争结束后，我们跟他们还能是同胞手足吗？我可办不到！报仇对我来说更容易些。我要给医院里的三四个亚美尼亚人下毒。"[5]

埃提下士最终报复亚美尼亚人的手段，比谋杀更为残酷。1915年1月，他滥用自己在医疗服务队内的职权，解雇并驱逐了亚美尼亚员工。"我解雇了3名亚美尼亚人。来自凡城和迪亚巴克尔的两个人离开后被洗劫一空（换句话说就是被杀死，地方土匪通常不留活口）。这就是土耳其人的报复，"他幸灾乐祸地表示。他还解雇了4名亚美尼亚妇女，用土耳其妇女替代。此外，他冷冷地提到："我还把最危险的任务交给亚美尼亚卫生员。"[6]

虽然阿里·利扎·埃提从未亲手杀死过亚美尼亚人，但他很显然恨不得让他们死。有这种想法的不止他一个。奥斯曼军在萨勒卡

第七章　亚美尼亚大屠杀

默什一败涂地，又因疾病等因素遭受了重大非战斗减员，导致他们在东线岌岌可危。一批亚美尼亚人的变节行为让所有的亚美尼亚人都被土耳其人唾弃。因此，青年土耳其党人开始考虑如何永久解决"亚美尼亚人问题"。

在短暂的执政生涯中，青年土耳其党人执行过大规模的人口迁移。巴尔干战争后，奥斯曼帝国丧失了该地区的领土，当地大批穷困潦倒的穆斯林迁徙到帝国境内避难。由于缺乏应对这种人道危机的资源，青年土耳其党的领导层只得把成千上万名奥斯曼帝国的基督徒驱逐到希腊，以便腾出空间安置这些巴尔干难民。当时，政府有一个委员会专门负责监督，将原先奥斯曼基督徒的房屋、田地与工作场所重新分配给巴尔干的穆斯林难民。这些"人口变迁"都按照"高门"与巴尔干列国之间签订的正式协议进行，其性质等同于一场国际认可的种族清洗。[7]

奥斯曼政府将希腊族裔逐出帝国是出于诸多方面的考虑。那不仅能空出房屋与工作场所，安置巴尔干穆斯林难民，还能借机赶走数千名无法让他们信任的国民。1914年上半年，由于爱琴海岛屿的争端不断，希腊与奥斯曼帝国之间有再战的可能，这使得奥斯曼希腊人被推上了风口浪尖，进退维谷。自巴尔干战争后开始的这种人口变迁，为奥斯曼政府解决"希腊人问题"提供了一种国际认可的办法。

最初，两国边境人口的迁移按计划有序进行。但后来，这种迁移演变成了对帝国境内希腊人的种族驱逐。虽然我们无从知晓被驱逐的确切人数，但有70万希腊东正教徒在一战前与一战中被迫迁徙。越是深入帝国境内，驱逐工作的难度便越大，奥斯曼政府不得不依靠暴力恐吓来达到目的。安纳托利亚西部的村庄距风波不断的巴尔干地区相隔甚远，当地的希腊东正派基督村民拒不服从奥斯曼政府的驱逐令。宪兵队便将村子团团围住，对村民们拳打脚踢，并威胁要绑架当地妇女，甚至杀死拒不服从的奥斯曼希腊人。据驻奥斯曼帝国的外国领事报告称，一些村子有十几位村民被杀，这些针对基督教民的暴行令人骇然。尽管如此，驱逐奥斯曼帝国境内希腊族人的工作相对来说流血事件较少，毕竟这些被驱逐的人还有一个现成的去处——希腊。

然而，奥斯曼亚美尼亚人的情况却大相径庭。他们分布在奥斯曼帝国的各个行省，唯一的三个聚居地——伊斯坦布尔、奇里乞亚与高加索地区——都是第一次世界大战时高度敏感的地区。伊斯坦布尔是亚美尼亚人在帝国境内规模最大的聚居地，当时协约国入侵已迫在眉睫；奇里乞亚地区俯瞰伊斯坎德伦湾，奥斯曼政府便怀疑当地亚美尼亚人与协约国舰队勾结；而在高加索地区，一小部分亚美尼亚激进分子与俄国沆瀣一气，共同对抗奥斯曼帝国，令当地的所有亚美尼亚人都陷入了艰难处境。青年土耳其党人认为，奥斯曼亚美尼亚人对帝国的威胁比奥斯曼希腊人要大得多，因为一些亚美尼亚人企图通过协约国的支持，在帝国的领土上独立建国。

参加第一次世界大战之后，奥斯曼政府采取的行动之一，就是废除1914年2月与俄国签订的《亚美尼亚改革协议》。根据这项协议，奥斯曼帝国最东部与俄国接壤的六个行省被重划为两个亚美尼亚自治区，受外国总督管辖。奥斯曼政府此前就反对该项改革，他们认为这是在土耳其安纳托利亚的心脏地带实行分治的前奏——该协议企图在帝国境内建立亚美尼亚政权，并将一批规模不小的穆斯林划归俄国统治。1914年2月，奥斯曼政府被逼无奈才签订了该协议。于是，在同年12月16日撤销协议时，帝国感到如释重负。[8]

在萨勒卡默什大败后，青年土耳其党人开始考虑采用极端手段解决他们眼中的亚美尼亚人问题，消除其给奥斯曼帝国领土带来的威胁。1915年2月，"特殊组织"运营负责人巴哈丁·萨基尔博士（Dr Bahaeddin Şakir）从高加索前线返回伊斯坦布尔，他同时也是联合派中央委员会成员。萨基尔带着从前方战场获得的一手资料，与手握大权的内政大臣塔拉特帕夏,以及另一位中央委员会成员穆罕穆德·纳齐姆会面。萨基尔阐述了解决"内部敌人"的必要性,称"亚美尼亚人对土耳其的敌对立场,以及他们向俄军提供的帮助"对帝国非常不利。虽然他们的会晤并无记录——那些谋划暴行的人几乎都不会留下文字记录——但奥斯曼政府的文件与时人的回忆录都暗示,这三位青年土耳其党官员就是策划 1915 年 2 月至 5 月期间土耳其亚美尼亚大屠杀的罪魁祸首。[9]

由于公开支持协约国,反对奥斯曼帝国与德国,这些命途多舛的亚美尼亚人正中敌人下怀。

格里高利斯·巴拉基昂(Grigoris Balakian)是一名亚美尼亚神父。1914 年,他在柏林学习神学。欧洲爆发战争时,巴拉基昂想立刻返回伊斯坦布尔,但同在柏林的其他亚美尼亚人极力劝阻他。他回忆称:"许多人建议我去高加索,加入亚美尼亚人的志愿者团体,再从那里进入土属亚美尼亚",协助俄军入侵土耳其。然而,巴拉基昂并不想与俄国的亚美尼亚人扯上关系,他把他们看成是对东部亚美尼亚团体的威胁而非助力。但他的柏林朋友试图打消他的忧虑。"他们对民族主义着了迷,不甘愿错过这个绝佳时机,以匡正土耳其人对亚美尼亚人所犯下的错误。"[10]

回到伊斯坦布尔后,巴拉基昂随即向奥斯曼移民局的官员汇报,称他从柏林归来,并表示拥护德国,支持土德交好。一位海关人员被巴拉基昂的爱国宣言所打动,他劝告这位亚美尼亚神父:"埃芬迪,你那些在君士坦丁堡的同胞跟你的观点完全相反。跟他们说说,让他们别再为俄国效力了。他们对俄、法、英三国的感情和热爱已经到了俄国赢他们笑、俄国输他们哭的地步了。他们这样今后会惹来大麻烦的。"刚到伊斯坦布尔不久,巴拉基昂便亲眼看见当地的亚美尼亚人公开支持协约国战事,这也印证了那位海关官员的话。

协约国对达达尼尔海峡发动进攻时，亚美尼亚人毫不掩饰他们对即将脱离土耳其统治的欣喜。巴拉基昂反问道："毕竟，威武的英法战舰不是已经在达达尼尔海峡了吗？君士坦丁堡看来岂非几日之内就要陷落？"他沮丧地看着其他亚美尼亚人每天聚在一起，期待共同见证"雄壮的英国舰队朝博斯普鲁斯海峡驶来，目的当然是解救亚美尼亚人"。巴拉基昂宣称，他的这些同胞"相信历史性的时刻已经来临，他们朝思暮想的建国梦终于要实现了"。这让奥斯曼亚美尼亚人在奥斯曼土耳其人面临生死劫时，却"沉浸在一片狂喜之中"。这种反差注定会导致暴力。[11]

身在奇里乞亚的塔拉特帕夏与其同僚，正在实施针对亚美尼亚团体的第一步行动。1914年12月，英国"多利斯"号对德尔特约尔至伊斯坎德伦的铁路线及线上的所有车辆发动炮击，这证实伊斯坎德伦湾周边地区极易遭受海上攻击。协约国战舰继续封锁、炮击奇里乞亚海岸线，并派间谍上岸活动。亚美尼亚激进分子疑似在协助这些外国特务，在奥斯曼军弹尽粮绝之时还向特务提供军队规模等情报。战争大臣恩维尔帕夏一直在关注事态的发展，忧心忡忡。他向德国陆军元帅保罗·冯·兴登堡透露："我唯一的希望就是敌军还未发现我们（在奇里乞亚）的兵力薄弱。"由于无法扩充当地奥斯曼军的规模，恩维尔与塔拉特选择强制迁移他们无法信任的亚美尼亚团体。[12]

1915年2月，奥斯曼政府开始将亚美尼亚人从德尔特约尔与亚历山大勒塔（Alexandretta，土耳其名为伊斯坎德伦）驱逐至阿达纳地区。他们按照与希腊的人口交换模式，把穆斯林难民安置在亚美尼亚人被强制清空的土地上。这种驱逐使土耳其减轻在伊斯坎德伦湾的担忧，却罔顾颠沛流离的亚美尼亚人的福祉，致其只得靠阿达纳地区的教友接济度日。奥斯曼政府如此的漠视行为令他们回想起此前的大屠杀，使得安纳托利亚东部的亚美尼亚团体惴惴不安。[13]

德尔特约尔东北方约65英里处有个泽伊顿村，那里的激进分子策划发动起义,以阻挠奥斯曼政府的第一批驱逐行动。2月中旬,一群亚美尼亚起义者从泽伊顿赶赴梯弗里斯(第比利斯的旧称,今属格鲁吉亚),以寻求俄国人的武力支援。他们宣称有1.5万人已准备揭竿起义,反抗奥斯曼政府。许多亚美尼亚人还错误地认为,只要叛乱成规模,协约国也许便能出手维护亚美尼亚人。然而,俄国人无法给他们武器,更别提派遣部队前往距边境如此遥远的奇里乞亚,去帮助那里的亚美尼亚人了。[14]

2月末,泽伊顿的亚美尼亚显贵坐立难安,他们向奥斯曼当局报告称,一群激进分子正在策划谋反。这些基督教领导人期望通过这种表忠心的方式,以防亚美尼亚群体受到攻击。然而,他们的告发最终只换来了亚美尼亚人最害怕的报复行为。奥斯曼士兵赶到泽伊顿大肆逮捕群众,许多年轻人逃到农村避难,并在那里加入了亚美尼亚起义组织,后者规模越来越大。他们与逃兵一起,准备对抗奥斯曼政府。

3月9日,一支亚美尼亚武装在泽伊顿附近伏击奥斯曼宪兵队,打死一些宪兵(报道从6人到15人不等),还抢光他们的武器与钱。结果,奥斯曼政府以此为契机,决心彻底驱逐泽伊顿的亚美尼亚人。奥斯曼士兵封锁该地区,并逮捕当地的亚美尼亚显贵。4月至7月,泽伊顿的所有亚美尼亚人都被驱逐到安纳托利亚的中部小镇科尼亚,穆斯林移民占据了他们原来的家。这些人身无分文,一路上又鲜有食物或保护,科尼亚有7000多名亚美尼亚人无家可归。那年夏天约1500人死于饥饿与疾病。之后,这些泽伊顿亚美尼亚人又被二次驱逐,赶往叙利亚。[15]

1915年4月,协约国在达达尼尔登陆的前夕,塔拉特帕夏及其同僚将重心从奇里乞亚转至伊斯坦布尔。他们计划褫夺亚美尼亚团体的政治与文化领导权,防止未来协约国入侵首都后,这些亚美尼亚显要与入侵者串通一气。4月24日晚,土耳其警察按照亚美尼人协助制定的黑名单,逮捕了240名亚美尼亚重要人士,其中包括政客、记者、亚美尼亚民族党派成员、教授,以及宗教权威人物。由于行动时已是深夜,许多被捕者抵达监狱时仍穿着睡衣。

亚美尼亚神父格里高利斯·巴拉基昂就是当晚被捕的。他与其他被捕者一样,被这些突如其来的警察给惊呆了。他们带他下楼,坐上了等在街边的一辆"血红色大巴"。巴拉基昂与其余8位伙伴一起被送上渡轮,从伊斯坦布尔的亚洲区到了欧洲区。他后来回忆称:"那一晚我们嗅到了死亡的气息。大海波涛汹涌,我们的心中充满了恐惧。"巴拉基昂一行人被押入中央监狱,在那里他见到了其他被关押的亚美尼亚人。"他们都是有头有脸的人物——有革命领袖与政治领导、公众人物、无党派甚至反党派的知识分子。"当晚,大巴源源不断地运来一批批被捕人士,这些人"精神上饱受折磨,对未知充满了恐惧,亟需抚慰"。第二天,远处隐约传来协约国炮弹的轰炸声,他们正在掩护加里波利的登陆行动。听着那些滚滚如雷的不祥之声,这群被关押的亚美尼亚人不知自己是末日来临,还是自由在望。[16]

对于亚美尼亚人而言,4月24日晚这场针对伊斯坦布尔政治与文化领导人的逮捕行动,标志着奥斯曼政府对安纳托利亚的亚美尼亚团体有组织的清洗。于是,4月24日也成了国际公认的亚美尼亚种族屠杀纪念日。然而,对于奥斯曼政府而言,他们与亚美尼亚人的战争早在4天前,亚美尼亚人在安纳托利亚东部的凡城起义时就已打响。[17]

凡城是座集市重镇,当地的亚美尼亚人与穆斯林分区而居。这座古老的小镇濒临凡湖,四面筑有高墙,以防平原上200米高的崖石滑落。苏莱曼一世在此建造的城堡是岬角上的明珠,主宰着小镇。镇上那狭窄蜿蜒的小路通向市场、清真寺和教堂,路旁林立着二层小楼。小镇东南部有一些政府大楼、一个警察局,还有宪兵队驻地。

整个19世纪，凡城早已不再囿于老城区，它的领地已延伸至东部的沃土。飘香的果园与高高的泥砖墙围绕着"花园区"，那里坐落着许多外国领事馆——英国、法国、伊朗、意大利与俄国——以及天主教与新教的传教团总部。"花园区"可谓凡城中最国际化的区域。据一位法国人口学家推算，19世纪90年代，凡城仅有3万人口，其中1.6万名穆斯林，1.35万名亚美尼亚人，还有500位犹太人。凡城人都为自己是凡城一员而深感骄傲。古尔根·马哈里，这位著名的凡城作家在他的经典小说《燃烧的果园》（Burning Orchards）中，称这座小镇是"童话中奇迹般的绿发女魔术师"。[18]

凡城及其周边的亚美尼亚团体规模庞大，在政界非常活跃。由于凡城既靠近波斯，又毗邻俄国，如此重要的战略地位定会激起奥斯曼政府与当地亚美尼亚民众之间的矛盾。

凡城总督赛弗德特帕夏是恩维尔的内兄，也是一位忠实的联合派。1915年3月，赛弗德特命宪兵队搜查亚美尼亚村落，以收缴武器，并逮捕任何疑似藏有武器对帝国心怀不轨的人。这一搜查行动后来升级成针对凡城周边亚美尼亚村落的血腥屠杀。为使亚美尼亚团体群龙无首，据称赛弗德特还下令，杀死凡城三位达什纳克组织的亚美尼亚民族主义领导人。其中两位遇害——人称"伊什汗"（亚美尼亚语，意为"诸侯"）的尼科哈尤斯·米卡埃良（Nikoghayos Mikaelian），以及奥斯曼议会议员阿尔沙克·弗拉米安（Arshak Vramian）。另一位——阿拉姆·马努基安（Aram Manukian）出于对赛弗德特的不信任，并未应邀前往其办公室。当听闻那两位同事神秘失踪，恐已遭毒手时，阿拉姆转入地下，准备率领凡城的亚美尼亚人反抗即将到来的大屠杀。[19]

拉斐尔·德诺加勒斯是一位委内瑞拉籍的军事冒险家。他自愿加入奥斯曼军是出于冒险精神，而非真正信服。萨勒卡默什一役后，奥斯曼第三军团元气大伤。不久后，恩维尔帕夏在伊斯坦布尔接见了德诺加勒斯，给他在第三军团安排了一个职位。3月，这位委内瑞拉人抵达埃尔祖鲁姆的第三军团总部。当时,那里的军官更担心的是如何控制斑疹伤寒的疫情,而不是俄国人。德诺加勒斯急于行动,于是志愿加入凡城宪兵队,因为那时只有这支队伍在俄国战线积极作战。从埃尔祖鲁姆到凡城的途中,德诺加勒斯路过奥斯曼政府与亚美尼亚人剑拔弩张的冲突区。他抵达凡城时,当地亚美尼亚人正在发动叛乱,反对奥斯曼帝国的统治。

4月20日,德诺加勒斯及其护送人员来到凡湖西北角的一段路上,那里遍地都是"体无完肤的亚美尼亚人的尸体"。他们在那里能够看见湖南岸的村落冒着浓烟。"于是我明白了,"他后来这样写道,仿佛这次行动早已在预料之中,"木已成舟,亚美尼亚人的'革命'已经开始了。"[20]

第二天早上,凡湖北岸的阿迪尔杰瓦兹村,其亚美尼亚街区上演一场血腥屠杀。德诺加勒斯目睹这一切。奥斯曼官员在库尔德人及"周边暴民"的协助下,闯入亚美尼亚人的住所与商店大肆烧杀掠抢。当身穿奥斯曼军服的德诺加利斯径直朝一位官员走去,并要求他下令停止杀戮时,那位军官的回答令德诺加利斯大为震惊:"他说他只是奉凡城总督(指赛弗德特帕夏)之令……消灭所有12岁以上的亚美尼亚男子。"德诺加利斯无法撤销这位文官的命令,于是他撤出大屠杀的现场,随后屠杀又持续了90分钟。[21]

德诺加利斯从阿迪尔杰瓦兹乘坐摩托艇穿过凡湖,在夜晚时分抵达凡城郊区的埃德雷米特村。"村庄燃烧着熊熊大火,火光把天空染得通红",也把海岸映得通明。这里到处都是战斗的痕迹:房屋与教堂被付之一炬,空气中弥漫着焦煳味,房屋坍塌的轰隆声中还夹杂着枪声。当晚,德诺加利斯目睹库尔德与土耳其人组成的非正规军,与寡不敌众的亚美尼亚人之间的枪战。

中午时分,德诺加利斯在护送下从埃德雷米特出发。他回忆道:"沿途都是已腐烂的亚美尼亚人尸体。路两旁围着一群群黑色秃鹫,它们尖啸着与野狗抢食腐肉。"待到他进入凡城时,起义已持续两天,

第七章 亚美尼亚大屠杀

亚美尼亚暴乱者占领这座古城。土耳其部队占制据高点,可朝亚美尼亚人的据点不停发动炮击。这个任务便落在炮兵长德诺加利斯身上。他把总部设在城堡的清真寺里,并登上寺内高高的宣礼塔,以观察炮火的精准度。

德诺加利斯参与奥斯曼政府镇压凡城亚美尼亚人的行动,整整21天。他回想道:"我很少看见像包围凡城时那样,战斗如此激烈。没人手下留情,也没人求饶。"随着战斗持续,交战双方都犯下暴行。在回忆录里,他对凡城亚美尼亚人与奥斯曼士兵的情感常在同情与厌恶之间徘徊。

俄军从波斯边境缓缓向奥斯曼帝国纵深推进,以逼迫奥斯曼军后撤,从而解救凡城的亚美尼亚人。对俄国人而言,凡城起义促成他们侵占奥斯曼帝国的战略要地。由于俄军步步逼近,赛弗德特帕夏被迫命凡城穆斯林于5月12日撤出该城。最后一批奥斯曼士兵于5月17日撤离。此时,花园区的亚美尼亚人才与旧城区的同胞汇合,他们一道放火焚烧附近的穆斯林街区及政府大楼,直至5月19日第一批俄军士兵抵达。[22]

俄国人任命达什纳克领导人阿拉姆·马努基安(Aram Manukian)为新凡城总督。马努基安在镇上建立起亚美尼亚人的政府,配备了民兵与警察力量——借用一位亚美尼亚历史学家的话说,这些措施"激发了亚美尼亚人的政治意识,坚定了在俄国的庇护下,设立自由的亚美尼亚自治区的信念"。——这一切都是奥斯曼政府最不愿看到的。[23]

土耳其人并不甘心失去凡城,他们向俄军与亚美尼亚人的阵地不断发动进攻。由于战线过长,俄军开始撤退。7月31日,亚美尼亚人被告知收拾细软,准备弃城。估计约有10万亚美尼亚人与俄军一起撤离凡城,后来被称为"大撤退"。尽管如此,俄军与奥斯曼军仍然没有停止对凡城的争夺,凡城也在1915年夏三度易主,直至秋天最终为俄国所占领——那时凡城内,甚至整个安纳托利亚东部地区，都几乎再无幸存的亚美尼亚人。

促成俄军占领凡城以取得对当地的统治——亚美尼亚人此次的所作所为令青年土耳其党人确信，亚美尼亚人就是威胁破坏奥斯曼帝国领土完整的"第五纵队"。况且，这次起义的时机与协约国在加里波利半岛的登陆时间甚为接近，这更让奥斯曼政府认定，亚美尼亚人与协约国是合谋发动攻击。杰马勒帕夏在回忆录中写道："协约国在达达尼尔海峡遭遇了危机，英法两国的东地中海部队总司令就命亚美尼亚人策动叛乱，这在我眼中是铁一般的事实。"虽然杰马勒的这一说法并无证据，但联合派已认定亚美尼亚人与协约国相互勾结。随着凡城的陷落，奥斯曼政府展开一系列措施，不仅要消灭身居安纳托利亚东部六行省的亚美尼亚人，而且要在整个土耳其的亚洲部分将其根除。[24]

奥斯曼政府公开下令驱逐亚美尼亚人。1915年3月1日，青年土耳其党人的领袖成功地让议会提前休会，以便内政大臣塔拉特帕夏及其同僚能不经议会讨论就通过法律。1915年5月26日，即俄军进驻凡城不到一周的时间里，塔拉特帕夏向奥斯曼大臣会议提交了《驱逐法》，奥斯曼政府随即予以批准。该法案规定，安纳托利亚东部六行省的亚美尼亚人全部搬迁至远离俄国阵线的秘密地点。

5月末，奥斯曼内政部向省级与区级总督颁布了由塔拉特签署的命令，要求他们立即驱逐所有的亚美尼亚人。驱逐通告贴满了大街小巷，当地亚美尼亚人只有三到五天的时间做准备，他们还以为这只是为躲避战争的临时迁移。而且，奥斯曼政府还鼓励亚美尼亚人将任何无法随身携带的财产寄存到政府那里，由政府代为保管。[25]

在这些公开的强制搬迁措施背后，青年土耳其党人颁布密令，大规模屠杀被驱逐的亚美尼亚人。这些种族灭绝性质的命令并非以书面的形式传递，而是由巴哈丁·萨基尔博士或其他联合与进步委员会官员,以口头指令下达给行省总督。后者如若索要该命令的书面确认函,抑或反对大规模谋杀手无寸铁的亚美尼亚平民,便会遭到撤职甚至刺杀。一位迪亚巴克尔行省的区级总督表示,他需要见到书面确认函才能开始屠杀该区的亚美尼亚人。于是他被撤职,传召至迪亚巴克尔,并在途中惨遭杀害。[26]

上命难违,总督所面临的问题,是如何招募武装成员杀害这些流放者。恩维尔的秘密情报部门——"特殊组织"——动员被释放的囚犯、历来敌视亚美尼亚人的库尔德人,还有从巴尔干与俄国高加索地区迁来的穆斯林。甚至一般土耳其村民据称也参与对亚美尼亚人的大屠杀:一些人洗劫亚美尼亚人随身携带、以备途中不时之需的衣物、现金与珠宝首饰,而另一些人则是因为奥斯曼政府让他们相信,杀害亚美尼亚人有助于帝国圣战,打倒协约国。亚美尼亚神父格里高利斯·巴拉基昂引了他与一位土耳其上尉之间的对话。上尉称,"政府官员"已派遣宪兵队"前往附近所有的土耳其村庄,并以圣战之名,唆使穆斯林参与"屠杀亚美尼亚人"这一神圣的宗教使命中"。[27]

这种宣称驱逐亚美尼亚人,暗地里却对其进行屠杀的"两面政策",直到战后才被政府官员证实。1918年,一位奥斯曼大臣会议的成员曾指证:"我知道一些秘密,也听闻过一些轶事。驱逐令是通过内政大臣下达给各行省的。颁布这道命令后,(联合与进步委员会)中央委员会便又密令各方集结队伍执行那肮脏的任务。于是,他们就招募人准备残暴的屠杀。"[28]

安纳托利亚的大屠杀按一定模式展开。驱逐通知发布一段时间后,亚美尼亚人便被宪兵队用刺刀逐出家园。他们将12岁以上男性与女眷隔离开来,将其残忍杀害。在小村子里,这些男子通常就在其女眷的眼皮底下,在她们的一片尖叫声中遇害。但在大一些的镇上,他们会被带到隐蔽的地方动手,尤其不让外国人看见。亚美尼亚男子被带走后,妇孺则被持枪的守卫撵出城外。据幸存者描述,有些车次上的人遭到抢劫并被成批屠杀；有的则从一个镇子被撵到另一个镇子，途中老弱病残拖累行进的便被当场杀害。驱逐的目的地是叙利亚与伊拉克的沙漠定居点——代尔祖尔与摩苏尔，他们只有冒险穿过大沙漠才能抵达。

种族屠杀的始作俑者——塔拉特及其顾问，穆罕穆德·纳齐姆博士与巴拉丁·萨基尔博士，其目标是将亚美尼亚人从东部六个行省中全部驱逐，并确保他们在帝国任何一个区域的人口比例都不超过10%，够不上独立建国的规模。然而要达到这种人口数据的改变，绝大部分的奥斯曼亚美尼亚人将遭灭绝。通过武装分子的血腥屠杀，加之沙漠行进中的高死亡率，奥斯曼政府实现了这一目标。[29]

1915年5月，埃尔祖鲁姆与埃尔津詹的亚美尼亚人最先遭到驱逐。经过了两个月的跋涉，幸存者到达了125英里外的哈尔普特。当地的美国领事前去政府为他们提供的宿营地看望他们。莱斯利·戴维斯领事称："那里很少有男人，大多数都在途中被杀了。似乎有库尔德人沿途守候，就等着加害他们。"女人"几乎无一例外地衣衫褴褛、肮脏不堪、饥病交加。这种场景在意料之中。事实上，她们已徒步了近两个月，途中没有换洗的衣服，没有机会洗澡，没有住所，也很少能吃饱"。看到守卫带来食物，这些饥肠辘辘的妇女便冲上去争抢，结果被棍棒乱打，"力量足以致命"。绝望的母亲甚至想把自己的孩子托付给美国领事，以免他们未来遭受更多的不幸。戴维斯回忆道："用这种方式不断驱赶人上路，在相对短时间内就能把他们都处理掉。组织之严密，屠杀之有效，在该国几乎是前所未闻。"[30]

6月，塔拉特将驱逐令进一步扩大，安纳托利亚东部行省中"所有亚美尼亚人，无一例外"。诸如埃尔津詹、锡瓦斯、开塞利、阿达纳、迪亚巴克尔及阿勒颇等地，便成为一批批亚美尼亚流放者在去往代尔祖尔、摩苏尔与乌尔法途中的歇脚处。格里高利斯·巴拉基昂神父回忆道："我们这些还活着的人都嫉妒那些已被暴虐致死

第七章 亚美尼亚大屠杀

的同胞。而我们是活着的烈士,每天都徘徊在死亡边缘,却又活了下来。"[31]

格里高利斯·巴拉基昂决意挺过亚美尼亚大屠杀,作为见证人向后代讲述同胞的苦难。自从在加里波利登陆的前夕被带离伊斯坦布尔,巴拉基昂便与其他150名显贵一道被遣往安纳托利亚东北部的昌克勒。6月21日,塔拉特下令驱逐所有亚美尼亚人时,巴拉基昂用1500枚金币重金贿赂当地官员,希望能让昌克勒的亚美尼亚人免于流放。这次行贿为这位亚美尼亚神父及其同伴赢得了7个月的宝贵时间,让他们逃过了大屠杀的高峰。然而1916年2月,在最终被流放去往代尔祖尔的途中,巴拉基昂一行人还是遭遇了武装暴徒与村民,他们视亚美尼亚人的性命如草芥。

行进在已有成千上万亚美尼亚人死亡的路上,巴拉基昂与他同车的官员攀谈起来,奥斯曼宪兵无所顾忌,因为他们相信这些被"护送"的亚美尼亚人活不了多久。当中有位名叫舒凯里的上尉最坦白,他声称自己已监督杀害了4.2万名亚美尼亚人。

"贝伊,沿途的这些人骨从何而来?"巴拉基昂明知故问道。

"这些是在去年8月到9月里被杀的亚美尼亚人。君士坦丁堡来的命令。尽管内政大臣(指塔拉特)挖了许多大坑填埋这些尸体,但冬天的潮水把土冲开了。现在你也看见了,到处都是骨头。"舒凯里上尉回答。

"屠杀亚美尼亚人是谁的命令?"巴拉基昂追问。

"君士坦丁堡的阿提哈德(Ittihad,指联合派)中央委员会,还有内政大臣。"舒凯里解释,"最严格执行这条命令的是凯末尔(不是穆斯塔法凯末尔)……即约兹加特副总督。他是凡城人,听说亚美尼亚人在凡城叛乱的时候杀光了他的家人,他为了报复,把亚美尼亚人男女老少统统杀了。"[32]

巴拉基昂的一连串提问并没有使上尉感到不快,后者似乎很享受跟这位亚美尼亚神父聊天，以打发途中漫长的时光。舒凯里杀人如麻，他早已对这些恶行见惯不惯：数千名男子被砍死，6400名亚美尼亚妇女被洗劫一空，随后跟他们的孩子一起被杀。他一直把这种杀戮行为称作"清洗"（土耳其语为"paklamak"）。这位嗜血成性的奥斯曼军官甚至对巴拉基昂颇有好感，他提出巴拉基昂若能皈依伊斯兰教，自己就能保他免受一切灾难。

通过与土耳其军官交谈，巴拉基昂知悉了奥斯曼政府是如此看待亚美尼亚人的种种悲剧。一路上，他与其他幸存者聊天，又了解到亚美尼亚人在种族屠杀中的亲身经历。他把双方的观点融合成他伟大的回忆录，首版为亚美尼亚语，于1922年出版。他尽到了目击者的使命，为世人讲述了那段被他称为"亚美尼亚各各他"的悲惨往事。

要想在种族屠杀中存活谈何容易。巴拉基昂要与看守保持良好关系，并且用他自己的话说，还要坚信上帝。他就这样活一天算一天，还经常面临猝死的威胁。死亡行军途中，牧师及其伙伴经历了奥斯曼亚美尼亚人所有悲惨的遭遇：死者的惨状，还活着的人饥肠辘辘的哀求，还有为了活命改信伊斯兰教的那份耻辱。车队穿过安纳托利亚到达奇里乞亚，向叙利亚沙漠进发。一路上，他把所见所闻在日记中做了详细记载。其他幸存者对亚美尼亚种族屠杀的描述也印证了他的说法。

终日被暴行、疲惫与饥饿折磨，随时都有可能死于非命的恐惧更加重亚美尼亚人的精神负担。许多人不甘受此暴虐屈辱，于是选择自行了断。格里高利斯·巴拉基昂发誓要活下来，但就连他也差一点被逼得自杀。行至哈里斯河（Halys，古希腊语，意为"红河"）附近时，巴拉基昂及其同伴遭遇了一伙武装暴徒，他们商量，万一"躲不掉的灾难"真的来临，就跟先前许多人一样，一起纵身跳入湍急的河水里。他回忆称："这里浑浊的河水就是成千上万亚美尼亚人的坟墓，它肯定也不会拒绝我们的加入……让我们能不被这些土耳其罪犯折磨至死。"但巴拉基昂还是理智地与武装分子谈判,最终他们成功脱险。[33]

自称M. K.的曼努埃尔·克沙卡瑞昂,9岁时目睹自己的母亲从一座桥上一跃而下,淹没在幼发拉底河那汹涌的河水里。当时,M. K.及其阿纳达的家人全部被逐往美索不达米亚的艾因角(位于今叙利亚)定居点。仍是个孩子的他看到家人被暴徒打劫,还被押送他们的宪兵殴打。艰苦的跋涉使他的母亲双脚肿胀,疼痛难忍,但她还是挣扎着跟上大队的步伐,因为她知道那些掉队的人是何下场。[34]

一晚,M. K.的母亲知道自己实在无法继续走下去了,于是她向丈夫提了一个可怕的要求:"带我去河边吧,我要跳河自尽。如果我留下,阿拉伯人会把我折磨死的。"她的丈夫拒绝她的要求,但一位邻居了解她的恐惧,于是把她背到了幼发拉底河边。M. K与一位牧师随她一同到达河边。当时河水正涨潮。母亲跳河的一刹那,M. K把头转了过去。等他回过头来,母亲已在河中,不一会儿便被水流冲走了。

母亲死后不到两天,M. K.的父亲也在睡梦中死去,年幼的M. K.从此孤苦无依。他赤着脚,直到最后脚肿得无法走路。他看见士兵杀了许多跟他一样掉队的妇孺。他被扒得只剩裤衩,然后被扔在了路边——又渴又饿,惊恐万分。

一路上,亚美尼亚神父格里高利斯·巴拉基昂遇到过许多这样的孤儿。在伊斯拉耶耶,即距M. K.变成遗孤之地的不远处,他看到一个8岁左右的男孩与他11岁的姐姐一起乞讨,两个孩子几乎全身赤裸,接近饿死。姐姐"用受过教育的亚美尼亚语"述称,他们一家14口,其他人都死了,只剩两个小孩相依为命。"我真希望我们没有活着。"她啜泣着说道。[35]

年幼的M. K.最后奇迹般活了下来。他身处阿拉伯人与库尔德人之中,听不懂他们的语言,也不明白他们的举动。一些人给他吃穿,而另一些人却朝他扔石头,抢劫他。他目睹丑陋的恶行,看见平原上到处躺着亚美尼亚人的尸体。四个库尔德妇女救了他。她们看见他在路上游荡,于是就把他带回村子,让他做家仆。余下的战争岁月里,M. K. 流浪于土耳其-叙利亚边境上的库尔德村落之间,靠好心人的接济——与逃离坏人的残暴——度日。

有天晚上,M. K. 看见远处一座山头的村庄着了火。收留他的库尔德人跟他解释称,那是叫阿扎克的亚述人村,是被劫掠的数个基督村之一。"嘿,异教徒之子,瞧见了吧?"库尔德人洋洋得意地说道,"土耳其所有的亚美尼亚人,还有不信伊斯兰教的人都被清理掉了。着火的地方就是个异教徒(gavur)村,他们是被活活烧死的。"为了吓唬 M. K.,库尔德人还补充说,土耳其已经没有基督徒了。M. K. 回忆说:"我相信的确如此。"[36]

奥斯曼帝国的亚述基督徒与亚美尼亚人的遭遇一样,也被指控在一战初期与俄国人勾结。亚述人是信奉基督教的少数民族,他们的语言源自古老的阿拉姆语。几世纪以来,亚述人一直居住在今土耳其、叙利亚、伊朗与伊拉克的边境地区,与库尔德人杂居一处。聂斯托利派、迦勒底派及叙利亚东正教是亚述人的三大教派。

如同亚美尼亚人,奥斯曼帝国的亚述人也遭到阶段性的迫害,其中包括 1895、1896 年,还有 1909 年的阿达纳大屠杀。为寻找协约国的庇护,亚述人同样选择信任俄国。奥斯曼帝国加入一战后,亚述人就被控与协约国串通,遭到青年土耳其党政府的杀戮。战前 62 万亚述基督徒中,约有 25 万在第一次世界大战中被杀。对 M. K. 这样的孩子而言,作为奥斯曼帝国大计中的一部分,帝国境内的亚述人与亚美尼亚人被赶尽杀绝是完全可能成为现实的。[37]

在安纳托利亚东南部村庄之间流浪的日子里,M. K. 看到很多亚美尼亚妇孺跟他一样,被库尔德人收容。不少都是被库尔德人从死亡行进的途中救下,随后到库尔德村庄帮忙做家务、忙农活。M. K. 还遇见了几位年轻的亚美尼亚妇女,她们最后都嫁入库尔德救命恩人的家中。其中赫拉努斯·加达利安就是这样逃过了种族屠杀。

第七章 亚美尼亚大屠杀

赫拉努斯出生于安纳托利亚东部海拜卜村一户体面人家。海拜卜（Habab）是一个大型的亚美尼亚人聚居地，拥有200户人家、两座教堂和一座修道院。1913年，赫拉努斯刚开始上学，她的父亲与两位叔叔便移民到了美国。她一学会写字就给父亲寄去一封信，她的父亲一直把这封信放在钱包里随身携带，直至去世。"我们一直希望并祈祷您过得很好，"赫拉努斯代表她的兄弟姐妹写道，"我们每天都去学校，很努力地想做个乖孩子。"用神父巴拉基昂的话来说，这封信都是用上学小女孩那贴切的亚美尼亚语句写成的。[38]

赫拉努斯三年级那年，宪兵队袭击了她的村庄。他们在惊恐万分的亚美尼亚村民前将村长枪毙，然后把其他人团团围住。她的祖父与三位叔叔被带走，从此杳无音讯。随后，宪兵们把村里的女性都带到了附近一个叫帕卢的集镇，关在一间教堂里。女人听到教堂外有凄厉的叫声。一个小女孩爬上高高的窗户往外张望。赫拉努斯至今难忘那个女孩描述的惨状："他们在割男人的喉咙，然后把他们丢进河里。"

海拜卜的妇孺从帕卢加入了死亡行进，随其他亚美尼亚人一起穿越安纳托利亚，朝叙利亚沙漠走去。赫拉努斯后来回忆道："行进中，我的母亲特意走得很快，以免自己掉到队伍的后面。我们跟不上她，她便用手拽着我们。我们可以听到队伍后面有人在哭喊、哀求。"第一天快结束时，赫拉努斯怀孕的姑姑身体不适，落在了队伍后。宪兵当场用刺刀刺死她，将她扔在路边。"整个行进途中，凡是老弱病残走不动的，他们就会用刺刀杀死他们，把他们丢在倒下的地方。"

去往迪亚巴克尔的途中，队伍在马登镇过河。赫拉努斯看见自己的奶奶将她两个已失去父母的孙辈扔进河里。两个孩子走不动了，奶奶便把他们的头摁在水里，随后自己也纵身跳入汹涌的河水中。正如格里高利斯·巴拉基昂所说的，这条河"就是成千上万亚美尼亚人的坟墓"。

行进到切尔米克哈马姆巴斯（Çermik Hamambaşı），当地居民涌上前来，他们在凄惨的幸存者中寻找健康的小孩回家打杂。一位骑马的宪兵选中了赫拉努斯，另一个邻村的人相中她的兄弟奥伦。可他们的母亲断然拒绝，高喊道："谁也别想从我身边抢走他们，我绝不会放弃他们！"

赫拉努斯的姥姥试图劝女儿为了孩子的安全，让他们走。"我的女儿啊，"她如此恳求赫拉努斯的母亲，"孩子们一个个都快死了，没人能活过这场死亡之旅。如果你让你的孩子跟这些人走，你就是救了他们啊。"赫拉努斯的家人还在对这个悲惨的问题讨论不休，那两个人就趁机想把孩子掳走——骑马的宪兵抓住赫拉努斯，另一个人则抓住了奥伦。赫拉努斯的母亲一直努力抓着赫拉努斯，想从骑马的宪兵手里把她抢回来，但她一松手，便永远失去女儿。

宪兵把赫拉努斯带到了切尔米克外的一处农场。她在那里遇到8个同样来自海拜卜村的女孩，大家都是被人从死亡跋涉中抢出来的。女孩被留在一个果园里，吃了顿饱饭，人们也很照顾她们。当天晚些时候，那个骑警回到这里，接上赫拉努斯回到他在切尔米克附近的家中。这位骑警和妻子膝下无子，他把赫拉努斯当自己的亲女儿一样对待。然而，他的妻子因嫉妒丈夫对这位亚美尼亚小女孩的关怀，就一直羞辱她，提醒她在这家中只是个女仆。夫妻二人给赫拉努斯取了一个土耳其名——泽埃尔，还教她土耳其语。

尽管赫拉努斯没了自由和身份，但她以泽埃尔这个土耳其新名字活了下来。虽然她很多家人都死在流放的途中，但也有不少幸存者。赫拉努斯的兄弟奥伦与她同一天被带走，在邻近的一个村子里干活，被人称作"羊倌艾哈迈德"。她母亲最漂亮的妹妹被一个库尔德马夫掳走，后来嫁给他。这位姨妈不但活了下来，还成功地找到赫拉努斯的新家。更令人吃惊的是，赫拉努斯的母亲活着走到阿勒颇，战争期间一直留在那里。她的父亲从美国回来寻找失散的家人，成功地与赫拉努斯的母亲团聚。可是，加达利安夫妇二人却再

第七章 亚美尼亚大屠杀

也没能找回他们的女儿赫拉努斯。[39]

16岁时,赫拉努斯已出落成一位土耳其少女,嫁给了骑警的一个侄子。她的结婚证上写的是泽埃尔,是骑警侯赛因与妻子埃斯玛之女。泽埃尔的余生一直是个土耳其家庭主妇,她的孩子都是循规蹈矩的穆斯林。

格里高利斯·巴拉基昂和一些为了躲避大屠杀而皈依伊斯兰教的亚美尼亚人打过交道。这对大人来说较难接受,但孩子的适应性相对较强。几百或几千名年幼的亚美尼亚人改信伊斯兰教后融入土耳其社会,他们的亚美尼亚出身几乎已被人遗忘——但还未完全忘记。战后多年,土耳其人仍然把这些后来皈依伊斯兰教的人称为"漏网之鱼"。[40]

死亡行军即将进入致命的沙漠,这时格里高利斯·巴拉基昂决定放弃前行。他在途中遇到两位在奥斯曼运输队服役的亚美尼亚马夫,他们刚从代尔祖尔回来,诧异地发现还有一名活着的亚美尼亚神父,于是竭尽全力阻止他继续前进。"我要怎么讲你才能明白呢?"他们绝望地问道,"那些去代尔祖尔的人所经历的,已经无法用人类的语言描述。"不过亚美尼亚马夫还是试图用只字片语去表述那份恐惧:

> 几千户人家从阿勒颇上路,只有不到5%的人活着到了代尔祖尔。因为沙漠里的土匪……跨着马,手拿长枪,成群结队地攻击手无缚鸡之力的人们。他们杀人绑架、奸淫掳掠无所不为。他们把中意的挑走,有谁要是胆敢反抗就往死里折磨,然后再带走。由于不能也无法折返,还活着的人别无选择,只好继续向前,再次遭受新一轮的攻击和劫掠。只有不到5%的人活着。[41]

马夫如此细致地描绘这一幕幕的恐怖景象,最终成功说服这位亚美尼亚神父，令他相信只有精心策划、从看守他的奥斯曼军手中逃离，才能活命。巴拉基昂把自己的计划透漏给他最亲近的伙伴，1916年4月初，在一位亚美尼亚烟草走私商的帮助下，他逃离行进队伍，躲进了阿曼山脉。

德国铁路公司仍在竭尽全力完成阿曼山脉的隧道工程。托鲁斯山脉与阿曼山脉群成为打通柏林至巴格达铁路的最终障碍。该段铁路对奥斯曼帝国在美索不达米亚与巴勒斯坦地区的战事甚为关键，战争大臣恩维尔帕夏允许德国铁路公司自由招募任何它需要的劳力，以便修建长隧道，打通这片密集的山脉群。数千名从死亡跋涉中逃生的亚美尼亚人躲在阿曼山脉修建隧道。巴拉基昂声称，1916年早期有多达11 500名亚美尼亚人在此工作。他们做苦力维持温饱，也比死亡迁徙要强上百倍。格里高利斯·巴拉基昂就在这里丢掉牧师的袍子，剃掉威严的胡须，踏上亡命生涯。

由于巴拉基昂精通德语，他很快便得到奥地利与德国工程师的庇护，当上铁路监察员。然而，修建铁路也并不安全。1916年6月，土耳其军官包围了所有亚美尼亚工人，打算马上驱逐他们。德国铁路工程师抗议称，亚美尼亚工人对于铁路完工至关重要。最终，包括巴拉基昂在内有135名"专家"得以幸免，但这些逃过一劫的亚美尼亚人面临着越来越大的压力——皈依伊斯兰教。对巴拉基昂而言，改变信仰是万万不可能的。因此，他在德国同事的帮助下，逃到了该铁路段的另一处工作站，大家都以为他是德国人（巴拉基昂充满感情地描述了德国与奥地利普通百姓的人道主义，却发现德国军人与青年土耳其党人一样敌视亚美尼亚人）。余下的战争岁月中，巴拉基昂一直秘密潜逃，或以德国人身份躲避流放。就这样，这位亚美尼亚神父逃过奥斯曼政府消灭亚美尼亚人的种种手段。据他估算，这些手段在1915年底造成四分之三的奥斯曼亚美尼亚人死亡。

关于一战中有多少奥斯曼基督徒惨遭屠杀，至今并无定论。尽

第七章　亚美尼亚大屠杀　　　　　　　　　　　　　　　201

管与希腊的人口交换并未有太多的流血事件，但数十万亚美尼亚人与亚述人在1915年的流放中殒命。直至21世纪，人们还一直在争论，1915年至1918年针对亚美尼亚人的大屠杀究竟是战争使然，还是蓄意的灭绝政策造成的后果。但即便是否认亚美尼亚大屠杀存在的人也承认，有60万至85万亚美尼亚平民因种种战时政策丢掉性命。而另一方，亚美尼亚历史学家则宣称蓄意的国家政策导致100万至150万亚美尼亚人丧生，使其成为现代首次种族屠杀的牺牲品。[42]

　　的确，有部分亚美尼亚人与亚述人在战时与奥斯曼帝国的敌人串通一气。1915年春，帝国在达达尼尔海峡、高加索边境，以及美索不达米亚这三条战线上同时受敌。这虽然有助于解释，为何青年土耳其党人要对其基督徒臣民采取如此前所未有的暴力手段，但也无法为他们之后犯下的反人类罪行开脱。

　　讽刺的是，奥斯曼帝国如此这般对亚美尼亚人与其他基督徒赶尽杀绝，却并未使帝国更加安全：协约国从未在奇里乞亚地区发动过进攻，帝国驱逐当地亚美尼亚人的行为毫无理由；流放修建柏林至巴格达段铁路的亚美尼亚工人，事实上有碍于帝国在美索不达米亚的战事；驱逐安纳托利亚东部的亚美尼亚人，也未能阻止俄军入侵高加索地区。1916年2月，沙皇部队攻占埃尔祖鲁姆时几乎未遇任何抵抗。同年晚些时候，俄军横扫黑海港口城市特拉布宗与集市重镇埃尔津詹——由于当时亚美尼亚人已被驱逐，奥斯曼军在这些战场上的失败并不能归结于他们与俄国勾结。

　　达达尼尔海峡之战中，奥斯曼军经历艰难险阻，最终击退英国、法国与自治领的联军，成功守卫帝国领土。这场胜利是奥斯曼士兵英勇作战、众志成城的结果，而非消灭帝国少数族裔之功。

第八章

奥斯曼军在加里波利的胜利

加里波利之战很快由运动战转变成了堑壕战。以巨大伤亡为代价，协约国终于将5万名战士成功送上加里波利半岛。然而，他们并未能完成先前野心勃勃的任务。英军本想逼退奥斯曼守军，拿下深入内陆5英里的阿奇巴巴高地，进而钳制土耳其军在达达尼尔海峡的阵地。澳新军团不仅应攻占俯瞰阿尔布茹努周围海滩的山岭，还应占据横跨半岛，直抵达达尼尔海峡的麦都士高地，从而切断奥斯曼军所有的交通补给线。倘若协约国部队能顺利完成上述任务，他们便能征服达达尼尔海峡的岸炮组，为英法战舰打通海峡，并最终占领伊斯坦布尔。但事实上，他们遭遇了土耳其守军的顽强抵抗。土耳其人在澳新湾与赫勒思角周边地区拉开战线，奋力阻击入侵者向内陆挺进。

英法联军三度试图突破土耳其军在加里波利半岛尖角处的防线，抢占具有战略意义的克里希亚村与阿奇巴巴高地，但均以失败告终。4月28日克里希亚的首场战役中，英法联军死伤3000人（伤亡率达20%），却未能前进半步。相隔9天后（即5月6日），协约国再度发起进攻，三天内折损6500名士兵（接近参战兵力的

30%），却只向前推进了600码。克里希亚的第三场，也是最后一场战役中（6月4日），英军死伤4500人，法军2000人，也只是把一英里长的战线推进了250至500码。往克里希亚推进每一英里，协约国便要伤亡2万人，如此高昂的代价他们根本无法承受。[1]

加里波利半岛保卫战让土耳其军也伤亡惨重。克里希亚的三场战役中他们付出与协约国同等的代价，而在向英法军阵地发起的反击中死伤尤甚。由于恩维尔帕夏下令要将入侵者赶出陆地，奥斯曼军孤注一掷，向协约国军的阵地发起反攻。5月1日深夜至2日凌晨，奥斯曼军向驻赫勒思角的英军发动第一轮攻击，造成6000名奥斯曼士兵阵亡；5月3日至4日，他们在同一地点再次发动进攻，又折损4000名土耳其士兵——10小时内便损失了近40%的兵力。

5月18日晚，奥斯曼军动员5万名步兵，向位于阿尔布茹努滩头的澳大利亚与新西兰士兵发起大规模进攻，企图迫使他们撤离海滩。英国侦察机早已向澳新军团通报了敌军大规模集结的消息，于是澳新士兵严阵以待。经过7小时的战斗，奥斯曼军一败涂地，阵前死伤1万余人。西线士兵早已知道，向挖壕固守、全副武装的敌军发起进攻没有半点胜算。而他们在加里波利的同伴却仍未总结出这一惨痛的教训。[2]

加里波利半岛上的混战持续了一个月，双方仍僵持不下。协约国与奥斯曼军均修起壕沟，坚守阵地，数万名士兵在堑壕里英勇作战，死伤无数。澳大利亚与新西兰士兵盘踞澳新湾滩头，英法联军则在距赫勒思角不到3英里的半岛尖角处拉开战线。尽管土耳其人并未能将入侵者逼回海上，但他们还是成功阻止了协约国部队抵达高地。由于阵地狭小，协约国部队不断遭到敌军的大炮、榴霰弹以及躲在暗处狙击手的攻击，而土耳其部队也时常遭到英法舰队的重炮轰击。这正是西线士兵所熟知的堑壕战法，他们还同样熟知那伴随战争而来的种种恐怖体验。

第八章 奥斯曼军在加里波利的胜利

英国政府审视加里波利当前局势,感到忧心忡忡。战争并未按计划进行:3月18日,英法海军突破达达尼尔海峡失败,温斯顿·丘吉尔所倡导的这次海上冒险行动因此被中止;基奇纳勋爵发动有限的地面进攻,也遭到奥斯曼军的顽强抵抗,最终铩羽而归;死伤率高居不下,地面部队中有生力量过少,不足以取得战斗胜利;而亚历山大港与利姆诺斯岛(协约国达达尼尔海峡之战的总部所在地)之间的航运线亦不再安全。

5月13日,奥斯曼军袭击英舰"歌利亚"号,英国战舰的弱点在这次行动中首次暴露。"歌利亚"号战列舰服役已久,当时正驻靠在莫陀湾(达达尼尔海峡内,靠近加里波利半岛南角的位置)为法军作掩护。土耳其"国家支持"号鱼雷艇逆行进入达达尼尔海峡,朝协约国船只方向驶去。由于"国家支持"号行驶缓慢,且艇尾在前,导致执勤的协约国军官误把这艘奥斯曼战船当做英国船只,直到它向"歌利亚"号发射了3枚鱼雷,一切为时已晚。"歌利亚"号在短短两分钟内便沉没了,船上700名船员中的570名随之遇难,而土耳其鱼雷艇却安然无恙地悄然撤离。

5月末,德国潜艇抵达达达尼尔海峡,改变了该区域的海上力量对比。对此协约国无力回天。事实上,自英舰于1914年12月击沉奥斯曼"马苏迪"号战列舰后,英国、法国,甚至澳大利亚都已在达达尼尔海峡部署了潜艇。1915年4月25日,澳大利亚"AE2"号潜艇清除水下障碍物,成功抵达马尔马拉海。两艘英国潜艇——"E11"号与"E14"号也同样顺利通过海峡,在马尔马拉海巡航数周,击沉了数艘载满物资前往加里波利半岛的奥斯曼军运输船。但由于海峡与马尔马拉海的水下威胁极多,协约国潜艇舰队也损失严重。"AE2"号潜艇抵达马尔马拉海不过数日,便被土耳其鱼雷艇击沉。截至5月末,因潜艇网与水雷,法国也已损失两艘潜艇——"蓝宝石"号与"焦耳"号。[3]

德国潜艇轻轻松松便让位于爱琴海公共水域的英舰蒙受损失。5月25日,正当英国"胜利"号战列舰对奥斯曼军在澳新湾的阵地发动炮击时,德国"U-21"号潜艇向其发射鱼雷并将其击沉。事发时正值晌午,交战双方视野都非常开阔——这对土耳其人来说是个好消息,却给岸上的澳大利亚与新西兰士兵沉重的打击,使其士气低迷。"胜利"号不到20分钟便彻底沉没,期间多数船员获救,但仍有75名水手与3名海军军官丧命。两天后,这艘德国潜艇又在赫勒思角击沉英国"威严"号战列舰,致舰上49人死亡。舰上的桅杆倒搁在大陆架上,支撑着倾覆的船体,提醒着协约国海军在达达尼尔海峡战役中经受的惨痛经历。由于在短期内接连损失3艘战列舰,皇家海军不得不将所有重型战列舰撤出达达尼尔海峡,改由小型潜水重炮舰(专为向岸上发动炮击而建造的潜水船只),及其他不易受潜艇攻击的小型舰船掩护陆地上的军事行动。尽管如此,对往返于亚历山大港与穆兹罗斯港之间运送兵员与补给的英法船只来说,德国潜艇仍然是很大困扰,令战局更加复杂。[4]

加里波利的一连串失利在英国国内激发一场政治危机。1915年5月,英国自由党首相H. H. 阿斯奎斯被迫与保守党组成战时联合政府。新内阁顺应政局的走势。保守党成员阿瑟·詹姆斯·贝尔福接替温斯顿·丘吉尔成为海军大臣。英国海军在达达尼尔海峡行动失败,丘吉尔作为该行动的倡导者也备受谴责,被降职为兰开斯特公爵领地事务大臣,失去实权。英国政府新成立达达尼尔委员会,取代原先的战争委员会监管加里波利战事。1915年6月7日,达达尼尔委员会首度召开会议,讨论未来战事。

基奇纳勋爵留任陆军大臣,他依旧是会议中最权威的人物(基奇纳是当时最具影响力的决策者,但具有讽刺意味的是,时至今日,人们还是把英军在加里波利的失利归咎于丘吉尔)。他给了达达尼尔委员会三个选择:英国及其协约国盟友彻底放弃加里波利战役;

第八章 奥斯曼军在加里波利的胜利

或大规模派遣部队征服半岛；抑或继续向伊恩·汉密尔顿率领的小股远征军增派援军，期待稳扎稳打，最终征服加里波利。

委员会成员排除从加里波利撤军的可能性。他们担心承认失败会把摇摆不定的巴尔干列国推向对立面。届时，借用英国官方历史学家在谈到这次战役时所说的，"整个伊斯兰世界几乎定将起事"，这也印证了协约国战争策划者仍非常忌惮奥斯曼帝国的圣战。但委员会成员在派遣大规模部队与维持现状这两个选择之间犹豫不决。他们不知道需要多大规模的部队才能征服加里波利的土耳其人，也不知道派遣这样的部队需要多少时日。他们每多拖延一日，奥斯曼帝国与德国便多一天时间构筑防线，使加里波利更难以攻克。[5]

最终，基奇纳决定，派遣大规模的援军前往达达尼尔海峡积极参战。地中海远征军总司令伊恩·汉密尔顿请求增派3个师的兵力（第一次世界大战时英军一个师的编制在1万至1.5万人），以便协约国部队能打破澳新湾的僵局，进而攻下加里波利半岛。6月7日，达达尼尔委员会开会批准了增派3个师的请求。6月末，基奇纳决定再派2个师——共5个师——供汉密尔顿调度，助其拿下加里波利。第一批部队于8月初抵达前线。

1915年夏，英法士兵把加里波利半岛的农田挖成了一条条纵横交错的堑壕。法国士兵沿着一条宽阔的交通壕向前线推进，他们乐观地把这条交通壕称为"君士坦丁堡之路"，而火线士兵则沿着平行的"巴黎之路"撤回大后方。"摄政街"自前线向南伸展，穿过"皮卡迪里圆环"，与"牛津街"相交。一个极为复杂的战壕交汇处被称为"克拉珀姆交汇站"，与伦敦最大的铁路中心同名。还有十几条小战壕以在这里抛头颅、洒热血的团命名："兰开夏街"，"马斯特尔街"，"埃塞克斯土墩"，以及"伍斯特平地"。最具讽刺意味的名字留给了前线："海德公园角"，"主街"，还有最令人黯然的"希望街"。[6]

这些富有讽刺意味的名字并未能掩饰堑壕的恐怖。那些既在西线又在加里波利服役过的人认为，到目前为止土耳其战线更难攻克。法国下士让·雷蒙尼西在1915年6月给家人的信中如此写道："两条战线都经历过的那些人觉得这儿比法国要糟糕多了。"对此英国人也有同感。A. P. 赫伯特声称："在法国，除了正式进攻之外，一个步兵几个月不开枪也能活，也根本不会挨枪子儿。但在加里波利的那些壕沟里，土耳其人和基督徒每天都用手枪和炸弹互相攻击，晚上还爬出战壕在黑暗中拼刺刀。那里的士兵必须一直保持高度警惕，竖着耳朵，注意风吹草动，丝毫松懈不得。"[7]

战壕生活侵蚀着每位士兵的感官——视觉、听觉、味觉、嗅觉与触觉无一幸免。堑壕战对战斗人员的肉体与精神都造成严重损害。赫伯特描述的英军在加里波利各个战壕中的经历也同样适用于土耳其人。堑壕战中，入侵者与守军面对的脏乱与恐怖是相等的。

士兵一旦抵达加里波利，炮声便从此与他为伴。只是，遭炮击的多半是协约国部队。自从德国潜艇将英国战列舰逐出达达尼尔海峡入口之后，在海峡亚洲海岸的奥斯曼炮兵便可以无所顾忌地开炮，使法国阵线受损严重。加里波利半岛上的土耳其士兵占据制高点，俯瞰赫勒思与澳新湾，他们有条不紊地向协约国部队发射榴霰弹与炮弹。一位奥斯曼炮兵长称："我们占据阿奇巴巴的最高点，因此能在任何时间开炮，发动对我们有利的攻击。"英法联军在定位奥斯曼军的枪炮位置一事上深感挫败。土耳其人运用伪装，让做诱饵的大炮故意冒出烟雾，以吸引协约国火力，再利用移动榴弹炮摧毁它们。奥斯曼军与德军朝在赫勒思与澳新湾聚集的入侵者肆意开火，炮火时强时弱，时近时远，不分白天黑夜地袭扰敌军。如此捉摸不定的威胁使冲突双方不时发生伤亡。[8]

整场加里波利战役中，土耳其人让入侵者领教了狙击的本领。最初，协约国部队对这些隐形杀手惊慌失措。奥斯曼狙击手把脸涂

第八章　奥斯曼军在加里波利的胜利

成绿色，躲藏在山地之中。这里的地形他们比入侵者熟悉万倍，所以他们能在敌军登陆赫勒思与澳新湾后渗入其后方。"就一直躺在那里狙击异教徒，直到他们自己也被打死，"A. P. 赫伯特如此写道，"他们都是勇者。"狙击手极大打击了入侵者的士气。"他们在训练中从未遇到这样的情况，"赫伯特继续写道，"他们痛恨这种'盲目'的感觉；总是得担心头够不够低，总是得猫着腰走路，时时刻刻都得万分小心，这是很耗神的，但即使是片刻的放松都非常危险。凡此种种让他们提不起劲。"正如一位士兵在诗里写道：

狙击手成天狙击，
子弹成天呼啸，
人们一个接一个倒下。[9]

入侵者及时从最初的惊惶中镇静下来，把自己也变成了神枪手。1915年5月中旬，惠灵顿骑马步兵团的G. T. 克鲁尼上士刚抵达加里波利数日，便与土耳其狙击手交火。他在5月16日的日记中写道："我把头抬起来，结果差点被击中，于是我换到另一个位置观察，发现他就在200码开外的土耳其战壕后面。然后我就开始开枪，他也朝我开枪。我们朝对方至少连打了十枪，最后我把他击毙了，不过天哪，他也差点让我没了命。"克鲁尼毫不隐藏他打死敌方狙击手的那份喜悦。慢慢地，土耳其人开始佩服起协约国枪手的实力。"我们没想到敌人枪法这么准，"易卜拉欣·阿里坎在日记中回忆道，"虽然我们是去猎杀敌人，但最后是他们在猎杀我们。"尽管如此，入侵者还是继续活在恐慌之中，生怕这些藏在暗处的杀手会随时向他们开火。[10]

英军与澳新军团还非常诧异地发现，敌方狙击手中居然还有女兵。关于第一次世界大战中有女兵参加奥斯曼军一事并无任何记载。鉴于奥斯曼社会的性别隔离，女性参军至少是失当的。然而，不少英军与澳新士兵都声称有女性狙击手被击毙、打伤或被捕,所以此事不能仅仅当作是一个奇谈。一位英国医务员在日记中提到,有一位受伤的土耳其女狙击手被送进赫勒思角医院,"她手部中枪"——虽然他声称自己未亲眼见过她。一位新西兰二等兵目睹了这一切:"来了一位女狙击手,但起先我们只注意到她受伤了,并没发现她是个女的。附近有许多女狙击手,她们枪法都很准。"威尔特郡团二等兵约翰·弗兰克·格雷在澳新湾附近的巧克力山周围与狙击手交过火,称敌军中有女狙击手是他们部队"最神奇的发现"。他记载,这些女性持有武器,与男同事一起躲在树丛里。"其中一些女的像男人那样穿着裤子,有的则穿着长及脚背的灰色半裙。她们都瘦骨嶙峋,看上去像是几个月没吃过东西。"不过,仅凭上述描述,我们无法断定协约国士兵宣称敌军中有女性,是因为土耳其女人确实加入战斗,还是想把她们描述成战斗人员,来为自己对土耳其女人的暴力行为开脱。[11]

除了明处的炮火与暗处的狙击之外,协约国部队与土耳其人还时常在对方战壕下方挖通道埋地雷,把敌军送上天。雷蒙尼西下士睡觉时耳朵紧贴着掩体的硬地面。有一天,他半夜惊醒,听到他的下面有人在挖坑。他侧耳倾听,听到有尖头挖掘工具不时敲击泥土的声音。"肯定是土耳其人,"他断定称,"挖个坑想把我们炸飞。"他迅速找了一处安全些的地方睡觉。"我怕的就是从战壕里被炸。"他从未在那片战壕得到过片刻安宁,总是担心土耳其人有一天会在他下方引爆炸药。[12]

相比被炸上天,穆罕默德·法西赫中尉更怕被活埋。这位小心谨慎的青年军官在日记中述称,敌军引爆了一颗威力强劲的地雷,他感到脚下的大地在震颤。他记载道:"爆炸地点就在我几天前听到有人挖坑的地方,最终7人失踪。"下午晚些时候,一名失踪人员成功地把自己挖出废墟,令这位奥斯曼中尉深感欣慰。"没有什么比这种死法更可怕的了,"穆罕默德·法西赫回忆道,"清醒地意识到自己在慢慢等死! ……上帝啊,请让所有人都远离这悲惨的命运吧。"[13]

战壕里的日子就是漫长的等待,中间不时穿插着多次袭击。奥斯曼军与协约国部队交替向对方发动进攻,致使双方士兵一直处于紧张状态。"我们害怕遭到攻击,"让·雷蒙尼西在法军前线待了一段日子后写道,"但我承认,我们更害怕的是自己不得不主动进攻。"虽然看到敌军向这边蜂拥而来确实令人胆战心惊,但堑壕战中最危险的,还是死命跑过无人区。[14]

皇家马丝特尔燧发枪团的莫里亚蒂上士侥幸挺过土耳其人于5月1日晚发起的攻击。"他们几千人爬到我军战壕处,战壕整晚都充斥着'阿拉,阿拉'的叫喊声。"奥斯曼士兵一批批袭来,为了活命马丝特尔燧发枪团奋力抵抗。"当土耳其人到达近处,这帮恶魔便向我们扔手榴弹,最后我们只能凭兵籍牌(英国士兵挂在脖子上的圆形狗牌)确认死者的身份。"一整晚,莫里亚蒂都在战斗,待到黎明时分,他发现数百名土耳其人死在英军战壕上,场景令人毛骨悚然。"我相信我这辈子都忘不了那一夜。"他回忆道。[15]

奥斯曼士兵那声"阿拉"的呼喊一直萦绕在澳大利亚战争诗人哈雷·马修斯(Harley Matthews)的脑海里。对协约国士兵来说,这种异国的呐喊刺痛着他们的神经:

  我们又听到他们在山上集结,
   他们大喊大叫,吹着号子。
  "阿拉!"他们喊着。接着踩起重重的步子。
  "阿拉!"左边枪炮声渐起,
   一阵风似的,子弹便射向我们。"预备!
  他们来了。开火!"再一次,
  我们朝呐喊声与阴影开枪——接着……没了,
   他们消失了,和以前一样消散不见。[16]

对所有士兵而言,"冲锋"才是真正接受枪炮的洗礼,也是幸存者永生难忘的创痛。"待在战壕里也挺不错,"法国雷蒙尼西下士略带揶揄地回忆,"就是会有可怕的白刃战。可冲锋时,士兵们还没来得及翻过胸墙,就被敌军的机关枪和神枪手像割草一样成片击倒。"[17]

曼彻斯特本土守备团士兵罗伯特·厄德利于6月抵达加里波利。7月12日,他首次对土耳其阵线发动进攻。他清楚地记得收到致命的冲锋命令前的每一分每一秒:"我们真是度日如年,整颗心悬在半空。接着那位军官紧盯着手表,盯着那根(死亡)时针缓慢地,非常缓慢地,但毫无悬念地移向毁灭——也许只剩一秒的生命了——因为这就是去送死——这一秒我们都满心哀伤,心情沉重。这时你能听见周围有可怜的伙伴呢喃着祈祷,害怕下一秒的到来,因为虽然'死亡'姗姗来迟,但定会'在接下来的几分钟里'到来。"惶恐不安的士兵试图给伙伴打气,但他们的话语苍白无力,完全无法减轻那一刻的凝重。

"打起精神来,哥们!"

"握个手,老伙计,祝你好运,希望都能没事。"士兵们最后握了握手,终于,长官下达冲锋命令。

"上吧,小伙子,祝你们好运。"

厄德利爬出相对安全的壕沟,一头扎进枪林弹雨之中。他拿着上了刺刀的枪,奔跑过无人区,对自己还活着感到非常惊喜(他只受了点脚上的皮外伤,被坏了的刺刀擦破了鼻子而已),而他周围的同伴纷纷倒下。他听到伤者的求救声,与"濒死的伙计最后握一次手,我到死也不会忘记我的第一次战斗经历——那几分钟简直就是地狱"。[18]

每一次进攻都使战场上又多出成百上千的阵亡将士。这些士兵倒在双方阵线之间,炎炎夏日令尸体开始腐烂,整个加里波利半岛都充斥着这种浓烈的死亡气息。交战的前几周里,奥斯曼军与协约国部队商定局部停火,用 3 至 4 小时的时间把这些尸体掩埋。由于此前土耳其人在澳新湾发起了一场大规模进攻,致使数千人死亡,交战双方于 5 月 24 日停火长达 9 小时。双方都认为有必要停火,但又担心对方会利用空当占了先机,于是便严密监视着对方战壕的动静,赶在重新开火之前,将兵员与物资转移到最佳位置。自 5 月 24 日后,战斗便再无停歇。死去的士兵曝尸山野,这开始影响到幸存者的士气,还有健康。

边境团(Border Regiment)一位名叫巴特尔·布拉德绍的青年军官,在寄给家人的信中如此写道:"战壕里肮脏不堪,一部分胸墙里埋着死了数日的士兵,他们的脚还露在外面。两边堆满了还没下葬的尸体,就这样在高温下曝晒着。我们竭力给他们撒上石灰,那股恶臭简直太糟糕了。你得意识到,你就睡在死人堆里,你的食物也是从死人堆里拿的,如果你不挥一挥手里的食物……"布拉德绍在此停笔,因为他不想写明,如果士兵不挥动手中的食物,不一会儿就会被苍蝇——叮过尸体的苍蝇——叮满。[19]

1915 年,A. P. 赫伯特在加里波利写过一首题为《苍蝇》的诗,诗中反映了战壕的这种恐怖:

> 苍蝇!哦,天哪,苍蝇
> 它们玷污了神圣的亡人。
> 看它们徘徊在亡人的眼睛,
> 又想把那面包与生者瓜分。
> 我想我不会忘记,
> 战争的肮脏与臭气,
> 胸墙上的那些尸体,
> 还有那满地的蛆。[20]

成群结队的苍蝇把疾病从死者身上传给生者。双方士兵均染上大规模由空气和水传播的瘟疫。他们害怕被狙击,只能在同一条战壕吃、睡,就地解手。不久,痢疾就在壕沟里蔓延开来。法国炮兵军官雷蒙德·韦尔表示,他对军中肆虐的疾病忧心忡忡。法国士兵虽注射过霍乱与伤寒的疫苗,但这些预防措施对发烧与胃功能失调毫无作用。"最近几日,将士们成批病倒,在病痛面前,是官是兵都变得不重要了。"韦尔在日记里如此写道。尽管病假制度很严格,但数千名士兵必须撤下前线,他们严重脱水,虚弱得都走不了路,更别提出生入死了。夏季最炎热的那段时间里,每天都有几百名病患撤出加里波利。他们被送往穆兹罗斯的医疗机构接受救治,直到完全康复,重返战场。[21]

在战壕这片狭小的空间中战斗求生存,令士兵在精神上倍感压力。西线作战,士兵还能去附近村镇休息,远离战火片刻;然而在加里波利,他们没有一丝喘息的机会。即使在海里游泳,也会不时遭到敌军炮火的攻击,轻者致残,重者丧命。他们睡觉时也不得安宁。炮弹那无休止的啸叫,发射后的余波,以及前线残酷的环境都使士兵难以入眠。士兵的日记中时常提到他们夜不能寐。"我们的人都很疲倦,"让·雷蒙尼西写道,"我也一样,虽然我还撑得住。"那一夜,他不过从凌晨2时30分睡到4时30分,奥斯曼士兵同样也只睡了两个小时。穆罕默德·法西赫称:"晚上只睡两三个小时,还噩梦连连。"[22]

随着时间的流逝,每日的焦躁与不眠令士兵付出极大的代价,越来越多的人扛不住压力而精神崩溃,或患上炮弹休克。6月14日,即加里波利战役打响仅第7周,英军野战担架队的一位随行上士——亨利·科布里奇便首次目睹了一桩"神经紧张"的病例。他惊悚地发现,"这些精神病患者,个个都触目惊心。他们目光呆滞,没有一丝生气,就在那半瘫着,有的还在呓语"。有一个力大无比的人"失去了所有理智",需要8个人才能把他制服,将他转移到医疗船上。整个夏天,科布里奇眼见越来越多的战士患上了炮弹休克。截至8

第八章 奥斯曼军在加里波利的胜利

月中旬,他记录的精神病例已比伤员多出4倍。[23]

奥斯曼士兵也同样受到战斗疲劳症的折磨。奥斯曼宪兵队的志愿兵易卜拉欣·阿里坎吃惊地发现,他那久经沙场的指挥官坐在散兵坑里,全身震颤。"易卜拉欣,我的孩子,你要去哪儿?"上尉问道。听到之前总是对部下横眉竖目的长官居然叫他"我的孩子",易卜拉欣知道大事不妙。上尉已经完全糊涂了,他让阿里坎陪着他。阿里坎回忆称:"他理智尽失,毫无意志。他的手颤抖得太厉害,没办法握住枪了。"即使是铁打的汉子,最终也敌不过加里波利半岛上那无休无止的轰炸。[24]

延续数月的战斗让入侵与防守双方加深相互了解。虽然在战斗的前几个月里,媒体的大肆宣传使协约国士兵对德军深恶痛绝,但他们对奥斯曼士兵却没有特别的仇视情绪。他们还给土耳其人取各种别名。英军士兵把奥斯曼士兵称作"阿卜杜勒"或"土耳其男人";法国人把他们叫作"土耳其先生"。奥斯曼士兵自己也给伙伴们取了昵称——"小穆罕默德"(Mehmedçik)。不过,他们对入侵者便没有这种柔情了,直呼"英国佬"、"法国佬",或者干脆叫"敌人"(duşman)。

交战双方的战壕有时距离非常接近,近到都能听见对方讲话。如此近距离使双方的士兵彼此体谅,停火时他们便往敌方战壕丢零食。一位土耳其士兵记得他曾把香烟、葡萄干、榛子与杏仁扔进澳新阵线。入侵者也扔以水果罐头与果酱表示感谢。埃明·彻尔觉得非常神奇,没有人会把礼物混着泥土扔给对方,也没有人用手榴弹回赠零食。双方的食物交换都出于一片好意。[25]

这并不意味着协约国部队与奥斯曼军能少打几场战役。双方都犯下了滔天暴行,但同时对敌方阵营又不乏同情。医疗队的亨利·科布里奇上士回忆称,他曾救治过一个土耳其人。当时埃塞克斯郡团的一位英国上士在交火中负伤,倒在两军阵地之间,这名土耳其士兵为了帮助他，自己手脚中弹。于是这名英国人把救命恩人带到英军的绷扎所，以确保他性命无虞。科布里奇与其卫生员"见证这位土耳其人在住院期间，得到一切应有的全力救治"。[26]

交战中，兰开夏燧发枪团的二等兵罗伯特·厄德利也曾有不同寻常的类似经历。8月初，该团向位于加里波利南角的克里希亚路两旁的土耳其军阵地发起攻击。冲过无人区，他眼看两边的同伴纷纷倒地，对自己能再一次幸免于难感到神奇。当他到达奥斯曼军战壕时，一位英国士兵还有一位土耳其人负伤倒在那里，毫无防御能力。

"你走开——他杀了我的同伴，我现在就要刺死他！"英国人咆哮道。

厄德利与这位同伴理论称，杀死一个手无缚鸡之力的人是种软弱的行为。

"把你想成是他，哥们儿——也许会有这么一天——打起精神来，伙计——别那么干，那才是好样的。"他慢慢劝诱道。

最终，厄德利成功制止这位愤怒的兰开夏人，保住土耳其士兵的性命。他与这位负伤的土耳其士兵一同待在战壕里，两人语言不通，但土耳其人向厄德利清楚地表明自己很痛。"可怜的家伙。"厄德利一边自言自语，一边为他头部豁开的伤口缠上绷带。他把这位伤员安置在一个远离火线的安全地带，把大衣垫在他的头下当枕头，与他坐了一会儿，"互换着眼神，彼此打着手势"。受命去放哨之前，厄德利还给土耳其伤员一瓶水与一支烟。"我能看见他的眼睛在对我表示感谢，正如俗话说的，'好人有好报'。"

兰开夏燧发枪团未能保住其攻下的土耳其战壕。不久，奥斯曼军大举反攻，把英军又逼回原阵地。厄德利留在其中一条被占领的土耳其战壕，掩护同伴撤退。只见数百名土耳其士兵举着刺刀朝他冲来。"气氛紧张到极点，弄得我满头大汗。敌人冲我们过来，企图一举把我们从这个世上消灭。"突然，一位土耳其士兵越过胸墙，给了他一刺刀。"我感到左肩背处一阵刺痛,我知道我被刺中了……我清楚感到刺刀插进我的身体,之后又被拔出来。"厄德利面朝下倒在战壕里的一堆死伤者之中,随后因疼痛与失血昏了过去。

几小时后,厄德利感到有人在往他的背上撒土,于是他醒了过来。他挣扎着站立起来,眼冒金星,不知发生了什么事。他发现自己被一圈充满敌意的土耳其人拿刺刀抵着胸部。他觉得他们毫无疑问是想杀了他。然而,这些人还没来得及动手,一个头上缠着绷带的土耳其士兵跳进战壕,用自己的身体挡住厄德利。厄德利一下就认出他——正是那位先前被他救的土耳其士兵。这位土耳其人自己还很虚弱——很有可能刚刚被反攻的同伴救出——但他却用尽全身力气,紧紧地抓住厄德利,大叫着要见上士。

随后,奥斯曼上士赶到,这位负伤的土耳其士兵便把来龙去脉都讲了一遍。"那些要刺我的人都退开了。"厄德利回忆道。他听不懂他们之间的对话,但却从上士的表情中看出他存活的几率在快速增加。最终,上士向他走来,用糟糕的英语对他说:"'英国人起来,没人会伤害你——你为这位士兵差点没了命——你给了他水,给他烟,你还(为他的伤口)止血——你,好英国人。'然后拍了拍我背上的土。"被带走之前,厄德利与这位土耳其朋友告别。"我跟这个土耳其人握了握手(我愿意倾我所有,再见上他一面)。当我们紧紧握住彼此的手时,我能发觉他懂了,他抬起眼睛说了声'阿拉',然后亲了亲我的脸颊(我的脸颊至今仍能感觉到那和善的举动,仿佛就像流进我的血液,令我终生难忘)。"他们从此再未能相见。之后,厄德利被一群奥斯曼士兵推搡着带往一条交通壕接受审问,还有一名充满敌意的奥斯曼士兵朝他的下巴挥了一拳,把他打倒在地。后来,他加入其他英国战俘。对多数土耳其士兵而言,厄德利身上的那身英军制服就代表侵略军,是敌人。厄德利的战斗生涯就此结束了。接下来三年,他一直待在奥斯曼的战俘营里,或被派去做苦工。[27]

堑壕战使入侵者付出沉痛的代价。英法士兵陆续被奥斯曼军捕获，或被其炮火击毙，不过更多的人则因伤病或炮弹休克撤出加里波利。穆兹罗斯、马耳他与亚历山大港的医疗机构已人满为患，越来越多的客轮被改造成水上医院，帮助治疗伤员。许多仍在战壕的士兵已被痢疾折磨得失去战斗力，却因协约国阵线人手不够而无法脱身。与此同时，恩维尔帕夏继续从安纳托利亚及各个阿拉伯行省抽调新的奥斯曼部队，增援加里波利半岛。若非基奇纳派遣5个师的兵力前往加里波利，入侵者早已难以为继。8月3日，基奇纳的"新军"陆续抵达澳新湾，准备发起新一轮攻击，一举攻占加里波利半岛。

地中海远征军总司令伊恩·汉密尔顿已花费数周改进8月的进攻计划。他意识到，协约国在赫勒思与澳新湾两地均处于不利地位。土耳其人在这两个位置均占据着制高点，俯瞰协约国部队，后者无法突破奥斯曼军战壕冲上高地。自4月25日成功登陆后，英军便一直被困原地，他们亟需突破。于是，汉密尔顿选择集中兵力，在加里波利半岛北部的澳新湾与苏弗拉湾（Suvla Bay）寻找突破口。

8月的进攻计划非常庞杂。首先，协约国会先发动牵制性攻击，以分散奥斯曼军在主战场的兵力。赫勒思的协约国部队将佯攻克里希亚南部的奥斯曼阵地，以防奥斯曼军指挥官，德国将军奥托·冯·桑德斯，从半岛边缘调遣部队增援澳新湾。协约国部队在赫勒思的进攻不会有任何援军，只能完全依靠已在当地登陆多时、疲于战斗的士兵。汉密尔顿集中基奇纳派来加里波利北部的3个师，把另2个师派往澳新湾以北、敌军疏于防范的苏弗拉湾海滩。他把新来的部队派往敌军最始料未及的地方，是希望能确保尽可能多的有生力量顺利登岸，重新恢复加里波利战役的机动性，让这些新到的健全士兵不受战壕的限制，进入开阔地，抵达澳新湾上方，被土耳其人称为安纳法塔（Anafarta）的那片高地，进而从侧翼包抄那里的奥斯曼军。

有一个师的生力军被派往澳新军团战线，参加在萨里拜尔山岭

（Sari Bair Ridge）展开的多线进攻。这片山岭的三座山峰——"战舰山"（土耳其语为 Düz Tepe）、"查纳克拜尔"（Conkbayırı），与"971 号山"（Kocaçimen Tepe）——构成周围的主要地形。协约国指挥官将其视为通往达达尼尔海峡的要道。新西兰少校弗雷德·韦特总结了上级的战略思路："赢得山岭就等于赢得海峡"，即重兵把守的达达尼尔。"只要为海军打通海峡，君士坦丁堡就是我们的了！"倘若奥斯曼士兵被迫撤出这些山头，他们的阵地便变得不堪一击。一旦位于苏弗拉与澳新湾的部队加入战斗，整个奥斯曼第五军团便会被切断与外界的联系，从而被迫投降。澳大利亚中尉奥利弗·霍格在写给妻子简的信中提到："伊恩·汉密尔顿爵士制定整个计划，非常令人佩服。各种细枝末节都考虑妥当。现在只需看我们的战术是否能与战略相匹配。"[28]

8月6日，英军在赫勒思发起第一次牵制性进攻。罗伯特·厄德利就是在这场战役中沦为战俘。先是兰开夏燧发枪团的进攻，而后是奥斯曼炮兵成批轰倒英军。进攻第一天，共有 3000 名英军士兵参与战斗，死伤却高达 2000 人。8月7日，英军再次伤亡 1500 名士兵，却未能前进半步。另一边，奥斯曼军蒙受的损失更大。8月6日至 13日，他们在赫勒思一战中伤亡或失踪达 7500 人。尽管如此，这次牵制性进攻却未能实现既定目标，即分散奥斯曼军在主战场的作战兵力。利曼·冯·桑德斯准确地判断出协约国在赫勒思的行动只是佯攻，于是他从南线调派部队前往北线增援。[29]

第二场牵制性进攻位于澳新湾东南方的孤松（Lone Pine），交战双方在此死伤率依旧居高不下。澳大利亚士兵成功发起白刃战，将奥斯曼士兵逐出位于喋血山岭（Kanlısırt）的前线战壕。8月6日至 10日，奥斯曼军与澳大利亚军展开肉搏战，土耳其人认为，这场战斗是加里波利战役中最难忘的厮杀之一。澳大利亚人也对孤松之战印象深刻。一名叫威廉·贝勒布里奇的骑兵写道："澳新军团参加的所有战役中，孤松一役最激烈也最血腥。"据土耳其官方记载称，约有近7500名奥斯曼军士兵在这次战斗中死伤或失踪。澳大利亚称其部队在此损失1700人。然而，与其付出的高昂代价相比，协约国在孤松并未占得多少领土，但至少澳大利亚士兵成功地把相当一部分奥斯曼军牵制住，为协约国在北部的萨里拜尔山岭与苏弗拉湾的大举进攻创造有利条件。[30]

由于火炮不足，澳大利亚士兵在其他三地的佯攻未能摧毁奥斯曼军的机枪，自己却损失惨重。他们对奥斯曼军一处名为"德国军官战壕"的阵地发起夜袭，结果两个排最后仅剩一人。澳大利亚轻骑兵团虽然一度在亡人岭（Dead Man's Ridge）成功占领三条土耳其战壕，但因此后奥斯曼军大举反攻而伤亡惨重，最终被击退。尽管如此，真正体现加里波利半岛战役之无情的，是澳大利亚士兵在鞍状山脊发起的攻击。第一波派出的150名士兵，被炮火击倒在距敌军战壕仅几码的地方，之后澳大利亚军官盲目死守命令，又派出两批士兵冒死前去抢占山头。450名试图攻取内克山的士兵中，至少有435人死伤，而土耳其军却毫发无损。为分散奥斯曼军在萨里拜尔主攻击区域的兵力，澳大利亚士兵此次付出惨痛的代价。[31]

8月6日，澳新军团主力部队在夜色的掩护下，向萨里拜尔三座山峰发动攻击。四路纵队深夜向971高地与查纳克拜尔周围陡峭的山谷进发。经过两天的激烈战斗，新西兰人、澳大利亚人、廓尔喀人与英国人组成的联合部队虽未能驱散在971高地的土耳其士兵，但却成功占领山岭的中央峰——查纳克拜尔。这是此次攻击取得的最大成就，只是协约国部队最终未能保住这份成果。奥斯曼军从地势高于查纳克拜尔的971高地顶上朝入侵者发起猛烈炮击，他们于8月10日上午大举反攻，夺回查纳克拜尔。经过四天的战斗，澳新军团毫无斩获，只得等待已成功登陆苏弗拉的两个师与他们会合，以缓解压力。

不管从哪个角度来说，英军都浪费了苏弗拉湾登陆这次机会。

第八章 奥斯曼军在加里波利的胜利

他们将两个师的兵力——共计2万余人——以轻微代价成功送上了只有1500名奥斯曼士兵把守的滩头。却由于组织不力与延误军机，攻势最终还是失败。

8月6日晚，英国战舰将基奇纳新增两个师的兵员送达苏弗拉湾周围的阵地。苏拉弗湾位于澳新湾以北5英里处，一批兵员乘坐配备有下水滑道的先进登陆舰，在该湾南角顺利登陆。然而，另一批被派往苏弗拉湾内中央海岸线的士兵，却在月黑风高的夜晚面临着地图上未标明的危险。许多登陆舰在黑暗中迷失方向，结果驶往既定登陆点以南的暗礁。登陆舰因此触礁搁浅，一些士兵只得下船，趟着齐脖的水前进，而另一些士兵因等待登陆舰脱离困境，也被耽搁数小时——他们都偏离既定登陆点。更危险的是，3艘停泊的英军驱逐舰在奥斯曼守军发射的信号弹下暴露无遗，舰上士兵只得纷纷下水。此事惊动奥斯曼军总部，导致英军的奇袭还未开始，便已失先机。

太阳升起后，入侵者并没有趁敌军疏于防范之际立即朝俯瞰苏弗拉平原的高地推进，而是冒险花费了登陆后宝贵的数小时重整部队。一些营在夜晚遭受敌军攻击，折损了战斗力，但大多数仍完好如初。不过，部队登陆所费时间超出预期，造成火炮与补给的运送也往后推迟。上岸英军既无饮水又无火力支援，因此英军长官决定先缩小目标，占领距登陆点最近的几座山——这一举动背离了汉密尔顿此前制定的周详计划。更糟糕的是，由于这次意外的登陆延误，给奥斯曼守军赢得增派援军的时间。利曼·冯·桑德斯从赫勒思与布莱尔处调遣部队赶来消除苏弗拉湾的威胁。他任命精神抖擞的穆斯塔法·凯末尔为安纳法塔战线指挥官，统领苏弗拉湾与澳新湾战事。

登陆24小时后，英军指挥官决定休整一天。经验不足的新军士兵在彻夜未眠后又战斗了一天，此时早已精疲力竭。他们死伤100名军官及1600名士兵，炎炎夏日缺水少粮，火炮亦未完全就位。许多战士在缺少火力掩护的贸然攻击中丧命,因此英军长官错误地认定土耳其军阵地有重兵把守,遂在士兵恢复战斗力与援军赶到之前,拒绝从他们拿下的海滩阵地向前推进。于是,英军在8月8日并未投入战斗,而是选择了游泳与休憩。讽刺的是,倘若英军马不停蹄地发起进攻,虽然士兵疲惫不堪,但却并不会遭到敌军实质性的抵抗。正如利曼在回忆录中指出,英国人此次延误军机使他有时间调派部队,以遏止这场入侵。英军这一天的休息可谓代价昂贵。[32]

8月9日,战斗重新打响,此时土耳其守军的数量已与入侵者基本持平。奥斯曼军阵地居高临下,因此在战术上占优。此外,奥斯曼部队中都是经验丰富的老兵,对地形了若指掌,而英军士兵全是此前未经沙场的新兵,使用的地图也经常出错。英国官方历史如此总结这次战役:"苏弗拉计划,在总司令(伊恩·汉密尔顿)制定的那一刻,已注定失败。"[33]

8月9日至10日,英军与奥斯曼军持续激战,双方均遭受重大伤亡。8月9日,由于炮火攻击太过猛烈,树丛着火,大风助长火势,双方的一些士兵活活烧死,周围的同伴亦无能为力。虽然英军在8月10日伤亡较少,却未能从土耳其人手中夺得寸土,也无法助被困于澳新湾的部队突出重围,成功攻取萨里拜尔山岭。两军在查纳克拜尔山峰周围激战四天,最终英军撤至原先在澳新湾的阵线,1.2万名兵员死伤,再无后备力量支持战斗。汉密尔顿计划在赫勒思、澳新湾与苏弗拉三条战线上实现突破,为实现这个目标,协约国部队四天内便共计死伤2.5万人。尽管奥斯曼军的损失也同样到了极限,代价同样惨重,但他们毕竟成功守住阵地。

8月10日苏弗拉湾与澳新湾联合进攻的希望虽已落空,但协约国部队依然持续发动攻势。8月12日,来自桑德林汉姆王室庄园的诺福克团有15名军官及250名士兵突然神秘失踪,据信他们落在了敌军战线之后,被尽数消灭。最终,截至8月15日,协约国部

第八章　奥斯曼军在加里波利的胜利

队的进攻被迫中止。奥斯曼军在加里波利的这三条战线上仍然牢牢占据制高点，而协约国部队的战线进一步拉长，又无法找到地方突破固若金汤的奥斯曼防御阵地。[34]

英军在苏弗拉湾与澳新湾的一败涂地，更削弱协约国在加里波利半岛上的力量。汉密尔顿宣称，自8月6日起，英军的战斗与非战斗减员已达4万人。这意味着只剩6.8万人可用来防守拉长的战线。加上苏弗拉湾，协约国的战线已长达2.3万码。8月17日，汉密尔顿向上级要求增派4.5万名士兵，以使部队回到满员状态，另外再新派5万人前来助阵。基奇纳已经向加里波利半岛派出5个师，原以为凭借这样的兵力赢得胜利绰绰有余，因此他不愿接受汉密尔顿这个新的要求。在8月20日回复汉密尔顿的信中，他解释协约国部队在西线会有"大动静"，并警告汉密尔顿，"法国主战场不会调出大批兵力赶来增援"。汉密尔顿回复称，由于没有援军，他只得放弃澳新湾或苏弗拉湾。[35]

协约国部队在加里波利半岛损兵折将，此前亦未能强行打通达达尼尔海峡，这些失利开始对巴尔干地区动荡的政治产生不利影响，该地区列国逐渐倒向同盟国阵营。经过一年的举棋不定，保加利亚于1915年9月打破中立，与德国、奥地利签署战争盟约。当时，俄军不敌德军，土德联军亦成功保卫海峡，这些使保加利亚政府认为同盟国会赢得大战胜利。因此，保加利亚于10月15日加入奥地利与德国，共同对抗塞尔维亚。

保加利亚参战对协约国的达达尼尔行动造成灾难性的影响。塞尔维亚与希腊请求协约国派遣15万兵力，以保两国免遭同盟国攻击。这意味着英法两国必须在短时间内动员士兵赶往希腊东北部的萨洛尼卡，其中许多要抽调自加里波利半岛。汉密尔顿非但未能得到有效增援来镇守阵地，相反却不得不眼睁睁地看着整师的兵力被调往巴尔干地区。

同盟国军队在塞尔维亚攻城略地，这对加里波利半岛上的土耳其军而言是个利好消息。11月5日，德国与奥地利攻陷塞尔维亚的尼斯，从而打通贝尔格莱德与伊斯坦布尔的铁路线（尽管铁轨受损，直到1916年1月才恢复通车）。奥斯曼帝国的欧洲盟友终于能将火炮与弹药直接运抵土耳其，加里波利半岛上的力量对比也因此发生剧变。英法两国对事态的最新进展深表担忧。他们那些已经人困马乏、缺乏补给的部队将面临更频繁、更猛烈的炮击。

截至1915年10月，英国政府一直面临着是否放弃达达尼尔海峡的决定。8月进攻的失败极大削减协约国在加里波利的阵地。西线战况不利，萨洛尼卡又分散一部分战斗力，导致协约国已无机动兵力可派往加里波利半岛实施增援。炮轰和狙击继续使协约国部队频繁遭受伤亡，疾病的肆虐又使坚守战壕的士兵虚弱无比。与此同时，土耳其人却从安纳托利亚运来强力火炮和新增部队，进一步巩固阵地。经过几个月的重大损失，英法两国已然无力回天，与其竭尽全力守卫终将失守的阵地，不如成功撤退减少损失。

10月11日，基奇纳勋爵向伊恩·汉密尔顿拍电，首度提出撤军："据你估算，若以最安妥的方式从加里波利半岛撤军，将损失多少兵力？"汉密尔顿接到电报后非常震惊，他向部下吐露称："如果他们真这么做了，那达达尼尔海峡一役就成了世上最血腥的悲剧。"汉密尔顿担心，第一批部队或许能避开土耳其人的视线，顺利撤出半岛，但全军撤退必然逃不过土耳其军的侦察，结果可能导致滞留岸上的军队被土耳其人围歼。汉密尔顿回复基奇纳，表示根据其个人估算，撤军会致使协约国损失35%至45%的兵力，并补充称根据其参谋长估计，这一数字将达50%。[36]

尽管汉密尔顿的估算如此悲观，但负责监管加里波利战役的英国内阁委员分会——达达尼尔委员会还是越来越觉得撤军无法避免。他们认为，协约国部队在加里波利连番失利，作为地中海远征军总司令的伊恩·汉密尔顿难辞其咎，他们不放心将撤军任务再次

第八章 奥斯曼军在加里波利的胜利

交给他。因此,汉密尔顿于10月16日被撤职,由查尔斯·蒙罗将军接替。有些人——尤其是基奇纳——仍提议将加里波利战役进行下去,称西线战况胶着,加里波利半岛仍是协约国战胜同盟国的最佳战场,且若不能保证达达尼尔海峡的控制权,俄军便会如瓮中之鳖,不堪一击。不过,即便坚持加里波利战役的人也意识到,只有等待冬季的风雪过去才能发起新一轮进攻。在此期间,协约国需花费大量人力物力守住阵地,而这些资源又是其他战线所亟需的。指挥官必须当机立断。

查尔斯·蒙罗爵士于10月末抵达加里波利半岛。在协约国三处孤立的阵线上,所见所闻令他大为震惊。他对一位参谋表示:"这就像爱丽丝奇境历险记,让人越来越好奇。"他询问赫勒思、澳新湾与苏弗拉的当地指挥官,是否认为其部队能顶住德国的重炮守住阵地,而这些师长最多只能保证尽力而为。这足以使蒙罗确信,撤军是唯一的解决办法,但在此之前,他需要说服基奇纳。蒙罗向英国政府作了汇报,达达尼尔委员会决定,基奇纳亲自去前线审查战况。[37]

基奇纳从法国由海路前往加里波利,决意不惜一切代价避免撤军。他后悔当初没有派遣更多兵力投入加里波利战役,也仍然认为协约国在东线更容易取得突破。然而,当他赶到位于穆兹罗斯的地中海远征军总部,他发现身边的官兵全部倾向于撤军。这位陆军大臣只消亲临加里波利的前线阵地,便能明白撤军势在必行。

11月13日,这位达达尼尔海峡战役的主要推动者终于亲自来到前线,察看那片他曾派诸多英法及殖民地部队浴血奋战的土地。即使这些部队对他心怀不满,也没有表现出来。基奇纳所到之处,官兵们都欢呼雀跃。他匆匆到访协约国部队在赫勒思的总部,并在赛迪尔巴希尔与法军会面。他还走访澳新湾,攀爬拉塞尔顶峰(Russell's Top),并察看内克的前线战壕,那里有许多澳大利亚轻骑兵团的士兵白白牺牲。基奇纳从苏弗拉湾的一处山顶眺望盐湖另一端的萨里拜尔山岭——971高地与查纳克拜尔隐约可见,在那里,新西兰人取得被很多人称为加里波利战役中最大的胜利,尽管转瞬即逝。视察完加里波利,基奇纳终于弄清局势。之后,他向达达尼尔委员会写信称:"这个国家比我想象的要难攻克得多,土耳其军的阵地……是天然的要塞,若最初偷袭时未能将其征服,它们便能抵御大规模进攻,即便投入比当下更多的兵力,亦难以将其撼动。"仅凭英军之力不足以征服加里波利半岛的奥斯曼守军。撤兵势在必行。[38]

然而,撤兵也不是说撤就撤。晚秋的狂风已让协约国部队的阵地灾难连连。咆哮的秋风卷走许多设在赫勒思、澳新湾与苏弗拉湾的登陆墩,它们原本就不太牢靠。英国"路易斯"号驱逐舰更是被大风吹向岸边,最终在苏弗拉湾失事。11月暴雨成灾,大量雨水涌进战壕,双方士兵均深受其害。除非天气能有所好转,否则兵员、马匹与枪炮的船运都无法完成。

协约国指挥官尤其担心如何瞒天过海,在敌军不知情的情况下实施撤退。一旦被奥斯曼军或德军发现,撤退中的协约国部队恐遭致命攻击。然而,英国议会成员在伦敦的激烈争执却使保密工作功亏一篑。议员就英军是否要撤出加里波利半岛一事展开讨论,这些消息被英国媒体报道,又被奥斯曼帝国媒体转载。11月9日,一位青年中尉激动地告诉穆罕默德·法西赫:"敌人要跑啦!他们要放弃加里波利战役了。"法西赫一开始表示怀疑,后来才逐渐相信,帝国报纸上所报道的英国议会争论预示着"英国人最终将撤出恰纳卡莱"。然而,法西赫的奥斯曼及德国上司却认为,英国的报道旨在蓄意提供假情报,是为达达尼尔海峡的新一轮攻击放出的烟幕弹。尽管如此,这次对绝密军事行动的公开讨论,使英军指挥官更加担心撤军中遇到的危险。[39]

战役已接近尾声,双方军队仍继续炮击对方战壕,不断有士兵死伤,情况触目惊心,两军士气都受到打击。11月末雪上加霜,狂风肆虐了整整3天,战壕严重进水,最后大风变成暴风雪,极度寒冷让战壕里的士兵面临着冻疮威胁。身处苏弗拉战壕的土耳其人与英国人更是被突如其来的洪流淹没。不过对土耳其部队来说,奥地利与德国重型武器和炮弹的到来,让他们多少有个盼头。11月9日,穆罕默德·法西赫中尉在日记中称有"好消息","300节火车"的榴弹炮与弹药已从德国运抵奥斯曼帝国境内。他写道:"我们现在对敌军的轰炸不仅是22小时,而是70小时。"这种火力上的日渐悬殊,使协约国部队试图加快撤军步伐,尽早离开这片大势已去的地方。[40]

11月末的这场风暴过后,加里波利一连三周风平浪静。12月7日,英国内阁最终决定,尽早撤离苏弗拉湾与澳新湾滩头,但暂且保留在赫勒思的阵地。撤离行动立即开始。12月9日,英军与英联邦部队在苏弗拉湾及澳新湾共有7.7万人。这两片滩头的所有部队将在11天内完成撤退。

协约国指挥官采取多种措施暗度陈仓。所有士兵与火炮均在天黑后才登船,12月有近12小时的黑夜可作掩护。白天,皇家海军航空队仍然在澳新湾与苏弗拉湾上空巡逻,防止敌机靠近。穆罕默德·法西赫曾在12月中旬目睹4架协约国飞机拦截一架德军飞机,阻止其飞入澳新湾与苏弗拉湾上空。就这样,协约国在撤离兵员之前,成功地将众多珍贵的战时物资撤出加里波利海滩。[41]

英军尽力让一切都看似寻常,在海滩维持一定的行动,并控制往来船只的数量。他们改变战壕的火力攻势,一阵猛烈炮击之后紧跟着长时间的沉寂,让奥斯曼守军难以揣测。这一战术卓有成效。法西赫在11月24日清晨的日记中记载道:"前线鸦雀无声。"当天夜幕降临时,他十分困惑:"前线非常安静,只有步兵零星的枪声,几乎没有手榴弹。"到第二天,协约国的持续克制使奥斯曼军大为不解,同时也令他们非常紧张。"我们的人,尤其是老兵,都十分担心,"法西赫于 11 月 25 日这样写道,"他们故意朝敌军战壕冒险开火,想激怒敌人,但那边还是没有动静。"焦躁不安的奥斯曼军一边派出巡逻队刺探虚实,一边继续向英军战壕发动攻击,试图激起敌方的回应。英军经过四天的沉默,终于在 11 月 28 日向奥斯曼军阵地骤然发起猛烈炮击。"这一突然的举动令我们猝不及防,"法西赫记录道,"我们一直觉得其中有鬼,但对它的到来还是没有准备!"从法西赫巨细靡遗的日记里可以看出,土耳其人虽然对协约国部队捉摸不定的行为感到奇怪,但却从未想到英军在撤退,最多只是认为他们准备发起新一轮攻击。[42]

最后撤离澳新湾与苏弗拉湾的行动分两晚进行,于 12 月 20 日凌晨结束。虽然协约国部队预计最多可能损伤 2.5 万人,但最终所有兵员全部成功撤离,未损一兵一卒。撤军行动经过缜密安排,志愿者负责在前线战壕朝奥斯曼军阵线零星开枪,让一切看似正常;用面粉在加里波利的深色土地上标出撤退路线,确保所有兵员都能在黑暗中抵达海滩;等最后一名士兵安全登船后,协约国舰船便瞄准先前留下的枪炮弹药开火,引发剧烈爆炸。土耳其人开枪还击时,协约国的战壕与海滩上早已空无一人。对此撤退的入侵者还算满意。

成功撤出澳新湾与苏弗拉湾后不久,协约国部队最终决定放弃赫勒思阵地。12 月 24 日,部队接到命令,从加里波利半岛底部撤军。由于之前的成功撤离使奥斯曼军已有防备,此次撤退要更困难些。奥斯曼军监视着任何敌军撤退的蛛丝马迹,利曼·冯·桑德斯还下令,如若发现敌军从赫勒思撤退,便立即对其发起全面进攻。尽管如此,英法联军还是通力合作,用两晚时间顺利将所有兵员撤出赫勒思阵地,1916 年 1 月 9 日凌晨 3 时 45 分,最后一名士兵完成撤离。

土耳其军两次都是直到第二天清晨,才惊讶地发现敌方阵地已空无一人。撤离的澳新军团没忘给奥斯曼军留下点"意外"。一位新西兰机枪手在写给家人的信中提到:"什么样的装置都有,有的用蜡烛绑住老旧、残破的步枪,有的则用装水罐,这样在所有兵员

第八章 奥斯曼军在加里波利的胜利

都撤离阵地后,这些枪还能继续朝奥斯曼军开火。炸弹都放在一些稀奇古怪的地方,靠发条引爆。总的说来,第一批前往敌军战壕的土耳其人肯定要遭受伤亡。"事实确实如此。易卜拉欣·阿里坎的部下就在收回海滩的过程中引爆隐蔽炸药。"我们受了不少损失。"他不无遗憾地表示。[43]

入侵者撤退后,海滩上留下大量物资,为饥寒交迫的奥斯曼士兵提供许多亟需的物品。那些原先得从死者身上扒衣取暖的人惊讶地发现,海滩上竟然有成堆的长衣、裤子与大衣。易卜拉欣·阿里坎在废弃的英军帐篷中走了一圈,入侵者留下的物资之多使他深感诧异。有一个帐篷"像个集市,里面堆满瓦片、锌片、盘子、自行车、摩托车及叉匙,真可谓琳琅满目"。岸上,他"看到食物与衣物堆得像平地而起的大楼,这些补给足够一个军团整整一年之用"。哈奇·苏纳塔及其部下接手其中一个废弃的帐篷,并用英军留在里面的橘子酱、奶酪、食用油和牛奶好好饱餐一顿。[44]

英军走后的那天早上,埃明·彻尔部队的士兵士气高昂。其中有个生性幽默的人扇了一下戴在同伴头上的英军帽子,假装在审问他。

"英国佬,你为什么没走?"

这位"英国人"也进入角色,让另一位同伴充当"翻译"。

"我睡着了。"他说道,引来一片笑声。

"我们用新的重炮朝你们开火后,你们怎么办?""土耳其人"问道。"英国人"沉默着把头埋进两腿间,然后抬起头,话里带话地说:"要是那些火炮再打一两天,逃出这里的就不是我们了。"

"那会是谁?"他的土耳其审问官追问道。

"我们的灵魂。"周围所有士兵都捧腹大笑,他们不敢相信自己居然从战争的屠杀中幸存下来,并最终赢得胜利。[45]

1月9日早上8时45分,利曼·冯·桑德斯欢欣鼓舞地写信给奥斯曼帝国战争大臣恩维尔帕夏,告知他这一好消息:"谢天谢地,整个加里波利半岛上的敌人都被肃清。"加里波利半岛之战最终落下帷幕。

从1915年4月25日登陆,到1916年1月9日最后撤离赫勒思,加里波利半岛地面战共持续259日。这场基奇纳勋爵最初希望只用7.5万人赢得胜利的战争,最终卷入了近50万人——英军41万人,法军7.9万人。奥斯曼军的规模最大达31万人(许多人负伤后又重返战场)。

在加里波利战斗的80万人中,有超过50万人受伤、被俘或阵亡。争夺达达尼尔海峡控制权的这场战争持续时间长达8个半月,两军死伤人数几乎对等:英国及自治领军队伤亡20.5万人,法国及其殖民地部队折损4.7万名兵力,奥斯曼军则损失25万至29万人。14万人死在加里波利半岛,包括8.65万名土耳其人、4.2万名英国及其自治领士兵,以及1.4万名法国及其殖民地士兵。[46]

加里波利一役,英国一败涂地,损失惨重。整场战役的人力物力都来自法国主战场,难免拖累西线战事。这次战役并未攻取伊斯坦布尔,未能瓦解德国与奥斯曼帝国的联盟,也没有打通连接俄国与其他同盟国的黑海航道。它非但没能加快一战进程,相反使战事大幅延长。土德联盟进一步得到巩固,直通铁路线促进两国人员、金钱及武器的运输。奥斯曼帝国大胜还激励协约国殖民地内的穆斯林,使协约国战争策划者所惧怕的圣战威胁更为紧迫。英国需要动员更多兵力去征服奥斯曼帝国这个敌人——当务之急是在美索不达米亚平原。

对土耳其人而言,这场历史性的胜利弥补他们在加里波利蒙受的损失。在这场保卫海峡、抗击协约国入侵的战役中,奥斯曼帝国走出1912年至1913年巴尔干战争以来,在巴士拉战争、萨勒卡默什之战与苏伊士运河之战接连失利的阴影。加里波利的胜利证明,

第八章 奥斯曼军在加里波利的胜利

土耳其人有能力击败当今最强大的国家,赢得现代战争。此外,新一代军事指挥官在加里波利之战中脱颖而出,将在未来率领奥斯曼军继续抗击英军并取得胜利。

英军与澳新军团从战壕撤退时,给奥斯曼军留下纸条,称后会有期。对那些击败他们的土耳其人,一位澳大利亚战争诗人表达自己同胞极不情愿的尊敬:

> 我想土耳其人是尊重我们的,我们也尊重他们;
> 阿卜杜勒是个作风正派的好战士,我们交过手,心中有数。
> 我们走时给他留纸条,将我们的感受与他倾诉。
> 没有说"永别",而是"再会"!
> 战争结束前,我们会在某地再次相会!
> 但我希望那个地方会更宽阔,在地图上更大些,
> 能让飞行员在空中还能看见一点碎片![47]

他们守住承诺。在加里波利半岛出生入死的许多英国与奥斯曼士兵,都将在巴勒斯坦战役中重逢。

第九章

入侵美索不达米亚

加里波利之役获胜,其他重要战线上的奥斯曼士兵也得以喘息。确保帝国首都安全后,恩维尔帕夏终于能够满足前线军官迫切的增援要求。先前在高加索地区遭受重创的奥斯曼第三军团迎来7个步兵师的援军,一同抵御俄国。杰马勒帕夏在叙利亚与巴勒斯坦的奥斯曼第四军团被尽数派往达达尼尔之战,于是恩维尔帕夏派出4个师前往黎凡特(历史上一个模糊的地理名称,泛指地中海东部诸国及岛屿),将第四军团恢复至满编状态。此前,在美索不达米亚抵御英印军的奥斯曼士兵缺乏训练、装备老旧,如今恩维尔帕夏从加里波利调遣两个师的兵力赶赴巴格达,希望这些训练有素、纪律严明的士兵能够扭转美索不达米亚平原上的力量对比,令胜利的天平倾向于奥斯曼军。[1]

自1915年4月苏莱曼·阿斯克里在谢巴战败之后,奥斯曼军在美索不达米亚的阵地便岌岌可危。在激烈的厮杀中部队伤亡惨重,先前招募的伊拉克士兵又大量逃离战场,这使奥斯曼军蒙受更大的损失,战斗力锐减。美索不达米亚的指挥官别无选择,只得以惩戒相威胁,试图召回各个城镇中的逃兵。他们此前就怀疑这些招募的阿拉伯人不甚可靠，因此根本不奢望逃兵回来后能在战争中派上用场。然而后者对奥斯曼军反抗之激烈程度，将出乎他们的意料。[2]

自1915年5月开始，幼发拉底河中部城乡暴乱不断，一直持续到两年后奥斯曼帝国结束对伊拉克南部的统治。第一场叛乱发生在纳杰夫。这座城市是什叶派穆斯林的朝觐地，几百位伊拉克逃兵在城里寻求庇护。伊拉克的什叶派团体对奥斯曼逊尼派统治者越来越不满，后者将其拖入一场全球大战，致使他们的生活受到严重干扰。动乱由政府镇压逃兵而起，应奥斯曼巴格达政府的命令，巴格达军官伊泽特贝伊率领大批军队前往纳杰夫，将躲在古城街区中的暴徒和逃兵团团围住，积怨由此演变成暴动。

这位奥斯曼指挥官宣布大赦3天，在此期间，任何回归部队的逃兵一律既往不咎。逃离战场按律当处以死刑，因此伊泽特贝伊有理由希望，这些伊拉克人能利用此次赦免的机会自愿回归。然而，大部分逃兵在伊泽特贝伊赶到之前就已逃离纳杰夫，城中投降的逃兵少之又少。

3天后，伊泽特贝伊决定派军队挨家挨户搜寻逃兵。奥斯曼士兵甚至掀开纳杰夫城中女人的面纱，验明不是逃兵男扮女装躲避搜索，这种行为大大激怒那些保守的妇女。城中民众纷纷抗议奥斯曼士兵对女性的不敬，并寻找时机报复。[3]

1915年5月22日晚，一群逃兵赶到纳杰夫，他们手持枪械，将当地政府大楼与营房团团围住。城中居民与他们里应外合，随后周围村庄的逃兵齐聚纳杰夫，公开反对奥斯曼政府将世界大战强加在伊拉克人民身上。战斗持续3天，叛军大肆摧毁政府办公场所及档案，周围部落切断通讯线路，放倒电报杆，致使纳杰夫与其他所有行政中心的通讯均被掐断。幸存的奥斯曼官兵被困在一些政府大楼中，镇上街区的负责人这才派人走街串巷，呼吁店铺重新开业。

此事给巴格达行省总督敲响警钟，他派遣代表前去与城镇居民接洽。政府代表称异教徒入侵奥斯曼帝国，当下国家面临"生死之战",每位穆斯林都有义务参与斗争。但纳杰夫居民认为,奥斯曼政府应对战争全权负责,坚决拒绝政府代表的参战请求。最终,奥斯曼政府代表只得就被困官兵如何安全撤离纳杰夫一事,与对方进行交涉。他们搭了个空架子,表面上维持政府对纳杰夫的统治。然而,当地居民掌握实权,这个城镇从此获得高度自治。

受纳杰夫成功自治的鼓舞,1915年夏,幼发拉底河中游的数个重要城镇陆续爆发动乱。另一个什叶派圣城——卡尔巴拉,其居民把纳杰夫的自治看做民权的骄傲。他们自问:"难道纳杰夫的居民比我们更勇敢、更有男子气概吗?"于是,6月27日,又一批逃兵在卡尔巴拉发动叛乱。他们烧毁市政大楼和学校,甚至连新建的医院都未能幸免。镇上一片新街区有200多间房屋被付之一炬,波斯镇民大部分被迫迁去老街区避难。随着卡尔巴拉城中大乱,暴民与周边地区的贝都因人因分赃不均开始大打出手。这回,奥斯曼政府又一次被迫与民众谈判,同意当地有条件自治。[4]

此外,奥斯曼军在希拉孤注一掷,但因贝都因人与逃兵成批赶到,最终寡不敌众;萨玛沃的显贵曾手按《古兰经》向地区总督发誓效忠,但他们于1915年8月听闻英军来犯后,便抛弃当初的誓言。萨玛沃的居民与贝都因人背叛那里的土耳其士兵,当地一支90名士兵的小分队只好悉数出逃。一支180人的骑兵小分队被镇民收缴枪械,牵走马匹,还被扒光衣服,赤条条地赶出萨玛沃。类似事件还发生在库费、沙米耶及图韦里奇(Tuwayrij)。最终,奥斯曼政府为迫使逃兵归队所做的努力非但统统落空,还使帝国失去对幼发拉底河盆地的控制。

奥斯曼帝国内讧之际,英军继续在美索不达米亚平原攻城略地。1915年4月在谢巴大获全胜后,印度远征军迎来新的部队与新指挥官——约翰·尼克松爵士。尼克松奉命占领整个巴士拉行省,他准备先向底格里斯河上游推进至战略港口——阿马拉。[5]

阿马拉位于巴士拉以北约 90 英里处，城中约有 1 万居民。经过数周的精心部署，尼克松命令第六师在查尔斯·汤申德少将的指挥下立即行动。为突破古尔纳北部的土耳其军防线，汤申德征调几百艘当地的小型船只作为临时运兵船，由载有机枪火炮的英国轮船掩护。5 月 31 日，这支不大可靠的舰队——绰号"汤申德船会"（Townshend's Regatta）——向阿马拉进发。在英舰的炮轰与运兵船士兵的猛烈射击之下，英军成功突破古尔纳以北的奥斯曼军阵线，向上游推进，途中并未受到奥斯曼守军的阻击。英军发现这片区域的人民对他们颇为友好：随着奥斯曼军的撤退演变成大溃败，底格里斯河边的阿拉伯村庄都飘起白旗，以示对新征服者的顺服。

6 月 3 日，汤申德船会的先锋舰抵达阿马拉周边水域，发现约有 3000 名土耳其士兵正企图在英印军赶到之前撤离。一艘仅载有 8 名船员与一挺 12 磅重机枪的英国内河汽船朝阿马拉驶去，一路通行无阻。河中突然出现挂着英军旗帜的船，这令土耳其人非常泄气，11 名奥斯曼军官与 250 名士兵当即投降，另有 2000 多名士兵撤退至河上游。当天下午，汤申德将军乘轮船抵达阿马拉，在海关所升起英国国旗，未等 1.5 万人的主力部队赶到，便宣布英军在当地取得胜利。几百名土耳其与阿拉伯士兵本可以轻易制服英军的先头部队，但他们却选择投降，这反映出奥斯曼军已军心涣散。[6]

夺取阿马拉之后，尼克松计划继续往幼发拉底河上游推进，攻占纳西里耶（Nasiriyya），从而完全占领巴士拉行省。纳西里耶是一座建于 19 世纪 70 年代的年轻城镇，是强大的蒙塔菲部落联盟的集市中心。与阿马拉一样，纳西里耶的人口也在 1 万左右。尼克松希望通过击败土耳其人来赢得幼发拉底河强大的贝都因部落支持。他认为，只要奥斯曼帝国在纳西里耶还有驻军，便会对古尔纳与巴士拉的英军构成明确威胁。6 月 27 日，尼克松的部队在乔治·戈林奇将军的率领下，向纳西里耶进发。

幼发拉底河的下游水域变幻莫测，比底格里斯河更难以航行。

第九章 入侵美索不达米亚

河水深度在6月还能达到5英尺，到7月中旬一般就降为3英尺，到8月份更会低到无法通行。为确保船只能在浅水中顺利通过，英军被迫重新征用一些已废弃的明轮船，好将兵员送至上游的纳西里耶。其中一艘名为"苏萨"号（Shushan）的英国船只，在1885年就被用于增援戈登将军在喀土穆的战事。河水一周比一周浅，这些年代久远的英国轮船沿着标志不清的航道前行，挣扎着穿过连片的沼泽。

尽管纳杰夫与卡尔巴拉爆发叛乱，但奥斯曼军仍在幼发拉底河的下游区域顽强抵抗英军。4200名土耳其士兵在贝都因部落的协助下，固守纳西里耶城外的阵地。最初，他们的人数超过入侵者。面对敌众我寡的局面，戈林奇不愿再继续推进，而是一边坚守阵地一边请求支援，直到7月的第三周，他的部队达到满编状态，即4600名步兵。河水水位不断下降，部分河段在7月末便已无法通行，额外的兵员无法及时输送就位。由于无法期待新的增援部队，戈林奇必须充分运用现有的兵力来攻占纳西里耶。

早在7月初，英军就已对纳西里耶外围的奥斯曼军阵地发起第一波进攻。抵御英军先头部队的奥斯曼军中，有一位来自伊拉克北部城市摩苏尔的军人，名叫阿里·乔达特（Ali Jawdat）。他是科班出身，毕业于巴格达军事高中与英才济济的伊斯坦布尔哈比耶军事学院，后加入奥斯曼军队。尽管接受严格的军事训练，但乔达特对奥斯曼帝国并非一片赤诚。他对青年土耳其党领导的政府越来越不抱希望，开始与阿拉伯行省中的许多精英一样，热衷于在奥斯曼帝国内寻求更多的阿拉伯自治权。他是"阿赫德"（al-Ahd，契约党）的创始人之一，该地下党派在1913年巴黎阿拉伯代表大会之后成立。与"法塔特"（al-Fatat），即青年阿拉伯协会不同，"阿赫德"侧重军事，在伊拉克势力尤甚，吸引诸多当地卓越的青年阿拉伯军官。"阿赫德"担心，若阿拉伯直接独立，最终会沦为欧洲列强的殖民地，因此他们同"法塔特"与反中央集权党一样,宣扬在奥斯曼帝国中实行改革，以获得阿拉伯的自治权。一战爆发后，乔达特投身奥斯曼军，与他的土耳其同胞同仇敌忾，共同抵御协约国入侵。

1915年，阿里·乔达特曾在谢巴之战中为苏莱曼·阿斯克里效力。他与阿斯克里一起撤至纳西里耶，后者自杀后，他被任命为纳西里耶附近一支奥斯曼军小分队的队长。极富影响力的贝都因部落领导人阿杰米·萨顿（Ajaymi al-Sadun）表示支持奥斯曼军，他手下的部落兵帮助兵力不足的奥斯曼军抗击英国入侵者。贝都因人要求奥斯曼军为其提供弹药，而乔达特的任务就是满足他们的要求，以便共同保卫纳西里耶。

当戈林奇的部队向幼发拉底河的土耳其军发起攻击时，乔达特看到这些贝都因非正规军由于形势不妙，纷纷倒戈。他看见部落兵袭击奥斯曼士兵，抢夺他们的步枪与弹药；他也看见他的部下因英军猛烈的炮击，死的死，伤的伤。"奥斯曼士兵腹背受敌，"乔达特之后写道，"受到贝都因人与英国人的两面夹击。"乔达特部队与奥斯曼军主阵地失去联系，他自己也中了贝都因部落的埋伏。他被缴了枪械，抢了财物，之后在纳西里耶附近的苏格舒尤赫村被英军抓获。[7]

从阿里·乔达特的遭遇推断，奥斯曼军根本无法抵御持续的攻击，守住幼发拉底河下游区域。他们缺少足够的正规军，而贝都因人只会与强者为伍。土耳其军官总是谴责阿拉伯及贝都因士兵立场不坚定，作为一位有着强烈的阿拉伯主义倾向的伊拉克本地人士，乔达特的亲身经历显然更能说明问题。之后，他被遣送至巴士拉，并一直被关押在那里，直到战争后期，英国开始重视阿拉伯激进分子的力量，他才重获自由。

7月24日，英军开始用汽船上的火炮从河面向纳西里耶发动炮击。随后，英印军一批批地冲向奥斯曼守军战壕，展开白刃战。奥斯曼士兵寸步不让，迫使入侵者每前进一步都须进行殊死搏斗。战斗一直持续到夜晚，土耳其守军死伤2000人，被俘950人，之后在夜色的掩护下撤退。

第二天黎明,一群居民代表划船前往英军阵地,宣布纳西里耶投降。英军自身也遭受严重伤亡,此次居民前来投诚让他们如释重负。[8]

纳西里耶沦陷,标志英军已完全占领奥斯曼帝国的巴士拉行省。然而尼克松将军试图趁热打铁,夺取战略重镇库特阿马拉(Kut al-Amara)。库特位于底格里斯河一弯曲处,是沙塔亥河航道的终端,该河联通底格里斯河与纳西里耶南部的幼发拉底河。据英军情报显示,有2000名奥斯曼士兵已从纳西里耶撤退至库特,与当地的5000名驻军会合,对阿马拉与纳西里耶的英军阵地构成潜在威胁。尼克松宣称,只要奥斯曼士兵仍盘踞在库特,英军便无法确保对巴士拉行省的控制。

在中东的战争政策上,伦敦与印度之间产生越来越大的分歧。虽然两者皆属大英帝国,但印度有以总督哈丁勋爵为首的独立政府,并有自己的军队。这支军队响应英国号召,已派遣部队前往西线、加里波利及美索不达米亚。尽管如此,印度政府还是需要保留一支驻军,以确保国内的安全。随着德国特工在波斯与阿富汗一带活动,印度西北各省的穆斯林有可能爆发圣战,因此印度总督忧心忡忡,希望能够在国内保留一支强有力的威慑力量。鉴于印度对英国的重要性,伦敦也同样有此忧虑。

然而,印度与伦敦英国政府在如何部署军队上发生龃龉。对伦敦而言,重中之重仍是西线,加里波利次之,巴格达基本上可有可无。但美索不达米亚对印度的意义远大于伦敦当局。若能攻取伊拉克,英属印度则可将其在波斯湾地区的影响进一步扩大。况且,美索不达米亚的印度部队里,有不少政治专员都设想着有朝一日,伊拉克能收归印度政府管治。因此,印度总督害怕印度自身的安全受到威胁,不愿再大规模增派部队,甚至试图调回西线的印度兵团,以巩固与扩大英属印度在美索不达米亚取得的战果。然而,伦敦方面安于伊拉克当下的形势，希望——用英国国务大臣克鲁勋爵的话说——"在美索不达米亚不要冒险"。[9]

占领纳西里耶后，印度政府敦促伦敦授权攻占库特，并称那样做出于"战略需求"。印度总督还进一步要求增派当时在亚丁的印度军第 28 旅，以扩充尼克松部队，助其夺取库特。尽管这个要求合情合理，但考虑到英军在南也门的阵地还不够稳固，它不是伦敦方面当前愿意采取的行动。[10]

事实上，也门迫切需要第 28 旅留守，以防亚丁这一战略港口被土耳其人攻陷。英军于 1914 年 11 月向谢赫赛义德发动袭击，结果只让自己在也门的阵地变得更加脆弱。伦敦与印度官员未与英国驻亚丁公使协商，便决意摧毁在红海入口居高临下的土耳其火力点。也门的殖民地官员认为，这次袭击考虑欠周，会疏远叶海亚伊玛目，而在萨那的也门统治者更将这个决定视为对其领土的侵犯。尽管叶海亚伊玛目名义上是奥斯曼帝国的盟友，英国仍希望与其保持友好关系。然而这位伊玛目在 1915 年 2 月写给亚丁公使首席助理哈罗德·雅各布上校的信中，重申他对奥斯曼帝国的一片忠心，并暗示对英国的敌意。[11] 这使英国此前与其交好的希望彻底破灭。

1915 年 2 月，土耳其部队在叶海亚伊玛目的支持下，进入亚丁保护国的领土。最初，英国官员对土耳其军的行动不以为意，认为不会对他们在亚丁的阵地构成实质性威胁。然而土耳其人在各个部落不断招兵买马，驻也门的奥斯曼军规模逐渐壮大，英军开始担忧。截至 6 月，据英国情报显示，奥斯曼军已有 6 个营的兵力（奥斯曼一个营约有 350 至 500 人），其规模已超过英军。7 月 1 日，奥斯曼军向距离亚丁不到 30 英里的拉季赫发动攻击，令英国在当地的重要盟友身陷险境。[12]

阿里·阿布达利爵士（Sir Ali al-Abdali）是拉季赫的苏丹，这个亚丁保护国内的小邦实行半自治管理。虽然他执政不满一年，但英国人将其视为也门南部的重要盟友之一。拉季赫面临奥斯曼军入侵，英国驻亚丁公使动员其规模不大且缺乏战斗经验的驻军前去驱赶土耳其部队。7月3日，一支250人的印度先头部队携带机枪与10磅火炮，连夜启程，于次日凌晨赶到拉季赫。由威尔士人与印度部队联合组成的主力部队晚了数小时上路，便暴露在也门酷热难耐的夏季高温之下。两名威尔士人在行进过程中中暑身亡，甚至连印度士兵也在如此的高温酷暑中败下阵来。这支部队一路踉跄前行，终于在7月4日日落前赶到拉季赫，此时当地已是一片混乱。

夜幕降临时，效力于拉季赫苏丹的阿拉伯部落开始投入战斗。当时，一支土耳其纵队进入镇中央的广场，他们丝毫没有察觉此处有敌军。等回过神来，英军已抓获纵队的指挥官劳夫贝伊少校，并缴获一批土耳其机枪。不过土耳其人弄清局势后，便立即发起白刃战反击。混乱中，一名印度士兵误把拉季赫苏丹当成土耳其士兵，把这位英国想要保护的人刺死了。

身处拉季赫的400名英国士兵势单力薄，根本无法与奥斯曼士兵及其部落支持者相抗衡。因此，他们只得仓皇撤退。白天的艰难跋涉加上夜晚的激战，这些英国士兵已是精疲力竭。他们押着40名土耳其战俘抵达亚丁时，已战死50人，另有30人中暑身亡。此外，英军在撤退时还留下所有的机枪、两门机动火炮、四分之三的弹药，以及全部的装备。土耳其人现在牢牢控制拉季赫，而它与亚丁仅相隔咫尺。

前往亚丁的道路已是畅通无阻，土耳其部队从拉季赫推进至距亚丁仅隔一个码头的谢赫欧斯曼（Shaykh Uthman）。据第28旅指挥官，少将乔治·扬哈斯本爵士称，奥斯曼军从谢赫欧斯曼能够轻而易举地炮击"港口的建筑、船只、居民区、俱乐部、政府大楼"。更糟糕的是，亚丁全部的饮用水都来自谢赫欧斯曼的水井和处理厂。除非英军能够将奥斯曼军赶出谢赫欧斯曼，否则他们在亚丁的阵地将要不保，而失去亚丁对英国的船运及其在阿拉伯世界的地位都将产生不堪设想的后果。[13]

　　印度政府紧急要求从埃及调派部队增援亚丁，英国政府当即同意。1915年7月13日，扬哈斯本少将接到命令，直接率领第28旅赶赴亚丁，增援当地英军。5天后，部队抵达目的地，趁着夜色登岸，以免被土耳其人察觉。7月21日，英军跨过亚丁与谢赫欧斯曼之间的堤道，成功偷袭奥斯曼部队，使其撤回拉季赫。此行动中，英军伤亡轻微，而奥斯曼军在战斗中死亡50人，另有几百人被俘。

　　扬哈斯本巩固了英军在谢赫欧斯曼的阵地，决心坚守。夺回对亚丁水源的控制权后，他不愿再让部下冒险进攻，拒绝进一步扩大战线。他在写给埃及英军指挥官的信中提到："一方面天气太热；另一方面，眼下离开安全要塞，贸然进入沙漠探险似乎不大明智。"这就是哈丁勋爵于7月末要求将第28旅调往美索不达米亚平原，以协助征服库特阿马拉的大背景。因此，伦敦的战时内阁自然而然地拒绝印度总督的要求。据估计，拉季赫驻扎着4000名奥斯曼士兵，而英军驻亚丁部队仅有1400人，在无援军的情况下甚至不足以守住阵地——这一尴尬的局面将一直持续到战争结束。[14]

　　土耳其人在加里波利战线已掌握主动，这对也门局势更为不利。这次英军明显无力守护亚丁保护国的统治者及其领地，不仅丢掉拉季赫，还在阿拉伯与伊斯兰世界颜面尽失，这使伦敦、开罗与西姆拉的英国官员忧心忡忡。哈罗德·雅各布总结称，英军"在亚丁不敌土耳其军，是我们威严扫地的主要原因"。英国一直担心德国与奥斯曼帝国宣扬圣战，他们认为这次在亚丁的失利使敌军再次受益，也削弱了协约国在整个穆斯林世界的地位。[15]

　　尼克松将军劝说印度总督，称即使没有援军，凭他在美索不达米的现有力量，也足以攻下库特阿马拉。他分析称，伊拉克的土耳其部队在经过一连串的失利后，早已乱成一团。相对地，英印军在经过战火的洗礼后变得更为成熟，多次的胜利也令军队信心倍增。

第九章 入侵美索不达米亚

只要休整好部队（占领阿马拉后，就连汤申德将军也因病被送回印度疗养），尼克松充满自信地认为其无人能挡，能够顺利往底格里斯河上游推进。他提议暂且停止行动，待到1915年9月再对库特发动袭击。哈丁勋爵批准尼克松这一作战计划。

汤申德将军的"船会"不费吹灰之力便夺取了阿马拉，此次征服库特的军事行动也将由他领导完成。然而，汤申德对英军战线的延伸充满顾虑："我们在美索不达米何时才能收手？"他的忧虑不无道理。印度军已在美索不达米亚战斗了近一年，亟需增援；而英国部队逐渐向纵深推进，汤申德担心补给线会受到威胁。每征服一地，交通线路就得相应延伸，而这些线路又完全依赖河运。但印度军可支配的内河船只无法满足运输需求。将补给线从巴士拉起延长一倍，又无充足的运输手段，这将使整支远征军都陷入险境。在印度疗养期间，汤申德与印度军指挥官比彻姆·达夫爵士会面，后者向他承诺："在我让你的部队拥有充足的兵力之前，你不需要从库特往前推进半步。"因此，汤申德接受了尼克松的委任，于9月1日率领部队，顺着河往上游的库特行进。[16]

然而，那时汤申德还不知道自己还有其他方面需要担心：奥斯曼军已任命精神抖擞的努雷丁贝伊（Nurettin Bey）为驻美索不达米亚部队的新任指挥官。努雷丁贝伊是位骁勇善战的将军，曾在1897年的奥斯曼-希腊战役中服役，并在一战爆发前负责镇压马其顿与也门的暴动。努雷丁还通晓多国语言（阿拉伯语、法语、德语及俄语），正如一位军事历史学家总结的那样——他"是难得的人才"。在接到阻击英印军、保卫巴格达的命令后，努雷丁便开始全力重建军队，并成功吸纳新部队进入美索不达米亚。就这样，美索不达米亚战线上形成对英军极为不利的变化：他们与奥斯曼军的实力此消彼长。[17]

英国与澳大利亚飞行员飞抵底格里斯河上空，对土耳其军在库特阿马拉的阵地展开侦察。空中侦察对汤申德及其部下制定攻击计划意义重大，能让他们得知土耳其军的战壕位置，从而调整火炮，令其比美索不达米亚之前任何一次攻击都要精准。不过空中侦察也并非没有危险。飞机有可能因夏日的高温和粉尘出现故障，且土耳其神枪手会让这些企图接近他们阵地的飞机受损严重。9月16日，一架英国飞机在奥斯曼军阵线后方迫降，机上的澳大利亚飞行员及其英国飞行观察员被俘。[18]

据空中侦察得到的情报显示，土耳其人已在库特下游约7英里一处名为辛恩（al-Sinn）的地方挖壕固守。他们的战壕分布在底格里斯河的两岸，夹在一片难以逾越的沼泽之间，绵延数英里。这意味着英军若要发起进攻，便只能冒险从开阔地发起正面攻击，抑或沿着沼泽绕行数英里，从侧翼袭击奥斯曼军阵地。此外，奥斯曼军还在河中设置障碍物，防止载有火炮的英军船只过河。努雷丁可谓处心积虑确保其部队的阵地固若金汤，让英军束手无策。

英军估计奥斯曼军在辛恩共有约6000名步兵，其中土耳其人只占四分之一，余下的四分之三都是阿拉伯人。汤申德的部队拥有11 000名士兵，且配有大炮与机枪，因此他信心十足地认为他的部队击败奥斯曼守军绰绰有余。但他的一些部下却并没有这么乐观。雷诺兹·莱基上尉在日记中写道："我们已得知敌军方位，阵地非常广阔，防守严密，周围布满铁丝网。我军得多费点工夫了。"[19]

英军连夜就位，并于9月28日清晨向奥斯曼阵地发起多头攻击。实施此次攻击计划需要精心配合，一部分军队负责吸引奥斯曼军火力，其余部队则绕到敌军侧翼实施包抄。然而，数支英军纵队在破晓前的黑暗中迷失方向，误入沼泽，延误了军机，迫使英军在太阳高照时才发动进攻，不但没能让敌军措手不及，相反令自己遭遇枪林弹雨。"今天真是糟糕透了，"莱基上尉在日记中记载道，"我们损失了很多人。土耳其人的榴弹炮在一处精确地瞄准我们。他们很显然做了最精确的校准，炮弹一直就从我们的头顶上飞过……有

第九章　入侵美索不达米亚　　　　　　　　　　　　　　　　　　　245

一把离我仅 5 码的机枪被直接击中底座碎裂。花了一整晚挖沟，天亮时我们都累惨了。"据莱基证实，奥斯曼军坚守阵地，令发起攻击的英军伤亡惨重。两军从黎明一直激战到日落。筋疲力尽的英军安顿下来，准备在夜间守住战果，奥斯曼军却悄然退至库特。莱基上校不无敬意地提到："土耳其人在晚间撤退了，非常巧妙，什么也没留下。"

英军用了数天时间，才从奥斯曼军撤离的辛恩推进至库特镇。奥斯曼军在河中设置的障碍虽被破坏，但仍一直给英军的船运带来不便。此外，河水过浅也妨害通行。兵员伤亡情况远糟于英国军事部门的预期，他们需要先将这些伤员送至下游阿马拉与巴士拉的医疗机构，才能继续对土耳其人发动攻击，抢占库特。[20]

最终，土耳其人放弃库特，英军也不必再战。9 月 29 日，英国空中侦察发现，土耳其军已经有条不紊地撤出库特，退至上游的巴格达。一方面，这对英军是个利好消息，他们不用遭到任何抵抗便能占领库特；但汤申德虽胜尤败：奥斯曼大部分兵员和火炮成功逃出他布下的包围网。英军每一次在美索不达米亚围剿奥斯曼军失败，都给予敌方重整军队的机会。况且，每取得一次胜利，印度军在伊拉克的纵深就更大，补给与交通线路亦随之延长。因此，印度远征军在伊拉克每赢得一次胜利，就益发脆弱。

英军于 1915 年 10 月在库特取得胜利时，伦敦方面正逐渐意识到达达尼尔海峡战役大势已去。许多政治人士都担心英军在加里波利战败会动摇他们在穆斯林世界的地位。英国内阁相信，协约国在达达尼尔海峡战败一事会被敌军作为圣战宣传材料。因此一些政治家认为，攻占巴格达能挽回协约国从加里波利半岛撤军的名声。

然而，前线指挥官对此看法不一。尼克松将军不仅认为他的部队能占领巴格达，还认定此举势在必行，否则他们便不能确保美索不达米亚阵地的安全。而率领第六印度师在阿马拉与库特取得胜利的汤申德将军则认为，英军已征服辽阔的领土，当下应先加固现有阵地。虽然他的部队攻取巴格达的赢面颇大，但他们需要大批援军助其守住该城。况且，他们从巴格达至巴士拉的交通线随变幻莫测的底格里斯河绵延数百英里，没有援军便难以确保这条线路的安全。汤申德坚称，若要攻取巴格达，则至少需要新增两个师的兵力。

10月21日，英国政府负责监管中东战事的达达尼尔委员会，就美索不达米亚问题展开讨论。寇松侯爵支持汤申德的观点，认为眼下英国最应该做的是固守从巴士拉至库特的阵地。但叱咤风云的三大臣——外交大臣格雷爵士、第一海军大臣阿瑟·贝尔福及温斯顿·丘吉尔（加里波利半岛战役失利后被贬为兰开斯特公爵领地事务大臣，但在政府中仍颇有话语权）则赞同尼克松的看法，呼吁展开全面行动，攻占巴格达。基奇纳勋爵主张走中间路线，提出突袭巴格达，以摧毁当地奥斯曼军，随后实施战略性撤退，使英军前往更安全的阵地。"如果我军占领巴格达，又撤出加里波利半岛"，基奇纳解释称，"则敌军可能会调遣6到7万兵力"重夺巴格达，届时汤申德需要几个师的兵力以守住巴格达。也许是英军在达达尼尔海峡的连续失利让基奇纳在内阁的影响力有所减弱，此次他的主张未能赢得内阁的支持。正如记载这段战役的英国官方历史学家所总结，政客把巴格达看成是一个机遇，他们能在此"获得先前在政治（甚至在军事）上未能取得的巨大功绩，且由此衍生的好处能惠及英国在整个东方的局势，不容错过"。[21]

最终，达达尼尔委员会未能达成一致。既然没有明确禁止英军向巴格达进发，就是默认谁最坚持就由谁说了算，这当然非主张攻占巴格达的尼克松将军、哈丁总督，以及内阁中支持他们的格雷、贝尔福与丘吉尔莫属。得到内阁的允许后，印度事务国务大臣奥斯丁·张伯伦于10月23日向哈丁总督拍电，授权尼克松将军占领巴格达，并承诺尽快从法国调派两个印度师赶赴美索不达米亚。[22]

第九章 入侵美索不达米亚

战争爆发以来，美索不达米亚的奥斯曼军首次拥有能够抗击英印军的指挥官与部队。1915年9月，驻美索不达米亚的奥斯曼军重新整编为奥斯曼第六军团，时年72岁、久经沙场的普鲁士陆军元帅，科尔玛·冯·德·戈尔茨担任该军团总司令。1915年12月，戈尔茨帕夏及其德国参谋抵达巴格达，受到英雄般的礼遇。

与他在伊拉克的前任比起来，这位普鲁士指挥官有着巨大的优势。他手下的土耳其将军在之前与英军的对抗中积攒宝贵的经验，加上新来的两个师，奥斯曼第六军团已逐渐能与美索不达米亚的英军比肩。奥斯曼第51师清一色都是来自安纳托利亚地区的土耳其人，战斗经验丰富，比即将在伊拉克遭遇的印度军军纪更严明。

1915年秋，新部队抵达巴格达，给当地百姓留下深刻印象，一位居民回忆道："传令员奔走在卡济米耶（巴格达的一个区）的集市中，号召大家到河岸去欢迎进城的土耳其部队。大家赶到那里时，只见河上满是木筏，上面站满士兵。部队下了木筏，踩着节拍列好队。人们高声欢呼，就连女人们也不例外。"美索不达米亚平原上的力量对比正在改变，奥斯曼军在质与量上都逐渐超过疲于战斗的印度军。[23]

汤申德的任务是率领约14000名士兵夺取巴格达。另有7500名英军士兵被派往底格里斯河从巴士拉至库特阿玛拉段，以及幼发拉底河至纳西里耶段沿途各个驻点。增派的印度师无法在1916年1月之前抵达巴士拉。捷报频传无疑增强英印军的信心，但数月的跋涉与激战，加上伊拉克夏季的高温与肆虐的疾病，已使他们身心疲惫。汤申德率领的英国部队有不少战斗力不足，而且他开始怀疑印度穆斯林士兵并非绝对可靠。

奥斯曼帝国积极利用穆斯林对伊斯兰教的忠诚，企图策反英军中的教众。巴格达政府的喉舌媒体用印度语与乌尔都语印发宣传册，号召印度穆斯林离开"异教徒军队"，加入由穆斯林同胞组成的奥斯曼军。他们还提醒穆斯林士兵，为守卫巴格达，土耳其人已经在萨尔曼帕克修筑战壕，那里埋葬的可是先知穆罕默德最忠诚的同伴之一——萨尔曼（Salman pak，"pak"在波斯语与土耳其语中意为"纯洁"，因此该地取名为"纯洁的赛勒曼"）。[24]

这些宣传手册起了一些作用，得知要向萨尔曼帕克推进，印度的穆斯林士兵异常缄默，英国将军也察觉到这一点。甚至已有哗变的个案出现，1915年10月，莱基上尉记录称，4名穆斯林士兵在靠近土耳其阵线的地方放哨时，割断了他们长官的喉咙，随后逃到奥斯曼军中。自此以后，第20旁遮普步兵团"由于逃兵事件"被派往亚丁。英军担心，奥斯曼军如此宣扬萨尔曼帕克是埋葬先知同伴的圣地，会引发更多的哗变事件。因此，为淡化萨尔曼帕克的宗教意义，英国人一律用当地在萨珊王朝时的名字泰西封代称它。[25]

泰西封宫位于奥斯曼军防守阵线的中心，这座规模庞大的宫殿始建于6世纪，至今仍是最大的砖拱建筑。数月之间，土耳其人一直在宫殿周围备战，他们的前线长达6英里，建有15处土木工事或防御要塞，均配有机枪大炮。复杂的交通壕网络方便兵员与补给运抵或撤出前线，每隔一定的间隔还装有大型水罐，以解决士兵的饮水问题。前线后方约2英里是土耳其军的第二道防御阵线，也同样修筑得极为精细。精锐的第51师作为后备力量驻守在第二条战壕。自1915年10月撤退到11月英军逼近这段时间，努雷丁及其部下尽其所能加固工事，这些阵地几乎坚不可摧。

关于奥斯曼军在巴格达的防御情况，英军指挥官没有任何可靠的情报。在他们准备袭击萨尔曼帕克之前，他们估计敌军约有1.1万至1.3万名士兵。11月初，尼克松与汤申德开始收到相互矛盾的情报，对究竟有多少奥斯曼援军从叙利亚或高加索派往巴格达说法不一，但他们认定这些情报都不可靠。此外，在一架侦察机被敌军火力摧毁后，尼克松于11月13日下令暂停空中侦察，这让敌方的状况更显扑朔迷离。据尼克松与汤申德猜测，奥斯曼军的兵力应基本与他们持平，或稍占上风。然而此前与他们交战时，土耳其部队由于压力过大而溃不成军，这让英国指挥官此次也充满信心，认为即使土耳其守军在规模上略胜一筹，他们也能获得胜利。[26]

1915 年 11 月，战斗即将打响，汤申德下令两架飞机升空，对敌军阵地做最后一次长距离侦察。第一架飞机安全返航，报告称奥斯曼军阵线并无变化。第二架飞机飞往泰西封东部，发现那里的地面状况有大幅改变，似乎有大批援军赶到的迹象。飞行员飞近查看时，飞机引擎被奥斯曼军击穿，他只得迫降在敌军阵线后方，最后被土耳其人俘虏。虽然他拒不回答敌军的审问，但对方从他身上搜出了标有第 51 师位置的地图——这是关于奥斯曼援军的第一份可靠情报。据一位土耳其军官记载道："这张价值连城的地图没有落入敌军指挥官手里……而是到了土耳其指挥官手中。"[27]

击落英国飞机不但阻止汤申德意识到敌众我寡、土耳其军已增至 2 万多人，还极大鼓舞了土耳其部队的士气。"这件小事被看成是一个好兆头，敌人的好运就要到头了。"这位土耳其军官这样写道。事实也确实如此。

11 月 22 日清晨，4 支英军纵队朝奥斯曼军阵线推进。他们错误地以为敌军毫不知情，结果一进入奥斯曼守军的射程范围，敌军火力便扑面而来。"几乎瞬间便是枪林弹雨，"莱基上尉在日记中这样记录，同时他还列出了第一次进攻时阵亡同伴的名字，"步枪火力持续不断，直到下午 4 时。战斗很激烈。"

英军与奥斯曼军展开数小时的白刃战与肉搏战，最终占领了奥斯曼军的第一条战壕。然而，还未等英军巩固战果，最骁勇善战的奥斯曼第 51 师部分兵力便发起猛烈反攻。双方激战到天黑，死亡人数不断增加。"恐怖的一天，"莱基总结道，"死伤者遍地，没办法把他们救下来。"第一天战斗结束时，英军损失近 40%，而奥斯曼军则折损近一半战斗力，这使双方的指挥官都极度沮丧。[28]

11 月 23 日，战斗进入第二天，元气大伤的两军面临越来越大的危机。"一整天，伤者源源不断被送来，"莱基上尉记录道，"几百人仍未得到救治，没有担架，没有吗啡，没有鸦片，什么都没有。"尽管如此，但双方的近距离持续交战至深夜。"晚上10点左右，我们正沿着多赛特郡团的战壕匍匐前进，就遭到猛烈的攻击。伤者状态很糟糕，他们仍然在战壕后面毫无防备地躺着。我们端枪近距离瞄准、齐射，都能听到（土耳其）军官在激励士兵。真是可怕的一晚。"

一连三天，英印军都被奥斯曼军围困。他们守住了刚攻下的第一条战壕，但却缺少兵力攻下敌军的第二条战壕。更加困扰他们的是，没有及时得到救治的伤员越来越多（而奥斯曼军可将自己的伤者送至附近的巴格达救治）。英军没有预料到会遭受如此重大的伤亡，几千名士兵重伤令他们措手不及。莱基上尉描述称："断腿甚至是没腿的士兵被人用大衣包裹着送来。他们的苦痛简直难以言表。"战斗持续不断，伤者哀嚎连连，还有关于土耳其援军的谣言，这一切极大打击汤申德部队的士气。

11月25日，汤申德及其部下终于意识到已方难以为继。印度军势单力薄，战线也太长。他们参战的人数有限，援军也是远水解不了近渴。最早一批援军要等1月过后才能抵达美索不达米亚。他们必须保留足够的战斗力守卫巴士拉至库特阿马拉的英军阵地，并亟需将伤员撤下前线。汤申德全力征调一切可用的内河船只，以运送数千名伤员至下游，而那些仍可继续作战的士兵则继续留在前线。经过三天的激烈战斗，他们不得不面临所有士兵的噩梦——在敌军炮火中撤退。

英军从萨尔曼帕克撤退，标志着美索不达米亚战役出现重大转折。奥斯曼军很快便转守为攻，战场上如此，战事宣传上亦是如此。

1915年9月至10月，英军向底格里斯河上游推进时，奥斯曼军与伊拉克民众的关系降至冰点。当时，巴格达居民在歌里已公开嘲弄哈里发——苏丹穆罕默德·雷沙德——及其军队：

> 雷沙德，你这个猫头鹰之子（一种象征着不幸的鸟），你的军队被打败
>
> 雷沙德，你这个倒霉蛋，你的军队都在逃。[29]

随着幼发拉底河中游城镇的叛乱日益激烈，以及巴格达民众对当局的不满日益加剧，奥斯曼政府决定再次诉诸圣战。这次他们的目标是伊拉克那些对政府心怀不满的什叶派穆斯林。奥斯曼政府展开"阿里的神圣旗帜"，希望煽动大众的宗教热情，从而赢得伊拉克什叶派对其战争的支持。[30]

阿里·本·阿比·塔利布是先知穆罕默德的亲戚、女婿，也是伊斯兰教的第四代哈里发。自伊斯兰教诞生的第一个世纪起，什叶派穆斯林就只把哈里发阿里及其后裔尊为穆斯林社会中唯一的合法领袖（事实上，"什叶"这个词源自阿拉伯语 Shiat Ali，意为"阿里的支持者"，或"阿里党"）。因此，他们并不认可逊尼派奥斯曼苏丹以哈里发（全球穆斯林精神领袖）自居，对他以这种身份颁布的号令也充耳不闻。

奥斯曼政府希望借伊拉克什叶派穆斯林对哈里发阿里的虔诚，动员他们加入抗击英国入侵者的行列。为达到这一目的，他们不惜策划在游行时高举一面令人印象深刻的大旗，诡称这面旗帜是哈里发（什叶派称为伊玛目）阿里的遗物，具有神力。奥斯曼政府人员在伊拉克什叶派居多的各个圣城之间来回奔走，把这面旗帜说成是一种秘密武器，虔诚的穆斯林将军若在阿里伊玛目的旗帜下战斗，定能战无不胜。

1915年秋，奥斯曼政府将"阿里圣旗"托付给一位高层官员，并派一支骑兵分队沿途护送，从伊斯坦布尔一直到伊拉克。谣传这支代表团一路上给更看重实利的贝都因领导人分发黄金，以确保他

们对奥斯曼军的支持。队伍到达的第一站是纳杰夫——什叶派伊拉克的政治中心，也是埋葬伊玛目阿里的地方。1915年5月，叛乱最先爆发于此。奥斯曼政府计划在穆哈兰姆月，即什叶派伊斯兰历中最神圣的月份，在埋葬伊玛目阿里的清真寺展开这面旗帜。

在穆哈兰姆月的第11天，即西历的11月19日，这面旗帜与热情洋溢的纳杰夫居民见面了。什叶派显贵把抗击英国异教徒的圣战号召在语言上重新进行包装，称异教徒是"十字崇拜者"——这一称谓不单指英国士兵的基督教信仰，还与十字军东征挂上钩，它曾导致中世纪天主教徒与地中海东部穆斯林的敌对。

昌盛的武运也渲染了旗帜的神秘色彩。旗帜从纳杰夫到巴格达的10天里，奥斯曼军第一次战胜了英军。巴格达副总督很快便在演讲中将胜利与这面神秘的旗帜联系起来，于是圣旗更受到民众的爱戴。"就在这面圣旗离开纳杰夫时，敌人停止进攻，在萨尔曼帕克铩羽而归。"沙菲克贝伊如此赞美道，群众一片欢呼。奥斯曼军赶跑了英军，这令担惊受怕的巴格达人民深感安慰，他们开始乐观地期待胜利的到来——即便胜利需要神的介入。

奥斯曼当局在伊拉克升起"阿里圣旗"之时，一群奥斯曼官员早已在利比亚重启圣战。1915年5月，意大利加入协约国阵营。青年土耳其党人趁机光复了自1912年被迫割让给意大利的部分利比亚领土。奥斯曼帝国与德国在利比亚与埃及边境区域宣扬宗教极端主义，企图借此在英国与意大利的北非殖民地策动叛乱，令两国后院起火。他们圣战运动的合作伙伴就是赛努西兄弟会的领导人——赛义德·艾哈迈德·谢里夫·赛努西。[31]

早在1911年，赛义德·艾哈迈德就曾率领赛努西的武装力量参与意土战争。赛努西教团是一支威震利比亚的苏菲派（或称伊斯兰神秘主义教派）兄弟会，在北非有许多地方分会，成员遍布整个阿拉伯世界。自1902年担任赛努西兄弟会领导人以来，赛义德·艾

第九章 入侵美索不达米亚

哈迈德一直在与意大利人交战，即使在1912年奥斯曼军撤出利比亚，将当地交由罗马管治期间，他的斗争也未曾停歇。作为一支神秘主义派的跨国穆斯林军团首领，再加上他抗击外国入侵者的声誉，赛义德·艾哈迈德自然成为奥斯曼政府圣战的重要合作伙伴之一。

1915年1月，两名显赫的奥斯曼官员从伊斯坦布尔启程赶往利比亚。该使团的负责人努里贝伊是恩维尔帕夏的兄弟。与他一同赶赴利比亚的是一位名为贾法尔·阿斯卡里的官员，来自伊拉克北部城市摩苏尔。与他众多秉持阿拉伯民族主义的同僚一样，阿斯卡里坚决反对英法两国征服和瓜分包括阿拉伯土地在内的奥斯曼帝国领土。他既希望抗击蚕食奥斯曼帝国领土的欧洲国家，也希望保护阿拉伯人的权利不受土耳其人侵害。因此贾法尔·阿斯卡里并未觉得此次协助赛努西有何不妥。

努里与贾法尔首站抵达雅典，在那里购买了一艘小型轮船及一批武器，准备运抵利比亚。为躲避地中海东部的敌舰，他们先行至克里特岛，等待时机冲向利比亚海岸。船长按照他们的指示，将其带到利比亚图卜鲁格与埃及边境小镇塞卢姆之间的一片孤立海滩上。1915年2月，他们在距埃及边境约20英里的利比亚海岸登陆，随即与赛义德·艾哈迈德取得联系。[32]

两位奥斯曼官员发现，这位赛努西兄弟会的领导人正在艰难地与各方斡旋。一方面，他领导的运动只有唯一一条补给线，该线路西端受宿敌意大利的掣肘，东至法国控制下的乍得，因此他需要与驻埃及的英军保持良好关系，才能确保这条线路畅通无阻。而英国公开声明，希望赛义德·艾哈迈德在埃及的西部边境保持和平。而另一方面，奥斯曼政府不断提醒他所肩负的责任。作为一名有号召力的穆斯林领导人，他应当保卫圣战不受外国入侵者破坏。贾法尔·阿斯卡里称："毋庸置疑他倾向于奥斯曼政府，但同时总也摆脱不了阿拉伯领导人一贯的悲观、猜疑与焦虑情绪。"

赛努西部落兵全是非正规军。一些按所属部落组织，其他人则从宗教学校中招募而来，其中 400 名穆哈菲兹亚团体（Muhafiziyya）的宗教学者精英担任赛义德·艾哈迈德的保镖。贾法尔·阿斯卡里回忆道："在执行保镖任务时，他们不断用低沉雄浑的声音诵念《古兰经》，那场景震撼在场的每个人，不由得心生敬畏。"阿斯卡里与 20 名土耳其官员齐力把这些编外人士打造成一支合格的部队，派遣他们前去抵御埃及西部的英军。这支军队在战斗时表现英勇，就连英国人后来也承认，阿斯克里把他的士兵"训练得相当出色"。[33]

两位奥斯曼指挥官抵达利比亚东部已有数月，但赛努西仍然未能发起进攻，这让他们开始失去耐性。努里贝伊对赛义德·艾哈迈德的优柔寡断感到非常挫败，于是怂恿艾哈迈德的一些部下于 1915 年 11 月末向英军阵地发起攻击。部下未经允许擅自行动令赛义德·艾哈迈德十分恼火，但奥斯曼政府却满心欢喜——因赛努西的攻击，11 月 22 日英军撤出他们在塞卢姆的前线阵地，退到了向东 120 英里的马特鲁港。

赛努西的行动得到广泛支持。阿瓦拉德阿里部落的贝都因人也投入战斗，开始攻击英军阵地。埃及骆驼军的一支小分队倒戈，加入日益壮大的阿拉伯运动。14 名埃及当地的海防官员与 120 名士兵带着武器、设备与骆驼，投奔赛努西兄弟会。种种倒戈行为使英军开始怀疑埃及人的忠诚度。因此，为保险起见，他们从马特鲁港撤出埃及炮兵部队。事态如此发展，促使奥斯曼政府鼓动更大范围的埃及起义以对抗英军，从而提升赛努西战士的士气。

为了遏制赛努西圣战构成的威胁，英军迅速采取行动。1400 名英国、澳大利亚、新西兰与印度士兵共同组成西界部队，配备火炮、装甲车与飞机，奔赴马特鲁港，旨在重新夺回英军对利比亚边境的控制权。在危机四伏的 1915 年 12 月，英军在加里波利半岛与美索不达米亚平原上的力量尤为薄弱，更要特别提防赛义德·艾哈迈德趁机在埃及与阿拉伯世界煽动更大范围的叛乱。

12 月 11 日，英军西界部队从马特鲁港启程，向在以西 16 英里安营扎寨的阿拉伯部队发动攻击。当英军步兵进入射程范围时，赛努西人开火了，多名步兵应声倒地，进攻受挫。直到火炮和骑兵赶来增援后，战况才有所改观。战斗持续两天，其间阿拉伯人恪守纪律。但火炮精准的攻击还是将部落兵冲散，12月13日，他们被澳大利亚轻骑兵团成功逼退。第一次交战，双方均损失不大，不过英军西界部队的情报长官在战斗中毙命。[34]

1915年感恩节当天，英军在清晨对赛努西部队发动第二次突袭。突然出现的敌军令阿拉伯部落一阵恐慌。待到贾法尔·阿斯卡里赶到前线时，用他自己的话来说，他发现他的士兵"与其说在有序撤退，还不如说仓皇而逃"。为了整顿军队秩序，阿斯卡里在日出之前审察时局，发现情况并不乐观。"我明白我军阵地已被敌军重重围困。"他只得竭尽全力，派出两个步兵营从西面突围，另派一支骑兵队伍从右翼冲击敌军包围圈，一支大型纵队则朝马特鲁港这一大方向突击，尽管那边有一艘停泊在湾内的英国舰船正向阿拉伯阵地开炮，而且命中率越来越高。"景象相当惨烈，"阿斯克里坦言，"从未料到让士兵坚守阵地竟会如此困难。"

经过一天的激战，英军成功将阿拉伯人从山顶的阵地上逐出。尽管新西兰士兵占领了贾法尔·阿斯卡里的军帐，缴获其所有文件，但他本人侥幸逃过一劫。"日落之时，我们开始撤退，"阿斯卡里记载道，"我们弹尽粮绝，连所有的死伤者也丢弃在原地，任凭敌军处置。"此次战败使阿拉伯战士士气大挫，自此之后，据奥斯奥官员记载称，便"陆陆续续出现逃兵现象"。

英军虽获得胜利，但未能剿灭已有5000兵力的赛努西部队。赛义德·艾哈迈德的阿拉伯部落仍掌握着从塞卢姆至马特鲁港英军驻地的沿海控制权，因此他依然拥有一些重要资本。德国潜艇在利比亚与埃及的海岸线之间来回穿梭，为负责利比亚战事的两位奥斯曼官员送去枪支、弹药与现金。况且，英军在加里波利半岛撤逃，在美索不达米亚又遭逆袭的消息已经传开，许多埃及人都盼望赛努西部队掀起的动乱能助他们摆脱深恶痛绝的英国殖民统治。

对英国战略部门而言，英军在美索不达米亚面临的逆转，远比埃及西部沙漠里的一小撮赛努西狂热分子更令他们头痛。之前取得胜利的第六印度师在萨尔曼帕克遇险，被迫在敌军火力下撤退。汤申德部队已遭挫败，但美索不达米亚的英军指挥官无力提供保护。在援军抵达巴士拉之前，英军几无足够的兵力守住他们在战争第一年所攻占的城镇。

在持续不断的炮火中行进一周之后，英印军终于在12月2日疲惫不堪地抵达他们熟悉的库特阿马拉。库特位于底格里斯河的一马蹄形凹弯处，商业繁华，是当地粮食贸易的中心，当地的甘草根远销国际市场。这里有数层楼高的泥砖房，自带院落，里面的木雕装饰别具匠心。相比之下，公共建筑的面积稍大一些，包括政府办公楼、两座清真寺（其中一座有精致的宣礼塔），还有一处有挡棚的集市被英军征用，改成一所军医院。英军防线绵延于底格里斯河左岸、半岛狭长处，而固守库特西北方河段的泥砖要塞则是英军防线的基石。

汤申德的一些部下对部队是否应撤至库特充满疑虑。从地理位置来看，库特必遭奥斯曼军围困。一旦被围，对印度军和当地百姓都是灭顶之灾。尽管镇上的民众未曾反抗便向英军开城投降，但面对旷日持久的围困，英军也不能奢望他们给予配合。是驱逐镇上百姓，引发7000人无家可归的人道危机，还是强迫民众同他们一起面对围困的艰难险境，汤申德及其部下在这两者之间权衡利弊，最终认为，让民众待在家中的危害稍轻。但随后发生的一切表明，他们的判断是错误的。

汤申德承认，部队在此遭围困在所难免，但他认为一切很快就会过去。在萨尔曼帕克幸存的士兵，加上库特的驻军，汤申德此时拥有11600名战斗人员与3350名非战斗人员，粮食储备能供部队维持60天。他相信他的部队能够挺过这接下来的数周时间，等1月份援军赶到美索不达米亚，他们便能解围，随后可继续征服伊拉克。

12月5日，由努雷丁帕夏率领的土耳其先头部队抵达库特，准备展开围城。12月8日，对库特城的封锁完成。过去一年，奥斯曼军在美索不达米亚接连败给英印军，如今终于乾坤倒转。随着阿里的圣旗在底格里斯河上空飘扬，奥斯曼军感到胜利在望。

第十章

库特之围

自从青年土耳其党人领导的奥斯曼帝国宣布参战以来，英国一直把它看成同盟国阵营中最薄弱的环节。英国的战争策划者们曾一度希望迅速打败奥斯曼帝国，取得在西线上未能取得的突破。奥斯曼军前六个月的表现也全在他们的预料之中。协约国战舰毫发无伤地打击奥斯曼帝国沿海地带；英军相对轻松地占领了巴士拉；奥斯曼军在高加索地区与西奈半岛发动的战役也最终落败。

然而，自达达尼尔海峡战役开始，奥斯曼军便扭转乾坤。土耳其守军顶住协约国的猛烈攻势，坚守阵地，最终迫使外国入侵者撤军，颜面扫地。顷刻间，之前不断进攻的英军招架不住奥斯曼守军的反击，土耳其部队接连收复失地，还侵入英国在南也门的保护国，对亚丁这一重要港城构成了威胁。利比亚部落兵在奥斯曼军官的带领下侵扰埃及西部边境，迫使英军撤至距海岸线120英里处。此外在美索不达米亚的库特阿马拉，努雷丁贝伊还围困了英军一整个师。

奥斯曼军这些攻势均未对英军本身构成严重威胁。英国人仍相信他们最终能战胜也门的阿拉伯部落兵，成功穿越埃及的西部大沙漠。他们觉得库特之围只是巴格达征途中意外发生的小插曲，并不影响最终的征服。此刻更困扰英军的,是他们在加里波利半岛的失利,以及在也门、利比亚与美索不达米亚平原上的挫败。他们害怕这些负面消息成为穆斯林世界的笑柄。他们相信,在中东与南亚一带活动的德国宣传者会充分利用奥斯曼军取得的每次胜利做文章。他们担心自己会在前线遭遇宗教狂热分子攻击,同时自家殖民地又爆发穆斯林起义。从这一角度来说,英国与德国对哈里发号召圣战的反应,比奥斯曼帝国的臣民或是中东、北非及南亚的穆斯林还要强烈。[1]

为了消除圣战威胁,英国认为必须再次确立对奥斯曼帝国的优势。要做到这一点,他们必须重新占领被帝国收复的势力范围,解救被困在库特的英军,并进一步攻占帝国其他领土。他们必须不惜一切代价,遏制土耳其人再次赢得胜利。

话虽如此,但英军在西线消耗惨重,能投入奥斯曼战线的兵力着实有限。1916 年 2 月,德国对法国在凡尔登的阵地发起新一轮的大规模进攻。德军总参谋长埃里希·冯·法金汉将军发动一场他所谓的"消耗战",其目标并非攻取凡尔登,而是要法国人为守住此地而流尽最后一滴血。十个月里,法国部队一直承受着德军猛烈的炮击,炮火最密集时达到每分钟 40 发。到德国人于 1916 年 12 月放弃进攻为止,德军死伤 33.7 万人,几乎与法军 37.7 万的伤亡人数同样多。正因如此,英军需在西线保存实力,以支援法国盟军,防止德国取得重大突破,赢得战争。

要如何部署军队,才能既不从生死攸关的西线抽调兵力,又能避免奥斯曼军取胜,防止掀起圣战呢?这可让巴黎与伦敦的战争策划者犯了难。在解救库特之围一事上,他们完全把实力对比搞错了。

被围困库特阿马拉的英军,很快便意识到自身处境岌岌可危,当时他们一定感觉自己就像瓮中之鳖。"土耳其人决意给这块土地来场炸弹洗礼,"隶属牛津与白金汉郡轻步兵团的下级尉官 G. L. 希

第十章 库特之围

伍德回忆,"他们进一步贴近后,整片平地都被笼罩在枪林弹雨之下;从这天起,河岸上的狙击也愈发猛烈。"英军顶着敌军的炮火艰难地加固战壕,同时奥斯曼军正不断朝英军阵地挖坑道,"前几周里,土耳其人并未发动实质性攻击,但他们距我们非常近,我们晚上都无法安睡。"希伍德坦言道,最近的时候,双方相距甚至不到100码。[2]

奥斯曼第六军团指挥官——陆军元帅科尔玛·冯·德·戈尔茨前往库特巡视前线,并会见了努雷丁贝伊,二人共商对策。两位指挥官的意见大相径庭。一贯冲锋陷阵的努雷丁想要直接向库特发动攻击,一举消灭英军。而戈尔茨则试图保存实力,避免不必要的损失,他建议收紧对库特的包围圈,断绝城内英军供给,让他们弹尽粮绝,最后不得不投降。双方争执不下,最终努雷丁趁戈尔茨赴波斯前线视察之际,擅自出兵向库特发动攻击。[3]

当时正值平安夜。那天,炮弹把要塞的泥砖墙轰出好几个大窟窿,英印军拼命击退一批批冲向自己战壕的土耳其步兵。希伍德的部队受到土耳其军主力部队的猛烈冲击:"黄昏后,他们还是不断地进攻、炮轰,就这样持续了一晚上……他们已经占领要塞的一个棱堡,并用成捆的干草、储存罐、面粉袋,以及任何随手能找来的东西搭建临时掩体,敌军在掩体的一边,我军在另一边。几乎整个晚上,我们都在炮击这些掩体,圣诞节最严重的伤亡全在这儿了。"交战双方均损失惨重,但与一战的其他战争一样,进攻方遭受的损失更大。当库特迎来圣诞日的曙光时,两军阵线之间已堆满土耳其军的死伤者。许多当时的英军幸存者都写到,他们曾试图帮助倒在两军阵地之间的土耳其伤兵。最后,他们给那些距离较近的伤兵扔了些面包和水瓶,只听伤员们疼痛难忍,不断呻吟直到咽下最后一口气,喧嚣的战场才又恢复了寂静。数周之后,许多奥斯曼阵亡将士仍然就那样躺在圣诞夜倒下的地方。

12月24日一战过后,努雷丁贝伊停止对英军阵地的攻击。他转而采取戈尔茨的战略,下令收紧对库特的围困,切断库特所有的补给线路，并不断用火炮、机枪和狙击枪朝城内射击。尽管如此，当戈尔茨从波斯前线归来，发现奥斯曼军竟遭受如此重大的伤亡，还是深感震惊。于是，他将努雷丁调往高加索前线，到了1月，该职务由战争大臣恩维尔帕夏的父辈亲戚——人脉广泛的哈利勒贝伊接替。

英军在圣诞夜一战中损失也不轻。面对这种围困，库特的英军指挥官——查尔斯·汤申德将军开始怀疑自己的部队究竟能坚持多久。根据汤申德自己在库特前几周的经验，部队每天因病或死伤减少的战斗人员按75人估算，至1月1日，部队就会从当前的7800人减至6600人，至1月15日将只剩5400人。当时库特仍与总部保持着无线电通讯，汤申德说服上级，敦促他们趁自己的部队仍有足够力量配合解围行动，尽快派援军前来营救。[4]

英军的增援部队已经在美索不达米亚集结。第一批赶到的是乔治·扬哈斯本将军率领的第28旅。在确保了亚丁免受奥斯曼军的进一步攻击之后，扬哈斯本的部队被火速调往美索不达米亚解围。12月2日，他们在巴士拉登陆。援军的新指挥官——将军芬顿·埃尔默爵士于同一星期抵达。12月8日，美索不达米亚远征军指挥官约翰·尼克松将军向埃尔默下达命令：击退底格里斯河的奥斯曼军，营救被困库特的汤申德部队。此刻，他们已经顾不上考虑征服巴格达了。

当时，印度军两个师还在从法国赶往美索不达米亚平原的途中。埃尔默相信待到1916年2月，他就能有足够的兵力实施营救。然而，被困库特城内的汤申德不相信自己能等到2月。每一周他手下的兵力都在减少，而奥斯曼军则有源源不断的增援部队赶到。时间是关键，他们必须在敌军数量占据压倒性优势之前发起突围。

英军已在加里波利半岛一败涂地，倘若在短时间内又在美索不达米亚折戟，恐对英国政局极为不利。英军高层对汤申德的处境感同身受。于是，1916年1月3日，在仅有3个旅、共1.2万名兵力

第十章 库特之围

的情况下，埃尔默下令扬哈斯本将军向底格里斯河的奥斯曼军阵地推进。后者不得不在援军完全赶到之前便投入战斗，十分沮丧。他在之后的回忆录中称，这个命令是"极其严重的错误。过早行动导致之后四个月里一连串悲剧的发生"。[5]

在埃尔默的增援部队与库特的汤申德之间，奥斯曼军已筑起数道防线。还有两个师被派往巴格达，以加强其驻军的实力。截至1916年1月，奥斯曼第六军团在数量上已超过底格里斯河流域的英军——据英国统计，战场上的土耳其军已近2.7万人，而埃尔默与汤申德总人数不过2.3万人。这种情形下，英军如果仍有信心赢得胜利，只是因为他们依然瞧不起自己的对手。

1月7日，埃尔默增援部队首次遭遇奥斯曼军，地点在库特下游约25英里的谢赫赛义德村附近。土耳其军在河两岸均筑有数英里长的战壕，因此英军不得不冒着敌军精准的步枪、机枪及炮弹火力，在平地上正面发起冲击。经过四天的激烈战斗，英军死伤4000人才占领土耳其军的战壕。虽然蒙受损失，英军仍然赢得胜利，在谢赫赛义德建起了大本营。埃尔默拍电给库特的汤申德将军——被困期间，汤申德始终与外界保持着无线电通讯——称援军正从底格里斯河两岸向库特方向推进。当时，库特城内众将士已被困35天。军中牧师哈罗德·斯普纳在日记中描述，这个消息让他们"激动万分"。[6]

四天后，埃尔默的部队在底格里斯河一处名为艾瓦迪（al-Wadi，意为干谷）的支流遭遇奥斯曼军。英军在抗风暴雨中奋战，再次成功击退奥斯曼军。不过这次埃尔默部队1600余人死伤，兵员减至9000人。尽管如此，他们仍继续推进至汉纳（Hanna）。该片区域地形狭长，一边是底格里斯河，另一边是难以逾越的沼泽，奥斯曼军最坚固的防守阵地就位于此地。

1月21日，埃尔默命其部队从正面的开阔地向防守严密的奥斯曼军阵地发起进攻。然而，连日的暴雨使土地泥泞不堪，英军一路打滑、跟跟跄跄，也没有灌木丛为他们在土军的猛烈火力下提供掩护。结果，这次进攻成为英军在美索不达米亚战役中，伤亡人数首次超过歼敌数的行动。与奥斯曼军激战两天后,他们不得不撤出——以扬哈斯本将军的话说——"这梦魇般的汉纳"。第一次解围失败，埃尔默将军只得等待援军到来，增补兵员后再次尝试。[7]

"我感觉咱们部队没有力量向前推进，他们开始挖起战壕……等待更多援军。"斯普纳牧师在1月23日的日记中这样记载。库特城中的士兵原本期待援军能不日赶到，但现在还得被困上好几个星期。"待到那时，土耳其人一定有大批援军赶到，这对我们来说再糟糕不过，"斯普纳预言，"但我们就此灰心丧气了吗？绝不！"以英国人惯有的口气他如此总结。

一直给埃尔默营救行动拖后腿的暴雨天气，此时也带来一线生机。连日的暴雨使底格里斯河水位暴涨，洪水侵袭两军在库特的前线战壕，双方只得后撤，中间相隔2000码汪洋。潮湿的环境苦不堪言，但至少土耳其军在水位下降之前，不可能对库特发动任何进攻或偷袭。汤申德所面临的挑战只是如何保存部队的战斗力，直到洪水退去，援军赶到。

当务之急是减少部队的物资消耗。1月22日，他下令所有的配额均减半。由于被困以来军民一直共用有限的补给物资，因此这一限令针对的不仅是他的士兵，还包括6000名库特居民。随后，他又命英军挨家挨户搜缴粮食以以备万一，共缴获900吨大麦、100吨小麦、19吨食用黄油和酥油。虽然库特百姓愤愤不平，但这些加上英军的储备，配额减半的话能令库特军民多撑22至48天。[8]

口粮的缩减还不是库特居民最大的麻烦。他们位于遮棚集市的店铺早已被军队征用改建成了医院，用以治疗伤病员。家里也时常遭到骚扰，英军士兵在墙上凿出大洞，便于部队在枪战中撤退，他们还把屋里的木制品抢走用来生火。老百姓同样面临着致命的枪林

第十章 库特之围

弹雨，就连做家务都有生命危险。斯普纳教士亲眼目睹整座城市的百姓哀悼一名去河边打水而中弹身亡的女子。这个可怜的女人不是例外，被困期间有将近900名平民死于意外。

库特百姓被夹在英军与奥斯曼军之间。英国人怀疑他们向奥斯曼军通风报信，而土耳其人则认为他们协助英军守城。围城的土耳其人但凡看见城中平民试图逃跑，就开枪射击。对奥斯曼军来说，库特居民的唯一用处，就是多几张嘴来消耗英军有限的粮食储备。

粮食限额给英国与印度部队造成不同程度的困难。由于宗教和口味的原因，印度教士兵只吃素，拒绝配发的肉类，即使在面包与蔬菜供应日益稀少的情况下亦是如此。而英军士兵吃完了牛羊，竟开始屠宰马匹和骡子果腹，这也造成穆斯林士兵对肉的抵制。汤申德在一开始就为印度士兵配备较多的面粉与蔬菜，同时他也请求印度的宗教当局准许这些印度士兵破戒吃肉。尽管如此，粮食减少还是给印度士兵带来灾难。由于每天摄入的热量低于英国士兵，印度士兵更易受风寒与湿气的侵袭，病亡人数也更高。

奥斯曼军继续拿英军士兵的不同种族做文章。在察看因洪水被废弃的土耳其军战壕时，英国人发现了由巴格达媒体印发的几千份印度语与乌尔都语宣传册。据斯普纳教士称，敌军把这些小册子绑在石头上扔进英军阵地，劝诱"印度士兵杀害自己的（英国）长官，制造哗变，投诚土耳其人，来到真主阿拉的庇护下，还说过来后便会享受更好的待遇，得到更多的报酬"。

一小部分印度士兵果被煽动。汤申德将军在12月末汇报称，其印度部队中发生了"几起不如意事件"。其他士兵的表述则更为直接。"被困的时候，好几次我听说印度人（穆斯林）开小差投靠了土耳其人。"英国炮兵、绰号"炮手"的W. D. 李回忆，"但有些人在逃跑过程中被抓，最后当众枪毙。"有证据显示，仅有很少的印度士兵成功逃往奥斯曼军阵线——在围困结束前被列为"失踪"

的不到 72 人。不过很显然，不是所有印度士兵都愿意为英国出生入死。[9]

当英军正在竭力营救被困库特城中的部队时，埃及当局与利比亚接壤的西界仍面临着危机。1916 年 1 月，英军驻埃及指挥官，约翰·麦斯威尔爵士，敦促伦敦的陆军部授权其发动战役，收复两个月前被赛努西部队夺去的领土。他解释称，从军事方面考虑，重新确立英军对西部沙漠的控制权并非必要，但从政治角度来说则是可取的。英军撤出加里波利半岛，再加上在西部沙漠不敌赛努西部队，这已足够令埃及的激进分子不把他们放在眼里。

经伦敦批准后，麦斯威尔组建了西界部队，旨在让英国重新控制与利比亚接壤的埃及领土。自加里波利撤军后，麦斯威尔便有更多的兵员可供调遣。他充分利用数量优势组建了一支庞大的步兵队伍，士兵来自英伦三岛、印度、澳大利亚、新西兰各地，甚至还有南非。这支队伍不仅配备侦察机、装甲车等先进技术装备，也有更适于在沙漠中行军的传统马匹和骆驼骑兵。

与赛义德·艾哈迈德·赛努西并肩作战的阿拉伯部落兵，由奥斯曼军官负责操练，并接受战争大臣恩维尔帕夏的兄弟——努里贝伊，还有伊拉克人贾法尔·阿斯卡里的监督。派遣努里和贾法尔前来的奥斯曼军领导层明确指示，二人应"潜入埃及，在当地传播恐慌情绪，制造混乱，牵制住尽可能多的英军士兵"。奥斯曼军与他们的德国盟友把赛义德·艾哈迈德——神秘主义组织赛努西教团的一把手——看做圣战的合作伙伴。他们于 1915 年末取得的胜利给英国人敲响了警钟，也激起埃及民族运动的热潮。[10]

1916 年 1 月，赛努西部队在距英军驻玛特鲁港部队西南方约 20 英里的比尔突尼斯（Bir Tunis，意为突尼斯深井）安营扎寨。当看到一架英军飞机飞过阵地上空，阿斯卡里明白英军即将来袭。他在赛努西营地四周布下哨岗，命哨兵们保持警惕。1 月 22 日，是夜大雨如注，黎明时分一位土耳其军官将阿斯科里叫醒，急急忙忙告诉他"有一支敌军纵队正朝赛努西阵地推进，有步兵、骑兵、炮兵，还有装甲车"。这场令土耳其人头疼的瓢泼大雨最终却给他们带来了好运：装甲车陷入泥沼，为阿拉伯部落赢得了准备时间。

1月23日，双方在比尔突尼斯激战了一整天。奥斯曼军的非正规部队在英军的火力之下竟能保持井然有序，令后者感到十分诧异。努里率领一支骑骆驼的机枪手队从右翼向英军发起进攻，贾法尔·阿斯科里则负责率兵对付英军骑兵。赛义德·艾哈迈德带着大部分警卫，向南撤到20英里外的安全地带。赛努西部队由于一天之内战线拉长超过5英里，前线兵力越来越弱，最终被英军从正中位置突破，丢失阵地。英军将赛努西部队留下的帐篷及帐篷内的所有物品付之一炬，但赛义德·艾哈迈德的主力再一次侥幸逃脱。[11]

麦斯威尔将军有足够的兵力能够应对赛努西部队造成的威胁。另一方面，战斗持续越久，这支由土耳其人与阿拉伯人混编而成的部队越是军心涣散。贾法尔·阿斯科里事后回忆道："经过激烈的战斗，我们的兵力已大不如前。士兵加入或离开部队完全取决于是否有足够的食物与弹药。军中缺乏中坚力量。如果他们决意要走，没有什么能够阻挡这些圣战士离去的脚步。"正如以往一样，这些阿拉伯部落兵再一次充满变数。

撤出比尔突尼斯后，赛义德·艾哈迈德及赛努西的追随者与努里和贾法尔分道扬镳。赛努西部队向南推进，占领西部沙漠中的各片绿洲，使其阵地从毗邻利比亚边境的锡瓦一直延伸至法拉弗拉（Farafra）与巴哈利亚。后两片绿洲虽与尼罗河谷距离非常接近，却不在英军的攻击范围之内。另一边，贾法尔与努里在地中海沿岸平原继续袭扰当地英军。不过，由于这两位奥斯曼军官率领的部队不足1200人，且只有一门速射炮和三挺机枪，随着英军增援部队不断赶到，他们的影响也日益减弱。

英军一路追赶撤退的阿拉伯部队至阿卡齐尔（Aqaqir），这里位于沿海村庄西迪拜拉尼东南方 15 英里处。贾法尔·阿斯卡里没有料到，2月26日竟是他向英军发起的最后一次攻击。当敌军将他们的阵地团团围住时，为避免被俘，努里在未与贾法尔协商的情况下擅自率领正规军撤退，留下贾法尔和他的小分队独自面对英军。一名通讯员捎来努里撤退的消息，贾法尔目瞪口呆，随后他便发现，自己已完全陷入英军重围。

接下来的肉搏战如同从克里米亚战争再现：军官们拔出弯刀，奋马冲锋。贾法尔的右臂因严重的刀伤无法动弹，爱马又被人从后射杀，最后只能徒步杀敌。紧接着，英军指挥官休·苏特上校也因坐骑被杀，跌在贾法尔脚边。"我还没来得及采取行动，"贾法尔写道，"敌军的骑兵便将我团团围住，因失血过多我便晕了过去。"作为战俘，贾法尔·阿斯科里受到高级军官应得的礼遇。

阿卡齐尔之战标志着土耳其-赛努西的混编部队对英军在西部沙漠的控制权已再无威胁。西界部队一路推进，途中并未受到实质性抵抗。他们收复塞卢姆港，其控制区域与利比亚重新接壤。根据英国官方历史记载，"埃及对此反应非常热烈，之前在亚历山大港地区支持赛努西的示威也普遍平息。"随着英军在北部沿海地带重振威名，他们集中力量占领西部绿洲指日可待。1916年3月至1917年2月，英军成功将赛义德·艾哈迈德及其部队逐一从绿洲中赶出。[12]

在开罗，身处马阿迪战俘营附属的贾法尔·阿斯科里逐渐伤愈。他受到埃及苏丹侯赛因·卡米勒，以及英军指挥官约翰·麦斯威尔的接见。此外还遇见许多朋友与同事，这尤其出乎他的意料。这些在美索不达米亚平原与西奈半岛被俘的阿拉伯军官隶属奥斯曼军，其中很多人跟他一样倾向阿拉伯主义。他的老朋友及同僚努里·赛义德也在其中，他是英军在巴士拉抓获的。英军情报机构企图充分利用这些人的民族主义情绪来达成自己的战争目标。

随着赛努西在埃及境内开展的圣战遭到遏止，英国战争策划者

第十章 库特之围

再一次集中精力，解救被困在库特阿马拉的汤申德部队。

围城旷日持久，两军不时向对方开火。有一次，在一场特大降雨之后，冻坏的英军爬出洪水泛滥的战壕，将无处不在的土耳其炮火抛诸脑后，踢起足球。斯普纳牧师称，"土耳其狙击手被球赛吸引，纷纷放下枪饶有兴致地看了起来"，直到比赛结束。在斯普纳笔下的另一则轶事中，两军在各自战壕里罕见地互相开起玩笑。一名奋力挖战壕的土耳其士兵不时地冲英军阵线挥舞他的铁锹，仿佛在说"行不行啊英国佬"。忍无可忍，一名英国士兵终于抄起步枪，将这把挑衅的铁锹打出个洞。据斯普纳述称，"有一阵子毫无动静，直到后来对方非常缓慢地，似乎十分疲惫地伸出铁锹，上面缠了一圈绷带！"[13]

这些只是两军交火中为数不多的小插曲，奥斯曼军仍在不断收紧对库特的包围圈。1916年2月中旬的一个早晨，库特城中百无聊赖的军民注意到一架福克单翼飞机在低空盘旋。"它的速度如此之快，大家都对它产生了兴趣，"阿雷克斯·安德森少校回忆道，"它在城南天空中盘旋，接着又朝西北方向飞去。人们看见它扔下了什么，那东西还在阳光中闪了一下——事实上，它总共扔下四样东西。人们更好奇了。"此前飞机只用作空中侦察，库特居民刚刚目睹的，是这个城市首次遭逢的空袭。

烈性炸弹坠地的那一瞬间，士兵们都吓呆了。这次空袭摧毁库特城内的一门火炮，哨岗被炸得埋进战壕。城内一处居民区被直接击中，但奇迹般地无人死亡。从那天起，单翼机（英军猜测驾驶这类飞机的是德国人，因此称其为"弗里茨"）就频频空袭库特，在当地投下重达100磅的烈性炸药。其中一枚炸弹击中英军在遮棚市场的医院，18人死亡，另有30人受伤。空袭大大地帮助了收紧包围圈的行动。[14]

经历了数周无休止的枪林弹雨，但2月18日那天，库特却一反常态,万籁俱寂。英国人一开始感到困惑,害怕此次停火预示着新一轮的攻击。第二天他们才得知,敌军停止攻击,是因为他们收到震惊的消息——埃尔祖鲁姆陷落。

俄国驻高加索部队参谋长尼古莱·尤登尼奇早就预料到,协约国部队撤出加里波利半岛后,奥斯曼军定会重新调整战略部署。他估计恩维尔会借此机会重振奥斯曼第三军团。眼下镇守奥属高加索地区几百英里山地的11个师全部兵员不足,尤登尼奇决心赶在恩维尔着手巩固奥斯曼第三军团之前,趁其仍然虚弱将其一举歼灭。

尤登尼奇将军开始制定严密的作战计划。他对手下将领惜字如金,对士兵则完全保密。为分散自己部队与奥斯曼军的注意,他承诺会在1916年1月7日至14日期间,好好庆祝俄国东正教历的圣诞节与新年。他还散播谣言称俄国计划入侵波斯,以进一步扰乱奥斯曼军视听。这一假情报起了作用,奥斯曼军真的安顿下来准备过冬,认定俄军在开春之前不会来犯,而之后己方就会达满编状态。经历了1914年12月的萨勒卡默什战役,土耳其指挥官深信,俄国人会与他们一样厌恶继续在高加索的严冬环境中作战。[15]

俄军当然从恩维尔计划不周的萨勒卡默什之战中吸取了教训。作为战斗准备的一部分,尤登尼奇为步兵订购冬衣,给所有士兵分发皮毛大衣、带内衬的裤子、毡靴、厚上衣、保暖手套及军帽。他甚至为每位士兵准备两小段柴火,以免他们像此前许多奥斯曼士兵一样,在寸草不生的高加索山地死于严寒。最重要的是,尤登尼奇已经察觉到,在深冬季节奇袭毫无防备的敌军十分容易。恩维尔曾在萨勒卡默什令俄军猝不及防,差一点就因恐慌而一败涂地。尤登尼奇希望这次精心准备的绝密行动能够一举获胜,不会重蹈奥斯曼军当年的覆辙。

1916年1月10日,俄军向科普鲁克伊发动进攻,这是该地区爆发的第三次战争。1914年11月初,一战伊始时,奥斯曼军曾在这里击退俄军。1915年1月，萨勒卡默什战败后，奥斯曼军也是撤至此地重新集结。科普鲁克伊是阿拉斯河边的战略重镇，镇守埃尔祖鲁姆的东大门。由于科普鲁克伊周围都是奥斯曼军，尤登尼奇决定先分散敌军兵力。他先是在1月10日向该镇北部发起佯攻，1月12日又沿阿拉斯河故技重施。奥斯曼军共有9个师驻守科普鲁克伊，他们派出5个师的兵力阻击俄军的进攻。待到1月14日俄军主力部队向科普鲁克伊发起全面进攻时，城中奥斯曼守军只剩4个师。虽然土耳其人顽强抵抗，但眼看即将陷入重围万劫不复，他们还是在1月16日晚连夜撤离。第二天，俄军占领了该城。

科普鲁克伊一战失利，奥斯曼第三军团付出了沉痛的代价。高加索边境的奥斯曼驻军原有6.5万人，只有4万人成功撤至埃尔祖鲁姆。尽管如此，但他们仍相信埃尔祖鲁姆固若金汤。该城周围有两圈防御工事，共有15座要塞和炮台抵御来自东面的进攻。另外，截至1月中旬，恩维尔帕夏已从达达尼尔海峡调派了7个师的兵力，第一批部队预计将在3月初抵达埃尔祖鲁姆。奥斯曼军信心十足地以为，待到开春，他们便能击退俄国高加索部队。俄军则决定先发制人，在奥斯曼第三军团的增援部队赶到之前拿下埃尔祖鲁姆。[16]

尤登尼奇并未贸然向当地防守严密的奥斯曼军阵地发起攻击，而是为此次行动作了周密的部署：他下令拓宽通往科普鲁克伊的道路，以便机动车辆将火炮运送至前线；俄国铁路也从萨勒卡默什延伸至土耳其在卡劳干的战前边界；除此之外，他还首次出动塞尔维亚空军分队，为此次行动提供空中侦察。这些工作展开之际，尤登尼奇与手下军官也确认最终的进攻计划。

埃尔祖鲁姆的奥斯曼军防御阵线旨在保护该城不受来自科普鲁克伊方向的进攻。为避免重大损失，尤登尼奇及其部下决定放弃正面进攻，而是在埃尔祖鲁姆以北的山区集结兵力，那里地势险峻，奥斯曼军防守薄弱。只要攻占4个东北面的要塞，便能打开从北边进入埃尔祖鲁姆的通路。

2月11日，俄军发动攻势。他们先用炮弹猛攻，再夜袭埃尔祖鲁姆附近最北边的两处要塞。一位名为皮鲁米扬的亚美尼亚上校率兵向达兰戈兹（Dalangöz）要塞发起攻击，经过数小时的白刃战后终于成功拿下。第二天，俄军继续进攻，将埃尔祖鲁姆城周围的要塞逐一攻破。奥斯曼守军退入城内。到2月15日，俄军空中侦察报告称，埃尔祖鲁姆城中有大动静，辎重队开始离城向西行进。很显然，俄军的进攻令奥斯曼军大受打击，埃尔祖鲁姆周围的防御已被瓦解，现在他们正全线撤退。

2月16日上午，一个哥萨克骑兵团冲进了埃尔祖鲁姆。之前，俄国与盟军在东西两线历经18个月的堑壕战，双方一直僵持不下，损失惨重。因此，此刻的进攻不禁令俄军及其盟友心潮澎湃。骑兵纵马驰骋，奋勇作战，迫使敌军仓皇撤退，他们终于迎来属于自己的荣耀时刻。俄军如潮水般涌入这座昔日以防守严密为傲的城镇，俘虏了城中5000名奥斯曼守军。接下来两天里，俄国持续追击撤逃中的奥斯曼军，又擒获5000名敌军士兵。加上此前1万名伤亡人员与1万名左右的逃兵，奥斯曼第三军团的兵员已锐减至2.5万人。这一仗，尤登尼奇大获全胜。他成功摧毁奥斯曼第三军团，远在奥斯曼援军赶到高加索前线之前，就扩大俄国对土耳其领地的控制范围。

趁敌人溃不成军之际，俄国高加索军团乘胜追击。2月16日至3月3日，俄军攻占凡湖附近的穆什与比特利斯；3月8日，黑海港市里泽失守；4月18日，特拉布宗也被攻陷。当土耳其增援部队终于赶到安纳托利亚东部时，该地区的奥斯曼军阵地已是全线崩溃。

正因如此，也难怪美索不达米亚的奥斯曼军在得到消息后，一整天陷入沉默。作为战争开打至今丢失领土最惨重的一次，它警醒了奥斯曼军，对库特的围困力度更甚，势在必得不容半点闪失。每击退一次英军的援军，土耳其人就打出一张告示，用法语大大地写道："库特已被征服，各回各家吧。"不肯向敌军低头的英国人便针锋相对地打出自己的标语:"埃尔祖鲁姆的代价你们忘了?看看你身后吧。"[17]

整个 2 月,协约国都有成批的增援部队从法国乘船赶来巴士拉,加入美索不达米亚地中海远征军。他们三三两两地抵达,因运输太过匆忙通常与他们的大炮和马匹分开。巴士拉码头的混乱拖累了协约国部队的行动,致使他们在上前线之前,要花费数周时间归置武器与马匹。由于河运效率不高,大部分兵员只得从巴士拉跋涉 200 英里赶赴库特附近的前线。埃尔默将军好不容易等到此前承诺赶来营救他们的两个师。然而,救援部队姗姗来迟,数量上也不足以占有压倒性优势。

因此,埃尔默面临一个艰难的决定。理想状态下,他应等到援军悉数赶到才与敌军开战。然而,每过一周,奥斯曼第六军团就同样有新赶到的支援部队,而被困库特城中的汤申德部队则因缺粮少药而日渐衰颓。埃尔默的难题就是,如何在无充足情报预估敌我双方力量的情况下,选择最佳时机发起突围。时间步入 1916 年 3 月,库特被围已进入第三个月,埃尔默最终决定不再等待,于月初重新发起攻击。不过,他并没有选择此前底格里斯河的进攻位置,而是大胆提议经由陆路,朝库特以南的哈伊河(Shatt al-Hai)水道方向发动进攻,目标夺取位于高地的杜哈伊拉堡垒——奥斯曼军距离库特最近的一处大型据点。

为了打敌军一个措手不及,埃尔默决定让部队连夜奔袭,在黎明时分对杜哈伊拉发动攻击。他希望能先发制人,为汤申德部队在库特城南打通一条横跨底格里斯河的通道,令其与救援纵队会合。如果严格按照计划行事,他们也许能成功,因为 3 月 7 日晚,当协约国驻扎在底格里斯的军队出动时,土耳其军在杜哈伊拉的阵线由于先前水患弃置,还几乎无人防守。

然而山地崎岖不平,不熟悉地形的英军纵队在夜晚行进时迷失了方向，贻误战机。待到3月8日太阳升起，这些入侵者距杜哈伊拉堡垒还有4000码。英军指挥官以为，他们的纵队在晨曦中穿越开阔地带必会暴露行迹。埃尔默认定敌军已有所察觉，担心手下会因此遭到奥斯曼军的猛烈扫射。他并不知道，当时杜哈伊拉的战壕空空如也，土耳其军根本无法抵御攻击。

之前的教训让埃尔默清楚，在开阔地向挖壕固守的奥斯曼军阵线发起冲击会导致极大伤亡。因此，他命令部队停止推进，先向奥斯曼军阵地猛烈开炮以摧毁其火力。英国炮兵于上午7时向敌军战壕开炮，炮击持续了三小时。然而，此番猛攻并未使士兵免遭敌军枪炮攻击，相反却给奥斯曼军指挥官拉响警报。他们意识到协约国部队即将来犯，遂如潮水般涌向杜哈伊拉。当英军接到进攻命令时，杜哈伊拉原本空无一人的战壕早已挤满支援的奥斯曼士兵。

驻守库特以南地区的奥斯曼军指挥官是阿里·伊赫桑贝伊。1915年2月从高加索地区赶到美索不达米亚平原后，头一个月的时间他操练士兵，使其熟悉新环境下的作战方式。3月7日晚他睡觉前，报告还一切正常。直到第二天一早，手下一个营长向他报告发生了炮击，他才明白英军的意图。

意识到事态严重，阿里·伊赫桑立即与山地炮兵队及机枪连的各位指挥官磋商。他在地图上指出英军所在的位置。"我让他们回击敌军的炮火，行进过程中但凡见到（向土耳其军阵线推进的）敌军部队，便立即开火。"随后，他向奥斯曼军第35师师长发出指令，命其将从伊拉克募集而来的士兵组成一队，让他们"拼死守卫杜哈伊拉以北山头"。阿里·伊赫桑对这些士兵的"纪律、状态及训练成果"都有所怀疑，因此"我告诉他们，我会将任何企图逃跑的人就地正法。他们对我在高加索战线上的名声有所耳闻，所以都相信我会言出必行"。他把信得过的安纳托利亚士兵部署在堡垒正中，认为他们定能守住阵线。[18]

英军还在炮轰空无一人的土耳其军战壕，而阿里·伊赫桑贝伊

第十章 库特之围

的部队已倾巢出动,赶赴杜哈伊拉。这位奥斯曼军官称:"敌军在开炮时并未让步兵冲锋,他们这一错误让我军受益匪浅,所有人员均成功赶到"堡垒,此后英军才命令进攻。他由衷地感谢英军将领给了他三小时的时间。

阿比丁·埃格是一位参加过加里波利之战的老兵。他的部队被派往美索不达米亚,英军步兵发起攻击时,就是他们守卫奥斯曼军的前线。看到数千名英印士兵向平原的这边跑来,他还在想仅凭他们一个营,如何能抵挡得住这么多的入侵者。"我们与敌人只隔了800米。双方交火,战斗就此打响。敌人想方设法接近,但他们在我们的全力反击之下溃退。"土耳其人的死伤人数也在不断攀升——埃格称"烈士们"一个个倒在他的身边。不过他们成功守住了阵线,直到下午援军赶来。到了晚上,英军再无力继续攻击,终于撤退。"我们彻底打败了敌人,"埃格洋洋得意地表示,"但我们也为此失去半个营的兵力。"[19]

奥斯曼军在杜哈伊拉——土耳其人称之为"萨比斯山之战"——取得的胜利可谓至关重要。此次战役中,英军的伤亡人数将近奥斯曼军的三倍。这场胜利极大地鼓舞了土耳其军的士气,英军的解围计划再次搁浅。当然,最绝望的莫过于库特城内的士兵和百姓。"三天三夜,我们一直听到枪炮轰鸣,听见他们越来越近——这里的士兵都准备冲上前去——桥也备好了,就等待时机杀出重围,"斯普纳在日记中坦言道,"可就在这时传来消息,救援部队再次无功而返,这实在是一次残酷的打击。"[20]

城中英印军士气萎靡,这给奥斯曼军指挥官哈利勒贝伊可乘之机。3月10日,哈利勒派使者劝汤申德将军投降。他用法文写道:"您已英勇地完成军人应尽的义务。从现在起,不会再有人赶来替贵部队解围。据你们的逃兵描述,你们应该已弹尽粮绝且疾病肆虐。当下我方军势愈盛,您尽可继续在库特城中顽抗到底,抑或归顺我军,方识时务。"汤申德虽拒绝了哈利勒的提议,但也动了心。在提交给伦敦的报告中，汤申德表示，其部队到 4 月 17 日便将耗尽所有的食物。若届时仍未能解围，他请求伦敦方面能准许他与土耳其人进行谈判。[21]

愁云笼罩着美索不达米亚与英国政府。从在加里波利半岛蒙羞撤军还不到 3 个月，英军又将在伊拉克面临灾难性的失败。英国战争委员会不仅操心汤申德部队的安危，更对英国在穆斯林世界的地位忧心忡忡。英国政府担心，奥斯曼军的胜利会在印度乃至整个阿拉伯世界掀起穆斯林的大叛乱。为了预防万一，哪怕是最不切实际的计划英国内阁也愿意考虑。

为解救汤申德及其部队，基奇纳勋爵提出两套方案，一套比一套天马行空。也许是受幼发拉底河中游地带——什叶派圣城纳杰夫、卡尔巴拉及其周边地区——普遍反抗奥斯曼帝国统治的启发，基奇纳建议派人在土耳其军后方煽动大规模起义。倘若规模够大，哈利勒贝伊便不得不调派围困库特的部队去平定内乱。如此库特的包围圈便会削弱，营救部队可一举将其突破。

基奇纳的第二套方案更加不着边际。他认为土耳其官员贪污腐化成风，提议用天价收买一位奥斯曼高级指挥官，让他睁一只眼闭一只眼，让汤申德部队全体安全撤出库特。基奇纳命开罗军情处的英国官员提供最佳人选——既能兴风作浪，又能成功贿赂奥斯曼指挥官。由于没有高级官员愿意拿自己的声誉去冒险，如此考虑欠周详的任务最后便落在一位低级情报官员——T. E. 劳伦斯上尉的身上。劳伦斯精通阿拉伯语，与英军关押在埃及战俘营中的奥斯曼阿拉伯官员——包括贾法尔·阿斯卡里及努里·赛义德等人过从甚密，而且他坚信自己能完成这个不可能的任务。[22]

3 月 22 日，劳伦斯从埃及启程，乘船前往巴士拉，4 月 5 日到达目的地。当时，救援部队新任指挥官 G. F. 戈林奇将军，正准备再次向奥斯曼军阵线发起毫无胜算的冲锋。劳伦斯知道，要在阿拉伯地区发起一场能够影响库特局势的叛乱，他只有很少的时间筹备。听完珀西·考克斯爵士与格特鲁德·贝尔等伊拉克英军情报官员的汇报后，他决意与巴士拉几位赫赫有名的阿拉伯民族主义人士会面。第一个会见的是苏莱曼·费迪。

苏莱曼·费迪名声在外，之前担任过奥斯曼帝国议会中的巴士拉议员。他曾与巴士拉的政治领导人——赛义德·塔利布·纳齐布密切合作，还曾于1914年10月至11月陪同赛义德·塔利布前去游说伊本·沙特，但最终未能赢得对方对奥斯曼帝国战事的支持。之后，他又与赛义德·塔利布一起去了科威特。后者在那里向英军投降并被流放到印度，费迪则返回巴士拉，在英军的统治下生活。那以后他便淡出政坛，做起小生意，从此不问国事，也与之前其他秉持阿拉伯主义的朋友和同僚断绝了来往。[23]

在赶赴伊拉克之前，劳伦斯探望了努里·赛义德，以及其他关押在开罗、有阿拉伯主义政治倾向的奥斯曼战俘。当劳伦斯询问地下组织"契约党"（阿赫德）的成员，自己到伊拉克后应找谁协商，他们都推荐费迪。于是，劳伦斯谨记在心。当二人见面时，劳伦斯已做足了功课。

劳伦斯与费迪在巴士拉一英军情报处会面。这位伊拉克人惊讶于劳伦斯俊俏的外表，一口带有浓重开罗口音的流利阿拉伯语，但劳伦斯知道得太多了。这位英国官员对他是知根知底，这让费迪很不安。[24]

"恕我冒昧，"费迪开口道，"我们之前见过吗？如果有，我记不得是在什么场合了。"

"不，我们素不相识，但关于您与您的活动，我知道得一清二楚。"劳伦斯回答说。

"您是怎么知道我的，您提到的活动又指什么？"费迪打起了马虎眼。当劳伦斯提及费迪在开罗战俘营中的旧相识，他才明白眼前这位英国人的消息来源。

最后，劳伦斯进入正题。他表示，阿拉伯人期望能摆脱土耳其人的统治实现独立，而眼下正与奥斯曼帝国作战的英国，也希望帮助阿拉伯人实现独立，来达成自己对奥斯曼帝国的胜利。英国政府愿意提供武器与资金，促成伊拉克境内的阿拉伯人发动大规模起义。"另外，我相信您的能力，"劳伦斯总结道，"希望能由您组织这次起义。"

费迪目瞪口呆。"先生，您把这么艰巨的任务交给我可就大错特错了。我在巴士拉没有影响力，背后也没有部落的支持。没人会跟随我这样一个无权无势的人。"费迪称，被流放的赛义德·塔利布更能胜任此次任务。然而劳伦斯知道，英国政府把塔利布看做危险的民族主义分子，绝不会同意将其释放。因此他回绝了费迪的建议。由于劳伦斯心目中能在伊拉克兴风作浪的人选寥寥无几，因此他决意要争取到费迪对此事的支持。

两人进行了长时间的坦诚交流，但最后劳伦斯仍然没能说服费迪接受提议。费迪做出的唯一让步，是同意与三位现被英军收押的旧相识见面，听听他们对此事的看法，再最终决定是否放弃劳伦斯的提议。其中一位就是1915年7月，在幼发拉底河流域被英军抓获的阿里·乔达特。

整整四个小时，这几位伊拉克阿拉伯主义人士聚在一起商讨劳伦斯别出心裁的提议，即在英国的支持下，发动一场反对奥斯曼帝国统治的部落叛乱。鉴于英国对埃及与印度的殖民统治，他们没有理由相信英国人会像劳伦斯宣称的那样，在政治上对伊拉克并无兴趣。他们更没有理由相信他们的阿拉伯同胞，尤其是那些贝都因部落。乔达特亲身经历贝都因人在幼发拉底河一战中对奥斯曼军的背叛，因此他最不愿与任何阿拉伯部落合作。谈话结束，这三位奥斯曼军官敦促费迪务必拒绝劳伦斯的提议。

回到英军情报处的费迪拒绝了劳伦斯的要求，两人和平分手。在后来的一份报告中，劳伦斯述称"苏莱曼·费迪太过紧张，看不

第十章 库特之围

到任何"由他领导发起叛乱的"前景"。虽然劳伦斯并未在报告中写明，但费迪拒绝合作让基奇纳的第一个方案——在奥斯曼人后院煽动阿拉伯人叛乱，以分散围困库特的敌军——化成泡影。第二天，劳伦斯乘船启程赶赴前线，寻思着如何贿赂一位奥斯曼军指挥官。[25]

杜哈伊拉惨败后，乔治·戈林奇接替埃尔默，继续率领英国部队开展营救行动。1916年4月5日，英军对奥斯曼军阵地发动进攻。他们将土耳其人逼退至汉纳的狭径，即1月绊住埃尔默部队的地方，却在上游8英里处的桑奈亚特（Sannaiyat）被奥斯曼军阻击，损失惨重。英军休整了8天才开始下一轮攻击，他们取胜的自信也日益减弱。

库特的形势越来越不妙。被困城中的士兵开始显现营养不良的症状。他们每日的面包配额一周周递减，最后只剩6盎司，外加每日1盎司的马肉——只有英军才肯吃肉。斯普纳牧师在4月9日的日记中这样写道："英国士兵已经形同枯槁，憔悴不堪，但印度士兵比他们更糟。"救援部队在桑奈亚特受挫后，汤申德再次把面包下调至每人每天5盎司。到4月12日，得到印度教与伊斯兰教的宗教权威特批，印度士兵终于开始吃马肉。汤申德将军告知营救部队的指挥官，城内的粮食储备将在4月23日耗尽，但马肉的供应或许还能坚持到4月29日。那以后库特城内将彻底断炊。

为给之后的军事行动赢得时间，英国人挖空心思给库特送食物。库特城中的士兵之前目睹了空中投弹，这一次又成为史上第一批收到空投补给的人。然而，由于气候恶劣，早期飞机的载重量有限，加之飞行员空投准确度差，最终这次尝试不算成功。斯普纳在4月16日写道："飞机整天都在投放补给物资。水上飞机也加入进来，不过它们空投技术太差，包裹不是掉进底格里斯河，就是掉在土耳其军的战壕里！"根据土耳其一方的阿比丁·埃格记载，4月16日当天,每架飞机都装载了3包物资,从早到晚忙着把这些物资空投给库特。"有两袋面粉掉在我军战壕中",这也印证了斯普纳飞行员"空投技术差"的说法。当天,飞机往返14次,成功空投了2500磅食物。但平摊到库特城中1.3万名士兵与6000名居民,每人才分到5盎司。显然仅凭空投不足以缓解库特城中的粮食压力。[26]

营救部队做了最后一次努力。4月17日,英军向拜特伊萨(Bait Isa)的奥斯曼军阵地发起进攻,却被敌军强有力的反攻逼退。阿比丁·埃格述称,英军在大开杀戒的土耳其军面前"溃不成军"。"敌军撤退,我们便乘胜追击,一直推进到他们的主战壕。"4月22日,被牵制在拜特伊萨的营救部队向距离库特约15英里的奥斯曼军阵地,桑奈亚特,发起最后一次进攻,结果仍是一败涂地。当天下午晚些时候,交战双方均示意停火,以抢救伤员。停火一直持续到日落,两军的担架员都忙着将己方士兵抬回战壕。双方似乎都意识到,是时候结束对抗了。

至此,营救行动已持续了4个月。为解救库特城中的1.3万名士兵,救援部队已死伤2.3万余人。4月22日,戈林奇将军及其部下宣布停战,他们的部队已精疲力竭,无法再战了。

为争取时间,英军孤注一掷,用铁板加固"尤乐娜"号(Julnar)轮船,试图让它强行通过被奥斯曼军封锁的河道,载着食物与药品抵达库特。然而,可供库特城内的士兵挨过3周的补给物品重达240吨,加上身披铁甲,"尤乐娜"号只能以5节的航速前进。4月24日晚,这艘救援船载着志愿船员起锚上路。城外英军通知库特城内的同袍,要求他们为"尤乐娜"号提供火力掩护,以防河两岸的土耳其军对其发起攻击。不过,"尤乐娜"号并未能抵达库特的火力掩护范围。奥斯曼军在底格里斯河布下缆索,行动迟缓的"尤乐娜"号就在离目的地约5英里的地方中招,像落网之鱼一般动弹不得。

G. L. 希伍德少校与库特城中的炮兵一起等待着船的到来。"我们都听见为其提供掩护的枪炮声,都能看见它正向这边驶来,可突

第十章 库特之围

然间，它在以东约 4 英里的地方停住了，我们马上就意识到，最糟糕的事已然发生。"结果，"尤乐娜"号被奥斯曼军扣押，船上所有的物资也被统统缴获，船长被枪决，船员则被打入大牢。至此，库特厄运已定。

4 月 26 日，汤申德将军获准与哈利勒贝伊就投降事宜进行谈判。

持续数月被围困令汤申德及其部队付出沉痛的代价，他已无力再与土耳其人举行谈判。"我身心俱乏，"他给上司珀西·雷克将军这样写道，"我已尽到自己的职责，该出面谈判的应该是您。"事实上，没有一位英国高级将领愿意挺身而出，因为这次谈判势必成为英军空前的耻辱。雷克不愿砸了自己的声誉，他指示汤申德与哈利勒展开谈判，并派开罗军情处的劳伦斯上尉和精明能干的语言学家、情报员奥伯里·赫伯特上尉协助。[27]

在 4 月 27 日与哈利勒的第一次会面中，汤申德试图用金钱与战利品换取自己部队的自由。倘若哈利勒能够在英印军承诺罢战后，让他们安全离开，他愿意留下 40 门火炮，并向奥斯曼政府支付 100 万英镑。哈利勒清楚地表示，他个人更希望汤申德部队能够无条件投降，但他会将这一提案上报恩维尔。汤申德非常泄气地回到库特，因为他知道，恩维尔及其德国顾问更看重的是完胜而不是金钱。"接下来我军就要在饥肠辘辘的情况下展开谈判。"他向雷克如此写道，希望能说服上司承担接下来的谈判工作。可这位美索不达米亚远征军指挥官仍然拒绝参与其中，坚持只派劳伦斯与赫伯特两位上尉前来协助。

4 月 29 日清晨，两位青年情报官启程前去与哈利勒贝伊会面。他们举着白旗抵达土耳其军战壕，在那里等候了数小时。其间他们与一些土耳其士兵亲切交谈。赫伯特抱怨道："土耳其人向我展示了他们的勋章，让我们更对自己的无能感到懊恼。"最终，劳伦斯、赫伯特及二人的上司爱德华·比奇都被蒙上眼睛，由人领着穿过土耳其军阵线去往哈利勒的总部。比奇与赫伯特被送上马背，劳伦斯则因为膝盖有伤不能骑马，与二人分开走。待他到达目的地时，赫伯特与哈利勒的谈判已经开始了。[28]

精通法语的赫伯特为英国求情。一战之前，在英国驻伊斯坦布尔使馆的一次舞会上，他曾与哈利勒有过一面之缘。据赫伯特描述："他看上去35岁上下，就他担任的职位来看实属年轻。气宇非凡——一双能让狮子驯服的眼睛，方下巴，嘴巴犹如陷阱一般。"赫伯特恳求哈利勒对库特的阿拉伯百姓网开一面。"我说，与汤申德一起的阿拉伯人只是做了任何处于弱势一方的人都会做的事……他们都惧怕他，所以才为他服务。"尽管如此，哈利勒明确告诉赫伯特，库特居民是奥斯曼帝国的子民，不需英国费心。哈利勒还拒绝保证未来"不会迫害库特居民或将其处以绞刑"。

具体的投降条款，赫伯特等到劳伦斯赶到才进入讨论。然而，他们原先计划用金钱帮汤申德逃出生天的愿望打了水漂。为了更有技巧地提起贿赂这个微妙的话题，比奇指示赫伯特"提出英军愿意承担库特城中百姓与阿拉伯人的生活费用"。但显然哈利勒把库特城中百姓看做包庇英军的同伙，根本不在乎他们的死活，"（这个还未提起的）话题就被搁在一边"。

哈利勒向英国人提出要求，即由后者为汤申德及其部队提供船只，让他们乘船前往巴格达。"不然这些人就只能步行，"哈利勒解释称，"但以他们目前的状况来看比较困难。"哈利勒承诺一旦城中战俘全部转移至巴格达后，就会把河船归还给英军。比奇上校用英语对赫伯特和劳伦斯说，英军自己的船只都不够，恐怕不能同意这个要求，赫伯特应告诉对方自己要请示雷克将军。哈利勒本人，或他的随行人员中有人会一点英语，听懂了比奇的意思。如果英军自己都不替自己的伤病员在转移过程中的安全着想，奥斯曼军则更不可能。

哈利勒在谈判过程中只发过一次火。他收到消息称，汤申德

第十章 库特之围

在当天早些时候已经把城内所有的火炮全部摧毁。"哈利勒显得非常生气,"赫伯特记录道,"他说他对汤申德十分敬仰,但没得到那些大炮很显然令他非常失望。"汤申德此举应是为防止这些大炮落入敌军之手,并被用于对付英军。然而,他摧毁这些大炮意味着哈利勒的战利品大打折扣,这更坚定了这位奥斯曼军指挥官的立场。

这些职位较低的英国军官没有什么筹码能跟赢得胜利的奥斯曼军指挥官讨价还价。一旦基奇纳的金钱诱惑失败,赫伯特与劳伦斯便拿不出任何更好的条件。他们还不知道,就在自己与哈利勒谈判的当天早上,两天前贿赂哈利勒失败的汤申德已同意无条件投降。库特尽在奥斯曼军的掌握之中,汤申德及其部队已经沦为战俘。尽管如此,哈利勒并未告知他的英国客人这一重大事件。他意识到劳伦斯与赫伯特上尉并无实权,又拿不出什么新方案,于是他打了个哈欠,示意结束这场谈判。"他说他很抱歉,说他还有许多要事需要处理。"赫伯特在日记中这样记载道。对于哈利勒来说,那天的确发生了许多大事。

4月29日中午,库特城中饥肠辘辘、憔悴不堪的士兵开始集结,准备迎接接收他们的敌军。"就这样,漫长的厮杀、等待和希冀、猜疑和焦虑,还有饥饿,一切的一切都结束了,"阿雷克斯·安德森少校这样写道,"无法想象和不能接受的事情都已经发生,没有人不受到震撼。"话虽如此,英印军在震惊之余还有一丝宽慰。经过145天的围困、无休止的炮火,还有越来越无法忍受的饥饿,此刻他们十分庆幸这些苦难终于要过去了。他们认为,战俘的处境绝不会比他们这些天来的经历更糟。

英军郁郁寡欢,土耳其人却分外高兴。"每个人脸上都洋溢着幸福灿烂的微笑,"加里波利的老兵阿比丁·埃格,在4月29日的日记中这样写道,"今天被称为'库特节'(Kut Bayram),以后它将成为一个全国性的节日。"他喜于奥斯曼军取得如此巨大的胜利：敌军有 5 名将军、400 名军官，还有将近 1.3 万名士兵被俘。"在其他地方，英国人从未遭受如此程度的挫败。"埃格的描述十分准确。在库特之围中，英军共损失 13 309 人，其中包括 277 名英国军官、204 名印度军官、2592 名英国士兵、6988 名印度士兵，以及 3248 名印度后勤人员。这是英军有史以来最狼狈的投降。[29]

4 月 29 日中午，英印士兵焦急等待着奥斯曼部队的到来。下午 1 时许，有人大叫一声——"他们来了！"——其他人都争先恐后地抢着围观。"炮手"李在一机枪掩体处远远地看到"他们分几路纵队"，经过一片狼藉的库特要塞朝这边推进。"黑压压的部队像是在一路小跑。他们离我们还有一段距离……我很惊讶他们竟如此急切地想要与我们见面，"李这样写道，"要不是他们长官厉声命令，他们早就乱哄哄地跑进库特城了。"

土耳其士兵很快就和自己长期鏖战的敌人打成一片。他们给英国兵递烟，尽管后者已虚弱得抽不动了。炮手李竭力组织着语言和俘虏他们的土耳其军交流——"法语、土耳其语，还有带了一点'伦敦腔'的阿拉伯语，一股脑儿都脱口而出。"他发现不少奥斯曼士兵都曾在加里波利与澳大利亚人交过手。也许是为了回应澳新士兵撤退时留在战壕里的那些信件，这些土耳其士兵"似乎迫切想跟我军叙叙旧，所以就来了这么一场'小仗'"。英国军官也和奥斯曼军官促膝长谈。皇家飞行团的 T. R. 韦尔斯与两位土耳其军官从晚上七点半一直聊到深夜，"交流了许多最近发生的有趣细节"。[30]

然而对库特居民来说，围困结束只是噩梦的开始。正如赫伯特上尉所担心的，奥斯曼军对城中百姓一律处以极刑。斯普纳牧师称，许多被怀疑曾与英军合作的人都被吊在三脚绞刑架上，"让他们慢慢窒息而死。这些犹太人和阿拉伯人不过是为我们做过翻译，有的根本是土耳其人想象出来的莫须有罪名。其中包括库特阿马拉的谢赫及他的儿子们。"奥斯曼军进城后，几天内"阿拉伯妇孺的恸

第十章 库特之围

哭和哀嚎"令炮手李感到骇然。据一位官员称,等到4天后英军离开库特时,城中百姓已有一半被枪决或绞死,"库特的树上挂满了尸体"。[31]

两军指挥官达成一致,交换伤残俘虏。约有1100名英国伤病员与数量接近的土耳其俘虏做了交换。其余战俘则需收拾行李,准备启程前往巴格达。普通士兵可带两条毯子及一套换洗用品,军官们则可携带重达200磅的随身物品和帐篷。军官和伤病员被安排乘船前往巴格达——许多人搭乘的就是之前倒霉的"尤乐娜"号。由于船只紧缺,英国人又不愿提供交通工具,许多士兵只得从库特跋涉100英里前去巴格达。

土耳其指挥官起草命令,由英国军官念给部下听。根据命令,他们将跋涉数百英里,中途还要穿越大沙漠,普通士兵带的装备越少越好。一旦掉队,他们将不会有任何交通工具和保护,到时就只能惨死在贝都因阿拉伯人手中。据炮手李回忆称:"听的人都意识到,自己在这次长途跋涉中凶多吉少。"命令宣读完后,军官被迫与士兵分开。那一刻不啻生离死别。"有些老兵哭着从我们身边走过,"L. S. 贝尔·赛尔上校在日记中如此写道,"尤其是那些拉杰普塔纳(印度西北部一地区)的士兵,他们说自打与英国军官分离后,他们就放弃了所有希望。"[32]

作为第一批进城的俘虏,由水路抵达巴格达的英军士兵发现,那里全城都沉浸在节日的欢庆气氛中。塔利布·穆什塔克当时还是一名学生。作为一名土生土长的巴格达阿拉伯人,他对帝国一片赤诚,殷切期盼自己能加入奥斯曼军,保卫家园抵御外来侵略。英国战俘进城时,他就在人群中围观。"伊拉克的所有人都在庆祝,"他回忆称,"巴格达挂满了彩旗、灯笼和棕榈叶。"他看到一艘艘载满战俘的汽船停靠在河岸边。"我很轻松地就爬上其中一艘,亲眼见到那些倒霉的俘虏,他们对我们根本没有敌意,却不得不与我们战斗。"他向码头上的一位英国中士走去,"那个人憔悴不堪,被困库特几个月让他饿得骨瘦如柴"。虽然穆什塔克不会英语,但他发现中士会几个阿拉伯单词。

"你还好么?"穆什塔克问。

"还好,还好。"英国人用阿拉伯语回答道。

"你觉得土耳其军怎么样?"穆什塔克继续问道。

"英国人砰……砰更厉害,但没面包。"中士用糟糕的阿拉伯语说。

"我明白他的意思,"穆什塔克补充,"他是想说英军有更强的火力,但粮食没了,只好投降。"[33]

抵达巴格达后,战俘便按照军衔与种族分开。恩维尔帕夏前来视察,对他们许下承诺:"战士们,你们的苦难都过去了。"他如此安慰饥肠辘辘、虚弱至极的战俘:"你们将会受到奥斯曼苏丹的贵宾礼遇。"然而不久这个承诺就变得极为可笑,因为苏丹显然对他的宾客并非一视同仁。[34]

印度穆斯林军官受到最好的款待。奥斯曼军将他们与英国和印度教军官区别对待,让他们住最舒适的房间,提供精致的食物和上等烟草,还领他们去清真寺祈祷。"他们似乎被土耳其人打动了。"贝尔·赛尔上校这样写道。这种怀疑并非空穴来风,每位向奥斯曼军投诚的印度军官都是苏丹圣战宣传奏效的标志。[35]

圣战的另一举措,是命投诚的阿尔及利亚士兵进驻巴格达,以增强奥斯曼帝国苏丹对殖民地穆斯林的号召力。这些北非士兵原本随法国部队在西线作战。被德国人俘虏后,他们被押往柏林附近的温斯道夫-佐森,在名为"新月营"的穆斯林战俘营受到特殊优待。随后,约有3000名阿尔及利亚士兵在柏林被土耳其军官收编,后被派往巴格达,驻扎在英军战俘营附近。这些北非士兵既为协约国效过力,现在又为同盟国作战,足迹遍布亚非欧三大洲。一战期间,很少有人有类似的经历。[36]

然而,刚抵达巴格达不久,不少阿尔及利亚人便后悔了。许多

第十章 库特之围

人向驻巴格达的美国领事寻求帮助。"有的人声称是因为苏丹承诺会优待他们,让他们与'异教徒'作斗争才来的,"查尔斯·布里赛尔领事报告,"有的则说他们是被德国人送到这里。不过,他们都异口同声地坚称自己被骗了。"尽管如此,这些自愿投靠土耳其军的士兵,美国领事除了能给他们少许钱财之外,也是爱莫能助。他们当中许多人随后便被派往波斯边境,与俄国人作战。[37]

相比普通北非士兵,印度穆斯林军官的待遇要好得多。这种优待也为奥斯曼帝国的圣战带来好处。1916年8月,伊拉克当地报纸报道称,已有70名在库特被俘的印度穆斯林军官向奥斯曼帝国苏丹投诚。苏丹称,这些军官都是被逼无奈才"与哈里发统治的奥斯曼帝国为敌",因此他把军官佩剑还给他们,以示尊敬。报纸上说,"苏丹的这一举动深深打动了他们,他们纷纷表示愿为奥斯曼帝国鞠躬尽瘁。"如果报道属实,这意味着在库特被俘的印度军官(包括印度教徒与穆斯林在内,有204名),其中的穆斯林几乎全被奥斯曼帝国成功纳入麾下。[38]

277名英国军官也依照军衔受到不同程度的优待。奥斯曼当局给每位军官都发放生活费,并准许有一位仆人负责其起居。虽然条件通常一般,但军官们至少没有露宿街头,生活还过得去。他们乘坐火车、汽船,或骑马从巴格达去往安纳托利亚拘留营。为了让他们正式承诺不逃跑("俘虏宣誓"[parole]),奥斯曼当局给他们极大的自由,任其在附近城镇活动,甚至还允许接收家人的信件与包裹。[39]

年轻的 E. H. 琼斯中尉被拘押在安纳托利亚中部的约兹加特(Yozgat),他详细记载了英国军官如何消磨那些被俘的时光。"我们的主要问题就是如何打发时间,"他这样写道,"我们组织四人曲棍球赛,还(在土耳其人允许之下)散步、野餐、坐平底雪橇、滑雪等等。我们写各类剧本,喜剧、正剧、音乐剧、闹剧、哑剧,室内娱乐应有尽有。此外,我们还有一支交响乐团,演奏乐器都是战俘制作的，配上战俘营自组的男声合唱团，还有音乐家为他们谱曲。"[40]

奥斯曼当局对待英国军官的态度与对普通士兵的残忍形成鲜明对比。普通士兵的故事鲜为人知，因为大多数"军官以外的人"已在死亡行军中罹难，极少数幸存下来的也不愿讲述他们亲眼目睹的惨状。"关于部队在行进中遭受的种种苦痛和非人待遇，以及在穿过亚美尼亚人聚居地时所看到的一幕幕惨状，我不打算在这里叙述。"在总结库特之围时，炮手李如此写道。澳大利亚航空队的J.麦克·斯洛斯上士则直言不讳。"我们的人被枪托戳着，被鞭子抽着朝前走。有些人被一路鞭笞直到倒地，一个海军陆战队战士就因此再也没能爬起来。你要开口就会挨一顿鞭子。"走在"死亡之路"上，杰瑞·朗上士曾对一位同情他们的土耳其军官吐露了自己的恐惧："我告诉他说，我们队伍的人数已经比原先少了一半……我们都开始怀疑这是土耳其政府的阴谋，想让我们一直走下去，直到统统没命。"[41]

奥斯曼政府对库特战俘的态度，常常被人拿来与亚美尼亚死亡迁徙拿来相提并论——这样做的不只是幸存者。他们在同样险恶的环境跋涉，押送他们的奥斯曼军同样对他们漠不关心。他们也没有任何生存所必需的食物、水和抵御曝晒的衣物，穿越如此险峻地势时竟然还打着赤脚。一路上，他们都面临着村民与部落的攻击，掉队的人最后也都曝尸路边。

尽管如此，两者还是有所不同。奥斯曼政府押解亚美尼亚人穿行叙利亚大沙漠，其背后是蓄意的种族灭绝政策。而他们并无意屠杀库特的战俘，只是也没有采取任何措施为他们保命。大多数时间里，负责押解的奥斯曼士兵对战俘的生死似乎毫不在意。这一点不难解释。库特城中数千名饥病交加的英印士兵会损耗他们的资源。奥斯曼帝国自己的士兵都缺药少粮，根本不能为数量如此庞大的俘虏提供足够补给，因此并不关心这些新来的入侵者是死是活。那些

第十章 库特之围

日渐憔悴、不再有利用价值的人，奥斯曼士兵就会想方设法弄死他们——这样的人占了大多数。有记录为凭，从库特俘获的英军共有2592人，近70%，即超过1700人死于监禁和死亡行军。印度普通士兵的死亡人数并不明确，但被奥斯曼军俘获的9300名士兵与后勤人员中，不下2500人死亡。[42]

库特的幸存者被派去修筑安纳托利亚至巴格达段的铁路。印度士兵聚集在铁路线的尽头——艾因角，而英国士兵则被派去修筑托罗斯山脉与阿曼山脉间的隧道。自从亚美尼亚人被集中流放到叙利亚大沙漠、成批死亡后，铁路隧道的工程便一直处于停滞状态。1916年仲夏，在位于阿曼山脉的巴赫切火车站，亚美尼亚神父格里高利斯·巴拉基昂遇到一队来自库特的英印战俘。

第一批英印士兵于夜晚抵达巴赫切火车站，大约两百来人。据巴拉基昂回忆，他们在夜间穿行，犹如"行尸走肉……佝偻着背，衣衫褴褛，满身尘土，瘦骨嶙峋"。他们抵达工作地点后，便向巴拉基昂及其他人寻求帮助。"这里有亚美尼亚人吗？"他们问道。"给我们一片面包吧，我们好几天没吃东西了。"巴拉基昂及其同事很是惊讶。"他们说的是英语，我们都愣住了……他们居然是英国人……这些来自远方的朋友也遭遇跟我们同样的命运，现在在问我们讨要面包……真是太讽刺了！"[43]

这些英国战俘刚抵达工作地点时，根本无法干挖隧道的重活，他们被允许休息一周，以恢复体力。在此期间，巴拉基昂及一小批亚美尼亚幸存者与战俘见面并展开交谈——从任何角度来说，他们都同是天涯沦落人。"英国军官讲完他们在沙漠中那段令人揪心的遭遇，感同身受地向我们描述他们在代尔祖尔目睹（屠杀亚美尼亚人）的那一幕幕惨剧。"巴拉基昂得出结论，奥斯曼政府"对待英国战俘，正如它对待数千名亚美尼亚流放者一样——并不担心将来要承担任何责任"。

库特城内英军投降的消息被英国媒体通报后，英国内阁不得不对此事负责。英军在加里波利半岛失利的余波未平，此次又在库特投降，自由党派领导人 H. H. 阿斯奎斯为首的英国政府不得不成立两个调查委员会——一个负责达达尼尔海峡战役，另一个彻查美索不达米亚战役。1916 年 8 月 21 日，美索不达米亚委员会正式建立。接下来的十个月里，该委员会共召开了 60 次会议。由于最终报告对英国内阁与印度政府提出严厉批评，政客们不得不将其推迟两个月才公开。最后，前印度总督暨战时内阁成员，位高权重的寇松爵士表示："就我个人而言不得不遗憾地说，自从克里米亚战争以来，英国政府还从未遇到过如此严重的政治失误和政府失职。"[44]

1917 年 6 月 27 日，美索不达米亚委员会的报告公布于世。接下来数周里，议会对此展开激烈的讨论。最终，时任印度事务国务大臣的奥斯丁·张伯伦引咎辞职。然而讽刺的是，到了 1917 年夏天，巴格达已然在英军的掌控之中。只是这迟来的胜利终不能挽回美索不达米亚战役里，到库特城破为止死去的 4 万士兵的生命。他们的牺牲，一如那些在加里波利半岛死伤的战士，没有缩短、相反是大大延长了第一次世界大战的进程。

相比库特陷落对英国议会造成的冲击，英国战争策划者们更担心的，是奥斯曼军两次大胜在伊斯兰世界引起的反响。开罗的阿拉伯办公室正如火如荼地开展行动，以动摇奥斯曼帝国苏丹作为哈里发的宗教权威。他们试图与麦加谢里夫，侯赛因·本·阿里结成战略同盟。此人是先知穆罕默德圣裔，在奥斯曼帝国境内及整个伊斯兰世界中，其宗教地位仅次于哈里发。

第十一章

阿拉伯起义

英国与麦加谢里夫都对战事抱有忧虑。因此，经过为期数月的紧张谈判，双方最终结成战时同盟。侯赛因有理由相信，青年土耳其党人企图颠覆他的权力，甚至蓄意加害于他。况且，为实现在奥斯曼帝国境内建立独立的阿拉伯王国这一宏伟目标，他需要大国的支持。另一边，英国则担心他们目前接二连三战事失利，会助长殖民地穆斯林的气焰，从而背叛协约国方。目前英军处于开战以来的最低潮，因此，开罗与伦敦的战争策划者希望通过与谢里夫、这位守卫伊斯兰最神圣之地的人结盟，在此时消解奥斯曼帝国苏丹哈里发的圣战号召。

作为埃米尔领地，麦加是阿拉伯与伊斯兰世界中一处极为特殊的所在。几世纪以来，这座伊斯兰教最神圣的城市，穆斯林一年一度朝觐之地，一直由穆罕默德的后裔（被授予"谢里夫"的称谓）全权管理。麦加的埃米尔由奥斯曼帝国统治者任命，其宗教地位仅次于作为哈里发的苏丹。虽然麦加具有浓郁的宗教色彩，但历代埃米尔都涉身政界。奥斯曼政府利用哈希姆家族的内部对立来制衡其掌权者，防止其从伊斯坦布尔获得更大程度的独立。一位拥有合法宗教地位、又富有魅力的阿拉伯统治者，会威胁奥斯曼帝国对阿拉伯地区的统治。[1]

侯赛因深谙奥斯曼政府的伎俩。1853 年，他的父亲被苏丹扣押在伊斯坦布尔，侯赛因就出生在那里。1861 年父亲死后，他迁至阿拉伯行省汉志，也就是麦加与麦地那这两个伊斯兰教最神圣城市所在之地。他在那里的贝都因部落中成长，照惯例成为麦加谢里夫的一员。1893 年，他被驱逐至奥斯曼帝国首都伊斯坦布尔，凭借自身实力在俯瞰博斯普鲁斯海峡的家中养育了四个儿子——阿里、阿卜杜拉、费塞尔与扎伊德。1908 年，因青年土耳其党革命，当时的奥斯曼帝国苏丹，阿卜杜勒-哈米德二世，为否决联合与进步委员会对麦加埃米尔的首选提名，遂命侯赛因接任该职。虽然侯赛因并非埃米尔的最佳人选，但 1909 年阿卜杜勒-哈米德二世下台时，他成功保住自己的职位，巩固了在麦加的地位。

随着伊斯麦尔·恩维尔、艾哈迈德·杰马勒与穆罕默德·塔拉特组成的执政三巨头于 1913 年得势，谢里夫侯赛因同联合与进步委员会的关系便开始恶化。谢里夫在麦加积极抵制青年土耳其党人的各项政策，以弱化奥斯曼政府在汉志的统治。他阻挠一切在汉志行省实施新行政改革法的举措，并反对将汉志铁路从麦地那修至麦加。前者会破坏埃米尔在麦加的自治权，况且铁路一旦修通，麦地那的穆斯林便会乘坐火车前来麦加朝觐，如此一来便会抢了赶骆驼者的生意，有损当地经济。与青年土耳其党人抗争，谢里夫侯赛因知道自己的反对只会遭到无视。尽管如此，他并未向伊斯坦布尔的压力屈服，而是开始考虑发动叛乱。谢里夫侯赛因记得，1899 年，英国曾助科威特领导人成功摆脱奥斯曼帝国统治、获得独立。他派儿子阿卜杜拉前往开罗，与当地英国官员展开谨慎的谈判。

1914 年 2 月至 4 月，谢里夫阿卜杜拉在开罗与时任埃及总领

第十一章　阿拉伯起义

事的基奇纳伯爵,及其东方事务秘书长罗纳德·斯托尔斯接洽。阿卜杜拉寻机试探英国在伊斯坦布尔与麦加之间愈演愈烈的矛盾中所持的立场。"当我问基奇纳,假若麦加与奥斯曼政府决裂,谢里夫是否能指望英国给予支持,"阿卜杜拉回忆道,"当时他的回答是否定的。他的理由是英国与土耳其并未交恶,无论如何,麦加与奥斯曼政府之间的矛盾是奥斯曼帝国的内政,外国势力不便干预。"阿卜杜拉很快提醒基奇纳,不管英国与土耳其如何交好,英国还是在1899年介入了科威特与"高门"之间的内政。阿卜杜拉的机智赢得基奇纳的笑声,却没能改变他的主意。随后这位总领事起身告辞。尽管如此,阿卜杜拉还是给基奇纳与斯托尔斯留下深刻印象。数月后,一战爆发,英国与土耳其的友谊旋即破裂,此时二人想起了阿卜杜拉的那次拜访。[2]

1914年9月,英国预测奥斯曼帝国随时会加入战争,并与德国结盟。因此,一位德高望重的穆斯林盟友将成为对抗奥斯曼帝国的宝贵资源。斯托尔斯向上级建议,"及时与麦加进行磋商,也许能在奥斯曼帝国发动进攻之时,确保阿拉伯半岛中立,甚或与之结盟"。当时基奇纳已被调回伦敦,接任陆军大臣。斯托尔斯写信给他,建议重新与麦加谢里夫取得联系。基奇纳的反应非常积极,他指示斯托尔斯,一旦奥斯曼帝国宣战,便派一名值得信赖的使者前去与阿卜杜拉会面,问清"他与他的父亲,以及汉志的阿拉伯人民会与英国结盟,还是与之对抗"。[3]

奥斯曼帝国参战后,土耳其人与英国人均积极寻求麦加埃米尔的支持。谢里夫侯赛因是阿拉伯世界中地位最高的穆斯林,因此,奥斯曼政府希望他能支持苏丹的圣战。当时,谢里夫侯赛因敷衍奥斯曼政府,承诺以个人名义支持圣战,但拒绝对外公开,以免遭到敌人的报复。他辩解称,若英国皇家海军封锁红海港口,汉志则将失去重要的食物供给,从而引发饥荒,部落也会因此发生叛乱。无论谢里夫侯赛因的借口多么冠冕堂皇,他拒绝公开支持圣战还是引发其与青年土耳其党人之间的危机。他们在奥斯曼帝国的报纸上刊登不实报道，宣称谢里夫侯赛因"已经在汉志发起了圣战"，"各部落纷纷响应"。暗地里，他们开始策划颠覆谢里夫侯赛因的统治。[4]

青年土耳其党人向谢里夫侯赛因施压，企图迫使其支持圣战，这时英国人则决意与谢里夫侯赛因达成协议——用一位早期阿拉伯民运人士的话说，就是"抢圣战号召的大风头"。1914年11月，斯托尔斯以基奇纳的名义写信给谢里夫阿卜杜拉，试图暗中与其结成同盟：如果谢里夫与阿拉伯民众能支持英国作战，基奇纳承诺，英国将保证阿拉伯独立，并保护其不受外来侵略。谢里夫侯赛因指示儿子回复，称哈希姆家族不会对英国采取敌对政策，只是迫于当前处境，暂时不便与奥斯曼政府决裂。[5]

与对奥斯曼政府一样，哈希姆家族也并未对英国人作出任何承诺。倘若谢里夫侯赛因反抗奥斯曼帝国失败，他必死无疑。因此，他需要集结足够的兵力，以确保叛乱成功。这位麦加的埃米尔还需明确行动目标：是仅仅想确保汉志的自治，还是期望能领导更广大的阿拉伯世界？在与英国人进行深入谈判前，他必须把这些问题都考虑清楚。

巴克利家族是大马士革受人敬仰的高门大族，也是哈希姆谢里夫的故交。当家族之子法尔兹·巴克利被征入奥斯曼军后，他们动用关系确保他被派往麦加，成为埃米尔的护卫。当时，阿拉伯士兵越来越多被派往高加索地区、美索不达米亚平原及达达尼尔海峡。相比之下，法尔兹虽然背井离乡，但他将远离凶险的前线。

1915年1月，在法尔兹启程前往汉志的前夕，他的弟弟纳希布引荐他加入阿拉伯主义地下组织——"法塔特"。该组织于1909年在巴黎成立，并在1913年第一届阿拉伯代表大会中发挥重要的组织作用。从那时起，"法塔特"回到叙利亚，但因奥斯曼政府的镇压转入地下。该组织极为隐秘，作为兄长的法尔兹对自己弟弟的

第十一章 阿拉伯起义

政治活动全然不知。年轻的叙利亚民运人士有消息要传达给谢里夫侯赛因,但白纸黑字太过危险,所以他们希望法尔兹能替他们代为转达。[6]

法尔兹·巴克利于1月最后一周抵达麦加。待四下无人时,他便在谢里夫侯赛因的耳边低声道出消息:叙利亚与伊拉克的民运领导人计划发动起义,反抗奥斯曼帝国的统治,实现阿拉伯独立。这些人有许多是奥斯曼军的高级军官。谢里夫侯赛因是否同意领导他们发起运动?他是否愿意他们派一支代表团前来协调工作?埃米尔注视着窗外,一言不发,仿佛没有听见法尔兹的问题。于是,法尔兹暂且退下,让这位年长的政治家独自思考。

法尔兹·巴克利带来消息后不久,谢里夫侯赛因便获得了铁证,证明青年土耳其党人针对他布下阴谋。谢里夫的随从搜查汉志的奥斯曼总督维希普帕夏的行李箱,搜出了颠覆谢里夫侯赛因政权、实施谋杀的官方文件。这一发现迫使时年61岁的麦加统治者不得不重新考虑,他是否仍应在战争中保持中立。他必须在完全忠于奥斯曼政府,或与英国结盟发动起义这两者之间做出抉择。不过,在做决定之前,他还需要更多的情报。

谢里夫侯赛因派儿子费塞尔赴大马士革与伊斯坦布尔收集情报。能说会道的费塞尔是此次情报收集工作的最佳人选。他曾任奥斯曼议会的汉志代表,对奥斯曼帝国忠心耿耿,但又敢于针砭时弊,大家都知道他站在帝国这一边。表面上,费塞尔此次前去拜见奥斯曼帝国苏丹及大维齐尔,旨在表达他父亲对维希普帕夏与青年土耳其党人企图让他下台的不满。通过观察他们的反应,费塞尔能够敏锐地判断出将来他父亲是否仍能在奥斯曼政府立足。不过对埃米尔来说,费塞尔往返伊斯坦布尔的途中到访大马士革也同样举足轻重。费塞尔将与阿拉伯主义地下组织的成员接洽,确认法尔兹的口信,并考察他们是否已准备好起义。[7]

1915年3月末,费塞尔抵达大马士革。叙利亚总督兼奥斯曼第四军团指挥官、杰马勒帕夏邀请费塞尔下榻他的住所。费塞尔推辞说已答应巴克利家族的邀请，盛情难却。白天，他与奥斯曼官员讨论了战争的进程。此前杰马勒攻占苏伊士运河的首次尝试没能成功，他希望第二次的行动能得到哈希姆家族成员的支持。夜里，费塞尔在相对安全的巴克利家，与各个阿拉伯主义组织的成员会面。

在确认费塞尔对他们的事业抱有同情后，阿拉伯主义者们便与这位麦加埃米尔之子谈论起他们的抱负。他们想要脱离奥斯曼帝国，但又担心欧洲国家觊觎他们的领土，法国对叙利亚垂涎已久更是人尽皆知。他们想要先确保阿拉伯独立，再发动针对奥斯曼帝国的叛乱。为回报阿拉伯主义者们对他的信任，费塞尔透露哈希姆家族成员与英国人谈判的主要内容——英国希望与其结盟，共同对抗奥斯曼帝国，作为回报，英国将确保阿拉伯获得独立。在费塞尔重新启程赶赴伊斯坦布尔之前，他已加入秘密武装组织"契约党"及民间组织"法塔特"。英国支持阿拉伯发动针对奥斯曼帝国的起义，他把这个中滋味留给阿拉伯的行动家们自己去琢磨。

在伊斯坦布尔，费塞尔拜见了奥斯曼帝国苏丹、大维齐尔，以及青年土耳其党领导人。1915年5月初的伊斯坦布尔弥漫着紧张的气氛。协约国部队已攻占赫勒思角与澳新湾，奥斯曼政府也已开始对亚美尼亚人采取第一轮行动。青年土耳其党人对阿拉伯人的信任比对亚美尼亚人多不了多少。正是在这种背景下，费塞尔向他们转达了父亲对汉志总督的不满。

奥斯曼政府对此表示遗憾，称维希普帕夏的信件只是"一场误会"，但并未彻底消除他们对谢里夫侯赛因统治的威胁。塔拉特与恩维尔敦促哈希姆家族全力支持奥斯曼帝国的战事，若麦加埃米尔能够支持苏丹发起的圣战号召，并派出部落军协助发动新一轮的西奈战役，则他的人身安全及其在麦加的领导地位都有保障。恩维尔与塔拉特还起草文书，重申了纲要，让费塞尔带回去给他的父亲。1915年5月中旬，费塞尔离开伊斯坦布尔。那时，他已清楚了奥斯

第十一章 阿拉伯起义

曼政府就此事的立场：谢里夫侯赛因需要对奥斯曼帝国表示效忠，否则就会被消灭。

回到大马士革后，费塞尔发现在他离开的这段时间里，阿拉伯主义者已经开始行动。秘密组织的成员们相信，基奇纳伯爵的承诺也许能为阿拉伯独立提供必要的保证，使他们能够着手发动反奥斯曼帝国的起义。不过，他们希望英国能明确对阿拉伯领土作出清晰的界定。他们把自己的条件列在一份文件中，后来被称为《大马士革草案》(Damascus Protocol)。

《大马士革草案》中划定的阿拉伯领土均在自然地界之内：北部边境从奇里乞亚沿海城市梅尔辛起，沿安纳托利亚高原脚下的平原地带（以今天土耳其南部的阿达纳、比雷吉克、乌尔法与马尔丁等城镇为界），一直延伸到波斯边界；东部沿波斯-奥斯曼帝国边境，直至下游的波斯湾；南部以阿拉伯海与印度洋为界，西部直达红海和地中海。如此一来，阿拉伯民族主义者控制的领土便覆盖了大叙利亚地区、美索不达米亚平原与阿拉伯半岛。因此，他们愿意让出亚丁港市，维持英国对那里的统治。此外，《大马士革草案》还呼吁双方通过进一步签署防御联盟条约和"经济互惠"，建立起一种特殊关系。[8]

阿拉伯民族主义团体领导层授权谢里夫侯赛因，就阿拉伯独立一事，按草案当中确立的方针与英国展开谈判。倘若谢里夫侯赛因能使英国人接受他们的领土要求，他们就承诺响应他的号召，发动起义。一旦起义最终成功，他们便认他作"阿拉伯国王"。费塞尔返回麦加，将《大马士革草案》与恩维尔和塔拉特写的信一并交给了父亲。至此，费塞尔圆满完成任务，带回了他父亲做出抉择所需的一切信息：支持奥斯曼帝国的战事，还是寻求阿拉伯独立。

1915年6月20日，即费塞尔返回麦加当天，谢里夫侯赛因召集儿子们举行战争会议。接下来的一周里，他们对打破中立，加入一战的某一方反复权衡利弊。最终，他们决定先将草案的内容告知驻埃及的英国当局。

谢里夫侯赛因之子阿卜杜拉给他在开罗的熟人——东方事务秘书长罗纳德·斯托尔斯写了一封信。阿卜杜拉宣称代表"全体阿拉伯人"，请求英国支持阿拉伯独立，助其摆脱奥斯曼帝国的统治。不过，阿卜杜拉希望英国能接受一些"基本条件"，作为与其缔结战时联盟的基础。在1915年7月14日的信中，阿卜杜拉逐字逐句地复述了《大马士革草案》的内容，并请求"英国政府在30天时间内作出明确的答复"。阿卜杜拉与英国政府间的书信往来由此开始，后人统称这些信件为"侯赛因-麦克马洪通信"，其中英国对奥斯曼帝国瓦解后的中东做出了最全面、同时也最具争议的战时协议。[9]。

"侯赛因-麦克马洪通信"的时间与内容极大程度上受到了战况的影响。1915年7月斯托尔斯收到阿卜杜拉的信时，英国仍对在加里波利击败奥斯曼军、夺取伊斯坦布尔充满信心。因此，当时的英国人认为谢里夫的领土要求有些过分。驻埃及的英国高级专员、亨利·麦克马洪爵士在写给伦敦的信中表示，"他的要求从各方面来说都太夸张了。"然而，英军随后在8月进攻加里波利半岛失败，奥斯曼军挺过了协约国部队在苏弗拉湾的登陆行动。这一切都迫使英国重新调整他们在东部的战争策略。英国人迫切希望与谢里夫侯赛因及其儿子们保持对话，继续努力在奥斯曼帝国境内促成大规模叛乱。[10]

8月30日，麦克马洪直接将回信寄给了麦加的埃米尔。他在信的开头这样写道："听到您坦言对英国的真情实意，我们深感荣幸。"他再次确认基奇纳早先许下的承诺，即支持"阿拉伯半岛及其居民的独立事业，同时待时机成熟，便承认阿拉伯的哈里发辖地"。然而，他拒绝讨论领土的具体划分，称"在战争如火如荼之际，耗费时间讨论这些细节还为时过早"。

第十一章 阿拉伯起义

然而，谢里夫侯赛因在9月9日寄给麦克马洪的信中，再一次重申他的立场。他抗议英国的"模棱两可"，对麦克马洪拒绝承诺阿拉伯边界、言语之中透露出的"冷漠和迟疑"表示不满。他否认自己从中谋求个人利益，坚称代表的是全体阿拉伯人民。他用婉转的语言信誓旦旦地表示："我相信阁下不会怀疑我是因一己私利才提出那些只针对我民族的要求，那些都是全体阿拉伯人民的诉求。"

其他一些出人意料的线索也证明谢里夫侯赛因"代表全体阿拉伯人民"这一说辞。1915年8月，一位名叫穆罕默德·谢里夫·法鲁奇（Muhammad Sharif al-Faruqi）的阿拉伯中尉从加里波利的奥斯曼军叛逃至英军阵地。此人来自伊拉克北部城市摩苏尔，是"契约党"的一员。他了解《大马士革草案》的详细内容，也知道麦加的埃米尔正在与开罗的高级专员进行磋商。他证实，身为秘密组织成员的阿拉伯军官已经不再忠于奥斯曼帝国苏丹，而是听命于谢里夫侯赛因，后者将带领他们发动起义，实现阿拉伯民族独立。10月，法鲁奇从达达尼尔的战俘营转至开罗，接受当地英国情报机构的审问。他所说的一切都证实，谢里夫侯赛因确实在领导一场浩大的阿拉伯运动，并且他们已做好反抗奥斯曼帝国的起义准备。[11]

随着协约国在达达尼尔海峡的阵地日益萎缩，开罗的英国官员重开与哈希姆家族成员的谈判。这次，他们多了一份新的危机感。从加里波利半岛撤军会让奥斯曼军取得重大胜利，并使敌军能够抽调好几个师的兵力前往其他战线。在这种情况下，与哈希姆家族达成协议便显得极为重要。亨利·麦克马洪爵士意识到，为了成功结盟，他将不得不回应谢里夫对于领土的要求。在1915年10月24日的信中，他试图将草案中的条款与英法两国在中东的利益协调起来。

英国政府最先考虑的，是维持其与波斯湾各个阿拉伯酋长国的特殊关系。阿曼、特鲁西尔诸国、卡塔尔、巴林、科威特，以及伊本·沙特等阿拉伯半岛中部与东部的各位领导人都受英国扶植，早在19世纪初期便与英国签订条约。因此，亨利·麦克马洪承诺称，英国政府会在"对先前的阿拉伯领导人一视同仁"的基础上支持谢里夫的领土要求。

随着美索不达米亚战役的展开，英国将巴士拉与巴格达行省也划进了他们的波斯湾利益范围内。亨利·麦克马洪爵士并没有明确表明英国对伊拉克的殖民要求，而是声称"鉴于英国的既有立场与利益"，需要对巴格达和巴士拉做出"特殊安排"，确保其"免遭外来入侵，并改善当地民众的生活条件，共同维护双方的经济利益"——其实质，就是将英国在波斯湾的休战协定引入美索不达米亚。

最后，亨利爵士必须要确定他没有对阿拉伯人许下任何违反之前英法协议的承诺。1915年3月，法国政府坚持在战后协议中，将叙利亚连同亚历山大勒塔湾、奇里乞亚地区直到托罗斯山脉之间的领土全部吞并，英俄两国也正式同意了这一点。他知道，和盘托出法国的要求会使与谢里夫侯赛因达成协议的愿望彻底化为泡影，而任何削减法国要求的行为又会招致其不满。[12]

既然清晰明了会适得其反，亨利·麦克马洪爵士就选择含糊其辞。这位高级专员对"梅尔辛和亚历山大勒塔湾地区，以及叙利亚首府大马士革、霍姆斯、哈马及阿勒颇以西的部分领域"持保留态度，借口称这些并非"纯阿拉伯领土"。这很明显意在从英国对谢里夫的承诺里，剔除那些日后可能导致英、法、阿三方关系恶化的阿拉伯领土——尤其是巴勒斯坦是否归入阿拉伯独立范围，这一问题不能有差池。这就是英国高级专员亨利爵士对谢里夫侯赛因的承诺。他坚称："在有可能进行上述修改的前提下，英国已做好准备，在麦加谢里夫所要求的范围内承认并支持所有阿拉伯地区独立运动的开展。"

1915年11月5日至1916年3月10日，亨利·麦克马洪爵士通过信件往来，与麦加谢里夫侯赛因结成战时同盟。在信件传递的

第十一章 阿拉伯起义

空当,英军在达达尼尔海峡和美索不达米亚均遭挫败。就在麦克马洪 12 月 14 日的信件寄出之前,英政府内阁决定撤出加里波利半岛的苏弗拉和澳新湾据点(12 月 7 日),且库特阿马拉的英军已被围困(12 月 8 日)。麦克马洪 1916 年 1 月 26 日的信也是写于英军最终撤离加里波利之后(1 月 9 日)。不出所料,在 3 月 10 日最后一封信件中,麦克马洪只提及了英军在埃及对赛努西部队取得的胜利,以及俄国从埃尔祖鲁姆传来的捷报,却对库特英军即将投降一事只字未提。英军的这些失利想必使他感到底气不足。

谢里夫侯赛因悉知与自己谈判的英方已是四面楚歌,于是提出更为苛刻的条件。他在信件中不再只求英方承认阿拉伯独立,而是进一步提出"阿拉伯王国",并自称为该王国的领袖。尽管如此,这位麦加的埃米尔仍然作出诸多领土上的妥协。他宣称"伊拉克省"是未来阿拉伯王国的一部分,但同意将"已被英军占领的地区"留给英国政府"暂时"管理,而英国则需"为该占领行为,向阿拉伯王国支付合理的补偿金"。

法国对叙利亚的领土主张让埃米尔难以接受。他坚称,叙利亚各个行省是"百分百的阿拉伯"领土,不能将其从阿拉伯王国中剔除。尽管如此,在双方的信件交涉中,谢里夫侯赛因承认他希望"避免破坏英法两国的联盟关系,以及两国在当下战争中所达成的协议"。不过,他警告麦克马洪,"待战争结束后……我们会第一时间要回当下留给法国的贝鲁特及沿海地区"。通信的其余部分都在讨论发动起义所需的物质条件:为确保阿拉伯人在未来能够持续对抗土耳其人,黄金、粮食及枪械必不可少。

亨利·麦克马洪爵士出色地完成了任务。他成功与谢里夫侯赛因达成协议,同时保留未来法国对叙利亚地区,以及英国对伊拉克行省的控制权。事实上,侯赛因-麦克马洪通信中并未对阿拉伯领土边界作出清晰的界定,这有利于战时英阿关系。但对英法关系来说,需要更加明确战后对阿拉伯土地的分割。

在对谢里夫侯赛因做出承诺时，英国政府有义务征求法国的同意。此前，英国外交大臣爱德华·格雷爵士已承认法国在叙利亚的特殊利益。1915年10月，在授权麦克马洪同意谢里夫侯赛因的领土要求后，英国外交部请求法国政府派谈判人员前来伦敦，以明确界定法国对叙利亚地区的领土主张。法国外交部长委派前法国驻贝鲁特总领事——查尔斯·弗朗索瓦·乔治-皮克特去往伦敦，与基奇纳的中东顾问——马克·赛克斯爵士进行谈判，争取起草一份双方都能接受的战后阿拉伯土地分治方案。[13]

事实上，英法两国在《赛克斯-皮克特协定》中私自瓜分了谢里夫侯赛因为未来阿拉伯王国所要求的领土。这种行为令许多历史学家谴责该协定是帝国主义赤裸裸的背信弃义。其中，巴勒斯坦历史学家乔治·安东尼奥斯（George Antonius）最为清晰地表明了他对该协定的观点："《赛克斯-皮克特协定》令人震惊。这份文件的背后不仅仅是贪婪在作祟，是贪婪加上猜忌才导致的愚行：它还是两面派的惊人之作。"尽管如此，对英法两国来说，它们先前的殖民扩张竞争差点导致战争，《赛克斯-皮克特协定》让法国能明确其对奇里乞亚地区及叙利亚的领土主张，也能让英国明确其对美索不达米亚的领土要求——而这些都是亨利·麦克马洪爵士在对谢里夫侯赛因许下承诺时，试图排除在外的土地。[14]

人们对《赛克斯-皮克特协定》存在许多误解。即使在一个世纪后的今天，仍有许多人认为是该协定划定了当今中东的版图。事实上，赛克斯与皮克特二人制定的疆域与现在的中东并不一样。它只是划定了英法两国在叙利亚与美索不达米亚地区的殖民地边界，使两国能在相应的地区随意"确立直接或间接的行政组织或控制权"。[15]

在"蓝色区域"，法国划定了从梅尔辛与阿纳达起的地中海东部海岸线，绕过亚历山大勒塔湾，向南经过当今叙利亚和黎巴嫩的海岸，直至古老的港市苏尔。法国还拿下安纳托利亚东部北起锡瓦斯，东至迪亚巴克尔与马尔丁的一大片地区，这些区域都在今天土耳其共和国的领域之内。英国则在"红色区域"确立了对伊拉克巴士拉与巴格达二省的控制权。

英法两国将介于红蓝区域间的大片土地划分成数个地区，并对其实行间接统治。A区包括叙利亚的阿勒颇、霍姆斯、哈马与大马士革等主要内陆城市，以及伊拉克北部城市摩苏尔——法国享有对这片区域的间接控制权。英国则间接控制B区，包括从伊拉克到埃及西奈边境的阿拉伯半岛北部的沙漠。这两片地区将作为一个"独立的阿拉伯国家，或阿拉伯联邦"的一部分，"接受一位阿拉伯领导人统治"。这样的领土划分使亨利·麦克马洪爵士对谢里夫侯赛因的承诺大打折扣。

英法唯一争执不下的，是巴勒斯坦。两国无法达成共识，而且都认为俄国的野心会使谈判变得更为复杂。赛克斯与皮克特决定在地图上将巴勒斯坦标为棕色，以与红蓝地区区分开来，并提议在该地区实施"多国共管"，但最终的治理形态需与"另一盟国"——俄国，"还有麦加谢里夫的代表"共同商讨决定。这是《赛克斯-皮克特协定》中，唯一一次清楚地提及谢里夫侯赛因。

1916年3月，赛克斯与皮克特前往俄国，试图取得这位协约国盟友对他们分治方案的认可。除了1915年《君士坦丁堡协定》中关于海峡与君士坦丁堡的领土要求，沙皇政府此次还向英法两国提出，将俄军近期占领的土耳其领土——埃尔祖鲁姆、黑海港市特拉布宗、变成废墟的凡城，还有比特利斯——划归俄国统治，以此作为俄国默许《赛克斯-皮克特协定》的条件。1916年5月，随着俄国的支持，协约国全面达成关于战后瓜分奥斯曼帝国的协议。他们暂时成功地将阿拉伯盟友——谢里夫侯赛因及其儿子们蒙在鼓里。

1916年最初的几个月里，协约国秘密制定了中东战后规划，谢里夫侯赛因和他的儿子们倍感压力。奥斯曼军驻叙利亚指挥官——杰马勒帕夏计划对埃及的英军阵地发起新一轮攻击,并要求哈希姆家族成员提供部落兵,以显示其对土耳其战争行动的忠诚。这位奥斯曼第四军团指挥官对哈希姆家族的意图,以及整体阿拉伯人的忠心已经有所怀疑。在战争全面爆发的压力下,杰马勒在叙利亚的专制演变成恐怖政权,从而进一步损害奥斯曼帝国在阿拉伯地区的统治。

成为战时叙利亚总督没多久,杰马勒帕夏就掌握阿拉伯人对奥斯曼帝国居心叵测的铁证。参战后,奥斯曼当局为收集可能的情报而下令收缴英法领事馆的文件。在贝鲁特和大马士革,奥斯曼官员收获颇丰。法国领事馆的文件里包含秘密组织成员的海量往来信息——他们中的许多人曾参加1913年巴黎首届阿拉伯代表大会——其中显示,他们正为阿拉伯渴望达到的各种目标向法国寻求帮助,其中包括更大程度的自治,甚至是在法国的保护下彻底实现独立。文件牵连到诸多穆斯林和基督教显要。这份名单几乎成了叙利亚知识界精英的名人录:从国会议员、记者、宗教人士到军官,应有尽有。

面对这些罪证确凿的文件,杰马勒帕夏最初并未采取任何行动。他此次前来叙利亚,是为领导奥斯曼军向苏伊士运河发动一场振奋人心的进攻,从而煽动埃及民众揭竿起义,反对英国在当地的统治。他相信,阿拉伯民族主义运动在政治上不成气候,待奥斯曼军在战场上获胜后,这些运动自然会消亡。此时此刻,杰马勒希望奥斯曼帝国能够上下一心,众志成城,合力攻打英国统治下的埃及,而政治上的报复只会打击公众士气。[16]

然而,随着1915年2月奥斯曼军进攻苏伊士运河失败,杰马勒对阿拉伯民族主义者的态度便强硬起来。许多原本承诺加入战斗的阿拉伯非正规兵仍然置身事外,旁观杰马勒从西奈半岛蒙羞撤军。值得注意的是,哈希姆家族缺席了西奈战役,他们没有将汉志的阿拉伯部落团结在苏丹的旗帜之下。

第十一章 阿拉伯起义

况且,奥斯曼军的失利引发公众对奥斯曼帝国未来的担忧。伊赫桑·图尔吉曼是一位来自耶路撒冷中产家庭的阿拉伯士兵。他在日记中记录了他与三位伙伴之间的对话,其中两位是奥斯曼军的现役军官。1915年3月末,即攻打苏伊士运河失败后,伊赫桑·图尔吉曼及三位朋友在一起讨论"这场惨烈的战争"与"(奥斯曼)帝国的命运。我们或多或少都认为帝国已行将就木,在不久的将来被人瓜分"。阿拉伯人民开始期待奥斯曼帝国的倾覆,各个阿拉伯主义地下组织对帝国的威胁也逐渐增大。因此,杰马勒帕夏决定铲除来自阿拉伯民族主义的隐患。[17]

法里赫·里弗奇(Falih Rıfkı),作为伊斯坦布尔的杰出青年记者,他第一时间目睹了杰马勒帕夏对阿拉伯民族主义地下组织的镇压。凭借他在伊斯坦布尔首屈一指的《塔宁》日报(Tanin)中的每周专栏,里弗奇从大维齐尔办公室当中脱颖而出,受到青年土耳其党领导人的重视。他曾负责报道巴尔干战争,由此结识了恩维尔;内政大臣塔拉特委任里弗奇为他的私人秘书;杰马勒在离开伊斯坦布尔,赴任叙利亚总督暨奥斯曼第四军团指挥官时,特别要求调任里弗奇为他的参谋长,负责情报工作。里弗奇于1915年的某一天抵达耶路撒冷。

杰马勒总部位于橄榄山一家德国宾馆内,俯瞰耶路撒冷城。那天,来报到的里弗奇夹在一群神情紧张的人里,在杰马勒帕夏办公室门口等候。杰马勒背对着他们,暴躁地读着信、签署文件,对下属吼叫着。"告诉我的副官,让那些纳布卢斯的贵族进来吧。"杰马勒命令道。

这二十来个惶恐不安的人,在杰马勒办公室门口犹犹豫豫,最后匆忙念了句祷词才推门进去。他们杵在俯瞰耶路撒冷及其周边地区的大窗户前。杰马勒继续伏案工作,压根不理会他们。里弗奇不知道这些人犯了什么错,但从他们焦躁的表情可以看出,他们在担忧自己的性命。杰马勒让这些人就这样干耗着,他们肯定觉得像是等了一个世纪。最后,杰马勒把文件往桌子上一摔,转过头来。

"你们意识到对祖国所犯的罪行有多严重了吗?"他傲慢地问道。

"看在安位的份上,请宽恕我们吧。"这群人绝望地呢喃,但杰马勒严厉地打断他们。

"你们知道该当何罪吗?"杰马勒继续训斥,"你们罪该绞死。"里弗奇看到这些人紧张得满脸通红。"对,该被绞死——但好在'高门'宽宏大量。现在我只想把你们和你们的家人流放到安纳托利亚。"

捡回一命的贵族们连连祷告,感谢杰马勒免他们一死。"你们可以退下了。"杰马勒帕夏说,示意会面到此结束。他们乱哄哄地逃出了办公室。

人走后,杰马勒对里弗奇报以灿烂的微笑,欢迎他的到来。他一定察觉到这位记者在目睹刚才一幕后的局促不安。"你以为呢!"杰马勒帕夏耸了耸肩,"在这儿,就得这样!"[18]

从1915年起,奥斯曼当局开始大规模流放他们信不过的阿拉伯百姓。始作俑者是杰马勒帕夏。有一次,他对法里赫·里弗奇吹嘘道:"我亲手流放的人数都数不过来。"流放主要针对的是被怀疑有阿拉伯民族主义倾向的人,以及教堂受法俄两国保护的阿拉伯基督徒。

与驱逐亚美尼亚人不同,阿拉伯人并未遭遇屠杀或死亡迁徙,只是被切断与其"危险"朋友和熟人的联系,使其不再对国家构成威胁。被流放的人被迫靠个人积蓄度日,等耗尽一切后,他们就不得不完全依赖奥斯曼政府。他们的亲朋好友不遗余力地向奥斯曼政府表忠心,以确保自己的家人能平安归来。截至一战末期,奥斯曼当局流放了约5万阿拉伯人。[19]

先前的征兵已使村子人口大为减少,此番流放政策一出,村子变得更加萧条。商店关门,农田荒芜,只有疲惫的老弱妇孺还在田里耕作。这一切对贸易及农业造成极大打击。雪上加霜的是,大叙利亚地区这时蝗虫成灾。"蝗虫在全国范围内肆虐,"伊赫桑·图尔吉曼在1915年3月的日记中这样写道,"7天前,蝗虫开始入侵,黑压压遮住了天。今天,蝗虫群花了将近两小时才从耶路撒冷上空飞过。请主保佑我们免遭战争、蝗虫和疾病的侵害吧,这三种灾害正在蔓延。"

过去,叙利亚地区也曾遭受过蝗虫的困扰。但1915年这次灾害之严重、地域之广前所未有。为遏止蝗群肆虐,奥斯曼当局命令所有15岁至60岁的平民每周收集20千克(约合40磅)蝗虫卵,交由政府销毁,否则将受处罚。耶路撒冷的百姓不敢有丝毫怠慢。蝗灾6周后,图尔吉曼注意到耶路撒冷的商店都关闭了,"大多数人都出门收集蝗虫卵"。

尽管如此,奥斯曼政府的这些措施根本无法遏制蝗灾。黑压压的蝗虫从夏季开始便一直在农田和果园肆虐,直至深秋。庄稼收成也几乎被摧毁,叙利亚地区报道称因灾损失了75%至90%的庄稼。剩下的粮食全部送给军队,或被少数几个幸运儿囤积起来。因此,食物出现严重短缺,饥饿开始在巴勒斯坦、叙利亚与黎巴嫩的各个村镇蔓延。

到了1915年12月,耶路撒冷市场已无面粉可售。"我从没经历过如此黑暗的日子,"伊赫桑·图尔吉曼在日记中写道,"从上周六起,面粉和面包就消失了。许多人好几天都没吃过面包。"他亲眼目睹男女老少在大马士革门附近争抢面粉,后来人越来越多,就发生斗殴。"我们已经忍受了没有大米、糖和柴油的日子,但没有面包,这日子还怎么过?"

1916年,饥饿升级成饥荒。蝗虫成灾、战争征用、私囤粮食,加上食物运输和分配过程中的失败,导致1916年至战争末期,叙利亚与黎巴嫩地区有30万至50万平民受饥荒困扰。在叙利亚地区,饥荒和其他战时困难成为战争的同义词;人们统称这些灾难为Seferberlik,即土耳其语的"全民动员"。一战就是Seferberlik,全民动员后一系列不幸接踵而至，不可避免地导致空前的粮食歉收、通货膨胀、疾病肆虐、饥荒遍地、生灵涂炭。[20]

1916年4月，一位身负法国秘密使命的叙利亚流亡者游走在叙利亚与黎巴嫩，亲眼目睹民众生活苦不堪言。他看见幸存者离开死气沉沉的村庄去寻找食物，也看见饿殍遍地。在与大马士革一位明白事理的阿拉伯官员谈话时，他控诉奥斯曼政府蓄意制造饥荒，以此来肃清国家内部"不忠"的基督徒。"正如他们对亚美尼亚人拔剑相向，他们企图用饥荒消灭（基督教）黎巴嫩人。这样一来，这些人就再也不能给他们的土耳其主子添麻烦。"[21]

然而，恩维尔帕夏坚称，饥荒是战争最初几个月"协约国海军封锁"海峡引起的。英法舰船禁止任何船只进入叙利亚港口——连载有人道主义救援物资的船也不让通过。据传，恩维尔于1916年去往梵蒂冈，提议向叙利亚与黎巴嫩发放粮食援助。他与驻伊斯坦布尔的教皇特使谈话，承认奥斯曼政府在叙利亚没有足够的粮食能同时满足军队和百姓的需求。他敦促梵蒂冈说服英法两国，每月至少准许一艘船只进港发放食物，教皇可钦点任何人员前去负责分发，以确保这些粮食不会落在土耳其士兵手中。尽管如此，恩维尔的提议没有任何下文。因此，与许多奥斯曼政府官员一样，恩维尔也认为协约国蓄意在叙利亚制造饥荒，以削弱当地的抵抗力度，或是企图煽动针对奥斯曼帝国的叛乱。[22]

恩维尔对叙利亚地区爆发叛乱的担心不无道理。奥斯曼军的失利与战争期间的时局艰难，让许多阿拉伯平民起来反对苏丹政府。于是，消除阿拉伯人威胁的任务就落在叙利亚总督杰马勒帕夏身上。他希望扼杀任何可能与协约国勾结的阿拉伯反抗运动，以儆效尤。此外，他还试图恐吓那些投身于分裂活动的叙利亚精英。正如土耳其记者法里赫·里弗奇所认为，"无论阿尔巴尼亚、亚美尼亚、希腊还是阿拉伯，对这些少数民族来说，联合与进步（委员会）是他们一切民族主义和独立运动不共戴天的敌人"。[23]

第十一章 阿拉伯起义

1915年6月,杰马勒帕夏首次下达逮捕阿拉伯政治活动家的命令。他为审判这些人设立了军事法庭。到1915年8月,法庭完成调查。杰马勒帕夏指示法官,处死任何与法国勾结、危害奥斯曼帝国罪名成立的阿拉伯民族主义秘密组织成员。13人被判有罪并处以死刑(尽管其中2人后来被改判终身监禁)。

第一批绞刑于1915年8月21日在贝鲁特执行。奥斯曼士兵封锁了中央高塔广场,广场上挤满士兵,被判有罪的人在黑暗中被带到绞刑架前。消息很快便在阿拉伯行省当中传开,月底传到耶路撒冷。伊赫桑·图尔吉曼在9月1日的日记中写道,"我虽然不认识其中任何一位爱国者,但听到消息后还是非常震惊。"对被土耳其人绞死的阿拉伯人,图尔吉曼怀有一种民族情结。"再见了,勇敢的同胞们,"他在日记中向他们致敬,"当你们崇高的目标得以实现时,愿我们的灵魂能够相会。"[24]

事实证明,这次绞刑仅仅是暴政的开端。1915年9月,根据法国领事馆缴获的文件,杰马勒帕夏再度下令逮捕数十名嫌疑人。他们被带往位于黎巴嫩贝鲁特至大马士革要道上的阿莱村,接受军事法庭的审判。在开庭前,这些疑犯遭到严刑拷打,逼其供出秘密组织的其他成员以及组织目标。尚未被捕的人被迫转入地下或逃跑。镇压起了效果。此前,这些阿拉伯主义者还信心满满地在1915年《大马士革草案》中,构想阿拉伯独立后的领土边界(谢里夫侯赛因就是以该草案为基础,于"侯赛因-麦克马洪通信"中提出领土主张)。短短几星期内他们的活动就被瓦解,大家纷纷逃亡。

1916年1月的大马士革危机四伏。当时,谢里夫侯赛因之子费塞尔返回大马士革,希望与草案的起草者联手发动叛乱。他已做好预防措施:对多疑的奥斯曼当局,他谎称一路护送他的50个武装随从是父亲谢里夫侯赛因从汉志征来的志愿兵,将会参加奥斯曼军对苏伊士运河的第二次进攻。杰马勒帕夏向费塞尔及其随从表示欢迎,对这些来自哈希姆家族的客人致以行省总督的热情问候。

在拜访巴克利家族（家族之子纳希布逃过了杰马勒的天罗地网）时，费塞尔得知大马士革阿拉伯主义运动的境遇：阿拉伯兵团被派往远离阿拉伯行省的加里波利半岛及美索不达米亚，陷入苦战；阿拉伯平民被流放至安纳托利亚地区，还有数十位显赫的非军方人士被指叛国，送上阿莱村的军事法庭。由于政治局势已然改变，费塞尔遂搁置所有起义计划，着手建立与杰马勒帕夏的信任关系，确保身陷囹圄的阿拉伯民族主义者能平安归来。然而，他父亲对青年土耳其党领导高层日益加深的敌意，破坏了费塞尔的一切努力。

青年土耳其党人向谢里夫侯赛因施压，敦促他动员部落志愿兵投身到第二次进攻苏伊士运河的行动中来。1916年2月，恩维尔与杰马勒乘火车前往麦地那视察哈希姆部队，并敦促谢里夫侯赛因尽快让"穆加哈丁"（Mujahidin，圣战者）启程。次月，埃米尔写信回复恩维尔帕夏，列举他支持苏丹圣战的前提条件。谢里夫侯赛因的这封信，口气更像是个阿拉伯民族主义者，而非苏丹臣子的措辞。他要求特赦所有正在受审的阿拉伯政治犯，呼吁在大叙利亚地区实施权力下放的执政模式，实现政务自治。此外，他还要求他的家族享有麦加埃米尔的继承权，并恢复麦加所有的传统特权。

对此，恩维尔的回复非常犀利直接。他警告称："这些事情不用您考虑，除了一直反复提出这些要求外，您什么也得不到。"他还提醒埃米尔，他有义务派兵为国效力，且部队应由费塞尔率领，"在战争结束前，他将一直是奥斯曼第四军团的座上宾"。虽然谢里夫并未屈服于恩维尔将费塞尔作为人质的要挟，拒不改变条件，但他还是把儿子费塞尔交由青年土耳其党人看管。殊不知，青年土耳其党人对那些他们怀疑是阿拉伯分裂主义者的人，是多么心狠手辣。[25]

1916年4月，阿莱的军事法庭作出宣判。数十位被告均被判"参与叛国，他们试图将叙利亚、巴勒斯坦与伊拉克从奥斯曼帝国中分裂出去，独立建国"。尽管大家都知道叛国罪当处死，但这些被判定有罪的人中许多出身显赫，身居帝国议会议员或奥斯曼参议员等

第十一章 阿拉伯起义

要职。很难令人相信，奥斯曼政府会像对待普通罪犯那样，将这些位高权重的非军方人士统统吊死。[26]

哈希姆家族成员公开为阿莱的罪犯说情。谢里夫侯赛因给奥斯曼帝国苏丹、杰马勒帕夏及塔拉特帕夏拍电，恳求对他们宽大处理，并警告称，死刑会招致"以牙还牙"。已回到大马士革的费塞尔，也在与杰马勒的定期会面中给阿莱的罪犯求情。然而，青年土耳其党领导层对他们的请求充耳不闻，决意杀鸡儆猴，一劳永逸地震慑阿拉伯分裂主义者。

1916年5月6日，在未事先通知的情况下，21人于破晓前被吊死在贝鲁特和大马士革的中央广场上。目睹了绞刑的土耳其记者法里赫·里弗奇也对这些人充满同情和敬意。"被绞死的大多数都是年轻的民运者，"他回忆道，"他们从牢里走到绳套前，一路昂首挺胸，唱着阿拉伯颂歌。"同日，大马士革有7人在日出之前被绞死。当天晚些时候，里弗奇抵达大马士革。他十分惊讶地发现，仅在阿拉伯主义者被绞死15小时后，大马士革有头有脸的人物便在杰马勒帕夏家中举行宴会。"大马士革没人为他们哀悼，"里弗奇回忆称，"诗人、马屁精、演说家——每个人都在替国家感激眼前这位伟人，感谢他将阿拉伯半岛从它误入歧途的孩子们手中拯救回来。"[27]

然而，对阿拉伯民运者来说，杰马勒帕夏可不是什么英雄。绞刑举行后，他们把杰马勒帕夏冠以"萨法赫"（al-Saffah）之名，即"血溅者"。在哈希姆家族成员眼里，杰马勒就是个凶手。当时费塞尔正在巴克利家中，有人上气不接下气地跑来向他们报告了绞刑的消息。奥斯曼政府的官方报纸专门印发特刊，列出每个死者的名字及其被控罪名。费塞尔最先打破震惊后的沉寂。他将头饰摔在地上，狠狠地用脚踩了上去，大声发誓报仇："兄弟们，视死如归的时候到了！"[28]

费塞尔已没有任何理由继续留在大马士革。杰马勒如此镇压阿拉伯民族主义运动，已彻底排除叙利亚各行省任何政治行动的可能。只有汉志还有可能发动起义，那里的部落占有数量上的优势，且奥斯曼军与外界联系不密。不过在他回汉志之前，费塞尔需要征得杰马勒帕夏的允许才能安然离开大马士革。一旦被怀疑有半点异心，费塞尔自己及同伴恐怕都要踏上被绞死的烈士后尘。[29]

费塞尔计诱杰马勒帕夏批准他返回汉志。他谎称收到父亲的消息，确认汉志志愿部队已全部就位，正准备加入杰马勒的叙利亚部队。这位青年土耳其党领导人相信贝鲁特与大马士革的公开绞刑已经震慑了谢里夫侯赛因，使其不敢怠慢。因此，费塞尔被准许返回麦地那，亲自率领汉志的"圣战者"前来大马士革。

杰马勒帕夏自然没有完全相信费塞尔的说辞。此前，费塞尔太热心于为被判刑的阿拉伯主义者求情；麦地那的奥斯曼驻军指挥官也曾指控，谢里夫阿里及汉志部队干涉军务；而谢里夫侯赛因写给恩维尔与杰马勒的信被看做有叛国之嫌。尽管如此，杰马勒还是认为，若能获得麦加谢里夫对奥斯曼帝国圣战的支持，则值得冒险让人质费塞尔回到汉志。

5月16日，谢里夫费塞尔离开大马士革。启程前，杰马勒帕夏送了他一件礼物——一支李-恩菲尔德步枪。这把从英军手中缴获的步枪，原先是在加里波利半岛作战的第一埃塞克斯郡团的配枪，枪管上还用奥斯曼土耳其语刻着"达达尼尔战役战利品"的金字。很显然，杰马勒赠与费塞尔这件战利品，旨在让哈希姆家族成员相信奥斯曼帝国定能赢得胜利。然而，费塞尔很快就调转枪头，与奥斯曼帝国为敌。[30]

为防止哈希姆家族口是心非，杰马勒决定派遣他最信得过的将领之一——法赫里帕夏前去指挥麦地那驻军。杰马勒声称，法赫里帕夏"以值得信赖和爱国著称"，而其他人则控诉法赫里对亚美尼亚人犯下了滔天罪行。一旦出现异动，法赫里便负责抓捕谢里夫侯赛因及其儿子们，并将麦加的公务交由麦地那的奥斯曼总督管理。[31]

第十一章 阿拉伯起义

阿拉伯起义前夕，英国与哈希姆家族的联盟对两国带来的实际利益，远低于双方在谈判初期互相的承诺。英国已不再像1915年初发兵攻打君士坦丁堡时那么势不可挡。德国使英军在西线遭受重大伤亡，就连奥斯曼军也让他们蒙受战败的耻辱。谢里夫侯赛因及其儿子们有足够的理由怀疑，自己与英国结盟是否正确。

尽管如此，哈希姆家族也没有讨价还价的余地。在与埃及的英国高级专员通信时，谢里夫侯赛因始终把自己与儿子看做泛阿拉伯运动的领导。然而到1916年5月，叙利亚与伊拉克地区显然已无法发动大型起义，谢里夫最多只能在汉志挑战奥斯曼帝国的统治，而且起义成功与否，还得看他们是否有能力动员以无组织无纪律著称的贝都因人加入战斗。

尽管有种种问题，但英国与哈希姆家族的联盟关系并没有因此终止。有观点认为，这是因为双方在1916年夏天时亟需彼此的力量。谢里夫侯赛因与青年土耳其党人的关系已紧张到极点，他知道但凡有一点机会，他们就会把他拉下台，甚至谋害他与他的儿子们。另一方面，英国在埃及与伦敦的官员都担心，最近奥斯曼军取得的胜利会增加圣战的可能，因此他们需要谢里夫的宗教权威来破坏奥斯曼帝国的圣战运动。无论哈希姆家族领导的起义最终结果如何，至少都能削弱奥斯曼军的力量，迫使土耳其人抽调部队与物资赶赴汉志及其他阿拉伯行省重整秩序。出于各自的目的，结盟双方都急于发动起义。一旦费塞尔返回汉志，他们的起义便指日可待。

6月5日，费塞尔在麦地那外围加入他哥哥阿里的队伍，开始与规模最大的奥斯曼军驻汉志部队作斗争。当时，法赫里帕夏已经接管当地约1.1万人的奥斯曼驻军，而阿里只征募到1500名部落志愿兵参加西奈战役，无法控制铁路。因此，他们将法赫里帕夏的部队牵制在麦地那，让他们的父亲和兄弟能够在以南210英里的麦加自如行动。

这场麦地那周边地区的局部冲突爆发四天后，哈希姆家族公开了他们的目的。6月9日，谢里夫侯赛因的长子阿里向杰马勒帕夏发出最后通牒，列举了要想让他父亲继续对奥斯曼帝国效忠的条件。然而，他只给青年土耳其党人很短的时间回应，明显别有用心。"收到该信24小时后，"他警告称，土耳其与阿拉伯这"两个民族之间便将爆发战争"。[32]

谢里夫侯赛因在圣城麦加的自家宅院里打响了阿拉伯起义的第一枪。1916年6月10日，麦加埃米尔举起一把步枪——很有可能就是杰马勒送给费塞尔的那把战利品——朝奥斯曼军营开了一枪，示意起义由此开始。哈希姆家族以阿拉伯人民的名义与土耳其人开战，但阿拉伯世界是否真能积极响应，还有待观察。[33]

三天之内，哈希姆部队就成功占领麦加绝大多数地区。麦加总督迦里布帕夏带领多数驻军，撤到自己在麦加以东60英里塔伊夫高地上的避暑山庄，只留1400名士兵守卫圣城。在一处山头的要塞上，奥斯曼军阻击埃米尔部队达四周之久。他们向麦加城内开炮，以驱散阿拉伯人。许多炮弹落在大清真寺上，卡巴天房——伊斯兰最神圣的神龛——的顶棚也着了火。另一发炮弹的碎片砸在清真寺的正面，毁坏了第三任哈里发奥斯曼·本·阿凡的名字。由于奥斯曼·本·阿凡还是奥斯曼家族的创始人，谢里夫侯赛因的儿子阿卜杜拉便向麦加民众宣称，这是"奥斯曼政权即将瓦解的标志"。最终，山头要塞上的奥斯曼军弹尽粮绝，7月9日被迫投降，哈希姆家族由此确立对麦加的控制权。[34]

谢里夫侯赛因在6月10日打响第一枪后不久，4000名哈卜部落（Harb tribe）的贝都因骑手在指挥官谢里夫穆赫辛的带领下，闯入红海港市吉达。一开始，当地1500名奥斯曼士兵凭借机枪与大炮给贝都因人沉重一击。不过阿拉伯人得到两艘英国皇家海军战舰的助攻，奥斯曼军在吉达的阵地一直遭受战舰的炮弹攻击。此外，

第十一章 阿拉伯起义

英国飞机也在猛烈轰炸土耳其军阵地。由于遭受海陆空立体式攻击，奥斯曼守军最终于6月16日投降。

起义爆发前不久，谢里夫侯赛因的次子阿卜杜拉便与70名骑骆驼的随从一道转移到塔伊夫的外围地区。麦加总督迦里布帕夏邀请阿卜杜拉去他的官邸，谈论最近盛传的起义一事。"你也看到，塔伊夫的人们都拖家带口地准备离开这里，他们把能带的都带上了。"总督说。他从书架上拿起一本《古兰经》，敦促阿卜杜拉告诉他实情。阿卜杜拉打了个马虎眼，蒙混过关。"要么谣言不实，要么起义是针对您和谢里夫，要么是谢里夫及百姓针对您。如果后者属实的话，我还会到您这儿自投罗网吗？"[35]

离开总督官邸后，阿卜杜拉下令切断电报线，并防止任何人从路上离开塔伊夫通风报信。6月10日午夜时分，他命令手下由周围部落招募的部队攻打奥斯曼军阵地。据他回忆称："我们的攻击相当凶猛。"贝都因人很快便突破土耳其军前线，带回了"一些俘虏和战利品"。但当太阳升起，土耳其炮兵开始轰击阿拉伯阵地，这些贝都因人便乱了阵脚。许多部落兵"乱糟糟地逃回自己家中"。阿卜杜拉担心若继续进攻，自己的部队恐会分崩离析。因此他围困塔伊夫，重整队伍。

抄着步枪的贝都因人根本不是拥有机枪大炮的奥斯曼正规军的对手。双方就这样对峙了5周。随后，英军用船运来埃及炮兵连，以巩固阿卜杜拉在塔伊夫的阵地（此举也进一步违反1914年约翰·麦斯威尔将军避免埃及人卷入英军战事的承诺）。7月中旬，埃及炮兵展开对奥斯曼军的持续炮击，火力盖过了敌军。土耳其人坚守阵地到9月21日，迦里布帕夏被迫提出无条件投降。"第二天，要塞正式撤下奥斯曼帝国国旗，升起了阿拉伯旗帜，"阿卜杜拉记录道，"那一幕令人印象深刻。"哈希姆家族一样感到胜利的喜悦，而奥斯曼总督已被围困和失利彻底击垮。"这是场浩劫，"迦里布帕夏哀叹道，"我们本是自家兄弟，现在却反目成仇。"[36]

到9月底，谢里夫侯赛因及其子已经夺得了麦加与塔伊夫，还有吉达、拉比格及延布等红海港市，俘获6000余名奥斯曼士兵，双方都没有太大伤亡。第二个月，谢里夫侯赛因单方面宣布自己为"阿拉伯之王，"他的儿子们则被冠以"埃米尔"的头衔。（但英国人对谢里夫侯赛因的这则宣告感到尴尬，他们只愿意承认他为汉志国王。）

起义的消息在阿拉伯世界不胫而走，对奥斯曼军不抱有任何幻想的阿拉伯人因此倍感兴奋。在耶路撒冷，奥斯曼当局把起义的报道压了数周。伊赫桑·图尔吉曼在7月10日的日记中记载了这一好消息。"谢里夫侯赛因帕夏已宣布起义，反抗帝国，"他带着疑惑的语气写道，"这就开始了吗？"图尔吉曼难掩自己的激动。"每个阿拉伯人都应该为这个消息感到高兴。帝国杀了我们这么多优秀的青年，我们还怎么支持它？他们就像普通罪犯和暴徒一样被吊死在广场上。愿主保佑汉志的谢里夫，保佑他的军队能够日益壮大。愿你们的战役能够扩大至阿拉伯的每一个角落，直到我们摆脱这该死的国家。"[37]

穆罕默德·阿里·阿杰卢尼是一名膳宿在民家的年轻军官，隶属叙利亚兵团。根据他的经历，阿拉伯起义使奥斯曼帝国内部同室操戈。土耳其士兵拒绝与阿拉伯人共用一个清真寺或军官食堂，还发表针对阿拉伯人的种族歧视言论,蔑称肤色较黑的阿拉伯人为"黑人"。奥斯曼政府对无辜平民的迫害让阿杰卢尼感到发指。他的驻地位于奇里乞亚沿海的塔尔苏斯，在那里他亲眼看见，火车上满载的都是惨遭杰马勒当局流放的叙利亚人。"每个人的表情中都饱含难以言说的苦痛。"他回忆道。更糟糕的是，有一大批被流放的亚美尼亚人朝着反方向的叙利亚大沙漠行进，负责押送这些男女老少的是"从不知道同情为何物的"士兵。由于看透了奥斯曼帝国在战时的所作所为，阿杰卢尼听到谢里夫侯赛因起义的消息后喜不自禁。"它令我们动摇的信念再次坚定，重新给予我们蓬勃的希望和力量。

第十一章 阿拉伯起义

这一天对阿拉伯人来说是崭新的一天。"他当即起誓,无论遇到任何艰难险阻,他都要启程去汉志参加起义。[38]

哈希姆家族起义的消息在奥斯曼军的阿拉伯军官中激起热烈讨论。阿杰卢尼的一位密友试图说服他不要逃离奥斯曼军。这位密友称,谢里夫的运动与英军结盟,寻求将阿拉伯从奥斯曼帝国中独立出去,这样做只会让阿拉伯世界被欧洲主宰。许多怀有阿拉伯主义思想的军官宁可在奥斯曼帝国内寻求改良,让帝国给予阿拉伯行省更多的自治;他们建议参照奥匈帝国,实行土阿二元君主制。阿杰卢尼充分考虑了朋友的论点,但他仍然坚定支持谢里夫。他们之间的辩论也证明,并不是所有奥斯曼阿拉伯人都支持阿拉伯起义。

伊斯兰世界对哈希姆家族起义有着不同的反应。印度穆斯林报纸谴责谢里夫率领阿拉伯人反抗哈里发。在印度动荡不安的西北边境省,清真寺里回荡着伊玛目对谢里夫侯赛因及其诸子的诅咒。6月27日,全印穆斯林联盟通过一项决议,言辞激烈地谴责哈希姆家族,称谢里夫侯赛因的举动给圣战制造了真正的势头。印度的英国军官一直反对埃及的英国高级专员亨利·麦克马洪爵士与谢里夫侯赛因谈判。如今,他们辩称起义适得其反,印度穆斯林反变得更加倒向奥斯曼帝国。[39]

哈希姆家族成员在麦加附近面临着更大的挑战。最初的胜利使国王侯赛因及其子占领了麦加城镇与红海沿海一带,但他们没有足够的兵力守住这些战果。贝都因志愿兵的三分钟热度很快便减退。他们参加起义,原先一方面是迫于麦加谢里夫的宗教权威,另一方面打算伺机抢夺奥斯曼政府财产,他们并不是有意识地追求阿拉伯独立。一旦头战胜利,顺利攻占城镇,部落兵便拿着战利品回家了。这迫使国王侯赛因的儿子们又得动用所有好友和关系去重新征集,向他们承诺发放枪支和定期薪金,这也是英国唯一能够提供给他们的条件。

在麦地那，法赫里帕夏准备好带领奥斯曼军发动反击。他的军队兵力充足，与大马士革的通讯也畅通无阻。由于没有炸药，叛乱者没有办法将军队的补给线——汉志铁轨炸断。7月2日，青年土耳其党人任命谢里夫阿里·海达尔（Sharif Ali Haydar）接替叛徒侯赛因成为新任麦加埃米尔。此人是哈希姆家族敌对部落的头目，法赫里帕夏希望赶在10月初汉志的朝觐季到来之前让他在麦加上任。8月1日，这位新任麦加埃米尔乘火车抵达麦地那，受到全城最高规格的礼遇。

从麦地那到麦加有两条路。内陆的这条路虽然距离较短，但中途饮水困难，地势险峻，军队无法快速通过；而沿海的这条路经过红海港市延布和拉比格，虽然距离较远，但沿途有取水点，可供军队行进时使用。因此，为保卫麦加，哈希姆家族成员必须控制延布和拉比格。8月初，随着奥斯曼军从麦地那启程，费塞尔抢占了要塞，阻断通往延布的道路，他的哥哥阿里则占领拉比格。虽然他们占据正确的位置，但他们需用部落志愿兵以外的正规军来与奥斯曼军相抗衡。除非哈希姆家族很快就有援军赶到，否则他们很快就要败下阵来——这将对阿拉伯和英国的利益造成灾难性的后果。

身处伦敦、开罗与西姆拉（英属印度的夏季首都）等地的英国战争策划者正在权衡风险，看是否应该派遣英国部队增援哈希姆家族。印度政府认为英国部队若进入汉志，会被印度穆斯林视为"异教"士兵在与哈里发的教众军团作战，"亵渎"汉志的圣土，从而导致他们的暴力反抗。而开罗的阿拉伯当局则认为，谢里夫的部队已在崩溃的边缘，让奥斯曼军在麦加取胜会严重损害英国在其穆斯林殖民地的威名。无论哪种选择，英国在汉志都将面临激起圣战的危险。因此，折中的办法就是用穆斯林志愿兵增援谢里夫的部队。

英国在印度与埃及的战俘营是征募穆斯林士兵的自然之选。在审讯奥斯曼军的阿拉伯俘虏时，英军发现他们当中有许多人致力于阿拉伯人的事业。上文提到的穆罕默德·谢里夫·法鲁奇就是其中

第十一章　阿拉伯起义　　　　　　　　　　　　　　　　　319

一员。其他人包括在美索不达米亚战役当中被俘的伊拉克官员努里·赛义德和阿里·乔达特，还有赛努西战役中在邻近利比亚边界被俘的贾法尔·阿斯克里。谢里夫宣布阿拉伯独立，这足以使这些官员中的许多人放弃为苏丹效力，转而投身于哈希姆家族的起义。1916年8月1日，努里·赛义德率领第一支分队从埃及出发前往汉志。阿里·乔达特在巴士拉承诺不再对英作战后被释放，后被英军军官征召至印度，帮助说服其他美索不达米亚战役中被俘的士兵加入谢里夫的部队。乔达特成功说服35名军官及350名士兵志愿参加阿拉伯起义。他们于9月初离开孟买，并在目的地拉比格受到努里·赛义德的欢迎。[40]

然而，并不是每位阿拉伯战俘都是阿拉伯民族主义者。在第一批志愿者启程之后，英军清空了埃及和印度的战俘营，将有可能加入谢里夫部队的阿拉伯战俘全数运往汉志，但这一做法的结果却不尽如人意。11月末，两艘船载着90名军官与2100名士兵从孟买出发驶往拉比格。当船到达目的地时，负责为谢里夫部队招募士兵的人员很沮丧地发现，只有6名军官和27名士兵愿意加入阿拉伯部队。其余的人不是无意与穆斯林同胞为敌，就是害怕如果被奥斯曼军俘获，他们的叛国行为将遭到土耳其人的报复。已经加入谢里夫部队的阿拉伯志愿兵做了长达10天的劝说工作，最终这些运兵船载着不愿倒戈的战俘继续往红海驶去，将他们暂时安置在埃及的战俘营中。

放弃奥斯曼军人身份、转而加入谢里夫部队的阿拉伯军官和士兵为阿拉伯起义所做的贡献，远远超出了他们有限的人数。他们训练有素，又精通阿拉伯语，成为操练和指挥贝都因士兵的最佳人选。但是他们人数有限，不足以遏制法赫里帕夏所带来的威胁，后者率领的军队继续朝延布和拉比格逼近。随着穆斯林朝觐的时节即将来临，英国政府开始重新考虑派遣英军增援哈希姆部队。英军整装待发，这时法国也提出派遣穆斯林部队协助在汉志发动战役。

法国利用朝觐的时机，委派一支武装护送北非朝觐者前往麦加。这支护送队很快成为协助谢里夫部队发动起义的武装力量。这给英军敲响了警钟。驻埃及高级专员亨利·麦克马洪爵士给伦敦拍电，"极力反对"法国派兵，称"此举会从我军手中抢走谢里夫取胜后我军将获得的重大政治优势"。但事实上，法国只是想确保谢里夫的阿拉伯起义不对法国在叙利亚的利益造成威胁，对在阿拉伯半岛确立优势并无多大兴趣。他们派遣军官前往阿拉伯半岛是为监视英军的一举一动，确保法国在《赛克斯－皮克特协定》中的利益不受侵害。[41]

指挥法国武装力量的任务落在爱德华·布雷蒙上校的肩上。他会讲一口流利的阿拉伯语，在摩洛哥服役时功勋卓著。9月21日，布雷蒙上校率领一支兼有军事和民事官员的代表团和200名北非朝觐者抵达吉达。另一边，麦克马洪爵士派遣罗纳德·斯图尔斯护送埃及的朝觐团体前往汉志。这让斯图尔斯能有机会与布雷蒙上校和哈希姆部队的前线指挥官分别商讨军事战略。所有人都认为谢里夫部队仍旧过于弱小，无法与法赫里帕夏率领的奥斯曼正规军相抗衡。

如果无法在英军战俘营中成功召集到充足数量的阿拉伯士兵，则应退而求其次，选择调派来自殖民地的穆斯林士兵前去支援阿拉伯起义。英军为汉志战役招募埃及炮兵——在总体战的压力下，他们已顾不上此前对埃及民众所做的承诺。第一批250人的分队经由苏丹国前往汉志。截至12月，埃及战斗人员共计逾960人。[42]

虽然法军有大批北非（穆斯林）士兵，但派往汉志的部队从未在规模上胜过英军。英国战争办事处要求法军贡献出一支穆斯林炮兵连及尽可能多的军事专家，譬如机枪手、地雷工兵、通信兵（精通阿拉伯语尤佳）及医生等，法军尴尬地承认，他们的穆斯林士兵当中缺少这类技术人才。到1916年底，法国在阿拉伯半岛的武装不超过12名军官（几乎全是法国人），不到100名步兵（几乎全是

第十一章　阿拉伯起义

穆斯林），最高时是42名军官和983名士兵，其中许多人一直留在塞得港，从未踏上阿拉伯半岛半步。[43]

虽然这些来自殖民地的士兵为阿拉伯事业做出伟大贡献，在一定程度上缩小了奥斯曼军在大炮和机枪上的优势，但他们的数量严重不足，根本无法消解驻麦地那的奥斯曼士兵对麦加构成的威胁。1916年的整个秋天，奥斯曼军都在向哈希姆家族的沿海阵地步步逼近。

费塞尔及其部队原先驻扎在红海港市拉比格后方一处名为哈姆拉的山村。11月初，土耳其纵队逼迫他们撤离那里，奥斯曼军对哈希姆部队的威胁由此严峻起来。没有足够的穆斯林士兵在手，开罗与伦敦的英国军官再度权衡利弊，考虑是否应改派英国正规军增援谢里夫部队。英军内部反对派遣正规军，宣称如此一来，会使他们在红海沿岸地区没有足够兵力抵御法赫里帕夏的部队。伦敦的帝国总参谋长威廉·罗伯森爵士称，仅守住红海港城拉比格就需1.5万名英军士兵。驻埃及英军指挥官阿奇博尔德·穆雷中将认为，他一旦派兵支援谢里夫部队，便没有足够兵力守卫苏伊士运河。他决定向一位英军尉官征求意见，此人与费塞尔见过面，对拉比格与延布的情形非常了解。

在协助解救被困库特的查尔斯·汤申德将军的部队未果后，T. E. 劳伦斯返回开罗，并在1916年10月第一次到访汉志。作为一名阿拉伯情报局的情报人员，他毛遂自荐，成为东方事务秘书罗纳德·斯图尔斯派往吉达的使团成员，从而有机会从拉比格经内陆与谢里夫侯赛因之子会面，并视察他们的阵地。开始，英军指挥官们并未将劳伦斯的情报作为军事战略参考，但他们重视他对当地的了解。劳伦斯到访位于拉比格哈姆拉的费塞尔营地后，他们才相信他能提供关键情报，帮助他们做出是否派出英军前往汉志的艰难抉择。

劳伦斯与阿拉伯起义的故事堪称经典，他为哈希姆阵地在1916年秋那绝望的几个月里所发生的事件提供了独到的见证。在拉比格，他接洽了阿里与数位曾为奥斯曼军效力的阿拉伯军官——来自伊拉克的努里·赛义德、埃及的阿齐兹·阿里·马斯里，以及叙利亚的法依兹·胡赛因（Faiz al-Ghusayn）——他们都在操练谢里夫的正规部队。劳伦斯骑着骆驼走了数天，终于抵达费塞尔在哈姆拉的营地。但是，他发现费塞尔灰心泄气，他的部队也萎靡不振。他们弹尽粮绝，资金也已枯竭。迄今为止，费塞尔部队收到的唯一增援力量就是埃及的炮兵连，但这些炮兵对"被派遣到沙漠深处打一场毫无必要又费时费力的战争感到深恶痛绝"。因此，劳伦斯得出结论称，外来士兵、穆斯林和欧洲人一样，都不适合参加汉志战役。[44]

当开罗官员问及他的意见时，劳伦斯反对派英国部队前往汉志。他警告称，英军派遣任何远征部队前往阿拉伯半岛，都会被视作对当地有殖民企图。"无论谢里夫批准与否，如果英军派往拉比格的部队强大到足以占据那里密集的树丛，并在当地安营扎寨，"他认为阿拉伯人"一定会得出结论称'我们被骗了'，然后四散跑回他们的帐篷"。相反，劳伦斯建议向阿里与费塞尔提供他们所需的黄金，以使贝都因士兵能继续服役（"除此之外，没有什么能让一支部落民组成的部队留在战场长达 5 个月，这本身就是个奇迹"），将英军的参与程度限制在提供空中支援与技术顾问上。英军指挥官觉得劳伦斯的这一观点——即阿拉伯人应自行发动阿拉伯起义——让英军非常省心，遂同意根据他的提议限制英军的参与程度。[45]

当劳伦斯于 12 月初返回阿拉伯半岛时，局势已大大恶化，就连他自己都开始怀疑当初的建议是否正确。土耳其军发动了一场奇袭，打了阿拉伯人一个猝不及防。据劳伦斯述称，贝都因士兵"成了一群逃难的乌合之众，在夜里一路纵马朝延布狂奔"。通往延布的道路在土耳其纵队到达之前被打通，费塞尔率领 5000 名士兵补上了贝都因士兵散逃造成的缺口。虽然他成功拖住土耳其军，但依旧无法守住阵地。土耳其人切断了费塞尔部队与南部拉比格地区阿里部队之间的联系。这两支阿拉伯部队彼此失联后，就都不是奥斯

第十一章　阿拉伯起义

曼军的对手。一旦土耳其人收复红海沿岸地区，从谢里夫侯赛因手上收复麦加就再无障碍。[46]

费塞尔命其部队撤退到纳赫勒穆巴拉克（Nakhl Mubarak）的椰枣园之中。从该地骑骆驼去延布大约需6个小时，发布撤军命令时，劳伦斯也与费塞尔一道骑行骆驼。中途，费塞尔建议劳伦斯穿上阿拉伯服饰，这样阿拉伯士兵们便会将他视为"真正的领导者之一"，他也可以在营地里四处走动，不用担心他那套凌乱的英军制服在部落民当中"引起轰动"。费塞尔给劳伦斯穿上他一位阿姨送他的结婚盛装——当然他是想帮劳伦斯，但这身行头还是会让这位英国人在贝都因人之中引起轰动。费塞尔还给了他一把李-恩菲尔德步枪，正是几个月前杰马勒在大马士革赠他的那把加里波利战利品。劳伦斯当即就在枪托上烙上了自己名字的缩写及日期："T. E. L., 4-12-16"。随后，他离开费塞尔，骑行返回延布向上司求救。

回到延布后，劳伦斯拍电给驻红海的英国皇家海军指挥官，警示称延布"危在旦夕"。威廉·博伊尔上尉承诺24小时内动员英军舰船离港。博伊尔雷厉风行，他组成了一支由5艘战船组成的强大船队，以保卫延布。不过，这些战船基本称不上是战列舰——据博伊尔述称，他自己乘坐的"狐狸"号"几乎是海军上校指挥过的最慢最旧的战船"——但它们所装的火炮火力比土耳其野战炮兵要猛得多。

当英军在延布集结船只之际，土耳其人又一次进攻费塞尔部队得手。奥斯曼军的3个步兵营带着野战炮南下至纳赫勒穆巴拉克，贝都因士兵见势四下逃窜。埃及炮兵用英军为哈希姆部队提供的劣质大炮——据劳伦斯猜测，"英军觉得这些老旧破烂给阿拉伯野人足够了"——对敌展开了积极炮击。由于没有瞄准器，没有测距仪，也没有烈性炸药，阿拉伯炮兵只能靠大炮制造的噪音来唬住敌军。不过，奥斯曼军还真被巨响给镇住了，这给撤退的阿拉伯人不少勇气。最终，费塞尔以较低的死伤率从纳赫勒穆巴拉克成功撤军。他们撤回延布,将高地悉数还给奥斯曼军。劳伦斯回忆称:"我们的战争似乎已经进入尾声。"

延布的大街小巷里满是忙于修筑工事的阿拉伯士兵,他们在为最后一搏积极地做着准备。守军们用泥土筑起防御墙,以延缓奥斯曼军的推进,不过鲜有人指望这些土木工事能抵御敌军坚决的进攻。唯一真正能阻挠奥斯曼军攻占延布的是皇家海军。战船气势恢宏,船上的每门火炮都直指岸边,探照灯那冷森森的光束在夜晚的平原上交错纵横,仿佛在向进攻者发出警告。

12月11日,奥斯曼军抵达延布郊外。此时他们已是精疲力竭。虽然曾连番击败费塞尔部队,但在环境恶劣的阿拉伯高地上连续作战数周还是让他们付出代价。奥斯曼军因疾病折损不少战斗力,用作交通工具的牲口也因劳累过度和食不果腹变得虚弱不堪。地形恶劣,贝都因部落还不时扰乱奥斯曼军后方,切断他们的补给线。他们本可以继续追击阿拉伯人,但苦于无力对抗皇家海军。他们距麦地那基地几百公里之遥,倘若在延布遭受重大伤亡,便根本没有后方支援,只得被迫投降。"所以他们折返了,"劳伦斯记录道,"我相信土耳其人在那一晚输掉了战争。"[47]

奥斯曼军很快被迫从延布折返。英军飞机持续轰炸土耳其人在纳赫勒穆巴拉克的营地,为避免更大伤亡,他们开始将部队向麦地那附近撤离。谢里夫侯赛因之子阿卜杜拉的部队虽不足以围攻麦地那,但却足以阻止敌军从城中调离。直到战争结束,法赫里帕夏一直滞留在麦地那。

哈希姆家族成员并未让部队直接进攻驻麦地那的奥斯曼守军,而是选择开展运动战。谢里夫部队指挥官与英法两国顾问通力合作,计划沿红海沿岸北上,占据港城沃季赫。此举既有皇家海军为阿拉伯部队从红海提供补给,又能为攻击汉志铁路提供助力,从而切断麦地那守军不堪一击的补给线。常规办法行不通的时候,使用游击

第十一章 阿拉伯起义

部战术或可收得奇效。

看到奥斯曼军撤退，哈希姆家族成员夺得汉志的控制权，英国战争策划者如释重负。土耳其人未能取得这次至关重要的胜利，他们本可以凭借这场胜利，夺回奥斯曼帝国对麦加及汉志其他重镇的控制权，进而维持圣战的势头。英国不会派兵进入汉志，当地局势已经稳定，这对奥斯曼军来说本是额外的好消息。不但印度穆斯林的问题得到缓解，而且英军在1916年底根本已无多余的部队可供调配。他们于7月1日对索姆河的德军阵地发动了一场大型战役，一天之内死伤高达惊人的5.8万人，创下英军自一战以来单日伤亡之最。像凡尔登战役一样，索姆河战役也是一场旷日持久的损耗战，数月以来迟迟未见分晓。截至1916年11月中旬，英军已死伤42万人，法军折损19.4万人，而德军在索姆河一役中的伤亡人数据估算更是高达46.5万至65万人。在西线遭受如此重创后，英军已不愿再调派其欧洲士兵前往中东战场作战。

虽然不会调遣本国军队赶赴汉志支援谢里夫侯赛因，但英国人很乐意为阿拉伯盟友提供物质援助。到1916年底，英国政府已向谢里夫侯赛因提供将近100万磅的黄金。与此同时，他们还提供一批飞机，由英国飞行员驾驶，负责监视敌军。同时也保证德军提供给奥斯曼军的飞机远离贝都因人，以防畏惧空袭的贝都因人受到惊吓。此外，英国与法国还共同派出所能齐集的全部穆斯林正规部队，另辅以一小批欧洲军官，为炸毁铁路等行动提供技术支持。

笼罩在哈希姆家族上方的阴霾一经驱散，英法两国的战争策划者便开始把阿拉伯起义视作一战中一桩有利可图之事。早在1916年7月，英国战争委员会就已根据哈希姆家族成员在汉志的早期战绩，为其驻埃及的部队制定新的战略目标。委员会指示驻埃及的英军总指挥，穆雷将军，在跨西奈半岛北部的一片地区建立英军的控制区，范围从地中海的阿里什直至红海东部的小港亚喀巴。英国战争策划者声称，这些举措将"对叙利亚与汉志之间的通讯构成威胁，从而鼓励叙利亚阿拉伯人起事",以支持阿拉伯起义。由此,哈希姆家族在阿拉伯半岛的起义与英军在巴勒斯坦发动的战役连接在了一起,这种致命关联,最终导致奥斯曼帝国的覆灭。[48]

第十二章

失势：巴格达、西奈半岛与耶路撒冷的陷落

随着阿拉伯起义在汉志爆发，交战双方的战争策划者都将注意力集中在叙利亚地区。协约国试图让阿拉伯起义在叙利亚地区（包含今叙利亚、黎巴嫩、以色列、巴勒斯坦与约旦）蔓延开来，为哈希姆家族的运动造势，迫使奥斯曼军在险恶地形中作战。另一边，同盟国对其在叙利亚的阵地充满信心。除了1915年2月第一次攻打苏伊士运河，之后奥斯曼第四军团便再未投入过其他战役，因此正处于满编状态。奥斯曼政府相信，他们在叙利亚的力量足以遏止哈希姆家族在汉志的起义。况且，英军沿苏伊士运河一带的通讯线路仍然薄弱，难免遭到土耳其人从西奈半岛发起的攻击。

尽管杰马勒帕夏第一次攻打苏伊士运河以失败告终，奥斯曼军仍然掌握着几乎整个西奈半岛。西奈是埃及不可分割的一部分，而英军已占领了埃及，但英国战时内阁不愿为提防土耳其人而抽调兵力收复和保卫几乎渺无人烟的西奈大沙漠。英军的当务之急是保证尼罗河谷的稳定，并确保兵员与物资能顺利通过苏伊士运河。驻埃及的英军将运河西岸视为防御前线，西奈的其余地区则任由奥斯曼军行动。

到1916年初，奥斯曼军已将西奈变成他们对苏伊士运河一带的英军长期作战的跳板。第四军团指挥官杰马勒帕夏与其德国顾问紧密合作，巩固奥斯曼军阵地。他将铁路线由南端加沙东南的内陆集市小镇贝尔谢巴延伸至埃及在奥雅（al-Auja）的边境，深入西奈半岛。杰马勒帕夏在西奈中心地带建立了基地网络，基地之间有道路相连，还有水井能够保障人畜饮水。铁路能够将兵员与物资快速运抵该地区，另外还有一支精锐的沙漠部队，在德国指挥官的带领下负责巡视西奈半岛。

杰马勒不再奢望将英军彻底从埃及逐出。相反地，他计划向前推进，直到苏伊士运河进入他部队的火力范围。奥斯曼军能够在离河岸5英里处的阵地炮击运河内的船只，阻断该重要航道，以达到不派士兵直面挖壕固守的英国守军就能扰乱他们联络的目的。恩维尔帕夏于1916年2月前来视察巴勒斯坦边境，他批准了杰马勒的这一战略，并承诺给予支援。

战争大臣信守诺言。返回伊斯坦布尔后，恩维尔便调派久经沙场的奥斯曼第三步兵师从加里波利赶赴巴勒斯坦，还从同盟国盟友那里取得了物资补给。1916年4月，德国派遣一批飞机支援奥斯曼军在贝尔谢巴的总部。包括已在西线大显神威的鲁姆普勒与福克单翼机，这批高精尖武器为土耳其人赢得西奈的制空权。同月晚些时候，奥地利人派遣两支野战炮兵连前往西奈前线，其带来的15厘米口径榴弹炮足以使奥斯曼军在火力上挑战英军。凭借这些最前沿的军事装备，杰马勒开始认真计划对苏伊士运河发动第二次进攻。[1]

与此同时，英军也益发关切土耳其人对运河区造成的威胁。1916年2月，时任埃及远征军指挥官的阿奇博尔德·穆雷爵士（中将）提出，在西奈北部具有战略意义的绿洲及交叉路实施"积极防御"方案。穆雷的计划需要英军占领运河以东约30英里处的卡蒂亚绿洲（Qatiya）。该绿洲是咸水网的一部分，在几乎毫无水源的

第十二章 失势：巴格达、西奈半岛与耶路撒冷的陷落

西奈荒地上具有重要的战略意义。英军一旦占领卡蒂亚绿洲，穆雷便提议沿地中海沿岸向阿里什方向推进，占据从阿里什到贝尔谢巴南部库赛马（al-Kussaima）的内陆地带。穆雷很有说服力地宣称，相比起全长90英里的运河，英军守住从阿里什到库赛马这45英里所需的人力物力要少得多。[2]

帝国总参谋长威廉·罗伯森将军也意识到抢占西奈绿洲是明智之举。但由于英国在西线遭受重大挫败，在库特又遭围困，他不愿再往西奈或巴勒斯坦地区派遣更多的士兵，而是安全调度埃及的已有驻军。1916年2月27日，罗伯森授权占领卡蒂亚及其周边绿洲，但暂缓向阿里什推进。

1916年3月，英军开始将标准轨距的铁路从运河小镇坎塔拉向东增修至卡蒂亚。英军还在铁路旁铺设了一条管道，以提供充足的水源。1.3万名短期聘用的埃及劳工团成员在沙漠无情的炙烤之下不辞辛劳地铺设铁轨和管道。劳工沿着沙漠商队的路线以每周4英里的速度修建，终在4月底修至卡蒂亚周边地区。

奥斯曼军迅速采取行动扰乱英军施工。土耳其沙漠部队的德国指挥官冯·克雷森施泰因率领3500名士兵，对守卫铁路站点的英军勇敢地发起攻击。4月23日黎明时分，奥斯曼军席卷英军位于卡迪亚周边绿洲的阵地。他们以清晨的浓雾作掩护向英军发动突袭，后者毫无防备。经过数小时的激烈战斗，整个英国骑兵团几乎全部投降。根据英国官方记载，仅有一名英国军官和80名士兵成功逃过一劫（一个骑兵团一般由约25名军官和525名士兵组成）。而另一边，冯·克雷森施泰因的部队则毫发无损地撤出了卡蒂亚。此次进攻并未能长时间地扰乱铁路的修建工程，但土耳其人成功给英军制造了麻烦，正如杰马勒帕夏所记载的，此次行动"极大提升了我军的士气"。[3]

奥斯曼军在卡蒂亚取胜后，英军改用澳新骑兵师作为先锋部队，带领其余部队朝西奈北部推进。澳新骑兵师由新西兰骑兵旅及澳大

利亚轻骑兵团的部分力量组成,其中既有经历过加里波利战役的老兵,也有补充的"新血"。在机械交通工具无法通行的沙漠里,骑兵部队显得尤为重要。事实上,英军被逼无奈才将他们骑兵部队的部分马匹用骆驼代替,方便在该地区广阔的沙漠中追逐奥斯曼军。西奈战役也因此呈现出一种独特的对比,既有20世纪的空中力量和19世纪的骑兵战术,也有贝都因式的骆驼战。[4]

1916年整个夏季,英军都在顶着烈日持续铺建铁轨和管道。劳工、部队和马匹都暴露在通常能达50摄氏度的高温环境下,饮水困难,还有苍蝇成群袭扰人畜。他们安心地认为奥斯曼军在这炎炎夏季不大可能再次发动进攻。不过,骑兵部队仍然保持着高度警惕,深入沙漠巡逻,确保在卡蒂亚蒙受的耻辱不会再度上演。

此前,奥斯曼军早已策划对苏伊士运河发动第二次攻击,但因种种原因一再推迟。现在他们及其德国盟友终于按捺不住。因寄希望于谢里夫侯赛因能贡献出一支汉志志愿部队,杰马勒已经推迟了第二次西奈战役。然而,1916年6月爆发的阿拉伯起义不但让志愿部队的希望化成泡影,还在阿拉伯各行省形成一条新的敌对战线。杰马勒认为,在西奈半岛将英军击溃便能消除哈希姆家族起义在阿拉伯各行省的号召力。因此,他批准冯·克雷森施泰因上校在炎热的夏季,英军最无防备之时,对运河区发动延误已久的第二次进攻。

8月3日清晨,土耳其人对罗马尼(卡蒂亚附近)的一处英军阵地发动了进攻。克雷森施泰因手下仅有1.6万名士兵,比英军预计的要少。这些士兵凭借惊人的耐力,成功将大炮从沙漠的另一端运来,用猛烈的火力弥补他们人数上的劣势。为了让英军猝不及防,冯·克雷森施泰因算准时机,趁敌军一支轻骑巡逻队返回基地时,几乎一路尾随其后到达英军的基地。虽然澳大利亚人最终察觉,却不敌后者的火力优势,被迫撤退,将战略高地在日出之前拱手让出。

奥斯曼军的这次进攻惊动了英军,他们向罗马尼派出大批增援部队,以击退土耳其人。随着时间的推移,土耳其士兵的水源和弹

第十二章　失势：巴格达、西奈半岛与耶路撒冷的陷落

药逐渐耗尽，几百人因此被迫投降。尽管如此，冯·克雷森施泰因还是奇迹般地让他的大部分兵力和重炮成功撤离这场大势已去的战斗。当时精疲力竭的士兵火速撤退，而澳新骑兵在后面穷追不舍。英军指挥官决意追上并消灭冯·克雷森施泰因的远征部队，他们甚至派出了空中力量，以引导地面部队追赶奥斯曼军。然而，奥斯曼军成功抵挡住英军在比尔阿卜德（Bir al-Abd）水井处对他们发动的最后一击，安全撤至仍在土耳其人手中的阿里什。

罗马尼一战，奥斯曼军彻底战败。他们损失了约1500名士兵，另有4000人被俘，而英军仅阵亡200人，受伤900人。尽管如此，英国人还是认为罗马尼一战他们未竟全功。英军指挥官认为，冯·克雷森施泰因受挫后，本有机会将其部队一举歼灭，但最终还是让他的主力成功逃脱，这是严重的失败。罗马尼之战是奥斯曼军对驻埃及英军发动的最后一次进攻，此时土耳其人在其巴勒斯坦边境的兵力和火力仍未受到影响。[5]

英军于1916年夏天在西奈半岛往前推进的同时，汉志也掀起了阿拉伯起义。值得提醒的是，前两个月里起义非常成功，哈希姆家族的部队在麦加、塔伊夫、吉达、拉比格和延布都击败当地的奥斯曼军。正因如此，伦敦的战争委员会开始觉得有必要将西奈战役与阿拉伯起义相配合，从而撼动奥斯曼军在叙利亚南部和巴勒斯坦地区的阵地。1916年2月，帝国总参谋长只授权英军在卡蒂亚采取有限行动，以保卫苏伊士运河。但当到了1916年7月，战争委员会命令穆雷的远征部队占领从阿里什到红海港市亚喀巴一带，"因为若在这些地方有一支部队，便能直接威胁土耳其人在叙利亚与汉志之间的联络，从而为叙利亚阿拉伯人带去信心"，以便他们对奥斯曼军发动起义。[6]

穆雷中将率领部队沿西奈的在建铁路和管道井然有序地往前推进。到1916年12月，铁路已修至距阿里什40英里以内的马扎尔

井（Mazar）。英军将所有的必备物资储存在铁路终点站，并征集了足够的骆驼，为在寸草不生的沙漠中奋勇作战的兵员运送食物、饮水和弹药。

阿里什的形势引起奥斯曼指挥官的担忧。他们的空中侦察时刻关注着英军的铁路工事，察觉到英军正在集结部队与囤积补给。另外，他们也知道自己在西奈沿岸地带的驻军就在附近英军战舰的攻击范围之内。面对英国海军的火力，加上4个师的步兵，1600名奥斯曼守军根本无法守住阵地。因此，在英军发起进攻前夕，奥斯曼军撤出阿里什，转移至他们在巴勒斯坦边境的阵地，那里的防御更完善，能更好地抵御英军的进攻。英国皇家飞行军报告称土耳其人已撤离前线，于是，英军在12月21日轻松占领阿里什这座战略重镇。

然而，英军在阿里什远非高枕无忧。空中侦察发现，阿里什山谷的麦格德哈巴村（Magdhaba）有防御完备的奥斯曼军阵地。只要土耳其人仍在麦格德哈巴，他们就会对英军的大后方造成威胁。12月23日，澳新骑兵与帝国骆驼旅被派往麦格德哈巴驱赶敌军。由于阿里什与麦格德哈巴之间没有水源，骑兵必须分秒必争，赶在日落之前占领村落，否则他们与坐骑都会扛不住烈日的炙烤，被迫退回阿里什补充水分。眼看过了下午一点，身为指挥官的澳大利亚将军哈里·肖维尔爵士焦急难耐。正当他想取消这次行动时，一支骑兵和骆驼队冲出了奥斯曼阵线。[7]

一位隶属骆驼骑兵团的士兵回忆道："出乎我们的意料，有几个土耳其人从他们的战壕里跳出来跟我们握手。"双方此前曾在达达尼尔之战中有过一面之缘，这次重逢显得有些微妙。"放那儿吧，老朋友，"一位澳大利亚二等兵对一名戴着加里波利战役勋章的土耳其战俘说，"我也去过那里，那地儿真不是人待的，我对你表示同情。"接着，这位澳大利亚人把土耳其人的勋章别在自己的胸前，借土耳其人的火点了支烟，就出发往另一个奥斯曼军阵地去了。英军占领阿里什山谷，将近1300名奥斯曼士兵投降。[8]

第十二章 失势：巴格达、西奈半岛与耶路撒冷的陷落

1917年1月9日，英军占领奥斯曼–埃及边境上的拉法赫，完成了对西奈半岛的再次征服。经过一天的激烈战斗，澳新骑兵师将各条奥斯曼战壕团团围住，逼迫战壕里的敌军士兵投降。撤离拉法赫后，奥斯曼军便放弃了他们攻打埃及的抱负，转而守卫巴勒斯坦阵地。[9]

至此，埃及远征军的终极目标依旧不甚明朗。战争期间，英国内阁爆发危机，1916年12月，大卫·劳合·乔治出任英国首相。他与前一任首相H. H. 阿斯奎斯同属自由党，也同样与保守党人士组成联合政府。劳合·乔治希望能打一场电光石火般的决定性胜仗，令英国政府与民众都团结在他的领导之下。他宣称应积极进攻驻巴勒斯坦地区的奥斯曼军，认为英军若能占领耶路撒冷，英国公众便会犹如久旱逢甘霖，从凡尔登和索姆河战役的惨痛损失而导致的低迷中复苏。然而，劳合·乔治手下那些对西线战况更有把握的将军，不愿派更多部队去往西线以外他们不熟悉情况的地方作战。将军们认为，埃及远征军的当务之急只是保卫埃及。最终军方赢得了争论。就在埃及远征军于拉法赫取得胜利两天后，战时内阁命令穆雷将军将对巴勒斯坦的进攻推迟到1917年秋，并调派一个师的兵力赶赴法国。

被赶出西奈半岛后，奥斯曼军建起了一条从加沙沿海地带一直到贝尔谢巴的内陆防御阵线。1917年1月至3月，奥斯曼军陆续派遣后援力量巩固这条阵线，以确保巴勒斯坦南部地区的安全。一支来自高加索地区的骑兵队与色雷斯的步兵师加入杰马勒的部队守卫巴勒斯坦，防止英军未来的进攻。[10]

1917年初，正当埃及远征军在巴勒斯坦边境裹足不前，美索不达米亚远征军在底格里斯河流域继续发动进攻。按原计划谨慎推进，开始旨在拖垮奥斯曼第六军团的这场军事行动，最终却成为英军在中东获得的首场重大胜利——征服巴格达。

当被困库特的查尔斯·汤申德少将及其部队于1916年4月投降时，此前解围的车轮战已让交战双方都疲惫不堪。英军的营救努力最终落空，至此既无兵力，也无理由在底格里斯河流域对奥斯曼军继续发起攻击。另一边，土耳其人自己也精疲力竭，无法乘势进攻大为削弱的英军。因此双方各自巩固阵地、治疗伤病员，沉寂了一段时间。他们的上司则把注意力转移到其他阵线，忙于处理更严重的威胁。

奥斯曼军在库特大获全胜后，随即面临俄军进攻巴格达的险境。1916年5月初，驻波斯的俄军总指挥——尼古莱·巴拉托夫将军占领边境小镇席林堡，对土耳其军在仅距离巴格达100英里远的卡纳金（Khaniqin）阵地构成威胁。此前，哈利勒帕夏凭借在库特立下的功勋，成为奥斯曼第六军团指挥官。受到俄军威胁，他从底格里斯河调派兵力巩固卡纳金的防线，围困库特的奥斯曼军数量因此降至1.2万人。

英国人令哈利勒省了不少心。库特陷落后，总参谋长威廉·罗伯森爵士将英军在美索不达米亚的策略定为"以防御为主"，他还告知美索不达米亚远征军指挥官："占领库特或巴格达不是我们寻求的重点。"他建议英军"步步为营，占据稳妥的战略要地"，以此减轻库特陷落对英军名誉上的打击，并牵制住奥斯曼军在底格里斯河的力量，防止他们调遣部队去对付俄军在巴格达的威胁。不过，罗伯森并不打算对底格里斯河的奥斯曼军阵地发动攻击。[11]

随着英军转攻为守，哈利勒于1916年6月1日命部队倾巢出动，成功在卡纳金遏止巴拉托夫率领的俄国部队，迫使其撤退，并转而攻占波斯城镇克尔曼沙赫（7月1日）与哈姆丹（8月10日）。奥斯曼军涌入波斯对英俄两军造成困扰，但这样一来，哈利勒帕夏便无足够的兵力守卫巴格达，反令巴格达陷入危机。奥斯曼军一直没有弥补这个失误。随着英援军陆续从印度和埃及赶到美索不达米亚，面对其威胁的哈利勒将陷入苦战。

第十二章　失势：巴格达、西奈半岛与耶路撒冷的陷落

8月，斯坦利·莫德爵士（少将）接任美索不达米亚远征军指挥官一职。他曾在法国负伤，加里波利战役后期，他是最后一批撤离苏弗拉湾的英军成员。莫德骁勇善战，他决意要向奥斯曼军的底格里斯河阵线发起进攻。经过1916年夏秋两季，他在美索不达米亚成功组建了一支强大的部队。新成立的两支步兵师使美索不达米亚远征军的战斗人数升至16万人，其中5万人被派往底格里斯河前线，其余分散在巴士拉的英军阵地和幼发拉底河流域之间。莫德的部队不断扩张，而哈利勒的部队却在缩水。疾病、逃兵，以及与英军的日常交火导致的战斗减员，使奥斯曼第六军团的规模锐减。雪上加霜的是，他们还缺乏增援部队。莫德的情报显示，库特周围的奥斯曼军不到2万人，但事实上他们的数量比这少得多——也许只有1.05万人。[12]

1916年秋，英军位于底格里斯河谢赫萨义德的前进基地十分繁忙。新的河船令英军每日能满载700吨以上的物资运往底格里斯河的河源地带。为加快向库特附近地区的英军阵线输送补给物资，他们建起一条从谢赫萨义德至哈伊河（Shatt al-Hayy）的轻轨铁路（隧道将底格里斯河流域的库特与幼发拉底河的纳西里耶相连）。该铁路线不在奥斯曼军的干扰范围之内，1916年9月开始投入使用，1917年初便已修至哈伊河岸边。莫德还安排了几百辆福特货车，以确保将铁路终端的补给与弹药更好地运至前线。这些货车非常管用，即使在雨后泥泞的道路上也畅通无阻。

虽然有这些优势，但伦敦的战争委员会仍然慎之又慎。帝国总参谋长罗伯森将军相信，考虑到英军在波斯湾的补给线和通讯线蔓延数十英里，占领巴格达并非易事，要守住它更是难上加难。加上他对占领巴格达不屑一顾，认为这"对推动战事并无多大作用"。直到1916年9月，罗伯森在给莫德的命令中都排除进攻的可能，但莫德一直把自己的作战计划藏在心里。到了11月，这位美索不达米亚远征军指挥官终于获得许可，对哈伊河的奥斯曼军阵地发起

进攻。但他拒绝给出具体的进攻日期,甚至连他自己的参谋和部下都被蒙在鼓里。不过事实证明,他们并没有等太久。

12月10日,莫德将军给他在印度和伦敦的上司拍电,声称部队已做好战斗准备,即将对哈伊河的奥斯曼军阵地发动进攻。如果说战争委员会对这突如其来的消息感到惊讶,那么莫德急于发动进攻的理由就更让他们大跌眼镜。原来,这位美索不达米亚远征军指挥官相当迷信。他认为13是他的幸运数字,所以决定在12月13日,以第十三师作为先头部队,对奥斯曼军发动进攻。[13]

12月13日,在战火蹂躏的库特,英军发动了第三次,也是最后一次进攻。战役最先由英国炮兵打响,在20英里的战线上持续了两个多月。期间,虽然英军的火力优势给对手造成了一定损伤,但面对固若金汤的土耳其军阵地,莫德的进攻部队仍然伤亡惨重。土耳其人严守阵地,顽强地发动反攻。1917年2月中旬,他们对桑奈亚特战壕的全线进攻令英军损失惨重,被迫撤退。

2月23日,英军成功占领一座横跨底格里斯河的桥头,库特之战由此迎来了高潮。为分散守军注意力,莫德下令对桑奈亚特战壕及库特周围地区发动进攻。就在这里的奥斯曼军集中兵力、试图击退英军时,莫德趁其不备,出动先头部队占据了距库特上游5英里的舒姆兰班德(Shumran Bend)的一处桥头。当地为数不多的土耳其守军顽强抵抗,但他们距英军炮火太近,很快便被征服。当奥斯曼军指挥官意识到大事不妙时,他们已无法派遣足够的兵力阻止英军渡过浮桥。

随着英国骑兵、步兵和炮兵争先恐后地过河,奥斯曼军明白他们已无力回天。眼看即将被困,哈利勒帕夏下令,在底格里斯河左岸的20英里阵地上立刻全线撤离。奥斯曼军能撤退成功,主要在于指挥得当。部队的主力携带枪支和尽可能多的补给物资撤退,一支队伍负责断后,直到主力部队全部通过再尾随其后,以确保后方不会有敌军来袭。据一位名叫阿诺德·威尔逊的英属印度政治专员

第十二章　失势：巴格达、西奈半岛与耶路撒冷的陷落

估计，撤逃的奥斯曼军纵队不超过 6200 人，而追赶他们的英国步兵和骑兵则多达 4.6 万余名。[14]

随着英印军占领底格里斯河左岸，英国皇家海军的 W. 纳恩上校于 2 月 24 日指挥其武装战舰行驶至上游的库特阿马拉，并在当地停靠过夜。次日早晨，他命一队人马上岸查看，发现敌军早已弃城而逃。于是，他们便在当地升起了英国国旗。虽然对美索不达米亚战役来说，这座城镇的战略意义不比底格里斯河湾的其他城镇更为重大，对莫德及其部队却有其象征意义。英国国旗在库特阿马拉上空再度飘扬，这从一定程度上弥补了 10 个月前汤申德在此投降带给英军的挫败。然而，库特百姓经历了围城，在汤申德投降后又遭受奥斯曼军对他们的报复，每次的改旗换帜对他们而言都是灾难降临的标志。看着英军再次来到，他们对未来忐忑不安。

撤退的奥斯曼军虽然成功甩掉英国步兵与骑兵，还是难逃皇家海军的攻击。纳恩上校的 5 艘战船从数百英里外的入海口逆流而上，试图制服哈利勒率领的第八军。他们在底格里斯河一急弯处遭遇了负责断后的奥斯曼军，距岸边数英里便遭到岸上敌军猛烈的炮火攻击，又在近距离遭遇机枪扫射。每一艘战船都被正面击中，船上人员伤亡惨重，但他们仍然成功甩开敌军后卫部队，继续追赶奥斯曼军主力。

在底格里斯河一延伸处，纳恩的船队赶上了正沿河撤退的哈利勒部队。英国战船火力全开，给疲惫不堪、士气萎靡的土耳其士兵造成了巨大灾难。一名协约国飞行员正巧飞经此地，他称当时的景象"出奇地惨。路上四散着死去的士兵和骡子，还有被丢弃的枪支、马车与补给品。许多马车上都挂着白旗，人畜精疲力竭，饥肠辘辘地俯躺在地上。很少有人能在如狼似虎的阿拉伯部落眼皮底下幸免于难。目睹这一切的我心情沉重地离开"。[15]

到日落时分，英国海军摧毁或缴获所有撤退中的土耳其河船，其中包括几艘英军此前被奥斯曼军收缴的汽船。土耳其人的"巴士

拉"号医疗船升起白旗,并将几百名重伤的土耳其俘虏和数名英国人交由英军治疗。这晚,纳恩在距岸上英军部队最近的数英里处抛锚停船,让部下有时间处理同伴的尸体,救治伤员,修补破损的船只。[16]

历经两个半月的战斗,莫德将军终于摧毁哈利勒的防守,突破看似坚不可摧的土耳其军阵线,俘获7500名土耳其士兵,令底格里斯河流域的奥斯曼军4个师兵力锐减至5000人以下,而莫德自己的部队仍几乎满编。他的战船控制了底格里斯河,飞机也取得制空权。莫德知道奥斯曼军无力抵挡英军进攻巴格达,但伦敦的指示禁止向巴格达挺进。这位美索不达米亚远征军指挥官只能向伦敦汇报,请求下达新命令。

身处伦敦的指挥官们对此捷报表示欢迎,但他们在如何充分利用莫德取得的胜利上产生了分歧。库特投降的阴影仍然笼罩着英军,使其在美索不达米亚不敢有太大的抱负。此外,帝国总参谋长也不愿冒任何风险,他承认莫德的部队有能力征服巴格达,但对其是否能守住巴格达心怀疑惑。他害怕奥斯曼军会带着强有力的增援部队卷土重来,切断英军与外界的联系,又形成包围。由于英军在任何一条战线上都再无多余兵力,又害怕再一次败在苏丹-哈里发的"圣战者"手下,会对英国在穆斯林世界的形象产生不利影响,因此,罗伯森将军仅授权莫德"在巴格达行省展现英军威势"。虽然他在2月28日指示莫德"向巴格达方向对敌军施加压力",在恰当的时机甚至可用骑兵"突袭"巴格达。但仍警告称,"若之后无论因为何种理由被迫撤出巴格达",都可能会与其他任何一次此类撤退行动一样,造成"适得其反的政治后果"。[17]

在接下来的电报往来中,驻印度的总指挥官——查尔斯·蒙罗将军非常热切地想趁土耳其人混乱之际,快速占领巴格达。如此一来,土耳其人就少了一个能够威胁英国在巴士拉和波斯利益的战略

第十二章　失势：巴格达、西奈半岛与耶路撒冷的陷落

集结点，也能让英国在东方伊斯兰世界的威望迅速提升。莫德也积极劝说罗伯森，占领巴格达意味着英军在伊拉克拥有了军事据点，并列举了随之而来的种种好处。且战争委员会考虑到，俄国准备在开春后对美索不达米亚的摩苏尔、萨迈拉和巴格达地区发动攻击。一位英国军官称，若被俄国抢先占领巴格达，"《赛克斯—皮克特协定》就会变成一纸空文"。[18]

上述理由令罗伯森将军修改了对莫德的命令。在3月3日下达的指令中，罗伯森承认"占领巴格达的可行性可能要大于"他之前的估算。他并未直接命令莫德攻占巴格达，但同意让莫德自己做最后的决断，同时再一次强调他的顾虑："简而言之，我军的目标应是从你近期的胜利中获得尽可能多的优势，同时避免出现之前的交通问题，或者在占领巴格达后又被迫撤军。"

收到命令后，莫德命军队稍作停顿以调整行军秩序，随后继续往河上游的巴格达推进。3月6日，他们抵达了萨尔曼帕克。1915年底时，汤申德曾在这里被迫撤军。但这一次，英军并未遭到任何抵抗。他们被古老的泰西封宫所折服。它绵延数英里，至今仍是最引人瞩目的地标性建筑。他们还检查了奥斯曼军为保卫巴格达，精心修筑、四通八达的战壕。但现在它被遗弃，土耳其指挥官决定将他们的防御力量集中在迪亚拉河。这条河是底格里斯河在巴格达的下游支流，土耳其军在那里的防守之严密令英军甚感惊讶。莫德的纵队在迪亚拉河被阻滞了整整三天，双方都伤亡惨重。尽管如此，迪亚拉的奥斯曼军撑不了多久。面对莫德部队的兵力和火力优势，哈利勒明白巴格达即将沦陷。

城内，平民和军官们尽一切努力，维持秩序准备疏散。之前曾与库特英国战俘交谈的那个男孩，塔利布·穆什塔克，不敢相信土耳其人竟然要弃巴格达于不顾，任由外来入侵者占领这座城市。在撤离的前夕，穆斯塔克和他的兄弟被叫到副总督的办公室。副总督与穆斯塔克一家素有来往，他的"脸上写满了苦楚"，命警察护送

这两个小男孩去往巴古拜,与他们在那里做公务员的父亲汇合。副总督解释道:"我们现在要从巴格达疏散,土耳其军正在从各条战线上撤离,英国部队很可能明后天就要入城了。"这位十几岁的爱国小青年不信他说的话:"我们怎么能撤离巴格达?我们怎么能让英国人践踏这片神圣的家园?"但副总督的态度非常强硬,两个孩子就这样被带离学校,由人一路护送至巴古拜,他们的父母正焦急万分地盼着孩子的到来。[19]

生活一如往常的错觉很快就被打破。3月11日深夜,奥斯曼军与德军开始捣毁巴格达的军事设施。德国工程师切断了固定无线天线杆的钢缆,柱子轰然倒地。起重机、吊臂和水箱也被炸毁,巨响撼动了整座城市。主要的政府办公室被逐一破坏,横跨底格里斯河的浮桥也被付之一炬。美国驻巴格达领事——奥斯卡·海泽从他的屋顶上亲眼看见,奥斯曼军如何有条不紊地摧毁巴格达。当局撤出后,城内开始乱作一团。"市集立刻遭到底层库尔德人和阿拉伯人的劫掠。"海泽在他的领事日志中记载道。[20]

到了早晨,抢劫已到了无法无天的地步,以至于海泽领事跨上马背,在一队武装随从的陪同下前去寻找英军的先头部队。9时30分,海泽一行遇到一队由英国少校率领的印度长矛轻骑兵,两路人马结伴进入城中心。据海泽记载,巴格达城中街道挤满了人,"许多刚刚还在打家劫舍的家伙,此刻却像良民一般,夹道欢迎进城部队"。长矛轻骑兵抵达巴格达的主要集市,发现男女老少都在争抢货架上的最后一点物品。打劫者还卸了许多房屋的窗户和门,卷走屋内的木制品。英国少校拿起左轮手枪朝天开了数枪,打劫者四下逃窜,被印度兵抓住就是一顿暴打。现在,这些印度兵成了巴格达的新主人。

莫德将军一直等到先头部队控制住巴格达后,才于当天下午低调入城。早先一些兴奋的士兵在城堡上空扬起的英国国旗,在莫德进城后被降下来,改挂到土耳其兵营的钟楼上。然而,没有英国政

第十二章　失势：巴格达、西奈半岛与耶路撒冷的陷落

府的批准,英军便不能正式宣布占领巴格达。伦敦方面,英国内阁命令马克·赛克斯爵士——基奇纳勋爵的中东顾问,《赛克斯-皮克特协定》的起草人之一——以莫德的名义起草一份正式宣言。印度政治专员阿诺德·威尔逊尖刻地称,这份文件"字里行间无不洋溢着(赛克斯的)东方情结"。[21]

宣言开篇以慷慨激昂的语调向巴格达百姓保证,"我军不是来征服,而是来解放你们的城市和土地",

> 自从 13 世纪蒙古征服者旭烈兀入侵巴格达以来,你们的城市和你们的土地就一直处在外来者的暴政之下。宫殿被毁,花园荒芜,你们的先人和你们都遍体鳞伤,哀鸿遍野。你们的子孙被卷入毫无缘由的战争之中,你们的财富被毫不讲理的人们掳走后在别处肆意挥霍。[22]

虽然莫德的这份宣言以英阿双语印发,并在巴格达城中免费发放,但伊拉克人还是认为英军和之前一长串的外来入侵者一样,将要对他们施以暴政。据塔利布·穆什塔克回忆称:"莫德将军进入巴格达后宣称自己不是来征服,而是来解放和拯救巴格达。多么无耻的谎言和欺骗啊,巴格达和伊拉克人民都亲眼看见英国人是怎么把伊拉克人当作奴隶和俘虏的。自由从何而来?拯救又从何说起?"[23]

不过,这些对英国战争委员会来说都是小事。在奥斯曼帝国战线上接连遭受巨大失败的英军,这次终于获得重大胜利。对整体战事而言,巴格达或许并没有什么战略价值;但英军急需一场胜利,巴格达这座充满异域风情的《一千零一夜》之都对他们来说是最好的褒奖。而对另一阵营的奥斯曼军来说,巴格达陷落意味着重大逆转。这座阿拔斯王朝(公元 750—1258 年)的古都是柏林-巴格达铁路的终点站,奥斯曼军原本计划把这里当作跳板,以实现其战后

在波斯湾地区的抱负。丢掉巴格达,包括埃尔祖鲁姆与黑海港城特拉布宗在内的安纳托利亚东部地区又被俄军攻占,加上哈希姆家族占领麦加和吉达,最近在西奈也受挫,奥斯曼军再一次被迫全线撤退。

受英军在巴格达获胜的鼓舞,英国战争委员会开始重新调整在埃及的战略。埃及远征军自1917年1月占领西奈的边境小镇拉法赫,就一直遵守军令,将进一步的军事行动推迟到秋天再进行。但现在,协约国的战争策划者们已然重新考虑整体作战计划。1917年2月26日,英法两国多位将军在英吉利海峡旁的加来会面,共同审议大战的全球战略。为重获主动权,协约国决定协调一致,开春后同时在西线、马其顿与美索不达米亚等多条战线对同盟国发起进攻。随着3月11日莫德占领巴格达,埃及远征军的出场时机已经成熟。

1917年4月2日,美国宣布加入协约国阵营,这让协约国备受鼓舞。让美国这头猛虎下山实属不易。毕竟,1916年伍德罗·威尔逊就是靠"他让我们远离战争"这条标语成功连任美国总统。然而,德国潜艇大肆攻击大西洋船运(1915年5月7日,"卢西塔尼亚"号客轮满载乘客从爱尔兰出发,中途被击沉,造成船上包括128名美国乘客在内的1201人死亡),美国还发现德国向墨西哥主动表示,一旦美国参战,德国便与墨西哥结盟。这些事件足以让美国站到协约国一边。虽然1917年的美国仍非军事大国,和平年代的美军仅不到10万人,但它拥有强大的工业基地和充足的人口,能够扭转协约国在西线的战事,并鼓励英国战争策划者重新在中东展开行动。[24]

埃及远征军已蓄势待发。1917年的前几个月里,铁路的修建工程一直有条不紊地进行着,到3月的第三个星期已修到了距加沙南部15英里的汗尤尼斯。水管的铺设工作也在同步进行,大量的弹药与补给已在前线附近囤积完毕。至此,英军已做好了在3月末发

第十二章 失势：巴格达、西奈半岛与耶路撒冷的陷落

起进攻的各项准备。他们共有1.1万名骑兵，1.2万名步兵，还有一整个师（8000人）作为后备力量，在数量上占压倒性优势。虽然有1.5万名土耳其士兵在数英里外的后方驻扎，但奥斯曼军在加沙的部队只有4000人。

穆雷将军与部下将领一起，根据他之前在西奈的战斗经历重新制定了一套新的作战方案。澳新骑兵师受命从北、东及东南面包围加沙，以切断土耳其军的退路，并防止有敌军赶来支援。步兵团负责从南面对敌军阵地发起直接进攻。和西奈战役一样，加沙的这场战斗也是分秒必争。除非英军能在日落之前占领加沙，否则他们就不得不退到数英里外的铁路终点去补充水源。

3月26日清晨，英军骑兵开始包围加沙。到10时30分，这片地区已经彻底陷入重围。然而，步兵团却因大雾姗姗来迟，导致进攻的命令直到中午才下达。英军炮兵朝土耳其军阵地开火，把这座四万人口的滨海城市轰得一片狼藉。土耳其守军的狙击，机枪的猛烈扫射，再加上沿途仙人掌密布，英军步兵因此难以往前推进。不过，当奥斯曼军集中火力对付南面的步兵时，澳新骑兵部队正从北面和东面逼近加沙。截至下午6时30分，奥斯曼军的防御阵线已被击垮，眼看就要竖起白旗。幸运的是，英军的通讯出现故障，他们的部队离胜利仅咫尺之遥，指挥官却没有收到消息。

到了下午晚些时候，几番激战下来死伤枕藉，加沙的英军遂决定全体撤退。据他们估算，由于开战时间意外推迟，他们的士兵在天黑之前已没有足够的时间占领所有目标，同时也担心被赶来加沙的奥斯曼援军阻击。没有饮水和弹药补给，他们的士兵和坐骑都无法在第二天继续作战。因此，英军不愿冒失败的风险，宁可选择放弃白天辛辛苦苦攻占的地盘，也要保全兵力。

当英军突然停止攻打加沙并撤退时，双方士兵都感到相当震惊。撤退让英军士兵暴露在奥斯曼军的反击之下，伤亡严重。此外，就这么放弃经过一天激战才换得的土地，让士兵十分愤懑。而对另一

边的奥斯曼军而言，英军突然撤退简直就是奇迹。他们的指挥官迅速抓住机会，重新夺回战略高地。到3月27日战斗结束之前，英军的伤亡人数超过奥斯曼军。[25]

英军在加里波利半岛的遭遇似乎又将在加沙重演。"你怎么看？"土耳其记者在战后采访一位受伤的士兵，"你觉得他们还会回来吗？""他们不会回来了，埃芬迪，"这位士兵严肃地说道，"他们已经领教过我们团的厉害。"他的意思是，英军知道他所在的奥斯曼兵团在加里波利时曾经打败过他们，所以不会再来了。[26]

穆雷将军在向伦敦汇报战况时，夸大了他第一次攻打加沙取得的战果，而将坏消息都一笔带过。他声称他的部队向前推进了15英里，并令敌军"遭受了重大损失，死伤人数达6000至7000人"。但事实上，奥斯曼军的真正伤亡人数不到2500人。伦敦各家报纸正殷切盼着捷报，它们毫不迟疑地便把穆雷宣称的敌军死伤人数登出。但前线士兵明白真相。战斗结束后不久，隶属奥克兰枪骑兵团的布里斯科·摩尔中尉便捡到一架敌军飞机丢下的纸条，上面清楚地写道："你们在报纸上赢了我们，但我们在加沙把你们痛击。"[27]

最终，英国战争委员会让穆雷亮出真实的实力。帝国总参谋长罗伯森将军告知穆雷，鉴于他最近攻占了巴格达，又在加沙"获胜"，自己要重新调整对埃及远征军的指令。接下来，穆雷的部队需要击败耶路撒冷南部的土耳其部队，并占领这座圣城。在1917年4月2日拍给穆雷的电报中，罗伯森强调，占领耶路撒冷对厌战情绪严重的英国大众具有重要的象征意义。"战时内阁迫切期待捷报，因此你部应不遗余力地发起行动。"作为回报，罗伯森承诺会给予穆雷一切所需的战斗物资，确保其获得胜利。

从穆雷与伦敦之间的通信来看，他对罗伯森的这个指令表现得非常谨慎，且有诸多保留。由此可见，穆雷并没有信心击败巴勒斯坦的奥斯曼军并占领耶路撒冷。在巴勒斯坦南部这片干燥地区，他的整个战略就是随铁路和水管的铺设缓慢推进。即使顺利通过加沙，

第十二章 失势：巴格达、西奈半岛与耶路撒冷的陷落

他也非常担心因部队的补给线骤然延长，数以万计的人畜取水困难所带来的一系列问题。何况自第一次加沙战役后，奥斯曼军迎来了增援部队，攻克加沙已经变得越来越艰难。尽管如此，罗伯森的命令清楚分明，穆雷只得开始准备第二次攻打加沙。

此时，奥斯曼军已经知道英军会从哪里进攻，他们竭尽全力阻断从加沙到贝尔谢巴的通路。据杰马勒帕夏回忆称："我决定集中所有兵力，死守这条战线，不惜一切阻止英国人从这里突破。"英军第一次进攻加沙的三周后，杰马勒将其援军部署在加沙-贝尔谢巴沿线，并在那里修筑了一系列防御工事和战壕，使所有接近加沙的人都暴露在枪林弹雨之下。[28]

英国指挥官从之前的战斗经验知道，堑壕战中往往是守军占据上风。为提升部队突破防线的几率，穆雷将军动用英军武器库中一些最可怕的武器。他储存了4000发催泪瓦斯弹，准备先用这些炮弹轰炸奥斯曼军阵地。虽然自1915年4月第二次伊珀尔战役后，一战双方就在西线广泛运用毒气瓦斯，但这类炮弹还未在奥斯曼阵线上出现过。英军士兵在发起进攻前都收到毒气面具，而奥斯曼军自然没有这种护具。八辆坦克被秘密派往西奈战线，以协助英军步兵朝防守严密的土耳其军阵线发起冲击。"我们对这些怪物一般的战争机器早有耳闻，"一名骆驼兵团的澳大利亚士兵记录道，"对它们的到来都兴奋难耐，相信一旦投入战斗，一定能把敌人吓得肝胆俱裂。"[29]

1917年4月17日，第二次加沙战役以一阵狂轰滥炸展开。英军将催泪瓦斯集中用到了奥斯曼战壕的一小段，但收效甚微。英军舰船在海上对加沙发动猛烈炮击，也仍未撼动守军。最终，当英军士兵向土耳其军阵地推进时，他们遭到对方猛烈的火力阻击。

弗兰克·里德是一位隶属帝国骆驼兵团的澳大利亚士兵，他从骆驼上跳下前去战斗时，"遭到敌军猛烈的枪炮攻击"。里德眼睁睁看着同伴在他周围中弹倒地，头顶上炮弹呼啸而过。突然，他听到

左边传来一阵欢呼，只见八辆英国坦克的其中一辆正朝土耳其军的战壕驶去。他深信"坦克一开到前方战壕，土耳其人就会束手就擒"。然而，奥斯曼士兵瞄准坦克拼命射击。"巨大的弹壳打在坦克的铁板上，铿锵作响，随后被弹开，朝各个方向飞去。坦克还是照开不误。"

紧跟在坦克后面的骆驼骑手抵达土耳其军的第一条战壕，在那里遭遇一小撮重伤动弹不得的奥斯曼士兵。里德记得，在澳大利亚人和土耳其人面对面遭遇的那一刻，双方本能地对立。两名骆驼骑手看见一个受伤的土耳其士兵，手交叉在胸前。

"刺死这个讨厌鬼。"第一位骆驼骑手喊道。

"别，给这可怜的家伙一个机会吧。"第二个人说。

里德看见另一名骑手上前夺了这位土耳其伤员的步枪，随后顿住了。这个澳大利亚人没有杀死血流不止的土耳其人，而是弯下腰给了他点水喝。"可怜的家伙！跟我们一样想活命。"

然后，他掏出自己的急救箱，为土耳其人包扎头伤。然而，当一位受伤的土耳其军官跟跟跄跄地走来，对这名澳大利亚人表示感谢时，他便收回了自己的同情心。

"好人。"土耳其军官用糟糕的英语说道，还拍了拍这个澳大利亚人的肩。

"好你个头啊，"这位骆驼骑手喊道，"你赶紧去把自己埋了吧，我忙着呢。"

里德继续随坦克往前推进。然而，坦克似乎失去了控制，方向很不稳定，中了敌军数发炮弹后突然起火爆炸。跟在坦克后面的澳大利亚骆驼骑手和英国步兵，就这样暴露在土耳其军战壕的猛烈火力之下，瞬间死伤遍地。他们成功冲到奥斯曼军要塞跟前，但很快就被土耳其军的反击制服。骆驼骑手与英国步兵团，还有澳大利亚轻骑队都被迫撤退。[30]

战斗持续了三天，奥斯曼军一直坚守阵地，击退英军并令其遭受重大伤亡。英军的"秘密武器"没有一件能镇住土耳其人，他

第十二章　失势：巴格达、西奈半岛与耶路撒冷的陷落

们一点不在意催泪瓦斯，还成功摧毁英军八辆坦克中的三辆。土耳其记者法里赫·里弗奇为"死去的战斗坦克"写下优美的诗句，称它们的残骸如"巨大的扭曲和空虚"，散落在加沙战场。当英军清点伤亡人数时，他们不得不停止行动，接受又一次战败的事实，而且这次的失败比上一次更严重。截至4月19日夜晚，英军已死伤6444人，是奥斯曼军伤亡和失踪人数（2013人）的三倍。[31]

巴勒斯坦战役到此陷入停滞状态。穆雷在加沙的失利使他丢了职位。1917年7月，时任英国首相大卫·劳合·乔治派艾德蒙·艾伦比将军接替穆雷之职，并命其在圣诞节之前完成征服耶路撒冷这个看似不可能的任务。杰马勒帕夏部队的情况比英军要好得多。他们占据巴勒斯坦水源充足的土地，将英军围困在西奈大沙漠里。况且，奥斯曼军已经切断英军与阿拉伯起义者之间的联络。只要埃及远征军与阿拉伯部队之间无法建立联系，奥斯曼军就有希望保全他们在叙利亚和巴勒斯坦的阵地。

这头奥斯曼军牵制住了埃及远征军；而另一边，他们在汉志再次面临阿拉伯部队的威胁。由于奥斯曼部队被困麦地那，哈希姆家族便能自由地控制汉志的其他地区，并向北朝叙利亚方向推进。谢里夫侯赛因之子费赛尔目标直指红海港城沃季赫，他的英国顾问对此完全赞同。从苏伊士到沃季赫的补给线比到延布的要短200英里，况且阿拉伯部队能从沃季赫攻击250英里长的汉志铁路，切断该铁路线等于断了被困麦地那的奥斯曼军的补给与联络线，迫使他们更早投降。

对费赛尔而言，向沃季赫行军还是征募新兵的好机会。他需要让更多的部落兵加入到起义当中以确保成功。费赛尔知道，带领一支1.1万名士兵的强大部队向北推进，能让当地贝都因人印象深刻，从而吸引更多部落前来效忠。此外，他还希望凭借自己手下部队压倒性的数量优势，令沃季赫的800名土耳其守军不战而降。

英国皇家海军与阿拉伯部队紧密合作。为确保贝都因部队充足的饮水供应,"哈丁"号战列舰在先前协商好、位于沃季赫南部的地点准备了20吨水,并载着400名部落兵组成的先头部队在沃季赫正北方登陆。由于费赛尔的部队将从南面抵达,这支先头部队能防止任何敌军的支援或撤退。费赛尔和英军商定于1917年1月23日在沃季赫会合。

按预定时间,一小支贝都因部队、200名英国海军陆战队和"哈丁"号的水手于沃季赫北部登陆,却未发现费赛尔及其部队的身影。但他们毫不畏惧,其中100名左右部落兵往沃季赫行进,与当地土耳其守军作战。由于守军早已撤至内陆6英里的一处旧要塞,因此贝都因部落兵在其余阿拉伯部队赶到之前,迅速突破了土耳其阵线,顺利打入城内。最后一批土耳其守军躲进沃季赫的清真寺,直到英国海军对清真寺发起炮击。随后,英军舰船集中火力攻打土耳其军的旧要塞,要塞里的士兵仓皇撤退。到1月25日,即比原定进攻时间晚了整整两天,费赛尔及其部队终于到来时,沃季赫已经在阿拉伯人的控制之下。阿拉伯部队这次一展雄风,成效卓著,汉志北部所有的部落首领都找到费赛尔,宣称愿为哈希姆家族的起义效力。[32]

阿拉伯部队掌握沃季赫的控制权后,费赛尔与他的英国顾问随即开始破坏汉志铁路。2月20日,第一批袭击队成功引爆一枚藏于一辆奥斯曼火车下方的炸药,炸毁了机车头。这次攻击迅速对大马士革和麦地那的士气产生影响。杰马勒帕夏给奥斯曼军驻麦地那部队的指挥官法赫里帕夏发去命令,命其疏散全城。英军截获了杰马勒的指令,遂指示他们在汉志的军官加紧攻击铁路,防止奥斯曼军撤退。只要法赫里率领的1.1万名奥斯曼士兵仍被困麦地那,他们就对其他地方的阿拉伯部队和英军构不成威胁。鉴于穆雷领导的埃及远征军当时正第一次准备攻打加沙,英军要不惜一切代价阻止杰马勒动用麦地那的奥斯曼驻军去加固其在巴勒斯坦的阵地。

第十二章　失势：巴格达、西奈半岛与耶路撒冷的陷落　　　　　　　　　　　349

整个3月，英国的地雷工兵和他们的阿拉伯向导都忙着在汉志铁路沿线的战略点埋下地雷。到3月末，就连负责开罗英军指挥官与费赛尔之间联络的T. E. 劳伦斯，都亲自动手炸毁一座与外界隔绝的火车站。劳伦斯及其队伍配有一门山炮、数挺机枪还有炸药，他们成功制造了混乱，并阻断汉志铁路交通长达3天。由于铁路遭袭，加上法赫里帕夏决意守卫麦地那这座圣城，因此当地的奥斯曼军并未撤离。然而，阿拉伯部队并未能阻断敌军从大马士革至麦地那的通讯与补给线。奥斯曼军足智多谋，他们及时发现地雷，很快修复了被炸毁的铁路段。很明显，光靠破坏铁路不足以在汉志取得胜利。[33]

当英军致力于完善他们炸铁路的技巧时，费赛尔开始着手组建一支正规军，严明阿拉伯部队的纪律。用他自己的话说，就是"组建一支能以正确的方式执行军事任务的正式军队"。他将贾法尔·阿斯科里纳入麾下，这位奥斯曼军官先前在埃及的赛努西战役中被英军俘获。一同为费赛尔效力的还有许多阿斯科里的伊拉克同胞，其中许多人是阿拉伯主义军事团体"契约党"的成员。这些人成为费赛尔最忠实的追随者，他们一心想助阿拉伯获得独立。[34]

谢里夫在沃季赫的总部规模日益壮大，英军的武器和补给也如潮水般涌进沃季赫。3万支步枪和1500万发弹药经船运抵这个红海港口。劳斯莱斯生产的装甲车也被运至沃季赫，在沙漠的平地中巡逻，为阿拉伯部队提供移动火力点。英国皇家飞行团建起一系列的起落跑道，方便飞机轰炸汉志铁路。大量的黄金和谷物也运抵沃季赫，以保证规模日益庞大的阿拉伯部队能按时发放薪酬和粮食。如此一来，费塞尔的部队如虎添翼，他开始考虑让阿拉伯部队走出汉志，进一步向叙利亚的南部地区挺进。

为在更往北的地方发动大胆的地面进攻，费赛尔派遣三位他最信任的中尉前去侦察，他们分别是：谢里夫纳西尔·伊本·阿里，麦地那显要及费赛尔的密友；奥达·阿布·塔伊，强大的霍威特

（Hywaytat）部落的领导人；以及纳希布·巴克利，费赛尔正是通过他家的引荐才加入大马士革的阿拉伯主义运动。这三人于 5 月 19 日启程前往瓦迪索罕（Wadi Sirhan）山谷——数百年来车队往来阿拉伯半岛中部与叙利亚大沙漠之间的主要通道。他们每人都有一个特定任务：谢里夫纳西尔是费赛尔的个人代表，负责赢得叙利亚部落的支持；奥达负责与霍威特的部落同胞取得联系，确保骆驼和绵羊的供应，保障军队未来在叙利亚南部的军事行动有充足的交通工具和食物；巴克利负责与大马士革及其周边地区的阿拉伯主义者接洽，争取他们支持大规模起义。[35]

T. E. 劳伦斯请求一同前往瓦迪索罕。在他们出发的三天前，劳伦斯与马克·赛克斯爵士会面。赛克斯此次抵达汉志，是为向哈希姆家族简单汇报《赛克斯–皮科特协定》的相关条款。他很有可能借此机会也向劳伦斯说明了情况，这位理想主义青年一定为英国政府两面三刀的做法感到骇然。劳伦斯的言行举止都清楚地表明，他决意协助阿拉伯人赶在法国人之前占领叙利亚。谢里夫纳西尔的此次远征给他将自己的信念付诸实施的机会。[36]

谢里夫纳西尔一干人等穿越沙漠，历经万难，终于抵达瓦迪索罕。在霍威特部落逗留三天后，他们分头行动，开始各自执行任务。纳希布·巴克利去往大马士革，与当地的阿拉伯主义者接洽。劳伦斯勘察大马士革周边地区地形，为起义赢得更多支持，另外还成功炸毁贝鲁特与大马士革之间的一座铁路桥梁；谢里夫纳西尔与奥达·阿布·塔伊积极征召部落参与他们的运动。6 月 18 日，纳西尔、奥达与劳伦斯在瓦迪索罕的山谷口重新集合，巴克利则选择继续留在大马士革。通过奥达和纳西尔的共同努力，霍威特部落共有约 560 人加入了他们的行列。他们的人数还不足以进攻譬如在马安（今属约旦）的奥斯曼军重要据点，于是，这支小分队于 6 月底改朝红海港市亚喀巴进发。

亚喀巴湾地处红海东部支流，两边分别为西奈半岛和汉志。亚

第十二章 失势：巴格达、西奈半岛与耶路撒冷的陷落

喀巴港位于亚喀巴湾的前端，具有重要的战略意义。占领亚喀巴港能使在埃及和西奈的英军与阿拉伯部队取得直接联系，而且能让哈希姆家族控制除麦地那以外的汉志全境。同时，谢里夫的部队还能控制叙利亚的南入口。自战争伊始，英军炮轰亚喀巴并全身而退后，奥斯曼军就在这个小港布下严密的海防。然而，他们从未料到敌军会从陆路进攻。由谢里夫纳西尔率领的骑兵队就计划利用奥斯曼军的这个弱点。

600名贝都因士兵绕开奥斯曼军在马安的驻地，穿过更南段的汉志铁路，并洗劫盖迪尔哈吉火车站。劳伦斯竭尽全力破坏铁路线，以延缓奥斯曼军从马安调派援军。据他宣称，他"摧毁了十座桥梁和许多铁轨"，直到耗尽所有的炸药。[37]

7月2日，谢里夫纳西尔的纵队在一处名为阿布利桑（Abu al-Lisan）的地点，将派往亚喀巴的一个土耳其营团团围住。经过数小时的狙击，奥达命部落兵开始冲锋。眼看着骑兵朝他们飞驰过来，奥斯曼士兵吓得魂不附体，连忙四下逃窜。据劳伦斯记载，共有300名土耳其士兵死伤，160名幸存者被俘。相比之下，只有两名部落兵遇害。阿拉伯部队对奥斯曼军的胜利鼓舞了更多的部落投身哈希姆家族的运动，这支小队的规模也日渐壮大。

阿拉伯部队还征召一名土耳其战俘，负责给阿布利桑与亚喀巴之间三处独立的奥斯曼军事据点的指挥官写信。信中承诺若他们能投降，就能享受优待，倘若负隅顽抗，绝不手下留情。第一处据点的奥斯曼军不战而降。第二处据点的士兵选择抵抗，但阿拉伯人未损一兵一卒就将其铲平。第三处据点的土耳其部队一开始进行谈判，而后又负隅顽抗，直到发现周围全是敌军火力，他们已是插翅难飞，才最终投降。清扫完最后一个障碍，谢里夫纳西尔的小型部队"穿过猛烈的沙尘暴，于7月6日抵达4英里外的亚喀巴，终于见到了海"，劳伦斯欣喜地记载道，"在我们从沃季赫出发仅两个月的时间里，这一切就都实现了。"[38]

亚喀巴的胜利是阿拉伯起义迄今为止最大的成就。当天,谢里夫纳西尔给费赛尔写了一份报告,赞扬部落兵的英勇行为。劳伦斯意识到这场胜利对英国战争策划者们意义非凡,因此他在8名志愿者的陪同下,启程穿过西奈半岛前往开罗。7月10日,劳伦斯一行抵达开罗的英军总部。当时,他还穿戴着贝都因的袍子和头饰,英军误把他当成一个衣衫褴褛的阿拉伯人,可他又讲着一口完美的牛津腔英语,这让他们十分诧异。至此,劳伦斯上尉被人盛赞为"阿拉伯的劳伦斯"。无论英军高层对他的这套装束多么鄙夷,但他带来阿拉伯人在亚喀巴获胜的消息,一夜之间成为英雄。开罗的高级特派员——雷希纳尔德·温盖特爵士连夜给帝国总参谋长拍电,电报的内容看上去像劳伦斯或温盖特夸大了阿拉伯人此次的战果:"今日,劳伦斯上尉从亚喀巴经由陆路抵达开罗。位于塔菲拉、马安和亚喀巴之间的土耳其军据点已被阿拉伯人掌控。"[39]

对埃及远征军的新任指挥官埃德蒙·艾伦比爵士而言,阿拉伯部队在亚喀巴的胜利有可能将扭转英军在西奈半岛的局势。7月12日,他邀请劳伦斯向他做简要汇报。劳伦斯还是一身贝都因长袍,讲完阿拉伯部队占领亚喀巴的事迹后,他还阐述自己希望能发起大规模阿拉伯起义,以对抗南起马安,北至哈马的奥斯曼军,并切断土耳其人在麦地那、大马士革和巴勒斯坦之间的铁路线。为了给阿拉伯起义赢得更多支持,劳伦斯请求艾伦比侵入巴勒斯坦,牵制当地的杰马勒部队。然而,艾伦比不愿做出承诺。"这个嘛,我会做好力所能及的事。"说着,他示意会面到此结束。[40]

事实上,艾伦比关心的是劳伦斯以及阿拉伯起义能为埃及远征军带来什么。第二周,他写信给战争委员会,表示愿意响应劳伦斯的号召,将阿拉伯部队的行动与巴勒斯坦战役结合起来。他声称,这样两面开弓能"瓦解土耳其军在汉志和叙利亚的战事,从而在政治和军事上都带来更深远的影响"。当然,艾伦比需要支援才能实现他的这个计划。因此,他请求委员会再派遣两个师的兵力支援埃

第十二章 失势：巴格达、西奈半岛与耶路撒冷的陷落

及远征军，委员会批准了他的要求。最后，为确保两军之间的联络能够天衣无缝，艾伦比提议让费赛尔及其部队听由他调遣。随后，劳伦斯前往沃季赫和吉达，确保费赛尔和谢里夫侯赛因同意将阿拉伯起义交由英军指挥。[41]

1917年8月，艾伦比将军统领两军，准备对叙利亚和巴勒斯坦的奥斯曼军实施两面夹击。他把注意力转向巴勒斯坦战线，准备第三次攻打加沙。

亚喀巴陷落后，奥斯曼军试图用自己擅长的方式击败阿拉伯部队。他们积极寻求外约旦（英国对奥斯曼叙利亚的最南端至约旦河以东地区的称呼）部落首领的支持，并从当地居民中征召武装民兵，来巩固他们捉襟见肘的常规部队。奥斯曼军希望通过联合外约旦的阿拉伯人共同抵抗费赛尔的部队，迫使哈希姆家族在敌对地盘上作战。[42]

奥斯曼军征募当地民兵这一举措的结果喜忧参半。在外约旦的北部地区，年轻人都已应征加入奥斯曼军，只有老者还能参加志愿部队。被派往伊尔比德视察"穆加哈丁"（圣战者）的奥斯曼军官震惊地发现，队伍里尽是上了岁数的人，"其中大多数人都年迈体弱，视力低下"。军方只好下令解散伊尔比德的志愿兵，并给每个人发放一笔遣散费。[43]

在安曼（今约旦王国的首都），切尔卡西亚人热烈响应奥斯曼军的武装号召。19世纪时，俄国征服高加索，切尔卡西亚人作为难民逃到了外约旦。由于是难民，他们本来免服兵役。然而，切尔卡西亚人一直是奥斯曼帝国的忠民，他们的首领米尔扎·瓦斯菲（Mirza Wasfi）曾于1916年11月向伊斯坦布尔当局请求组建一支志愿骑兵队，"用性命报效国家"。切尔卡西亚志愿骑兵队约有150多名骑手，他们在保卫汉志铁路和抵御阿拉伯起义时均发挥了积极作用。[44]

另一支志愿部队在南部城镇卡拉克组建完成。该城位于山顶一处十字军时期建造的城堡内，俯瞰死海，是一位奥斯曼副总督的别墅所在地。1910年一次规模庞大的部落起义便以这里为中心，当时奥斯曼政府对起义进行了血腥镇压。卡拉克的居民并不待见奥斯曼政府，但自然也对其感到畏惧。整个第一次世界大战中，他们的表现都差强人意。阿拉伯起义爆发后，杰马勒帕夏亲临卡拉克，提醒当地人"每一位奥斯曼帝国的子民都有义务保卫祖国"，并要求他们组建一支民兵队来保护他们的领土。来自不同部落宗族的人，穆斯林基督徒都有，他们志愿加入民兵队，接受一位奥斯曼上校的指挥。[45]

此外，奥斯曼军还拉拢了沿外约旦边境分布的贝都因部落。杰马勒帕夏邀请部落领袖乘火车访问大马士革，费用由政府报销，下榻高级宾馆，盛情款待。杰马勒对这些部落首领"表现出来的友好姿态和为政府所做的贡献"表示赞扬，并授予了他们诸多荣誉。这个方法对卢瓦拉（Ruwalla）、比利（Billi）、巴尼阿提亚（Bani Atiyya）及霍威特等部落的领导人颇有成效。虽然关键的部落领袖，譬如奥达·阿布·塔伊（被授予一枚四级奥斯曼勋章）与哈希姆家族站在一边，但其余部落首领仍忠于奥斯曼帝国。事实上，就连奥达都有些动摇。劳伦斯掌握了这位霍威特勇士向杰马勒帕夏请求重新站队的信件，并拿着这些证据与他对质。由此看来，奥斯曼政府赢取贝都因人支持的努力也不容小觑。[46]

1917年7月亚喀巴陷落后，奥斯曼政府便立即考验起阿拉伯人的忠心。由于担心哈希姆家族这次出人意料的胜利会令外约旦的阿拉伯人改变立场，杰马勒帕夏命令部落兵对亚喀巴的费塞尔部队发动攻击。他向这些贝都因志愿兵保证给予奥斯曼军所能提供的一切支援——正规步兵团和骑兵队、大炮及飞机。帝国给每位部落指挥官分发了可供他们手下士兵及马匹支撑5天的口粮和饲料，每位骑手分到3磅黄金，他们的指挥官一人5磅。部落兵反响积极，他们于 7 月中旬开始从卡拉克启程前往马安集结。

欧德赫·古索斯（Odeh al-Goussous）是卡拉克的一位知名人士，没少为帝国效劳。他精通土耳其语，经常充当政府官员和地方民众之间的翻译。麦加谢里夫的号召力对信仰基督教的古索斯来说不起作用，谢里夫侯赛因对外约旦人民示好他也无动于衷。在组建卡拉克民兵的过程中古索斯发挥了关键性作用，他除了召集到 400 余名穆斯林志愿者之外，还动员了 80 名基督徒加入卡拉克营，并作为他们的长官于 1917 年 7 月 17 日赶赴战场。

这期间，古索斯发现部落兵的激情有所起伏不定。他了解霍威特和巴尼萨克尔（Bani Sakhr）部落，知道他们为何踌躇。两个部落内部的对手，包括霍威特的奥达·阿布·塔伊，都与费塞尔站在一条线上。如果他们在战斗中杀死自己的族人，这笔血海深仇就会纠缠几代人，古索斯还注意到，这些部落兵就要投入战斗，可杰马勒帕夏先前承诺的增援仍未见半点踪迹：没有正规军，没有大炮，更别提飞机了。原来，杰马勒是想不冒险动用他在马安有限的兵力的情况下，激起外约旦部落与支持哈希姆家族的部落之间的仇恨。

卡拉克民兵对距亚喀巴东南 25 英里一处名为丘维拉（al-Quwayra）的小电报站发动攻击，与当地的一小队阿拉伯人展开作战。霍威特和巴尼萨克尔的贝都因人并没有参加战斗，只是在附近的山头上观战。战斗持续了 3 小时，卡拉克民兵杀死 9 名阿拉伯人，并迫使余下的撤出了电报站。他们带着夺来的 1000 余头羊、30 头驴、几匹骆驼和 10 顶帐篷，高高兴兴地回到马安。按先前部落出兵的规矩，他们把这些牲口当作是自己的战利品。于是，他们给奥斯曼军留下 500 头羊作为礼物，把其余的牲口统统赶回他们卡拉克的家中，作为顺利出征的回报。虽然这次进攻收效甚微（费塞尔的部队不久就重新占领丘维拉），但奥斯曼政府已成功让当地人民与哈希姆军队之间产生嫌隙，这种隔阂将一直持续到战争结束。[47]

1917年6月24日，奥斯曼帝国战争大臣恩维尔帕夏在叙利亚北部城市阿勒颇召集手下将领。美索不达米亚的奥斯曼第六军团指挥官哈利勒帕夏、加里波利战役的英雄穆斯塔法·凯末尔帕夏、高加索部队指挥官伊泽特帕夏，还有叙利亚总督兼奥斯曼第四军团指挥官杰马勒帕夏都参加了此次非同一般的会议。据杰马勒在回忆录中写道："由总参谋长主持，四位军团司令出席的会议可不多见。"[48]

会上，恩维尔向这几位奥斯曼军高层领导人提出一个大胆的建议。"我正在策划一次进攻，旨在收复巴格达。"恩维尔解释道。为此，他提议组建一支全新的奥斯曼军——"伊尔德鲁姆集团军"（Yıldırım Group），听从德国人指挥。Yıldırım在土耳其语中意为"闪电"或"突击"，该集团军将按照德国集团军的模式组建，包括哈利勒帕夏率领的第六军团与穆斯塔法·凯末尔率领的新成立的第七军团，再加上一支整编德国步兵师，由埃里希·冯·法金汉将军任集团军总指挥。这位将军最近在罗马尼亚打了胜仗，一定程度上弥补了他在1916年的凡尔登战役中未能突破法军阵线对其声誉造成的影响。德国政府调拨出500万镑黄金——在1917年中期，黄金非常稀有——来确保伊尔德鲁姆集团军有充足的资源赢得胜利。

与会的四位奥斯曼军指挥官被恩维尔的计划惊得目瞪口呆。当时，奥斯曼军在许多其他重要战线上都面临威胁，这种情况下主动发起进攻收复巴格达显得有些不自量力。此外，他们听闻未来要由德国人来指挥，更是感到骇然。伊尔德鲁姆集团军参谋部有65名德国军官，只有9名土耳其人。随着战争逐步展开，德国人与土耳其人的关系开始恶化。根据士兵们的日记，当时土耳其官兵对德国人的傲慢非常不满。穆斯塔法·凯末尔警告恩维尔，土耳其正逐渐成为一个"德国殖民地"。即便是奥托·利曼·冯·桑德斯也认为，不应该让不懂奥斯曼帝国或土耳其文化的德国军官过来担任指挥官。如果他们下达指令都得依赖翻译，那么德国人与土耳其人之间

第十二章 失势：巴格达、西奈半岛与耶路撒冷的陷落

的善意很大程度上就会在翻译的过程中流失。

尽管手下将领集体反对，但恩维尔仍然毫不退让。1917年的整个夏季，伊尔德鲁姆集团军开始在阿勒颇集结，其最终目的地是美索不达米亚。杰马勒继续向上级汇报英军在加沙-贝尔谢巴阵线的动向，他发现他们的规模日益壮大，于是劝说上级改变策略。然而，杰马勒辛苦一场，最终却被解除巴勒斯坦战线的指挥权，由冯·法金汉代司其职。不过，这位德国将军并没有对杰马勒的担忧不闻不问。截至9月底，冯·法金汉确信英军的确对巴勒斯坦构成威胁，于是他劝说恩维尔调拨伊尔德鲁姆集团军前去化解。9月30日，伊尔德鲁姆集团军开始向巴勒斯坦阵线以南地区推进。

当伊尔德鲁姆的德国与土耳其师在阿勒颇会合之际，艾伦比的第一批援军也陆续抵达埃及。英国的政治家们希望艾伦比能攻下耶路撒冷，将其作为圣诞礼物送给厌战的英国大众。英军高层则希望他在现有能力范围内获得最大战果，并明确表示很可能不会有任何的后续支援。艾伦比收到的命令跟莫德将军攻打巴格达之前接到的命令相似：在自身力量允许的情况下，突破土耳其军阵线，追击土耳其人，但避免不惜代价地将阵线拉得太长，杜绝出现失败、撤退或库特式投降。

当下，埃及远征军对加沙的奥斯曼守军在数量上拥有压倒性优势。据估测，位于加沙的土耳其军约有4万名步兵、1500名骑兵，而英军的步兵数量是土耳其人的两倍，骑兵数量是土耳其人的8倍，大炮也比土耳其军多三分之一。不过，仅凭数量上占优还是不够。面对挖壕固守的土耳其军，英军已经两度进攻失败。在间隔的这几月里，土耳其人日夜加固防御工事。因此，要想突破敌军固若金汤的防守阵线，艾伦比必须兵不厌诈。

第三场加沙战斗中充斥着佯攻和计谋，甚是复杂。英军情报证实，奥斯曼军在加沙的防守力量最强，而贝尔谢巴周围地势险恶，不利于进攻，因此土耳其军在那里防守最弱。艾伦比决定从贝尔谢

巴入手，因为若能攻下那里，他便能确保自己的部队有充足的水源，而且能从侧翼对加沙周围的土耳其军阵地发起攻击。但艾伦比的作战计划需要先进行一次进攻，将奥斯曼军的兵力吸引到加沙，让贝尔谢巴疏于防备，由此便能一举将其拿下。

英军不遗余力地试图误导奥斯曼军指挥官。军情处负责人理查德·迈纳茨哈根上校骑马径直朝土耳其军阵线走去，直到奥斯曼骑兵将他截住。他挑衅敌军骑兵开枪，并诱使他们追赶自己。接着，在逃跑过程中，他假装掉下一个沾满血迹的背包，里面装满记载英军企图攻打加沙的文件。英军情报人员还四处散播谣言，称海军即将在加沙北面登陆，而英国战舰在沿河游弋更增加了谣言的可信度。[49]

10月22日，艾伦比下令开始准备进攻，准备时间长达10天。他的计划需要将步兵团和骑兵队逐渐从贝尔谢巴转移至相反方向的阵地，以免打草惊蛇，激起奥斯曼军的大举攻击。到10月30日，英军进攻部队已准备就绪。第二天清晨，他们以猛烈的炮火开始对贝尔谢巴奥斯曼军阵线的进攻。

经历过加里波利战役的老兵——埃明·科尔也在贝尔谢巴的土耳其战壕之中。"我们被炮弹的轰鸣声惊醒，"他回忆道，"不过我们本来也没怎么睡。"贝尔谢巴的土耳其军状况极差。他们的战壕太窄，不足以提供必要的保护。每条战壕长约50米，但战壕与战壕之间完全隔离，没有任何交通壕，兵员和物资根本无法安全运抵前线或从前线撤出。由于缺乏提供安全庇护的场所，奥斯曼军的伤亡人数激增。死伤者就这样堆在战壕内，交通阻绝，生者也没有办法安全地将他们移开。难怪埃明无心再战。"我们打的到底是什么仗？"他思考着，"（奥斯曼）部队没有好使的大炮，没有能用的机枪，没有飞机，没有指挥官，没有防御阵线，没有预备队，也没有电话。士兵们完全是只身一人单独作战，士气衰颓。事实上，这支部队不具备（赢得战斗的）任何一个因素。"[50]

尽管奥斯曼士兵士气低落,但他们还是死守阵地。英军步兵团冒着敌军的炮火,于上午早些时候成功推进到指定地点,但由于土耳其军的顽强抵抗,他们无法再向前移动半分。于是,英军步兵在俯瞰贝尔谢巴的南山上构筑阵地,等待下一步指令。

此次进攻成功的关键在于骑兵队。沙漠骑兵团的任务是连夜奔袭25英里,包围贝尔谢巴,并从东北面入城。骑兵再度面临缺水问题——除非他们能在日落之前占领贝尔谢巴及那里的水井,否则人畜都没有足够的饮水来继续第二天的战斗。一整个早上,澳新骑兵部队都处于奥斯曼守军猛烈的机枪扫射之下,推进缓慢,这令整个军事行动面临危险。到中午时分,骑兵们看来已不太可能赶在日落之前占领贝尔谢巴了。于是,沙漠骑兵团哈里·肖维尔将军决定不再按照原定计划行事,而是冒险直接进攻在贝尔谢巴入口处的土耳其军战壕。

离秋天的太阳下山仅剩半小时,澳大利亚第四轻骑旅这时已准备就绪。800名骑手分两路纵队,铺开400码,向土耳其军阵地小跑过去。这是一战当中——有可能是一个世纪以来——规模最大的骑兵进攻(1854年克里米亚战争中,著名的轻骑旅进攻规模不到700人)。当他们进入土耳其军的射程之内时,骑兵队便开始加速,从慢跑变成了快马加鞭。

由于目标移动速度太快,奥斯曼守军很难精确瞄准射击。埃明·科尔只见敌军骑兵风驰电掣般朝自己的阵线奔来,几百名骑手扫荡了第一条战壕,迫使科尔及其同伴寻求掩护,以免遭马蹄践踏。随后,英军骑兵下马与守军短兵相接,而科尔继续向视线范围内的英军开火。突然,他什么也看不见了。尽管意识尚存,但他能感觉到鲜血从他头上流下来。激战中,他的朋友给他包扎伤口,并带他去一处安全的地方避难,直到最后投降。"他们告诉我说,两个英国士兵正在接近。他们抓住我的手把我带离战壕。"埃明成了战俘,他将在一年后重获自由,但再也没能恢复视力。[51]

英军骑兵继续奔袭，冲入贝尔谢巴城内，生怕奥斯曼军在撤退之时将水井也一并捣毁。奥斯曼军炸毁一座弹药库和火车站里的全部车辆，以免它们落入英军之手，爆炸产生的声响撼动了整座城镇。眼睁睁看着两处水井被炸毁后，英骑兵才采取措施保护剩余的几口井。随着夜幕降临，英军从四面八方涌来，而奥斯曼军开始撤退。到了午夜时分，整个贝尔谢巴已被英军控制，幸存的奥斯曼士兵趁着夜色顺利从该城镇撤离。

贝尔谢巴竟然在一天之内便落入敌军之手，这令伊尔德鲁姆集团军的指挥官们大为震惊。那些成功逃脱的士兵撤回加沙。虽然加沙已经成功抵御住英军的两次冲击，但是它也绝非万无一失。英军对这片地区的炮轰力度可以说是他们在欧洲战区之外最猛烈的。从10月27日至10月31日，英国陆军和海军向加沙周围的奥斯曼军阵地共发射了1.5万发炮弹。赶往加沙增援的奥斯曼军简直就是进了地狱。[52]

11月1日至2日，英军步兵对加沙的奥斯曼军阵地发起佯攻，旨在诱导守军相信英军试图发动正面进攻。为了进一步干扰视听，英军骑兵还在贝尔谢巴和更往北的山区小镇希伯伦之间游弋，令奥斯曼军担心耶路撒冷会受到直接攻击。伊尔德鲁姆集团军指挥官派出部队前去增援加沙和希伯伦，这令加沙与贝尔谢巴中间长约20英里的战略要地疏于防范。这正中艾伦比的下怀，即分散土耳其人的兵力，在那里形成缺口，然后派主力乘虚突破。

11月6日，艾伦比派遣其主力部队长驱直入加沙与贝尔谢巴之间的要地，第三次加沙战争由此进入尾声。经过一天的激战，英军成功突破7英里长的土耳其军防线上的几处关键据点，并深入奥斯曼军控制范围达9英里。不过，英军也领教了土耳其守军的坚忍不拔。

帝国骆驼兵团的澳大利亚士兵受奥斯曼军牵制，困在位于贝尔谢巴正北方的塔尔库韦尔法（Tal al-Khuwaylfa）长达两天。他们与威尔士步兵并肩作战，遭遇巴勒斯坦战役以来最严重的死伤。弗兰

第十二章　失势：巴格达、西奈半岛与耶路撒冷的陷落　　361

克·里德列出他周围浴血奋战直至阵亡的同伴名单：丹·波拉德中士，头部中弹；雷格·里德，与部队走失，后被刺死在敌军战壕——类似这样的记录数不胜数。"另一名叫尼尔森的骆驼骑手，倒在接近土耳其战壕的开阔地数小时。他一直让土耳其人快点杀了他，直到最后被打成马蜂窝。在塔尔库韦尔法的土耳其人就是一群杀人不眨眼的家伙。"当然，如果当年亲历塔尔库韦尔法之战的奥斯曼士兵也写了回忆录，那他们同样会对发起攻击的英军做出一样的评价。[53]

截至11月7日，奥斯曼军已全线撤退，艾伦比复杂的作战计划取得完胜，他的部队进入加沙如入无人之境。事实上，加沙的确空无一人，奥斯曼士兵赶在英军来犯之前便强迫当地百姓全部撤离。英军士兵走在加沙狭窄的街道上，两边的房子已全部被夷为平地——加沙俨然是一座鬼城。

丢掉加沙阵地后，奥斯曼军挣扎着重新组建防线，以阻止埃及远征军抵达耶路撒冷。但伊尔德鲁姆集团军仍处于建军初期，而艾伦比的部队接近满编，羽翼早已丰满。澳新骑兵师一路追赶奥斯曼军直至地中海沿岸地区；而另一边，英军于11月14日成功夺取耶路撒冷南部一重要火车站。第二天，澳新骑兵师占领拉姆拉和里达（Lidda），澳大利亚骑兵师攻下拉特伦；11月16日，新西兰旅占领雅法港。至此，耶路撒冷的南面和西面已被封死，沦陷已不可避免。

11月9日，即艾伦比部队进入加沙两天后，《犹太纪事报》（*The Jewish Chronicle*）刊登了一则英国针对耶路撒冷的新政策。在2月2日寄给沃尔特·罗斯柴尔德的信中，英国外交大臣阿瑟·贝尔福发布了如下宣言，该宣言也因他得名：

> 英王政府意欲在巴勒斯坦建立犹太国，并会尽全力促成这一目标。需要表明的是，巴勒斯坦的非犹太人应享有与犹太人同等的权利和政治地位，不会遭到俗世或宗教上的歧视。

《贝尔福宣言》是英国政府作出的一次极不平凡的承诺。英军才刚刚进入巴勒斯坦,离耶路撒冷还有很长一段路,而且耶路撒冷当时还是奥斯曼帝国的领土,但英国政府势在必得,早早打起了这块地区的主意。

当然,英国自战争伊始就一直在谈判关于奥斯曼帝国领土的问题。从这个意义上说,《贝尔福宣言》只是继1915年3月《君士坦丁堡协定》、1915和1916年的"侯赛因-麦克马洪通信",以及1916年《赛克斯-皮克特协定》等众多战时分治计划之后的最新版本。不过,之前的这些分治计划并未公之于世,而《贝尔福宣言》则公开刊登在伦敦的报纸上。况且,贝尔福宣称的英国将"尽全力"促成犹太人建国一事,似乎违反了之前与谢里夫侯赛因和法国政府之间的协议。令事件更错综复杂的是,《赛克斯-皮克特协定》的起草人之一——马克·赛克斯爵士也在游说英国政府助犹太人建国。正是赛克斯在1917年10月31日英国战时内阁会议结束后,将《宣言》通过的消息告知正在会议室外焦急等候的犹太复国主义运动领导人,哈依姆·魏茨曼。"魏茨曼博士,是个男孩儿!"这一声明从此名扬四海。[54]

与其他瓜分奥斯曼帝国的计划一样,《贝尔福宣言》是战争时期的产物。值得注意的是,英国战时内阁审议通过该宣言,与其说是为支持犹太复国运动,不如说是为了让犹太人支持英国的战争事业。魏茨曼及其追随者成功说服英国内阁的主要成员称,犹太复国主义运动并非只是欧洲地区犹太民族主义者的诉求,更代表全体流亡犹太人的政治与经济实力——旧反犹主义对此有另一种说法,他们宣称有秘密国际犹太人组织在支配全球金融。

英国政府相信,支持犹太复国主义运动能笼络美国及俄国的犹太大佬。美国加入一战时间较晚,况且一贯奉行孤立主义,因此参战积极性并不高。俄国在经历了1917年二月革命和3月沙皇下台后,是否还愿继续作战亦是个未知数。据称,犹太人对时任美国总统的

第十二章 失势：巴格达、西奈半岛与耶路撒冷的陷落

伍德罗·威尔逊和俄国临时政府首相亚历山大·克伦斯基都有极大影响力。如果犹太人的影响力能确保这两个大国继续参战，那么讨好犹太人，支持其复国主义运动完全符合英国的利益。

最后，战时内阁中的许多成员都希望修改之前达成的战时协定——尤其是《赛克斯-皮克特协定》中的一些条款。越来越多的英国权贵认为，赛克斯当初对法国人太慷慨了。英国为巴勒斯坦付出了太多，他们不愿就这样将它交由一个定义不清的战后国际政府共管。况且，英国已经从战争中发现，若巴勒斯坦被一个敌对政权控制，将对苏伊士运河的安全造成威胁。战后，英国希望自己能控制巴勒斯坦。犹太复国主义运动是这项计划的天然同盟，他们的政治抱负需要一个强权支持才能实现。

在这种情况下，贝尔福将巴勒斯坦献给了犹太复国主义者。事实上，以劳合·乔治为首的英国政府是在利用犹太复国主义运动，确保英国对巴勒斯坦的统治。

1917年12月9日，耶路撒冷向英军投降。虽然奥斯曼军尽全力死守，但艾伦比部队锐不可当。尽管他的部队经历几周的激烈战斗，士兵们中途只休息了一天（11月17日），也从未让奥斯曼军有构筑防线的机会。他认为，如果趁奥斯曼军败北后疲于奔命、军心涣散之际对其穷追不舍，他的部队就极可能以较轻的代价取得胜利。[55]

交战双方都不愿意在耶路撒冷作战。这座圣城对犹太教、伊斯兰教和基督教徒来说意义非凡，无论是英国，奥斯曼帝国，还是德国，都不愿让圣城毁于战火而招致国际谴责。当英军逐渐掌握由南、西及北面通往圣城的道路，奥斯曼军及德军决定让奥斯曼第七军团从东面安全撤离。12月8日，奥斯曼军开始撤出耶路撒冷，撤军行动持续了一整晚。到12月9日太阳升起时，耶路撒冷结束了长达401年的奥斯曼帝国统治。

时任耶路撒冷总督在离开之前做的最后一件事,是起草投降书,将这座圣城交于英国管理。这位总督把信交给了耶路撒冷市长——侯赛因·萨利姆·侯赛尼(Husayn Salim al-Husayni)。此人祖上乃耶路撒冷最受景仰的家族之一,精通英语。一整个上午,侯赛因只见到一些英军士兵和军衔较低的军官,他们根本没有资格接受圣城的降书。直到当天下午晚些时候,仍在雅法总部的艾伦比才授权谢伊少将代其接受降书。[56]

1917年12月11日,艾伦比正式进入耶路撒冷。陆军部电影制作委员会精心安排了这次入城仪式,确保让尽可能多的观众都能看到他们一战以来取得的最大胜利。这毕竟是劳合·乔治"给英国民众的圣诞礼物"。与莫德在巴格达的宣言一样,艾伦比的演讲内容也是由伦敦方面起草,再用电报传回巴勒斯坦。这位埃及远征军总司令甚至还被要求下马入城,这种谦卑的姿态对基督徒而言尤其具有吸引力。入城仪式不仅仅是做给耶路撒冷的旁观者看,更是为了劳合·乔治在下议院的演讲。这位英国首相不愿浪费这次公关的绝佳机会,坚持要详尽地记录下这一历史性时刻。

入城时,艾伦比经过一支荣誉卫队,队伍包含所有参加巴勒斯坦战役的不同民族国家的士兵代表:英格兰、威尔士、苏格兰、印度、澳大利亚及新西兰,另外还有法国与意大利士兵代表各20名,象征英国的协约国盟友。跟随艾伦比入城的名人政要,包括此次前来商讨阿拉伯起义与埃及远征军之间协同战略的劳伦斯,以及《赛克斯-皮克特协定》起草人之一,查尔斯·弗朗索瓦·乔治-皮克特。

艾伦比在大卫塔下用英语宣读了这份宣言,影片给人的感觉,就像是他在对阿拉伯人、希伯来人、法国人、意大利人、希腊人与俄罗斯人,用他们各自的母语宣示。演讲很短:耶路撒冷现在全城戒严,但当地居民仍可"正常营业,不受打扰"。圣城的"三种宗教"将"根据现有风俗和各派教徒心目中神圣的信仰得以维护"。为强调这一点,艾伦比还接见耶路撒冷的世俗和宗教权贵——有教长、

第十二章　失势：巴格达、西奈半岛与耶路撒冷的陷落

拉比、穆夫提，还有身穿异域长袍、蓄着长胡须的东正教人士。影片近距离拍摄耶路撒冷群众与占领该城的英军士兵摩肩接踵，骡子拉的四轮车、摩托车，还有占领者的汽车，一派熙熙攘攘的景象。[57]

耶路撒冷的沦陷标志着一战在中东的一次重大转折。截至1917年底，奥斯曼军已经失去三座具有重要象征意义的城市：麦加、巴格达、耶路撒冷。这些损失——尤其是圣城麦加和耶路撒冷的陷落——给奥斯曼圣战运动当头一棒。驻埃及和印度的英军士兵已不再担忧，若战事逆转会引起宗教狂热。风水轮流转，奥斯曼军先前在库特和加沙击败英军，现在美索不达米亚与巴勒斯坦的阵线却被瓦解，被兵力更充足、补给更到位的英军逼得节节败退。而且，巴勒斯坦的英军已与哈希姆家族的阿拉伯部队取得联系，这在亚喀巴被占领后，对叙利亚内陆的奥斯曼军阵地构成威胁。

到1917年底为止，奥斯曼军仍未尝言败，然而他们对这场大战已不抱希望，剩下的只是苦苦支撑。

第十三章
从停战到停战

1917年11月，布尔什维克党人掌握俄国政权后，要求与同盟国立即停火——这对失掉耶路撒冷后状态降至低谷的奥斯曼帝国而言，是个翻盘的绝好机会。

一战的艰辛令俄国沙皇在二月革命（根据俄国旧历命名，实际发生在公历1917年3月）中丢掉了皇位。尼古拉二世于3月15日被废黜，以亚历山大·克伦斯基为首的临时政府上台。协约国起初认为革命后的俄国后也许能重振雄风，尽管政治动荡影响了军队的纪律。

新政府采取的第一个措施（1917年3月14日第一号政令），就是撤销俄国军官对军队的控制权，交由选举出的"士兵苏维埃"指挥。在奥斯曼帝国被占领土上的俄国部队迅速奉命——混乱也接踵而至。"由于彼得格勒的革命，现在俄国士兵没完没了地举行冗长又千篇一律的会议，"驻黑海港城特拉布宗的美国领事，在1917年3月23日的政治日志上这样记载，"示威过后，人们都担心会有各种暴行，大多数商店也因此关门大吉。执行委员会选举完毕后——当选的绝大多数是士兵——更是冷清。"[1]

1917年春夏两季，被俄国占领的土耳其东部土地上出奇地平静。此前焦头烂额的奥斯曼帝国高加索部队获得难得的喘息机会，这一年余下的时间他们远离战事。俄国士兵内部忙于激烈的政治讨论，焦点完全在他们的祖国。许多士兵都怀疑自己来到奥斯曼帝国战斗的意义。

1917年11月7日，布尔什维克党人上台执政（根据俄国旧历史称"十月革命"），萦绕士兵心头的困惑也迎刃而解。布尔什维克党人谴责战争系帝国主义所为，他们呼吁在"不割地，不赔款"的前提下谈判讲和。青年土耳其党人简直难以相信这等天赐良机。当年，奥斯曼帝国正是害怕俄国对海峡和伊斯坦布尔的觊觎，才与德国结成战争同盟。开战以来，俄国部队已摧毁奥斯曼军在高加索地区的防线，并占领安纳托利亚东部的大片疆土。然而，俄国一夕之间改朝换代，承诺会尽早撤出战争，归还战争期间赢得的所有土地。

12月18日，青年土耳其党人与俄国高加索部队代表在被俄方占领的埃尔津詹举行会面，签订了正式停战协议。从黑海至凡湖，俄国与奥斯曼帝国的士兵一路浴血奋战，他们的政治领袖却最终谈判讲和。停火使被俄国占领的安纳托利亚东部地区产生权力真空，特拉布宗的俄国士兵不听彼得格勒当局指挥，擅自行动。民主选举产生的"工农兵委员会"声称握有全部权力，享有最高权威，但却缺乏执行两者的手段。士兵们无组织无纪律的时间越长，就益发无法无天。

1917年12月底，身处特拉布宗的俄军开始征用船只，准备穿过黑海返回祖国。许多即将复员的士兵已经数月未领薪饷，他们打劫城里的商店，以攒足路费还乡。31日，特拉布宗全城戒严，但秩序仍不见好转。城市周围的农村地区更是乱作一团。俄军撤退，那里的土耳其武装分子便步步进逼。1918年1月美国领事写道，"日复一日的枪声、劫掠还有惊慌，土耳其武装分子越来越嚣张，俄军士兵则惹人讨厌。"不论停火让奥斯曼军得到多少喘息的机会，被

第十三章 从停战到停战

俄国占领的那些城镇都期待能回到正常政府的管理之下,而这一期望只有达成和约才能实现。

在布列斯特-立陶夫斯克的德军总部,同盟国与布尔什维克政府代表会面。由于俄国人希望德国和奥地利返还之前占领的俄国领土,布尔什维克承诺的没有土地兼并的和约其实只对奥斯曼帝国有利。和约谈判中,青年土耳其党人不但想重新恢复1914年的边界线,还希望俄国返还"Elviye-i Selâse",即1878年被俄国吞并的"三大行省":卡尔斯、阿尔达汉和巴统。

两轮谈判无果后,德国于1918年2月18日对俄重新开战。俄军毫无招架之力,列宁指示谈判人员尽可能答应同盟国的和约内容,争取尽快签约。如此一来,俄国便在谈判中处于下风,奥斯曼帝国不但恢复了1914年的边界线,还令俄军撤出此前占领的三大行省,而这些行省最终如何处置,将由奥斯曼政府组织的公投决定。因此,青年土耳其党是3月3日签订的《布列斯托-立陶夫斯克条约》的主要受益人。

条约签订后,奥斯曼政府当天就向众议院宣布这则消息。政治人士纷纷击掌相贺,认为与俄国之间的和平预示着最终的和平也即将来临。有利的和约条款,加上收复久被侵占的领土,这些都或多或少弥补了奥斯曼帝国在战争中的巨大牺牲。此外,俄国对君士坦丁堡和海峡"自古以来"的领土主张也最终成为过去。这些令奥斯曼帝国重新燃起赢得一战的希望。

布尔什维克不遗余力地贬低已被废黜的沙皇政府当年所出台的各种政策。1917年11月下旬,时任人民外交委员列夫·托洛茨基在苏维埃的《消息报》(Isvestia)上,披露了当年政府的一些肮脏内幕。其中,最轰动一时的就是三国秘密分割奥斯曼帝国的《赛克斯-皮克特协定》。国外驻莫斯科记者纷纷将这则消息传至在祖国翘首以盼的编辑手里。11月26日至28日,《曼彻斯特卫报》首先在英语国家披露了《赛克斯-皮克特协定》的相关信息。

奥斯曼政府抓住此次机会，大肆诋毁起义的麦加埃米尔——谢里夫侯赛因，以及其身为阿拉伯部队指挥官的儿子费塞尔。1917年12月4日，即耶路撒冷陷落四天前，杰马勒帕夏在贝鲁特发表演讲，披露了《赛克斯-皮克特协定》的相关条款，贝鲁特民众听后震惊不已。演讲中，杰马勒帕夏把谢里夫侯赛因及他的儿子们称作为英国卖命的骗子，并将"耶路撒冷敌军兵临城下"的责任全部推给这些阿拉伯起义的领导人。"倘若他所谓的独立梦想有实现的可能，哪怕非常渺小，我都能理解汉志起义背后的部分缘由。然而英国人真正的企图已经败露：他们居心叵测，没过多久就露了馅。谢里夫侯赛因以伊斯兰哈里发授予他的尊严来换取受英国奴役的耻辱。事到如今，他是咎由自取。"奥斯曼政府将杰马勒的这次演讲内容译成阿拉伯语，分发给叙利亚的各大报纸，这则轰动一时的消息因此广为流传。贝鲁特和大马士革的报纸通过火车运至麦地那，又从麦地那悄悄流入麦加，由此达到羞辱哈希姆家族的目的。[2]

谢里夫侯赛因及儿子费塞尔对英法的分治方案早有耳闻。毕竟，马克·赛克斯爵士在今年早些时候已经来过吉达，向他们简单汇报协议的条款。不过，当时的英法外交官刻意含糊其辞，因为他们知道一旦和盘托出分治计划，就有可能威胁到英阿联盟。赛克斯让谢里夫侯赛因相信，英国占领伊拉克只是暂时性的，而且将会为其短暂占领支付"租金"。他还鼓励谢里夫将法国人在叙利亚的存在，看做对叙利亚沿海一小块土地的短期租借。谢里夫从英法盟友口中得知的信息，还不如杰马勒帕夏演讲透露的多。[3]

杰马勒帕夏希望利用《赛克斯-皮克特协定》规劝哈希姆家族放弃起义，回到奥斯曼帝国的怀抱，帝国会既往不咎。双方若能成功达成和解，那么奥斯曼帝国在叙利亚和伊拉克的局势就会发生巨大反转。届时，奥斯曼帝国便可反过来利用谢里夫装备精良的阿拉伯部队来对付英军；法里赫帕夏的部队可从麦地那调往其他地区；

第十三章　从停战到停战

与俄国停战后，奥斯曼高加索军也能抽出身来，联合法里赫帕夏的部队共同从英军手中夺回巴格达和耶路撒冷。青年土耳其党人认为，若是阿拉伯人重新输诚，奥斯曼帝国便还能放手一搏，挺过这场战争。

1917年12月，杰马勒帕夏秘密捎信给身在亚喀巴的费塞尔。这位青年土耳其党领导人承诺，若哈希姆家族能够再次为奥斯曼帝国效忠，阿拉伯人在帝国治下便可享受完全自治——真正的自治，而非《赛克斯-皮克特协定》那种受外国势力主宰的假自治。然而，谢里夫又把这封信转寄给英国驻埃及高级特派员，雷金纳德·温盖特爵士。1917年11月，英国的《贝尔福宣言》和《赛克斯-皮克特协定》接连被公开，谢里夫侯赛因认为，他的英国盟友需要给他一个解释。

驻埃及的英国军官发现自己处境微妙。他们并未参与到秘密分治计划的起草过程当中，却要代表英国政府回答谢里夫的质问。他们在这其中面临的风险很高，因为一旦透露个中细节，便会危及英军在美索不达米亚与巴勒斯坦的战事，令英国与哈希姆家族的联盟关系毁于一旦，声势渐起的阿拉伯起义也会因此夭折。

1918年1月，开罗的阿拉伯办事处领导人D.G.霍格思为谢里夫对《贝尔福宣言》的担忧做了解答。他再次确认协约国的立场，即"一旦时机成熟，阿拉伯民族便应充分享有建立国家的机会"，巴勒斯坦"不应臣服于任何人"。然而，"世界各地的犹太人"希望"能重回巴勒斯坦，英国也对此表示支持。霍格思安慰他的阿拉伯盟友称，"世界各地的犹太人"在许多国家都拥有"政治影响力"，而且犹太人对阿拉伯人的友好"不应被弃之一边"。[4]

在回应谢里夫对《赛克斯-皮克特协定》的问题之前，温盖特征求了英国外交部的意见。1918年2月8日，伦敦方面作出回复，内容还是一贯的空洞外交辞令。英国政府感谢谢里夫转寄杰马勒的信件，称信件内容明显是"蓄意挑拨，企图离间"哈希姆家族和协约国的关系，并再次重申英国政府"解放阿拉伯人民的承诺"。[5]

谢里夫也许确实担心过英国人会对分治方案敷衍了事，但他和儿子们的起义已经无法回头，不可能与奥斯曼帝国重归于好。最终，谢里夫侯赛因没有回复杰马勒的信。他和儿子们不得不一边寄希望于英国能遵守其支持阿拉伯独立的每一次重申，一边继续与奥斯曼帝国作斗争，渴望获得军事胜利。然而，这一切努力都被英法两国的秘密外交所破坏。

自从奥斯曼军于1917年7月在亚喀巴投降以来，阿拉伯起义的主战场已从汉志转至叙利亚南部边境。费塞尔在那里继续扩充自己的正规军，交由贾法尔·阿斯克里指挥，并招募新的部落兵。英法两国分别派出埃及和阿尔及利亚殖民军，为其提供技术和现代武器装备支持。阿拉伯部队得到了一队装甲车、一批飞机，还有大量10磅野炮等最先进的军事装备，帮助他们更强力地轰击土军阵地。

费塞尔的军队从亚喀巴出发，前往马安挑战当地的奥斯曼驻军。马安是位于大马士革和麦加之间的朝觐点之一，是叙利亚和汉志的传统分界线。这里是汉志铁路线上比较大的一站，有一支规模较庞大的奥斯曼军驻守。早在1917年8月，劳伦斯就曾估计称，奥斯曼军在"马安有6000名步兵，一个团的骑兵和骑步兵，并已根据标准作战方法在该地筑起铜墙铁壁"，费塞尔的游击部队根本无法攻取防守如此坚固的阵地。[6]

这支阿拉伯部队需要往北推进，担任艾德蒙·艾伦比将军的右翼军。因此，他们最初绕开马安，转而去占领约旦河谷的高地。1918年1月15日，费塞尔的弟弟扎伊德率领一支小分队夺取肖巴克城堡，轻松占领了行政中心塔菲拉。当地奥斯曼驻军指挥官扎奇·哈拉比与240名部下投降。心有不甘的土耳其人于1月26日发动反攻，试图将其夺回，但被谢里夫部队和倒戈士兵击退，死伤

第十三章 从停战到停战

惨重。之后的 6 周里，塔菲拉两度易手：奥斯曼军于 3 月 6 日夺回该城，3 月 18 日再度失守。[7]

在巴勒斯坦，埃及远征军卷土重来。时任英国首相大卫·劳合·乔治指示艾伦比于 1918 年 2 月重新对巴勒斯坦发动攻击，给奥斯曼帝国致命一击，迫使其退出战争。艾伦比并未深入巴勒斯坦，而是决定向东面出击。他的目标是在约旦河对岸的安曼与阿拉伯部队会合，并切断奥斯曼军从当地通往马安和麦地那的重要铁路线。安曼南部约有 2 万名土耳其士兵，艾伦比希望在他的右翼消除这一威胁，最后再向大马士革推进。

作为行动的第一步，艾伦比选择占领约旦河谷小镇杰里科，将其作为在外约旦的推进基地。2 月 19 日，艾伦比部队开始从容不迫地沿约旦河谷的陡坡朝杰里科方向前进。河谷道路狭窄，车辆无法通行，步兵和骑兵队蔓延长达 5 英里。土耳其炮手延缓了英军的推进速度，但却阻止不了他们前进的步伐。最终，艾伦比部队于 2 月 21 日早晨进入杰里科。澳新骑兵此前对杰里科的印象都来自《旧约·约书亚记》中的记载，和对杰里科之墙的描述（中文译为"耶利哥之墙"，相传这座镇守迦南的古城城墙高厚，但犹太人吹着羊角绕城行走七天后，上帝以神迹震毁城墙，于是迦南失守）。但一进入这座城镇，他们很快就回到现实："我军所到的所有东方城镇之中，"一名新西兰骑兵军官回忆道，"杰里科绝对是最脏最臭的。"[8]

穿过约旦之前，艾伦比需首先确保巴勒斯坦北部阵线的安全。埃及远征军向北推进 7 英里，占领了约旦河支流之一奥雅河（Wadi Auja）周边高地。如此一来，英军在杰里科的军事行动便不会受到奥斯曼军的炮火攻击，且土耳其人若想派遣巴勒斯坦的驻军前去巩固外约旦阵地，便只好绕道而行。行动从 3 月 8 日开始，为期四天。奥斯曼军被迫撤退，以避免过分与敌纠缠。至此，英军确保了从地中海到约旦河一线的安全，下一步艾伦比便准备入侵外约旦。

英军指挥官与阿拉伯盟友一起协调入侵计划。新组建的汉志行动组由阿兰·道内中校率领，负责与谢里夫部队的联络工作。艾伦比的作战计划需要阿拉伯部队攻打马安，牵制住当地奥斯曼驻军，以便埃及远征军夺取安曼。费塞尔与艾伦比手下军官会面，同意参与行动。两路人马将分头攻击马安南北两侧的汉志铁路，破坏当地铁轨。贾法尔·阿斯克里将率领阿拉伯部队主力直接攻打在马安的奥斯曼驻军，到那时，铁路两端被毁，援军无法赶到，后者便无法对英军在安曼更北部的行动构成威胁。劳伦斯负责与艾伦比在外约旦接洽，他带来了强劲的巴尼萨基尔部落兵，以巩固英军阵地。

这一系列野心勃勃的计划需要各队人马及时完成各自的任务，因为各队之间无法取得联系。英军曾用信鸽通信，但阿拉伯部队各分队之间连在沿 50 英里长的汉志铁路上行动时都无法协调，更别提与他们相距几百英里开阔地的英国人配合展开行动。当行动受挫时，英阿盟友之间也只能靠骑手快马加鞭传递信息。因此，谣言和假情报便使战事更加扑朔迷离。[9]

阿拉伯人未能成功占领马安。1918 年 3 月，异常寒冷的大雨将外约旦南部淋了个透。当时，贾法尔·阿斯克里与负责破坏马安南边铁路的部队在一起。据他回忆，"瓢泼大雨把我们淋成落汤鸡，使我们无法继续行动。骆驼和辎重牲口陷在泥里，到了晚上，被困泥地的士兵甚至因严寒和大雨没了命。"最后，攻打马安的行动只得推迟，另择时机而动。[10]

另一边，英军对阿拉伯部队在马安遭遇的问题全然不知。他们于 3 月 21 日穿过约旦，沿约旦河谷那险峻的道路向外约旦高地和萨尔特推进。萨尔特乃约旦以东地区最大的城镇，约有 1.5 万名穆斯林和基督徒居民，是奥斯曼此地的统治中心。当英军于 3 月 25 日逼近该城时，他们听到一阵枪声，以为又要开战，遂暂停推进。然而先头部队发现，原来是镇民在朝天开枪庆祝奥斯曼军撤退，还洗劫了当地政府。"他们把建筑掏了个精光，"一位惊诧不已的士兵在日记中这样写道，"连屋顶和所有木制品都被扒了，只剩下四壁墙还在那立着。"萨尔特居民认为英军占领当地，就意味着他们的战争已经结束，于是沉浸在自由的喜悦之中。但事实证明，这种自由只是昙花一现。[11]

奥斯曼军将萨尔特拱手相让，转而重整军队加固安曼的防事。伊尔德鲁姆集团军在巴勒斯坦和外约旦的新任指挥官不是别人，正是1913年派往奥斯曼帝国的德国将军——奥托·利曼·冯·桑德斯。他丰富的经验对奥斯曼军来说是不可多得的财富，而且他对奥斯曼军将士都很尊敬，这也让他获得了土耳其人高度的信任。利曼需要奥斯曼军的充分配合。倘若英军成功攻占安曼及当地的铁路等战略性设施，奥斯曼人将很难保住其在汉志铁路更南面的阵地。如此一来，位于麦地那和马安的2万名奥斯曼驻军将被完全隔离。对汉志和外约旦的土耳其部队来说，安曼一战事关生死。

听闻英军占领萨尔特后，利曼当即做出反应，命所有剩余兵力赶赴安曼。尽管铁路被破坏造成了交通不便，但几百队援军还是开始从大马士革涌向安曼。约有900名士兵从马安乘火车前来，中途并未遭到阿拉伯部队的阻挠。位于巴勒斯坦的土耳其骑兵沿约旦河上游的英军阵地逆流而上，以威胁英军交通线。

英军计划步兵留守萨尔特阵地，用骑兵攻打安曼。他们的行动目标是摧毁安曼附近的高架铁路和隧道，令铁路交通瘫痪数月。在萨尔特驻留一支精锐步兵团，将能阻止奥斯曼铁路维修队修复铁路，还能威胁大马士革和安曼南部驻军之间的通讯联络。如果英军行动成功，奥斯曼军则会被迫撤退至安曼北部，从而将麦地那和外约旦的南半边让给哈希姆家族。

3月27日，英军从萨尔特向安曼方向推进，途中与更南面的阿拉伯部队一样遭遇了恶劣天气。地面泥泞不堪，人畜行动迟缓，车辆难以前进。他们将大炮和弹药从四轮平板车上卸下，换用骆驼驮到前线。"就连骆驼也很难在这种路面上行走，一直在打滑，"利曼记录道，"我们截获英军的一份无线电消息，他们对这种环境怨声载道。"德军通过监控英军无线电通讯,掌握了英军的作战计划,并据此组织相应的防御措施。[12]

2000名奥斯曼士兵把守着安曼的每一处入口。他们拥有70挺机枪和10门大炮,阵地防护措施良好,占尽在堑壕战中守方的优势。3000名湿漉漉的英军士兵疲惫地朝安曼赶来,中途还有几人因恶劣天气丧命。倾盆大雨令英军无法将大炮运抵前线,他们的机枪和弹药补给也因骆驼运载能力有限而被大幅削减,许多骆驼还因雨后的山谷道路湿滑艰险而殒命。[13]

三天里,土耳其人一直在抵御埃及远征军的骑兵和步兵攻击。恶劣天气不但对进攻的英军造成了影响,也令土耳其人遭受重大伤亡,军队士气低落。为了防止失败情绪在前线蔓延,利曼·冯·桑德斯下令部队"无论如何也要死守阵地至最后一秒"。他提醒部下将领,每天都有从大马士革和马安赶来的援军前来帮他们渡过难关。[14]

虽然土耳其人认为自己情况危急,但英军的状况比他们还要糟糕。由于连日雨淋和露宿,澳新骑兵患上严重的感冒。路面湿滑,英军的马和骆驼都几乎无法行走,更别提为先头部队提供弹药和配给了。此外,伤员撤离也越来越难。经过数日的激战,土耳其人没有一丝投降的迹象,而且土耳其骑兵骚扰英军在约旦河与萨尔特的阵地,威胁他们的撤退线路。到3月30日下午3时许,英军指挥官承认无法攻占安曼,遂下令全线撤退。

奥斯曼军乘胜追击,从安曼一直追至萨尔特。当英军开始将伤员和储备物资撤离萨尔特时,当地百姓陷入恐慌。洗劫一空的政府大楼象征着他们对奥斯曼帝国的背叛,他们也知道,一旦土耳其人归来,报复必然会发生。因此,5500名基督徒和300名穆斯林背井离乡,随英军撤到耶路撒冷。一名英军士兵在日记中记下民众在英军撤退的混乱中所遭受的苦难:"一名青年驮着他的爷爷,驮了整整13英里!男女老少都被沉重的包袱压弯了腰,头上还顶着一个炖锅或洗菜盆。挡道的小公牛被装甲车压死,载重过多的驴子又被骆驼践踏。"[15]

英国报纸宣称英军"突袭"安曼成功,但在实际作战中前线士兵共死亡 200 人,受伤 1000 人,他们知道事情的真相。正如一名新西兰骑兵总结的:"英军对敌军造成的损害远不足以抵消其自身遭受的重大伤亡。"虚传捷报的各大头条"让报道在真相面前显得多少有些滑稽"。[16]

正当英军撤离外约旦之际,费塞尔的军队对马安重新发动了进攻。近期奥斯曼军调派部队前往安曼加强防御,马安的奥斯曼守军兵力因此减弱,这给了阿拉伯部队一个机会,突破这座几乎固若金汤的城镇。

这次的计划也是先从北面和南面切断马安与外界的联系,再对城中心发动直接进攻。4 月 12 日,阿拉伯部队参谋长贾法尔·阿斯克里率领一个步兵营、一门大炮以及 400 名贝都因骑兵,攻击北面的雅尔都那(Jarduna)火车站。他们于黎明时分抵达火车站,开始用 18 磅重野战炮发动炮击。步兵在推进中遭到奥斯曼守军猛烈的火力反击。阿斯克里一直等待贝都因骑兵发起攻击来缓解步兵的压力,可他发现这些部落兵"漫无目的地来回转悠",只得用"感情激烈的长篇训斥让他们明白,如若他们不发起进攻牵制住敌军,自己的同伴将会被屠杀殆尽",促使他们展开行动。随后,部落兵冲向火车站,迫使站内 200 名守军投降。他们把火车站洗劫一空,缴获了那里的武器、弹药和军用补给。当天晚上,T. E. 劳伦斯和休伯特·扬赶到,将雅尔都那以南的铁路桥炸毁,切断马安北面的通道。[17]

同一天晚上,努里·赛义德率军对马安南部的盖迪尔哈吉火车站发动进攻。穆罕默德·阿里·阿杰卢尼指挥一个步兵连攻打该火车站。由于两名军官之间的个人恩怨,部队内讧,阿杰卢尼只得和阿斯克里一样，用"激情的训斥"重整秩序。一支法国炮兵连和一队机枪手为进攻部队提供火力支持，另外还有由霍威特部落赫赫有名的奥达·阿布·塔伊率领的几百名贝都因骑手助阵。和攻打雅尔都那火车站时一样，他们在黎明时分发动进攻，炮击盖迪尔哈吉火车站长达两小时。大多数奥斯曼守军一早就投降了，但有一个战壕里的士兵顽强抵抗了数小时才束手就缚。

阿拉伯起义埋下的深仇大恨在盖迪尔哈吉暴露。一位阿拉伯指挥官手下曾有一位上尉，据传被土耳其士兵俘获后饱受折磨，最终被活活烧死。这位指挥官就此事质问了300名奥斯曼战俘，并命令他们在自己的队伍中选出四人处以死刑，以慰该惨死上尉的在天之灵。不过，他还未来得及采取任何行动，就有其他阿拉伯军官介入，确保战俘们得到人道的对待。随后，部队继续展开行动，破坏五处桥梁和900余码铁轨，由此切断马安南面的交通线路。[18]

马安与外界的联络断绝，阿拉伯部队便对城内的奥斯曼驻军发动正面进攻。4月13日，他们占领了马安以西一处名叫锡姆纳（Simna）的高地。两天后他们攻打火车站，这一仗打了整整四天，双方死伤惨重，成为阿拉伯起义中最血腥的一次战斗。贾法尔·阿斯克里强烈谴责了法国炮兵连，这支队伍由法国驻汉志使团的罗萨里奥·皮萨尼上尉率领，在战斗的第一天就用光了弹药（据阿斯克里称，事实上是战斗的第一个小时）。

这位阿拉伯指挥官对他的法国盟友毫不信任，他指控他们支持法国在《赛克斯-皮克特协定》的既定利益多过支持阿拉伯战事。"皮萨尼上尉曾反复提醒我们，他只能陪我们到叙利亚边境，法国不会为阿拉伯人在边境以外的行动提供帮助，"阿斯克里回忆称，"皮萨尼的这种表态无疑是法国居心叵测的印证。"不过，见证马安战争的T. E. 劳伦斯姑且相信皮萨尼。"我们发现每打一发炮弹，皮萨尼就绝望地攥一次拳头，"劳伦斯写道，"他说他曾恳求努里不要在他缺少弹药的这时候发起进攻。"之后，埃米尔费塞尔给法国战争

第十三章 从停战到停战

部拍电,感谢法军在马安的"良好表现",并希望"所有的炮兵都受到奖赏"。身为阿拉伯起义领导者的他,比其他阿拉伯军官更懂得外交手腕。[19]

经过三天的激烈对战,阿拉伯部队成功占领土耳其军在马安附近的三条战壕。奥斯曼指挥官知道铁路已被切断,他们将再也得不到增援和弹药补给。一些军官下令坚守到最后一刻,另一些则希望与阿拉伯部队展开公开谈判,商议投降条款。马安居民知道与费塞尔一起作战的贝都因人会洗劫他们的家园,因此也加入奥斯曼军。500名当地居民于第四天和守军站到一起,对补给短缺的阿拉伯部队展开新一轮坚决斗争。

战斗到第四天,阿拉伯部队疲惫不堪。他们已有数日没有火力掩护,直接暴露在奥军的枪林弹雨下。他们的贝都因骑兵于两日前撤退,正规军步兵认为这是他们没有信心的表现。由于阿拉伯部队中有一半多的军官非死即伤,纪律也开始涣散。因此,阿斯克里只好极不情愿地宣布撤退。他们在马安失去了90余名阿拉伯士兵,另有200多人受伤——虽然这一数字与西线的相比微乎其微,但却已是阿拉伯人起义以来遭受的最大损失。

面对这次空前的失败,埃米尔费塞尔及其参谋长极力想要重振军队的士气。费塞尔做了一番激励演讲,贾法尔·阿斯克里则提醒将士们,撤退并不意味着失败,一旦他们拥有了足够的炮弹,他们就会继续勇往直前,占领马安。根据在场的一位军官称,这些讲话确实提升了正规军中叙利亚和伊拉克人的士气,但此役给哈希姆家族在外约旦威望的损害在短期内将无法恢复。[20]

1918年3月21日,德军在西线已取得重大突破。与俄国达成和约后,同盟国能从东线调派部队前往西线作战,这令他们的部队相比协约国拥有决定性的数量优势。德军指挥官决定赶在美国之前行动。美国自去年加入一战后,为协约国带去足够的兵力,大大改变了双方的实力对比。"米夏埃尔行动"以英军在圣康坦的一处薄弱点为目标，在一阵压倒性的炮击之后，德军席卷了前方的英军阵地。待到第一天的战斗落下帷幕时，德军向前推进了8英里，并占领了近100平方英里的法国领土。为取得这些战果德军付出了惨痛的代价，英军的损失也极为严重——一天之内损失超过3.8万人，其中2.1万名士兵被敌军俘获。[21]

埃及远征军几乎第一时间就感受到德军开春这次攻击的后果。3月27日，英国战时内阁命令艾伦比在巴勒斯坦采取"积极防御"，他的步兵师需准备立即赶赴法国。截至1918年中旬，约有6万名久经沙场的步兵从埃及和巴勒斯坦被送往法国，由印度的新兵接替他们驻守原地——这些没有经验的菜鸟，需要严酷的训练才有能力投入作战。[22]

在实行"积极防御"措施和将最精锐的部队用船运至法国之前，艾伦比在外约旦做了最后一次努力。由于各方面条件限制，这次战役时机并不成熟，策划也欠周密。从各方面看，艾伦比都是把他的部队送入了虎口之中。

艾伦比的作战计划是确保手下骑兵主力成功渡过约旦河，以保护从约旦河谷到安曼高原的三条干道。随后，骑兵部队将登上山谷，重新占领萨尔特，并在当地构筑阵地，防止敌军反攻。随后，澳新骑兵将策马下山，从后方攻打位于舒纳特尼姆林（Shunat Nimrin）的土耳其驻军，逼迫其投降。善战的巴尼沙基尔部落已与艾伦比的手下谈判，同意阻断约旦河谷与安曼高原间关键的第四条通路，实现对萨尔特和约旦河谷奥斯曼军的包围。如此一来，英军便能轻松占领安曼及高地。[23]

然而，艾伦比的部下认为他的这一计划不切实际。沙漠骑兵团指挥官哈里·肖韦尔将军认为，奥斯曼军已料到他们将会发起进攻。由于德军经常成功截获英军的无线电通信，这种可能性确实较高。贝都因人也有可能已经将英军的计划透露给奥斯曼军。艾伦比计划对贝都因人委以重任，这让肖韦尔极为不适，这位澳大利亚将军不相信这些部落兵在激战中还值得信赖。事实上，外约旦有一些部落，如巴尼沙基尔，内部分为哈希姆派和奥斯曼派。如果与艾伦比部下展开谈判的是奥斯曼军的那一派，那么他们的行动计划肯定早就已经被利曼·冯·桑德斯获知。

通过两件事能看出来巴尼沙基尔部落有叛变之嫌。第一，部落兵在很大程度上决定了艾伦比的进攻日期，他们宣称只能阻断通往舒纳特尼姆林的道路至5月4日。而这个看似随便定下的日期，其理由非常空洞：据称那天之后他们就需转移营地，以重获补给。巴尼沙基尔迫使艾伦比在有限的时间内发动攻击，这似乎对奥斯曼军有利。更糟糕的是，该部落并未将通往舒纳特尼姆林的战略要道封锁至商定日期，令英军的计划还没开始就注定失败。[24]

4月30日太阳升起之前，第一支澳大利亚骑兵部队穿过约旦，成功占领了指定地点。8时30分，英军发起进攻的消息传至利曼·冯·桑托斯那里，他下令进行反攻，打了入侵者一个措手不及。利曼已秘密在巴勒斯坦新部署大量的援军，其中包括高加索的一支骑兵旅，以及数支德国步兵团。德军和奥斯曼军还修建了一处隐蔽的浮桥，方便这些部队快速往返约旦河的东西两岸。在利曼的指挥下，这些部队跨过约旦河，前去与入侵者交战。

艾伦比的骑兵队顿时寡不敌众，无奈放弃了约旦河谷与萨尔特之间四条通路中的两条。另外，舒纳特尼姆林那条通道仍然对土耳其军开放，不见巴尼沙基尔部落兵的踪迹。这意味着英军只能通过仅剩的一条通道抵达萨尔特，或从萨尔特撤离，这条道路还时刻面临着被奥斯曼军和德军切断的危险，这两支军队的实力远超艾伦比的预期。

援军穿过约旦赶来救助被困的埃及远征军，他们与威胁切断英军通路的奥斯曼军展开激烈对战。经过四天的战斗，英军弹药和配给告急，肖韦尔请求艾伦比允许撤退，萨尔特也因此被再度放弃。

至 5 月 4 日，所有幸存的士兵都已安全撤回巴勒斯坦，但埃及远征军还是阵亡 214 人，近 1300 人受伤。正如一位英国士兵总结："第二次攻打萨尔特的行动简直就是一团糟。"[25]

耶路撒冷陷落 5 个月后，奥斯曼军以令人震惊之势收复了大片领土。与俄国重新言和令帝国收回安纳托利亚东部地区，并彻底消除高加索和美索不达米亚地区的军事威胁；战时秘密分治协定的败露令英法两国和哈希姆家族名声扫地；伊尔德鲁姆集团军成功遏制阿拉伯军队在马安的势头，并在安曼两度挫败艾伦比的部队；加上德国开春后在西线发动的攻击突破了英法两军阵线，奥斯曼军似乎已经胜利在望。

这些动向对外约旦的民众舆论产生了极大影响。在萨尔特，人们志愿加入奥斯曼军。一位法国情报员报告称："村庄首领正在为大批志愿参军的人登记。居民们说：如果过去与力量如此薄弱的土耳其军对阵，英国人都不得不撤出萨尔特，那么如今奥斯曼军实力渐长，他们不可能再往前推进了。这就是我们必须和土耳其人保持良好关系，博得他们同情的原因。"外约旦居民对费塞尔部队的信任也开始动摇，他对外约旦中部各部落发起的呼吁再无人响应。一名为法国情报机构服务的当地情报员解释称："阿拉伯人会这样回复费塞尔：你占领了塔菲拉然后撤退了；英国人两次攻取萨尔特，也撤退了。如果我们对土耳其人宣战，我们担心，等我们的士兵死伤殆尽后，你还会抛弃我们。"[26]

由于艾伦比手下经验丰富的老兵调离，填补空缺的都是新兵，他不得不将在巴勒斯坦的进一步行动推迟到秋天。开春这场灾难性的战役给埃及远征军带来的唯一好消息，就是两次攻打安曼使奥斯曼军调用其在巴勒斯坦的驻军前来巩固外约旦的防御阵地。由于埃及远征军最后一击的目标是巴勒斯坦而非外约旦，这样的兵力调度对艾伦比有利。

第十三章 从停战到停战

在奥斯曼军遏制艾伦比部队在巴勒斯坦行动的同时,恩维尔帕夏极力试图加强奥斯曼帝国在高加索地区的实力。1918年3月在布列斯特－立陶夫斯克与俄国签署了和约后,恩维尔及其同僚发现,可趁俄国忙于革命和内战之际收复失地。尽管与俄国的战争已经结束,但恩维尔在东线仍然亟需兵力。

早在1918年2月时,奥斯曼军就开始收复战争中被俄国侵占的领土。2月24日,奥斯曼军进入特拉布宗,中途未遭到任何抵抗。相反地,一支俄国铜管乐队已经准备好迎接他们的到来,当地的权力真空最终得到解决。精力充沛的土耳其军继续朝埃尔祖鲁姆进发,并于3月11日以秋风扫落叶之势席卷该地区。配给短缺的土耳其士兵对俄军留下的补给物资惊诧不已——足以供应他们到3月24日,那时他们已推进至奥斯曼帝国1914年的边境。[27]

土耳其人越过1914年的边境,试图进一步推进至1878年割让给俄国,但在布列斯特－立陶夫斯克重新收复的三大行省。这时,他们面临着两难境地。一方面,他们将光复奥斯曼领土看做国家的首要任务之一。但另一方面,在奥斯曼帝国和俄国之间建立缓冲国又符合帝国的利益。俄罗斯帝国分崩离析后,格鲁吉亚、亚美尼亚和阿塞拜疆应运而生。同这三个相对弱小的国家为邻,比与大俄罗斯接壤要安全得多。但问题在于,三大行省中的巴统位于格鲁吉亚境内,卡尔斯和阿尔达汉又属于亚美尼亚。如何能收复这三大行省,同时又不扰乱他们在高加索边境的这些新邻居,就成了奥斯曼帝国的一大挑战。

土耳其军于4月19日进入巴统,4月25日占领卡尔斯。他们开始准备在这两个行省发起公民投票,因为根据《布列斯特－立陶夫斯克条约》规定,公投通过后,这些行省便能合法并入奥斯曼帝国。公投由奥斯曼军负责组织,由土耳其公务员组成的委员会进行监督,只有男性有权参与投票。最终,投票结果可想而知：97.5%的选民希望行省重新并入奥斯曼帝国。公投的全过程被写入1918年8月

11日出台的帝国政令之中，时任奥斯曼帝国苏丹的穆罕默德六世，瓦希德丁，在政令中同意当地自愿回归，再次成为奥斯曼帝国"受神灵庇护的土地"之一。

然而，奥斯曼人在收复三大行省后又想要回阿塞拜疆首都巴库，他们遭到了德国盟友、布尔什维克和英国人的一致敌视。巴库石油储量丰富，是高加索地区最有价值的城市。德国自从开战以来就把这座里海城市据为己有，而且他们在1918年夏天亟需石油资源。从波斯向巴库推进的英军也决心不让德国和奥斯曼帝国染指该地区。

亚美尼亚民族主义者组成的达什纳克，在巴库建立了人称"巴库公社"的暴力革命政权，布尔什维克便通过该公社间接掌控着巴库。1918年3月，公社的部队大肆屠杀占阿塞拜疆多数人口的穆斯林，致使1.2万人遇害。幸存的穆斯林有一半逃到相对安全的农村避难。当阿塞拜疆的穆斯林呼吁奥斯曼帝国施以援手时，恩维尔帕夏迅速采取救援行动——同时也趁机扩大奥斯曼帝国在这座里海石油城的影响。

1918年6月4日，奥斯曼军与阿塞拜疆结成友好联盟。阿塞拜疆人希望奥斯曼帝国能出兵，帮助他们解放被布尔什维克控制的领土，而德国对土耳其人向巴库推进感到怒不可遏。柏林经过协商，决定由德国军事统帅——埃里希·鲁登道夫和保罗·冯·兴登堡出面，建议恩维尔将军撤回《布列斯特-立陶夫斯克条约》承认的边境内，并把高加索部队调派到更为紧迫的阿拉伯阵线去。但恩维尔对他们的"建议"置之不理，继续命令军队向巴库前进。趁着巴勒斯坦尚且平静，恩维尔抓住时机，试图在这瞬息万变的地缘政治局势之中确保奥斯曼帝国的利益。他的理由是，拿下巴库后，他可以从那里调派军队向南朝美索不达米亚方向推进，并重夺巴格达。

恩维尔将高加索的志愿兵组合为高加索伊斯兰军，命令该部队带头"解放"巴库。他委任他同父异母的兄弟努里帕夏统领这支志

第十三章 从停战到停战

愿军。努里帕夏曾在1915至1916年间,与贾法尔·阿斯克里一道参加了西部大沙漠的赛努西战役。这次,努里呼吁大家积极参军,但民众的反应却不温不火。因此,恩维尔只好调遣一个步兵师前来加强高加索伊斯兰军的实力。8月5日,高加索伊斯兰军对巴库发起首轮进攻,但布尔什维克的炮火猛烈,而且突然杀出一支英军分队,最终他们不得不撤退。努里紧急要求增派援军,于是恩维尔再次调拨两个兵团协助高加索伊斯兰军攻打巴库。他们最后于9月15日占领该地区——此举不是为了将巴库加入到奥斯曼帝国的版图之中,而是为了让阿塞拜疆这个新兴国家能够成为后沙皇时代,高加索地区一支忠于奥斯曼帝国的力量。

恩维尔成功收复奥斯曼帝国在高加索地区的领土,还把奥斯曼帝国的势力扩大至与安纳托利亚东部毗邻的各个新兴国家。如果奥斯曼帝国最终取得一战的胜利,恩维尔或许会被称赞为一个目光深远,保护了国家东部领土的卓越政治家。然而,就在奥斯曼军进入巴库不到数日,艾伦比的部队便突破了前者在巴勒斯坦的防线。由于分散了奥斯曼军在更为关键的美索不达米亚和巴勒斯坦地区的兵力,恩维尔的高加索战役后来更多被看做导致帝国灭亡的草率举动。[28]

到1918年夏,协约国部队已经遏制了德国在西线的势头。英国政府再次敦促艾伦比,以其现有力量向奥斯曼军发动新一轮进攻。到7月中旬,艾伦比告知陆军部,他计划于秋季重新发起进攻。随后,这位埃及远征军指挥者便开始认真筹划起来。

艾伦比善于诈术。在1917年10月31日的贝尔谢巴战斗中,他曾不遗余力地诱使奥斯曼军相信他将第三次攻打加沙,从而将对方的兵力从真正的进攻目标上引开。现在,艾伦比又再次精心准备佯攻安曼,来掩盖自己的真实目标:巴勒斯坦地中海沿海地区的奥斯曼军阵地。

对于这场即将来临的战斗，艾伦比的部队虽并未接受过相关的基础训练，但艾伦比让他们用木头和帆布制作真实比例的马匹模型，总数约有1.5万个。在夜色的掩护下，他将骑兵和步兵逐步从约旦河谷转移至沿海的朱迪亚山脉，并在那里搭起伪装帐篷，以防德国空军发现他们。士兵将木头和帆布做成的模型留在原地替代真正的马匹，并乘着骡拉雪橇在约旦河谷干燥的土地上穿梭，假装是骑兵进攻扬起的尘土。工程兵忙着架桥横跨约旦河，还特意从废弃的总部发出无线电信号。

阿拉伯部队主要负责将奥斯曼军的注意力引至外约旦地区。贾法尔·阿斯克里的正规军规模已达8000人，并有英军装甲车、法国炮兵、埃及骆驼兵团，还有澳大利亚和英国的飞机相助。此外，谢里夫纳希尔已成功动员数千名贝都因部落兵投身阿拉伯起义。9月初，阿斯克里及其主力部队仍在马安周边地区，而在安曼东边50英里外一处名为阿兹拉克的绿洲中，已有一支1000名阿拉伯士兵组成的分队进驻。这支分队的突然出现，也令阿拉伯人即将攻打安曼的谣言散播开来。事实上，费塞尔部队接到的命令是攻克德拉，以切断汉志铁路与海法支线的这一重要联结点。

9月16日，英国皇家空军对德拉发动空袭，目标是扰乱奥斯曼军视听，促使利曼·冯·桑德斯继续把注意力集中在保卫汉志铁路上。T. E. 劳伦斯率领配备装甲车的阿拉伯部队，向德拉南部的铁路线发动进攻，并成功摧毁一座桥梁。第二天，阿拉伯主力军几乎毫发无损地破坏了德拉以北的铁路线。奥斯曼军急忙前去修复铁路，利曼还从沿海港城海法召集后备军前来加强德拉的防御力量——这些行动正中艾伦比下怀。

为了确保不走漏关于进攻行动的半点细节，直到三天后，行动开始的前一刻，艾伦比才告知手下的旅团级军官进攻的真正目标。至此，他已在雅法北部的地中海地区成功调集了3.5万名步兵和

第十三章 从停战到停战

9000名骑兵，并配有近400门重炮提供火力支援。而另一边，土耳其军以为敌军即将攻打外约旦，遂把大部分兵力都集中在了该地区，海岸线的防御力量不过1万名士兵和130门大炮。[29]

进攻开始前两天，一名印度士兵逃离英军，向奥斯曼军投诚。在奥斯曼和德国军官的质问下，这名印度人把自己知道的关于接下来这场战役的消息全部抖了出来。据他透露，英军将在9月19日发动进攻，袭击奥斯曼军的地中海防线，而他自己，根据利曼的记载，"想要逃离"这场行动。然而，艾伦比的欺瞒战术实在做得滴水不漏，以至于利曼及其部下都认为这名逃兵是在蓄意提供假情报。阿拉伯部队在阿兹拉克集结并攻打德拉，这一事实让利曼深信，协约国意在切断他的交通主干道——汉志铁路。因此，他进一步加强外约旦的防御力量。[30]

9月19日，在黎明到来前，英军终于不再掩饰自己的真实意图，开始对雅法北部的奥斯曼军战壕发起猛烈炮击。每分钟发射炮弹约一千发，这种阵势对于第一次上战场的许多印度新兵来说，实在有点喘不过气。"机枪的扫射和炮弹攻击实在太过猛烈，"一名锡克教士兵在写给父亲的信中这样描述道，"我们其他什么也听不见，在那个地方，是敌是友都难以辨认。大地都被震得发颤。"[31]

炮击一结束，来自英国和印度的步兵便冲向已被炮火摧毁的奥斯曼军战壕，在第三、第四道防线上与敌军短兵相接。土耳其人能撤的都走了，其余的只好投降。在行动的前两个半小时里，英军步兵冲破土耳其人的防线，并向前推进了7000码，为骑兵入侵巴勒斯坦北部开辟道路。

步兵撕开奥斯曼军防线后，澳新和印度骑兵部队蜂拥而入，展开一连串进攻，旨在包围奥斯曼第七和第八军团，并夺取重要城镇。图勒凯尔姆就是他们第一批攻打的目标之一。战前，陶菲克·苏瓦伊迪曾在巴黎求学，并协助组织了1913年首届阿拉伯代表大会。战争爆发时，他正在图勒凯尔姆任文职工作。和同伴们被隆隆的炮声"惊醒"后,苏瓦伊迪爬上屋顶,看见交战双方在10英里外的地方互相开炮,"炮火径直射向前线,双方都在往死里炮轰对方"。日出后不久,撤退的奥斯曼军像潮水一样涌入图勒凯尔姆,"英军从四面八方而来,俘获了余下的土耳其士兵"。[32]

英军飞机开始轰炸图勒凯尔姆,当地平民慌忙逃出城外。苏瓦伊迪与其他平民一起撤退到了附近的村庄,他在那里脱下官服,换上了巴勒斯坦农民的装束。就这样,苏瓦伊迪凭着这身粗衣,混入了不断扩大的逃兵队伍之中。他看着土耳其部队仓皇撤退,英军进驻,这场战争他已对奥斯曼帝国不抱任何希望,只想有朝一日能回到家乡巴格达。

英军骑兵飞驰越过巴勒斯坦北部,攻下多个重要城镇和道路枢纽,完成了对奥斯曼第七和第八军团的包围——这两个军团曾是令人闻风丧胆的伊尔德鲁姆集团军的主力。9月20日清晨,拜桑(Baisan)和阿富拉均已被英军占领,奥斯曼军的电话线路也被摧毁。由于通讯中断,土耳其与德国军官对英军的推进和奥斯曼军的损失都一无所知。

行动开始24小时后,身处拿撒勒总部的利曼惊诧地发现英军出现在了城郊。由于英军被一次次的巷战拖住脚步,这位德国指挥官最后才侥幸逃脱。一名印度士兵在家信中写道:"最蹊跷的是在这里(指拿撒勒),还俘获敌军的一些飞机和飞行员,也就是说,地上的骑兵证明了自己有能力将天上的飞鸟手到擒来。"虽在拿撒勒遭遇顽强抵抗,英军最终还是于9月21日占领了该城镇。[33]

到了行动第三天,英军已掌握巴勒斯坦山区的各个重要城镇,并控制吉斯尔迈杰米(Jisr al-Majami)处横跨约旦河的主要铁路桥。自9月21日从西岸逃往外约旦的每一条路线都被切断后,奥斯曼第七和第八军团便动弹不得,数万名士兵陆续向英军投降。至此,英军只差阿克里和海法就拿下巴勒斯坦全境。9月23日,英国和印度骑兵攻下了这两座北部港城。

第十三章 从停战到停战

牢牢掌握巴勒斯坦后,艾伦比开始将目标转向外约旦。新西兰骑兵旅眨眼间攻占了萨尔特(9月23日)和安曼(9月25日),驻马安的4000名奥斯曼守军接到命令退至安曼,准备联合大马士革的奥斯曼第四军团做最后一搏,却不料被澳大利亚第二轻骑旅在半道截击。土耳其士兵同意投降,但由于被充满敌意的阿拉伯部落包围,他们拒绝放下武器。于是,俘获者和被俘者都拿着枪械,一道向安曼进发,直到土耳其人确信自己不会受到贝都因人攻击后,才同意交出武器。

奥斯曼军退至叙利亚首府大马士革,于是阿拉伯部队和艾伦比率领的埃及远征军准备联手攻打该城市。9月26日晚至27日凌晨,阿拉伯部队席卷了德拉,第二天在当地与英军会合。他们即刻朝大马士革进发,同时澳新和印度骑兵绕道巴勒斯坦北部,切断奥斯曼军向西朝贝鲁特,以及向北朝霍姆斯的撤退路线。英军和阿拉伯部队从德拉出发,向正北的大马士革方向推进了70英里,一路对奥斯曼第四军团溃逃余部穷追猛打。9月30日,协约国部队抵达大马士革近郊。

随着艾伦比部队进入大马士革,巴勒斯坦战役的政治问题到了关键时刻。战争过程中协约国讨论了诸多分治方案,由此可见,艾伦比这次战役背后一直都隐藏着政治的考量。6月,他迎来两个营的皇家燧发枪团。这两个营的士兵都是犹太人,他们明确表示愿意在战场上抛头颅洒热血,来换取犹太复国主义者对巴勒斯坦的控制权。法国则派遣驻巴勒斯坦及叙利亚分队前来协助作战,以确保自身能长期占领叙利亚。该分队中有一个团的士兵全是法军从著名的穆萨山围困(为躲避土耳其人的血腥屠杀,亚美尼亚村民逃往穆萨山躲藏40天,直到路过的法军帮他们解围)中救出的亚美尼亚难民。而另一边,埃米尔费塞尔与他的支持者T. E. 劳伦斯在前线坚持哈希姆家族对叙利亚的主张,称叙利亚是未来阿拉伯王国不可分割的领土。随着巴勒斯坦战役在大马士革接近高潮,"侯赛因-麦克马洪通信"、《赛克斯-皮克特协定》以及《贝尔福宣言》的有关各方都想在这场战役中拔得头筹。[34]

英军为奖赏他们的哈希姆盟友，同意由埃米尔费塞尔的阿拉伯部队接受巴勒斯坦的投降。不过，澳大利亚第三轻骑旅要率先进城。该骑兵队获准于10月1日横穿大马士革，以切断奥斯曼军往霍姆斯的退路。其实英军大可不必多此一举，因为早在他们入城的前一天晚上，最后一批奥斯曼部队已搭乘火车前往里亚格，将巴勒斯坦的控制权留给一群当地显贵，城中的土耳其旗帜也被谢里夫的旗帜取代，以迎接费塞尔部队的到来。澳大利亚人迅速离开大马士革前往指定地点，将巴勒斯坦留给谢里夫的部队。

谢里夫纳希尔从一开始便投身哈希姆家族起义事业，现代表自称阿拉伯国王的麦加谢里夫侯赛因入主大马士革。与他同行的还有两位极具影响力的贝都因酋长——奥达·阿布·塔伊和努里·沙兰，他们带领约1500名贝都因士兵支持费塞尔的战事。大马士革民众将哈希姆部队看做解放者，走上街头欢迎他们的到来。不过，当地的商家却担心自己要遭殃。事实也正如他们所担心的，贝都因人进城后不久便开始四处劫掠。英军和其他协约国部队紧接着也进入解放了的大马士革。兴高采烈的人群将奥斯曼军的撤退看做这场漫长恶战的终结，如此情感也将占领军感染。[35]

接下来的两天里，艾伦比抵达大马士革，埃米尔费塞尔也于10月3日到达，期间整座城市一直沉浸在欢庆的气氛之中。在阿拉伯起义中被派去支援T. E. 劳伦斯的英国军官休伯特·扬，开着一辆利曼·冯·桑德斯遗弃在大马士革的红色大奔驰，前来与费塞尔见面。他看见费塞尔这位阿拉伯王子"骑马走在一大队骑手前面"，"穿过狭窄的街道，街上挤满热情洋溢的大马士革人"。休伯特提出要载费塞尔去市中心，但费塞尔拒绝了，他宁愿骑阿拉伯战马，而不是坐德国豪车进入大马士革。

费塞尔骑马径直朝维多利亚旅馆走去，在那里他与艾伦比将军

第十三章 从停战到停战

举行了历史性的首次会面。这本该是欢庆的时刻,却被分治的政治话题蒙上一层阴影。借此机会,艾伦比在劳伦斯的翻译下,向埃米尔费塞尔告知新的管治安排。根据《贝尔福宣言》,阿拉伯政府对巴勒斯坦并不享有控制权。为遵从《赛克斯-皮克特协定》给予法国的利益,阿拉伯政府应将黎巴嫩交由法国管理。遵照法国意愿,费塞尔要确保谢里夫的旗帜从贝鲁特的公共建筑上撤下。最后,只要战争仍在持续,艾伦比就对协约国占领的阿拉伯领土享有最高统治权。[36]

结束了与艾伦比的会面后,费塞尔移步前往市政大厅接受大马士革公众的欢迎。但与艾伦比见面后再被拥戴为大马士革的解放者,不知道费塞尔对此会作何感想。

余下的这个月里,英军对奥斯曼军穷追猛打,占领叙利亚和黎巴嫩的所有重要城市。自9月19日英军开始行动后,奥斯曼军从未成功筑起防线阻挡敌军前进的脚步。10月26日阿勒颇的陷落标志着战役结束,英军至此实现了所有战略目标。奥斯曼军在叙利亚的军队被摧毁后,帝国将被迫退出一战。协约国以极其微小的代价——5666人阵亡、受伤或失踪——完成了这一目标。土耳其人的死伤情况并无官方记载,但据英军称,他们俘获了7.5万名战俘。[37]

随着奥斯曼军在叙利亚失利,同盟国也最终覆灭。世界上越来越多的国家加入协约国阵营。1917年7月1日,希腊对同盟国宣战。8月,中国也向同盟国宣战。南美诸国不是对德宣战,就是与其断交。不过,美国远征军的加入才真正让协约国彻底扭转乾坤。在对德宣战18个月后,美军规模从原先的10万人激增至400万,其中200万士兵被派到海外作战。而另一边,德国及其盟友经历了四年的血雨腥风,再无多余兵力和物力来迎接美国的挑战。

保加利亚第一个宣布战败,1918年9月30日在萨洛尼卡与法军指挥官达成停战协议。保加利亚的投降使土耳其和德国之间交通中断，令支撑奥斯曼军战事至今的德国武器和补给无法运抵帝国境内。德国的末日也就在眼前。协约国部队在西线取得一连串胜利，迫使德军节节败退。当听闻德国向时任美国总统伍德罗·威尔逊表态，希望他能在德国与英法两国之间斡旋时，青年土耳其党人知道他们除了同样求和，已别无选择。

在伊斯坦布尔，奥斯曼政府陷入一片混乱。以塔拉特帕夏为首的联合派内阁于10月8日集体辞职。大维齐尔塔拉特、战争大臣恩维尔，以及前叙利亚最高指挥官兼海军大臣杰马勒——这三大执政巨头对奥斯曼帝国的战时决策负有共同责任。若由此三人前去与战胜的协约国展开谈判，只会让事态更为复杂。整整一星期，奥斯曼帝国处于无政府状态，找不到一位德高望重的政治家带领帝国上下宣布投降。最终，曾指挥奥斯曼高加索军的艾哈迈德·伊泽特帕夏同意组建新政府，签署和约。

新政府派出级别最高的战俘前去与英国协商停战事宜。查尔斯·汤申德将军，曾任库特阿马拉英军指挥官的他在围困结束后，一直在马尔马拉海王子群岛上的一处别墅里安度余下的战争时光。由于接受了奥斯曼军的优待——尤其是考虑到其他库特幸存者的悲惨遭遇——汤申德一度威名扫地。现在，他被派往莱斯沃斯岛，传达奥斯曼帝国退出战争的决定。[38]

英国地中海分舰队指挥官，萨默赛特·高夫–考尔索普上将，邀请奥斯曼帝国代表团前往利姆诺斯岛接受停战条款。选择这个地点实在是往奥斯曼帝国的伤口上撒盐：该岛在第一次巴尔干战争中割让给希腊，加里波利战役期间，岛上的穆兹罗斯港还曾被英国用作军事基地。经过四天的谈判，英国和奥斯曼帝国代表终于敲定了停战条款。10月30日，双方在经历过加里波利战役、伤痕累累的"阿伽门农"号上签订了停战协议。

停战条款本身并不苛刻。考尔索普上将只负责确保奥斯曼帝国完全投降，更为严苛的和约条款则留给政治人士去拟定。根据双方

第十三章　从停战到停战

达成的停战协议，奥斯曼帝国应对协约国舰队开放海峡，在密布水雷的海域清扫出一条安全通道，并将达达尼尔海峡的各个要塞交由协约国控制。奥斯曼帝国士兵即刻全部复员，所有海军船只交给英法两国。交通通讯网络，包括铁轨、电报及无线电设施都将由协约国负责监督。德国和奥地利部队有一个月时间撤出奥斯曼帝国领土。之前被俘获的协约国人员以及任何被关押的亚美尼亚人都应运至伊斯坦布尔，"无条件交给"协约国，但奥斯曼战俘将继续被协约国关押。[39]

《穆兹罗斯停战协定》将成为奥斯曼帝国未来的一块心病。该协定两次提及亚美尼亚人，旨在提醒奥斯曼当局要对其在战争期间所犯的反人类罪行负责。此外，该协定暗示着未来还会有分治方案，要求奥斯曼军撤出法国主张的奇里乞亚地区，还规定协约国有权为确保自身安全占领"任何战略地点"，并将确保协约国有权在"混乱时期"占领六个"亚美尼亚人聚居行省"中的任意部分。当土耳其代表签署了这份文件时，他们就不得不承认，亚美尼亚人在安纳托利亚东部的六个行省享有充分的权力。

根据停战协定的相关规定，战争双方将于1918年10月31日停止一切敌对行为。在与俄国停战近一年后，奥斯曼帝国的战事画上了句号。11天后，即11月11日，德国也投降了。奥斯曼帝国出人意料地坚持到了最后，但他们的坚韧并未换来任何好处。漫长的战争只给他们带来了更大的灾难，令他们战败时更为绝望。

士兵们为自己能活过战争而欢欣鼓舞，个个归心似箭。一位印度士兵用乌尔都语写信给他的兄弟称："如今是该乘风破浪，扬帆归航了。此时此刻，或许一切的风浪都已过去，我们终于能平静地回到印度。"他的这番话代表了来自世界各个角落，曾在奥斯曼帝国阵线上痛苦挣扎，最终挺过一战的所有士兵的共同心愿。[40]

小结
奥斯曼帝国的毁灭

奥斯曼帝国最终输掉了一战。这是一场国家灾难,但并非史无前例。自1699年起,奥斯曼帝国的大多数战争都以失败告终,不过帝国依旧屹立不摇。然而,一战后的和约谈判牵扯利益之广,对帝国来说是前所未有。一边是战胜方的主张,一边是土耳其民族主义者的要求,奥斯曼政府被夹在其中,左右为难。与其说是因为一战惨败,还不如说是和约条款最终导致奥斯曼帝国的毁灭。

1918年11月13日,一支协约国舰队顺利通过清扫完水雷的达达尼尔海峡,驶进了伊斯坦布尔。作为奥斯曼帝国的首都,这座城市从开战以来一直都未被征服。现在它成了不设防的城市。42艘舰船由无畏级战舰"阿伽门农"号带头,驶向下游的多尔玛巴赫切宫,主宰了博斯普鲁斯水域。双翼机小队掠过英、法、意、希战舰,令人叹为观止。萨默赛特·高夫-考尔索普与其他军官一道登岸,由此开始掌管伊斯坦布尔。协约国士兵踩着军乐队的节奏,阔步走在该城街头,伊斯坦布尔的基督教居民像欢迎英雄一样欢迎他们的到来。

在伊斯坦布尔山顶的人群中，格里高利斯·巴拉基昂看着协约国舰船抵港。这位亚美尼亚神父历经万难，侥幸逃过了种族屠杀，于1918年9月回到了家乡。在那之前，他的母亲和姊妹以为他已不在人世，早放弃了寻找。由于害怕再次被捕，接下来的两个月里巴拉基昂一直在母亲和姊妹两家之间来回躲藏。这几日，他趁那些悲痛的记忆仍未褪去，加紧撰写他的"亚美尼亚各各他"，记录下自己目睹耳闻的人间悲剧。尽管如此，巴拉基昂还是想亲眼看着协约国舰队抵达伊斯坦布尔，见证标志着亚美尼亚人战时苦痛终结的这一刻。

为了掩盖身份，巴拉基昂身穿双排扣长外套，头戴一顶高顶黑色大礼帽，从伊斯坦布尔的亚洲部分坐船前往欧洲部分。渡他穿越博斯普鲁斯海峡的土耳其船夫，并没有察觉到自己载的是一位亚美尼亚神父。"埃芬迪，"船夫懊恼地说，"我们可真是生不逢时啊！过去那可真是暗无天日啊！塔拉特和恩维尔已经把祖国给毁了，他们倒好，自己跑了，留我们在这受罪。谁能想到一支外国舰队能这么耀武扬威地进入君士坦丁堡，我们这些穆斯林还只能眼巴巴地看着。"巴拉基昂安慰船夫的话令他自己也吃了一惊："这些黑暗的日子也都会过去的。"[1]

那天，德国将军奥托·利曼·冯·桑德斯也在人群之中。他作为德国军团长官来到奥斯曼帝国已有5年，最后还被任命为巴勒斯坦的伊尔德鲁姆集团军指挥官。9月，他从英军手中侥幸逃脱，后撤出叙利亚。在阿达纳他将剩余的奥斯曼兵力交由加里波利英雄——土耳其将军穆斯塔法·凯末尔帕夏指挥。随后，利曼返回伊斯坦布尔，监督德国部队按照停战协定撤出奥斯曼帝国。

利曼和巴拉基昂二人虽然对当天发生的事件持截然不同的立场，但他们对协约国舰队接管伊斯坦布尔的描述却惊人相似。城中建筑挂满了希腊、法国、英国及意大利的旗帜，人们把帽子抛向空中，相互拥抱，尽情欢庆。当天晚些时候，人们举杯畅饮，当地群众和

小结　奥斯曼帝国的毁灭

占领者彼此称兄道弟。利曼和巴拉基昂对这种纵酒狂欢的庆祝方式均嗤之以鼻。利曼不屑地表示："没人会对这些庆祝方式报以敬意。"而巴拉基昂则遗憾地说："土耳其首都已然变成昔日的巴比伦。"[2]

当伊斯坦布尔的基督徒公开欢庆，绝大部分穆斯林则默默躲在紧闭的窗门后，眼睁睁地看着他们的城市被协约国士兵占领，心中充满了羞耻和绝望。和帮助巴拉基昂渡过博斯普鲁斯海峡的船夫一样，他们的怒火都指向联合与进步委员会的领导层，是他们把战争的苦痛强加在无辜的民众身上，自己却在停战协定生效后随即逃之夭夭。

11月1日深夜，青年土耳其党领导集体登上一艘德国船，秘密逃离奥斯曼帝国。穆罕默德·塔拉特、伊斯麦尔·恩维尔和艾哈迈德·杰马勒与四名心腹顾问一道，乘船驶向黑海城市敖德萨，再从那里转陆路前往柏林。他们的德国盟友知道联合派将会面临战胜方的制裁，于是提供庇护，协助他们逃跑。另一边，奥斯曼帝国的报纸对联合派三巨头的潜逃行为公开表示愤怒，强烈谴责他们让整个土耳其民族为联合派的政策和战时罪行埋单——尤其是针对亚美尼亚人的大屠杀。[3]

1918年11月，奥斯曼帝国议会与土耳其报纸围绕亚美尼亚大屠杀展开激烈讨论。到底有多少亚美尼亚人被政府的战时政策残害致死，官方至今都没有统一的说法。经奥斯曼帝国议会成员审议，约有80万至150万亚美尼亚平民被杀。不管人们相信的是最低或是最高估值，抑或是这个区间里的任一数字，可以明确的一点是，这场种族屠杀将会给奥斯曼政府与协约国之间的和约谈判蒙上厚厚的阴影。

协约国公开谴责奥斯曼政府对亚美尼亚人的屠杀行径。对于土耳其人在战时所犯的反人类罪行，美国和英国尤其主张实施报复，以彰显正义。为了防止和约内容过于苛刻，新成立的奥斯曼政府决定成立军事法庭，对那些被控参与亚美尼亚种族屠杀的人进行审判。

他们希望国际社会将批判的火力集中在始作俑者青年土耳其党人身上，而不是整个土耳其民族。

1919年1月至3月间，奥斯曼当局下令逮捕了300名土耳其官员，其中包括多名行省总督以及联合派议会成员，还有一些较低级的地方官员。虽然逮捕行动事先并未声张，在深夜进行抓捕，但仍有许多人——像已流亡的三巨头及其顾问一样——缺席审判。主要的军事法庭在伊斯坦布尔召开，庭审对公众开放，政府的证据和法庭的判决在官方公报——《诸事历报》（Takvîm-i Vekâyi）上公布。

公开的起诉书中，青年土耳其党领导集体对屠杀亚美尼亚平民负有全部责任。公诉人坚称，"这些大屠杀是在塔拉特、恩维尔和杰马勒的命令下执行的，三人对此事完全知情。"他们引用阿勒颇一位官员的证词，这位官员称自己"从塔拉特本人"那里"接到了灭绝命令"，并相信"国家的福祉"取决于是否能将亚美尼亚人彻底消灭。一份作为呈堂证供的电报中，被控策划种族屠杀的巴拉丁·萨基尔博士要求马姆勒图拉齐兹（Mamuretülaziz）地区的总督"如实汇报"对当地亚美尼亚人的"清理"情况："你在报告中称那些制造麻烦的人已被清除，他们是被消灭，还是仅仅被驱逐出城，去往别处？"[4]

目击证人的证词揭露了当时的奥斯曼政府对这场大规模杀戮的组织模式：官方先是张贴流放告示，随后口头下令施行屠杀。有证据显示，大屠杀的执行者是一批刑满释放的杀人犯，他们被动员起来组成武装团伙，充当"刽子手"的角色。公诉人找到有力证据，证明恩维尔的秘密情报机构——"特别组织"就是武装团伙的发起人。他们还提供有关大屠杀的大量证据，既有个人对数千人死亡负责的声明，也有行省放逐数十万人的报告。[5]

经过数月的审议，法庭判处18名被告策划实施亚美尼亚大屠杀的罪名成立。塔拉特、恩维尔、杰马勒，还有与他们一同流亡的巴拉丁·萨基尔和穆罕默德·纳齐姆等联合派重要领导人均被判处死刑。由于判定有罪的人中有15人缺席庭审，因此只有3名官职较低的被最终送上绞刑架。格里高利斯·巴拉基昂指控约兹加特副总督穆罕默德·凯末尔杀害4.2万名亚美尼亚人，后者于1919年4月10日被处以绞刑。埃尔津詹宪兵队指挥官哈菲兹·阿卜杜拉·阿福尼于1920年7月22日被处死。第三名，也是最后一个被处死的是贝赫拉姆扎德·努斯雷特（Behramzade Nusret），他是巴伊布尔地区领导人，1920年8月5日被绞死。[6]

到1920年8月，显然军事法庭不打算将亚美尼亚大屠杀的主犯绳之以法。同样明显的是，这些审判无法使奥斯曼帝国逃脱严苛的和约。虽然军事法庭一旦完成使命便被束之高阁，但庭审记录提供了极其全面的证据，证明土耳其当局组织并实施了亚美尼亚大屠杀。自1919年以来，这些用奥斯曼土耳其语出版的记录便进入了公众领域。在这样的证据面前，任何试图否认青年土耳其党政府曾经策划组织亚美尼亚大屠杀的人都会显得十分可笑。

由于不甘心青年土耳其党领导人就这样逃过追责，一组达什纳克的亚美尼亚民兵决定替天行道。自1921年3月至1922年7月，达什纳克人下令展开"复仇行动"，暗杀青年土耳其党的重要领导人。[7]

刺客首先瞄准了柏林，那里藏匿着许多青年土耳其党领导人。1921年3月15日，塔拉特帕夏被一位从埃尔津詹大屠杀中幸存的25岁青年击毙。索格门·特赫里瑞安（Soghomon Tehlirian），这位年轻的刺客随后被捕，并被送上德国法庭，但最终法院宣判无罪释放，理由是他在亚美尼亚大屠杀中遭受精神创伤和个人损失，应减轻他对刺杀行为的责任。另一名来自伊斯坦布尔的21岁刺客是阿尔沙维尔·什拉吉安（Arshavir Shiragian），他于1921年12月5日在罗马刺杀大维齐尔赛义德·哈利姆帕夏得手，后又参与刺杀巴拉丁·萨基尔博士和特拉布宗行省总督杰马勒·阿兹米的行动，两人于1922年4月17日遇袭身亡。

三巨头中的另两位——杰马勒和恩维尔分别在高加索和中亚地区死亡。亚美尼亚刺客追踪杰马勒帕夏——这位战时叙利亚总督至格鲁吉亚的第比利斯，1922年7月25日在当地将其杀害。刺杀自己的不是阿拉伯人而是亚美尼亚人，为此他本该感到震惊。在叙利亚，杰马勒由于杀害阿拉伯民族主义者而遭人唾弃，但他在叙利亚各个行省安顿了约6万亚美尼亚人——光1916年1月。尽管如此，他让幸存的亚美尼亚人为求活命改信伊斯兰教的做法，也等于是对亚美尼亚人另种方式的灭绝，这让他的人道行为劳而无功。昔日的执政三巨头中，只有恩维尔一人逃过了刺杀。这位青年土耳其党领导人的一生，是在塔吉克斯坦-乌兹别克斯坦边界的杜尚别附近完结。1922年8月，他在一场领导穆斯林民兵对抗布尔什维克的战斗中身亡。[8]

截至1926年，当年被伊斯坦布尔军事法庭判处死刑的18人中已有10人死亡。对屠杀负次要责任的其余8人，虽然逃过一死，但法庭判处的罪名使他们余生都活在报复的阴影下。

如何让协约国在巴黎和会上放宽对他们的制裁，新上任的奥斯曼政府实在无计可施。从战争一开始，英、法、俄三国就已经对未来如何分治奥斯曼帝国领土进行了谈判。虽然俄国在布尔什维克革命后撤销了领土主张，但后来的垂涎者随即补上。意大利和希腊都是较晚才开始与奥斯曼帝国为敌（意大利于1915年8月对土耳其宣战，希腊在1917年6月才加入战斗），但它们在瓜分奥斯曼帝国领土一事上表现出来的热情，却一点也不比当年的沙皇政府逊色。1919年4月，意大利部队在地中海的安塔利亚港登陆；同年5月15日，希腊占领伊兹密尔。

1919年6月，当奥斯曼帝国的代表面对巴黎和会最高委员会时，他们不该期待在听证会上会有人同情自己。他们根据"威尔逊

小结 奥斯曼帝国的毁灭

原则"——即伍德罗·威尔逊十四点原则的第十二条，规定将"保障奥斯曼帝国现有土耳其部分的主权"——提出自己对战后奥斯曼帝国的设想。简而言之，他们是想维持奥斯曼帝国在1914年10月时的所有领土，但分为土耳其直接管辖区（即安纳托利亚和色雷斯地区）和隶属奥斯曼帝国的高度自治区（适用于阿拉伯各行省与有争议的爱琴海岛屿）。"没有一个土耳其人在那一刻不感受到沉重，"奥斯曼帝国代表团在备忘录中这样总结道，"不过，我们已明确表明了奥斯曼帝国民众的立场：我们不会接受帝国被瓜分或把帝国交由不同国家托管的结果。"[9]

1919年6月28日，即奥斯曼帝国代表团提交备忘录五天后，协约国和德国签订了《凡尔赛条约》。该条约开辟了协约国强加苛刻条款于战败同盟国的先河。根据条约规定，德国必须为发起战争负责，并承担战争导致的损失。除军队将被解除武装外，德国还面临着超过2.5万平方英里的领土损失。另外，德国还需支付314亿美元（约合66亿英镑）的天价战争赔偿款，数额之高实属空前。[10]

协约国与其他战败国签署的条款与《凡尔赛条约》一样严苛。1919年9月10日与奥地利在圣日耳曼昂莱签订的和约使奥匈帝国就此解体。条约中，奥地利被迫为发动战争承担责任，支付高额赔款，其领土被分给了一系列的新生民族国家，其中包括匈牙利、捷克斯洛伐克、波兰，以及塞尔维亚-克罗地亚-斯洛伐尼亚王国（后更名为南斯拉夫王国）。

1919年11月，协约国与保加利亚在塞纳河畔签订了《讷伊条约》，该条约在保加利亚的国史中被标为"第二场民族灾难"（第一场是保加利亚在1913年第一次巴尔干战争中战败）。条约迫使保加利亚割让色雷斯西部地区（最终给了希腊）及西部边境地区，并赔偿1000万英镑。

1920年6月4日，匈牙利与协约国签订《特里亚农条约》，其领土被缩小至昔日奥匈帝国战前领土的28%，它不但成了一个内陆国家，还被迫支付高额的战争赔款。

由此看来，奥斯曼帝国也没有任何理由奢望协约国能对自己网开一面了。事实上，德国签订的《凡尔赛条约》中包含了《国际联盟盟约》，其中规定国际法律的裁决交由托管体系处理，而这个体系就是特意为分治奥斯曼帝国设立的。《盟约》第22条写道："先前属于土耳其帝国的某些区域现已条件成熟，可暂时承认其独立，由一托管国向其提供行政咨询，并协助进行管治，直至该地区有能力实现完全独立。"[11]

土耳其代表团回到伊斯坦布尔后，战胜的协约国就最终如何瓜分奥斯曼帝国领土展开最后一轮谈判。1920年4月，英、法、意三国总理在意大利的度假胜地圣雷莫会面，试图解决"侯赛因–麦克马洪通信"、《赛克斯–皮克特协定》及《贝尔福宣言》之间存在的矛盾，日本作为中立观察员参与讨论的全过程。经过六天的讨论，三国一致同意由英国掌管巴勒斯坦（包括外约旦地区）和美索不达米亚，法国掌握叙利亚地区（包括黎巴嫩），意大利政府则暂不表态，直到其在安纳托利亚的利益得到满足。

协约国在分治阿拉伯土地的问题上达成一致后，便立即开始拟定与奥斯曼帝国和约的最终条款。1920年5月，协约国向"高门"提交第一份和约草案，它对土耳其人来说简直糟糕至极。这份草案不但将阿拉伯各行省全部托管给欧洲国家，还企图分治安纳托利亚地区，在曾经低他们一等的民族和对他们不怀好意的邻居之间分配土耳其人的聚居地。

根据和约草案，安纳托利亚东部将被一分为二，分别由亚美尼亚人和库尔德人支配。东北方的各个行省，包括特拉布宗、埃尔祖鲁姆、比特利斯和凡城将被划给亚美尼亚人。这四个行省享有完全的自由，并经美国仲裁脱离奥斯曼帝国，加入在高加索新建立的亚美尼亚共和国（其首都为埃里温）。库尔德人区则相对较小，以迪亚尔巴吉尔为中心，与亚美尼亚人区的南部边界毗邻。和约规定库

小结　奥斯曼帝国的毁灭

尔德人也享有完全的自由，脱离奥斯曼帝国，独立建国。

在安纳托利亚西部，港城士麦那（今伊兹密尔）及其内陆腹地被交由希腊管理。希腊政府被要求协助当地希腊人选出议会，方便将来通过立法让士麦那与希腊王国统一。土属色雷斯大部分也同样割让给了希腊，包括埃迪尔内（奥斯曼帝国在第一次巴尔干战争中失去该地，后在第二次巴尔干战争中将其收复）。奥斯曼帝国甚至还将失去连接黑海和地中海的各条战略航道的控制权。博斯普鲁斯海峡、达达尼尔海峡和马尔马拉海将被收归国际委员会所有，土耳其只有在加入国际联盟后才能加入该委员会。[12]

对安纳托利亚的分治并未就此结束。英、法、意三国之间还另外达成协议，要将安纳托利亚的地中海地区分给法国和意大利。奇里乞亚沿海地区至内陆的锡瓦斯被割给法国，意大利则要求获得安纳托利亚西南部地区，包括安塔利亚港和内陆城市科尼亚。如此一来，土耳其的地中海沿岸名义上虽然仍属奥斯曼帝国，但实则被法国和意大利殖民。[13]

这份和约草案留给土耳其人的土地微乎其微，奥斯曼帝国将仅剩安纳托利亚中部一些没有人感兴趣的地区：布尔萨、安卡拉，濒临黑海的萨姆松，还有首都伊斯坦布尔。就连伊斯坦布尔都是有条件授予土耳其人：如若奥斯曼政府不能信守条约，协约国便威胁要将君士坦丁堡从战后土耳其的版图中移除。

这些条款在奥斯曼帝国引发了大规模抗议。外国军队驻留土耳其领土已经激起土耳其人的强烈憎恨。1919年5月，加里波利的英雄、全国最受尊敬的军事领袖穆斯塔法·凯末尔帕夏被派往萨姆松，以确保按照停战条款遣散奥斯曼军。在意大利和希腊分别于1919年4月和5月占领奇里乞亚和伊兹密尔后，穆斯塔法·凯末尔决定违抗遣散军队的命令，转而组织抵抗力量，抗击外国部队入侵安纳托利亚。他在安纳托利亚中部城镇安卡拉设立基地，并发起土耳其民族运动。该运动代表土耳其人民的政治意愿，其影响力开始逐渐与伊斯坦布尔的奥斯曼政府不相上下。

1919年7月至9月期间，土耳其民族运动分别在埃尔祖鲁姆和锡瓦斯召开会议，制定了《民族公约》，并确立了该运动的宗旨。《民族公约》寻求通过明确各项原则建立"一个安定的奥斯曼苏丹国"，达到"公正和持久的和平"。《民族公约》的框架制定者可以接受失去阿拉伯各行省，也愿意为确保海峡自由通行而进行谈判。但他们拒绝割让"居住着占人口多数的奥斯曼（即土耳其）穆斯林"的领土，声称这些领土上的居民"宗教、种族和目标都一致，是一个不可分割的整体，任何情况下都不能将其割裂"。伊斯坦布尔的奥斯曼帝国议会在最后一次会议时，决定与安卡拉的土耳其民族运动站在一起，并于1920年1月以压倒性的多数票通过了《民族公约》。[14]

然而，无论民族主义者的政策在议会多么受欢迎，"高门"始终都将安纳托利亚中部的土耳其民族运动视为对自身权威的挑战。自1920年5月协约国出台和约条款，在奥斯曼帝国引发国家危机以来，奥斯曼政府一直相信除屈从战胜国要求外别无选择。"高门"希望通过在短期内接受战胜国苛刻的条约，以换取长期较为有利的条件。而另一边的土耳其民族运动者则认为，奥斯曼帝国一旦签署和约，失去的领土和主权便再也无法收复。穆斯塔法·凯末尔及其支持者呼吁对协约国苛刻的条件说不，并抵制任何分治安纳托利亚的行为。

"高门"认为，在奥斯曼帝国的军事和经济都一蹶不振的情况下，穆斯塔法·凯末尔和土耳其民族运动倡导对抗，将会招致灭顶之灾。根据和约条款，负隅顽抗可能连首都伊斯坦布尔都不保。于是，奥斯曼政府将穆斯塔法·凯末尔与其他几位民族主义领导人以叛国罪告上法庭，并于1920年5月在审判亚美尼亚大屠杀的同一个军事法庭上，缺席判处这位"加里波利英雄"死刑。

历史将证明当时的大维齐尔及其内阁的判断是错误的：只有拒绝和约才能保全土耳其的主权，穆斯塔法·凯末尔也没有叛国。《民

小结 奥斯曼帝国的毁灭

族公约》甚至没有用"土耳其"这样的字眼,而是用"奥斯曼"来描述国家。当奥斯曼政府使土耳其民族接受那份残酷的和约,并同意外国势力分治安纳托利亚时,凯末尔及其支持者终于忍无可忍。1920年8月10日,"高门"签订《色佛尔条约》,由此导致土耳其民族运动与其决裂。从那天起,凯末尔派便一直致力于撤销和约,并努力将签署和约的奥斯曼政府拉下台。

经过激烈的战斗,截至1922年,凯末尔派已在高加索、奇里乞亚和安纳托利亚西部三条战线上分别战胜了亚美尼亚人、法国和希腊,至此他们击败了在土耳其境内的所有外国部队。1922年10月11日,与希腊签订停战协议后,土耳其大国民议会于11月1日投票废除奥斯曼苏丹制。奥斯曼帝国的最后一位苏丹——穆罕默德六世仅在位四年(他于1918年7月,即一战结束前四个月,接替他同父异母的兄弟穆罕默德五世成为苏丹)便遭流放,于同年11月17日被送上一艘开往马耳他的英国战舰。

1923年7月在瑞士洛桑,民族主义者领导的土耳其政府与战胜国重新签订条约。新条约承认土耳其独立,并大致保留其现有领土。得到国际认可后,土耳其共和国于1923年10月29日宣布建国,穆斯塔法·凯末尔任国家第一任总统。后来,土耳其议会授予穆斯塔法·凯末尔"阿塔图尔克"(字面意思即"土耳其之父")的称号,以表彰他在建立土耳其共和国中发挥的决定性作用。

如果当时的苏丹政府能够利用"阿塔图尔克"的运动抵制《色佛尔条约》的话,现在立于土耳其共和国版图之上的也许还是奥斯曼帝国。无论奥斯曼帝国在一战中遭受了多大的失败,接受苛刻的和约才是最终导致它灭亡的根本原因。

1918年10月战争结束后,双方士兵都归心似箭。第一批从中东战场打道回府的是战败方同盟国的士兵。根据停战协议,利曼·冯·桑德斯负责监督德国士兵撤出奥斯曼帝国境内。一开始,已抵达伊斯坦布尔的德国与奥地利部队被船运至敖德萨，再取道乌克兰回德国。但接下来，美索不达米亚第六军的1200名德国和奥地利士兵花了数周才抵达伊斯坦布尔，在叙利亚和巴勒斯坦的德奥士兵亦是如此。据利曼估计，到1918年12月下旬要运送约1万名士兵。他弄来5艘汽船，以便直接将士兵从伊斯坦布尔载回德国。1919年1月底，利曼与120名军官及1800名士兵一起登船，踏上了漫长的归途，返回他们被战争摧残的家园。德国与奥斯曼帝国的联盟也就此终止。[15]

当时仍有大批奥斯曼军滞留在被协约国占领的土地上。法赫里帕夏——奥斯曼军驻麦地那部队总指挥——成了最后一位投降的土耳其将领。虽然在战争接近尾声的那几个月里一直遭到围困，但他们还是靠限额供应补给挺过了那段日子，并遏止了任何投降的苗头。停战后，英国驻埃及高级特派员雷吉纳尔德·温盖特写信规劝法赫里投降，但遭到这位固执的土耳其将军斩钉截铁地拒绝。法赫里回复称："我是一名奥斯曼帝国人，是穆罕默德的后裔，是巴里贝伊的儿子，是一名军人。"法赫里对奥斯曼苏丹忠心耿耿，对麦地那的先知清真寺充满敬意，因此他绝无向英国人屈服的意愿。[16]

停战已有十周，但奥斯曼军驻麦地那部队仍在坚持。阿拉伯部队威胁要硬闯该城，法赫利帕夏便把自己关在藏有大批弹药的先知清真寺里，扬言称宁可将神龛炸为灰烬，也决不投降。然而，他手下的士兵因补给匮乏已经意志消沉数周，听闻战争结束，这些士兵更是将他们的长官抛诸脑后，向阿拉伯部队投诚。最后，刚烈激昂的法里赫于1919年1月10日被说服，将圣城麦地那交给哈希姆的部队。据埃米尔阿卜杜拉回忆称，法里赫从麦地那出来后"既压抑又愤懑"，"像困兽一样四处游走，却找不到出路"。他在延布港受到应有的尊敬，随后登上一艘驶往埃及的英军驱逐舰，从此沦为战俘。接下来数周，奥斯曼军在埃米尔阿卜杜拉的监督下撤离，其中的阿拉伯士兵被编入哈希姆麾下，土耳其士兵则被送往埃及战俘营，直到他们被遣返土耳其。

有些北非士兵在德国战俘营时被招进奥斯曼军。如今，法国殖民当局决心让这些人为他们在战争中向敌方投诚的行为付出代价。自 1917 年斯坦利·莫德少将占领巴格达以来，已有数千名奥斯曼军中的北非士兵被收押在英军战俘营。随后，他们自然会被送回法国。法国政府在法国南部设立多个营地，专门接收从突尼斯、阿尔及利亚和摩洛哥来的"本土部队"。这些被怀疑对法国不忠的士兵被禁止回北非或与法国穆斯林交友。在所有参加一战的士兵中，很少人像这些北非战俘一样，几条战线上的大大小小战役都参与过，却没有得到应有的回报。[17]

停战后很长一段时间里，协约国部队作为占领军仍持续活动。奥斯曼帝国的各个阿拉伯行省被置于"协约国所持敌方领土治理委员会"（Allied Occupied Enemy Territory Administration）的管控之下。当地民众与外来占领者之间不可避免地气氛紧张，经历枪林弹雨的英军及其自治领部队也迫切地想要返回祖国。

一名新西兰中士在巴勒斯坦被当地村民杀害，此事导致新西兰士兵于 1918 年 12 月中旬展开报复。关于新西兰士兵的具体人数说法不一，约有 60 至 200 名士兵将疑似藏匿杀害中士凶手的萨拉芬村重重包围。他们把妇孺老人都赶出村子，随后便开始攻击村里的男性。根据新西兰的消息，这些一心复仇的士兵杀死或弄伤了 30 余人后，放火烧了村庄和附近的一处营地。[18]

艾德蒙·艾伦比将军就屠杀一事展开正式调查。借宿在萨拉芬周边地区的澳新士兵们全都串通一气，默不做声，不给调查提供任何证据。士兵们的抗命让艾伦比勃然大怒，但为避免集体惩罚可能导致的更大动乱，这位英国将军决定命令澳新士兵返回埃及边境上的拉法赫。这是他们计划遣返澳新士兵的第一步。

在拉法赫，军队开始屠宰澳新骑兵的坐骑。大部分马匹被宰了，剩下的一部分留给占领军使用，还有一小部分好马被牵出来贩卖。

对此，士兵们得到的解释多种多样——有的说船只有限，不能将兵员和坐骑一并运回；有的说马匹状况不佳，挨不过漫长的归途；还有的称动物可能携带感染病菌，恐会传染给澳新士兵。但骑兵们难以接受这个突如其来的坏消息。奥克兰枪骑兵团的 C. G. 尼科尔中士回忆称："骑手不得不与自己的马儿分开，场面令人心中酸楚。"经过数年的战斗，骑兵与战马之间形成的牵绊比他们对同伴的感情还要强烈。[19]

虽然骑兵严禁杀马，但仍有许多骑手宁可亲手终结自己坐骑的生命，也不愿留它们在牲畜市场遭贩卖或被屠宰。澳大利亚士兵兼记者奥利弗·霍格，曾参加过加里波利和巴勒斯坦两大战役。他用"蓝桉骑兵"（Trooper Bluegum）的假名写了一首名为《驻留之马》的诗，其中描绘骑兵对自己的"威尔士马"（澳大利亚最常见的军用驯马的简称，来自新南威尔士）的那份感情：

> 我想我无法接受我那高贵的老马
> 在旧开罗步履蹒跚，背上驮着个短工伙计。
> 也许某个英国游客会在巴勒斯坦发现
> 我那心碎的威尔士马，身后拖着沉重的木犁。
>
> 不，我想我宁可杀死它，然后这样骗自己：
> "它跌进了毛鼻袋熊的洞穴，躺在里面死去。"
> 也许我会被军事法庭传讯；但我将遭天谴，如果我愿意
> 就这样回到澳大利亚，却把我的马留在这里。[20]

部队原定在 1919 年 3 月中旬离开埃及返家。但在他们登船之前，埃及爆发一场全国性起义，令澳新士兵又多滞留了一段时间。[21]

一战过后，埃及和阿拉伯地区翘首期盼进入独立的新时代。伍

小结　奥斯曼帝国的毁灭

德罗·威尔逊的十四点原则中，第十二点向阿拉伯及其他奥斯曼帝国子民保证，他们"将会有绝对的安全，并有机会实现不受干扰的自治发展"。政治积极分子在叙利亚和美索不达米亚展开关于不同政治愿景的探讨，他们再也不用像几十年来那样担心受到奥斯曼帝国的政治压迫。在埃及，政治精英很清楚自己想要什么。被英国占领 36 年后，他们希望埃及能够实现完全独立。[22]

一群著名的埃及政治家找到开罗的英国当局，要求批准他们在巴黎和会上提出的独立主张。1918 年 11 月 13 日，即与德国停战两天后，英国高级特派员雷吉纳尔德·温盖特爵士接见了由资深政治家萨德·扎格卢勒率领的代表团。他仔细倾听代表们的意见，却明确拒绝他们出席和会的要求。巴黎和会上讨论的是战败国的命运，与埃及并无关系。然而，扎格卢勒及其同僚还是坚持自己的要求，1919 年 3 月 8 日他们被捕并被遣送至马耳他。第二天，埃及便爆发了示威行动，并迅速蔓延至全国，各阶级的埃及人民都一致要求独立。

在埃及的城乡，凡是可见的英军据点都遭到人们的攻击。铁路和电报线路被毁，政府办公室被烧，政府中心聚集了大批抗议者。英军派遣士兵重整当地秩序，但这些士兵无法有效控制群众，死伤率也开始上升。埃及人指控英军士兵犯下了滔天罪行——用明火威胁示威者，烧毁村庄，甚至还奸淫妇女。截至 3 月底，已有 800 名埃及平民在冲突中丧生，另有 1600 人受伤。[23]

为了恢复治安，英国只好让扎格卢勒回到埃及，并允许他于 1919 年 4 月率领代表团前去巴黎。在埃及代表团到达巴黎之前，英国首相大卫·劳合·乔治已经说服法国和美国，称埃及是"英国内政，不是国际问题"。埃及代表团抵达巴黎当天，威尔逊总统便承认英国是埃及的保护国。埃及代表团从未能在和会上得到正式的听证资格。战争也许是结束了，但英国对埃及的统治却并未终结。

大马士革的埃米尔费塞尔在巴黎也同样得不到信任。他相信自已率领阿拉伯起义与协约国一道抗击奥斯曼帝国后，就能得到协约国的支持。然而，他的诉求与法国对叙利亚的野心产生了冲突。

1919年1月，费塞尔将阿拉伯独立的主张正式提交给巴黎和会的最高会议。考虑到亨利·麦克马洪爵士在与谢里夫侯赛因的通信中，曾许诺给予阿拉伯人大片领土，费塞尔在和会上提出的要求已算非常节制。他希望在大叙利亚地区（相当于现在的叙利亚、黎巴嫩、约旦、以色列，和巴勒斯坦当局）与汉志即刻建立完全独立的阿拉伯王国，由他的父亲侯赛因出任国王。他可以接受外国势力对巴勒斯坦一事进行斡旋，以解决阿拉伯和犹太复国主义者之间的矛盾。他认可英军对美索不达米亚的主张，但同时也表明自己相信这些领土最终会并入独立的阿拉伯王国，而他希望与会人士能批准阿拉伯人建立这样一个国家。

虽然哈希姆家族认为自己要求的比英国盟友曾经答应的要少，但费塞尔在和会上的主张还是超出了英国的能力范围。劳合·乔治需要法国点头，才能确保英国对美索不达米亚和巴勒斯坦的控制权。况且战争一开始，法国便摆明想要叙利亚。由于无法调和法国和阿拉伯人的领土主张，英国便选择支持它的重要盟友——法国，费塞尔只能自求多福。

1919年11月1日，英国从叙利亚撤军，将该地区交由法军掌控。针对这一举动，费塞尔的支持者和来自大叙利亚不同地区的代表共同举行了叙利亚全体代表大会，并于1920年3月8日宣布叙利亚独立，推举费塞尔为王。然而，费塞尔的叙利亚王国注定不会长久。法国从黎巴嫩派遣一支殖民地部队前去占领大马士革。在途中一座山关，他们遭遇费塞尔约2000人的余部。1920年7月24日，法军在可汗麦塞隆（Khan Maysalun）轻而易举地击溃费塞尔有名无实的部队，随后推进至大马士革，推翻了昙花一现的叙利亚王国，中途再未遇到任何抵抗。最终，费塞尔本人带着他破碎的阿拉伯起义幻梦开始亡命生涯。

费塞尔在大马士革设立的政府一经沦陷，巴勒斯坦便将直接受到英军占领，以及《贝尔福宣言》带来的后果。巴勒斯坦的地方政要在叙利亚全体代表大会上曾发挥了重要作用。1919年夏，巴黎和会派来美国调查委员会，当地百姓在委员会成员面前明确阐明了自己的观点。在6月10日至7月21日期间，金-克兰委员会到访大叙利亚的各个地区，一边搜集证据，一边考察当地民众如何看待该地区的政治未来。很显然，绝大多数的巴勒斯坦阿拉伯人希望巴勒斯坦能在费塞尔的阿拉伯王国治下。况且，金-克兰委员会报告中称，巴勒斯坦阿拉伯人"对整个犹太复国主义运动持反对意见"，"这是巴勒斯坦民众意见最一致的事"。[24]

受《贝尔福宣言》的鼓励，犹太人开始大量移民。到了1920年，巴勒斯坦局势开始紧张起来。1919到1921年间，约有1.85万名犹太复国主义者移居巴勒斯坦。在1920年4月的第一周，耶路撒冷爆发骚乱，致使5名犹太人和4名阿拉伯人死亡，超过200人受伤。1921年，暴力升级，阿拉伯市民在五一游行时，介入了雅法港犹太共产党人和复国运动者之间的一场斗争。在接下来的暴乱中，47名犹太人和48名阿拉伯人遇害，200多人受伤。《贝尔福宣言》所引起的矛盾——即试图为犹太人建国，同时不损害非犹太人的权益——已暴露无遗。

伊拉克的政治精英一边关注着埃及和叙利亚的动态，一边愈发为自己的未来担忧。1918年，英法两国曾发表宣言，承诺支持在阿拉伯土地上通过自决的方式"成立国家政府和行政机构"，这给伊拉克的政治家们吃了一颗定心丸。然而事隔数月，当初承诺的自治政府仍毫无进展，伊拉克人日渐起疑。1920年4月，有消息传来，称协约国已经在圣雷莫将伊拉克作为托管地交与英国，这正是伊拉克人最担心的事。[25]

1920年6月底，伊拉克举国爆发了抵制英国统治的运动。过程井然有序，组织严密，对驻巴士拉、巴格达和摩苏尔的英军构成了威胁。其中心位于幼发拉底河中游的什叶派圣城,那里也正是一战中奋起抵抗奥斯曼军的地方。随着起义不断蔓延,英军不得不调派更多的兵力进驻美索不达米亚,四处镇压决意抵抗到底的伊拉克人。从印度赶来的援军,加上曾参与美索不达米亚战役但还未解散的 6 万兵力,英军规模至 10 月已达 10 万人。猛烈的空袭和炮击,英军运用焦土政策击溃了抵御力量,重新征服幼发拉底河中游地区。一名纳杰夫的记者在 1920 年 10 月写道:"近日来,流血事件不断发生,繁华城镇陆续被毁,朝拜圣地频频遭袭,这一切都令人为之落泪。"到 10 月底起义被镇压时,英军宣称自身损失 2200 人,并估计约有 8450 名伊拉克人死亡或受伤。[26]

当时,谢里夫侯赛因已经是汉志之王。他密切关注着叙利亚、巴勒斯坦和伊拉克动向,越发觉得自己遭到背叛。他保留着与亨利·麦克马洪爵士的每一封通信,发现英国人背弃了当初许下的每一条承诺。当年,侯赛因立志成为阿拉伯之王,现在他只能囿于汉志,甚至或许连汉志也保不住。阿拉伯半岛中部与之竞争的另一位国王——阿卜杜勒·阿齐兹·沙特,在西方又称伊本·沙特——威胁要踏平汉志。更令侯赛因气愤的是,英国与伊本·沙特签有条约,每个月还给他拨一大笔款项。

英国同样也对汉志的未来感到担忧。他们早在 1915 年就与伊本·沙特签订了正式条约,而与哈希姆家族只是战时同盟,一旦战争结束,盟友关系也随之终结。除非这位年迈的汉志之王能与英国签署条约,否则英国将无法律基础保护其在汉志的控制权。然而,要想让侯赛因国王签约,他们首先得让他接受圣雷莫的战后协议。于是,1921 年夏,T. E. 劳伦斯接到了这个不可能完成的任务:前去与侯赛因国王谈判,希望汉志能与英国缔结条约。

当劳伦斯与侯赛因国王见面时,英国已经开始弥补亨利·麦克马洪爵士当初未能兑现的诺言。1921 年 3 月,时任殖民地大臣的温斯顿·丘吉尔在开罗秘密召开会议,商议英国在新中东各片托管地

小结　奥斯曼帝国的毁灭

的未来该何去何从。那次会议上，英国政要同意扶持侯赛因国王的儿子费塞尔为伊拉克国王，另一位儿子阿卜杜拉为外约旦的统治者（当时外约旦还未确定边界，直到1923年才与巴勒斯坦分离）。如此一来，哈希姆家族将分到除巴勒斯坦以外英国在中东所有的托管地。虽然这样的安排与麦克马洪的战时承诺仍有出入，但丘吉尔已可谓尽心尽力。

1921年7月至9月期间，劳伦斯一直在努力调和侯赛因国王与英国在战后中东的格局，但终未见成效。侯赛因的抱负绝不止汉志一隅，也拒绝将叙利亚和黎巴嫩从其他阿拉伯土地中拆分出来交给法国托管。尽管自己的儿子会在名义上成为伊拉克和外约旦国王，但他还是不能接受英国将这两片区域收为托管地。另外，他还拒绝同意在巴勒斯坦建立犹太国。如此一来，侯赛因国王不能接受英国战后协议中的任何一条，因此英国与汉志之间已无可能达成协议。于是，劳伦斯只好两手空空地返回伦敦。

1923年，伊本·沙特准备起兵攻打红海沿岸诸省。借此机会，英国做了最后一次努力，提出以提供保护为条件换取协议，但仍遭到侯赛因国王的拒绝。1924年10月6日，侯赛因国王将王位让给大儿子阿里，自己开始流亡生涯。1925年，沙特人征服汉志，阿里国王的统治也就此结束。和之前的奥斯曼军一样，哈希姆部队也在麦地那做了最后一搏，才于1925年12月交出这座圣城。此时，距法赫里帕夏投降已将近7年。

最终，在第一次世界大战里，奥斯曼帝国战线的重要性远超当代人的想象。协约国战争策划者们原本以为能在短期内击败实力较弱的奥斯曼帝国，从而促使同盟国早日投降。然而，他们发现自己反被卷入一系列持续到战争末期的战役：在高加索和波斯的战斗，强行通过达达尼尔海峡失败，遭到逆袭的美索不达米亚战役，还有在西奈半岛、巴勒斯坦和叙利亚地区的漫长作战，分散了西线主战场的几十万兵力和战略物资。奥斯曼帝国这条战线非但没有加快战争结束，相反延长了战争。

协约国在中东的多数行动都是出于对圣战的惧怕。然而，这种担忧后来被证明是多余。对奥斯曼帝国苏丹以哈里发身份发起的呼吁，殖民地穆斯林置若罔闻，但欧洲列强仍然担心土耳其若赢得重大胜利，将会在印度和北非殖民地中掀起致命的伊斯兰起义。讽刺的是，这种担忧令协约国对哈里发号召的反应程度比穆斯林受众还要大。甚至在一个世纪后的今天，西方世界仍然相信穆斯林有可能同仇敌忾，做出狂热的举动。正如2001年9月11日"打击恐怖主义战争"所表现的那样，西方政治家对圣战的态度仍与1914年至1918年间战争策划者们的观点不无相似。

第一次世界大战本身对塑造现代中东有着极为重大的影响。随着奥斯曼帝国的灭亡，欧洲列强取代土耳其统治这片地区。四个世纪以来，中东一直团结在以奥斯曼穆斯林为首的多民族帝国周围。如今，阿拉伯土地被划分成数个新兴国家，接受英法两国的管治。另一些国家——比如土耳其、伊朗和沙特阿拉伯——在自己划定的领土范围内实现了独立。但除此之外，欧洲列强按照战后协议，对中东大多数国家的疆域和政府体系都做出硬性规定。

整个一战中，协约国一直针对奥斯曼帝国的战后分治方案进行激烈的谈判。回头看来，每一个分治协议只在其特定的战时背景下才有意义：1915年《君士坦丁堡协定》的背景是协约国期待尽快攻占伊斯坦布尔；1915年至1916年的"侯赛因–麦克马洪通信"是由于英国亟需与穆斯林达成联盟，共同对抗奥斯曼帝国的圣战；1917年《贝尔福宣言》正值英国试图修改《赛克斯–皮克特协定》来确保自身在巴勒斯坦的统治。这些只在战争时期才说得通的古怪协定，不过是为了帮助英法两国扩张殖民势力。人们不免猜测，倘若当时欧洲各国有意建立一个稳定的中东，它们便该以一种完全不同的方法划定边界。

战后协定划下的边界格外持久，但由于这种划分而引起的冲突也一直如影随形。战后，库尔德人散布在土耳其、伊朗、伊拉克和叙利亚各国。过去一个世纪以来，他们一直在跟相应的国家当局作斗争，以获取文化和政治权利。1920年由法国推动建国的黎巴嫩，一开始是基督教国家，但经历一连串的内战之后，其政治机构无法跟上人口变迁，穆斯林的数量开始超过基督徒。由于叙利亚的许多民族主义者始终认为黎巴嫩是叙利亚不可分割的一部分，它对黎巴嫩独立建国一事一直耿耿于怀。这也导致了叙利亚后来出兵参与1976年的黎巴嫩内战，并在随后将近30年的时间里一直占领该国。伊拉克尽管坐拥丰富的自然和人力资源，但它在战后划定的边界内从未得到过安宁：第二次世界大战期间，伊拉克发生政变，并与英国产生了冲突；1958年爆发革命；1980年至1988年深陷两伊战争；自萨达姆·侯赛因于1991年入侵科威特后便战争不断；2003年，美国又入侵伊拉克，颠覆了侯赛因政权。

尽管如此，在诸多因战后分治而遗留下来的问题之中，阿以冲突才是将中东变成战区的根本原因。以色列和周边的阿拉伯国家分别在1948年、1956年、1967年和1973年打了四场大型战役。虽然在那之后，以色列和埃及在1979年，和约旦在1994年分别签订了和平条约，但给中东留下许多至今仍未解决的疑难问题：巴勒斯坦难民分散在黎巴嫩、叙利亚和约旦境内；以色列继续占领叙利亚的戈兰高地，以及黎巴嫩南部的舍巴农场；以色列尚未放弃巴勒斯坦境内的加沙和西岸地区。虽然以色列和其阿拉伯邻国对冲突负主要责任，但他们冲突的根源还是要追溯到《贝尔福宣言》埋下的根本矛盾。

中东边境的合法性自边界初次划定以来就备受争议。上世纪四五十年代时阿拉伯民族主义者公开呼吁阿拉伯国家统一，舍弃现存的这些被视为是帝国主义遗产的边界。出于相同的目标，泛伊斯兰主义者也曾倡导建立一个庞大的伊斯兰国。2014年，一支自称为"伊斯兰国"的民兵组织用推特向其支持者宣布，他们在叙利亚北部至伊拉克之间建立哈里发国，旨在"撕毁《赛克斯-皮克特协定》"。一个世纪后的今天，中东边界在饱受争议的同时，也同样动荡不安。[27]

　　一战爆发已有百年，但中东并未举行什么纪念仪式。除了土耳其和澳新老兵协会成员聚集在加里波利，共同纪念战争死难者之外，人们都在这百年纪念之际关注着当代更为迫切的问题——比如埃及的革命动乱、叙利亚和伊拉克内战，以及以色列和巴勒斯坦之间持续的暴力事件，等等。曾在奥斯曼帝国战线上挣扎、牺牲的各国军队已渐渐淡出世人的记忆。尽管如此，只要一战仍被世界其他角落的人们所铭记，奥斯曼帝国在战争中发挥的作用就不应被人遗忘。因为正是奥斯曼帝国战线将原本的欧洲大战扩散至亚洲，世界各地的士兵随之加入战斗，才最终使这场战争演变成第一次世界大战。时至今日，一战的遗留问题对中东的影响，比对世界其他任何地方都要大得多。

注 释

序 言

1. Colonel J. M. Findlay, *With the 8th Scottish Rifles, 1914–1919* (London: Blockie, 1926), 21.
2. Findlay, *With the 8th Scottish Rifles*, 34.
3. 2013 年 9 月，英国文化教育协会委托 You Gov 机构在网上发起一次调查，由埃及、法国、德国、意大利、印度、俄国、土耳其和英国的成年人参与。调查结果报告题为 "Remember the World as Well as the War: Why the Global Reach and Enduring legacy of the First World War Still Matter Today"。British Council, February 2014, http://www.british-council.org/organisation/publications/remember-the-world.
4. 最近有一批原文为土耳其语和阿拉伯语的优秀日记被译为多国文字，包括 Lieutenant Mehmed Fasih's *Gallipoli 1915: Bloody Ridge (Lone Pine) Diary of Lt. Mehmed Fasih* (Istanbul: Denizler Kitabevi, 2001); Falih Rıfkı Atay 1981 年出版的回忆录 *Zeytindağı* 最近有了优秀的法语版本，标题为 *Le mont des Oliviers: L'empire Ottoman et le Moyen-Orient, 1914–1918* (Paris: Turquoise, 2009)；Ihsan Turjman，一名耶路撒冷的士兵，其日记最近也由 Salim Tamari 翻译为英文，题为 *Year of the Locust: A Soldier's Diary and the Erasure of Palestine's Ottoman Past* (Berkeley: University of California Press, 2011)。

最近从安卡拉军事档案馆取材的研究，有 Mustafa Aksakal, *The Ottoman Road to War in 1914: The Ottoman Empire and the First World War* (Cambridge: Cambridge University Press, 2008)；M. Talha Çiçek, *War and State Formation in Syria: Cemal Pasha's Governorate During World War I, 1914–17* (London: Routledge, 2014)；Edward J. Ericksond, *Ordered to Die: A History of the Ottoman Army in the First World War* (Westport, CT: Greenwood Press, 2001)；Hikmet Özdemir, *The Ottoman Army, 1914–1918: Disease and Death on the Battlefield* (Salt Lake City: University of Utah Press, 2008).

第一章

1. 烘焙师公会代表的话，引自 Stanford J. Shaw 和 Ezel Kural Shaw, *History of the Ottoman Empire and Modern Turkey* (Cambridge: Cambridge University Press, 1985), 2:187.
2. 关于青年土耳其党，参见 Feroz Ahmad, *The Young Turks: The Committee of Union and Progress in Turkish Politics, 1908–1914* (Oxford: Oxford University Press, 1969) ; M. Sükrü Hanioğlu, *Preparation for a Revolution: The Young Turks, 1902–1908* (New York: Oxford University Press, 2001) ; Erik J. Zürcher 的 *Turkey: A Modern History* (London: I. B. Tauris, 1993).
3. 哈米德二世的话引自 François Georgeon, *Abdülhamid II: Le sultan calife* (Paris: Fayard, 2003), 401.
4. 报道引自 Georgeon, *Abdülhamid II*, 404 ; Cemal 与 Talat 的部分引自 Andrew Mango 的 *Atatürk* (London: John Murray, 1999), 80.
5. 无名氏，*Thawrat al-`Arab* [ 阿拉伯起义 ] (Cairo: Matba`a al-Muqattam, 1916), 49.
6. Muhammad Izzat Darwaza, *Nash'at al-Haraka al-`Arabiyya al-Haditha* [ 现代阿拉伯运动的形成 ], 2nd ed. (Sidon and Beirut: Manshurat al-Maktaba al-`Asriyya, 1971), 277.
7. Darwaza, *Nash'at al-Haraka*, 286.
8. Zürcher, *Turkey*, 98.
9. 《柏林条约》第 61 条, in *The Middle East and North Africa in World Politics*, ed. J. C. Hurewitz (New Haven, CT: Yale University Press, 1975), 1:413–414. See also H. F. B. Lynch, *Armenia: Travels and Studies*, Vol. 2: *The Turkish Provinces* (London: Longmans, Green and Co., 1901), 408–411.
10. Dikran Mesob Kaligian, *Armenian Organization and Ideology Under Ottoman Rule, 1908–1914* (New Brunswick, NJ: Transaction Publishers, 2011), 1–2.
11. Lynch, *Armenia*, 2:157–158.
12. Georgeon, *Abdülhamid II*, 291–295.
13. 杰马勒帕夏声称有 1.7 万名亚美尼亚人被害；见 Djemal Pasha, *Memories of a Turkish Statesman, 1913–1919* (London: Hutchinson, n.d.), 261. 一位名叫 Zohrab 的亚美尼亚代表，曾为大屠杀官方调查团的一员，他给出的亚美尼亚死亡人数为 2 万名；见 "Young Turk-Armenian Relations during the Second Constitutional Period, 1908–1914," in *From Empire to Republic: Essays on the Late Ottoman Empire and Modern Turkey*, by Feroz Ahmad (Istanbul: Bilgi University Press, 2008), 2:186. 另外，Kaligian 在 *Armenian Organization* 中称，死于阿达纳大屠杀的亚美尼亚人介于 1 万到 2 万人之间。
14. Zabel Essayan 的 *Dans les ruines: Les massacres d'Adana, avril 1909* [废墟之中：阿达纳大屠杀，1909 年 4 月] (Paris: libella, 2011), 译自 1911 年出版的亚美尼亚语原著，引自 40 页。
15. Kaligian, *Armenian Organization*, 45–47; Djemal Pasha, *Memories of a Turkish Statesman*, 262.
16. 关于意大利入侵利比亚，见 Jamil Abun-Nasr, *A History of the Maghrib* (Cambridge: Cambridge University Press, 1971), 308–312; Mango, *Atatürk*, 101–111.
17. 一位参加战役的土耳其老兵声称，奥斯曼军总共只有 1000 人。而意大利方面称，土耳其人在的黎波里塔尼亚和昔兰尼加有4200人。Philip H. Stoddard, "The Ottoman Government and the Arabs, 1911 to 1918: A Preliminary Study of the Teşkilât-i Mahsusa" (PhD diss., Princeton University, 1963), 205–206n174. 另见 E. E. Evans-Pritchard 的 *The Sanusi of Cyrenaica* (Oxford: Oxford University Press, 1954), 104–124.

18. M. Sükrü Hanioğlu, ed., *Kendi Mektuplarinda Enver Paşa* [恩维尔帕夏的书信] (Istanbul: der Yayinlari, 1989), 75–78.
19. Mango, *Atatürk*, 102.
20. Hanioğlu, *Kendi Mektuplarinda Enver Paşa*, 92–94. 另见 Georges Rémond, *Aux campes turco-arabes: Notes de route et de guerre en Tripolitaine et en Cyréanaique* [土阿营地：在的黎波里塔尼亚和昔兰加的行走及战争见闻] (Paris: Hachette, 1913).
21. Hanioğlu, *Kendi Mektuplarinda Enver Paş*, 148–153, 185–188, 196–198. 另见 G. F. Abbott, *The Holy War in Tripoli* (London: Edward Arnold, 1912).
22. Abun-Nasr, *History of the Maghrib*, 310.
23. L. S. Stavrianos, *The Balkans Since 1453* (London: Hurst, 2000), 535–537.
24. Hanioğlu, *Kendi Mektuplarinda Enver Paşa*, letters of 28 December 1912 and 12 January 1913, 216–217, 224.
25. 恩维尔在1913年1月23日至28日的多封信件中提及此次事件。Hanioğlu, *Kendi Mektuplarinda Enver Paşa*, 224–231. 另见 Ahmad, *The Young Turks*, 117–123.
26. Niyazi Berkes, *The Development of Secularism in Turkey* (New York: Routledge, 1998), 358.
27. Hanioğlu, *Kendi Mektuplarinda Enver Paşa*, 247–248.
28. Hanioğlu, *Kendi Mektuplarinda Enver Paşa*, letter of 2 August 1913, 249–250.
29. Hanioğlu, *Kendi Mektuplarinda Enver Paşa*, letter of 2 August 1913, 249–250.
30. 关于战前阿拉伯民族主义团体的起源、目标和成员情况，见 George Antonius, *The Arab Awakening* (London: Hamish Hamilton, 1938), 101–125； Eliezer Tauber, *The Emergence of the Arab Movements* (London: Frank Cass, 1993).
31. 摘自 Zeine N. Zeine, *The Emergence of Arab Nationalism*, 3rd ed. (New York: Caravan Books, 1973), 84.
32. Tawfiq al-Suwaydi, *My Memoirs: Half a Century of the History of Iraq and the Arab Cause* (Boulder, CO: Lynne Reiner, 2013), 60. 苏瓦伊迪对阿拉伯代表大会的叙述，见62–68.
33. 关于《巴黎协定》，见 Tauber, *Emergence of the Arab Movements*, 198–212.
34. Suwaydi, *My Memoirs*, 68. 反中央集权党的 Abd al-Hamid al-Zahrawi，以及 Muhammad al-Mihmisani 和 Abd al-Ghani al-Uraysi 两位"法塔特"成员，被奥斯曼当局于1916年5月处决。
35. Hanioğlu, *Kendi Mektuplarinda Enver Paşa*, letter of 2 August 1913, 249–250.

第二章

1. NARA, Istanbul vol. 284, US deputy Consul General George W. Young, "Automobiles," 3 July 1914.
2. B. A. Elliot, *Blériot: Herald of an Age* (Stroud, UK: Tempus, 2000), 165.

3. NARA, Istanbul vol. 285, US vice consul in Mersin to consul general, Istanbul, 16 February 1914.
4. NARA, Istanbul vol. 285, Consul General Ravndal, "Successful Demonstration of 'Curtiss Flying Boat' at Constantinople," 15 June 1914.
5. NARA, Istanbul vol. 282, report from Jerusalem dated 29 April 1914，包括一份雅法征兵当局送给巴勒斯坦村落领导人的通知的译本。
6. Mustafa Aksakal. *The Ottoman Road to War in 1914: The Ottoman Empire and the First World War* (Cambridge: Cambridge University Press, 2008), 42–56.
7. Michael A. Reynolds, *Shattering Empires: The Clash and Collapse of the Ottoman and Russian Empires, 1908–1918* (Cambridge: Cambridge University Press, 2011), 36–41.
8. Justin McCarthy, *Muslims and Minorities: The Population of Ottoman Anatolia and the End of the Empire* (New York: New York University Press, 1983), 47–88. 奥斯曼帝国的人口普查数据显示，1911 年和 1912 年，六个行省的亚美尼亚总人数为 86.5 万人，而亚美尼亚主教宣称 1912 年该六个行省的亚美尼亚总人口达 101.8 万人。注意哈尔普特还有个名字叫 Mamuretülaziz，今为土耳其的 Elâzığ.
9. Roderic H. Davison, "The Armenian Crisis, 1912–1914," *American Historical Review* 53 (April 1948): 481–505.
10. Taner Akçam, *The Young Turks' Crime Against Humanity: The Armenian Genocide and Ethnic Cleansing in the Ottoman Empire* (Princeton, NJ: Princeton University Press, 2012), 129–135.
11. 摘自 Sean McMeekin, *The Berlin-Baghdad Express: The Ottoman Empire and Germany's Bid for World Power, 1898–1918* (London: Allen lane, 2010), 14.
12. NARA, Istanbul vol. 295, reports from Mersina, 3 July 1915, and Constantinople, "Baghtche Tunnel," 3 September 1915; McMeekin, *The Berlin-Baghdad Express*, 233–258.
13. NARA, Baghdad box 19，Brissel 领事于 1914 年 6 月 2 日和 1914 年 10 月 10 日的报告。
14. 苏丹的评论被 Otto Liman von Sanders 在 *Five Years in Turkey* 中引用 (Annapolis, Md: US naval Institute, 1927), 1–12.
15. Aksakal, *The Ottoman Road to War*, 80–83; Liman von Sanders, *Five Years in Turkey*, 6–7.
16. Djemal Pasha, *Memories of a Turkish Statesman, 1913–1919* (London: Hutchinson, n.d.), 99–106.
17. 意大利虽为三国同盟的其中一员，但它只与德国和奥地利签署了防御同盟。由于 1914 年是德国和奥地利发起进攻，意大利并未卷入。1915 年，意大利最终参战，但加入的是协约国阵营。
18. Djemal Pasha, *Memories of a Turkish Statesman*, 116–117.
19. Aksakal, *The Ottoman Road to War*, 96.
20. Aksakal, *The Ottoman Road to War*, 99.
21. "Secret Treaty of defensive Alliance: Germany and the Ottoman Empire, 2 August 1914," in *The Middle East and North Africa in World Politics*, ed. J. C. Hurewitz (New Haven, CT: Yale University Press, 1979), 2:1–2.

注 释

22. Irfan Orga, *Portrait of a Turkish Family* (1950; rpt. London: Eland, 1988), 47–48. Orga 并不是仅靠自己的记忆重现了这段对话，他承认"数年后我的母亲为我拼凑出了对话的大部分内容" (46)。
23. NARA, Istanbul vol. 285, Heizer to Morgenthau, 4 August 1914; telegrams from Consul Grech, Dardanelles, 4 and 27 August 1914.
24. 摘自 Aksakal, *The Ottoman Road to War*, 117.
25. Ulrich Trumpener, *Germany and the Ottoman Empire, 1914–1918* (Princeton, nJ: Princeton University Press, 1968), 28; Aksakal, *The Ottoman Road to War*, 115.
26. Djemal Pasha, *Memories of a Turkish Statesman*, 118–119；Halil Menteşe, *Osmanli Mebusan Meclisi Reisi Halil Menteşe'nin Anilari* [奥斯曼帝国议会会议长哈利勒·蒙蒂斯回忆录] (Istanbul: Amaç Basimevi, 1996), 189–191.
27. John Buchan, *Greenmantle* (London: Hodder and Stoughton, 1916), 7. 关于伊斯兰政治（Islampolitik），见 Tilman Lüdke, *Jihad Made in Germany: Ottoman and German Propaganda and Intelligence Operations in the First World War* (Münster: Lit Verlag, 2005), 33–34.
28. 引自 McMeekin, *The Berlin-Baghdad Express*, 27, 91.
29. 恩维尔的评论出处见第一章尾注第 25 条；Djemal Pasha, *Memories of a Turkish Statesman*, 144. 关于联合派对圣战的看法，参见 Philip H. Stoddard, "The Ottoman Government and the Arabs, 1911 to 1918: A Preliminary Study of the Teşkilât-i Mahsusa" (PhD diss., Princeton University, 1963), 23–26.
30. 根据俄国外交信函，Aksakal 完整记录了奥斯曼帝国给俄国的提议，参见 *The Ottoman Road to War*, 126–135. Sean McMeekin 将恩维尔的提议称作"这是一次愤世嫉俗的尝试，令人震惊"，参见 *The Russian Origins of the First World War* (Cambridge, MA: Harvard University Press, 2011), 106–107.
31. Hew Strachan, *The First World War*, vol. 1: *To Arms* (Oxford: Oxford University Press, 2001), 230–278. 关于奥地利不敌俄国和塞尔维亚，见 David Stevenson, *1914– 1918: The History of the First World War* (London: Penguin, 2005), 70–73. 另见 D. E. Showalter. "Manoeuvre Warfare: The Eastern and Western Fronts, 1914–1915," in *The Oxford Illustrated History of the First World War*, ed. Hew Strachan (Oxford: Oxford University Press, 2000), 39–53.
32. 冯·法金汉的说法引自 Aksakal, *The Ottoman Road to War*, 149.
33. Mustafa Aksakal, "Holy War Made in Germany? Ottoman Origins of the 1914 Jihad," *War in History* 18 (2011): 184–199.

第三章

1. Hew Strachan, *The First World War* (London: Pocket Books, 2006), 97.
2. NARA, Istanbul vol. 280, "Annual Report on the Commerce and Industries of Turkey for the Calendar Year 1913," 1914 年 5 月 29 日；另见其中来自叙利亚的黎波里、士麦那、耶路撒冷和特拉布宗的报告，这些报告都描述了移民男子的参军年龄。Istanbul vol. 292, "Report on Commerce and Industries for Calendar Year 1914," Jerusalem, 15 March 1915.

3. NARA, Istanbul vol. 282, report from Jerusalem dated 29 April 1914。其中包含了1914年4月25日由雅法征兵当局首长寄给巴勒斯坦 mukhtars，即村落领导人的一份指示文件的翻译稿；Yigit Akin, "The Ottoman Home Front during World War I: Everyday Politics, Society, and Culture" (PhD diss., Ohio State University, 2011), 22 页；动员海报可参见 Mehmet Besikçi, "Between Voluntarism and Resistance: The Ottoman Mobilization of Manpower in the First World War" (PhD diss., Bogaziçi University, 2009), 407–409.

4. Ahmad Rida, *Hawadith Jabal `Amil, 1914–1922* [Jabal Amil 大事记] (Beirut: dar Annahar, 2009), 35.

5. NARA, Istanbul vol. 282, 美国驻阿勒颇领事于1914年8月3日的报告；vol. 292, 美国驻特拉布宗副领事于1915年3月31日的报告。

6. Irfan Orga, *Portrait of a Turkish Family* (1950; rpt. London: Eland, 1988), 65–66.

7. "Ey gaziler yol göründü, Yine garib serime, da lar, taşlar dayanamaz, Benim ahu zarima." Orga, *Portrait of a Turkish Family*, 67, 71.

8. Edward J. Erickson, *Ordered to Die: A History of the Ottoman Army in the First World War* (Westport, CT: Greenwood Press, 2001), 7; Şevket Pamuk, "The Ottoman Economy in World War I," in *The Economics of World War I*, ed. Stephen Broadberry and Mark Harrison (Cambridge: Cambridge University Press, 2005), 117; Beşikçi, "Between Voluntarism and Resistance," 141.

9. David Stevenson, *1914–1918: The History of the First World War* (London: Penguin, 2005), 198–205.

10. NARA, Istanbul vol. 292, "Special Report on Turkish Economics," 8 May 1915.

11. NARA, Istanbul vol. 282, report from Aleppo, 3 August 1914; Istanbul vol. 292, "Trade and Commerce at Beirut for the Year 1914, and January 1915," 15 April 1915; "Annual Report on Commerce and Industries for 1914," Harput, 1 January 1915; Istanbul vol. 295, "Trade Depression in Turkey Caused by European War," Smyrna (Izmir), 26 February 1915.

12. Pamuk, "The Ottoman Economy in World War I," 117.

13. Beşikçi, "Between Voluntarism and Resistance," 73–76；NARA, Istanbul vol. 292, "Special Report on Turkish Economics," Istanbul，1915年5月8日。

14. NARA, Istanbul vol. 279, letter from Hakki Pasha, governor of Adana to the US consul in Mersin, dated 6 Aghustos 1330；关于劫掠商店和勒索的描述，见 vol. 279, letter from US consul in Jerusalem, 19 September 1914; correspondence with the Singer Manufacturing Company, September and October 1914; letter from Ottoman governor of Adana to US consul in Mersin, August 1914; report from US consul in Baghdad of 5 October 1914. See also Istanbul vol. 292, "Special Report on Turkish Economics," 8 May 1915.

15. Erik Jan Zürcher, "Between death and desertion: The Experience of the Ottoman Soldier in World War I," *Turcica* 28 (1996): 235–258；Pamuk, "The Ottoman Economy in World War I," 126；NARA, Istanbul vol. 292, "Special Report on Turkish Economics," Istanbul, 8 May 1915；Istanbul vol. 294, "Increased Cost of living in Constantinople," 2 December 1915。

16. Ahmed Emin, *Turkey in the World War* (new Haven, CT: Yale University Press, 1930), 107.

17. 一位出身贵族的阿尔及利亚上尉，Khaled El Hachemi，曾在法国的军事精英学院 Saint-Cyrien 深造，他是非常罕见的一个例外。Gilbert Meynier, *L'Algérie révélée: La guerre de*

1914–1918 et le premier quart du XXe siècle (Geneva: Droz, 1981), 85–87.
18. 法语里他的全名是 Mostapha Ould Kaddour Tabti. Mohammed Soualah, "Nos troupes d'Afrique et l'Allemagne," Revue africaine 60 (1919): 495–496.
19. Meynier, L'Algérie révélée, 98–103.
20. Jean Mélia, L'Algérie et la guerre (1914–1918) (Paris: Plon, 1918), 28–32. 法语歌词为："la République nous appelle, Sachons vaincre ou sachons périr, Un Français doit vivre pour elle, Pour elle un Français doit mourir." 最后一句，据 Messali 回忆，变成了 "Pour elle un Arabe doit mourir". Messali Hadj, Les mémoires de Messali Hadj, 1898–1938 (Paris: J. C. lattès, 1982), 76.
21. Hadj, Mémoires, 70. 塔布提整首诗有六十五组对句，其阿拉伯语和法语版本可见 Soualah, "nos troupes d'Afrique et l'Allemagne," 494–520.
22. Meynier, L'Algérie révélée, 271–274.
23. Meynier, L'Algérie révélée, 280–282；Mélia, L'Algérie et la guerre, 257–260, 270–276；Augustin Bernard, L'Afrique du nord pendant la guerre (Paris: les presses universitaires de France, 1926), 94, table II.
24. Peter Dennis et al., eds., The Oxford Companion to Australian Military History (Melbourne: Oxford University Press, 1995), 104–109；Cedric Mentiplay, A Fighting Quality: New Zealanders at War (Wellington: A. H. & A. W. Reed, 1979), 13.
25. James McMillan, "40,000 Horsemen: A Memoir," Archives New Zealand, Alexander Turnbull library, MS X-5251；Terry Kinloch, Devils on Horses: In the Words of the Anzacs in the Middle East, 1916–19 (Auckland: Exisle Publishing, 2007), 32–34；Roland Perry, The Australian Light Horse (Sydney: Hachette Australia, 2009), 38–43.
26. 十二位新西兰远征军老兵接受了 Maurice Shadbolt 的采访，他们回顾了征募的动机，见 Voices of Gallipoli (Auckland: Hodder and Stoughton, 1988). 特雷沃·霍尔姆登的文件被收藏于 Alexander Turnbull 图书馆，Wellington, new Zealand, MS-Papers 2223.
27. Jeffrey Grey, A Military History of Australia, 3rd ed. (Cambridge: Cambridge University Press, 2008), 88；Christopher Pugsley, The ANZAC Experience: New Zealand, Australia and Empire in the First World War (Auckland: Reed, 2004), 52–55, 63; Fred Waite, The New Zealanders at Gallipoli (Auckland: Whitcombe and Tombs, 1919), 10–19.
28. 关于印度对英国与奥斯曼帝国的态度，见 Algernon Rumbold, Watershed in India, 1914–1922 (London: Athlone Press, 1979), 9–10.
29. P. G. Elgood, Egypt and the Army (Oxford: Oxford University Press, 1924), 1, 42–43.
30. 摘自 Robin Kilson, "Calling Up the Empire: The British Military Use of Non-white Labor in France, 1916–1920" (PhD diss., Harvard University, 1990), 262–263.
31. Ahmad Shafiq, Hawliyat Masr al-siyasiyya [埃及政治年鉴] (Cairo: Matba`a Shafiq Pasha, 1926), 1:47–48.
32. Peter Hopkirk, On Secret Service East of Constantinople: The Plot to Bring Down the British Empire (London: John Murray, 2006), 66–84；Sean McMeekin, The Berlin-Baghdad Express: The Ottoman Empire and Germany's Bid for World Power, 1898–1918 (London: Allen lane, 2010), 90–92.

33. 摘自 Budheswar Pati, *India and the First World War* (New Delhi: Atlantic Publishers, 1996), 12.
34. Pati, *India and the First World War*, 15–16.
35. Pati, *India and the First World War*, 18–21.
36. Judith Brown, *Modern India: The Origins of an Asian Democracy*, 2nd ed. (Oxford: Oxford University Press, 1994), 195；Robert Holland, "The British Empire and the Great War, 1914–1918," in *The Oxford History of the British Empire*, vol. 4: *The Twentieth Century*, ed. Judith Brown 与 William Roger Louis (Oxford: Oxford University Press, 1999), 117；Pati, *India and the First World War*, 32–38.
37. 数十份证词，包括两位穆夫提的，载于 *Revue du monde musulman* 29 (December 1914)，该书为纪念法国穆斯林和战争的特别版，收有北非宗教人士的相关声明，（阿拉伯语，附有法语翻译）。
38. James Mcdougall, *History and the Culture of Nationalism in Algeria* (Cambridge: Cambridge University Press, 2006), 36–43；Peter Heine, "Salih Ash-Sharif at-Tunisi, a north African nationalist in Berlin during the First World War," *Revue de l'Occident musulman et de la Mediterranée* 33 (1982): 89–95.
39. Tilman Lüdke, *Jihad Made in Germany: Ottoman and German Propaganda and Intelligence Operations in the First World War* (Münster: lit Verlag, 2005), 117–125；Heine, "Salih Ash-Sharif at-Tunisi," 90.
40. 奥斯曼当局的审讯手稿保存在安卡拉土耳其军事档案馆，见 Ahmet Tetik, Y. Serdar Demirtaş 和 Sema Demirtaş, *Çanakkale Muharebeleri'nin Esirleri—Ifadeler ve Mektuplar* [加里波利战役战俘：证词与信件] (Ankara: Genelkurmay Basımevi, 2009), 1:93–94.
41. 来访的阿拉伯显贵中，有著名的阿尔及利亚起义领导人，Amir Abd al-Qadir 之子 Amir Ali Pasha，他既是阿尔及利亚的流亡者，也是1911年利比亚战争的老兵。参见 Mélia, *L'Algérie et la guerre*, 230–237；Heine, "Salih Ash-Sharif at-Tunisi," 91.
42. Peter Heine 在他关于萨利赫·谢里夫的文章中声称，德国档案并未提供证据证明战俘遭胁迫，尽管其中有"报告称，这些愿意为土耳其效力的人，"因"前去土耳其的行程遭延误"还表示了愤怒。Heine, "Salih Ash-Sharif at-Tunisi," 94n12. 艾哈迈德·本·侯赛因的证词可以证明这一点。

第四章

1. C. F. Aspinall-Oglander, *Military Operations: Gallipoli* (London: William Heinemann, 1929), 1:34–35.
2. W. E. D. Allen and Paul Muratoff, *Caucasian Battlefields: A History of the Wars on the Turco-Caucasian Border, 1828–1921* (Cambridge: Cambridge University Press, 1953), 245–247.
3. Ali Rıza Eti, *Bir onbaşının doğu cephesi günlüğü, 1914–1915* [东线下士的日记，1914–1915] (Istanbul: Türkiye İş Bankası Kültür Yayınları, 2009)；关于他讲述的科普鲁克伊（Köprüköy）之战，见 37–42.
4. 奥斯曼军死伤人数见 Edward J. Erickson, *Ordered to Die: A History of the Ottoman Army*

注释　　　　　　　　　　　　　　　　　　　　　　　　　　　　　　　　425

　　 in the First World War (Westport, CT: Greenwood Press, 2001), 72n4. 俄军伤亡人数见 M. Larcher, *La guerre turque dans la guerre mondiale* [世界大战中的土耳其战争] (Paris: Etienne Chiron et Berger-levrault, 1926), 381. Enver quoted by Otto Liman von Sanders, *Five Years in Turkey* (Annapolis: US Naval Institute, 1927), 37.

5. Philip Graves, *The Life of Sir Percy Cox* (London: Hutchinson, 1941), 120–126；Daniel Yergin, *The Prize* (New York: Free Press, 1992), 134–149.
6. 德拉曼接到指令的内容引自 E. G. Keogh, *The River in the Desert* (Melbourne: Wilke & Co., 1955), 39–40.
7. 布拉德的判断引自 Arnold T. Wilson, Loyalties Mesopotamia, 1914–1917 (London: Oxford University Press, 1930), 1:4.
8. 关于巴士拉改革协会与赛义德·塔利布·纳齐布的内容，参见 Eliezer Tauber, *The Emergence of the Arab Movements* (London: Frank Cass, 1993). 同时代关于赛义德·塔利布的英语资料，参见 Wilson, *Loyalties Mesopotamia*, 1:18.
9. Basil Sulayman Faydi, ed., *Mudhakkirat Sulayman Faydi* [苏莱曼·费迪回忆录] (London: dar al-Saqi, 1998), 194–196.
10. 诺克斯在 1914 年 10 月 31 日的宣言，见 Wilson. *Loyalties Meso-potamia*, 1:309；"1914 年 11 月 3 日，英国承认科威特为受英国保护的独立国，"见 Hurewitz, *Middle East and North Africa in World Politics*, 2:6–7.
11. 考克斯在 1914 年 11 月 5 日的宣言，见 Wilson 的 *Loyalties Mesopotamia*, 1:310–311.
12. Faydi, *Mudhakkirat*, 199.
13. Faydi, *Mudhakkirat*, 203.
14. F. J. Moberly, *The Campaign in Mesopotamia, 1914–1918* (London: HMSO, 1923), 1:106–153；Charles Townshend, *When God Made Hell: The British Invasion of Mesopotamia and the Creation of Iraq, 1914–1921* (London: Faber and Faber, 2010), 3–10.
15. Edmund Candler, *The Long Road to Baghdad* (London: Cassell and Co., 1919), 1:111.
16. Moberly, *The Campaign in Mesopotamia*, 117–27；Ron Wilcox, *Battles on the Tigris: The Mesopotamian Campaign of the First World War* (Barnsley, UK: Pen & Sword Books, 2006), 2–26；Townshend, *When God Made Hell*, 30–40.
17. NARA, Basra box 005, letter from John Van Ess dated Busrah, 21 November 1914.
18. 珀西·考克斯爵士对巴士拉人民的讲话引自 Wilson, Loyalties Mesopotamia, 1:311.
19. Moberly, *The Campaign in Mesopotamia*, 1:151–152.
20. 伤亡人数来自 Moberly, *The Campaign in Mesopotamia*, 1:106–153.
21. IWM Documents 828, diary of Private W. R. Bird, entry of 14 January 1915.
22. Townshend, *When God Made Hell*, 66.
23. IWM, P 158, Documents 10048, private papers of Lieutenant Colonel H. V. Gell, diary entry of 10–11 November 1914.
24. G. Wyman Bury, *Arabia Infelix, or the Turks in Yamen* (London: Macmillan, 1915), 16–19.
25. Harold F. Jacob, *Kings of Arabia: The Rise and Set of the Turkish Sovranty in the Arabian Peninsula* (London: Mills & Boon, 1923), 158–161.

26. W. T. Massey, *The Desert Campaigns* (London: Constable, 1918), 1–3.
27. Letter dated Zeitoun Camp, 4 January 1915, in Glyn Harper, ed., *Letters from Gallipoli: New Zealand Soldiers Write Home* (Auckland: Auckland University Press, 2011), 47–48. See also the memoirs of Trevor Holmden, chap. 3, Alexander Turnbull Library, Wellington, New Zealand, MS-Papers 2223.
28. Ian Jone, *The Australian Light Horse* (Sydney: Time-life Books [Australia], 1987), 25 ; Fred Waite, *The New Zealanders at Gallipoli* (Auckland: Whitcombe and Tombs, 1919), 38.
29. C. E. W. Bean 是澳大利亚皇家部队的官方历史学家，他在自己的私人日记中描述了 1915 年 4 月 2 日发生在红盲区的骚乱，日记时间为 1915 年 3 月至 4 月，22–31。这些日记被澳大利亚战争纪念馆保存，内容可在网上查到 www.awm.gov.au/collection/records/awm38（下文代称为 C. E. W. Bean diaries）。
30. 澳大利亚和新西兰方面对骚乱始末及其原因的描述，参见 Harper, *Letters from Gallipoli*, 50–51; C. E. W. Bean diaries, March–April 1915, 30; Trevor Holmden memoirs, chap. 3, 3–5.
31. 引自 C. E. W. Bean diaries, March–April 1915, 25–28.
32. Ahmad Shafiq, *Hawliyat Masr al-siyasiyya* [埃及政治年鉴], Part I (Cairo: Matba`a Shafiq Pasha, 1926), 84. 另见 Latifa Muhammad Salim, *Masr fi' l-harb al-`alimiyya al-ula* [第一次世界大战中的埃及] (Cairo: Dar al-Shorouk, 2009), 239–243.
33. Larcher, *La guerre turque*, 172.
34. NARA, Istanbul vol. 282, Alfred Grech report from Dardanelles, 31 August 1914; C. F. Aspinall-Oglander, *Military Operations: Gallipoli* (London: William Heinemann, 1929),1:32–36; Mustafa Aksakal, The Ottoman Road to War in 1914: *The Ottoman Empire and the First World War* (Cambridge: Cambridge University Press, 2008), 136–137.
35. Liman von Sanders, *Five Years in Turkey*, 47–48 ; Erickson, *Ordered to Die*, 75–82.
36. NARA, Istanbul vol. 292, report of US vice consul, Trebizond, 31 March 1915.
37. NARA, Istanbul vol. 281, report of US consul, Mersin, 2 November 1914; vol. 282, report of US consul, Mersin, 30 November 1914; vol. 293, report of US consul, Mersin, 5 March 1915.
38. NARA Istanbul vol. 293 包含多份有关 Alexandretta Incident 的报告、电报和文件，包括 reports from US Consul Jackson in Aleppo of 21 December 1914 and 8 January 1915, and from US Consular Agent H. E. Bishop in Alexandretta of 24 December 1914, 26 December 1914, and 12 January 1915.
39. NARA, Istanbul vol. 281, eyewitness report by C. Van H. Engert on the sinking of the Messoudieh in the Dardanelles, 14 December 1914.
40. C. Van H. Engert 在其 1914 年 12 月 14 日的报告中，引用了海军中将默腾关于奥斯曼军总部就马苏迪号沉没一事，以及协约国达达尼尔海峡策略的看法，参见 General Ali Ihsan Sâbis, *Birinci Dünya Harbi* [第一次世界大战] (Istanbul: Nehir Yayinlari, 1992), 2:261–262.

第五章

1. Hew Strachan, *The First World War*, vol. 1: *To Arms* (Oxford: Oxford University Press, 2003), 335–357.
2. Ulrich Trumpener, *Germany and the Ottoman Empire, 1914–1918* (Princeton, NJ: Princeton University Press, 1968), 36–37 ; Mustafa Aksakal, *The Ottoman Road to War in 1914: The Ottoman Empire and the First World War* (Cambridge: Cambridge University Press, 2008), 136–137, 145–155.
3. 关于收复1878年被侵占的三大行省的具体目标，参见 Michael A. Reynolds, *Shattering Empires: The Clash and Collapse of the Ottoman and Russian Empires, 1908– 1918* (Cambridge: Cambridge University Press, 2011), 171 ; M. Larcher, *La guerre turque dans la guerre mondiale* [世界大战中的土耳其战争] (Paris: Etienne Chiron et Berger-levrault, 1926), 383 ; Edward J. Erickson, *Ordered to Die: A History of the Ottoman Army in the First World War* (Westport, CT: Greenwood Press, 2001), 53.
4. Djemal Pasha, *Memories of a Turkish Statesman, 1913–1919* (London: Hutchinson, n.d.), 137–138.
5. Henry Morgenthau, *Ambassador Morgenthau's Story* (1918; rpt. Reading, UK: Taderon Press, 2000), 114.
6. Otto Liman von Sanders, *Five Years in Turkey* (Annapolis: US Naval Institute, 1927), 37–39.
7. Strachan, *The First World War*, 1:323–331 ; Sean McMeekin, *The Russian Origins of the First World War* (Cambridge, MA: Harvard University Press, 2011), 85–86.
8. 例如参见 Ali Ihsan Sâbis, 当时在伊斯坦布尔总部任职的他既表达了他的恐惧，也表示相信恩维尔的运气，收于 *Harp Hatıralarım: Birinci Cihan Harbi* [我的战争回忆录：第一次世界大战] (Istanbul: Nehir Yayınları, 1992), 2:247.
9. Larcher, *La guerre turque*, 378–379 ; Erickson, *Ordered to Die*, 57.
10. Sâbis, *Harp Hatıralarım*, 2:238.
11. Reynolds, *Shattering Empires*, 115–117 ; McMeekin 的 *Russian Origins*, 154–156.
12. McMeekin, *Russian Origins*, 154.
13. M. Philips Price, *War and Revolution in Asiatic Russia* (London: George Allen & Unwin Ltd., 1918), 55 and chap. 8 ; Enver Pasha's report was quoted from documents in the Turkish military archives by Reynolds, Shattering Empires, 116.
14. Ali Rıza Eti, *Bir onbaşının doğu cephesi günlüğü, 1914–1915* [东线下士的日记，1914–1915] (Istanbul: Türkiye Iş Bankası Kültür Yayınları, 2009), 60 ; Erickson, *Ordered to Die*, 46, 54. 另见 Köprülü Şerif Ilden, *Sarıkamış* (Istanbul: Türkiye Iş Bankası Kültür Yayınları, 1999), 124. 书中他声称三十名亚美尼亚人从凡城叛逃，于11月16至17日越过边界，为俄军提供了有关奥斯曼军在 Aras 的薄弱环节的详细情报。
15. Eti, *Bir onbaşının... günlüğü*, 51, 60–66.
16. Eti, *Bir onbaşının... günlüğü*, 60.
17. Ilden, *Sarıkamış*, 146–147.

18. 各方消息对部队人数的估计各有不同。文中的数字引自 W. E. D. Allen and Paul Muratoffff, *Caucasian Battlefields: A History of the Wars on the Turco-Caucasian Border, 1828–1921* (Cambridge: Cambridge University Press, 1953), 252. Larcher 给出了奥斯曼军和俄军在高加索地区的数量，声称奥斯曼第三军团达 15 万人，其中 9 万人全副武装，训练有素，适合战斗；俄军约有 6 万人。Larcher, *La guerre turque*, 283.
19. Allen and Muratoff, *Caucasian Battlefields*, 25.
20. 恩维尔的任务内容引自 Ilden, Sarıkamış, 151–152, and Larcher, La guerre turque, 383–384.
21. Eti, *Bir onbaşının... günlüğü*, 102–103.
22. Eti, *Bir onbaşının... günlüğü*, 104.
23. Eti, *Bir onbaşının... günlüğü*, 104.
24. 对奥尔图的进攻发生在 12 月 23 日。关于奥斯曼军第 31 和第 32 师之间的战斗，参见 Fevzi Çakmak, *Büyük Harp'te Şark Cephesi Harekâtı* [一战的东线战事] (Istanbul: Türkiye Iş Bankası Kültür Yayınları, 2010), 76；有关 2,000 名奥斯曼士兵被自己部队杀死的叙述，参见 Ilden, *Sarıkamış*, 167–168；另见 Allen and Muratoff, *Caucasian Battlefields*, 257；Larcher, *La guerre turque*, 386.
25. Allen and Muratoff, *Caucasian Battlefields*, 258；Çakmak, *Büyük Harp*, 77.
26. Allen and Muratoff, *Caucasian Battlefields*, 260–268；另见 Larcher, *La guerre tur- que*, 387–388.
27. Ilden, *Sarıkamış*, 212–213.
28. Ilden, *Sarıkamış*, 177–179.
29. 有关 12 月 26 日战斗的详尽一手资料，参见 Ilden, *Sarıkamış*, 191–201.
30. Ilden, *Sarıkamış*, 231；Allen and Muratoff, *Caucasian Battlefields*, 278.
31. Eti, *Bir onbaşının... günlüğü*, 121–122. 奥斯曼军在萨勒卡默什所估算的 77,000 名伤亡人数中，约有 6 万人阵亡，其余应沦为战俘。Çakmak, *Büyük Harp*, 113–114；Allen and Muratoff, *Caucasian Battlefields*, 283–284.
32. 对恩维尔和哈菲兹·哈奇最激烈的批评，特别参见 the memoirs of IX Corps chief of staff Şerif Ilden, Ilden, *Sarıkamış*, 149, 158–159, 174–175, 208, 216–218, 232；Sâbis, *Harp Hatıralarım*, 302–317；Liman von Sanders, *Five Years in Turkey*, 40.
33. Allenand Muratoff, *Caucasian Battlefields*, 286–287.
34. Georges Douin, *L'attaque du canal de Suez (3 Février 1915)* (Paris: librairie delagrave, 1922), 45–46.
35. Djemal Pasha, *Memories*, 154.
36. Douin, *L'attaque*, 60.
37. 阿尔斯兰关于自己参加西奈战役的描述，记录在 Shakib Arslan, *Sira Dhatiyya* [自传] (Beirut: Dar al-Tali`a, 1969), 141–147.
38. Djemal Pasha, *Memories*, 152.
39. 这位几乎可以确定是多明我会神父 Antonin Jaussen，他后来在战争期间作为法国情报官员在 Port Said 继续工作。Jaussen 在 Hijaz 做考古调查，并撰写了一部约旦南部贝都因人的民族志研究。Douin, *L'attaque*, 77–79. 关于 Jaussen, 参见 Henry laurens, "Jaussen

et les services de renseignement français (1915–1919)," in *Antonin Jaussen: Sciences sociales occidentales et patrimoine arabe*, ed. Géraldine Chatelard and Mohammed Tarawneh (Amman: CERMOC, 1999), 23–35.

40. Douin, *L'attaque*, 79–80; George McMunn and Cyril Falls, *Military Operations: Egypt and Palestine from the Outbreak of War with Germany to June 1917* (London: HMSO: 1928), 29.
41. McMunn and Falls, *Military Operations*, 25.
42. IWM, P 158, private papers of Lieutenant Colonel H. V. Gell, Documents 10048, diary entries of 24 to 28 January 1915.
43. NARA, Istanbul vol. 293, "The Egyptian Campaign of the Turkish Army," 美国驻耶路撒冷副领事 S. Edelman 的报告，1915 年 3 月 20 日。
44. IWM, RN, P 389, papers of Commander H. V. Coates, Documents 10871, translations of Ottoman army orders for the attack on the Suez Canal, 1 February 1915.
45. Douin, *L'attaque*, 92.
46. 塔尔加曼将自己的战争经历与女儿西哈姆联系在一起，写在 *Daughter of Damascus* (Austin: Center for Middle Eastern Studies, 1994), 166–199 页。本次引用于 180 页。
47. Douin, *L'attaque*, 96，以及 McMunn and Falls, *Military Operations*, 39，讲述了"圣战志愿者"如何打破寂静，让狗吠叫起来；根据奥斯曼军战斗指令的译文副本，来自非洲的黎波里的圣战士（Mujahid）被派往 Serapeum 附近，即冲突发生的所在；IWM, RN P 389, papers of Commander H. V. Coates.
48. Tergeman, *Daughter of Damascus*, 181.
49. Ahmad Shafiq, *Hawliyat Masr al-siyasiyya* [埃及政治年鉴] (Cairo: Shafiq Pasha Press, 1926), 1:81.
50. Douin, *L'attaque*, 100–102；McMunn and Falls, *Military Operations*, 43–45.
51. Ali Ihsan Sâbis, *Birinci Dünya Harbi*, 346–347；Djemal Pasha, *Memories*, 157.
52. McMun and Falls, *Military Operations*, 50；Djemal Pasha, *Memories*, 159.
53. 关于 Suleyman Askeri，参见 Philip H. Stoddard, "The Ottoman Government and the Arabs, 1911 to 1918: A Preliminary Study of the Teşkilât-i Mahsusa" (PhD diss., Princeton University, 1963), 119–130，以及由 Muhammad Amin 总结翻译的土耳其军队手册，题为 "The Turco-British Campaign in Mesopotamia and Our Mistakes," in *The Campaign in Mesopotamia, 1914–1918*, comp. F. J. Moberly (London: HMSO, 1923), 1:352–355.
54. 对谢巴战争中阿拉伯参与者的描述，证实了士气的低落和高逃亡率；参见 Jamil Abu Tubaykhed., *Mudhakkirat al-Sayyid Muhsin Abu Tubaykh (1910–1960)* [al-Sayyid Muhsin Abu Tubaykh 回忆录] (Amman: al-Mu'assisa al-`Arabiyya li'l-dirasat wa'l-nashr, 2001), 40–45.
55. Arnold T. Wilson, *Loyalties Mesopotamia, 1914–1917* (London: Oxford University Press, 1930), 34；Charles Townshend, *When God Made Hell: The British Invasion of Mesopotamia and the Creation of Iraq, 1914–1921* (London: Faber and Faber, 2010), 88.
56. Edward J. Erickson 引用了奥斯曼帝国官方数据，*Ordered to Die*, 110–111. F. J. Moberly 在英国官方历史中，声称英军死亡 161 人，受伤 901 人，而奥斯曼军死伤达 6000 人，包

括 2000 名阿拉伯非正规士兵——这意味着在这场战斗中，阿拉伯人比英军或土耳其人承认的都要更加积极。F. J. Moberly, comp., *The Campaign in Mesopotamia, 1914–1918*, (London: HMSO, 1923), 1:217.Wilson, *Loyalties Mesopotamia*, 34, 其中称英军死伤人数为 1257 人，土耳其人的损失 "约为该数字的两倍"。The quote is from the diary of W. C. Spackman, quoted in Townshend, When God Made Hell, 89.

57. Sir George McMunn, quoted in Townshend, When God Made Hell, 80; Wilson, *Loyalties Mesopotamia*, 34, 其中宣称谢巴是 "该战线首次也是最具决定性的战争"。

第六章

1. Sean McMeekin, *The Russian Origins of the First World War* (Cambridge, MA: Harvard University Press, 2011), 129–130.

2. C. F. Aspinall-Oglander, *Military Operations: Gallipoli* (London: William Heinemann, 1929), 1:51–53.

3. Aspinall-Oglander, *Military Operations: Gallipoli*, 1:57.

4. Henry W. Nevinson, *The Dardanelles Campaign* (London: Nisbet & Co., 1918), 33；Aspinall-Oglander, *Military Operations: Gallipoli*, 1:59.

5. 与俄国一样，希腊对君士坦丁堡的领土和宗教主张由来已久，并且已提出派遣一支庞大的步兵团，协助协约国在海峡作战。英国因顾及俄国对此事的敏感拒绝了其要求。参见 McMeekin, *Russian Origins*；Aspinall-Oglander, *Military Operations: Gallipoli*, vol. 1.

6. "The Constantinople Agreement,"in *The Middle East and North Africa in World Politics*, vol. 2: *1914–1945*, ed. J. C. Hurewitz (New Haven, CT: Yale University Press, 1979), 16–21.

7. Henry Morgenthau, *Ambassador Morgenthau's Story* (1918; rpt. Reading, UK: Taderon Press, 2000), 123–134.

8. "阿边门农"号的损毁情况到 4 月 15 日仍有目击者，当日一位新西兰士兵称舰船 "一条桅杆被击断，一个烟囱被击碎"。In Glyn Harpered., *Letters from Gallipoli: New Zealand Soldiers Write Home* (Auckland: Auckland University Press, 2011), 59.

9. 美国大使 Morgenthau 和奥斯曼政府官员于 3 月中旬巡视了海峡，发现协约国的密集炮火并未对土耳其的沿岸炮组造成实质性伤害。Morgenthau, *Ambassador Morgenthau's Story*, 135–149.

10. Capitaine de Corvette X and Claude Farrère, "Journal de bord de l'expédition des Dardanelles (1915)," in *Les œuvres libres* 17 (1922): 218–229.

11. Capitaine de Corvette X and Claude Farrère, "Journal de bord," 214–215. 不具名的第一作者似乎曾在法国战舰 "絮弗伦"号上服役；Claude Farrère 船长在 1915 年 3 月 18 日 "布维"号沉船事件中幸免于难。

12. Nevinson, *The Dardanelles Campaign*, 57–58.

13. Hans Kannengiesser, *The Campaign in Gallipoli* (London: Hutchinson & Co., n.d.), 76. 美联社记者 George Schreiner 描述了协约国炮击所带来的影响，引自 Tim Travers, *Gallipoli 1915* (Stroud, UK: Tempus, 2004), 33.

14. 在 "布维"号沉船事件中幸存的 Farrère 声称，船上 724 人中仅有 62 人生还。Capitaine

de Corvette X and Farrère, "Journal de bord," 235–238.
15. 引自 Mehmed Fasih, *Gallipoli 1915: Bloody Ridge (Lone Pine) Diary of Lt. Mehmed Fasih* (Istanbul: Denizler Kitabevi, 2001) 的编者介绍中，第 6 页。
16. I. Hakkı Sunata, *Gelibolu'dan kafkaslara: Birinci Dünya Savaşı anılarım* [从加里波利到高加索：我的第一次世界大战回忆录] (Istanbul: Türkiye İş Bankası Kültür Yayınları, 2003), 84–85. 关于媒体刊载政府报告的例子，参见刊登在伊斯坦布尔半官方日报 *Ikdâm* 上的文章，引自 Murat Çulcu, *Ikdâm Gazetesi' nde Çanakkale Cephesi* [*Ikdâm* 报纸上的达达尼尔战线] (Istanbul: Denizler Kitabevi, 2004), 1:160–165.
17. Kannengiesser, *The Campaign in Gallipoli*, 77–78.
18. Aspinall-Oglander, *Military Operations: Gallipoli*, 1:98–99.
19. Aspinall-Oglander, *Military Operations: Gallipoli*, 1:124–12.
20. 一些被土耳其人俘虏的塞内加尔人事实上是苏丹人。Muhammad Kamara 告诉他的土耳其审讯官称，"我是苏丹人，但现在法国人把黑人统统称作塞内加尔人……[法军队伍里] 有许多苏丹人。" Ahmet Tetik, Y. Serdar Demirtaş, and Sema demirtaşed., *Çanakkale Muharebeleri' nin Esirleri—Ifadeler ve Mektuplar* [加里波利战役俘虏：证词和信件] (Ankara: Genelkurmay Basımevi, 2009), 1:22.
21. 根据 Otto Liman von Sanders, *Five Years in Turkey* (Annapolis: US naval Institute, 1927), 54–58 页，恩维尔是在德国盟友的强势游说下，才做出这个决定的。
22. Harper, *Letters from Gallipoli*, 58–64.
23. IWM, "Ataturk's Memoirs of the Anafartalar Battles" (K 03/1686).
24. IWM, private papers of Lieutenant G. L. Drewry, Documents 10946, letter of 12 May 1915.
25. Mahmut Sabri Bey, "Seddülbahir Muharebesi Hatıraları" [赛迪尔巴希尔战争回忆录], in *Çanakkale Hatıraları* (Istanbul: Arma Yayınları, 2003), 3:67–68.
26. Aspinall-Oglander, *Military Operations: Gallipoli*, 1:13. 另见 IWM, E. Unwin 上尉的私人文件，文件编码 13473.
27. Aspinall-Oglander, *Military Operations: Gallipoli*, 1:232.
28. Sabri, "Seddülbahir Muharebesi," 68–69.
29. D. Moriarty 是皇家马斯特尔燧发枪团的一名军士，他在登陆行动中幸免于难，但被敌军火力从早上 7 时一直压制到下午 5 时。他声称，在此次登陆行动中，他所在的营部有 17 人阵亡，200 人受伤。IWM, private papers of D. Moriarty, Documents 11752, diary entry of 25–26 April. 另见 IWM, private papers of Lieutenant G. L. Drewry, Documents 10946, letter of 12 May 1915. Unwin 上尉，和 "克莱德河" 号的其他几名船员，因在登陆行动中的表现被授予维多利亚十字勋章。
30. Aspinall-Oglander, *Military Operations: Gallipoli*, 1:227.
31. IWM, private papers of Major R. Haworth, Documents 16475, letter of 3 May 1915.
32. 驻赛迪尔巴希尔要塞的英军截获的一份土耳其文件，引自 Aspinall-Oglander, *Military Operations: Gallipoli*, 1:254.
33. 关于法军在库姆卡莱 "佯攻" 的描述，基于 X. Torau-Bayle, *La campagne des Dardanelles* (Paris: E. Chiron, 1920), 61–64；François Charles-Roux, *L'expédition des Dardanelles*

au jour le jour (Paris: Armand Colin, 1920）; Association nationale pour le souvenir des Dardanelles et fronts d'orient, *Dardanelles Orient Levant, 1915–1921* (Paris: L'Harmattan, 2005）; Aspinall-Oglander, *Military Operations: Gallipoli*, 1:257–264.

34. Travers, *Gallipoli 1915*, 76–77.
35. 土耳其方面消息称，奥斯曼军在库姆卡莱有17名军官和45名士兵死亡；23名军官和740名士兵受伤；5名军官和500名士兵被俘或失踪。法国方面报告称，伤亡人数为786人——20名军官和766名士兵死伤或失踪。Edward J. Erickson, *Gallipoli: The Ottoman Campaign* (Barnsley, UK: Pen & Sword Military, 2010), 85.
36. C. E. W. Bean 战时日记的手抄原件已数字化，可通过澳大利亚战争纪念馆（AWM）网站获得（http://www.awm.gov.au/collection/records/awm38/3drl606）; C. E. W. Bean diary, AWM item 3dRl606/5/1, April–May 1915, 18–19. 一位化名为 Malcolm 的澳大利亚士兵，在亚历山大港的政府医院写给他亲戚的信，时间为1915年5月2日。IWM, two letters from Alexandria (Australian soldier), Documents 10360.
37. IWM, letter from Australian soldier "Malcolm" of 2 May 1915, Documents 10360.
38. 穆斯塔法·凯末尔贝伊这里及其后言论均见 IWM, "Ataturk's Memoirs of the Anafartalar Battles" (K 03/1686).
39. IWM, letter from Australian soldier "Malcolm" of 2 May 1915, Documents 10360.
40. Mostyn Pryce Jones 写给他母亲的信，未注明日期, in Harper, *Letters from Gallipoli*, 89–90. 他的经历并不唯他独有；其他新西兰人在 "letters from Gallipoli" 中也把这段经历描述成 "糟糕透顶" 和 "似在地狱的深渊"。
41. C. E. W. Bean 对这一叙述做了全面的考察，并大量援引波普上校提交的报告。C. E. W. Bean diary, AWM item 3DRL606/5/1, April–May 1915, 30–31, 39.
42. Aspinall-Oglander, *Military Operations: Gallipoli*, 1:196–198. C. E. W. Bean 偷听到澳大利亚指挥官关于这些要点的讨论；C. E. W. Bean diary, AWM item 3DRL606/5/1, April–May 1915, 40.
43. Aspinall-Oglander, *Military Operations: Gallipoli*, 1:269–270.

第七章

1. NARA, Istanbul vol. 294, "Consul Heizer Report on Typhus Fever, Trebizond [Trabzon]," 22 May 1915.
2. Hikmet Özdemir, *The Ottoman Army, 1914–1918: Disease and Death on the Battlefield* (Salt Lake City: University of Utah Press, 2008), 51.
3. NARA, Istanbul vol. 294, "Consul Heizer Report on Typhus Fever, Trebizond [Trabzon]," 22 May 1915.
4. NARA, Istanbul vol. 294, 在土耳其埃尔祖鲁姆的医务传教士，Edward P. Case 博士的报告，1915年5月16日。
5. 准确地讲，埃提威胁说要让他的受害者们喝下 sublime，即氯化汞，是一种毒性很强的化合物，之前用于治疗梅毒。Ali Rıza Eti, *Bir onbaşının doğu cephesi günlüğü, 1914–1915* [东线下士的日记, 1914–1915] (Istanbul: Türkiye Iş Bankası Kültür Yayınları, 2009), 135.

6. Eti, *Bir onbaşının... günlüğü*, 140, diary entry of 31 January 1915.
7. Taner Akçam, *The Young Turks' Crime Against Humanity: The Armenian Genocide and Ethnic Cleansing in the Ottoman Empire* (Princeton, NJ: Princeton University Press, 2012), 63–96. Ryan Gingeras 审查了马尔马拉海东部海岸的驱逐和人口交换情况，写成 *Sorrowful Shores: Violence, Ethnicity, and the End of the Ottoman Empire* (Oxford: Oxford University Press, 2009), 12–54.
8. 1914 年 2 月《亚美尼亚改革协议》的背景及其条款，详见第二章。
9. Akçam, *Young Turks' Crime Against Humanity*, 175, 183–184. 另见亚美尼亚神父 Grigoris Balakian 的回忆录，题为 *Armenian Golgotha: A Memoir of the Armenian Genocide, 1915–1918* (New York: Vintage, 2010), 46.
10. Balakian, *Armenian Golgotha*, 22–23.
11. Balakian, *Armenian Golgotha*, 28, 32–34.
12. 1914 年 12 月的 Alexandretta Incident 在第四章中有所描述。Aram Arkun, "Zeytun and the Commencement of the Armenian Genocide," in *A Question of Genocide: Armenians and Turks at the End of the Ottoman Empire*, ed., Ronald Grigor Suny and Fatma Muge Gocek and Morman M. Naimark (Oxford: Oxford University Press, 2011), 223.
13. Donald Bloxham, *The Great Game of Genocide: Imperialism, Nationalism, and the Destruction of the Ottoman Armenians* (Oxford: Oxford University Press, 2005), 78–83.
14. Sean McMeekin, *The Russian Origins of the First World War* (Cambridge, MA: Harvard University Press, 2011), 165–166.
15. Akçam, in *Young Turks' Crime Against Humanity*，56–57，其中声称从 4 月 20 日起——仅在亚美尼亚人遭流放 12 天后——穆斯林开始迁入泽伊顿。Arkun, "Zeytun," 229–237. 美国大使 Henry Morgenthau 1915 年 7 月写道，"5000 个来自泽伊顿和苏丹治下等地的亚美尼亚人什食物也没有"，in *Ambassador Morgenthau's Story* (1918; rpt. Reading, UK: Taderon Press, 2000), 230.
16. Balakian, *Armenian Golgotha*，45，56–57.
17. 土耳其政府和土耳其历史协会 (the Türk Tarih Kurumu) 的官方历史在描述 1915 年和 1916 年亚美尼亚大屠杀时，仍然拒绝使用 "种族灭绝" 的字样。然而，越来越多的土耳其学者和知识分子已经艰难地开启了这一禁忌话题的讨论，包括诺贝尔奖得主奥尔罕·帕慕克和一批历史学家和记者，在撰写本书时我参考过他们的著作。这些人有：Taner Akçam, Fatma Müge Göçek, Baskın Oran, Uğur Ümit Üngör 等等。为支持他们迫使土耳其正视自己历史的勇敢行为，也出于自身信念，在此我将战时消灭亚美尼亚人的行为称之为种族屠杀。根据 1948 年联合国关于种族屠杀的公约，我相信现有证据足以证明奥斯曼政府 "蓄意毁灭全体或部分" 在安纳托利亚作为特定民族和宗教群体的亚美尼亚人，且应对此事负有责任。
18. 人口数字来自 Justin McCarthy et al., *The Armenian Rebellion at Van* (Salt Lake City: University of Utah Press, 2006), 3–7. McCarthy 自己是人口学家，他宣称 Vital Cuinet 关于 1890 年代的数值 "估计偏低"。他引用了奥斯曼政府对凡城地区的数字，包括城镇和周边村庄的人口，1912 年共计有 4.5 万名穆斯林，3.4 万名亚美尼亚人和 1000 名其他人士，他表示这些数字低估了妇女、儿童、士兵、行政人员等人的数量。古尔根·马哈里 1903 年生于凡城，凡城起义后他举家迁到俄国，在苏联度过了余生。他 1966 年在苏联出版了当时备受争议的小说《燃烧的果园》。该书英译本由 Black Apollo Press（没有出版地）于 2007 年出版；这里引自 49 页。

19. Michael A. Reynolds, *Shattering Empires: The Clash and Collapse of the Ottoman and Russian Empires, 1908–1918* (Cambridge: Cambridge University Press, 2011), 145–147. Anahide Ter Minassian, "Van 1915," in *Armenian Van/Vaspurakan*, ed. Richard G. Hovannisian (Costa Mesa, CA: Mazda, 2000), 217–218；McCarthy et al., *The Armenian Rebel- lion*, 200.
20. Rafael de Nogales, *Four Years Beneath the Crescent* (New York: Charles Scribner's Sons, 1926), 58. 关于德诺加勒斯及其作品的批判性研究，参见 Kim McQuaid, *The Real and Assumed Personalities of Famous Men: Rafael de Nogales, T. E. Lawrence, and the Birth of the Modern Era, 1914–1937* (London: Gomidas Institute, 2010).
21. De Nogales, *Four Years*, 60–61；着重号为原文所加。
22. Reynolds, *Shattering Empires*, 145–146；McCarthy et al., *The Armenian Rebellion*, 221.
23. Ter Minassian, "Van 1915," 242.
24. Djemal Pasha, *Memories of a Turkish Statesman, 1913–1919* (London: Hutchinson & Co., n.d.), 299；Bloxham, *Great Game of Genocide*, 84–90.
25. Taner Akçam, *A Shameful Act: The Armenian Genocide and the Question of Turkish Responsibility* (London: Constable, 2007), 168–169.
26. Akçam, *Young Turks' Crime Against Humanity*, 193–196. Balakia in *Armenian Golgotha*, 82–83，104，106–107，其中记录了几位奥斯曼军官的名字，这些军官因不愿屠杀亚美尼亚人，不是辞职就是被撤职，其中包括安卡拉、阿勒颇和卡斯塔莫努的总督。
27. Akçam, *Young Turks' Crime Against Humanity*, 410–413. Balakian in *Armenian Golgotha*, 95，100，其中几段与土耳其人的对话。这些人把自己在亚美尼亚大屠杀中的角色看做圣战参与者，并认为有权升入天堂。在他与上尉的谈话中，上尉辩解称，自己只是在履行其宗教义务（144 页，146 页）。
28. Taner Akçam, *Young Turks' Crime Against Humanity*, 193–202，奥斯曼档案资源和德国方面的记载中详尽记录了这一"双管齐下"。The quote is from Reşid Akif Pasha's testimony to the Ottoman Chamber of Deputies, 21 November 1918, in Akçam, *A Shameful Act*, 175, and, in *Young Turks' Crime Against Humanity*, 193–194（译文略有不同）。
29. 关于"百分之十原则"，参见 Fuat Dündar, "Pouring a People into the desert: The 'definitive Solution' of the Unionists to the Armenian Question," in Suny, Göçek, and Naimark ed., *Question of Genocide*, 282. Akçam 在 *Young Turks' Crime Against Humanity* 里，为被他称之为"百分之五到十规则"提供了最为详细的分析，见 242–263 页。
30. NARA, Istanbul vol. 309, report by Leslie Davis, US consul in Harput, 11 July 1915.
31. Balakian, *Armenian Golgotha*, 109.
32. Balakian, *Armenian Golgotha*, 139–140.
33. Balakian, *Armenian Golgotha*, 167.
34. Baskın Oran, *MK: Récit d'un déporté arménien 1915* [M. K.: Narrative Of An Armenian Deportee, 1915] (Paris: Turquoise, 2008), 37–51.
35. Balakian, *Armenian Golgotha*, 247–249.

36. Oran, *MK*, 59. 从那时起,阿扎克村就更名为伊迪尔村。
37. Bloxham, Great Game of Genocide, 97–98. Paul Gaunt 辩称,25 万人的估计可能过低,可能有约 30 万亚述人消亡。参见 "The Ottoman Treatment of the Assyrians," in Suny, Göçek, and Naimark, Question of Genocide, 244–259. 一些现代土耳其学者否认亚述人指控的种族屠杀;参见 Bülent Özdemir, Assyrian Identity and the Great War: Nestorian, Chaldean and Syrian Christians in the 20th Century (Dunbeath, UK: Whittles Publishing, 2012).
38. 写给她父亲的信,见 Fethiye Çetin, *My Grandmother: A Memoir* (London: Verso, 2008), 8–9. 海拜卜自那以后就更名为 Ekinozu,现位于 Harput 和 Palu 之间的土耳其东部地区.
39. 赫拉努斯的父亲从美国到叙利亚与四散的家人团聚。1920 年,他在阿勒颇的亚美尼亚难民中找到了妻子。随后,他雇佣走私贩子清查海拜卜流放人员的路线,并于 1928 年发现了他的儿子奥伦。奥伦之后来看望他姐姐和姐夫,想说服他们与他一道去阿勒颇,与全家人团聚。但最后,泽埃尔 / 赫拉努斯的丈夫不准她去,她也再没能与家人团聚。奥伦与父母团圆后搬到了美国,在那里,加达利安家族试图与他们失散的女儿取得联系,但都落空了。1970 年代,泽埃尔把这个故事告诉了她的孙女 Fethiye Çetin,孙女非常吃惊,她完全不知道自己的奶奶有亚美尼亚血统。作为安卡拉的一名年轻律师,Çetin 最终成功与身在美国的加达利安家族取得了联系,但那时为时已晚,她年迈的奶奶已经不能前去看望她的兄弟奥伦了。通过与奶奶的谈话,以及随后与美国加达利安一家的见面,Fethiye Çetin 可以重新构建出泽埃尔 / 赫拉努斯的不幸和生存的伟大故事. 她的书最初于 2004 年在土耳其出版,深受好评,到 4 年后英译本出版时,土耳其原版已经七次印刷。
40. Çetin, *My Grandmother*, 102.
41. Balakian, *Armenian Golgotha*, 250.
42. 人口学家 Justin McCarthy 坚称战时的屠杀并不构成种族屠杀,他根据奥斯曼人口普查数据,认为战争期间约有 60 万到 85 万的亚美尼亚人死亡;参看 Justin McCarthy, *Muslims and Minorities: The Population of Ottoman Anatolia and the End of the Empire* (New York: New York University Press, 1983), 121–130;Justin McCarthy, "The Population of Ottoman Armenians," in *The Armenians in the Late Ottoman Period*, ed. Türkkaya Ataöv (Ankara: Turkish Historical Society, 2001), 76–82. 研究亚美尼亚种族屠杀的历史学家,例如 Richard Hovannisian 和 Vahakn Dadrian 等人坚称,有超过 100 万亚美尼亚人死于蓄意的种族灭绝行动;参见此二位学者的文章,in Richard Hovannisian ed., *The Armenian Genocide: History, Politics, Ethics* (Houndmills, UK: Macmillan Palgrave, 1992); Donald Bolxham, *The Great Game of Genocide: Imperialism, Nationalism, and the Destruction of the Ottoman Armenians* (Oxford: Oxford University Press, 2005).

第八章

1. Casualty figures from C. F. Aspinall-Oglander, *Military Operations: Gallipoli* (London: Heinemann, 1929), 1:294, 347;ibid. (London: Heinemann, 1932), 2:53.
2. Edward J. Erickson, *Gallipoli: The Ottoman Campaign* (Barnsley, UK: Pen & Sword Military, 2010), 92–114.
3. 关于潜艇战事,参见 Henry W. Nevinson, *The Dardanelles Campaign* (London: Nisbet &

Co., 1918), 145–146, 163–166；P. E. Guépratte, *L'expédition des Dardanelles, 1914–1915* (Paris: 1935), 116–125。战役后期，协约国又损失了数艘潜艇。*Mariotte* 号于 1915 年 7 月被潜艇网困住，艇上 32 人被俘；参见 Ahmet Tetik, Y. Serdar Demirtaş and Sema Demirtaşed., *Çanakkale Muharebeleri' nin Esirleri* [恰纳卡莱之战的战俘] (Ankara: Genelkurmay Basımevi, 2009), 1:198–216.

4. 1915 年 6 月，*U-21* 潜艇击沉一艘法国运输船；8 月 13 日，一艘德国潜艇击沉英国运输船 *Royal Edward* 号；船上 1,400 名船员仅有 1/3 生还。截至 1915 年秋，地中海东部已有不下 14 艘德国潜艇。Aspinall-Oglander, *Military Operations: Gallipoli*, 2:37–39.

5. Aspinall-Oglander, *Military Operations: Gallipoli*, 1:364.

6. Nevinson 在 *The Dardanelles Campaign* 书后提供了一系列地图，其中一张是 1915 年 7 月详细的战壕图。

7. Jean Leymonnerie, *Journal d'un poilu sur le front d'orient* (Paris: Pygmalion, 2003), 109. A. P. Herbert 的伟大小说 *The Secret Battle*，由 Methuen 于 1919 年在伦敦出版，深受好评（温斯顿·丘吉尔为该书后来的版本作序）。1917 年 Herbert 在疗伤时撰写了该书，广泛汲取了自己作为皇家海军驻加里波利和法国的经历；引文出自 1919 年版，48 页。

8. Mehmet Sinan Ozgen, *Bolvadınlı Mehmet Sinan Bey'in harp hatiraları* [Bolvadinli Mehmet Sinan Bey 的战争回忆录] (Istanbul: Türkiye Iş Bankası Kültür Yayınları, 2011), 26–27.

9. Herbert, *The Secret Battle*, 49–51；英国战争诗人 John Still 被俘后，于 1916 年在 Afyon Karahisar 战俘营写下了这些诗句。Jill Hamilton, *From Gallipoli to Gaza: The Desert Poets of World War One* (Sydney: Simon & Schuster Australia, 2003), 107.

10. Kevin Clunie and Ron Austined., *From Gallipoli to Palestine: The War Writings of Sergeant GT Clunie of the Wellington Mounted Rifles, 1914–1919* (McCrae, Australia: Slouch Hat Publications, 2009), 29–30，diary entry of 16 May 1915. Ibrahim Arıkan, *Harp Hatıralarım* [我的战争回忆录] (Istanbul: Timaş Yayınları, 2007), 53.

11. IWM, private papers of H. Corbridge, Documents 16453，对赫勒思狙击手的描述，in diary entry of 27 April 1915。他在 1915 年 5 月 14 日的日记中提到了受伤的女狙击手。Privat Reginald Stevens's letter of 30 June 1915, reproduced in Glyn Harper, ed., Letters from Gallipoli: New Zealand Soldiers Write Home(Auckland: Auckland University Press, 2011), 149. 其他关于女狙击手的内容，参见 Trooper Alfred Burton Mossman's letter to his parents of 20 May 1915 (136) and Private John Thomas Atkins's letter home of 11 June 1915 (148). Private Gray's account was published in The Register, Adelaide on 24 May 1916, consulted on the National Library of Australia's Trove digitised newspapers website (http://trove.nla.gof.au/newspaper). 1915 年 7 月 16 日，伦敦 *Times* 报刊登了一则报道，称一名女狙击手 4 日在 W 海滩附近被协约国部队抓获。

12. Leymonnerie, *Journal d'un poilu*, 110–111.

13. Mehmed Fasih, *Gallipoli 1915: Bloody Ridge (Lone Pine) Diary of Lt. Mehmed Fasih* (Istanbul: Denizler Kitabevi, 2001), 86–87.

14. Letter of 20 June 1915, in Leymonnerie, *Journal d'un poilu*, 107.

15. IWM, private papers of D. Moriarty, Documents 11752, diary entries of 1 and 2 May 1915. The last entry in the diary was 13 July 1915.

16. Harley Matthews, "Two Brothers," reproduced in Hamilton, *From Gallipoli to Gaza*, 120–

注 释

121.

17. Leymonnerie, *Journal d'un poilu*, 105.
18. IWM, private papers of R. Eardley, Documents 20218, typescript memoir, 25–26.
19. IWM, private papers of B. Bradshaw, Documents 14940. 布拉德绍的信是按照日记方式写的，引自 6 月 6 日至 9 日之间。他在 1915 年 6 月 10 日的行动中死亡。
20. A. P. Herbert, reprinted in Hamilton, *From Gallipoli to Gaza*, 79.
21. Diary of Raymond Weil, reproduced in Association nationale pour le souvenir des Dardanelles et fronts d'orient, *Dardanelles Orient Levant, 1915–1921* (Paris: L'Harmattan, 2005), 42. 另见 the diary of Ernest-Albert Stocanne in ibid., 56, 60. Tim Travers, *Galli poli 1915* (Stroud, UK: Tempus, 2004), 269.
22. Leymonnerie, *Journal d'un poilu*, 122; Fasih, *Gallipoli 1915*, 66.
23. IWM, private papers of H. Corbridge, Documents 16453, diary entries of 14 June, 28 June, 12 July, and 7 August. On 14 August, he recorded "17 W[ounded], 85 M[ental] cases today". For the account of a man evacuated for shell shock, see IWM, private papers of M. O. F. England, Documents 13759.
24. Arıkan, *Harp Hatıralarım*, 54–55.
25. Emin Çöl, *Çanakkale Sina Savaşları: bir erin anıları* [达达尼尔和西奈战役：个人回忆录] (Istanbul: Nöbetçi Yayınevi, 2009), 53.
26. IWM, private papers of H. Corbridge, Documents 16453, diary entry of 7 August 1915.
27. IWM, private papers of R. Eardley, Documents 20218, memoir, 29–33. 关于厄德利的简要审讯记录，被奥斯曼当局保存在土耳其安卡拉军事档案馆；其中他提到："我营第一和第二连于 8 月 8 日进攻 Alçıtepe 时被击败。我在土耳其部队的反击行动中被捕。"该文原件、誊抄本和译本，见 Tetik, Demirtaş and Demirtaş, *Çanakkale Muharebeleri' nin Esirleri*, 2:735–736. 虽然原件中厄德利（Eardley）的名字有清楚的英文和奥斯曼土耳其语标识，但编辑们误将草写的 E 看做 S，誊写时把他的名字错写成了 Sardley。
28. Fred Waite, *The New Zealanders at Gallipoli* (Auckland: Whitcombe and Tombs, 1919), 219. Oliver Hogue, "love letter XXXI," 7 August 1915, reproduced in Jim Haynes ed., *Cobbers: Stories of Gallipoli 1915* (Sydney: ABC Books, 2005), 256.
29. Erickson, *Gallipoli: The Ottoman Campaign*, 140–144; Aspinall-Oglander, *Military Operations: Gallipoli*, 2:168–177.
30. Erickson, *Gallipoli: The Ottoman Campaign*, 147–148. William Baylebridge, "lone Pine," reproduced in Haynes, *Cobbers*, 249–252.
31. Waite, *The New Zealanders at Gallipoli*, 200–201. 1981 年彼得·威尔（Peter Weir）的电影 *Gallipoli* 讲述了澳大利亚士兵在内克的悲惨经历. 虽然一些澳大利亚军官想要制止冲锋，但被上级驳回。
32. Otto Liman von Sanders, *Five Years in Turkey* (Annapolis: US Naval Institute, 1927), 88–89.
33. Aspinall-Oglander, *Military Operations: Gallipoli*, 2:282.
34. 诺福克团（即桑德林汉姆连）1/5 人的消失，战场上传言他们消失在了云端。他们的故事是 1999 年有争议的电影 *All the King's Men* 的主题，并见于 Buket Uzuner 的土耳其畅销小说 *Uzun Beyaz Bulut-Gelibolu*，该书英译本题为 *The Long White Cloud-Gallipoli*

(Istanbul: Everest, 2002).

35. Ian Hamilton, *Gallipoli Diary* (New York: George H. Doran, 1920), 2:132–136.
36. Hamilton, *Gallipoli Diary*, 2:249–253.
37. Aspinall-Oglander, *Military Operations: Gallipoli*, 2:402.
38. Nevinson, *The Dardanelles Campaign*, 379–380 页；Aspinall-Oglander, *Military Operations: Gallipoli*, 2:417.
39. Fasih, *Gallipoli 1915*, 104, 130.
40. 英国报道称，有 200 人被暴雨淹死或冻死，11 月 26 至 28 日的暴雨导致超 5000 例冻疮病例。Aspinall-Oglander, *Military Operations: Gallipoli*, 2:434.I. Hakkı Sunata, in *Gelibolu'dan kafkaslara: Birinci Dünya Savaşı anılarım* [从加里波利到高加索：我的第一次世界大战回忆录] (Istanbul: Türkiye İş Bankası Kültür Yayınları, 2003), 184, 其中提到一批奥斯曼军士兵在战壕中淹死。Fasih, *Gallipoli 1915*, entries of 9 November (p. 74), 14 November (p. 87), 19 November (p. 102), 24 November (p. 122), and 2 December (pp. 157–158).
41. Fasih, Gallipoli 1915, 199, diary entry of 15 December.
42. Fasih, Gallipoli 1915, 121, 124, 126, 148. Hakki Sunata 在他的日记中提到，看到舰船齐齐撤离苏弗拉湾，他的长官们都认为协约国会有新一轮攻击。"5 小时前我们认为敌人要登陆。现在他们突然就跑了。" Sunata, *Gelibolu'dan kafkaslara*, 198.
43. Letter from Douglas Rawei McLean, NZ Machine Gun Corps, to his father, 4 January 1916, reproduced in Harper, *Letters from Gallipoli*, 290; Arıkan, *Harp Hatıralarım*, 61.
44. Arıkan, *Harp Hatıralarım*, 64; Sunata, *Gelibolu'dan kafkaslara*, 200.
45. Çöl, *Çanakkale*, 62–63.
46. Official British figures from Aspinall-Oglander, Military Operations: Gallipoli, 2:484. Turkish figures from Edward J. Erickson, *Ordered to Die: A History of the Ottoman Army in the First World War* (Westport, CT: Greenwood Press, 2001), 94–95.
47. 该诗由无名诗人 Argent 所作，见 Haynes, *Cobbers*, 314–315.

第九章

1. Edward J. Erickson, *Ordered to Die: A History of the Ottoman Army in the First World War* (Westport, CT: Greenwood Press, 2001), 123.
2. 1915 年 4 月谢巴之战的描述，见第五章。
3. 关于幼发拉底河中部流域的叛乱，参见 `Ali al-Wardi, *Lamahat ijtima`iyya min tarikh al-`Iraq al-hadith* [伊拉克现代史的社会视角] (Baghdad: al-Mak- taba al-Wataniyya, 1974), 4:187–219；Ghassan R. Atiyyah, *Iraq, 1908–1921: A Political Study* (Beirut: Arab Institute for Research and Publishing, 1973), 80–81.
4. Wardi, *Lamahat*, 4:193.
5. Nixon's orders of 24 March 1915, 30 March 1915, and 31 March 1915 are reproduced in F. J. Moberly *The Campaign in Mesopotamia, 1914–1918* (London: HMSO, 1923), 1:194–195.
6. 英国在阿马拉战役中几乎未受到实质性伤害——仅 4 人死亡、21 人受伤——而奥斯曼军死伤 120 人，另有近 1800 人被俘。Moberly, *The Campaign in Mesopotamia*, 1:260–262, 265.

7. Ali Jawdat, *Dhikrayati, 1900–1958* [我的回忆录，1900–1958] (Beirut: al-Wafa', 1968), 31–36.
8. Moberly, in *The Campaign in Mesopotamia*, 1:297, 其中报道称英军死伤 533 人。Captain R. L. Lecky 是一名印度军官，他称英军死伤 1200 人；IWM, Captain R. L. Lecky, Documents 21099, diary entry for 24 July 1915.
9. Crewe quoted in Moberly, *The Campaign in Mesopotamia*, 1:303–304.
10. Moberly, *The Campaign in Mesopotamia*, 1:303–304.
11. 对谢赫赛义德的攻击，见第四章。
12. 关于英国-奥斯曼在南也门的敌对状况，参见 Robin Bidwell, "The Turkish Attack on Aden 1915–1918," *Arabian Studies* 6 (1982): 171–194; Harold F. Jacob, *Kings of Arabia* (London: Mills and Boon, 1923), 168–172. G. Wyman Bury, *Pan-Islam* London: Macmillan, 1919), 40–50; George Younghusband, *Forty Years a Soldier* (London: Herbert Jenkins, 1923), 274–277.
13. Younghusband, *Forty Years a Soldier*, 274.
14. Bidwell, "Turkish Attack on Aden 1915–1918," 180.
15. Jacob, *Kings of Arabia*, 180.
16. Both Townshend and Duff are quoted by *When God Made Hell: The British Invasion of Mesopotamia and the Creation of Iraq, 1914–1921* (London: Faber and Faber, 2010), 120. 值得注意的是，*When God Made Hell* 一书作者——现代历史学家 Charles Townshend，声称自己与 Charles Townshend 将军，即美索不达米亚第六师指挥官并无关联。
17. Edward J. Erickson, *Gallipoli and the Middle East, 1914–1918: From the Dardanelles to Mesopotamia* (London: Amber Books, 2008), 133.
18. 空军上士 J. McK. Sloss, 隶属澳大利亚飞行团，他确认飞行员为 Harold Treloar 上尉，空中观察员为 Atkins 机长。他称飞机遭遇引擎故障，但其他消息渠道称飞机是被击落的。IWM, private papers of J. McK. Sloss, MSM Australian Flying Corps, Documents 13102.
19. Reynolds Lamont Lecky 上尉，是印度军队中的一名预备军官，在美索不达米亚战役间隶属第 120 拉吉普塔纳（Rajputana）步兵团。IWMIWM, Documents 21099.
20. 虽然英军只死亡 100 人，但受伤 1100 人，其中多数伤势严重。奥斯曼军死伤 2800 人，另有 1150 人沦为战俘。Moberly, *The Campaign in Mesopotamia*, 1:337.
21. Kitchener is quoted in Townshend, *When God Made Hell*, 140–141; F. J. Moberly, *The Campaign in Mesopotamia, 1914–1918* (London: HMSO, 1924), 2:15.
22. Moberly, *The Campaign in Mesopotamia*, 2:28.
23. Wardi, *Lamahat*, 4:224.
24. 萨尔曼，先知的理发师，通常被称为 Salman al-Farsi, 或 Salman the Persian. Wardi, *Lamahat*, 4:224.
25. IWM, Lecky diary, entry of 29 October 1915.
26. Erickson, *Ordered to Die*, 112–113; Moberly, *The Campaign in Mesopotamia*, 2:49–58.
27. From the article by Staff Major Mehmed Amin, cited by Moberly, *The Campaign in Mesopotamia*, 2:59.

28. IWM, Lecky diary, entry of 22 November 1915. 仅在战斗的第一天，即 11 月 22 日，英军便失去了 240 名军官和 4200 名士兵；奥斯曼军有 4500 人死亡，4500 人受伤，另有 1200 人被俘。Erickson, *Ordered to Die*, 113.

29. 这组对句的阿拉伯语原文为：*Rashad, ya ibn al-buma, `asakirak mahzuma / Rashad, ya ibn al-khayiba, `asakirak ha li-sayiba*. Wardi, *Lamahat*, 4:233.

30. "阿里的神圣旗帜"（阿拉伯语为 *al-`alam al-haydari al-sharif*）引自 Wardi, *Lamahat*, 4:233–242, 其中提到 haydar 这个名字与哈里发阿里有关。

31. 关于奥斯曼军在利比亚加紧圣战的内容，参见 Sean McMeekin, *The Berlin-Baghdad Express: The Ottoman Empire and Germany's Bid for World Power, 1898–1918* (London: Allen lane, 2010), 259–274；P. G. Elgood, *Egypt and the Army* (Oxford: Oxford University Press, 1924), 270–274；Latifa Muhammad Salim, *Masr fi' l-harb al-`alimiyya al- ula* [第一次世界大战中的埃及] (Cairo: Dar al-Shorouk, 2009), 290–296.

32. 关于贾法尔·阿斯卡里讲述的 1915 年利比亚战役，参见他的回忆录，*A Soldier's Story: From Ottoman Rule to Independent Iraq* (London: Arabian Publishing, 2003), 54–85.

33. George McMunn and Cyril Falls, *Military Operations: Egypt and Palestine from the Outbreak of War with Germany to June 1917* (London: HMSO: 1928), 106.

34. 对贾法尔·阿斯卡里训练的正面评价，参见 McMunn and Falls, *Military Operations*, 112. 英国官方历史称，英军在 12 月 11 日和 13 日的战斗中死亡 33 人，受伤 47 人，估计赛努西部队的死亡人数为 250 人，不过贾法尔·阿斯卡里报告称仅有 17 名阿拉伯战士死亡，30 人受伤。在行动中遇害的英军情报官员，是埃及海岸警卫队的 C. L. Snow 中校。

第十章

1. 关于德国加紧圣战的内容，参见 Peter Hopkirk, *On Secret Service East of Constantinople: The Plot to Bring Down the British Empire* (London: John Murray, 1994)；Sean McMeekin, *The Berlin-Baghdad Express: The Ottoman Empire and Germany's Bid for World Power, 1898–1918* (London: Allen lane, 2010).

2. IWM, private papers of Major G. L. Heawood, Documents 7666. Heawood's account was drafted in 1917.

3. `Ali al-Wardi, *Lamahat ijtima`iyya min tarikh al-`Iraq al-hadith* [伊拉克现代史的社会视角] (Baghdad: al-Maktaba al-Wataniyya, 1974), 4:231. 据 Wardi 称，两位将军关系紧张是因为努雷丁反对任命一位非穆斯林为第六军团指挥。

4. F. J. Moberly, *The Campaign in Mesopotamia, 1914–1918* (London: HMSO, 1924), 2:194.

5. George Younghusband, *Forty Years a Soldier* (London: Herbert Jenkins, 1923), 284–285.

6. IWM, private papers of the Reverend H. Spooner, Documents 7308, entry for 9 January 1916.

7. 对汉纳的第一次进攻发生在 1916 年 1 月 20—21 日。英军损失 2741 人，奥斯曼军预计损失约 2000 人。Moberly, *The Campaign in Mesopotamia*, 2:275–276; Younghusband, *Forty Years a Soldier*, 290–291.

8. 对镇民房屋的搜查始于 1 月 24 日。Charles Townshend, *When God Made Hell: The British Invasion of Mesopotamia and the Creation of Iraq, 1914– 1921* London: Faber and Faber,

注释

2010), 215.

9. Moberly, *The Campaign in Mesopotamia*, 2:200. 斯普纳神父于 1916 年 3 月 30 日提到，第 24 旁遮普团（Punjabis）的一个连因"叛变被缴械"，且"许多穆斯林士兵投靠了敌军"。IWM, papers of W. D. Lee of the Royal Garrison Artillery, Documents 1297.

10. 贾法尔关于赛努西战役的讲述，参见 Jafar al-Askari, *A Soldier's Story: From Ottoman Rule to Independent Iraq* (London: Arabian Publishing, 2003), 85–93.

11. 1 月 23 日，英军在比尔突尼斯死伤 312 人，估计阿拉伯士兵死亡 200 人，受伤 500 人；George McMunn 和 Cyril Falls 在书中将这次事件称为"Affair of Halazin"，书名为 *Military Operations: Egypt and Palestine from the Outbreak of War with Germany to June 1917* (London: HMSO, 1928), 122.

12. McMunn and Falls, *Military Operations*, 134.

13. 斯普纳神父记录了 1916 年 1 月 26 日的足球赛和 2 月 1 日的绷带铁锹轶事。

14. IWM, private papers of Major Alex Anderson, Documents 9724, 57–59；在描述第一次空袭时，Anderson 提到飞行员"已经知道是德国佬"；关于对医院空袭的描述，参见 74–75. 另见斯普纳神父 3 月 18 日的日记，在提到了伤亡人数后，他只写道"惨不忍睹"。

15. 关于俄军占领埃尔祖鲁姆，参见 W. E. D. Allen and Paul Muratoff, *Caucasian Battlefields: A History of the Wars on the Turco-Caucasian Border, 1828–1921* (Cambridge: Cambridge University Press, 1953), 320–372；Michael Reynolds, *Shattering Empires: The Clash and Collapse of the Ottoman and Russian Empires, 1908–1918* (Cambridge: Cambridge University Press, 2011), 134–139；Sean McMeekin, *The Russian Origins of the First World War* (Cambridge, MA: Harvard University Press, 2011), 191–193；Edward J. Erickson, *Ordered to Die: A History of the Ottoman Army in the First World War* (Westport, CT: Greenwood Press, 2001), 120–137.

16. Allen and Muratoff, in *Caucasian Battlefields*, 342, 声称奥斯曼军在科普鲁克伊有"将近 1.5 万人"死伤或冻死，另有 5000 人被俘，"逃兵数量与被俘人数大致相等"，损失兵力共达 2.5 万人。俄军损失同样严重：1 万人死伤，2 000 人因冻伤入院。

17. Younghusband, *Forty Years a Soldier*, 297.

18. 阿里·伊赫桑贝伊后来改用土耳其名 Dujaila, Sabis Hill 是他的姓。Ali Ihsan Sâbis, *Birinci Dünya Harbi*［第一次世界大战］(Istanbul: Nehir Yayınları, 2002), 3:121–127.

19. Abidin Ege, *Harp Günlükleri*［战 争 日 记］(Istanbul: Türkiye Iş Bankası Kültür Yayınları, 2011), 275–278.

20. 英军伤亡人数为 3474 人，奥斯曼军为 1285 人。Moberly, *The Campaign in Mesopotamia*, 2:525.

21. Russell Braddon, *The Siege* (New York: Viking, 1969), 207–208.

22. 关于劳伦斯在美索不达米亚的使命，参见 Jeremy Wilson, *Lawrence of Arabia: The Authorized Biography of T. E. Lawrence* (London: Heinemann, 1989), 253–278; Townshend, *When God Made Hell*, 250–253.

23. 苏莱曼和塔利布战前事迹，参见第四章。

24. 在苏莱曼·费迪的回忆录里，详细描述了他与劳伦斯会面的情形和二人的对话，见 *Mudhakkirat Sulayman Faydi* (London: Saqi Books, 1998), 221–242.

25. Wilson, *Lawrence of Arabia*, 268.
26. Ege, *Harp Günlükleri*, 294.
27. 引自 Townshend, *When God Made Hell*, 250–253.
28. Scott Anderson, *Lawrence in Arabia* (London: Atlantic Books, 2014), 176–178. 奥伯里·赫伯特他们与哈利勒谈判的内容，来自 Aubrey Herber, *Mons, Anzac and Kut* (London: Hutchinson, n.d. [1930]), 248–256.
29. Ege, *Harp Günlükleri*, 307; Moberly, *The Campaign in Mesopotamia*, 2:459. 在库特陷落之前，英国史上规模最大的一次失利，是 Cornwallis 将军率领过 7500 名士兵在约克镇的投降（1781 年）。汤申德在库特的记录后在 1942 年被打破，当时新加坡投降，8 万来自英国、印度和澳大利亚的士兵被日军俘获。
30. IWM, private papers of Major T. R. Wells, Documents 7667, diary entry of 29 April 1916.
31. Civilian casualty figures from Moberly, *The Campaign in Mesopotamia*, 2:459. Reverend Spooner's account is from IWM, "Report Based on the Diary of the Rev. Harold Spooner, April 29th, 1916 to Nov. 1918," Documents 7308. See also IWM, Diary of Captain Reynolds Lamont Lecky, Documents 21099, diary entry of 2 May 1916.
32. IWM, private papers of Lieutenant Colonel L. S. Bell Syer, Documents 7469, diary entry of 6 May 1916.
33. Talib Mushtaq, *Awraq ayyami, 1900–1958* [Pages from My Life, 1900–1958] (Beirut: Dar al-Tali`a, 1968), 1:15. 他用阿拉伯语引用了英国中士的话，"*Al –Inkliz damdam aqwa, lakin khubz maku.*"
34. As quoted by Sergeant P. W. Long, *Other Ranks of Kut* (London: Williams and Norgate, 1938), 34.
35. IWM, diary of Lieutenant Colonel L. S. Bell Syer, entry of 14 May 1916. 另见 T. R. Wells 少校的文件，他声称土耳其人对印度穆斯林有"好感"（5 月 8 日和 6 月 4 日），以及斯普纳神父的日记，时间为 5 月 17 日。
36. "新月营"见第三章。在 *Other Ranks of Kut* 一书 33 页中，P. W. Long 称有一整支"阿尔及利亚营"驻扎在巴格达英军战俘营附近，"他们声称是我们的朋友。"Long 说，考虑到他们曾为法军效力，英国人"不接受他们的示好"。这些北非士兵后来被派去波斯，"代表土耳其人与俄国交战"。
37. NARA, Baghdad vol. 25, Brissel report dated Baghdad, 9 August 1916.
38. 这篇文章摘自 *Sada-i Islam*, newspaper of 29 Temmuz 1332 (11 August 1916), 保存在美国巴格达领事馆文件中，NARA, Baghdad vol. 25. 英国官方历史承认苏丹接见了英国穆斯林军官并交还了他们的剑，但称奥斯曼政府逮捕了"拒绝"为苏丹效力的人。Moberly, *The Campaign in Mesopotamia*, 2:466.
39. 许多官员在回忆录中，详尽地讲述了他们的被俘经历；参见 Major E. W. C. Sandes, *In Kut and Captivity with the Sixth Indian Division* (London: John Murray, 1919); Captain E. O. Mousley, *The Secrets of a Kuttite: An Authentic Story of Kut, Adventures in Captivity and Stamboul Intrigue* (London: John Lane, 1921); W. C. Spackman, *Captured at Kut: Prisoner of the Turks* (Barnsley, UK: Pen & Sword, 2008).
40. E. H. Jones, *The Road to En-Dor* (London: John Lane The Bodley Head, 1921), 123.

注释 443

41. IWM, private papers of J. McK. Sloss, MSM Australian Flying Corps, Documents 13102; P. W. "Jerry" Long, in *Other Ranks of Kut*, 103. 在库特陷落后披露了普通士兵经历的一手文献。
42. Arnold T. Wilson, *Loyalties Mesopotamia, 1914–1917* (Oxford: Oxford University Press, 1930), 140.
43. 在 *Armenian Golgotha: A Memoir of the Armenian Genocide, 1915—1918* (New York: Vintage Books, 2010), 294–298 页中，格里高利斯·巴拉基昂称，碰到这些英军士兵的时间就在 1916 年 7 月初，距离之前被驱逐的亚美尼亚人来到巴赫切仅两到三周。这意味着 1916 年 6 月底或 7 月初时，库特的幸存者已经来到火车站。
44. 寇松的话引自 Townshend, *When God Made Hell*, 335.

第十一章

1. amirate 这个词指麦加埃米尔的办公室．"埃米尔"（amir）是国王或指挥官。麦加掌权的君主可被称作埃米尔或麦加大谢里夫。
2. 阿卜杜拉的叙述记录在 *Memoirs of King Abdullah of Transjordan* (New York: Philosophical library, 1950), 112–113. 另见 Ronald Storrs, *Orientations* (London: Readers Union, 1939), 129–130；George Antonius, *The Arab Awakening* (London: Hamish Hamilton, 1938), 126–128. Antonius 本人是一位热忱的阿拉伯民族主义者，他对于阿拉伯起义的大部分叙述，基于哈希姆家族领导成员的访谈和他们私人文件的原件。
3. Storrs, *Orientations*, 155–156.
4. 译自贝鲁特报纸 al-Ittihad al-`Uthmani [奥斯曼联盟]，1914 年 12 月 29 日，引自 Antonius, *Arab Awakening*, 145 页。
5. 引自阿拉伯民族主义者 George Antonius, *Arab Awakening*, 140 页。Antonius 在 *The Arab Awakening* 中的叙述，基于与谢里夫侯赛因及其子阿卜杜拉和费塞尔的详细访谈．C. Ernest dawn, *From Ottomanism to Arabism: Essays on the Origins of Arab Nationalism* (Urbana: University of Illinois Press, 1973), 26.
6. "法塔特"（Al-Fatat）及其在第一届阿拉伯代表大会上的作用，见第一章。
7. 费塞尔前往伊斯坦布尔和大马士革之使命，内容来自 Dawn, *From Ottomanism to Arabism*, 27–30；Antonius, *Arab Awakening*, 150–159；Ali A. Allawi, *Faisal I of Iraq* (New Haven, CT: Yale University Press, 2014).
8. Antonius, *Arab Awakening*, 157–158.
9. "侯赛因-麦克马洪通信"的译文，reproduced in *The Middle East and North Africa in World Politics: A Documentary Record*, ed. J. C. Hurewitz (New Haven, CT: Yale University Press, 1979), 2:46–56.
10. 麦克马洪寄往伦敦的信，引自 Jonathan Schneer, *The Balfour Declaration: The Origins of the Arab Israeli Conflict* (New York: Random House, 2010), 59.
11. 关于法鲁奇的揭露，参见 Scott Anderson, *Lawrence in Arabia: War, Deceit, Imperial Folly and the Making of the Modern Middle East* (London: Atlantic Books, 2013), 139–143；Antonius, *Arab Awakening*, 169；David Fromkin, *A Peace to End All Peace* (London: Andre

deutsch, 1989), 176–178；Schneer, *Balfour Declaration*, 60–63. 在 1916 年 1 月 1 日写给麦克马洪的信中，谢里夫侯赛因提到穆罕默德·谢里夫·法鲁奇的名字，很明显他已知晓这位阿拉伯民族主义人士的变节，最有可能是麦克马洪的信使揭发的。

12. 法国对大叙利亚地区的这些领土主张，载于法国驻俄国彼得格勒大使寄给俄国外交大臣的信中，时间为 1915 年 3 月 1 日 /14 日，reproduced in Hurewitz, *Middle East and North Africa in World Politics*, 2:19.
13. Fromkin, *Peace to End All Peace*, 188–193.
14. Antonius, *Arab Awakening*, 248.
15. 《赛克斯–皮克特协定》文本，见 Hurewitz, *Middle East and North Africa in World Politics*, 2:60–64.
16. Djemal Pasha, *Memories of a Turkish Statesman, 1913–1919* (London: Hutchinson and Co., n.d.), 197–199.
17. 图尔吉曼的朋友是耶稣撒冷的统治阶层出身：Hasan Khalidi 和 Omar Salih Barghouti，这两位都是奥斯曼军官，还有教师兼日记作者 Khalil Sakakini. Salim Tamari, *Year of the Locust: A Soldier's Diary and the Erasure of Palestine's Ottoman Past* (Berkeley: University of California Press, 2011), 91.
18. Falih Rıfkı Atay, *Le mont des Oliviers* [橄榄山] (Paris: Turquoise, 2009), 29–30. 该书于 1932 年首次以土耳其语出版，当时的书名是 *Zeytindağı*.
19. Eliezer Tauber, *The Arab Movements in World War I* (London: Frank Cass, 1993), 38.
20. George Antonius 在 *Arab Awakening*, 241 页中称，30 万人死于饥荒的这个数字"不容置疑"，并提出实际数字可能高达 35 万。Linda Schatkowski Schilcher, "The Famine of 1915–1918 in Greater Syria," in *Problems of the Modern Middle East in Historical Perspective*, ed. John Spagnolo (Reading, UK: Ithaca Press, 1992), 229–258 页，其中作者根据德国领事馆的记录，提出死于饥荒及饥荒有关疾病的人数"截至 1918 年底，可能已高达 50 万人"。关于叙利亚和黎巴嫩对 Seferberlik 的公共记忆，参见 Najwa al-Qattan, "Safarbarlik: Ottoman Syria and the Great War," in *From the Syrian Land to the States of Syria and Lebanon*,ed. Thomas Philipp and Christoph Schumann (Beirut: Orient-Institut, 2004), 163–174.
21. Q. B. Khuwayri, *al-Rihla al-suriyya fi'l-harb al-`umumiyya 1916* [ 叙利亚的全面战争之旅，1916] (Cairo: al-Matba`a al-Yusufiyya, 1921), 34–35.
22. 恩维尔的提议，及协约国为阻止救援物资通过协约国封锁线的所作所为，记录在 Shakib Arslan, *Sira Dhatiyya* [自传] (Beirut: dar al-Tali`a, 1969), 225–236.
23. Djemal Pasha, *Memories of a Turkish Statesman*, 213；Rıfkı Atay, *Le mont des Oliviers*, 75–76.
24. Tamari, *Year of the Locust*, 130–132.
25. 谢里夫侯赛因给恩维尔帕夏的电报及回电，见 Sulayman Musa, *al-Thawra al-`arabiyya al-kubra: watha'iq wa asanid* [伟大的阿拉伯起义：文件和记录] (Amman: department of Culture and Arts, 1966), 52–53. 杰马勒帕夏和谢里夫阿卜杜拉，两人关于谢里夫侯赛因和恩维尔帕夏之间交易的叙述存在分歧；参见 Djemal Pasha, *Memories of a Turkish Statesman*, 215，以及 King Abdullah, *Memoirs of King Abdullah of Transjordan*, 136–137. 另见 Tauber, *Arab Movements in World War I*, 80.

26. Antonius, *Arab Awakening*, 190.
27. Rıfkı Atay, *Le mont des Oliviers*, 73–79. 毫无疑问，同时代阿拉伯人对那些绞死在贝鲁特和大马士革的人仍抱有敬意。Dr Ahmad Qadri, *Mudhakkirati `an al-thawra al-`arabiyya al-kubra* [我之阿拉伯起义回忆录] (Damascus: Ibn Zaydun, 1956), 55–56 页。作者作为一名青年阿拉伯协会运动的叙利亚成员，曾因疑似进行阿拉伯民族主义运动，两度被奥斯曼当局逮捕又释放，他在书中反复提及那些在贝鲁特被处以绞刑的人最后英雄般的遗言。
28. 当年晚些时候，杰马勒帕夏出版了一本书，该书有土耳其语、阿拉伯语和法语版本，用来为阿莱军事法庭的工作正名。书名为 *La verite sur la question syrienne* (Istanbul: Tanine, 1916)，其中提供了 8 个阿拉伯秘密组织的简介，使用了从法国驻贝鲁特和驻大马士革领事馆获得的文件，并列出了那些被军事法庭判定有罪之人的名字及罪行。George Antonius 可能是从费塞尔本人口里听到他对处决的反应。Antonius 在 *Arab Awakening* 191 页中写道，很难用译文体现阿拉伯语 "Taba al- mawt, ya `Arab" 的力量，原句的意思 "大致是呼吁全体阿拉伯人拿起武器，不惜生命让处决血债血偿"。
29. 杰马勒帕夏公开后悔没能逮捕费塞尔、他的兄弟及其父谢里夫侯赛因；参见 Djemal Pasha, *Memories of a Turkish Statesman*, 220–222.
30. 步枪由伦敦的帝国战争博物馆收藏。关于步枪的历史，参见 Haluk Oral, *Gallipoli 1915 Through Turkish Eyes* (Istanbul: Bahcesehir University Press, 2012), 233–236.
31. Djemal Pasha, *Memories of a Turkish Statesman*, 223. 劳伦斯在 *Seven Pillars of Wisdom: A Triumph* (New York: Doubleday, Doran & Co., 1936) 93 页当中，指控法赫里帕夏参与了针对亚美尼亚人的屠杀。Christophe Leclerc 在 *Avec T. E. Lawrence en Arabie: La mission militaire francaise au Hedjaz, 1916–1920* (Paris: L'Harmattan, 1998) 28 页中，将法赫里与 1909 年发生在阿达纳和泽伊顿的亚美尼亚大屠杀相联系。
32. King Abdullah, *Memoirs of King Abdullah of Transjordan*, 138.
33. 土耳其历史学家 Haluk Oral 在 *Gallipoli 1915*, 236 页中声称，谢里夫侯赛因用杰马勒帕夏给费塞尔的加里波利战利品打响了起义的第一枪，但帝国战争博物馆并没有提及此事．
34. Abdullah, *Memoirs of King Abdullah of King Abdullah of Transjordan*, 143.
35. Abdullah, *Memoirs of King Abdullah of King Abdullah of Transjordan*, 144–146.
36. Abdullah 关于塔伊夫之围的叙述，见 *Memoirs of King Abdullah*, 143–153.
37. Turjman, *Year of the Locust*, 155–156.
38. Muhammad Ali al-Ajluni, *Dhikrayat `an al-thawra al-`arabiyya al-kubra* [回忆伟大的阿拉伯起义] (Amman: Dar al-Karmil, 2002), 22–25 页；关于阿拉伯起义的通告和相关利弊的辩论，参见 27–28 页。阿杰卢尼来自阿杰隆（Ajlun），该地区是奥斯曼帝国叙利亚行省的一部分，但今在约旦北部。
39. 关于印度的反应，参见 James Barr 的 *Setting the Desert on Fire: T. E. Lawrence and Britain's Secret War in Arabia, 1916–1918* (New York: W. W. Norton, 2008), 41–42.
40. 关于为哈希姆家族战争征募阿拉伯奥斯曼军官的情况，参见 Tauber, *The Arab Movements in World War I*, 102–117. 贾法尔·阿斯克里在西部大沙漠被捕之事，见第十章；他投身哈希姆家族事业见其回忆录，*A Soldier's Story: From Ottoman Rule to Independent Iraq* (London: Arabian Publishing, 2003), 108–112. 阿里·乔达特在纳西里耶被捕见第九章，他被拘禁于巴士拉一事见第十章；关于其从战俘营征召士兵的描述，见 Ali Jawdat, *Dhikrayati, 1900–1958* [回忆录，1900–1958] (Beirut: al-Wafa', 1967), 37–40.

41. 麦克马洪 1916 年 9 月 13 日的电报, eproduced in Barr, *Setting the Desert on Fire*, 56. 关于法国对保护《赛克斯-皮克特协定》的担忧, 参见 Leclerc, *Avec T. E. Lawrence en Arabie*, 19. 关于布雷蒙的任务, 另见 Robin Bidwell , "The Brémond Mission in the Hijaz, 1916–17: A Study in Inter-allied Co-operation," in *Arabian and Islamic Studies*, ed. Robin Bidwell 和 Rex Smith (London: Longman, 1983): 182–195.
42. Bidwell, "Brémond Mission," 186.
43. Edouard Brémond, *Le Hedjaz dans la guerre mondiale* (Paris: Payot, 1931), 61–64, 106–107.
44. Lawrence, *Seven Pillars*, 92.
45. 劳伦斯 1916 年 11 月 18 日的报告, 引自 Barr, *Setting the Desert on Fire*, 77–78. 另见 Anderson 对劳伦斯报告的分析, in *Lawrence in Arabia*, 223–226.
46. 劳伦斯对 1916 年 12 月事件的描述, 见 *Seven Pillars*, 119–135.
47. Lawrence, *Seven Pillars*, 130.
48. 1916 年 7 月 6 日战争委员会在会议上的任命, reproduced in George McMunn and Cyril Falls, *Military Operations: Egypt and Palestine from the Outbreak of War with Germany to June 1917* (London: HMSO, 1928), 230–232.

第十二章

1. 关于德国飞机的发展, 参见 Desmond Seward, *Wings over the Desert: In Action with an RFC Pilot in Palestine, 1916–1918* (Sparkford, UK: Haynes Publishing, 2009), 29–32. 关于澳大利亚炮兵连, 可比对杰马勒帕夏的 *Memories of a Turkish Statesman, 1913–1919* (London: Hutchinson, n.d.), 169.
2. 穆雷于 1916 年 2 月 15 日提议的全文, 见 George Mc-Munn and Cyril Falls reproduced in *Military Operations: Egypt and Palestine from the Outbreak of War with Germany to June 1917* (London: HMSO, 1928), 170–174.
3. Djemal Pasha, *Memories of a Turkish Statesman*, 170; 关于卡蒂亚事件, 参见 McMunn and Falls, *Military Operations*, 162–170; Anthony Bruce, *The Last Crusade: The Palestine Campaign in the First World War* (London: John Murray, 2002), 37–40.
4. 关于帝国骆驼兵团, 参见 Frank Reid, *The Fighting Cameliers* (1934; rpt. Milton Keynes, UK: Leonaur, 2005); Geoffrey Inchbald, *With the Imperial Camel Corps in the Great War* (Milton Keynes, UK: Leonaur, 2005).
5. McMunn and Falls, *Military Operations*, 199.
6. 战争委员会的任命, 1916 年 7 月 6 日, reproduced in McMunn and Falls, *Military Operations*, 230–232.
7. Inchbald, *With the Imperial Camel Corps*, 113.
8. Reid, *The Fighting Cameliers*, 50–52; McMunn and Falls, *Military Operations*, 257.
9. 英国报告称, 拉法赫一役中俘获 1635 名奥斯曼军官兵, 并估计奥斯曼军约有 200 人战死。英军死亡 71 人, 受伤 415 人。McMunn and Falls, *Military Operations*, 270.
10. Edward J. Erickson, *Ordered to Die: A History of the Ottoman Army in the First World War*

(Westport, CT: Greenwood Press, 2001), 161.

11. 帝国总参谋长给总指挥的电报, 印度, 1916 年 4 月 30 日, reproduced in F. J. Moberly, *The Campaign in Mesopotamia, 1914–1918* (London: HMSO, 1923–1927), 3:3–4.
12. Erickson, *Ordered to Die*, 164–166.
13. Charles Townsend, *When God Made Hell: The British Invasion of Mesopotamia and the Creation of Iraq, 1914–1921* (London: Faber and Faber, 2010), 344–345.
14. Arnold T. Wilson, *Loyalties Mesopotamia, 1914–1917* (Oxford: Oxford University Press, 1930), 222.
15. Lieutenant Colonel J. E. Tenant, cited in Wilson, *Loyalties Mesopotamia*, 223.
16. Moberly, *The Campaign in Mesopotamia*, 3:193–195; Wilson, *Loyalties Mesopotamia*, 222–223; Townshend, *When God Made Hell*, 355–357.
17. 莫德、罗伯森和蒙罗之间的信件交换, 见 Moberly, *The Campaign in Mesopotamia*, 3:204–211.
18. Wilson, *Loyalties Mesopotamia*, 216.
19. Talib Mushtaq, *Awraq ayyami, 1900–1958* (Beirut: Dar al-Tali`a, 1968), 17–18.
20. NARA, Baghdad vol. 28, transcription from Consul Heizer's Miscellaneous Record Book, 10–13 March 1917.
21. 关于莫德宣言及其缺点的详尽讨论, 参见 Wilson, *Loyalties Mesopotamia*, 237–241.
22. 宣言全文见 Moberly, *The Campaign in Mesopotamia*, 3:404–405, appendix 38.
23. Mushtaq, *Awraq ayyami*, 19.
24. Hew Strachan, *The First World War* (London: Pocket Books, 2003), 215–223. 美国从未对奥斯曼帝国宣战, 但对德国宣战后便从帝国境内撤走了所有领事馆官员。
25. 英国报告称, 第一次加沙之战英军伤亡人数不到 4000 人, 其中 523 人死亡, 另有 2932 人受伤, 但 Liman von Sanders 宣称土耳其人掩埋了约 1500 具英军尸体. 奥斯曼军死伤不到 2500 人, 其中 301 人死亡, 1085 人受伤。参见 McMunn and Falls, *Military Operations*, 315, 322; Otto Liman von Sanders, *Five Years in Turkey* (Annapolis: US naval Institute, 1927), 165.
26. Falih Rıfkı Atay, *Le mont des Oliviers* [橄榄山] (Paris: Turquoise, 2009), 205–206.
27. A. Briscoe Moore, *The Mounted Riflemen in Sinai and Palestine* (Auckland: Whitcombe and Tombs, n.d. [1920]), 67.
28. Djemal Pasha, *Memories of a Turkish Statesman*, 179.
29. Reid, *The Fighting Cameliers*, 98; 作者还提到自己在第二次加沙之战前, 分到了一个毒气面罩 (97 页)。英国官方历史提到, 巴勒斯坦战线首次使用毒气便是在第二次加沙之战; McMunn and Falls, *Military Operations*, 328.
30. Reid, *The Fighting Cameliers*, 102–110.
31. Rıfkı Atay, *Le mont des Oliviers*, 213–214; McMunn and Falls, *Military Operations*, 348, 350.
32. James Barr, *Setting the Desert on Fire: T. E. Lawrence and Britain's Secret War in Arabia, 1916–1918* (New York: W. W. Norton, 2008), 90–106.

33. 劳伦斯对汉志铁路第一次进攻是在 3 月 29 至 30 日，地点为 Abu al-Naam 火车站. T. E. Lawrence, *Seven Pillars of Wisdom: A Triumph* (New York: Doubleday Doran and Co., 1936), 197–203.

34. Jafar al-Askari, *A Soldier's Story: From Ottoman Rule to Independent Iraq* (London: Arabian Publishing, 2003), 112–114. 贾法尔·阿斯科里在埃及西部大沙漠被捕一事，见第十章。

35. Ali Allawi, *Faisal I of Iraq* (New Haven, CT: Yale University Press, 2014), 94–95.

36. Barr, *Setting the Desert on Fire*, 135. 1917 年 5 月 18 日，赛克斯在皮科特的陪同下，与费塞尔和谢里夫侯赛因在吉达会面，向谢里夫通告《赛克斯-皮克特协定》相关内容，但当中承诺在法国管制下给予阿拉伯的自治比他兑现的要多。Ibid., 138–141.

37. Lawrence, *Seven Pillars*, 298.

38. Lawrence, *Seven Pillars*, 300–312.

39. 让阿拉伯历史学家懊恼的是，劳伦斯被赞为亚喀巴的解放者——事实上是抢功。正如他在 *Seven Pillars* 中写的，"亚喀巴是通过我的计划，依靠我的努力攻下的。为此我可谓殚精竭虑。"（323 页）。Ali Allawi, *Faisal I of Iraq*, 95–96 页中提到，在 7 月 6 日给费塞尔的报告中，谢里夫纳西尔"并未提及劳伦斯在计划和组织这次攻击中所起到的作用"。他认为劳伦斯夸大了自己的作用，且"非常清楚其他当事人大多数都是阿拉伯人，他们没有办法质疑或是纠正这个说法"。另见 Suleiman Musa, *T. E. Lawrence: An Arab View* (Oxford: Oxford University Press, 1966). 温盖特的电报引自 Barr, *Setting the Desert on Fire*, 160–161.

40. Lawrence, *Seven Pillars*, 322.

41. 引自 Barr, *Setting the Desert on Fire*, 166.

42. Eugene Rogan, *Frontiers of the State in the Late Ottoman Empire: Transjordan, 1851—1920* (Cambridge: Cambridge University Press, 1999), 224–229.

43. 关于伊尔比德贵族下令征集民兵，引自 Salih al-Tall 未出版的回忆录（236–237 页）。我非常感激已逝的 Mulhim al-Tall 允许我复制这份珍贵的文件。

44. 切尔卡西亚志愿部队指挥官米尔扎·瓦斯菲的私人文件，收藏于安曼的约旦国家档案馆。关于志愿骑兵队，可比对 MW 5/17, docs. 6 and 10, 3–10 November 1916.

45. Odeh al-Goussous, *Mudhakkirat `Awda Salman al-Qusus al-Halasa* [Odeh al-Goussous al-Halasa 回忆录，1877–1943] (Amman: n.p., 2006), 84.

46. 这些讨好部落领导人以削弱哈希姆影响的举措，见 Odeh al-Goussous, *Mudhakkirat `Awda Salman al-Qusus al-Halasa*, 84. 奥斯曼档案保留着给叙利亚南部部落领导人颁发奖章的表扬证书；参见 the Prime Ministry Archives, Istanbul, DH-KMS 41/43 and 41/46 (August and September, 1916). 关于劳伦斯与奥达的对质，参见 Lawrence, *Seven Pillars*, 355; Barr, *Setting the Desert on Fire*, 169–170.

47. 这次攻击发生在 1917 年 7 月 17 日后不久。劳伦斯在 *Seven Pillars of Wisdom* 中并未提及此事，因为他当时正在开罗。Goussous, *Mudhakkirat `Awda Salman al-Qusus al-Halasa*, 86–88. 然而，劳伦斯确实汇报了部落对奥斯曼帝国的忠诚；参见 T. E. Lawrence, "Tribal Politics in Feisal's Area," *Arab Bulletin Supplementary Papers* 5 (24 June 1918): 1–5.

48. 1917 年 6 月 24 日的会议和伊尔德鲁姆集团军组建情况，参见杰马勒帕夏的 *Memories*

of a Turkish Statesman, 182–193；Liman von Sanders, Five Years in Turkey, 173–184；Erickson, Ordered to Die, 166–172.

49. Bruce, The Last Crusade, 119–120.
50. Emin Çöl, Çanakkale Sina Savaşları: bir erin anıları [达达尼尔和西奈战役：个人回忆录] (Istanbul: Nöbetçi Yayınevi, 2009), 103–104.
51. Çöl, Çanakkale Sina Savaşları, 106–108. 关于澳大利亚第四轻骑旅的冲锋，参见 Roland Perry, The Australian Light Horse (Sydney: Hachette Australia, 2010), 3–13.
52. Cyril Fallsand A. F. Becke, Military Operations: Egypt and Palestine from the Outbreak of War with Germany to June 1917, Part 1 (London: HMSO, 1930), 65.
53. Reid, The Fighting Cameliers, 139–147.
54. Chaim Weizmann, Trial and Error (New York: Harper and Brothers, 1949), 208；Tom Segev, One Palestine, Complete: Jews and Arabs under the British Mandate (London: Abacus Books, 2001), 43–50；Jonathan Schneer, The Balfour Declaration: The Origins of the Arab-Israeli Conflict (New York: Random House, 2010), 333–346.
55. 在巴勒斯坦战役中，双方均遭受了重大伤亡。截至征服耶路撒冷，英军报告称死伤18928人，奥斯曼军死伤28443人。另外，艾伦比报告称有近1.2万名土耳其人被俘。Bruce, The Last Crusade, 165.
56. Segev, One Palestine, Complete, 50–54.
57. 帝国战争博物馆拥有一份十三分钟长的无声电影副本，片名为"General Allenby's Entry into Jerusalem"，可从网上获得。

第十三章

1. NARA, Trebizond, Turkey, vol. 30, Miscellaneous Record Book, 1913–1918, entry of 23 March 1917. 在俄国占领特拉布宗期间，美国领事馆持续开放，且领事记录下了简要政治日志，后来的引用皆出于此。另见 Michael A. Reynolds, Shattering Empires: The Clash and Collapse of the Ottoman and Russian Empires, 1908–1918 (Princeton, NJ: Princeton University Press, 2011), 167–190；Sean McMeekin, The Russian Origins of the First World War (Cambridge, MA: Harvard University Press, 2011), 224–235.
2. 关于俄国公开《赛克斯–皮克特协定》和杰马勒帕夏对哈希姆家族的态度，参见 George Antonius, The Arab Awakening (London: Hamish and Hamilton, 1938), 253–258；Ali Allawi, Faisal I of Iraq (New Haven, CT: Yale University Press, 2014), 108–112. 杰马勒帕夏提及在英、法、俄、意之间达成的协定，意味着布尔什维克已公布了1917年《圣尚–德莫列讷协定》，其中意大利阐明了自己对奥斯曼帝国安纳托利亚地区的领土主张。
3. Scott Anderson 称 T. E. 劳伦斯早在1917年就与费塞尔分享了《赛克斯–皮克特协定》的具体内容，但并无直接证据能证明这一点；参见 Scott Anderson, Lawrence in Arabia: War, Deceit, Imperial Folly and the Making of the Modern Middle East (London: Atlantic Books, 2013), 270–272；关于马克·赛克斯爵士和乔治·皮克特去吉达向谢里夫侯赛因作简要汇报，ibid., 314–319.
4. 1918年1月的"The Hogarth Message"，见 J. C. Hurewitzed., The Middle East and North

Africa in World Politics (New Haven, CT: Yale University Press, 1979), 2:110–111.

5. "Communication from the British Government to the King of the Hejaz, February 8, 1918," reproduced in Antonius, *Arab Awakening*, 431–432.

6. T. E. Lawrence, *Seven Pillars of Wisdom: A Triumph* (New York: Doubleday Doran and Co., 1936), 341.

7. 穆罕默德·阿里·阿杰卢尼已从奥斯曼军中叛逃，加入阿拉伯起义。他参与了防卫塔菲拉，这一点在他的回忆录中有所描述，*Dhikrayat `an al-thawra al-`arabiyya al-kubra* [回忆伟大的阿拉伯起义] (Amman: Dar al-Karmil, 2002), 58–59. 奥斯曼军阵亡 200 人，另有 250 人被俘，而阿拉伯方面死亡 25 人，另有 40 人受伤。James Barr, *Setting the Desert on Fire: T. E. Lawrence and Britain's Secret War in Arabia, 1916–1918* (New York: W. W. Norton, 2008), 225–227.

8. Lieutenant Colonel Guy Powles, cited in Terry Kinloch, *Devils on Horses: In the Words of the Anzacs in the Middle East, 1916–19* (Auckland: Exisle Publishing, 2007), 252.

9. Alec Kirkbride 是阿拉伯军的英国顾问，在 *An Awakening: The Arab Campaign, 1917–18* (Tavistock, UK: University Press of Arabia, 21) 中提到，他要在亚喀巴弄一个鸽棚，"必要时就能给我提供鸽子，以便传递我的报告"。

10. Jafar al-Askari, *A Soldier's Story: From Ottoman Rule to Independent Iraq* (London: Arabian Publishing, 2003), 138.

11. Bernard Blaser, *Kilts Across the Jordan* (London: Witherby, 1926), 208.

12. Otto Liman von Sanders, *Five Years in Turkey* (Annapolis: US naval Institute, 1927), 211.

13. Cyril Falls and A. F. Becke, *Military Operations: Egypt and Palestine from the Outbreak of War with Germany to June 1917* (London: HMSO, 1930), 2:1:348；A. Briscoe Moore, *The Mounted Riflemen in Sinai and Palestine* (Auckland: Whitcombe and Tombs, 1920), 115.

14. Liman von Sanders, *Five Years in Turkey*, 213.

15. IWM, papers of D. H. Calcutt, diary entry of 1 April 1918; see also the diary of J. Wilson, 35. D. G. Hogarth, "The Refugees from Es-Salt," Arab Bulletin (21 April 1918):125; Blaser, *Kilts Across the Jordan*, 216.

16. Moore, *The Mounted Riflemen*, 115. 官方统计数据为英军死亡 200 人，另有 1000 人受伤，奥斯曼军死亡 400 人，1000 人受伤，这些数字见 W. T. Massey, *Allenby's Final Triumph* (London: Constable, 1920), 以及 Falls and Becke, *Military Operations*, Part 1, 347.

17. Askari, *A Soldier's Story*, 138–139.

18. Ajluni, *Dhikrayat*, 67–68；Barr, *Setting the Desert on Fire*, 236.

19. Askari, *A Soldier's Story*, 136–137, 142–146; Lawrence, *Seven Pillars*, 520; Edmond Bremond, *Le Hedjaz dans la guerre mondiale* (Paris: Payot, 1931), 268–269.

20. 马安镇民抵抗阿拉伯军队和从马安撤离后鼓舞士气的演讲，见 Tahsin Ali，*Mudhakkirat Tahsin `Ali, 1890–1970* [Tahsin Ali 回忆录] (Beirut: al-Mu'assasat al-`Arabiyya li'l-Dirasat wa'l-Nashr, 2004), 70–71.

21. David Stevenson, *1914–1918: The History of the First World War* (London: Penguin, 2005), 402–409.

22. Falls and Becke, *Military Operations*, 2:2:411–421.

注 释

23. Kinloch, *Devils on Horses*, 282–283.
24. Falls and Becke, *Military Operations*, 2:1:365–366.
25. IWM, papers of D. H. Calcutt, diary entry of 6 May 1918, 49–50. 其他关于第二次攻打外约旦的一手资料，参见 A. l. Smith 的日记；W. N. Hendr, "Experiences with the London Scottish, 1914–18"；Captain A. C. Alan-Williams, scrapbook vol. 2, loose-leaf diary, "Second Attempt to Capture Amman April 29th 1918"；J. Wilson 的日记，36–38.
26. French Military Archives, Vincennes, SS Marine Q 86, 21 May 1918, no. 23, "Jaussen"；French Military Archives, Vincennes, SS Marine Q 86, 29 May 1918, no. 31, "Salem ebn Aisa, Tawfik el-Halibi."
27. 以下分析汲取了 Michael Reynold 的杰出研究，*Shattering Empires*，191–251，以及 W. E. D. Allen and Paul Muratoff 的经典之作，*Caucasian Battlefields: A History of the Wars on the Turco-Caucasian Border, 1828–1921* (Cambridge: Cambridge University Press, 1953), 457–496.
28. Liman von Sanders 对高加索战役的批判比任何人都要激烈，他在 *Five Years in Turkey* 268–269 页中称，运往卡尔斯、阿尔达汉和巴统的额外物资应该更有效地运用，才能保障奥斯曼帝国在巴勒斯坦和美索不达米亚地区的统治。
29. Anthony Bruce, *The Last Crusade: The Palestine Campaign in the First World War* (London: John Murray, 2002), 215.
30. Liman von Sanders, *Five Years in Turkey*, 274.
31. 一位印度士兵的匿名信，时间为 1918 年 10 月 28 日，由英国审查官翻译，装订在巴勒斯坦的印度士兵信件集中。Cambridge University Library, D. C. Phillott Papers, GB 012 MS.Add.6170, 80–82.
32. Tawfiq al-Suwaydi, *My Memoirs: Half a Century of the History of Iraq and the Arab Cause* (Boulder, CO: Lynne Rienner, 2013), 71.
33. Cambridge University Library, D. C. Phillott Papers, 信件日期为 1918 年 10 月 20 日，106–110.
34. 皇家第 38 和第 39 燧发枪营还有一个更熟悉的名字，即犹太营，其相关资料参见 J. H. Patterson, *With the Judaeans in the Palestine Campaign* (London: Hutchinson, 1922). 关于法军在巴勒斯坦战役中的情况，参见 Falls and Becke, *Military Operations*, 2:2:419, 473.
35. 关于英军进入大马士革的阿拉伯人目击证词，参见 Tahsin Ali, *Mudhakkirat*, 78–82；Ali Jawdat, *Dhikrayat*, 66–72；Muhammad Ali al-Ajluni, *Dhikrayat*, 81–83.
36. Hubert Young, *The Independent Arab* (London: John Murray, 1933), 256–257.
37. Falls and Becke, *Military Operations*, 2:2:618; Erickson, *Ordered to Die*, 201.
38. 关于库特之围中英国和印度战俘的遭遇，可见第十章。Charles Townshend, *My Campaign in Mesopotamia* (London: Thornton Butterworth, 1920), 374–385.
39. 停战协议条款见 Hurewitz, *The Middle East and North Africa in World Politics*, 2:128–130.
40. Cambridge University Library, D. C. Phillott Papers, GB 012 MS.Add.6170, letter dated 27 October 1918, 78.

小结

1. Grigoris Balakian, *Armenian Golgotha* (New York: Vintage, 2010), 414.
2. Otto Liman von Sanders, *Five Years in Turkey* (Annapolis: US naval Institute, 1927), 321–325；Balakian, *Armenian Golgotha*, 414–416.
3. Vahakn N. Dadrian and Taner Akçam, *Judgment at Istanbul: The Armenian Genocide Trials* (New York: Berghahn Books, 2011), 25–26.
4. Dadrian and Akçam, *Judgment at Istanbul*, 250–280.
5. 1919 年 4 月 12 日主要起诉书的文稿，发表在 *Takvîm-i Vekâyi* 3540 (27 Nisan 1335/27 April 1919)，全文译文见 Dadrian and Akçam, *Judgment at Istanbul*, 271–282.
6. Dadrian and Akçam, *Judgment at Istanbul*, 195–197；关于巴拉基昂对审判的反映，可对比 *Armenian Golgotha*, 426–427.
7. Jacques Derogy, *Opération némésis: Les vengeurs arméniens*［复仇行动：亚美尼亚复仇者］(Paris: Fayard, 1986).
8. 近期基于奥斯曼档案资料有关杰马勒帕夏针对亚美尼亚人政策的研究，可比对 M. Talha Çiçek, *War and State Formation in Syria: Cemal Pasha's Governorate During World War I, 1914–17* (London: Routledge, 2014), 106–141. 关于恩维尔的死，参见 David Fromkin, *A Peace to End All Peace: Creating the Modern Middle East, 1914–1922* (London: André Deutsch, 1989), 487–488.
9. "Ottoman Memorandum to the Supreme Council of the Paris Peace Conference, 23 June 1919," in Hurewitz, *The Middle East and North Africa in World Politics*, 2:174–176.
10. 对战后和平条约条款的分析，可参见 Margaret MacMillan, *Peacemakers: The Paris Conference of 1919 and Its Attempt to End War* (London: John Murray, 2001).
11. "Article 22 of the Covenant of the League of Nations, 28 June 1919," in Hurewitz, *Middle East and North Africa in World Politics*, 2:179–180.
12. "Political Clauses of the Treaty of Sèvres, 10 August 1920," in Hurewitz, *Middle East and North Africa in World Politics*, 2:219–225.
13. "Tripartite (Sèvres) Agreement on Anatolia: The British Empire, France and Italy, 10 August 1920," in Hurewitz, *Middle East and North Africa in World Politics*, 2:225–228.
14. "The Turkish National Pact, 28 January 1920," in Hurewitz, *Middle East and North Africa in World Politics*, 2:209–211.
15. Liman von Sanders, *Five Years in Turkey*, 321–325.
16. 引自 King Abdullah of Transjordan, *Memoirs of King Abdullah of Transjordan* (New York: Philosophical library, 1950), 174. 关于法赫利帕夏的投降，参见 King Abdullah's memoirs, 174–180；James Barr, *Setting the Desert on Fire: T. E. Lawrence and Britain's Secret War in Arabia, 1916–1918* (New York: W. W. Norton, 2008), 308–309.
17. 关于关押变节北非士兵的营地，或 Centres de regroupement de repatriés indigènes，参见 Thomas DeGeorges, "A Bitter Homecoming: Tunisian Veterans of the First and Second World Wars" (PhD diss., Harvard University, 2006), 45.

18. A. H. Wilkie, *Official War History of the Wellington Mounted Rifles Regiment* (Auckland: Whitcombe and Tombs, 1924), 235–236；C. Guy Powles, *The New Zealanders in Sinai and Palestine* (Auckland: Whitcombe and Tombs, 1922), 266–267；Roland Perry, *The Australian Light Horse* (Sydney: Hachette Australia, 2010), 492–496.
19. C. G. Nicol, *Story of Two Campaigns: Official War History of the Auckland Mounted Rifles Regiment, 1914–1919* (Auckland: Wilson and Horton, 1921), 242–244.
20. H. S. Gullett 和 Chas. Barretted., *Australia in Palestine* (Sydney: Angus & Robertson, 1919), 78. 参见同样感伤的诗 "Old Horse o' Mine," in ibid., 149.
21. 澳新士兵最终于 1919 年夏季中旬乘船撤离。第一批新西兰部队于 6 月 30 日启程，其余部队于 7 月 23 日。
22. 本人提供了一份关于战后安置的更为详尽的分析，见 *The Arabs: A History* (New York: Basic Books, 2009；London: Allen Lane, 2009) 第六章。另见 Kristian Coates Ulrichsen, *The First World War in the Middle East* (London: Hurst and Company, 2014), 173–201.
23. 埃及的和会代表，*White Book: Collection of Official Correspondence from November 11, 1918 to July 14, 1919* (Paris: Privately printed, 1919).
24. 委员会报告提到，在巴勒斯坦收到共 260 封请愿，其中 222 封反对犹太复国运动，占总数的 85%。他们称"这是该地区对任一观点所持的最大百分比"。"Recommendations of the King-Crane Commission on Syria and Palestine, 28 August 1919," in Hurewitz, *Middle East and North Africa in World Politics*, 2:191–199.
25. "Anglo-French Declaration, 7 November 1918," in Hurewitz, *Middle East and North Africa in World Politics*, 2:112.
26. Al-Istiqlal newspaper, Najaf, 6 October 1920, cited in `Abd al-Razzaq al-Hasani, *al-`Iraq fi dawray al-ihtilal wa'l intidab* [占领和委任统治：两个时代的伊拉克] (Sidon: al-`Irfan 1935), 117–118.
27. Roula Khalaf 引用了伊斯兰国的推特，题为 "Colonial Powers Did Not Set the Middle East Ablaze," *Financial Times*, 2014 年 6 月 29 日。

致 谢

本书的研究和撰写工作得益于英国社会科学院和英国艺术与人文研究理事会（AHRC）的大力支持。在此，我对英国社会科学院与犹太难民协会授予我 2011—2012 年度"不列颠感恩研究资助"（Thank-Offering to Britain Fellowship）表示衷心的感谢。同时，我还要感谢 AHRC 授予我 2012—2013 年度"高级研究资助"。

与我的上一本书《阿拉伯人》一样，此次我也从牛津大学杰出的中东研究团体那里收获了许多知识和鼓励。最初，我将本书的大部分内容通过演讲分享给了我在牛津大学的学生，我对他们的积极反馈表示感谢。另外，我也要感谢我在中东中心的同事 Walter Armbrust, Celia Kerslake, Laurent Mignon, Tariq Ramadan, Philip Robins, Avi Shlaim 和 Michael Willis。

知道我的研究兴趣后，许多朋友、家人和同事都与我分享了相关的书籍和文献，极大地推动了本书的撰写工作。在此，我感谢 Toufoul Abou-Hodeib 与 Adam Mestyan 提供了许多关于叙利亚战争的文献；感谢 Ali Allawi 指导我查询美索不达米亚战争的相关资料；感谢 Yoav Alon 和 Fayez al-Tarawneh 提供了关于阿拉伯起义的相关回忆录；还有 Tui Clark 为我提供了新西兰方面关于奥斯曼帝国战线的相关著作。此外，Jill（汉密尔顿公爵夫人）向我开放了她的私人图书馆，以及她本人关于澳新和英国部队在中东的杰出研究。Henry Laurens 慷慨地为我提供了一份由多明我会神父 Antonin Jaussen 整理的法国情报记录的誊写本。Margaret MacMillan 在撰写她自己关于一战的精彩著作——《终结和平的战争》(The War that Ended Peace) 时，与我分享了她找到的每一篇有关奥斯曼帝国战事的文章。Martin Bunton 和 Hussein Omar 为我提供了关于埃及对英国战事贡献的宝贵资料。在此，我还要特别感谢我的母亲 Margaret Rogan，感谢她调查了我外祖母的兄弟——John McDonald 的生平，以及他在加里波利的事迹。

在搜寻一战土耳其老兵的战争日记时，我有幸能与两位学习奥斯曼帝国历史的牛津大学高材生——Djene Bajalan 和 Kerem Tinaz 共事。如今关于第一次世界大战的土耳其士兵和军官的回忆录越来越多，为获得这些回忆录，他们找遍了伊斯坦布尔的书店。Djene 协助了本书前两章的研究内容，Kerem 则为第三章到第十三章的研究内容作出了贡献。没有他们的帮助我不可能写就此书。

档案管理员和图书馆员对历史研究的成败也息息相关。在此，我要特别感谢中东中心图书馆员 Mastan Ebtehaj，以及中东中心档案管理员 Debbie Usher，感谢他们的大力协助。我还要感谢马里兰州大学公园市（College Park）美国国家档案馆的管理人员；在整修期间仍对读者开放的伦敦帝国战争博物馆；还有新西兰惠灵顿亚历山大·特恩布尔图书馆的档案员——他们的效率非常高。

我的一些同事阅读了本书的提纲和草稿，并给予了重要的建议和指正。我特别要感谢 Frederick Anscombe，Ben Fortna，Roger Owen，Joseph Sassoon 和 Ngaire Woods。

我还要感谢我的代理人——Felicity Bryan 和 George Lucas，感谢他们自始至终用他们的聪明智慧和行业经验指导我的写作。能与

Allen Lane 和 Basic Book 出版社愉快合作，首先要归功于能有机会与 Lara Heimert 和 Simon Winder 这两位优秀编辑共事。

不过，我最要感谢的是我的家人，他们给予了我爱和鼓励，即便在我埋头写书疏忽了他们时，这份关怀也一如既往。从始至终，Ngaire 一直是我灵魂的伴侣；Richard 对一切阿拉伯的事物非常感兴趣，这让我感到高兴；还有 Isabelle，她是指引我前行的明灯，这本书也是为她而作。

参考文献

ARCHIVAL SOURCES:

Archives New Zealand, Alexander Turnbull Library, Wellington, NZ
Trevor Holmden Papers, MS-Papers 2223
Cecil Manson Papers related to service in Royal Flying Corps 90-410
Francis McFarlane Papers, MS-Papers 2409
James McMillan, "40,000 Horsemen: A Memoir," MS X-5251

Australian War Memorial [AWM], Canberra, Australia
Diaries of C.E.W. Bean, accessed online www.awm.gov.au/collection/records/awm38.

Cambridge University Library, Cambridge, UK
D.C. Phillott papers, MS.Add.6170

The U.S. National Archives and Records Administration [NARA], College Park, Maryland
Record Group 84, U.S. Consular Archives
Baghdad:
   Boxes 016 – 019 (1913-1914)
   Volumes 0016 – 0030 (1915-1918)
Basra:
Boxes 002 – 005 (1913-1918)
   Volume 0003 (1910-1918)
Beirut:
   Volumes 0008-0010 (1910-1924), 0018 (1916-1917), 0180-0181 (1914), 0184,
     0185 (1915), 0191 (1916), 0458 (1917-1919)
Dardanelles:
   Volume 0005 (1914)
Istanbul:
   Volumes 0277-0285 (1914)
   Volumes 0292-0295 (1915)
   Volumes 0307-0309 (1916)
   Volumes 0315-0317 (1917)

Ourfa (Urfa):
  Volume 0004 (1915)
Trebizond (Trabzon):
  Volume 0030 (1913-1918)

Imperial War Museum [IWM], London, UK
Private Papers Collection
  Anonymous Account of the Anzac Landing at Gallipoli, April 1915 (Doc.8684)
  Anonymous Account of the Evacuation of Gallipoli, Jan 1915 (Doc.17036)
  Major Sir Alexander Anderton (Doc.9724)
  Ataturk's Memoirs of the Anafartalar Battles (K 03/1686)
  Lt Col L.S. Bell Syer (Doc.7469)
  W.R. Bird (Doc.828)
  B. Bradshaw (Doc.14940)
  Captured Turkish Documents, First World War (Doc.12809)
  Commander H.V. Coates, RN (Doc.10871)
  Staff Sergeant Henry Corbridge (Doc.16453)
  Lt G.L. Drewry VC (Doc.10946)
  Robert Eardley (Doc.20218)
  M.O.F. England (Doc.13759)
  Lt Col H.V. Gell (Doc.10048)
  Maj. R. Haworth (Doc.16475)
  Major G.L. Heawood (Doc.7666)
  Capt R.L. Lecky (Doc.21099)
  W.D. Lee (Doc.1297)
  Letter from a Turkish Officer, 1915 (Doc.13066)
  D. Moriarty (Doc.11752)
  Capt A.T.L. Richardson (Doc.7381)
  Col. R.B.S. Sewell (Doc.14742)
  Major D.A. Simmons (Doc.21098)
  J.McK. Sloss (Doc.13102)
  Rev. H. Spooner (Doc.7308)
  Major J.G. Stilwell (Doc.15567)
  J. Taberner (Doc.16631)
  Two Letters from Alexandria (Australian Soldier) (Doc.10360)
  Major T.R. Wells (Doc.7667)

Middle East Centre Archive [MECA], St Antony's College, Oxford, UK
J. D. Crowdy Collection
Sir Wyndham Deedes Collection
Harold Dickson Collection
Sir Harold Frederick Downie Collection
Cecil Edmunds Collection
Sir Rupert Hay Collection
Sir Francis Shepherd Collection
A.L.F. Smith Collection

A.L. Tibawi Collection
Sir Ronald Wingate Collection

UNPUBLISHED DOCTORAL THESES:

Akin, Yigit, "The Ottoman Home Front During World War I: Everyday Politics, Society, and Culture," PhD diss. (Ohio State University, 2011).

Besikçi, Mehmet, "Between Voluntarism and Resistance: The Ottoman Mobilization of Manpower in the First World War," PhD diss. (Bogaziçi University, 2009).

DeGeorges, Thomas, "A Bitter Homecoming: Tunisian Veterans of the First and Second World Wars" PhD diss. (Harvard University, 2006).

Kilson, Robin, "Calling Up the Empire: The British Military Use of Non-white Labor in France, 1916–1920," PhD diss. (Harvard University, 1990).

Stoddard, Philip H., "The Ottoman Government and the Arabs, 1911 to 1918: A Preliminary Study of the *Teşkilat-i Mahsusa*," Ph.D. diss. (Princeton University, 1963).

PUBLISHED SOURCES:

Abbott, G.F., *The Holy War in Tripoli* (London: Edward Arnold, 1912).

Abramson, Glenda, "Haim Nahmias and the labour battalions: a diary of two years in the First World War," *Jewish Culture and History* 14.1 (2013) 18-32.

ʿAbd al-Wahab, Akram, *Tarikh al-harb al-ʿalimiyya al-ula* [History of the First World War] (Cairo: Ibn Sina, 2010).

Abun-Nasr, Jamil, *A History of the Maghrib* (Cambridge: Cambridge University Press, 1971).

Abu Tubaykh, Jamil, ed., *Mudhakkirat al-Sayyid Muhsin Abu Tubaykh (1910–1960)* [The Memoirs of al-Sayyid Muhsin Abu Tubaykh] (Amman: al-Mu'assisa al-ʿArabiyya, 2001).

Ahmad, Feroz, *From Empire to Republic: Essays on the Late Ottoman Empire and Modern Turkey*, 2 vols (Istanbul: Istanbul Bilgi University Press, 1908).

Ahmad, Feroz, *The Young Turks: The Committee of Union and Progress in Turkish Politics, 1908-1914* (Oxford: Oxford University Press, 1969).

Ahmad, Kamal Madhar, *Kurdistan during the First World War* (London: Saqi Books, 1994).

ʿAjluni, Muhammad ʿAli al-, *Dhikrayat ʿan al-thawra al-ʿarabiyya al-kubra* [Memories of the Great Arab Revolt] (Amman: Dar al-Karmil, 2002).

Akçam, Taner *A Shameful Act: The Armenian Genocide and the Question of Turkish Responsibility* (London: Constable, 2007).

Akçam, Taner, *The Young Turks' Crime Against Humanity: The Armenian Genocide and Ethnic Cleansing in the Ottoman Empire* (Princeton, NJ: Princeton University Press, 2012).

Aksakal, Mustafa, "Holy War Made in Germany? Ottoman Origins of the 1914 Jihad," *War in History* 18 (2011): 184–199.

Aksakal, Mustafa, "Not 'by those old books of international law, but only by war': Ottoman Intellectuals on the Eve of the Great War," *Diplomacy and Statecraft* 15.3 (2004) 507-44.

Aksakal, Mustafa, "The Limits of Diplomacy: The Ottoman Empire and the First World War," *Foreign Policy Analysis* 7 (2011) 197-203.

Aksakal, Mustafa, *The Ottoman Road to War in 1914: The Ottoman Empire and the First World War* (Cambridge: Cambridge University Press, 2008).

ʿAli, Tahsin, *Mudhakkirat Tahsin ʿAli, 1890–1970* [The Memoirs of Tahsin Ali] (Beirut: al-Mu'assasat al-ʿArabiyya li'l-Dirasat wa'l-Nashr, 2004)

Allawi, Ali. A, *Faisal I of Iraq* (New Haven, CT: Yale University Press, 2014).
Allen, W.E.D., and Paul Muratoff, *Caucasian Battlefields: A History of the Wars on the Turco-Caucasian Border, 1828-1921* (Cambridge: Cambridge University Press, 1953).
Anderson, Scott, *Lawrence in Arabia: War, Deceit, Imperial Folly and the Making of the Modern Middle East* (London: Atlantic Books, 2014).
Anonymous, *Australia in Palestine* (Sydney: Angus & Robertson, 1919).
Anonymous, *Thawrat al-`Arab* [The Revolution of the Arabs] (Cairo: Matba`a al-Muqattam, 1916).
Anonymous, *The Kia Ora Coo-ee: The Magazine for the Anzacs in the Midle East, 1918* (Sydney: Angus & Robertson, 1981).
Antonius, George, *The Arab Awakening* (London: Hamish Hamilton, 1938).
Arıkan, Ibrahim, *Harp Hatıralarım* [My War Memoirs] (Istanbul: Timaş Yayınları, 2007).
Arnoulet, François, "Les Tunisiens et la Première Guerre Mondiale (1914-1918),"[The Tunisians and the First World War] *Revue de l'Occident Musulman et de la Méditerranée* 38 (1984) 47-61.
Arslan, Shakib, *Sira Dhatiyya* [Autobiography] (Beirut: Dar al-Tali`a, 1969).
Askari, Jafar al-, *A Soldier's Story: From Ottoman Rule to Independent Iraq* (London: Arabian Publishing, 2003).
Aspinall-Oglander, C.F., *Military Operations: Gallipoli* (London: William Heinemann, 1929).
Association nationale pour le souvenir des Dardanelles et fronts d'orient, *Dardanelles, Orient, Levant, 1915–1921* (Paris: L'Harmattan, 2005).
Atay, Falih Rıfkı, *Le mont des Oliviers: L'empire Ottoman et le Moyen-Orient* [The Mount of Olives: the Ottoman Empire and the Middle East], *1914–1918* (Paris: Turquoise, 2009).
Atiyyah, Ghassan R., *Iraq, 1908–1921: A Political Study* (Beirut: Arab Institute for Research and Publishing, 1973).
Avcı, Halil Ersin, ed, *Çanakkale Şahitleri* [Martyrs of the Dardanelles] (Istanbul: Paraf Yayınları, 2011).
`Azawi, `Abbas, *Tarikh al-`Iraq bayn ihtilalayn* [The history of Iraq between two occupations], vol. 8, 1872-1917, (Baghdad: Shirkat al-tijara wa'l-tiba`a, 1956).
Balakian, Grigoris, *Armenian Golgotha: A Memoir of the Armenian Genocide, 1915–1918* (New York: Vintage, 2010).
Balakian, Peter, *Black Dog of Fate: A Memoir* (New York: Broadway, 1997).
Balakian, Peter, *The Burning Tigris: The Armenian Genocide and America's Response* (New York: HarperCollins, 2003).
Barr, James, *Setting the Desert on Fire: T. E. Lawrence and Britain's Secret War in Arabia, 1916–1918* (New York: W. W. Norton, 2008).
Behesnilian, Krikor, *Armenian Bondage and Carnage: Being the Story of Christian Martyrdom in Modern Times* (London: Gowans Bros, 1903).
Bekraoui, Mohamed, *Les Marocains dans la Grande Guerre 1914-1919* [The Moroccans in the Great War] (Casablanca: Commission Marocaine d'Histoire Militaire, 2009).
Berkes, Niyazi, *The Development of Secularism in Turkey* (New York: Routledge, 1998).
Bernard, Augustin, *L'Afrique du nord pendant la guerre* [North Africa during the war] (Paris: Les presses universitaires de France, 1926).

参考文献

Bidwell, Robin, "The Brémond Mission in the Hijaz, 1916–17: A Study in Inter-allied Co-operation," in Robin Bidwell and Rex Smith, eds, *Arabian and Islamic Studies* (London: Longman, 1983) 182–195.
Bidwell, Robin, "The Turkish Attack on Aden 1915–1918," *Arabian Studies* 6 (1982) 171–194.
Blaser, Bernard, *Kilts Across the Jordan* (London: Witherby, 1926).
Bliss, Edwin M., *Turkey and the Armenian Atrocities* (London: T. Fisher Unwin, 1896).
Bloxham, Donald, *The Great Game of Genocide: Imperialism, Nationalism, and the Destruction of the Ottoman Armenians* (Oxford: Oxford University Press, 2005).
Braddon, Russell, *The Siege* (New York: Viking, 1969).
Brémond, Edouard, *Le Hedjaz dans la Guerre Mondiale* [The Hijaz in the World War] (Paris: Payot, 1931).
Brown, Judith, *Modern India: The Origins of an Asian Democracy*, 2nd ed. (Oxford: Oxford University Press, 1994).
Bruce, Anthony, *The Last Crusade: The Palestine Campaign in the First World War* (London: John Murray, 2002).
Buchan, John, *Greenmantle* (London: Hodder and Stoughton, 1916).
Bury, G. Wyman, *Arabia Infelix, or the Turks in Yamen* (London: Macmillan, 1915).
Bury, G. Wyman, *Pan-Islam* (London: Macmillan, 1919).
Busch, Briton Cooper, *Britain, India and the Arabs, 1914-1921* (Berkeley: University of California Press, 1971).
Çakmak, Fevzi, *Büyük Harp'te Şark Cephesi Harekâtı* [Operations on the Eastern Front of the Great War] (Istanbul: Türkiye İş Bankası Kültür Yayınları, 2011).
Campbell Begg, R., *Surgery on Trestles* (Norwich: Jarrold & Sons, 1967).
Çanakkale Hatıraları [Dardanelles Memoirs], 3 vols, (Istanbul: Arma Yayınları, 2001–2003).
Candler, Edmund, *The Long Road to Baghdad*, 2 vols, (London: Cassell, 1919).
Capitaine de Corvette X and Claude Farrère, "Journal de bord de l'expédition des Dardanelles (1915)," [Ship's log of the Dardanelles expedition] *Les œuvres libres* 17 (1922): 218–229.
Carver, Field Marshal Lord, *The National Army Museum Book of the Turkish Frong, 1914-18* (London: Pan, 2003).
Çetin, Fethiye, *My Grandmother: A Memoir* (London: Verso, 2008).
Chamberlin, Jan, *Shrapnel & Semaphore: A Signaller's Diary from Gallipoli* (Auckland: New Holland, 2008).
Charles-Roux, François, *L'expédition des Dardanelles au jour le jour* [Day by day in the Dardanelles expedition] (Paris: Armand Colin, 1920).
Çiçek, M. Talha, *War and State Formation in Syria: Cemal Pasha's Governorate During World War I, 1914–17* (London: Routledge, 2014).
Chehabi, H.E., "An Iranian in First World War Beirut: Qasem Ghani's Reminiscences," in H.E. Chehabi, ed, *Distant Relations: Iran and Lebanon in the last 500 years* (London: I.B. Tauris, 2006) 120-32.
Clunie, Kevin and Ron Austin, eds., *From Gallipoli to Palestine: The War Writings of Sergeant GT Clunie of the Wellington Mounted Rifles, 1914–1919* (McCrae, Australia: Slouch Hat Publications, 2009).

Çöl, Emin, *Çanakkale – Sina Savaşları: Bir Erin Anıları* [The Wars in the Dardanelles and Sinai: One man's memoirs] (Istanbul: Nöbetçi Yayınevi, 2009).

Commandement de la IV Armée, *La verite sur la question syrienne* [The truth on the Syrian question] (Istanbul: Tanine, 1916).

Çulcu, Murat, *Ikdâm Gazetesi'nde Çanakkale Cephesi* [The Dardanelles Front in the *Ikdâm* Newspaper], 2 vols, (Istanbul: Denizler Kitabevi, 2004).

Dadrian, Vahakn N., and Taner Akçam, *Judgment at Istanbul: The Armenian Genocide Trials* (New York: Berghahn Books, 2011).

Darwaza, Muhammad ʿIzzat, *Nash'at al-Haraka al-ʿArabiyya al-Haditha* [The Formation of the Modern Arab Movement] (Sidon and Beirut: Manshurat al-Maktaba al-ʿAsriyya, 2nd Edition 1971).

Das, Santanu, ed, *Race, Empire and First World War Writing* (Cambridge: Cambridge University Press, 2011).

Davison, Roderic H., "The Armenian Crisis, 1912–1914," *American Historical Review* 53 (April 1948): 481–505.

Dawn, C. Ernest, *From Ottomanism to Arabism: Essays on the Origins of Arab Nationalism* (Urbana: University of Illinois Press, 1973).

Dennis, Peter, et al., eds., *The Oxford Companion to Australian Military History* (Melbourne: Oxford University Press, 1995).

de Nogales, Rafael, *Four Years Beneath the Crescent* (New York: Charles Scribner's Sons, 1926).

Der-Garabedian, Hagop, *Jail to Jail: Autobiography of a Survivor of the 1915 Armenian Genocide* (New York: iUniverse, 2004).

Derogy, Jacques, *Opération némésis: Les vengeurs arméniens* [Operation Nemesis: The Armenian Avengers] (Paris: Fayard, 1986).

Djemal Pasha, *Memories of a Turkish Statesman – 1913-1919* (London: Hutchinson & Co, n.d.).

Douin, Georges, *L'attaque du canal de Suez (3 Février 1915)* [The attack on the Suez Canal] (Paris: Librairie Delagrave, 1922).

Ege, Abidin, *Harp Günlükleri* [War Diaries], (Istanbul: Türkiye Iş Bankası Kültür Yayınları, 2010).

Egyptian Delegation to the Peace Conference, *White Book: Collection of Official Correspondence from November 11, 1918 to July 14, 1919* (Paris: Privately printed, 1919).

Elgood, P.G., *Egypt and the Army* (Oxford: Oxford University Press, 1924).

Elliot, B.A., *Blériot: Herald of an Age* (Stroud, UK: Tempus, 2000).

Emin, Ahmed, *Turkey in the World War* (New Haven, CT: Yale University Press, 1930).

Enver Paşa, *Kendi Mektuplarinda Enver Paşa* [Enver Pasha in His Own Letters], M. Sükrü Hanioğlu, ed. (Istanbul: Der Yayinlari, 1989).

Erden, Ali Fuad, *Paris'ten Tih Sahrasına* [From Paris to the Desert of Tih] (Ankara: Ulus Basımevi, 1949).

Erickson, Edward J., *Gallipoli and the Middle East, 1914–1918: From the Dardanelles to Mesopotamia* (London: Amber Books, 2008).

Erickson, Edward J., *Gallipoli: The Ottoman Campaign* (Barnsley, UK: Pen & Sword Military, 2010).

Erickson, Edward J., *Ordered to Die: A History of the Ottoman Army in the First World War* (Westport, CT: Greenwood Press, 2001).

参考文献   465

Essayan, Zabel, *Dans les ruines: Les massacres d'Adana, avril 1909* [In the Ruins: The Adana Massacres, April 1909] (Paris: Libella, 2011).
Eti, Ali Rıza, *Bir Onbaşının doğu cephesi günlüğü* [Diary of a corporal on the Eastern Front], 1914-1915 (Istanbul: Türkiye Iş Bankası Kültür Yayınları, 2009).
Evans-Pritchard, E.E. *The Sanusi of Cyrenaica* (Oxford: Oxford University Press, 1954).
Falls, Cyril, *Armageddon, 1918: The Final Palestinian Campaign of World War I* (Philadelphia: University of Pennsylvania, 2003).
Falls, Cyril and A.F. Becke, *Military Operations, Egypt and Palestine from June 1917 to the End of the War* (London: H.M.S.O., 1930).
Fasih, Mehmed, *Gallipoli 1915: Bloody Ridge (Lone Pine) Diary of Lt. Mehmed Fasih* (Istanbul: Denizler Kitabevi, 2001).
Faydi, Basil Sulayman, ed., *Mudhakkirat Sulayman Faydi* [Memoirs of Sulayman Faydi] (London: Dar al-Saqi, 1998).
Fenwick, Percival, *Gallipoli Diary* (Auckland: David Ling, n.d.).
Findlay, J.M., *With the 8th Scottish Rifles, 1914–1919* (London: Blockie, 1926).
Ford, Roger, *Eden to Armageddon: World War I in the Middle East* (New York: Pegasus Books, 2010).
Francis, Richard M., "The British Withdrawal from the Bagdad Railway Project in April 1903," *The Historical Journal* 16.1 (1973) 168-78.
Fromkin, David, *A Peace to End All Peace: Creating the modern Middle East, 1914-1922* (London: Andre Deutsch, 1989).
Georgeon, François, *Abdulhamid II: le sultan calife* (Paris : Fayard, 2003).
Ghusein, Fâ'iz El-, *Martyred Armenia* (London : C. Arthur Pearson, 1917).
Gingeras, Ryan, *Sorrowful Shores: Violence, Ethnicity, and the End of the Ottoman Empire* (Oxford: Oxford University Press, 2009).
Goussous, `Odeh al-, *Mudhakkirat `Awda Salman al-Qusus al-Halasa* [Memoirs of `Odeh al-Goussous al-Halasa], *1877–1943* (Amman: n.p., 2006).
Graves, Philip, *The Life of Sir Percy Cox* (London: Hutchinson, 1941).
Grey, Jeffrey, *A Military History of Australia*, 3rd ed. (Cambridge: Cambridge University Press, 2008).
Guépratte, P.E., *L'expédition des Dardanelles, 1914–1915* [The Dardanelles expedition] (Paris: 1935).
Gullett, H. S., and Chas. Barrett, eds., *Australia in Palestine* (Sydney: Angus & Robertson, 1919).
Günay, Selahattin, *Bizi kimlere bırakıp gidiyorsun türk? Suriye ve Filistin anıları* [To whom are you going to leave us, Turk? Memoirs of Syria and Palestine] (Istanbul: Türkiye Iş Bankası Kültür Yayınları, 2006).
Hadj, Messali, *Les mémoires de Messali Hadj, 1898–1938* [The memoirs of Messali Hadj] (Paris: J. C. Lattès, 1982).
Hamilton, Ian, *Gallipoli Diary*, 2 vols (New York: George H. Doran, 1920).
Hamilton, Jill, *From Gallipoli to Gaza: The Desert Poets of World War One* (Sydney: Simon & Schuster Australia, 2003).
Hammond, J.M., *Battle in Iraq: Letters and diaries of the First World War* (London: The Radcliffe Press, 2009).
Hanioğlu, M. Sükrü, ed., *Kendi Mektuplarinda Enver Paşa* [Enver Pasha in His Own Letters] (Istanbul: Der Yayinlari, 1989).

Hanioğlu, M. Sükrü, *Preparation for a Revolution: The Young Turks, 1902-1908* (New York: Oxford University Press, 2001).

Harper, Glyn, ed., *Letters from Gallipoli: New Zealand Soldiers Write Home* (Auckland: Auckland University Press, 2011).

Hassani, Abd al-Razzaq al-, *al-`Iraq fi dawray al-ihtilal wa'l intidab* [Iraq in the Two Eras of the Occupation and the Mandate] (Sidon: al-`Irfan 1935).

Haynes, Jim, ed., *Cobbers: Stories of Gallipoli 1915* (Sydney: ABC Books, 2005).

Heine, Peter, "Salih Ash-Sharif at-Tunisi, a North African Nationalist in Berlin During the First World War," *Revue de l'Occident musulman et de la Mediterranée* 33 (1982): 89–95.

Herbert, A.P., *The Secret Battle* (London: Methuen, 1919).

Herbert, Aubrey, *Mons, Anzac and Kut* (London: Hutchinson, 1919, rpt 1930).

Hogarth, D.G., "The Refugees from Es-Salt," *Arab Bulletin* (21 April 1918).

Holland, Robert, "The British Empire and the Great War, 1914–1918," in Judith Brown and Roger Louis, eds,, *The Oxford History of the British Empire*, vol. 4: *The Twentieth Century* (Oxford: Oxford University Press, 1999).

Hopkirk, Peter, *On Secret Service East of Constantinople: The Plot to Bring Down the British Empire* (London: John Murray, 2006).

Hovannisian, Richard G., ed, *Armenian Van/Vaspurakan*, (Costa Mesa, CA: Mazda, 2000).

Hovannisian, Richard G., ed, *The Armenian Genocide: History, politics, ethics* (Houndmills: Macmillan, 1992).

Hurewitz, J.C. , ed., *The Middle East and North Africa in World Politics*, 2 vols (New Haven and London: Yale University Press, 1975, 1978).

Hynes, James Patrick, *Lawrence of Arabia' Secret Air Force* (Barnsley UK: Pen & Sword, 2010).

Ihsanoglu, Ekmeleddin, *The Turks in Egypt and their Cultural Legacy* (Cairo: American University in Cairo Press, 2012).

Ilden, Köprülülü Şerif, *Sarıkamış* (Istanbul: Türkiye Iş Bankası Kültür Yayınları, 1999).

Inchbald, Geoffrey, *With the Imperial Camel Corps in the Great War* (Milton Keynes, UK: Leonaur, 2005).

Istekli, Bahtiyar, ed, *Bir teğmenin doğu cephesi günlüğü* [Diary of a lieutenant on the Eastern Front] (Istanbul: Türkiye Iş Bankası Kültür Yayınları, 2009).

Jacob, Harold F., *Kings of Arabia: The Rise and Set of the Turkish Sovranty in the Arabian Peninsula* (London: Mills & Boon, 1923).

Jacobson, Abigail, *From Empire to Empire: Jerusalem Between Ottoman and British Rule* (Syracuse: Syracuse University Press, 2011).

Jamil, Husayn, *al-`Iraq: Shihada siyasiyya, 1908-1930* [Iraq: a political testament, 1908-1930], (London: Dar al-Lam, 1987).

Jawdat, `Ali, *Dhikrayat 1900-1958* [Memoirs] (Beirut: al-Wafa', 1967).

Jones, E.H., *The Road to En-Dor* (London: John Lane The Bodley Head, 1921).

Jones, Ian, *The Australian Light Horse* (Sydney: Time-Life Books [Australia], 1987).

Kaligian, Dikran Mesrob, *Armenian Organization and Ideology under Ottoman Rule, 1908-1914* (New Brunswick and London: Transaction Publishers, 2011).

Kannengiesser, Hans, *The Campaign in Gallipoli* (London: Hutchinson & Co., n.d.).

Karakışla, Yavuz Selim, *Women, war and work in the Ottoman Empire: Society for the Employment of Ottoman Muslim Women, 1916-1923* (Istanbul: Ottoman Bank Archive and Research Centre, 2005).

Keogh, E. G., *The River in the Desert* (Melbourne: Wilke & Co., 1955).
Khoury, Dina Rizk, "Ambiguities of the Modern: The Great War in the Memoirs and Poetry of the Iraqis," in Heike Liebau, Katrin Bromber, Katharina Lange, Dyala Hamzah and Ravi Ahuja, eds, *The World in World Wars: Experiences, Perceptions and Perspectives from Africa and Asia* (Leiden and Boston: Brill, 2010) 313-40.
Khuwayri, Q.B., *al-Rihla al-suriyya fi'l-harb al-`umumiyya 1916* [The Syrian Journey During the General War, 1916] (Cairo: al-Matba`a al-Yusufiyya, 1921).
King Abdullah of Transjordan, *Memoirs of King Abdullah of Transjordan* (New York: Philosophical Library, 1950).
King, Jonathan, *Gallipoli Diaries: The Anzac's own story day by day* (Sydney: Simon & Schuster, 2003).
Kinloch, Terry, *Devils on Horses: In the Words of the Anzacs in the Middle East, 1916–19* (Auckland: Exisle Publishing, 2007).
Kirkbride, Alec, *An Awakening: The Arab Campaign, 1917-18* (Tavistock: University Press of Arabia, 1971).
Kitchen, James E., *The British Imperial Army in the Middle East: Morale and Military Identity in the Sinai and Palestine Campaigns, 1916-18* (London: Bloomsbury, 2014).
Köroğlu, Erol, *Ottoman Propaganda and Turkish Identity: Literature in Turkey during World War I* (London: I.B. Tauris, 2007).
Kundar, Ravinder, "The Records of the Government of India on the Berlin-Baghdad Railway Question," *The Historical Journal* 5.1 (1962) 70-79.
Larcher, M., *La guerre turque dans la guerre mondiale* [The Turkish War in the World War] (Paris: Etienne Chiron et Berger-Levrault, 1926).
Laurens, Henry, "Jaussen et les services de renseignement français (1915–1919)," in Géraldine Chatelard and Mohammed Tarawneh, eds, *Antonin Jaussen: Sciences sociales occidentales et patrimoine arabe* [Western social science and Arab patrimony] (Amman: CERMOC, 1999), 23–35.
Lawrence, T.E., *Oriental Assembly* (London: Williams and Norgate, 1939).
Lawrence, T.E., *Seven Pillars of Wisdom: A Triumph* (New York: Doubleday, Doran & Co., 1936).
Lawrence, T.E., "Tribal Politics in Feisal's Area," *Arab Bulletin Supplementary Papers* 5 (24 June 1918): 1–5.
Leclerc, Christophe, *Avec T. E. Lawrence en Arabie: La mission militaire francaise au Hedjaz, 1916–1920* [With T.E. Lawrence in Arabia: the French military mission to the Hijaz] (Paris: L'Harmattan, 1998).
Lehuraux, Léon, *Chants et chansons de l'Armée d'Afrique* [Songs of the Army of Africa] (Algiers: P. & G. Soubiron, 1933).
Leymonnerie, Jean, *Journal d'un poilu sur le front d'orient* [Diary of a French soldier on the Eastern front] (Paris: Pygmalion, 2003).
Liman von Sanders, Otto, *Five Years in Turkey* (Annapolis, MD: US Naval Institute, 1927).
Long, P.W., *Other Ranks of Kut* (London: Williams and Norgate, 1938).
Lüdke, Tilman, *Jihad Made in Germany: Ottoman and German Propaganda and Intelligence Operations in the First World War* (Münster: Lit Verlag, 2005).
Lynch, H.F.B., *Armenia : Travels and Studies, vol. 2: The Turkish Provinces* (London: Longmans, Green and Co, 1901).

Lyster, Ian, ed., *Among the Ottomans: Diaries from Turkey in World War I* (London: I.B.Tauris, 2010).
MacMillan, Margaret, *Peacemakers: The Paris Conference of 1919 and Its Attempt to End War* (London: John Murray, 2001).
MacMillan, Margaret, *The War that Ended Peace: How Europe Abandoned Peace for the First World War* (London: Profile, 2013).
MacMunn, George and Cyril Falls, *Military Operations: Egypt and Palestine from the Outbreak of War with Germany to June 1917* (London: H.M.S.O., 1928).
Maghraoui, Driss, "The 'Grande Guerre Sainte': Moroccan Colonial Troops and Workers in the First World War," *The Journal of North African Studies* 9.1 (Spring 2004) 1-21.
Mahari, Gurgen, *Burning Orchards* (n.p.: Apollo Press, 2007).
Mango, Andrew, *Atatürk* (London: John Murray, 1999).
Massey, W.T., *Allenby's Final Triumph* (London: Constable, 1920).
Massey, W. T., *The Desert Campaigns* (London: Constable, 1918).
Mazza, Roberto, ed, *Jerusalem in World War I: The Palestine Diary of Consul Conde de Ballobar* (London: I.B. Tauris, 2011).
McCarthy, Justin, *Muslims and Minorities: The Population of Ottoman Anatolia and the End of the Empire* (New York: New York University Press, 1983).
McCarthy, Justin, Esat Arslan, Cemalettin Taşkıran and Ömer Turan, *The Armenian Rebellion at Van* (Salt Lake City: University of Utah Press, 2006).
McDougall, James, *History and the Culture of Nationalism in Algeria* (Cambridge: Cambridge University Press, 2006).
McMeekin, Sean, *The Berlin-Baghdad Express: The Ottoman Empire and Germany's Bid for World Power, 1898–1918* (London: Allen Lane, 2010).
McMeekin, Sean, *The Russian Origins of the First World War* (Cambridge, MA: Harvard University Press, 2011).
McQuaid, Kim, *The Real and Assumed Personalities of Famous Men: Rafael de Nogales, T. E. Lawrence, and the Birth of the Modern Era, 1914–1937* (London: Gomidas Institute, 2010).
Mélia, Jean, *L'Algérie et la guerre (1914–1918)* [Algeria and the war] (Paris: Plon, 1918).
Mennerat, *Tunisiens héroïques au service de la France* [Heroic Tunisians in the service of France] (Paris: Berger-Levrault, 1939).
Menteşe, Halil, *Osmanli Mebusan Meclisi Reisi Halil Menteşe'nin Anilari* [Memoirs of the Speaker of the Ottoman Parliament Halil Menteşe] (Istanbul: Amaç Basimevi, 1996).
Mentiplay, Cedric, *A Fighting Quality: New Zealanders at War* (Wellington: A. H. & A. W. Reed, 1979).
Meynier, Gilbert, *L'Algérie révélée: La guerre de 1914–1918 et le premier quart du XXe siècle* [Algeria revealed: the war of 1914–1918 and the first quarter of the 20th century] (Geneva: Droz, 1981).
Miquel, Pierre, *Les poilus d'Orient* [French Soldiers of the East] (Paris: Arthème Fayard, 1998).
Mission Scientifique du Maroc, *Les Musulmans Francais et la Guerre* [French Muslims and the War], special issue of *Revue du Monde Musulman* 29 (December 1914).
Moberly, F.J., *The Campaign in Mesopotamia, 1914–1918*, 4 vols. (London: H.M.S.O., 1923–1927).

Moore, A. Briscoe, *The Mounted Riflemen in Sinai and Palestine* (Auckland: Whitcombe and Tombs, n.d. [1920]).
Morgenthau, Henry, *Ambassador Morgenthau's Story* (Ann Arbor MI: Gomidas Institute, 2000) rpt 1918 edition.
Mortlock, Michael J., *The Egyptian Expeditionary Force in World War I* (Jefferson NC: McFarland, 2011).
Mouseley, E.O., *The Secrets of a Kuttite* (London: John Lane The Bodley Head, 1921).
Musa, Sulayman, *al-Thawra al-`arabiyya al-kubra, watha'iq wa asanid* [The Great Arab Revolt: documents and papers] (Amman: Da'irat al-thaqafa wa'l-funun, 1966).
Mushtaq, Talib, *Awraq ayyami, 1900–1958* [The pages of my life, 1900–1958] (Beirut: Dar al-Tali`a, 1968).
Nevinson, Henry W., *The Dardanelles Campaign* (London: Nisbet & Co., 1918).
Nicol, C.G., *Story of Two Campaigns: Official War History of the Auckland Mounted Rifles Regiment, 1914–1919* (Auckland: Wilson and Horton, 1921).
Öklem, Necdet, *1. Cihan Savaşı ve Sarıkamış* [The First World War and Sarikamiş] (Izmir: Bilgehan Basımevi, 1985).
Omissi, David, ed, *Indian Voices of the Great War: Soldiers' Letters, 1914–18* (Houndmills: Palgrave Macmillan, 1999).
Oral, Haluk, *Gallipoli 1915 Through Turkish Eyes* (Istanbul: Bahcesehir University Press, 2012).
Oran, Baskın, *MK: Récit d'un déporté arménien 1915* [M. K.: Narrative of an Armenian Deportee, 1915] (Paris: Turquoise, 2008).
Orga, Irfan, *Portrait of a Turkish Family* (1950; rpt. London: Eland, 1988).
Özdemir, Bülent, *Assyrian Identity and the Great War: Nestorian, Chaldean and Syrian Christians in the 20th Century* (Dunbeath, UK: Whittles Publishing, 2012).
Özdemir, Hikmet, *The Ottoman Army, 1914–1918: Disease and Death on the Battlefield* (Salt Lake City: University of Utah Press, 2008).
Özgen, Mehmet Sinan, *Bolvadinli Mehmet Sinan Bey'in harp hatiralari* [Bolvadinli Mehmet Sinan Bey's War Memoirs], (Istanbul: Türkiye Iş Bankası Kültür Yayınları, 2011).
Pamuk, Şevket, "The Ottoman Economy in World War I," in Stephen Broadberry and Mark Harrison, eds, *The Economics of World War I* (Cambridge: Cambridge University Press, 2005).
Parker, Gilbert, *Soldiers and Gentlemen* (Privately printed, 1981).
Pati, Budheswar, *India and the First World War* (New Delhi: Atlantic Publishers, 1996).
Patterson, J.H., *With the Judaeans in the Palestine Campaign* (London: Hutchinson, 1922).
Perreau-Pradier, Pierre and Maurice Besson, *L'Afrique du Nord et la Guerre* [North Africa and the War] (Paris: Félix Alcan, 1918).
Perry, Roland, *The Australian Light Horse* (Sydney: Hachette Australia, 2009).
Philips, Jock, Nicholas Boyack and E.P. Malone, eds, *The Great Adventure: New Zealand Soldiers Describe the First World War* (Wellington NZ: Allen & Unwin, 1988).
Philips Price, M., *War and Revolution in Asiatic Russia* (London: George Allen & Unwin, 1918).
Powles, C. Guy, *The New Zealanders in Sinai and Palestine* (Auckland: Whitcombe and Tombs, 1922).
Price, M. Philips, *War and Revolution in Asiatic Russia* (London: George Allen & Unwin Ltd., 1918).

Pugsley, Christopher, *Gallipoli: The New Zealand Story* (Auckland: Sceptre, 1990).
Pugsley, Christopher, *The ANZAC Experience: New Zealand, Australia and Empire in the First World War* (Auckland: Reed, 2004).
Qadri, Ahmad, *Mudhakkirati `an al-thawra al-`arabiyya al-kubra* [My memoirs of the Great Arab Revolt] (Damascus: Ibn Zaydun, 1956).
Qattan, Najwa al-, "Safarbarlik: Ottoman Syria and the Great War," in Thomas Philipp and Christoph Schumann, eds, *From the Syrian Land to the States of Syria and Lebanon* (Beirut: Orient-Institut, 2004), 163–174.
Reid, Frank, *The Fighting Cameliers* (1934; rpt. Milton Keynes, UK: Leonaur, 2005).
Rémond, Georges, *Aux campes turco-arabes: notes de route et de guerre en Tripolitaine et en Cyréanaique* [In the Turco-Arab camps : notes on the course of war in Tripolitania and in Cyrenaica] (Paris : Hachette, 1913).
Reynolds, Michael A., *Shattering Empires: The Clash and Collapse of the Ottoman and Russian Empires, 1908–1918* (Cambridge: Cambridge University Press, 2011).
Rida, Ahmad, *Hawadith Jabal `Amil, 1914–1922* [Events of Jabal `Amil] (Beirut: Dar Annahar, 2009).
Rogan, Eugene, *Frontiers of the State in the Late Ottoman Empire: Transjordan, 1851–1920* (Cambridge: Cambridge University Press, 1999).
Rogan, Eugene, *The Arabs: A History* (New York: Basic Books, 2009; London: Allen Lane, 2009).
Ruiz, Mario M, "Manly Spectacles and Imperial Soldiers in Wartime Egypt, 1914–1919," *Middle Eastern Studies* 45.3 (2009) 351–71.
Rumbold, Algernon, *Watershed in India, 1914–1922* (London: Athlone Press, 1979).
Rush, Alan, ed, *Records of Iraq, 1914–1966, vol. 1 : 1914–1918* (Cambridge: Archive Editions, 2001).
Sâbis, Ali Ihsan, *Birinci Dünya Harbi : Harp Hatırlaraım* [The First World War : My War Memoirs], 4 vols. (Istanbul : Nehir Yayınları, 1991).
Sakakini, Khalil al-, *Yawmiyyat Khalil al-Sakakini* [Diary of Khalil al-Sakakini], *vol. 2, 1914–1918* (Jerusalem : Institute of Jerusalem Studies, 2004).
Salim, Latifa Muhammad, *Masr fi'l-harb al-`alimiyya al-ula* [Egypt in the First World War] (Cairo: Dar al-Shorouk, 2009).
Sandes, E.W.C., *In Kut and Captivity with the Sixth Indian Division* (London: John Murray, 1919).
Satia, Priya, *Spies in Arabia : The Great War and the Cultural Foundations of Britain's Covert Empire in the Middle East* (Oxford : Oxford University Press, 2008).
Schilcher, Linda Schatkowski, "The Famine of 1915–1918 in Greater Syria," in John Spagnolo, ed, *Problems of the Modern Middle East in Historical Perspective* (Reading, UK: Ithaca Press, 1992), 229–258.
Schneer, Jonathan, *The Balfour Declaration: The Origins of the Arab Israeli Conflict* (New York: Random House, 2010).
Scott, Keith Douglas, *Before ANZAC, Beyond Armistice: The Central Otago Soldiers of World War One and the Home they Left Behind* (Auckland: Activity Press, 2009).
Segev, Tom, *One Palestine, Complete: Jews and Arabs under the British Mandate* (London: Abacus Books, 2001).

Seward, Desmond, *Wings over the Desert: In Action with an RFC Pilot in Palestine, 1916–1918* (Sparkford, UK: Haynes Publishing, 2009).
Shadbolt, Maurice, *Voices of Gallipoli* (Auckland: Hodder and Stoughton, 1988).
Shafiq, Ahmad, *Hawliyat Masr al-siyasiyya* [The Political Annals of Egypt] (Cairo: Matba`a Shafiq Pasha, 1926).
Shaw, Stanford J., and Ezel Kural Shaw, *History of the Ottoman Empire and Modern Turkey, vol. 2: Reform, Revolution and Republic* (Cambridge: Cambridge University Press, 1977).
Sheffy, Yigal and Shaul Shai, eds, *The First World War: Middle Eastern Perspective* (Tel Aviv: Proceedings of the Israeli-Turkish International Colloquy, 2000).
Smith, Michael, *Fiery Ted, Anzac Commander* (Christchurch NZ: Privately printed, 2008).
Soualah, Mohammed, "Nos troupes d'Afrique et l'Allemagne," [Our African troops and Germany] *Revue africaine* 60 (1919) 494–520.
Spackman, W.C., *Captured at Kut: Prisoner of the Turks* (Barnsley, UK: Pen & Sword, 2008).
Stavrianos, L. S., *The Balkans since 1453* (London: Hurst, 2000).
Stevenson, David, *1914–1918: The History of the First World War* (London: Penguin, 2005).
Storrs, Ronald, *Orientations* (London: Readers Union, 1939).
Strachan, Hew, ed, *The Oxford Illustrated History of the First World War* (Oxford: Oxford University Press, 2000).
Strachan, Hew, *The First World War*, vol. 1: *To Arms* (Oxford: Oxford University Press, 2001).
Strachan, Hew, *The First World War* (London: Pocket Books, 2006).
Sunata, I. Hakkı, *Gelibollu'dan kafkaslara: Birinci Dünya Savaşı anılarım* [From Gallipoli to the Caucasus: My First World War memoirs] (Istanbul: Türkiye Iş Bankası Kültür Yayınları, n.d.).
Suny, Ronald Grigor, Fatma Muge Gocek and Morman M. Naimark, eds, *A Question of Genocide: Armenians and Turks at the End of the Ottoman Empire* (Oxford: Oxford University Press, 2011).
Suwaydi, Tawfiq al-, *My Memoirs: Half a Century of the History of Iraq and the Arab Cause* (Boulder, CO: Lynne Reiner, 2013).
Tamari, Salim, "Shifting Ottoman Conceptions of Palestine, Part 1: *Filastin Risalesi* and the two Jamals," *Jerusalem Quarterly* no. 47 (2011) 28–38.
Tamari, Salim, "With God's Camel in Siberia: The Russian Exile of an Ottoman Officer from Jerusalem," *Jerusalem Quarterly* no. 35 (2008) 31–50.
Tamari, Salim, *Year of the Locust: A Soldier's Diary and the Erasure of Palestine's Ottoman Past* (Berkeley: University of California Press, 2011).
Tamari, Salim and Issam Nassar, eds, *The Storyteller of Jerusalem: The Life and Times of Wasif Jawhariyyeh, 1904–1948* (Northampton MA: Olive Branch Press, 2014).
Tauber, Eliezer, *The Emergence of the Arab Movements* (London: Frank Cass, 1993).
Tergeman, Siham, *Daughter of Damascus* (Austin: Center for Middle Eastern Studies, 1994).
Tetik, Ahmet, Y. Serdar Demirtaş and Sema Demirtaş, eds, *Çanakkale Muharabeleri'nin Esirleri–Ifadeler ve Mektuplar* [Prisoners of War at the Çanakkale Battles–Testimonies and Letters], 2 vols (Ankara: Genelkurmay Basimevi, 2009).
Torau-Bayle, X., *La campagne des Dardanelles* [The Dardanelles Campaign] (Paris: E. Chiron, 1920).

Townshend, Charles, *When God Made Hell: The British Invasion of Mesopotamia and the Creation of Iraq, 1914–1921* (London: Faber and Faber, 2010).
Tozer, Henry Fanshawe, *Turkish Armenia and Eastern Asia Minor* (London: Longmans, Green and Co, 1881).
Travers, Tim, *Gallipoli 1915* (Stroud, UK: Tempus, 2004).
Trumpener, Ulrich, *Germany and the Ottoman Empire, 1914–1918* (Princeton: Princeton University Press, 1968).
Ulrichsen, Kristian Coates, *The First World War in the Middle East* (London: Hurst and Company, 2014).
Uyar, Mesut, "Ottoman Arab Officers between Nationalism and Loyalty during the First World War," *War in History* 20.4 (2013) 526–44.
Üzen, Ismet, *1. Dünya Harbinde Sina Cephesi ve Çöl Hatıraları* [Memoirs of the Desert and Sinai Front in the First World War] (Istanbul: Selis Kitaplar, 2007).
Uzuner, Buket, *The Long White Cloud—Gallipoli* (Istanbul: Everest, 2002).
Waite, Fred, *The New Zealanders at Gallipoli* (Auckland: Whitcombe and Tombs, 1919).
Wardi, `Ali al-, *Lamahat ijtima`iyya min tarikh al-`Iraq al-hadith* [Social Aspects of the Modern History of Iraq], vol. 4 (Baghdad: al-Maktaba al-Wataniyya, 1974).
Wavell, Archibald, *Allenby: A study in greatness* (London: George C. Harrap, 1940).
Weizmann, Chaim, *Trial and Error* (New York: Harper and Brothers, 1949).
Westlake, Ray, *British Regiments at Gallipoli* (London: Leo Cooper, 1996).
Wilcox, Ron, *Battles on the Tigris: The Mesopotamian Campaign of the First World War* (Barnsley, UK: Pen & Sword Books, 2006).
Wilkie, A.H. *Official War History of the Wellington Mounted Rifles Regiment* (Auckland: Whitcombe and Tombs, 1924).
Wilson, Arnold T., *Loyalties Mesopotamia, 1914–1917* (London: Oxford University Press, 1936).
Wilson, Jeremy, *Lawrence of Arabia: The Authorised Biography of T.E. Lawrence* (London: Heinemann, 1989).
Wilson, Robert, *Palestine 1917* (Tunbridge Wells: Costello, 1987).
Witts, Frederick, *The Mespot Letters of a Cotswold Soldier* (Chalford, UK: Amberley, 2009).
Woodward, David R., *Hell in the Holy Land: World War I in the Middle East* (Lexington: University of Kentucky, 2006).
Yergin, Daniel, *The Prize* (New York: Free Press, 1992).
Young, Hubert, *The Independent Arab* (London: John Murray, 1933).
Younghusband, George, *Forty Years a Soldier* (London: Herbert Jenkins, 1923).
Zeine, Zeine N., *The Emergence of Arab Nationalism*, 3rd ed. (New York: Caravan Books, 1973).
Zürcher, Erik Jan, "Between Death and Desertion: The Experience of the Ottoman Soldier in World War I," *Turcica* 28 (1996): 235–258.
Zürcher, Erik Jan, *Turkey: A Modern History* (London: I.B. Tauris, 1993).

照片出处

IMAGE 1　Minaret from which Turks fired on Christians: George Grantham Bain Collection, Prints & Photographs Division, Library of Congress (hereafter Bain Collection Library of Congress), LC-DIG-ggbain-50066.

IMAGE 2　Recruiting for the "Holy War" near Tiberias: World War I in Palestine and Syria, Prints & Photographs Division, Library of Congress, LC-DIG-ppmsca-13709-00009.

IMAGE 3　Prisoners at Zossen: Bain Collection, Library of Congress, LC-DIG-ggbain-18446.

IMAGE 4　Ottoman prisoners in Ardahan: Photo by Roger Viollet/Getty Images, 159147188.

IMAGE 5　Ottoman soldiers in Palestine before the first attack on the Suez Canal: Middle East Centre Archive, St Antony's College, Oxford, Saunders Collection, Alb 5-4-003.

IMAGE 6　Turk Battery, Gallipoli: Bain Collection, Library of Congress, LC-DIG-ggbain-20341.

IMAGE 7　Sinking of "Irresistible": Bain Collection, Library of Congress, LC-USZ62-110854.

IMAGE 8　Australian troops landing at Anzac Beach on the morning of April 25, 1915: Imperial War Museum, Q 112876.

IMAGE 9　Mustapha Kemal in Gallipoli: Imperial War Museum, Q 101744.

IMAGE 10　Grigoris Balakian, 1913: Permission of Peter Balakian, Balakian Family Archive.

IMAGE 11　Mehmed Talat Pasha in 1915: General Photographic Agency/Hulton Archive/Getty Images, #52782735.

IMAGE 12　Armenian widows, Turkey, September 1915: Bain Collection, Library of Congress, LC-DIG-ggbain-03954.

IMAGE 13　Landing an artillery piece at Gallipoli: Bain Collection, Library of Congress, LC-DIG-ggbain-19425.

IMAGE 14　Turkish soldiers, Gallipoli: Bain Collection, Library of Congress, LC-DIG-ggbain-20342.

IMAGE 15　Anzac soldiers in a bayonet charge in Gallipoli: Imperial War Museum, Q 13659.

IMAGE 16 Royal Irish Fusilier teasing Turkish snipers in Gallipoli: Imperial War Museum, Q 13447.
IMAGE 17 Evacuation of guns and personnel from Suvla: Imperial War Museum, Q 13637.
IMAGE 18 British boat bridge across the Euphrates at Nasiriyya: Imperial War Museum, Q 34379.
IMAGE 19 Turkish infantry launching a counter-attack: Imperial War Museum, HU 94153.
IMAGE 20 A weakened survivor of the siege of Kut: Imperial War Museum, Q 79446.
IMAGE 21 Sharif Husayn of Mecca (c 1854–1931): Imperial War Museum, Q 59888.
IMAGE 22 Enver Pasha and Cemal Pasha in Jerusalem, February 1916: World War I in Palestine and Syria, Prints & Photographs Division, Library of Congress, LC-DIG-ppmsca-13709-00069.
IMAGE 23 Amir Faysal's camp at dawn, Nakhl Mubarak, near Yanbu: Imperial War Museum, Q 58838.
IMAGE 24 Ottoman cavalry charge: World War I in Palestine and Syria, Prints & Photographs Division, Library of Congress, LC-DIG-ppmsca-13709-00187.
IMAGE 25 The fall of Baghdad: Imperial War Museum, Q 24196.
IMAGE 26 Regimental standard presented to victorious Ottoman forces after the First Battle of Gaza, March 1917: Middle East Centre Archive, St Antony's College, Oxford, Estelle Blyth Collection, PA-1-995-006.
IMAGE 27 The Imperial Camel Corps in Sinai: Imperial War Museum, Q 105525.
IMAGE 28 British tanks destroyed in the Second Battle of Gaza: G. Eric and Edith Matson Photograph Collection, Prints & Photographs Division, Library of Congress, LC-DIG-matpc-05792 and LC-DIG-matpc-05793.
IMAGE 29 The entry of Arab forces into ʿAqaba, July 6, 1917: Imperial War Museum, Q 59193.
IMAGE 30 Ruins of the main mosque in Gaza, 1917: Middle East Centre Archive, St Antony's College, Oxford, Estelle Blyth Collection, PA-1-995-016.
IMAGE 31 The mayor of Jerusalem encounters his first British soldiers, December 9, 1917: Middle East Centre Archive, St Antony's College, Oxford, Jerusalem and East Mission Slide B ox4-022.
IMAGE 32 General Allenby's proclamation read in British-occupied Jerusalem: Middle East Centre Archive, St Antony's College, Oxford, PA-1-603-001.
IMAGE 33 Ottoman prisoners near Tulkarm, Palestine, September 22, 1918: Imperial War Museum, Q 12326.
IMAGE 34 The 2nd Light Horse Regiment enters Damascus: Imperial War Museum, Q 12379.
IMAGE 35 Horsemen of the Arab army enter Damascus, October 1, 1918: Imperial War Museum, Q 105670.
IMAGE 36 Proclaiming the Armistice in central Baghdad, October 31, 1918: Middle East Centre Archive, St Antony's College, Oxford, Bowman Collection, Album 2-05-2.
IMAGE 37 Amir Faysal at the Paris Peace Conference, 1919: Imperial War Museum, Q 105615.

原书索引

Abadan oil refinery, 79, 84, 86
Abbas II Hilmi (Egyptian khedive), 68, 91
Abbasid caliphate, 326
Abdali, Sir Ali al- (Lahij sultan), 225
Abdülaziz, (sultan), 2
Abdülhamid II (sultan), xvii, 1–9, 12, 33–34, 276
Abdullah Avni, Hafız, 389
Achi Baba, 151, 152, 185
Action Army, 9
Adana, 178
  Armenian massacres of 1909, 13–14, 13(photo), 166–167, 286
Aden Protectorate, 88, 89, 130, 225–227
Aegean Islands dispute, 31, 32
Aegean Sea, blockade, 93, 95
Aerial reconnaissance, 211, 228–230, 233, 250
Ahmad al-Sanussi, Sayyid, 238–240, 250–252
Ajluni, Muhammad Ali al-, 300
Akçura, Yusuf, 21
Albania, 19
Aleppo, 342–343
Aley convicts, 294–295
Algeria
  British rule of, 67–68
  response to news of war in, 62
Algerian Rifles, 61
Algerian Zouaves, 60, 61
Ali ibn Abi Talib, Caliph, 236–237

All India Muslim League, 71, 301
Allahüekber Mountains, 112
Allenby, General Sir Edmund, 333, 338–339, 343, 350–353, 352(photo), 360, 368, 370, 397
  deception strategies of, 373–376
  Faysal's meeting with, 379–380
Allied fleet, Istanbul arrival of, 385–387
Allied forces, 56–57
  See also specific campaigns
Allied Occupied Enemy Territory Administration, 396
Allied Powers
  Armenian support of, 164, 165–166, 172
  assault on Ottoman capital (via Dardanelles), 130–158
  Assyrians accused of collaboration with, 179
  bombard Ottoman straits in 1914, 74
  combined fleet of, 93–94
  global strategy meeting in 1917, 327
  Greece and, 134
  historical focus on, xiv
  jihad feared by, 51, 128, 189, 404
  Ottoman Empire viewed by, 75–76, 98, 243
  Ottoman surrender and, 381–383
  Ottoman troops in postwar territories of, 396–398
  straits under control of, armistice on, 382
  See also Partition, Ottoman Empire

Amara, British capture of, 220
American Expeditionary Force, 380
Amirate, of Mecca, 275–276
Amman, 361–365, 373
Anatolia, 101–102, 289, 294, 300
 Abdülhamid II reform decree on Armenian, 12, 33
 Armenian death march cross, 174, 179–183
 1894-1896 massacre of Armenians in, 11–13, 168
 Muslim-Christian tensions in, 11
 Ottoman provinces of, 33
 partition of, 164, 392–393
 recovery of territory in, 370, 372
 Russia and, 33, 107
 territory and conflict, 11–14
Anbar, Sulayman, 25
Anderson, Major Alex, 267
Anglo-Indian army, 85, 124, 159
 at Baghdad, 231–236, 325(photo)
Anglo-Persian Oil Company, 79
Anglo-Turkish Boundary Commission, 88
Antonius, George, 285
Anzac Cove, 153–155, 153(photo), 189, 202, 212
Anzac Mounted Division, 314, 327–328, 348
Anzacs (Australian-New Zealand army corps), 66, 67, 74, 90, 134, 153–158, 195(photo), 361–365, 375
 Gallipoli assigned to, 144–145
 repatriation of, 397–398
 soldier parade in Egypt, 91
Aqaba, Arab occupation of, 336–339, 338(photo)
Aqaqir, battle of, 251–252
Arab nationalists
 in 1940s and 1950s, 405
 in Damascus, 293–295
Arab nationalists, Aley executions of, 294–295
Arab Office, in Cairo, 274
Arab POWs, recruitment of, 302–303
Arab Revolt
 Aley executions triggering, 294–295
 Aqaba victory of, 336–339, 338(photo)
 Arab exile prior to, 288–290
 Bakri, F., messages to Husayn prior to, 278–279
 Bani Sakhr treachery in Transjordan, 368–369
 Damascus entry at end of, 377–380, 378(photo)
 Damascus Protocol and, 280–282, 292–293
 EEF and, 333
 Faysal's army defeated at Maan, 365–367
 French aid in, 303, 304, 360, 366
 "King of the Arab lands" declared by Sharif Husayn, 299
 Maan washout of, 362
 opening shot in, 297–298
 Ottoman army deserters during, 360
 Ottoman context for, 275–278
 partition politics at end of, 377, 379–380
 response to news of, 299–301
 Sykes-Picot Agreement and, 358
 Syrian shift of, 360
 tribal volunteers, competition over, 339–342
 See also British-Arab alliance, in Arab Revolt; Hashemite forces
Arab separatists, 294
Arab shaykhdoms, British relations with, 283
Arabic language, 26
Arabs, Ottoman
 Allied Occupied Enemy Territory Administration and, 396
 Arab army in Damascus, 378, 379(photo)
 Arabist societies, 21, 24–27, 221, 278, 280, 292–294
 autonomy issue, 221
 defection of soldiers, 282
 disloyalty of, 291–292
 executions of, 1915, 292–295
 Faysal at Paris Peace Conference, 399–400, 400(photo)

First Arab Congress and, 25–27, 278, 287, 375
French mandate over territories of, 403
French mobilization and, 61
of Kit al-Amara, 266
post-war partition and, 392
retaliatory massacre of Sarafand, New Zealand soldiers, 397
soldiers in Bir Tunis, 250–251
Sykes-Picot Agreement on partition of, 285–287, 303, 323, 336, 349, 357–358, 405–406
war memorials absence in lands of, xiv
See also Arab Revolt; Hashemite forces
Arch of Ctesiphon (Salman Pak), 232, 233, 237, 323
Ardahan, 107, 113(photo)
Ariburnu, 143–144, 146, 153–158, 153(photo)
Arikan, Ibrahim, 192, 198, 213
Arish, Al-, 316–317
Armenian Genocide Memorial Day, 168
Armenian National Council, 104
Armenian Reform Agreement, 164
Armenian revolution, 10–14
Armenian Revolutionary Federation. *See* Dashnaks
Armenian soldiers
  alleged accidental shootings of, 108, 162
  divided loyalties of, 104–106, 108, 162–163
  solidarity among Christian, 108
Armenians, Ottoman
  Allied Powers support from, 164, 165–166, 172
  arrested in Istanbul, 167–168
  conversion to Islam, 183
  on Dardanelles campaign, 166
  death march of, 174, 179–183
  defection from Ottoman army, 105–106
  deportation of, 166–167, 172–175, 390
  divided loyalties predicament of, 104–106, 108
  Eti's poisoning of, 162
  as fifth column, 160, 171
  land disputes between Kurds and, 33
  massacre of, 1909 Adana, 13–14, 13(photo), 166–167
  massacre of 1894-1896, 11–13
  nationalism of, 9–14, 104, 105, 164–166, 372
  provinces of, most populated, 33, 164
  reform proposals, 12, 33–34
  refugees, 377
  Russian protection of, 171–172
  Treaty of Berlin and, 3–4, 10
  Turkification of, 181–182
  Young Turks "problem" of, 9, 105, 160, 163, 164
  Zeytun uprising of, 167
  See also Genocide, Armenian deportation and
Armistice
  Moudros, 381–383
  Ottoman garrison at Medina after, 396
  Paris Peace Conference, 390–391
  between Russia and Central Powers, 355–357
Army of Africa (Armée d'Afrique), 60, 61, 63
Arslan, Amir Shakib, 116–117
Askari, Jafar al-, 238–240, 250–252, 302, 335, 360–362, 367, 373
Askeri, Suleyman, 124–127
Askeri Tarih ve Stratejic Etüt Başkanlığı Arşivi. *See* Turkish Military and Strategic Studies Archive in Ankara
Asquith, Herbert Henry (prime minister), xv, 129, 188–189, 273, 317
Assassination
  Enver's escaping, 390
  of Ferdinand, 37
  of Şevket Pasha (grand vizier), 21, 26
  of Young Turk leaders, 389–390
Assyrian Christians, massacre of, 178–179
ATASE. *See* Turkish Military and Strategic Studies Archive in Ankara
Auckland Mounted Rifles, 329, 397
Auda Abu Tayi, 340, 365–366, 378
Australian Flying Corps, 375

Australian forces, 240
  mobilization of, 65–67
  at Nek, 203–204
  in Palestine campaign, 347
  in Transjordan, 369, 377
  See also Anzacs
Australian Light Horse Brigade, 90, 203, 314, 345, 377–378, 378(photo)
Austria
  German alliance with, 39
  losses in Galicia, 100
  Triple Alliance proposal by, 40
  war casualties, 50
Austria-Hungry, 99–100
Aylmer, General Sir Fenton, 246, 257–258
Azak village, 178
Azeri Muslims, 372

Bab al-Mandab straits, 88, 90
Baghdad, 124, 230–236, 235(photo), 246, 266, 268, 273, 286, 318, 320, 402
  British occupation of, 323–326, 325(photo), 382(photo)
  Maude's orders on, 319, 322–323
  railway from Berlin to, 182–183, 326
  Russian attack on, 318, 319
  Sykes proclamation in, 325–326
Baghdad Railway, 95
Baghdad Railway Company, 324
Bahrain, 80–81
Bait Isa, 254
Bakers' guild, 3
Bakri, Fawzi al-, 278–279
Bakri, Nasib al-, 293, 336
Bakri family, 278
Baku, 371–373
Baku Commune, 372
Balakian, Grigoris (Armenian priest), 165–166, 165(photo), 168, 173, 178, 179, 272, 386, 388–389
  bribe negotiated by, 175
  death march escaped by, 182–183
  genocide witnessed by, 175–177
  suicide contemplated by, 177
Balfour, Lord James, 189, 231, 350

Balfour Declaration, 348–349, 359–360, 379, 392, 401, 405
Balkan Wars, 18–23, 29, 163, 215
Balkans, 18–23
  combined forces in First Balkan War, 18
  constitution restoration demand of, 1–2
  Gallipoli and, 207–209
  Second Balkan War, 22–23
Bani Sakhr tribes, 341, 362, 368–369
Baratoff, General Nikolai, 318, 319
Barrett, Arthur, General, 85–86
Basra, 257, 402
  British conquest of, 79–87, 124–127, 220, 223, 286
  Ottoman efforts to retake, 124–127
Battles
  Battle of Sabis Hill (Dujaila), 257–259
  first, 75–98
  first Ottoman, 76–79
  Middle Eastern territories of, xv–xvi
  See also specific countries; specific regions
Batum, 107, 371
Baylebridge, William, 203
Beach, Colonel Edward, 265, 266
Beach landings, Dardanelles, 142, 143–144, 149–158
Bean, C. E. W., 153–154, 157
Bedouins, 125–127, 219, 222, 239, 262, 269, 298, 299, 301, 303, 305, 306, 309, 334, 365, 378
  in Arab Revolt, 298, 339–342
  Huwaytat, 336, 337, 340–341
Beersheba, 312, 330, 344–346
Beirut, 17
Beirut Reform Society, 25
Bekçi Baba (town crier), 55–56
Belgian frontier, 63–65
Bell, Gertrude, 260
Bell Syer, Colonel L. S., 269
Berber Zuwawa tribe, French colonized, 60–61
Bergmann, Georgy, 76, 78
Berlin
  treaty, 3–4, 10
  Young Turk leaders escape to, 387

Berlin-Baghdad railway, 182–183, 326
Beveridge, Charles, xi–xiii
Bin Hussein, Ahmed, 73, 74
Bir Tunis, Sanussi campaign at, 250–251
Bird, William, 87
Bishop (British agent), 97
Black Sea, 32, 42, 95, 133
Boer War, 66
Bolshevik Party, 355, 357, 390
Bosporus, 94, 132, 166, 385, 392–393
Boyle, Captain William, 307
Brémond, Colonel Edouard, 303
Breslau and *Goeben* (German battleships)
    incidents, 42, 43–46, 50–51, 62
Brest-Litovsk treaty, 357, 370–371
Brissel, consul Charles, 270
Britain
    Aegean blockade by France and, 93–94
    Arab allies in Persian Gulf, 80–81
    Arab shaykhdoms relations with, 283
    Balfour Declaration of, 348–349, 359–360, 379, 392, 401, 405
    Basra conquered by, 79–87, 124–127, 220, 223, 286
    Battle of Somme defeat of France and, 308–309
    battleships built for Ottoman in, 31–32, 38
    Damascus Protocol and, 281, 282, 292–293
    defeated by Germans at Saint-Quentin, 367–368
    German battleships in straits response of, 42
    imperial expansion motives of, 404
    Iraqi rebellion against British rule, 402
    Islam as weapon against, 35
    Jerusalem surrender to, 350–353, 351(photo)
    Limpus naval mission battleships, 31–32, 38
    major victory in Middle East of, 318
    mobilization for war, 65–72
    Nazareth taken by, 375–376
    Ottoman battleships requisitioned by, 39
    Ottoman territories claimed by, xvi
    pledge to Muslims, 70–71
    policy divisions over Middle East, 223–224
    political crisis over Gallipoli, 188–190
    post-war occupation of Palestine, 401
    Rafah taken by, 317, 318, 326–327, 397
    reconquest of Sinai in 1917, 316–317
    in rival claims to Syria, 400
    Romani partial victory of, 315–316
    Shaykh Said attack by, 89–90
    South Asian imperatives of, 70
    Sykes-Picot Agreement, 285–287, 303, 323, 336, 349, 357–358, 404–406
    territory agreements between France and, 283–284, 358
    war on Ottoman Empire declared by, 83–84
    Yemen and, 224–225, 227
    Zionism and, 349–350
    zone of rivalry between Russian and, 33
    See also British-Arab alliance, in Arab Revolt; Dardanelles; Egypt, British-occupied; Egyptian Expeditionary Force; Palestine, British campaign in; *specific campaigns*
British Empire, 4
    Algeria in, 67–68
    colonizing interests of, 37–38
    Germany and, 34–35
    jihad as weapon against, 47–48, 51, 70–71
    Muslim subjects of, 35, 53–54, 67–72
British Lee Enfield rifle, 296, 307
British POWs, 271–272
British protectorate, over Egypt, 399
British War Committee, 259–260, 320, 323
British war planners, 96–97, 186–188, 201–203
    Arab Revolt and, 308
    in Bab al-Mandab straits, 88
    on Baghdad, 318, 320, 323
British War Cabinet, 273, 311, 326–327, 329

British War Council, 129–132, 141–142, 189, 326
  dilemma of, 244
  Hashemite aid debated by, 302
  on Istanbul takeover, 130, 131
  Kut al-Amara and, 244
  Kuwait independence and, 82
  on Mesopotamia, 241–242
  Muslims feared by, 243–244
  offer to Sayyid Talib in Basra, 81–82
  quick victory plan of, 243
  Red Sea and, 88
  on Sinai, 311
  War Committee on Sinai, 316
British-Arab alliance, in Arab Revolt, 296–297, 299, 304, 305, 307–309, 361–367
  aerial bombardment of Nakhl Mubarak, 308
  Allenby's deception in Palestine, 373–376
  Arab Revolt and, 299, 304, 305, 361–367
  battles at town of Salt, 362, 363, 364, 369
  Bedouins and British defeat Ottomans at Jeddah, 298
  British retreat from Amman, 361–365
  Churchill's secret meeting in Cairo, 402–403
  French and British assistance in Syria, 360
  Hijaz Railway attack by Faysal and, 333–335
  Husayn-McMahon Correspondence and, 281–285, 377, 392
  march on Wajh, 333–334
  negotiations prior to Arab Revolt, 275, 276–281
  Persian Gulf, 80–81
  post-war conclusion of, 402–403
  Royal Navy and, 307–308
  siege of Taif in, 298–299
  Sinai campaign coordinated with, 316
  Transjordan battles of, 361–365, 368–369, 373–374, 377
  wartime negotiations with sharif of Mecca, 275, 276–278, 280

  See also Arab Revolt; Husayn-McMahon Correspondence
Bronsart, Paul (German adviser), 102
Buchan, John, 47
Bulair, 143–144, 145
Bulgaria, 380–381
  Independence declared by, 7
  independence of, 18
  Treaty of Neuilly-sur-Seine with, 391
Bulgaria, Great War entry of, 207
Bullard, Reader, 81

Cairo, 305
  Anzac riots in, 92
  Arab Office in, 274
  Australians and New Zealand restaurant names in, 91–92
  Churchill's secret meeting in, 402–403
  Red Blind Quarter, 92–93
  soldiers as tourists in, 91–92
Cairo Military Intelligence Office, 265
Calthorpe, Admiral Sir Somerset A. Gough-, 381, 385
Candler, Edmund, 84–85
Çankiri, deportation from, 175
Cape Helles, 143–151, 202, 203, 212
  British landings in, 147–151
  Ottoman casualties, 186
Capitulations, abolishing of, 58
Carden, Sackville (admiral), 131, 132, 136, 138
Cars, 29–30
Case, Edward (doctor), 160–161
Caucasus, Russian-occupied
  Baku battle in, 371–372, 373
  death march, 110–111
  Enver's 1918 campaign in, 370–373
  Enver's battle plan for, 107
  German advisers on, 102, 111
  Köprüköy battles, 77–79, 254–255
  Nurettin's reassignment to, 246
  Ottoman victory at Oltu v, 109
  provisions concern, 103–104
  Russian capture of Erzurum, 253–256
  Russian evacuation of, 357

Sarıkamış battle against Russians in, 107–114, 164
territory reclaimed in, 370–371
Caucasus Army (Ottoman), 342, 355–356
Caucasus Army of Islam, 372
Cavalry charge, largest, 345
Cemal Bey, Mersinli, 123
Cemal Pasha, Ahmed, 14, 21–22, 28, 100–101, 120, 123, 172, 276, 293(photo), 312, 313, 333, 340
  alliance request to France, 38–39
  Arab executions ordered by, 292–295
  Arabs exiled by, 288–290
  Armenian deportee settlement by, 390
  British ultimatum response of, 96
  as commander in chief in Syria, 96
  in Damascus, 293–296
  Faysal and, 295–296, 341, 359
  Liman and, 36, 37
  reign of terror in Syria, 287, 292–295
  sentence of, 388
  Sharif Hussayn and, 117–118, 297
Central Powers, 311
  Beersheba defeat, 344–346
  finalized alliance with, 49
  forces, 56–57
  in 1917 decline of, 380–381
  Ottoman Empire vulnerability recognized by, 98
  Ottoman neutrality and, 46
  peace with Russia advantage to, 367–368
  Russian ceasefire with, 355
Cevdet Pasha (governor of Van), 169, 170
Chamberlain, Austen, 231, 273
Charleroi, battle in, 63–65
Chauvel, General Sir Harry, 317, 345
China, 380
Christians, Ottoman, 11, 387
  deportation of, 163–164
  genocide of Assyrian, 178–179
  of Salt, 364
  solidarity among Armenian and Russian, 108
  taxation of, 59
Chunuk Bair, 204, 206

Churchill, Winston, xiv, xv, 129, 130, 131, 132, 134, 138, 187, 189, 230, 402–403
Cilicia, 95–98, 164, 166–167, 283, 382
Circassians, 340
Çöl, Emin, 344–345
Colonialism, 4, 35, 37–38, 53–54
  See also Mobilization
Committee of Union and Progress (CUP), 4–9, 13, 14, 20–22, 164–165, 172, 276, 387
  election of 1908, 8
  See also Young Turk leadership
Communications, during Great War, 95, 100
Congress of Berlin (1878), 18
Conscription. *See* Draft; Mobilization
Constantinople. *See* Istanbul
Constantinople Agreement, 133, 348, 404
Constitutional movement, 1–2, 5
Corbridge, Henry (medic), 198–199
Counter-revolution, of CUP enemies, 8–9, 13
Covenant of the League of Nations, 391–392
Cox, Sir Percy, 79, 80, 82, 86, 260
Crescent Moon Camp (Halbmondlager), at Zossen, 72–74, 73(photo), 270
Crewe, Lord, 224
CUP. *See* Committee of Union and Progress
Curtiss Flying Boat, 30
Curzon, Lord, 230, 273
Cyprus, 4

D'Amade, Albert General, 152
Damascene notables, 278
Damascus, 336
  Arab executions in, 295
  Faysal Husayn in, surrender of, 378–380
  Faysal Husayn with Cemal Pasha in, 293–296
  postwar French victory over Arabs in, 400–401
  surrender of, 377–380, 378(photo)

Damascus Protocol, 280–282, 292–293
Dardanelles (straits), xv, 31, 44–45, 393
  Allied campaign of 1915, 130–158
  Allied control of, armistice on, 382
  Armenians and, 166, 167–168
  four-stage plan for Allied attack on, 131
  German reinforcements of, Allied bombardment and, 94
  as Istanbul gateway, 130, 131
  length of, 131
  mines, 97–98, 136–140, 139(photo)
  naval operations, 130–141
  Ottoman triumph at Gallipoli, 185–215
  Russian assistance in, 132–133
  Russian plan for, 114
  sea defenses, 94–95
  strategic importance to Allied Powers, 132
  unsuccessful bombardment of forts, 135
  word of victory to Ottomans, 141
  See also Gallipoli Peninsula
Dardanelles Committee, 189–190, 208–209, 230–231
Darwaza, Izzat, 6
Dashnaks, 10–14, 372
Davis, Leslie, 174
Dayr al-Zur, 174
Death march
  of Armenians, 174, 179–183
  Balakian's escape from Armenian, 182–183
  British POW, 271–272
  Ottoman forces in Caucasus as, 110–111
  See also Genocide, Armenian
Delamain, General Walter, 80–81, 84, 88
Deportation, of Ottoman Greeks, 163–164
  See also Genocide, Armenian deportation and
Deportation Law, Talat's, 172
Desert Mounted Corps, 345
Disease, 66, 160–162, 197, 397
  in trench warfare, 191
  venereal, 92
Diyala, 323–324
Draft, 54–55, 61, 159–160

Drewry, G. L., 148
Druzes, 116–117
Dujaila (Battle of Sabis Hill), 257–259

Eardley, Robert, 194–195, 199–201, 203
Eastern Expeditionary Corps, 134
Eastern Mediterranean Squadron (combined Allied fleet), 93–94
Edirne, 20, 21, 23, 28, 29
EEF. *See* Egyptian Expeditionary Force
Ege, Abidin, 258–259, 264, 267
Egypt, British-occupied
  Aqaqir battle, 251–252
  Arab Revolt aid from, 299, 304
  Bir Tunis battle in, 250–251
  British censorship in, 68–69
  British railway construction in, 313
  contradictory position of, 68–69
  date of occupation, 14
  exemption of, British promise of, 69, 122, 299
  foreign soldiers influx in, 90–91
  German assistance to Ottomans in, 312
  Lawrence's meeting with Faydi in, 260–262
  local hostility towards occupiers, 93
  martial law in, 69
  nationalist movement in, 68, 250
  Ottoman victory at Qatiya, 312–313, 314(photo)
  Ottoman-Sanussi threats to British rule in, 250–252
  at Romani, victory over Ottomans, 315–316
  secession from Ottoman Empire, 69–70, 98
  soldier tourism in Cairo, 91–92
  Suez campaign victory, 115–124, 117(photo)
  Sykes-Picot Agreement and, 286
  See also Sinai; Suez Canal
Egypt, post-war
  British protectorate over, 399
  demobilized Anzac troop departure from, 397–398

Paris Peace Conference delegation from, 398–399
uprising in, 399
Egyptian Expeditionary Force (EEF), 312, 318–319, 327, 329, 333, 335, 338–339, 343–344, 360–361, 368, 370, 373
Egyptian Labour Corps, 313
Eligibility, for military service, 67
Entente Powers. *See* Allied Powers; Triple Entente
Enver, Ismail ("Enver") (Enver Pasha), 5–6, 15–16, 28, 36, 40–43, 78–79, 238, 276, 280, 293(photo), 370–372, 381
  alliance favored by, 38
  Arab threat and, 291–292
  Askeri appointed by, 124–125
  Caucasus campaign in 1918, 370–373
  Caucasus campaign of 1914, 102–114
  death of, 390
  eastern Anatolia plan of, 101–102
  on famine in Syria, 291
  in First Balkan War, 19–20
  as general, 22–23
  German advisers of, 102, 111
  impetuousness of, 102
  Kut al-Amara and, 265
  as "Liberator of Edirne," 23
  Liman and, 36, 101–102, 143
  mobilization declared by, 55
  in Second Balkan War, 22–23
  secret Russian treaty proposed by, 49
  sentence of, Armenian genocide, 388
  Sharif Husayn's letter to, 294
  Suez Canal commission to Cemal, 100
  Third Army speech on provisions, 106
  Yıldırım Group created in Aleppo, 342–343
Erenköy Bay, mines in, 139–140, 139(photo)
Erzurum, 160–162, 169, 184, 393
  Russian capture of, 253–256
Essayan, Zabel, 14
Eti, Ali Riza (medic), 77–78, 105–106, 161–162

Euphrates
  Lower, 221–223, 222(photo)
  Middle, 217–219, 402
European powers
  Armenian movement stance of, 11–13
  Balkan support from, 10
  First Balkan War and, 22
  Ottoman desire for alliance with any, 38
Executions
  of Arabs in Aley, 294–295
  of Armenian massacre defendants, 388
  of Kut al-Amara citizens, 268
Exemption, from military service, 59, 340
  Egypt promised, 69, 122, 299
  French colonial Muslims, 61

Face-to-face encounters, in Sinai battles, 331–332
Fahreddin Bey, 49
Fahri Pasha, 296, 301, 303, 308, 334, 335, 358, 396, 403
Fairplay incident, 96–97
Falih Rıfkı, 288–289, 292, 295, 333
Falkenhayn, General Erich von, 244, 343
Famine, in Syria, 291
Fao Peninsula, telegraph station in, 84
Faruqi, Muhammad Sharif al-, 282–283, 302
Fasih, Mehmed (lieutenant), 193, 210
Fatat, al- (Young Arab Society), 21, 24, 25–27, 221, 278
Faydi, Sulayman, 81, 260–262
Faysal Husayn, Sharif, 279–281, 293–294, 297–298, 301, 304–308, 336, 358, 360, 365, 367, 370
  Allenby meeting with, 379–380
  bid for independence at Paris Peace Conference, 399–400, 400(photo)
  Cemal Pasha and, 295–296, 341, 359
  in Damascus, 293–296, 378–380
  French forces thanked by, 366
  Hijaz Railway attack by British forces and, 333–335
  loss of Syrian kingdom, 400–401
February Revolution, 355

Fedai officers, 18
Feldmann, Otto von (German adviser), 102
Ferdinand, Franz (archduke), assassination of, 37
Fethi Bey, 30
Fifth Army (Ottoman), 143–144
First Arab Congress, 25–27, 278, 287, 375
First Army Corps, 8
  German military mission and, 37
First Balkan War, 18–22
First Battle of Gaza, 327–328, 329(photo), 330
First World War. *See* Great War
Fisher, Andrew, 65–66
Food rationing, 248, 262–264, 263(photo)
Football, at Kut al-Amara Amara, 252–253
Fourteen Points, Wilson's, 390, 398
France
  Aegean blockade by Britain and, 93–94
  Algerian soldiers in French forces, 61
  Arab Revolt aided by, 303, 304, 360, 366
  Arab territory mandate of, 403
  Armenian refugees rescued by, 377
  Battle of Somme defeat against Germans, 308–309
  Berbers in French forces, 60–61
  British imperial agreement with, 400
  colonial context for mobilization of, 60
  colonial loyalty and, 53
  Damascus post-war victory of, 400–401
  in Dardanelles campaign, 138–140
  EEF forces of 1918 sent to, 368
  Faysal's army in Damascus defeated by, 400–401
  first casualty of, 62
  Ghadir al-Hajj battle assisted by, 366
  imperial expansion motives of, 404
  at Kum Kale, 151–152
  Lebanon created by, 405
  mobilization of, 60–65, 71–72
  Muslims colonized under, number of, 53–54
  North African soldiers deserting, 72
  North African soldiers detained by, 396–397
  Ottoman POWs of, Gallipoli and, 152
  Ottoman territories occupied by, xvi–xvii, 4
  public loan from, 31, 38
  Sykes-Picot Agreement, 285–287, 303, 323, 336, 349, 357–358, 404–406
  Syrian aspirations and claims of, 37, 283, 285, 377, 399–401
  territorial agreements between Britain, 283–284, 358
French officers, Algerian soldiers under, 60–61
Friendly fire, 105–106, 121
Frostbite, 210

Gadarian, Heranuş (orphan), 179–181
Galicia, 100
Gallipoli Peninsula, 71
  Allied evacuation of, 209–214, 211(photo)
  Allied invasion of, 141–158
  Anzac Cove strategy, 189
  Anzac Cove, 202, 153–155, 153(photo), 154
  Ariburnu landing of Australian troops, 153–158, 153(photo)
  Balkan loyalties influenced by, 207–209
  beach landing strategy, 146
  beach landings, 142, 149–158
  British defeat and political crisis over, xv, 188–190
  British war planners on, 141–142, 186–188, 201–202
  Cape Helles, 147–151, 186, 202, 203
  casualties, 214
  cheerful words spoken in, 195
  depictions of, xiv
  diversionary tactics, 202–203
  enemy rescue incident, 199–201
  fear of Russian landing, 142
  feigned landing strategy and backfire, 145–146
  fly problem in, 196–197
  French forces at Kum Kale beach, 151–152

German U-boats in, 188
ground war in, 146–158, 214
Herbert's poem on, 196
invader-defender perceptions and interactions, 198–201
logistical challenges, 187(photo)
nicknames among troops, 198
November flooding and exposure, 210
Ottoman triumph at, 185–215
Ottomans taken prisoner by French, 152
reinforcements on both sides, 201–202
respect between opposing sides, 192, 215
rifle trophy from, 296, 307
shell shock and nervous breakdowns in, 197–198, 201
sickness and disease in, 197
snipers, 192–193, 199(photo)
stalemate, 186
submarine warfare, 188
trench warfare, 185–186, 190–198, 191(photo)
whimsical trench names given in, 190
white flag parley, 152
Gas masks, 330
Gaza, 343
first battle of, 327–328, 329(photo), 330
second battle of, 330–333, 332(photo)
third battle of, 339, 344–348, 346(photo)
Gell, H. V., 89
General Mobilization (Seferberlik), Great War famine and death as, 291
General National Assembly, 9
Genocide, Armenian deportation and architects of, 174
assassination of Young Turk leaders for crime of, 389–390
Balakian's account of, 165–166, 165(photo), 175–177
Cevdet Pasha's orders and, 169, 170
debate over numbers of Armenians in, 183–184
deportation of, 166–167, 172–175, 390
fate of governors questioning, 172–173
first measures, 166–167
jihad view of, 173
Kurdish protection from, 178, 179
M. K.s account of parent's, 177–179
massacres of 1894-1896, 11–13
military tribunal on, 388–389
Muslims assisting in, 173
of 1915, 9, 159–184
orphan experiences during, 172–181
population exchanges and, 163–164, 166–167
post-war debate over, 387–389
river graves and, 180–181
secrecy of policy for, 172–175
secret orders for, 172–173
starvation on death march, 167
suicides to avoid, 177
ten percent goal and, 174
two-track approach to, 172–173
Van uprising and, 168–172, 176
Genocide, of Assyrian Christians, 178–179
George, David Lloyd, 129, 317, 333, 350, 351, 360, 399, 400
George V, King-Emperor, pledge to Muslims of, 70–71
Georges-Picot, Charles François, 285, 352
See also Sykes-Picot Agreement
German military mission, to Ottoman Empire, 36–37, 40, 58, 362–363
German U-boats, 188
German-Ottoman alliance
Breslau and *Goeben* battleships and, 42, 43–46, 50–51, 62
on Egyptian front, 312
Enver's German advisers in, 102, 111
financial assistance in, 58
flanking operation against Russians, 102
German ceasefire and, 381
German forces arrive in Gallipoli, 188
longstanding friendship, 34–37
Ottomans pressured by Germany, 50–51
pre-war negotiations, 44–45
retreat from Jerusalem, 350
Russian attack agreement, 51
treaty of alliance, 39, 40–41, 44–45
Yıldırım Group and, 342–343, 346–347

Germany
  Austrian alliance of, 39
  Battle of Somme victory of, 308–309
  debate over Ottoman use in war, 46–47
  first attack on France by, 62
  Islam weapon against Britain, 35
  mobilization numbers for, 56–57
  Muslim POWs recruited by, 72–74, 73(photo)
  naval ships entry into restricted straits, 42–46
  Ottoman army reform mission of, 31–32, 36–39
  partition and, 391–392
  repatriation of soldiers to, 395–396
  Saint-Quentin victory over British, 367–368
  surrender of, 383
  two-front war status of, 99
  US declares war on, 327
  war casualties, 50
  Young Turk leaders given asylum in, 387
Ghadir al-Hajj station, 365–366
Ghalib Pasha (governor of Taif), 298–299
Ghusayn, Faiz al-, 305
Giers, M. N., 49
Gladstone, William, 2
Goeben (German battleship). See *Breslau and Goeben*; *Breslau* and *Goeben*
Gold, as payment, 335
Goltz, Colmar Freiherr von der, 231, 245–246
Gorringe, General Sir George, 221, 260, 264
Goussous, Odeh al-, 341
Government of India, 226
Grain, as payment, 335
Gray, John Frank (private), 193
Great Retreat, in Van, 171
Great War
  alliances, 39
  Arab world neglect of, xiv
  Bulgaria's entry into, 207
  centenary, 406
  defining features, 50, 66
  enduring interest in, xiii
  fairplay incident with British and U.S., 96–97
  first Ottoman battle of, 76–79
  Greece's entry in, date of, 134
  international battlefields of, xv, 143
  Islamic fundamentalism used in, 47
  Italy's entry into, 237–238
  lack of knowledge about, xiv
  news of, 53
  1908-1913 foundations of, 1–28
  number of Ottoman men serving in, 56
  opening weeks of, 75–98
  Ottoman influence in, 403–404
  Ottoman territory losses before, 4, 7–8, 21, 27, 100, 353
  Ottoman withdrawal from, 381
  personal connections, xiii
  poets of, 63–64, 194, 215
  as *Seferberlik*, 291
  turning point in 1917, 353
  Young Turks agenda in, 100
  See also Mobilization; *specific campaigns*; *specific topics*
Great-grandparents, migration of, xiii
Greece, 207, 380
  deportation Ottoman Christians to, 163–164
  in First Balkan War, 18
  Great War entry date of, 134
  independence, xvi, 18
  lands gained in Balkan War, 31
  Moudros armistice meeting in, 381–383
Greek Orthodox Christians, forced relocation of, 163–164
Grey, Sir Edward, 129, 231, 285
Gulf of Alexandretta, 95–97, 130, 133, 283
Gully Ravine, xiii–xiv, 150–151

Habab, 179
Habsburg Empire, 39, 50
Hadj, Messali, 62, 63
Hague Convention (1907), 96
Hakki Bey, Hafiz, 103, 104, 109, 110, 112, 114

Halbmondlager (Crescent Moon Camp), at Zossen, 72–74, 73(photo), 270
Halil Bey (Halil Pasha), 258, 264, 265–267, 318–319, 324, 342
Halim Pasha, Said, 7, 22, 23, 27, 36, 40, 43, 49, 389
Hamilton, Sir Ian, 141, 145, 157, 189–190, 201–202, 206, 208
Hamra, 304
Hangings. *See* Executions
Hardinge, Viceroy Lord, 223, 226, 231
Harput, US consul in, 174–175
Hashemite dynasty, 275–276
Hashemite forces
  al-Quwayra defeat and reoccupation of, 341–342
  Hijaz advance towards Syria, 333–339
  Hijaz region control by, 337
  Mecca secured by, 298–301
  Ottoman tribal recruitment and, 339–342
  Sykes-Picot Agreement and, 358
  Syrian claims of France and, 377
  Transjordan battle impact on prestige of, 366–367
  See also Arab Revolt; British-Arab alliance, in Arab Revolt
Haworth, Major, 149–150
Haydar, Sharif Ali, 301
Heat apoplexy, 225
Heawood, Major G. L., 244–245, 264
Heizer, Oscar, 324
Herbert, Captain Audrey, 190, 196, 265–267
Hijaz
  Sharif Husayn's confinement to, 402–403
  Sharif Husayn's son as king of, 403
Hijaz campaign, 276, 278, 295–297, 303–309
  Hashemite advance towards Syria, 333–339
  Hashemite control of nearly all Hijaz region, 337
  reconnaissance journey to Wadi Sirhan, 336

  See also Arab Revolt; Mecca
Hijaz Railway, 333–335
Hilmi, Ahmad Efendi, 122
Hindenburg, Paul von, 166, 372
HMS Odin (hybrid warship), 84
Hogue, Oliver, 202, 397–398
Holmden, Trevor, 66–67
Horses, 66, 147, 148, 397–398
Hospital, Erzurum military, 161–162
Howitzers, 137, 138
Humann, Hans, 15
Hunchaks Society in Geneva, 10–12, 105
Husayn, Ali, 297, 301–302, 305
  as king of Hijaz, 403
Husayn, Amir Abdullah, 276–278, 298–299, 308, 396
Husayni, Husayn Salim al-, 350
Husayn-McMahon Correspondence, 281–285, 377, 392
Hussein, Saddam, 405
Huwaytat tribesmen, 336, 337, 340–341

Ibn Saud, 82, 83, 260–261, 283, 402
IEF. *See* Indian Expeditionary Force
Ihsan Bey, Ali, 258
Imam Yahya (Yemen religious leader), 89–90, 224–225
Imperial Camel Corps, 330–333, 331(photo), 347
Imperial General Staff, 304, 313, 316, 318, 320, 322, 329
India, 48, 226, 302, 323, 368
  Indian soldiers on return to, 383
  Mesopotamia importance to, 224
  in Middle East policy debate with Britain, 223–224
  mobilization of, 70–72
  Shaykh Said plans made in, 89
Indian army, 71, 245, 375, 383
  desertions, 249–250
  Ottomans pretence as, 156–157
Indian Expeditionary Force (IEF), 80–83, 84, 90–91, 219–220, 227–230, 246
  Qurna handover to, 86–87

Indian Muslims
  George V pledge to, 70–71
  mobilization of, 70–72
  officers as POWs of Kut, 270–271
Iraq, 174, 217–220, 227–241, 284
  Arab autonomy and, 221
  Bedouin tribal volunteers from, 125–127
  British successes in, 322
  imperialism and, 405
  rebellion against British rule, 402
  San Remo award to Britain from, 401
  See also Basra; Kut al-Amara
Iraqi soldiers, in Ottoman forces, 258
  desertion by, 217
Ishkhan Nikoghayos (Ishkhan "prince").
  See Mikaelian, Nikoghayos
Islam
  Armenian conversions to, 183
  Enver on, 17
  Turkification and, 181–182
  as weapon against Britain, 35
  Young Turk Revolution and, 8
Islamic fanaticism, use in Great War, 47
  See also Jihad
Islamic loyalties, 232
Islamic State militia, 405–406
Islampolitik, Germany's, 47
Istanbul (Constantinople)
  Action Army occupation of, 9
  Allied fleet arrival and celebrations in, 385–387
  Armenian arrests in, 167–168
  British war planners and, 130, 131
  as capital, xvi
  1894-1896 massacre of Armenians in, 11–13
  Hunchak march on, 11–12
  military tribunal in, 388–389
  papul envoy to, 291
  protective measures for, 94–95
  Russian desire to occupy, 32–33
  turmoil in 1918, 381
  Yemen alliance of, 89
Italian-Turkish War, 14–18

Italy
  Beirut attacked by, 17
  Great War entered by, 237–238
  Libya invasion and war, 14–18, 33, 124, 238
  in Ottoman Empire partition, 392, 393
  Ottoman territories taken by, 15
  war on Ottoman Empire declared by, 17
Izzet Pasha, Ahmet, 381
Izzet Pasha, Hasan, 76–77, 103–104, 342, 381

Jacob, Harold (Acting British Resident), 227
Japan, armistice mediation by, 392
Jawdat, Ali, 221–222
Jeddah, 298, 305, 339
Jericho, 361
Jerusalem, 288–289, 299, 317, 329, 348, 364
  Allenby's proclamation in, 352, 352(photo)
  British conquest of, 350–353, 351(photo)
  riots of 1920, 401
Jewish nationalism, 349
Jews, Ottoman, taxation of, 59
Jihad, 52, 114
  Allied fear of, 51, 128, 189, 404
  Arab Revolt and, 297
  Armenian genocide viewed as, 173
  British desire to avoid, 244
  British use of, 70–71
  Ottoman call for, 47–48, 51, 70–74, 99, 128
  as propaganda war, 72, 74
  Sanussi, 238–241, 250–252
  severe blow to, 353
  Sharif Husayn and, 280, 281

Kamil, Husayn (sultan), 91
Kamil Pasha (grand vizier), 19, 20
Karak, 340
  militia, 341–342
Karbala', 219

Kars, 107, 371
Kemal Pasha, Mustafa, 15, 30, 145,
    154–155, 155(photo), 205, 342,
    388–389, 393–395
    as father of the Turks (Atatürk), 395
Kerensky, Alexander, 349, 355
Kerkyasharian, Manuel (M. K.), 177–179
Khazaal, Shaykh, 79–83
King-Crane Commission, 401
Kitchener, Horatio Herbert, xv, 129–131,
    134, 141–142, 187, 189, 204, 206,
    208, 209, 231, 267, 280, 325
    bribe and uprising proposals for Kut
        relief, 260
    Husayn, A., meeting with, 276–277
Knox D'Arcy, William, 79
Konya, Armenian deportation to, 167
Köprüköy, 108
    Ottomans defeat Russians at, 77–79
    Russian victory at, 254–255
Kosovo, in First Balkan War, 19
Kressenstein, Friedrich Freiherr Kress von,
    118, 123, 313, 315
Krithia, 185–186
Kum Kale, 146, 151–152
Kurds, 405
    Armenian protection by, 178, 179
    land disputes between Armenians and, 33
Kut al-Amara
    in 1916, 319
    Arab population of, 266
    British assault on, 227–230, 241–243
    British relief force failures, 247–250,
        256–259, 264
    British surrender in, 264–267
    British victory in 1916, 320–321
    casualties, 248–249
    civilian executions after, 268
    Dujaila failure and, 257–259
    fall of Erzurum during battle at,
        253–256
    food rationing and malnutrition in, 248,
        262–264, 263(photo)
    fraternizing between two forces after
        siege, 268
    Indian army desertions from British
        forces, 249–250
    lapse in hostilities, 252–253
    negotiations, 265–267
    Ottoman siege of, 244–250, 252–274
    POWs, 267–273
    prisoners of war, exchange and treatment
        of, 267–273
    propaganda leaflets, 249–250
    relief columns delay, 257
    strategy disagreement, 245
    third battle for, 320–321
    weakened condition of British in,
        262–263
Kuwait, 83, 276, 405
    independence, 82

Lahij, 225–226
Lake, General Percy, 265
Lancashire Landing. *See* W Beach
Lawrence, Captain T. E., 47, 260–262,
    265, 266–267, 305–308, 340–341,
    352, 360, 365, 377, 379, 402–403
    in Aqaba conquest, 336–338,
        338(photo), 339
    in Hijaz Railway attack, 335
    as Lawrence of Arabia, 338
Lebanon, 291, 405
Lecky, Captain Reynolds Lamont, 229,
    234–235
Lee, W. D. ("Gunner"), 249, 267–268,
    269, 271
Lenin, Vladimir, 357
Leymonnerie, Jean, 190, 193, 194
Liberals, 19, 21–22
"Liberator of Edirne," 23
Libya
    Arab fighters in, 16–17
    Italy's invasion and war in, 14–18, 33,
        124, 238
    Sanussi jihad in, 238–241, 250
Liman von Sanders, General Otto, 36–37,
    40, 42, 100, 343, 362–363, 369,
    375–376, 386–387, 395–396
    Enver Pasha and, 101–102, 143

Liman von Sanders, General Otto *(continued)*
 as Fifth Army commander in chief,
  143–144
 in Gallipoli Peninsula, 145–146, 202,
  205, 212, 214
Limpus, Arthur, 37, 38
Locust plagues, in Syria, 290
Lone Pine, 203
Lower Euphrates, 221–223, 222(photo)
Ludendorff, Erich, 372
Lynch, H. F. B., 11

M. K. *See* Kerkyasharian, Manuel
Maan, 360, 361, 362, 365–367, 370
Macedonia, 19
Magdhaba, 317
Mahari, Gurgen, 169
Malta, 399
Manukian, Aram, 169
Maritime communications, 95, 100
Martyrs' Square, xv
Massacres
 of Armenians at Adana in 1909, 13–14,
  13(photo), 166–167
 of Assyrian Christians, 178–179
 in Sarafand, 397
 See also Genocide, Armenian deportation
  and
Matthews, Harley (war poet), 194
Maude, General Sir Stanley, 319–323,
 325–326, 396
Maxwell, Sir John, 69, 250, 251, 299
McDonald, John, xi–xiii
McMahon, Sir Henry, 282, 301, 303, 402
 See also Husayn-McMahon
  Correspondence
Mecca
 amirate of, 275–276
 Arab Revolt start in, 297
 Arabist societies and, 280
 Hashemites securing of, 298–301
 See also Sharif Husayn ibn Ali
Medical facilities, 160–162, 201
Medina, 296, 304, 333–335, 337, 396
Mediterranean, 133

Ottoman defenses in, 94, 145
Mediterranean Expeditionary Force, 141,
 146, 157, 189, 258–259
MEF. *See* Mesopotamian Expeditionary
 Force
Mehmed, Reşad (prince sultan), 27
Mehmed V, 16, 20
Mehmed VI Vahieddin (sultan), 371, 395
Meinertzhagen, Colonel Richard, 344
Mellis, John, 126
Mental health, 197–198
Mesopotamia, British in, 219–274
 Askeri and, 125
 Baghdad defeat, 230–236, 235(photo)
 Baghdad occupation, 323–326,
  325(photo), 382(photo)
 Britain's campaign in, xv, 79–80, 84, 86,
  130
 British capture of Amara, 220
 British construction of railways in,
  319–320
 British defeat at Lahij, 225–226
 commission of, 273
 importance to India, 224
 Middle Euphrates conquest and
  rebellion, 217–219, 402
 Nasiriyya occupation, 222(photo),
  223–224
 Persia and, 319, 372
 Shaiba defeat in, 125–127
 Tigris river successes of, 322
 Yıldırım Group diverted from, 343
 See also Kut al-Amara
Mesopotamia Commission, 273
Mesopotamian Expeditionary Force
 (MEF), 246, 318–320
Middle East
 battle territories of, xv–xvi
 British and French imperialism and,
  404
 British war policy divisions over,
  223–224
 Great War centenary and, 406
 Great War transformation of, xv–xvi
 major British victory in, 318

mobilization and, 74
Sykes-Picot Agreement and, 285–287, 303, 323
See also Sinai; *specific battles*
Middle Euphrates, British conquests and rebellion in of, 217–219, 402
Mikaelian, Nikoghayos (Ishkhan "prince"), 169
Military hospital, in Erzurum, 161–162
Military service
  eligibility, 67
  exemption, 59, 61, 69, 340
Military tribunal, on Armenian genocide, 388–389
Mines
  in Dardanelles, 97–98, 136–140, 139(photo)
  along Hijaz Railway, 335
Mirages, 84–85, 125–126
Misri, Aziz Ali al-, 305
Mobilization, 53–74
  of British colonies, 65–72
  colonial context of, 60
  of colonized Muslims, 67–72
  Dardanelles Allied, 134
  French, 60–65
  German, 56–57
  in India, 70–72
  of Muslim POWs, 72–74, 73(photo)
  Ottoman, 53–60, 54(photo)
  Seferberlik general, 291
Monro, General Charles, 323
Morgenthau, Henry (US ambassador), 100–101
Moudros armistice, 381–383
Moudros Harbour, 133
Muhammad, Prophet, 3, 72, 236, 275
Mujahidin, Hijazi, 296
Munro, Charles, General, 208
Murat V (Ottoman sultan), 2
Murray, Sir Archibald, 304, 309, 312, 316, 327, 329–330, 335
Mushtaq, Talib (Baghdad schoolboy), 324, 326
Muslim POWs
  Hashemite recruitment of Arab, 302–303
  Indian Muslim officers as, 270–271
Muslim-Christian tensions, in Anatolia, 11
Muslims
  Arab Revolt response of, 300–301
  Armenian genocide and, 173
  Azeri, 372
  British support expressed by notable, 71
  British war planners fear of, 243–244
  colonized, 35, 53–54, 67
  German recruitment of POWs, 72–74
  jihad weapon to rally widespread, 47–48, 51
  loyalty question, 67
  meat refused by, 263
  mobilization of colonized, 67–72
  Ottoman Empire and, 28
  Ottoman treatment of Indian POW, 270–271
  POWs, mobilization of, 72–74, 73(photo)
  Ramadan and, 62
  recruitment of native, 62–63
  relocation of refugee, 163, 166
  Russian takeover of territories of, 100
  in Salt, 364
  solidarity, 108

Naciye, Emine, Princess, 16
Najaf, 218–219, 237
Nakhl Mubarak, 306, 307, 308
Nasir ibn Ali, Sharif, 336–338, 373
Nasiriyya, 220, 222(photo), 223–224, 319
National Pact, 393–394
Nationalism, 18, 24, 393–395
  Armenian, 9–14, 104, 105, 164–166, 372
  in Egypt, 68, 250
  Jewish, 349
  See also Arab Revolt
Natur, Tawfiq al-, 24
Nazareth, British capture of, 375–376
Nazim Pasha, 20
Nazım, Mehmed (CUP member), 164–165, 174, 388

Nek, Australian attack on, 203–204
New Zealand Expeditionary Force, 66–67, 90–91
New Zealand Mounted Brigade, 314, 348, 377
New Zealand soldiers, Sarafand massacre by, 397
  See also Anzacs
Nicholas (grand duke), 129–130
Nicholas I, King, 17
Nicholas II (Russian tsar), 33, 355
Nixon, Sir John, 219–221, 227, 230–231, 246
Niyazi, Ahmed, 9
Noble Banner of Ali, 237
Nogales, Rafael de, 169–171
Norfolk Regiment (Sandringham Company), disappearance of, 206
North Africa, 27
  casualties in, 63–64
  first colonial regiments in, 60
  Italy's ambitions in, 14–15
  jihad and, 238
North African soldiers, 64–65, 72, 74, 270, 303, 304
  draft of, 61
  repatriation and detention of, 396–397
Nunn, Captain W., 321, 322
Nurettin Bey, 228, 233, 243, 245–246
Nuri al-Said, 261, 302, 305
Nuri Bey (brother of Enver Pasha), 238, 250, 251–252, 372

October Revolution, 356
Oil, 79, 80, 84, 86
Oltu, 109
Operation Michael, 367
Operation Nemesis, 389
Orga, Irfan, 41–42, 56
Orphans, genocide survival accounts of, 172–181
Ottoman Decentralization Party (1912), 24–25
Ottoman delegates, at Paris Peace Conference, 390–391

Ottoman Empire, 393
  Allied assault on capital of, 130–158
  Allied peace terms agreement with, 394–395
  Allied view of, 75–76, 98, 243
  armistice terms with Allies, 381–383
  as Asian Muslim empire, 28
  Balkan states and secession, 18–23
  Britain's declaration of war on, 83–84
  call to arms, 55–56
  Central Powers alliance chosen by, 49
  constitutional movement, 1–2, 5
  crisis of August 1914, 41–46
  eastern borderlands of, 33
  economy, 37–38, 57–60
  Egypt's secession from, 69–70, 98
  enemies and potential allies of, 38–39
  ethnic and religious communities of, 6
  European territories importance to, 21
  European view of, 21
  financial assistance from Germany, 58
  financial impediment to enter war, 51
  founding of, xvi
  German military mission to, 36–37, 40, 58, 362–363
  Great War influenced by, 403–404
  history, xvi–xvii
  invasions on three fronts of, 184
  irony of Armenian genocide impact on, 184
  Istanbul abandonment preparations in 1915, 135
  Italy's declaration of war on, 17
  Liberal-Unionist conflict of 1912, 19
  Libya ceded in 1912, 238
  Libyan war of 1911, 14–18, 33, 124, 238
  modern transport in, 29–31
  neutrality concern of, 41, 46
  1908-1913, 1–28
  1914, 37–41
  peace before Great War in, 29–52
  peace treaty with Italy, 18
  public loan from France to, 31, 38
  Russian attack agreement with Germany, 51

Russian-ceded territories reclaimed by, 370–373
southern frontiers of, 35
straights of, Allied bombardment of, 74
sultanate abolished in 1922, 395
territory losses before Great War, xvi–xvii, 4, 7–8, 15, 21, 27, 100, 353
triumvirate of, 22, 27, 36, 276, 381, 387
US and, 96
vulnerability of, 75, 95, 98
wartime taxation measures of, 58–59
withdrawal from Great War, 381
See also German-Ottoman alliance; Great War; Partition, Ottoman Empire; Young Turk leadership; Young Turk Revolution; *specific battles*; *specific territories*
Ottoman Expeditionary Force, 118
Ottoman forces
Armenian defection from, 105–106
Australia and New Zealand volunteers and, 65
at Baghdad, 231–236, 235(photo), 323–326, 325(photo)
Baku taken by, 371–372, 373
at Basra, 79–87, 124–127, 220, 223, 257
batteries of, 136, 138
Battle of Sabis Hill (Dujaila), 257–259
Beersheba defeat of German and, 344–346
British partial victory at Romani, 315–316
British view of, 243
campaigns against British rule in Egypt, 250–252
concentration of, 74
Dardanelles campaign defense preparations, 134
defeat at Jeddah, 298
in defense of Istanbul, 94–95
Fahri Pasha garrison at Medina after armistice, 396
failed initiatives by April 1915, 127–128
fall of Jerusalem, 350–353, 351(photo)
Fifth Army, 143
first battle of, 76–79
first defeats suffered by, 99–100
Gallipoli triumph of, 185–215
at Gaza, 327–333, 329(photo), 332(photo), 344–348, 346(photo)
German commission to reform, 31–32, 36–39
in Great War, total number of men, 56
Gulf of Alexandretta transport point for, 95–96
Indian Muslim POWs treatment by, 270–271
Indian troop pretence at Ariburnu, 156–157
Iraqi soldiers in, 217, 258
Jerusalem retreat of, 350
Karak militia, 341–342
at Köprüköy, 77–79, 108, 254–255
Kut al-Amara retreat in 1916, 320–321
Medina confinement of, 333–335
mobilization of, 53–60, 54(photo)
Muslim POWs in, 74
northern Palestine surprise attack against, 373–376, 376(photo)
offensive initiative plans, 100–102
Oltu victory against Russians, 109
in post-war Allied-occupied territory, 396–398
POWs, 123–124
prisoners of Russians, 113, 113(photo)
Al-Quwayra victory and loss of, 341–342
recovery of after Jerusalem's fall, 370
Sarıkamış defeat of, 107–114, 164, 254
Shaiba defeat, 125–127
siege of Kut al-Amara by, 244–250, 252–274
siege of Kut by, 244–250, 252–274
Sinai campaign of, first, 115–127, 297
Sinai campaign of, second, 313–315, 314(photo)
Suez campaign of, second, 312, 315
Suez Canal defeat, 115–124, 117(photo)
suicide of commander and, 127
Tafila loss of, 360

Ottoman forces *(continued*
  Transjordan victories of, 361–369
  tribal recruitment in defense against Hashemites, 339–342
  See also Arab Revolt; Dardanelles; Gallipoli Peninsula; German-Ottoman alliance; Third Army; *specific regions*
Ottoman-Sanussi forces, British threatened by, 250–252

Palestine
  British post-war occupation in, 401
  King-Crane Commission on Syria and, 401
Palestine, British campaign in, 317, 329–333, 339, 343
  Allenby's active defense orders for, 368
  Balfour Declaration on, 348–349, 359–360, 379, 392, 401, 405
  Beersheba capture by British in, 344–346
  delay of, 318
  fall of Jerusalem, 350–353, 351(photo)
  King-Crane Commission on Syria and, 401
  Ottoman soldiers in, 117(photo)
  politics of, Damascus entry and, 377
  surprise attack in north, 373–376, 376(photo)
  See also Gaza
Papul envoy, to Istanbul, 291
Paris Agreement, 27
Paris Peace Conference, 390–391, 398–401, 400(photo)
Parliament, Ottoman, 3
  counter-revolution against, 8–9
  reconvening of, 5–6
Partition, Ottoman Empire
  Allies deciding, 390–393
  Arab post-war, 392
  Arab Revolt end and, 377, 379–380
  Arab territory, Allies wartime plans for, 285–287, 359–360
  Balfour Declaration and, 348–349, 359–360, 379, 392, 401, 405
  legacy of post-war, 404–405
  National Pact and, 393–394
  opposition, 393–395
  threat of Ottoman Empire, 80, 133, 164
  wartime context of, 404
  See also Sykes-Picot Agreement
Persia, 79, 319, 372
Persian Gulf, 35, 71, 283
  Britain's Arab allies in, 80–81
  IEF in, 80–83
  Ottomans excluded from, 86
  train to, 35
  vulnerability, 124
Pilots, Turkish, 30
Pipeline, Britain's Sinai railway and, 313, 314, 316, 327
Pirumyan, Colonel, 255–256
Pisani, Captain Rosario, 366
Poets, of Great War, 63–64, 194, 215
Pontoon bridge, at W Beach, 149
Pontoons, Suez campaign, 118, 122
Population exchanges, 163–164, 166–167
Prisoners of War (POWs), 123–124, 152, 201, 381, 396–397
  Hashemite recruitment of Arab Muslim, 302–303
  Indian Muslim officer, 270–271
  Kut al-Amara, 267–273
  mobilization of Muslim, 72–74, 73(photo)
Propaganda war, 236
  Arch of Ctesiphon and, 233
  jihad, 72, 74
Pryce Jones, Mostyn, 144, 156

Qantara, 121
Qatiya, Ottoman victory at, 312–313, 314(photo)
Qurna campaign, 86–87, 124
Quwayra, al-, battle of, 341–342

Rabigh, 299, 304–306
Rafah, British capture of, 317, 318, 326–327, 397
Railways, 95, 96–97, 182–183, 324, 326, 333–335

British construction of, 313, 314, 316, 319–320, 327
Kut POWs working on, 272–273
Ramadan, 62
Ramla, 348
Recruitment gangs, 65
Red Blind Quarter, in Cairo, 92–93
Red Sea, 88–89, 299, 301, 306, 309, 337, 403
Refugees, Muslim, 163
Repatriation, of soldiers, 395–398
Requisition, taxation through, 58–59
Reşad, Mehmed (sultan), 9, 27, 31, 36
Resident in the Gulf, British, 79, 80
Rifle, British Lee Enfield, 296, 307
Robeck, J. M. de (admiral), 138, 140
Robertson, General Sir William, 304, 313, 318–320, 322–323, 329
Romani, battle of, 315–316
Rothschild, Walter, 348
Royal Air Force, 375
Royal Flying Corps, 316, 335
Royal Fusiliers, 377
Royal Naval Division at Moudros, 134
Royal Navy, 88–89, 130, 139(photo), 141, 147, 307–308, 321, 334
Rushdi Pasha, Hussein, 68
Russia
  Anatolia and, 33, 107
  Armenians and, 33–34, 165, 171–172
  armistice with Central Powers, 355–357
  Assyrian trust in, 178–179
  Baghdad attack by, 318, 319
  Bolsheviks seize power in, 355–356
  British delivery of battleships delayed by, 32
  Central Powers after peace with, 367–368
  Dardanelles assistance of, 132–133
  Dardanelles plan of, 114
  diplomatic actions prior to Great War, 32–34
  first attacks by, 76–79
  German military mission opposed by, 37
  German-Ottoman agreement on attacking, 51
  jihad Muslims and, 114
  Köprüköy defeat of, 77–79
  Köprüköy victory of, 254–255
  Ottoman capital assault and, 142
  Ottoman Empire demise desired by, 28
  Ottoman lands taken in 1878, 100
  Ottoman reclaim of territory lost to, 370–373
  Ottoman wars with, 46
  Sarıkamış victory of, 107–114, 164, 254
  Sykes-Picot Agreement and, 286–287, 357
  Trabzon attack by, 95
  trade and, 32, 42
  Van occupation by, 171–172
  Young Turks secret proposal to, 49–50
  Young Turks view of, 28
  Yudenich disinformation campaign, 254
  zone of rivalry between Britain and, 33
  See also Caucasus, Russian-occupied
Russian Caucasus Army, 356
Russo-Turkish War, 2–4, 10, 77

Sabri, Mahmud, 146, 148
Sadik Bey, 30
Şakir, Bahaeddin, 164, 172, 174, 388, 389
Salim Bey, 30
Sallum, 252
Salman Pak, 232, 233, 237
Salt, battles in, 362, 363, 364, 369
San Remo, 392, 401, 402
Sandringham Company. *See* Norfolk Regiment
Sanussi jihad
  in Bir Tunis, 250–251
  in Libya, 238–241, 250
Sanussi Sufi order, 16–17, 238
Sarafand massacre, 397
Sarıkamış, Ottoman defeat at, 107–114, 164, 254
Sayyid Talib al-Naqib, 81–83, 87, 260–261
Sazonov, Sergei, 49, 104, 133

Scottish Rifles (Cameronians), xi–xiii
Sea of Marmara, 131, 188
Second Army Corps, 37
Second Balkan War, 22–23, 29
Second Battle of Gaza, 330–333, 332(photo)
Second Congress of Ottoman Opposition Parties (Paris 1907), 13
Secret security (Teşkilât-i Mahsusa), 160, 164, 173, 388
Seferberlik (general mobilization), Great War as, 291
Senegalese troops, 151
Serbia, 22, 39, 207
Serbian independence, 18
Şevket Pasha, Mahmud (grand vizier), assassination of, 21, 26
Shafiq, Ahmad, 93, 122
Shaiba, Ottoman defeat in, 125–127
Sharif Husayn ibn Ali (amir of Mecca), 117–118, 275–280, 279(photo), 282, 285–287, 293, 315, 339, 359–360
   betrayal of, 402–403
   exile of, 403
   final meeting with British, 402–403
   letter to Enver Pasha from, 294
   self-declaration as "King of the Arab lands," 299
   Sykes-Picot Agreement and, 357–358
   ultimatum sent to Cemal Pasha, 297
   See also Husayn-McMahon Correspondence
Sharif Shaykh Salih al-, 72
Shatt al-Arab River, 79–87, 125
Shatt al-Hayy, 320
Shaykh Said, 319
   British attack on, 89–90
Shea, Major General, 350
Shell shock, 197–198, 201
Shiites, 218, 236–237
Shiragian, Arshavir, 389
Shore batteries, 136
Siberian Air Squadron, 255
Sickness, 197
Siege of Taif, 298–299

Sinai
   Arab Revolt and, 316
   British 1917 reconquest of, 316–317
   Cemal's train station speech and, 100–101
   first Ottoman campaign on, 115–127, 297
   Ottoman control and fortification of, 311–312
   pipeline and railway, British construction of, 313, 314, 316, 327
   Rafah taken by British in, 317, 318, 326–327, 397
   river crossing, 121–122
   second Ottoman campaign in, 313–315, 314(photo)
   See also Gaza
Soldiers
   infectious diseases carried by, 160
   repatriation of, 395–398
   tourism in Egypt and, 91–92
Somme, German victory in battle of, 308–309
Souchon, Wilhelm, 42
South America, 380
South Yemen, 90, 243
Southern Iraq, 217–219
Spooner, Reverend Harold, 246, 248, 259, 263
Starvation, 160, 167, 290–291
Storrs, Ronald, 276, 277, 303
Straits. *See* Dardanelles
Subhi Bey, 86–87
Sublime Porte, 11–12, 27
   Enver's raid on, 19–20
Submarine warfare, in Gallipoli, 188
Suez Canal, 68, 294
   British flooding of, 119
   casualties, 123–124
   commission, 100
   1869 opening of, 88
   first Ottoman campaign and defeat on, 115–124, 117(photo)
   length of, 119
   mobilization, 115–118

second Ottoman campaign on, 312, 315
  surprise element in, 120–121
Suicides, Armenian, 177
Şükrü, Midhat, 26–27
Sultanate, abolishment of, 395
Sunata, Hakki, 141, 213
Suvla Bay, 203–206, 211(photo)
Suwaydi, Tawfiz al-, 25–27
Sykes, Sir Mark, 285, 325–326, 336, 349
Sykes-Picot Agreement, 285–287, 303, 323, 336, 349, 404
  Bolshevik revelation of, 357
  Cemal's use against Sharif Husayn, 358
  Hashemites and, 358
  Islamic State militia and, 405–406
Syria, 96, 118, 217, 311, 333–339, 342–343
  Arabs exiled from, 288–290
  Cemal's reign of terror in, 287, 292–295
  famine in Greater, 290–291
  Faysal's loss of kingdom in, 400–401
  French and British assistance in, 360
  French claims to, 37, 283, 285, 377
  King-Crane Commission on Palestine and, 401
  Lebanon and, 405
Syrian Desert, death march of Armenians across, 174, 179–183
Syrian General Congress, 400, 401

Tabti, Mustafa, 63–64
Tafila, 360
Taif, Arab siege of, 298–299
Talat Pasha, Mehmed, 20, 28, 34, 36, 38, 40, 124–125, 173(photo), 280, 381, 387
  Armenian genocide and, 164–165, 167–168, 174, 388
  assassination of, 389
  Deportation Law of, 172
Tannenberg, 102
Tanzimat reforms, 1
Taxation, Ottoman wartime, 58–59
Teşkilât-i Mahsusa. *See* Secret security

Third Army (Ottoman), 9, 103–104, 106, 107, 110, 159, 254, 312
  destruction of, 113–114
Third Battle of Gaza, 344–348
Thrace, 29, 392
Tiberias, mobilization of, 54(photo)
Tigris Corps, 257
Tigris river, 246–247, 264, 318–324
Town crier (Bekçi Baba), 55–56
Townshend, General Charles, 220, 227, 230, 232, 246, 248, 252, 257, 318
  Halil's offer to, 259
  in Kut surrender negotiations, 264–265
  as POW, 381
Townshend's Regatta, 220
Trabzon, 95, 101, 161, 184, 355, 356
Trade, 32, 42, 81, 88
Transjordan, 361–369
  in Allenby's deception, 373–374
  British-Arab-Australian victories in 1918, 377
  tribes, 339–341
Treaties
  in Damascus Protocol, 281
  with Italy, 18
  Ottoman-German secret alliance, 39, 40–41, 44
  Treaty of Berlin, 3–4, 10
  Treaty of Brest-Litovsk, 357, 370–371
  Treaty of London, 20–21, 31
  Treaty of Neuilly-sur-Seine, 391
  Treaty of Versailles, 391
  on Turkish Republic, 395
Trench warfare, 185–186, 190–198, 191(photo), 330
Tribesmen, 60–61, 339–342
  Bani Sakhr, 341, 362, 368–369
  See also Bedouins
Triple Alliance, 40
Triple Entente, 34, 39
Triumvirate, Ottoman Empire, 22, 27, 36, 276, 381
  escape of, 387
Trojan horse strategy, 147, 148
Trotsky, Leon, 357

Tulkarm, 375, 376(photo)
Tunisia, 4, 72
Tunnelworks, 182–183
Turjman, Ihsan, 288, 290, 299–300
Turkey. *See* Italian-Turkish War; Ottoman Empire; Russo-Turkish War
Turkification, Armenian, 181–182
Turkish Armenia, 33
Turkish currency, 17
Turkish Grand National Assembly, 395
Turkish Military and Strategic Studies Archive in Ankara (Askeri, Tarih ve Stratejic Etüt Başkanlığı Arşivi) (ATASE), xiv
Turkish National Movement, 393–395
Turkish navy, 95
Turkish Republic, 395
Turkish-Armenian conflict, 9–14
Typhus, 161, 169

Union Jack, in Baghdad, 325
Unionists
  Arabist societies feared by, 25
  First Balkan War viewed by, 19
  hopes of, 28
  Mecca relations with, 276
  1912 conflict between Liberals and, 19
  Young Turk centralizing opposed by, 23–24
United States (US), 179
  consul in Baghdad, 270, 324
  consul in Trabzon, 161, 355
  Gulf of Alexandretta crisis mediated by, 96–97
  Harput consul of, genocide and, 174–175
  isolationism of, 349
  as neutral power, 96
  Ottoman Empire relations, 96
  peacetime army of, 327
  war on Germany declared by, 327
Unwin, Edward (Royal Navy captain), 147
US. *See* United States

Van, Armenian uprising and massacre in, 168–172, 176

Van Ess, John, 85
Vehip Pasha, 280
Venereal disease, 92
Verdun, 244, 308
Von Bethman, Theobold (chancellor), 43
Von Falkenhayn, General Erich, 50
Von Oppenheim, Max (baron), 47–48
Vramian, Arshak, 169

W Beach (Lancashire Landing), 159–160
Wadi Sirhan, 336
Wahib Pasha, 117–118
Wajh, 333–334, 339
Wangenheim, Hans von (baron), 40, 45
War Cabinet, British, 273, 311, 326–327, 329
War Committee, British, 259–260, 320, 323
Wars
  Balkan, 18–23, 29, 163, 215
  Boer War, 66
  Italian-Turkish War, 14–18, 124, 238
  Russo-Turkish War, 2–4, 10, 77
  See also Great War; Prisoners of War
Wells, T. R., 268
Western front, 74, 158
  German breakthroughs in 1918, 367–368
  in 1918, 373
Western Frontier Force, 250–252
Wilhelm II (kaiser), 34–35, 36, 40, 47, 73
Wilson, Arnold, 325
Wilson, Woodrow, 349, 381, 390, 398
Wingate, Sir Reginald, 338, 359, 396, 398–399
Women combatants, alleged, 193

XIII Corps (Ottoman), 321

Yanbu, 299, 301, 306–309, 306(photo)
Yemen, 88, 224–225, 227
  Istanbul alliance with Imam of, 89
Yıldırım Group, 342–343, 346–347, 362–363, 375, 386
YouGov agency, xiii
Young Arab Society. *See* Fatat, al-

Young Turk leadership
  Arab loyalty questioned by, 280
  "Armenian problem" of, 9, 105, 160, 163, 164
  assassinations of, 389–390
  Assyrians targeted by, 179
  centralizing regime, 23–24
  decision to annihilate Armenians, 164–165
  escape of, 387
  Great War agenda, 100
  Liman meeting with, 36
  neutrality priority of, 48
  population transfers by, 163–164
  potential allies differing views of, 38
  Russia viewed by, 28
  secret proposal to Russia, 49–50
  Sharif Husayn and, 277, 279, 297
  Van uprising and, 171–172

  See also Cemal Pasha, Ahmed; Enver, Ismail; Talat Pasha
Young Turk Revolution, 1, 4–5, 8, 13, 22, 276
  Armenian question and, 14
  authoritarian turn of, 24
  disillusionment following, 6
  Libyan conflict and, 15, 16–17
  See also Committee of Union and Progress
Younghusband, Sir George, 226, 246–247
Yudenich, Nikolai, 253–256

Zaghlul, Saad, 398–399
Zeytun, 167
Zionists, 349–350, 377
Zossen camp, for Muslim POWs, 72–74, 73(photo)
Zouave regiments, 60, 61

理想国译丛
imaginist [MIRROR]

001 没有宽恕就没有未来
　　[南非]德斯蒙德·图图 著

002 漫漫自由路：曼德拉自传
　　[南非]纳尔逊·曼德拉 著

003 断臂上的花朵：人生与法律的奇幻炼金术
　　[南非]奥比·萨克斯 著

004 历史的终结与最后的人
　　[美]弗朗西斯·福山 著

005 政治秩序的起源：从前人类时代到法国大革命
　　[美]弗朗西斯·福山 著

006 事实即颠覆：无以名之的十年的政治写作
　　[英]蒂莫西·加顿艾什 著

007 苏联的最后一天：莫斯科，1991年12月25日
　　[爱尔兰]康纳·奥克莱利 著

008 耳语者：斯大林时代苏联的私人生活
　　[英]奥兰多·费吉斯 著

009 零年：1945，现代世界诞生的时刻
　　[荷]伊恩·布鲁玛 著

010 大断裂：人类本性与社会秩序的重建
　　[美]弗朗西斯·福山 著

011 罪孽的报应：德国和日本的战争记忆
　　[荷]伊恩·布鲁玛 著

012 政治秩序与政治衰败：从工业革命到民主全球化
　　[美]弗朗西斯·福山 著

013 档案：一部个人史
　　[英]蒂莫西·加顿艾什 著

014 布达佩斯往事：冷战时期一个东欧家庭的秘密档案
　　[美]卡蒂·马顿 著

015 古拉格之恋：一个爱情与求生的真实故事
　　[英]奥兰多·费吉斯 著

016 信任：社会美德与创造经济繁荣
　　[美]弗朗西斯·福山 著

017 奥斯维辛：一部历史
　　[英]劳伦斯·里斯 著

018 活着回来的男人：一个普通日本兵的二战及战后生活史
　　[日]小熊英二 著

019 我们的后人类未来：生物技术革命的后果
　　[美]弗朗西斯·福山 著